Von Aachen bis Zypern

Geografische Namen und ihre Herkunft

www.humboldt.de

Von Aachen bis Zypern

Geografische Namen und ihre Herkunft

Anekdoten, Fakten und Vergleiche

Mehr als 3500 Namen aus aller Welt

Von Hugo Kastner

Verlegt bei Humboldt

Der Ratgeberverlag

Humboldt Paperback (ht) 4124

Hugo Kastner wurde am 15. Juni 1952 in der Nähe von Wien geboren. Er studierte Geografie und Anglistik an der Universität Wien und hat nebenbei eine Managementausbildung absolviert. Als geografischer Fachbuchautor hat er sich mit seinen in Zusammenarbeit mit Gerald Folkvord publizierten Bänden *Atlasrätsel* und *88 neue Atlasrätsel* sowie mehreren Büchern zur Lehrerunterstützung *(Fundgrube für Spiele,Fundgrube für Denksport und Rätsel)* einen Namen gemacht.

Seit mehr als dreißig Jahren unterrichtet Hugo Kastner Geografie, Wirtschaftskunde, Englisch, Management und Schach an einem Wiener Gymnasium. Nebenbei ist er in der österreichischen Lehrerfortbildung und als Trainer im Schulschach tätig.

In seiner Freizeit arbeitet er seit vielen Jahren journalistisch als Spielerezensent, Kolumnenschreiber und Fachartikelverfasser für das Österreichische Spielemuseum und mit Aufsätzen zu den Themen Spielkarten- und Comicsverlage für das Magazin Trödler & Sammeln. Einige Schwerpunkte seiner zahlreichen Veröffentlichungen der letzten Jahre sind die im Humboldt Verlag erschienenen Standardwerke *Die große Humboldt Enzyklopädie der Kartenspiele* (ISBN 978-3-89994-058-9), *Snooker – Spieler, Regeln und Rekorde* (978-3-89994-098-5) sowie *Die große Humboldt Enzyklopädie der Würfelspiele* (978-3-89994-087-9).

Das aktuelle Buch ist das Ergebnis der langjährigen Erfahrung des Autors als Gymnasialprofessor für Geografie und Englisch wie auch als vielseitig interessierter Schriftsteller.

Hinweis an den Leser:
Die Informationen dieses Buches sind von Autor, Verlag und Redaktion nach bestem Wissen und Gewissen sorgfältig erwogen und geprüft. Dennoch kann keine Gewähr auf Vollständigkeit und Richtigkeit übernommen werden.

Originalausgabe 2007

© 2007 Humboldt Verlags GmbH, Baden-Baden

www.humboldt.de

Umschlaggestaltung: Artpress Grafik-Studio, Simon Hechenberger
Umschlagfoto: Humboldt Verlag, CCvision
Lektorat: Linda Kastner
Satz: MPM Wasserburg
Druck: Artpress Druckerei GmbH, A-6600 Höfen

www.artpress.at

Printed in Austria

ISBN 978-3-89994-124-1

Für
meinen ältesten Freund Roland
und meine Söhne Christoph und Ralph

Inhalt

TEIL 1 – LEXIKON   17

TEIL 2 – SPEZIALKAPITEL   365

VORWORT

Geografische Namen erfüllen eine ungeheuer wichtige Funktion in unserem täglichen Leben – und dennoch werden sie fast als etwas Selbstverständliches gesehen, etwas schon immer Dagewesenes. In Wahrheit verbirgt sich hinter diesen Namen eine vielfältige Geschichte, bei der Sprachen und historische Ereignisse in einer geradezu einzigartigen Beziehung miteinander verschmelzen. Wir haben hier ein kulturelles Erbe vor uns, das nicht zuletzt durch dieses Lexikon einer breiten Leserschaft näher gebracht werden soll. Selten genügt zudem der kurze Blick auf die Landkarte, um den Hintergrund zu einem Namen zu erkennen. Denn viele Fluss-, Berg- und Siedlungsnamen sind tausende Jahre alt, stammen aus längst untergegangenen Sprachen und bilden nur einen schwachen Abglanz vom Moment der Schöpfung des jeweiligen Begriffs. Fast könnte man sagen, dass uns nur ein diffuser Schein erreicht, wie beim Licht von weit entfernten Sternen. Hier die richtige Deutung zu versuchen, ist eine tückische Puzzleaufgabe, der sich Sprachwissenschaftler und Etymologen verschrieben haben. Ein erster Blick, eine erste Frage: Handelt es sich um eine Beschreibung der lokalen Topografie? Um den Ausdruck von Besitzverhältnissen? Um einen alten Namen? Es gibt so viele Deutungsmöglichkeiten dieser »linguistischen Fossilien«, wie es A. D. Mills in seiner prägnanten Art in seinem Werk *Oxford Dictionary of British Place Names* ausdrückt. Der Augenschein jedenfalls trügt gerade bei dieser Thematik nur allzu oft.

Diese Komplexität bei der Deutung verlangt daher nach einem hohen, umfassenden Allgemeinwissen. Vielleicht ist dies auch ein Grund dafür, dass der Markt dem geografisch interessierten Leser zwar eine Unzahl von Lexika, von Atlanten, Reisebeschreibungen und Almanachen bis hin zu Fachbüchern und dem Internet bietet, wo jedes nur erdenkliche Thema mit allen seinen Problemen ergründet und in jeder Facette eingehend studiert werden kann, jedoch gleichzeitig dem Feld der geografischen Namensdeutung nur wenig Raum gegeben wird. Genau hier setzt dieses Lexikon an. Es beschäftigt sich in lockerer und mit Anekdoten und Geschichten durchsetzter Weise mit der Etymologie der geografischen Namen unserer Erde. Die Leserin und der Leser sollen vor allem zum Schmökern angeregt werden, wenn auch auf korrekte Fakten größter Wert gelegt wurde. Entscheidend ist die Freude beim Entdecken unerwarteter Zusammenhänge, die Neugier, die von einem Stichwort zum anderen führt, wenn man sich erst einmal auf diese Reise durch die Welt der geografischen Namen einlässt. Dabei sind bei der Präsentation der Herkunft und der Wurzeln eines Namens zwei Hauptschwerpunkte entstanden. Zum Ersten eine lexikalische Darstellung mit entsprechenden Querverweisen zu historischen Quellen beziehungsweise landesüblich gebräuchlichen Bezeichnungen. Besonderes Augenmerk wird dabei auf die Motive der Benennung sowie die Namensentwicklung gelegt. Auch

volksetymologischen Deutungen wird Raum gegeben, soweit diese mit einiger
Zuverlässigkeit den Kern der Sache treffen. So wird die Frage, warum Kamerun
das »Land der Krabben« heißt, genau so beantwortet wie die irrtümliche Benennung von Sierra Leone nach einem Löwen. Der Humboldt-Gletscher in Grönland, der Humboldt River in Nevada, der Humboldt-Strom vor der Pazifikküste
Lateinamerikas wie auch Dutzende andere Benennungen zu Ehren des Natur-
forschers Alexander von Humboldt tragen die Bedeutung »kühner Geist« (ahd.
hugu »Gedanke, Geist« und ahd. *bald* »kühn«). Wie passend für den Herausge-
ber dieses Werkes! Allgemeine geografische Begriffe, die zum Verständnis der
Namen beitragen, werden in alphabetischer Auflistung an den lexikalischen Teil
angehängt.
Zum Zweiten bietet dieses Buch in sechzehn Übersichtskapiteln eine zusammen-
fassende Gesamtschau auf unabhängige Staaten, Länder (Provinzen, Regionen),
Städte, Gewässer usw. Spezialabschnitte mit geografischen Namen in Sprichwör-
tern wie im alltäglichen Sprachgebrauch (z. B. »Alle Wege führen nach Rom«,
»Amerikanisierung«) oder Vergleiche von Namen, die unterschiedlich zu sein
scheinen, jedoch eine identische Wurzel haben (z. B. Oxford und Bosporus),
runden dieses Werk ab. Dazu kommen noch einige Spezialthemen, wie etwa kuriose und irreführende Namen, Flaggenfamilien und deren symbolische Bedeutung, die verschiedenartigen Facetten Europas, Familiennamen nach Herkunft,
Postalische Ausgabegebiete usw., die den Leser noch tiefer in die Thematik dieses
Werkes einführen und damit ein einprägsameres Bild der topografischen Namen
unserer Erde ergeben sollen. Deutschland, die unabhängigen Staaten der Erde
sowie die Vereinigten Staaten von Amerika werden in entsprechenden Länderar-
tikeln in vergleichender Zusammenschau betrachtet. Die Spezialkapitel sind al-
phabetisch oder thematisch (nach historischen Persönlichkeiten, nach Gewässern, nach Pflanzen und Tieren, nach der Lage auf dem Globus etc.) geordnet und
somit für den Leser jederzeit leicht nachschlagbar. Abgerundet wird dieses Werk
durch ein Glossar, in dem die Wurzeln der geografischen Namen (aus zahlreichen Sprachen) in kurzer Zusammenschau erklärt werden.
Spannend ist sie allemal, die Suche nach dem Ursprung, das Puzzle der Entstehungsgeschichte eines geografischen Namens. Die Biografien vieler großer Persönlichkeiten wurden dabei ebenso hineinverwoben wie etwa Mythen, Anekdoten und kleine Zufälligkeiten. Zuletzt darf nicht vergessen werden, dass sich auch
Namen im Laufe der Jahrhunderte oder gar Jahrtausende in ihrer orthografi-
schen wie semantischen Form wandeln. Der einst prägende Sinn geht dabei verloren, neue Deutungen sind die Folge, und so entstehen »sprachliche« Punkte auf
unseren Landkarten, die mit den Intentionen ihrer Gründer kaum mehr etwas
gemeinsam haben. Das abenteuerliche Spiel der Interpretationen kann damit erneut beginnen.
Die Namenforschung der Staaten der Erde ist zweifellos noch nicht abgeschlossen. Auch bei den »sicheren« etymologischen Ableitungen scheint, objektiv betrachtet, die eine oder andere Umdeutung durchaus möglich. Aber der jetzige

Stand des Wissens erlaubt keine genauere Präsentation. Dennoch bleibt die Hoffnung, dass Sie als Leserin oder Leser die vielen historischen Unwägbarkeiten bei der Benennung der Staaten, Provinzen, Städte, Flüsse, Gebirge, Kontinente und Meere erkennen können und vielleicht auch ein besseres Bild von der einen oder anderen Region unserer Erde sowie den vielfältigen geografischen Termini mitnehmen. Ein unterhaltsames Vertiefen in die kulturgeschichtlichen Verkettungen darf ich aber auf jeden Fall versprechen. Dafür sollte schon der hier eingeschlagene Weg einer Einbettung der rein linguistischen Komponenten in das Namensumfeld, wie es sich heute darstellt, sorgen. Dennoch darf niemals vergessen werden: Die Geschichte der geografischen Namen bleibt ein nur teilweise gelöstes Rätsel.

Mein Dank gilt meinem inzwischen leider verstorbenen Vater, der mit seiner Liebe zur Geografie, zur Sprache und zur Wissenschaft im Allgemeinen bei diesem Thema das Feuer des Forscherdrangs in mir entzünden konnte, und meinem langjährigen Freund Roland Schönauer, mit dem ich seit meiner Kindheit in vielen Stunden laienhaft Namensgeografie betreiben durfte. Ohne diese beiden Menschen hätte ich mich wohl nicht an dieses unendliche Thema gewagt.
Für die kritische Durchsicht des Endmanuskripts möchte ich auch allen meinen Studentinnen und Studenten des Jahrgangs 2007 herzlich danken. Nicht vergessen darf ich Helfried Gschwandtner, der mir bei einigen sprachgeschichtlich schwierigen Stichwörtern eine große Hilfe war. Zuletzt gilt mein ganz besonderer Dank meiner Schwägerin Linda Kastner, die in akribischer Arbeit die inhaltliche wie sprachliche Entstehung dieses Werkes begleitet und gefördert hat und die mir in kritischen Momenten die Ermutigung gab, unbeirrt die Suche nach dem Ursprung fortzusetzen. Sehr verbunden bin ich auch Otmar Fischer für die letzte Durchsicht des Umbruchs sowie die präzisen und hilfreichen Korrekturvorschläge. Das Ergebnis dieser Arbeit möge auch Ihnen, verehrte Leserinnen und Leser, große Freude bereiten.

Wien, Februar 2007
Hugo Kastner

ABKÜRZUNGEN

aägypt.	altägyptisch		aslaw.	altslawisch
adän.	altdänisch		asorb.	altsorbisch
Adj.	Adjektiv		assyr.	assyrisch
aengl.	altenglisch		astur.	asturisch
Af	Afrika		atschech.	alttschechisch
afinn.	altfinnisch		ausgespr.	ausgesprochen
afranz.	altfranzösisch		austral.	australisch
afries.	altfriesisch			
afrik.	afrikaans		B	Bergland (Berg, Gebirge)
agriech.	altgriechisch		babyl.	babylonisch
ägypt.	ägyptisch		bair.	bairisch
ahd.	althochdeutsch		balt.	baltisch
aholl.	altholländisch		bask.	baskisch
aind.	altindisch		bengal.	bengalisch
air.	altirisch		bibl.	biblisch
airan.	altiranisch		bras.	brasilianisch
aisl.	altisländisch		brit.	britisch
aital.	altitalienisch		bulg.	bulgarisch
akkad.	akkadisch		burm.	burmesisch
alb.	albanisch		bzw.	beziehungsweise
amerik.	amerikanisch			
amhar.	amharisch		ca.	circa
amtl.	amtlich		CH	Schweiz
anl.	altniederländisch		chem.	chemisch
annam.	annamesisch		chil.	chilenisch
anord.	altnordisch		chin.	chinesisch
apers.	altpersisch		Chr	Chronik (bibl.)
Apg	Apostelgeschichte (bibl.)			
apolab.	altpolabisch		D	Deutschland
arab.	arabisch		d. h.	das heißt
aram.	aramäisch		dän.	dänisch
arauk.	araukanisch		Dat.	Dativ
argent.	argentinisch		Deut	Deuteronomium (bibl.)
armen.	armenisch		dt.	deutsch
aruss.	altrussisch			
As	Asien		E	Erdteil & Kulturerdteil
asächs.	altsächsisch		ehem.	ehemals
aserbaid.	aserbaidschanisch		engl.	englisch
askand.	altskandinavisch		estn.	estnisch

etc.	et cetera	inoff.	inoffiziell
etrusk.	etruskisch	ir.	irisch
Eu	Europa	irak.	irakisch
ewenk.	ewenkisch	iran.	iranisch
Exo	Exodus (bibl.)	irokes.	irokesisch
Ez	Ezekiel (bibl.)	isl.	isländisch
		ital.	italienisch
F	Fluss		
finn.	finnisch	jakut.	jakutisch
fläm.	flämisch	jap.	japanisch
fränk.	fränkisch	javan.	javanisch
franz.	französisch	Jh.	Jahrhundert
fries.	friesisch	Jos	Josua (bibl.)
furl.	furlanisch	jüd.	jüdisch
G	Gewässer (See, Meer ...)	Ka	Karibik
gäl.	gälisch	kambod.	kambodschanisch
galiz.	galizisch	Kap.	Kapitel
gall.	gallisch	karel.	karelisch
Gen	Genesis (bibl.)	karib.	karibisch
Gen.	Genitiv	kasach.	kasachisch
geogr.	geografisch	katal.	katalanisch
georg.	georgisch	kelt.	keltisch
germ.	germanisch	kirgis.	kirgisisch
griech.	griechisch	komor.	komorisch
guar.	guarani	Kön	Könige (bibl.)
guatemal.	guatemaltekisch	kongol.	kongolesisch
		kor.	koreanisch
H	Historischer Name	korjak.	korjakisch
h.	heute, heutiges	kors.	korsisch
hebr.	hebräisch	Kp	Kp
Hg	Herausgeber	kreol.	kreolisch
Hi	Halbinsel & Kap	kroat.	kroatisch
histor.	historisch	kuban.	kubanisch
hl.	Heilige/r	kurd.	kurdisch
holl.	holländisch	kyrill.	kyrillisch
I	Insel & Archipel	L	Land(schaft)
idg.	indogermanisch	laot.	laotisch
iL	inoffizieller Landesname	lat.	lateinisch
illyr.	illyrisch	lett.	lettisch
indian.	indianisch	Lex.	Lexikonteil
indon.	indonesisch	ligur.	ligurisch

lit.	litauisch	okzit.	okzitanisch
Luk	Lukasevangelium (bibl.)	österr.	österreichisch
		ostjak.	ostjakisch
malag.	malagasy	östl.	östlich
malai.	malaiisch	Oz	Ozeanien
malt.	maltesisch		
mandschur.	mandschurisch	P	Provinz, Teilstaat
mazed.	mazedonisch	pers.	persisch
md.	mitteldeutsch	phöniz.	phönizisch
mdal.	mundartlich	piem.	piemontisch
meng.	mittelenglisch	pikt.	piktisch
mex.	mexikanisch	Pl.	Plural (Mehrzahl)
mhd.	mittelhochdeutsch	PN	Personenname
Mi	Micha (bibl.)	pol.	polnisch
mlat.	mittellateinisch	polynes.	polynesisch
mnd.	mittelniederdeutsch	port.	portugiesisch
mnl.	mittelniederländisch	präidg.	präindogermanisch
moldau.	moldauisch	präkelt.	präkeltisch
mongol.	mongolisch	prov.	provisorisch
Mt	Matthäusevangelium (bibl.)	provenz.	provenzalisch
n.Br.	nördliche Breite	Q	Quelle
n. Chr.	nach Christi Geburt		
NA	Nordamerika	R	Region
nd.	niederdeutsch	rätorom.	rätoromanisch
nepal.	nepalesisch	Rep.	Republik
neuseeländ.	neuseeländisch	rum.	rumänisch
ngriech.	neugriechisch	russ.	russisch
nhd.	neuhochdeutsch		
nl.	niederländisch	S	Staat (unabhängig)
nlat.	neulateinisch	s.	siehe
NN	Normalnull	s. d.	siehe dort
nördl.	nördlich	SA	Südamerika
norm.	normannisch	sard.	sardisch
norw.	norwegisch	schott.	schottisch
nsächs.	niedersächsisch	schwed.	schwedisch
		schweiz.	schweizerisch
O	Orts-/Stadtname	schwz.-dt.	schweizerdeutsch
Ö	Österreich	semit.	semitisch
oL	offizieller Landesname	serb.	serbisch
ö.L.	östliche Länge	serbokr.	serbokroatisch
Off	Offenbarung (bibl.)	Sg.	Singular (Einzahl)
Okk.	Okkupation	sibir.	sibirisch

singhal.	singhalesisch	V	Völker & Sprachen
skand.	skandinavisch	v. Chr.	vor Christi Geburt
SL	Saarland	vgl.	vergleiche
slaw.	slawisch	viet.	vietnamesisch
slow.	slowenisch	vlat.	vulgärlateinisch
sowjet.	sowjetisch		
span.	spanisch	Wü	Wüste & Halbwüste
splat.	spätlateinisch	wal.	walisisch
spmhd.	spätmittelhochdeutsch	wallon.	wallonisch
suah.	suaheli, swahili	westfäl.	westfälisch
südl.	südlich	westl.	westlich
tadschik.	tadschikisch	X	Sonstiges
tamil.	tamilisch		
tatar.	tatarisch	z. B.	zum Beispiel
thai.	thailändisch		
tibet.	tibetisch	1.T./2.T.	1./2. Namensteil
turk.	turkmenisch	*	erschlossene Wurzel
türk.	türkisch	?	unsichere Deutung
		→	gehe zu …
U	Unabhängigkeit	[…]	Hinweise
u.	und		
u. a.	und andere	XY/	* int. Ländercodes
udmurt.	udmurtisch	XYZ/	(2-/3-stellig/int.
uighur.	uighurisch	KFZ	Kfz-Kennzeichen)
ukrain.	ukrainisch		* dt. Bundesländer
umbr.	umbrisch		* dt. Kfz-Kennzeichen
unabh.	unabhängig		* US-Staaten-Codes
ung.	ungarisch		* Schweizer Kantone
usbek.	usbekisch		* österr. Bundesländer
usw.	und so weiter		
		fett	Hinweis auf eigenes Stichwort

AUSSPRACHE

Allgemeine diakritische Zeichen

ā = langes a
ă = kurzes a
ē = langes e
î = langes i
ō = langes o
ū = langes u
á = Wortakzent
ç = scharfes s vor dunklen Vokalen
ñ = schleiftonige Intonation [sprich: aj, nj]
ë = folgender Vokal wird getrennt gesprochen

Besondere Lautzeichen

å = offenes o
œ = offenes ö
ø = geschlossenes ö

Germanische Sprachen

Þ = dentaler Reibelaut (stimmlos) wie engl. *thin*
ð = dentaler Reibelaut (stimmhaft) wie engl. *that*

Slawische Sprachen

c = z, ts
ck = zk
č, cz, ć = tsch
ł = hartes, in w übergehendes l
ǥ – sch
sz = stimmloses sch
rz = stimmhaftes sch
ř = r mit Zischlaut, etwa schr/rsch
y = langes zentrales i
z = stimmhaftes s
ž = stimmhaftes sch wie *journal*

Türkisch

ş = stimmloses sch
j = stimmhaftes sch
ç = stimmloses tsch
c = stimmhaftes tsch
e = ungerundeter Vokal wie *hätte*
o = halboffener Vokal wie *Gott*
ö = halboffener Vokal wie *möchte*
ş = sch wie *Schule*
v = w wie *Vase*
y = j wie *Jacke*
z = s wie *Sage*

Arabisch

ǧ = weiches dsch wie engl. *jungle*
q = kehliges k
š = scharfes sch wie *Schule*

Chinesisch

z = ds
c = ts
zh = dsch
ch = tsch
sh = sch
r = wie franz. jeune
j = dch, wie *ich*; vor u = ü,
     vor uan = üä, vor ue = üän
q = tch; vor u = ü, vor uan = üä,
     vor ue = üän
x = ch; vor u = ü, vor uan = üä,
     vor uen = üä
y = j wie *ja*; vor u = ü, vor uan = üä,
     vor ue = üän
yi = i; vor u = ü, vor uan = üä,
     vor ue = üän
Konsonant vor ui = uei, vor un = uen,
     vor iu = iou

TEIL 1

LEXIKON

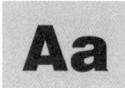 griech. *alpha* Aα – phöniz. *āleph* »Rind« [Guttural]

AACHEN AC [O, Nordrhein-Westfalen, Deutschland, Europa] Schon im 1. Jh. n. Chr. kann ein keltisch-römisches Heilbad im heutigen Aachen nachgewiesen werden. Und auf diese Wasserquellen der Residenzstadt Karls des Großen bezieht sich ahd. *aha* WASSER sowie lat. *aquae* HEILQUELLEN. In Aachen ruhen auch die Gebeine des großen fränkischen Herrschers, und zwischen 936 und 1531 war diese Stadt Krönungsstätte der deutschen Könige. Der französische Name für Aachen, *Aix-la-Chapelle* (aus lat. *aquis* und franz. *chapelle* »Kapelle«), trägt den Zusatznamen zur Unterscheidung von anderen gleichnamigen Orten (z. B. Aix-en-Provence, s. d.) und spricht das zu karolingischen Zeiten begonnene Münster an.

AALEN AA [O, Baden-Württemberg, Deutschland, Europa] Diese Stadt entstand 1241 nahe einem vormalig römischen Kastell, allerdings mit einer fast tausendjährigen Pause. Möglicherweise hängt der Name mit einer GEWÄSSERBEZEICHNUNG zusammen, wenn dafür auch eindeutige historische Belege fehlen.

AARAU [O, Schweiz, Europa] Nach dem gleichnamigen Fluss AARE (s. d.) benannt (*au* bedeutet so viel wie FEUCHTWIESE), war die um 1250 gegründete Siedlung für kurze Zeit sogar Hauptstadt der Schweiz. Bekannter als der Stadtname wurde die nahe gelegene Habichtsburg, der Stammsitz der Habsburgerdynastie. Deren Name ist eine Kontraktion aus Habichtsburg.

AARE [F, Schweiz, Europa] Der längste Fluss, der von der Quelle bis zur Mündung in der Schweiz liegt, trägt im Namen die idg. Wurzel **ara* WASSER. Hier ist eine unmittelbare Verwandtschaft zum schottischen Fluss Ayr (s. d.) zu erkennen.

AARGAU AG [P, Schweiz, Europa] Im Jahr 1803 schloss sich der Aargau (Namensbildung: AARE plus GAU »Bezirk«) der Helvetischen Konföderation an.

AARHUS [O, Dänemark, Europa, dän. Århus] Der gleichnamige Fluss schenkte dieser dänischen Stadt am Kattegat den Namen. Die Bedeutung ist einfach FLUSSKRÜMMUNG (adän. *å* oder *aa* »Fluss«, *os* »Mündung«).

ABADAN [O, Iran, Asien] Der berühmte Ölhafen im Südwestiran ist nach ABBAD IBN AL-HUSAYN benannt, dem arabischen Heiligen, der diese Stadt im 8. oder 9. Jh. gründete. Rein zufällig enthält der Stadtname das iran. Wort *ābād*, das so viel wie »Wohnstätte« oder »Habitat« bedeutet (vgl. Hyderabad oder Islamabad).

ABCHASIEN [P, Georgien, Asien, engl. *Abkhazia*] Die heute autonome Region Abchasien ist nach einem der URVÖLKER des Kaukasus, den Abchasiern, benannt. 1994 hat sich diese Region für unabhängig erklärt – und ist dies de facto auch – wenngleich eine nationale oder internationale Anerkennung ausblieb.

ABERDEEN [O, Schottland, Großbritannien, Europa] Obwohl die schottische Großstadt an der Dee liegt, geht der keltische Name *aber* »Flussmündung« auf den kleineren Fluss Don zurück, der das heutige Old Aberdeen durchfließt. Diese Stadt sollte also AN DER MÜNDUNG DES DON heißen. Eine auf den britischen Inseln wichtige Fleischrinderrasse, das *Aberdeen-Angus-Rind*, ist nach der Hauptstadt sowie der Grafschaft Angus benannt.

ABESSINIEN → **Äthiopien** [H/S, Afrika, engl. *Abyssinia*] Eigentlich ist Abessinien (das semitische Wort bedeutet VÖLKERGEMISCH) ein kulturgeografischer Begriff, der nur das Hochland des ostafrikanischen Staates Äthiopien bezeichnet. Dennoch war Abessinien zeitweilig auch in europäischen Lehrbüchern als Staatsname zu finden.

ABIDJAN [O, Côte d'Ivoire, Afrika] WIR KOMMEN VOM SCHNEIDEN DER BLÄTTER (bantu *t'chan m'bi djan*) war die später mit Verblüffung erkannte Botschaft, die den ersten französischen Siedlern von Eingeborenen mitgeteilt wurde. Offensichtlich missverstanden die Frauen die gestikulierend vorgetragene Frage der Siedler, wo sie sich gerade befänden.

ABILENE [O, Kansas, USA, Nordamerika] Die bibelfeste Besitzerin des Landes entschied sich 1860 bei der Siedlungsgründung für einen Namen aus dem Heiligen Buch: *Abilene* AUS DER GEGEND ABILA (Luk 3,1). Letzterer Gebietsname könnte mit »Grasebene« übersetzt werden. Als Brückenkopf für den Rindertransport aus Texas erlangte Abilene während des 19. Jh.s nationale Bekanntheit. Heute ist es ein Dorf mit kaum mehr als ein paar Seelen.

ABRUZZEN [B, Europa, engl. *Abruzzi*] Das splat. *Abrutium* gibt diesem mittel- und süditalienischen Gebirgszug seinen Namen. Ganz geklärt ist der Ursprung dieses Wortes nicht, vielleicht jedoch besteht ein Bezug zu *aper* (Gen. *apri*) WILDSCHWEIN oder zu *abruptus* STEIL. Immerhin ist diese Berglandschaft die höchste und bizarrste in ganz Italien, wo für Wildschweine genügend Versteckmöglichkeiten bestehen. Beide Deutungen kommen daher gut in Frage.

ABU DHABI → Vereinigte Arabische

Emirate [O/P, Vereinigte Arabische Emirate, Asien] Die nach Dubai zweitgrößte Stadt des Landes (dt. VATER DER GAZELLE) befindet sich auf einer Insel und hat zu mehr als 80 Prozent ausländische Einwohner.

ABU SIMBEL [X, Ägypten, Afrika] Dieses ehemalige Dorf wurde durch die beiden von Ramses II. erbauten Tempel weltberühmt. Im Zuge der Errichtung des Assuan-Staudammes wurden die Tempel im Jahr 1966 abgetragen und auf höherer Stelle neu aufgebaut. Abu Simbel bedeutet VATER VON SUNBUL, wobei der islamische Männername für eine Blume, die HYAZINTHE, steht.

ACAPULCO [O, Mexiko, Mittelamerika] Die traurige Geschichte der frühen Hochkulturen Mexikos spiegelt sich im Namen dieses Badeortes wider. Acapulco (auch: *Acapulco de Juárez*) bedeutet so viel wie ZERSTÖRTE SCHILFGRÄSER (nahuatl *acatil pulco*). Heute dagegen gilt Acapulco als Mexikos erste Urlaubsadresse. Journalisten haben ganz zu Recht einen treffenden Beinamen gefunden: »Die Stadt, die niemals schläft«.

ACCRA [O, Ghana, Afrika] Aus einem Spottnamen für die nigerianischen Stämme, die sich im 16. Jh. in Ghana niederließen, entstand der Name der heutigen Großstadt. *N'kran* bedeutet einfach AMEISE. Ob die Zahl der Einwanderer oder deren Machtpotenzial angesprochen wurde, entzieht sich der heutigen Kenntnis.

ACONCAGUA [B, Argentinien, Südamerika] Der höchste Berg Südamerikas trägt einen araukanischen Namen, der sich vom Fluss, der am Bergfuß entspringt, ableitet. Der Flussname setzt sich aus *konka* STROHGARBEN und *hue* REICH AN zusammen. Es wurde damit vor undenklichen Zeiten wohl dem Fruchtbarkeitsgott gedankt.

ADDIS ABEBA [O, Äthiopien, Afrika] Die Handschrift einer Frau verbirgt sich im Namen der äthiopischen Hauptstadt: NEUE BLUME (amhar. *ăddis* »neu« und *ăbăba* »Blume«). Kaiserin Taitu, die Gattin Kaiser Meneliks II., überzeugte ihren Gemahl, anstelle der alten, dem Wind ausgesetzten Hauptstadt, eine neue Metropole nahe den heißen Quellen im Landesinneren zu bauen.

ADELAIDE [O, Neuseeland, Ozeanien] In dieser neuseeländischen Metropole verbirgt sich die französische Form des ahd. Namens Adelheid, eine Zusammensetzung von *adal* »edel« und *haidu* »Art und Weise«, also frei übersetzt »von edlem Wesen«. Queen ADELAIDE, der zu Ehren diese von freien Bürgern besiedelte Stadt benannt wurde, war die Gattin des britischen Königs William IV.

ADÉLIE-LAND [R, Frankreich, Ozeanien] Groß muss die Liebe gewesen sein, denn Adélie-Land in der östlichen Antarktis wurde vom Entdecker Jules Sébastian César Dumont d'Urville zu Ehren seiner Gattin ADÉLIE benannt. Zoologen haben eben diesen Namen für die eigenwilligen *Adélie-Pinguine* gewählt, die heute in jedem guten Tiergarten eine besondere Attraktion darstellen.

ADEN [O, Jemen, Asien] Der berühmte Hafen Jemens führt seinen Namen vermutlich auf das akkad. *edinnu* EBENE zurück. Es gibt aber auch einige Gelehrte, die eine sprachliche Verwandtschaft mit dem biblischen Garten EDEN sehen wollen. Zweifelsfrei lässt sich dies heute nicht mehr klären.

ADRIA, ADRIATISCHES MEER [G, Europa, ital. *Mare Adriatico*, kroat./serb. *Jadransko more*, alb. *Deti Adratik*, engl. *Adriatic Sea*] Dieses Teilmeer des Mittelländischen Meeres verdankt seine Bezeichnung der heute unbedeutenden gleichnamigen Stadt Adria, die ihrerseits auf das illyr. *adur* WASSER, MEER zurückgeht. Durch das ständige Wachsen der Küste auf Grund von Schwemmlandablagerungen liegt die Stadt Adria heute bereits mehr als 20 Kilometer im Landesinneren. Der römische Name war *Mare Superum*, der splat. *Mare Adriaticum*.

AFGHANISTAN AF/AFG/AFG [S, Westasien, oL *Islamische Republik Afghanistan*, paschtu *Di Afġānistān Islāmi Dawlat*, dari *Dowlat-e Eslâmî-ye Afqânestân*] Wie mehrfach in Südwest- und Zentralasien ist der Volksname *Afghani*, erweitert um die altpersische Endung *stan* »Land«, namengebend: also LAND DER AFGHANEN. Allerdings handelt es sich hier um die persische Form des bereits bei Herodot erwähnten Volkes der Paschtunen, die heute den höchsten Bevölkerungsanteil in diesem Land haben. Afghane ist ja mehr als Kollektivbegriff für die Einwohner dieses Landes zu sehen. Die Afghani ihrerseits könnten sich nach einem ihrer ersten Herrscher benannt haben, aber hier ist Vorsicht geboten. Manche Quellen sehen im aind. *upa-ghana-stan* LAND DER VEREINTEN STÄMME den Schlüssel zur Namensetymologie. Jedenfalls wurde der Name Afghanistan für das Bergland des Hindukusch erst im 19. Jh. eingeführt. In der Antike war die Bezeichnung *Ariana* üblich, im Mittelalter *Chorasan* (dt. Land der Sonne). Randbemerkung: Eine berühmte Langhaar-Hunderasse, der *Afghane*, scheint aus diesem Gebiet zu stammen. Außerdem trägt die Lan-

deswährung den Namen *Afghani*. U: 8.
8. 1919 (Vertrag von Rawalpindi)

AFRIKA [E, engl. *Africa*] Eigentlich war der römische Name *Africa* nur für die Bewohner (Afrigi) eines winzigen Teils dieses Kontinents im heutigen Tunesien gedacht. Das arab. *afar* STAUB, ERDE sollte eine fast prophetische Bezeichnung für die heutigen unendlichen Wüsten dieses Erdteils werden, für den sich schließlich allgemein der Name Afrika einbürgerte. Auch eine Ableitung aus dem lat. *apricus* SONNIG ist durchaus denkbar, wenn auch weniger wahrscheinlich. Der Begriff »*schwarzer Erdteil*«, auch heute noch da und dort gebräuchlich, stammt aus der Feder des Journalisten Henry Morton Stanley, der Ende des 19. Jh. einen Bericht über seine Afrikareise (*Through the Dark Continent*) veröffentlichte. Angesprochen hat er damit wohl weniger die dunkelhäutige Bevölkerung als vielmehr die Faszination des Unbekannten wie des Erstaunlichen. Wenn wir dagegen heute von Schwarzafrika sprechen, meinen wir den Kontinent südlich der Sahara. In den Begriffen *Afrikaans* (Sprache der Buren in Südafrika), *Afrikanistik* (Wissenschaft von der Geschichte, Sprache und Kultur dieses Erdteils) und *Afrikanthropus* (Menschentyp der Altsteinzeit) findet der Name Afrikas seine moderne Verwendung. Zuletzt darf der *Afro-Look*, eine Frisur mit gekrausten, nach allen Seiten abstehenden dichten Locken, nicht vergessen werden.

AGADIR [O, Marokko, Afrika] In der Sprache der Tuareg heißt *agādir* MAUER, UFERWALL. Damit wird auf die natürlich geformte Bucht, auf deren Hängen sich die Altstadt erhebt, angespielt.

ÄGÄIS, ÄGÄISCHES MEER [G, Europa, griech. *Aigaion*, engl. *Aegean*] Die fälschliche Nachricht vom Tode seines Sohnes Theseus veranlasste den aus der Mythologie bekannten König AEGEUS dazu, sich in die weite See zu stürzen. Allgemein wird der Herrschername von griech. *aigos* ZIEGEN (Pl. von *aix*) abgeleitet. Denkbar ist aber auch eine viel ältere Quelle, die auf *aiges* WELLE als Namensursprung deutet.

AGRA [O, Indien, Asien] Schon Ptolemäus hat im 2. Jh. v. Chr. über diese indische Stadt geschrieben. Der Grund ist einfach: aind. *Agrabana* (der Name stammt aus dem »Mahabharata«) lässt auf ein wahres PARADIES schließen. Endgültig unsterblich wurde diese Stadt durch den Marmorpalast Taj Mahal. Errichtet als Symbol der Liebe, dient dieses Mausoleum als letzte Ruhestätte einer indischen Herrschergattin. Wohl nie wurden die sterblichen Überreste einer Frau in größerer Pracht bestattet als hier in Agra.

AGRAM → **Zagreb** [O, Kroatien, Europa] Eine Verballhornung des kroat. *Zagreb* (dt. JENSEITS DES GRABENS) führte zum deutschen Namen der Hauptstadt Kroatiens.

ÄGYPTEN EG/EGY/ET [S, Nordostafrika, engl. *Egypt*, oL *Arabische Republik Ägypten*, arab. *al-Ǧumhūriyya al-Misryya al-'Arabiy ya*] Das griech. *Aiguptos* und das römische *Ægyptus* leiten sich vom ägyptischen Wort *hût-ka-ptah* ab, dem TEMPEL DER SEELE DES PTAH. *Hût-ka-ptah* war ursprünglich der Name für Memphis, wurde dann aber auf das ganze Land übertragen. Der eigene Landesname ist dagegen *Kemet* oder *Khemi*, also »Schwarzes Land«, wohl nach der dunkelhäutigen Bevölkerung benannt. Wahrscheinlich stammt diese Bezeichnung vom biblischen Namen *Ham*.

Sprachwissenschaftler meinen, dass auch das Wort *Alchimie* (arab. *al-kī-miyā*) von diesem Begriff abgeleitet worden sein könnte. Die überragende kulturhistorische Bedeutung Altägyptens kann man daran erkennen, dass mit der *Ägyptologie* ein eigener Wissenschaftszweig geschaffen wurde, der sich mit der Erforschung des ägyptischen Altertums beschäftigt. Über den Umweg des Arabischen findet sich im Namen der christlichen *Kopten* (arab. *qibti*, griech. *aigyptios*) dieses Land nochmals in einem Volk verewigt. Auch die englische Bezeichnung für Zigeuner, *Gypsy*, leitet sich von Ägypten her, da man lange der Ansicht war, dieses Volk stamme aus dem Nilland. Immerhin dürfte auch die Eigenbezeichnung *Roma* auf das aägypt. Wort *romet* (dt. Mensch) zurückgehen. Zuletzt soll die *Egyptienne*, eine elegante Fondstype, erwähnt werden. U: alte staatliche Tradition, 28. 2. 1922 (ehem. brit. Protektorat)

AHLEN [O, Nordrhein-Westfalen, Deutschland, Europa] Der Name dieser Stadt wurde bereits in der Vita Luitgeri II um das Jahr 850 erwähnt. Bis heute ist jedoch eine klare Deutung nicht möglich. Jedenfalls darf der geflügelte AAL im Stadtwappen nur als volksetymologische Erklärung verstanden werden.

AHMEDABAD [O, Indien, Asien, engl. *Ahmadabad*, auch: *Amdavad*] Die STADT DES ACHMED (gujarati *ābād* »Stadt«, *ahmad* »der Gloriose«) wurde im 15. Jh. gegründet und nach Sultan AHMED SHAH, dem muslimischen Herrscher Gujarats, benannt.

AIX-EN-PROVENCE → **Provence** [O, Frankreich, Europa] Wie bei der deutschen Stadt Aachen liegt der Ursprung des Namens Aix-en-Provence im ahd. *aha* WASSER sowie dem lat. *aquae*

HEILQUELLEN. Zur Unterscheidung der franz. Bezeichnung Aachens (*Aix-la-Chapelle*) trägt dieses Aix den Zusatznamen der Provence.

AJACCIO [O, Frankreich, Europa] RASTSTÄTTE, lat. *adjacium*, ist die sinnvolle Namensdeutung der korsischen Hauptstadt, war dieser mediterrane Hafen doch eine ideale Anlegestelle für die zahlreichen Schiffsfahrten im Mittelmeer.

AKROPOLIS [X, Griechenland, Europa, engl. *Acropolis*] ZITADELLE, oder wörtlich OBEN GELEGENE STADT, ist die korrekte Übertragung der griechischen Begriffe *akros* »oben« und *polis* »Stadt«. Heute gilt der »heilige Felsen« Athens als eines der weltweit bedeutendsten Kulturdenkmäler überhaupt, verkörperte doch die Akropolis schon zu Zeiten von Perikles das Ideal attischer Zivilisation. Das Parthenon, der Schützgöttin Athens gewidmet, wird weithin als das großartigste Monument der alten griechischen Kultur gesehen. Der Begriff *Akropolis* wird heute auch für ähnliche Bauten der Etrusker oder Kelten verwendet, ist also keineswegs auf Athen allein beschränkt.

ALABAMA AL/ALA. [P, USA, Nordamerika] Der indianische Name aus der Sprache der Choctaw, *alba-aya-mule*, wurde zuerst dem gleichnamigen Fluss gegeben. Der Name bedeutet so viel wie WIR DURCHDRINGEN DEN BUSCH. Wahrscheinlich ist dies eine Anspielung auf die schwierigen Lebensbedingungen im Süden der heutigen USA. Möglicherweise leitet sich die Bezeichnung dieses Bundesstaates aber auch von *alibamo* ab, was im Indianischen WIR BLEIBEN HIER bedeutet. Alabama wird auch als *Yellowhammer State* (dt. Goldammer-Staat) sowie *Heart of Dixieland* (dt. Herz des Südens) bezeichnet.

ALAMO [X, USA, Nordamerika] In einer der legendärsten Belagerungen der amerikanischen Geschichte, beim Freiheitskampf für Texas, wurden im Jahr 1839 im Fort Alamo an die 200 Freiwillige im Kampf gegen eine ungeheure mexikanische Übermacht hingemetzelt. *Alamo* geht auf das spanische Wort für BAUMWOLLE zurück, den bis in unser Jahrhundert bedeutenden Rohstoff des amerikanischen Südens. Die geschlagenen Helden des frühen Amerika wurden in zahlreichen Filmen unsterblich gemacht.

ÅLANDINSELN [I, Finnland, Europa, schwed. *Landskapet Åland*] Obwohl diese Inselgruppe zu Finnland gehört, wird sie von Schweden bewohnt und trägt historisch korrekt auch einen schwedischen Namen. *Åland* kann sehr treffend mit AULAND übersetzt werden. Hiermit wird auch die hohe Feuchtigkeit der Ostseelandschaften zum Ausdruck gebracht.

ALASKA AK/ALAS. [P, USA, Nordamerika] GROSSES LAND (GEGEN DAS DIE SEE BRICHT) ist die Übertragung des Namens *alakshak* aus der Sprache der Aleuten, die zu den Inuit gehören. Auf den ersten russischen Landkarten wurde diese Bezeichnung zu *Alyaskat* verformt. Nachdem 1867 der Verkauf an die Vereinigten Staaten erfolgte, bildete sich der endgültige Name heraus. Alaska trägt den inoffiziellen Beinamen *The Land of the Midnight Sun* (dt. Land der Mitternachtssonne).

ALBANIEN AL/ALB/AL [S, Südosteuropa, engl. *Albania*, oL *Republik Albanien*, alb. *Republika e Shqipëriskë, Shqipëria*] LAND DER ADLER, d. h. **Shqipëria**, nennt sich der Balkanstaat selbst (alb. *shqipónjē* »Adler«). Das Wort Albanien dagegen dürfte von einer gänzlich anderen Wur-

zel kommen, entweder präkelt. *alb* HÜGEL oder idg. *albh* WEISS. Ob hier das Kalkgestein des Dinarischen Gebirges (immerhin sind drei Viertel des Landes gebirgig) oder helles, klares (also »weißes«) Flusswasser gemeint sind, darüber kann heute nur spekuliert werden. Vielleicht sollte man daher tatsächlich dem Adler, der ja auch Albaniens Wappentier ist, den Vorzug geben. Mehr als 400 Jahre lang (von 1478 bis 1912) stand das Territorium des heutigen Albanien, damals *Epirus* genannt, unter der Herrschaft der Osmanen. Karl May hat seinen Wüstenzyklus Band 5 mit dem Titel »Durch das Land der Skipetaren« hier angesiedelt. U: 28. 11. 1912

ALBERTA [P, Kanada, Nordamerika] Als 1882 diese kanadische Provinz entstand, entschied sich das britische Königshaus für den Namen der vierten Tochter der Königin Victoria, Prinzessin Louise Caroline ALBERTA (1848–1939), vielleicht auch deshalb, um nachträglich den verstorbenen Gatten der Monarchin, Prinz Albert, zu ehren.

ALBERTSEE [G, Kongo, Uganda, Afrika, bantu *Lac Mobutu Sese Seko*, engl. *Lake Albert*] Zwei Länder streiten sich um den Namensgeber dieses ostafrikanischen Grabensees. 1846 wurde zu Ehren des Gemahls von Königin Victoria, Prinz ALBERT, im Zuge der Entdeckung des Gewässers dieser Name gewählt. Belgien reklamierte jedoch diesen Grenzsee zum ehemaligen Belgisch-Kongo für sich. Auch einer seiner Könige trug den Namen Albert. Wie dem auch sei, heute lautet die (allerdings ebenfalls umstrittene) afrikanische Bezeichnung *Lac Mobutu Sese Seko*, nach dem kongolesischen Diktator. Sein voller »Kriegsname« lautet Mobutu Sese Seko Kuku Ngbendu Wa Za Banga (frei ins

Deutsche: »unbesiegbarer streitbarer Hahn, vor dem kein Küken sicher ist«).

ALBION [X, Großbritannien, Europa] Dem WEISSEN KREIDEFELSEN von Dover, für Besucher der Insel das erste weithin sichtbare Stück Land, ist der alte, poetische Name Britanniens zu verdanken. Das ldg. *albh* »weiß« steckt im lat. *albus*, und zu Zeiten des mächtigen römischen Imperiums kam »Albion« in den allgemeinen Sprachgebrauch. Eine andere Deutung führt diesen Namen auf die ALTEN BRITEN, die Kelten, zurück.

ALBUQUERQUE [O, New Mexico, USA, Nordamerika] Gegründet wurde die größte Stadt Neumexikos 1706 von Don Francisco Cuervo y Valdés, dem damaligen Gouverneur, zu Ehren des Herzogs von ALBURQUERQUE (1617–1676), Vizekönig von Spanien. Das -rging durch einen Schreibfehler verloren. Der Name selbst ist lateinischen Ursprungs und setzt sich aus *albus* »weiß« und *quercus* »Eiche« zusammen.

ALCATRAZ [X, USA, Nordamerika] Das berüchtigte, beinahe ausbruchssichere Gefängnis in der San Francisco Bay, für gefährlichste Strafgefangene gedacht, trägt einen der lokalen Fauna entnommenen Namen: das spanische Wort für PELIKAN. Der Grund war der Reichtum an diesen Vögeln auf der heute *Yerba Buena* (dt. gutes Gewürz) genannten Insel.

ALDERNEY -/-/GBA [I, Großbritannien, Europa] Die drittgrößte der Kanalinseln trägt einen skandinavischen Namen: *aurin* KIES und *ey* INSEL. Vermutlich war die Bodenbeschaffenheit der Auslöser für diese Bezeichnung.

ALEXANDRIA [O, Ägypten, Afrika] Gegründet im Jahr 332 v. Chr. von ALEXANDER dem Großen, machte diese Stadt mit der einst berühmtesten Bibliothek unserer Erde ihren Eroberer schlichtweg unsterblich. Alexandria, die »Perle des Mittelmeers«, wurde zu einem kulturellen, geistigen und wirtschaftlichen Zentrum ersten Ranges. Namen wie Ptolemäus, Kleopatra oder Cäsar gaben der Weltgeschichte auf diesem Boden ihre ganz persönliche Prägung. Auf einer Insel vor der antiken Metropole erhob sich eines der sieben Weltwunder, der Leuchtturm von Pharos (oder Leuchtturm von Alexandria).

ALFÖLD [R, Europa, Ungarn] Die ungarische Tiefebene (ung. *al* UNTER, *föld* ERDE, LAND) ist eine mit Löss und Flugsand bedeckte, tischebene Fläche. Wo immer durch Abholzung und Überweidung die Lössdecke gerissen ist, wurden die freien Trockensteppen der Puszta für ausgedehnte Rinder- und Pferdezucht genutzt.

ALGARVE [R, Portugal, Europa] Die arabische Himmelsrichtung *al-ǧarb* WESTEN steckt im Namen dieses früheren Königreichs im südlichen Portugal. Damit wird sehr genau die exponierte Lage dieses Landstrichs im arabischen Imperium des Mittelalters beschrieben.

ALGERIEN DZ/DZA/DZ [S, Nordafrika, engl. *Algeria*, oL *Demokratische Volksrepublik Algerien*, arab. *al-Ǧumhūriyya al-Ǧazā'Iriyya ad-Dimuqrātiyya aš-Ša'biyya*] Wie schon bei Tunesien wird auch der Name dieses Staates von der Hauptstadt Algiers abgeleitet. Das arab. *al-jazā'ir* heißt DIE INSELN und bezieht sich auf die ursprünglich vier Inseln vor der Küste der Hauptstadt. Äußerst ungleich ist die Bevölkerungsverteilung in diesem riesigen Staat: 96 Prozent der Menschen leben im Norden auf nur einem Fünftel der Fläche des Landes. Politischen

Sprengstoff bringt der Umstand, dass Algerien um die Wende zum 20. Jh. ein französisches Département wurde und 1947 allen Bürgern dieses Landes im sogenannten Algerien-Statut die französische Staatsbürgerschaft zuerkannt wurde. U: 5. 7. 1962 (ehem. franz. Kolonie)

ALGIER [O, Algerien, Afrika, arab. *Madînat al-Dschazǎ'ir*, engl. *Algiers*] Die vier dem heutigen Festland vor einigen Hundert Jahren vorgelagerten INSELN (arab. *al-jazā'ir* »die Inseln«) geben der algerischen Hauptstadt ihren Namen.

ALHAMBRA [X, Spanien, Europa] Der grandiose maurische Palast in Andalusien, erbaut im 13. und 14. Jh., heißt einfach DER ROTE (arab. *al-hamrā*). Gemeint ist entweder die Farbe der sonnengebrannten roten Ziegel oder der Name des Erbauers, Mohammed Ben al-Ahmar. Granada bietet mit diesem Juwel eine Touristenattraktion ersten Ranges. Besonders gehört dazu auch die innerhalb der Festungsmauer aufragende Zitadelle Alcazaba.

ALICANTE [O, Spanien, Europa] Das griech. *acra leuka*, HOCH UND HELL (WEISS), spielt auf die wunderbare Seelage dieser Stadt an. Daraus entwickelte sich lat. *Lucentum* (dt. Platz des Lichts), die direkte Wurzel des Namens von Alicante.

ALICE SPRINGS [O, Australien, Ozeanien] Diese Stadt im Herzen Australiens trägt den Namen von Lady ALICE Todd, der Gattin des Generalpostmeisters. Allerdings war besagte Lady nicht nur Gesellschaftsdame, sondern vielmehr in leitender Funktion beim Bau einer Telegraphenlinie tätig. Ursprünglich wurden wohl einige Quellen, die als Wasserstellen für die Bauarbeiter dienten, nach ihr benannt. Im Jahr 1871

ging diese Bezeichnung dann auf die lokale Telegraphenstation über, später auf die ganze Stadt. Für einige Zeit allerdings, von 1888 bis 1933, nannte sich diese Stadt *Stuart*, nach dem Forscher John McDouall Stuart.

ALLAHABAD [O, Indien, Asien] STADT ALLAHS lautet die treffende Bezeichnung für diese nordindische Pilgerstätte. Der Name stammt zwar aus dem Hindi, wurde jedoch 1583 vom muslimischen Großmogul Akbar dem Großen gewählt. Zuvor war es ihm gelungen, durch jahrzehntelange Kämpfe und geschickte Bündnispolitik fast den gesamten Subkontinent zu unterwerfen.

ALLGÄU [P, Deutschland, Österreich, Europa] BERGLAND, ALMLAND steckt im ahd. *alba* »Bergweide« und *gouwi* »Gegend, Land«. Treffender kann man diese durch Grünland und Milchwirtschaft geprägte Region kaum bezeichnen.

ALMA-ATA [O, Kasachstan, Asien, kasach. *Almaty, Almati*] Die kasachischen Wörter *alma* »Apfel« und *ata* »Vater« würden die Bezeichnung VATER DER ÄPFEL zulassen. Neuere Forschungen machen aber eine Herleitung von *almalyk* »Reich der Äpfel« wahrscheinlich.

ALMERÍA [O, Spanien, Europa] DER WACHTURM ist die buchstäbliche Übersetzung der arabischen Wörter *al* und *mir'aya*. Diese bereits von Phöniziern gegründete Siedlung wurde von den Römern zu einem wichtigen Handelsplatz ausgebaut. Durch Wehrmauer und Wachtürme geschützt, stellte Almería schließlich für die maurischen Eroberer ein willkommenes Waffenarsenal dar.

ALPEN [B, Deutschland, Frankreich, Italien, Liechtenstein, Monaco, Österreich, Schweiz,

Slowenien, Europa, engl. *Alps*] Mit ziemlicher Gewissheit darf eine präkeltische Bezeichnung für das größte mitteleuropäische Gebirge angenommen werden. Ligur. *alb* heißt so viel wie HÖHE, und damit wird man dem jungen Faltengebirge, das im Mont Blanc (4810 Meter) seinen höchsten Gipfel erreicht, absolut gerecht. Zahlreiche Wörter verdanken ihre Existenz diesem europäischen Gebirgszug: *Alpenbock, Alpengarten, Alpenglöckchen, Alpenglühen, Alpenrose, Alpenveilchen, Alpenverein, Alpinist, Alpinum* usw.

ALPENVORLAND → **Alpen** [R, Österreich, Europa] Das bei der Hebung des Faltengebirges entstandene Vorlandgebiet der Alpen ist durch tief ausgeschürfte, eiszeitliche Gletscherseen gekennzeichnet. Die Folge: Das Alpenvorland ist heute eine beliebte Tourismusregion. Zum Namen s. Alpen.

ALSACE → **Elsass** [R, Frankreich, Europa] Alsace ist der französische Name dieser lange Zeit zwischen Deutschland und Frankreich umstrittenen Region Elsass (s. d.).

ALTAI (Gebirge) [B/R, Russland, Asien, engl. *Altai Mountains*] Eher spekulativ ist die Annahme, dass sich der Name dieses Gebirgsriesen auf das mongol. Wort *alt* GOLD zurückführen lässt, wurde dieses Edelmetall doch erst im frühen 19. Jh. dort gefunden. Die Region Altai wird wegen ihrer pittoresken Lage auch gerne als »Tibet Russlands« bezeichnet.

ALTE WELT [E, Afrika, Asien, Europa] Heute wird der Kollektivname »Alte Welt« gerne für die Teile der Erde verwendet, die bereits in vorkolumbianischer Zeit im Brennpunkt des damaligen Interesses und Wissens standen. Das waren Europa, große Teile Asiens und Bruchstücke Afrikas. »Alt« meint

also, zumindest aus europäischer Perspektive, BEREITS IM MITTELALTER BEKANNT UND BEDEUTEND. Im Gegensatz dazu steht die *Neue Welt* (s. d.).

ALTENBURG [O, Thüringen, Deutschland, Europa] Zum ersten Mal wird der deutsche Name dieser für ihr Spielkartenmuseum bekannten Stadt (journalistisches Etikett: Skatstadt) 976 in einer Urkunde Kaiser Ottos II. erwähnt: *civitas Altenburg* (dt. ALTE BURG). Es handelt sich um eine direkte Übersetzung der sorbischen Benennung *Blisna* (später *Plisne*), die parallel bis ins Hochmittelalter verwendet wurde.

ALTONA [H/O, Freie Hansestadt Hamburg, Deutschland, Europa] Der heutige Stadtteil von Hamburg war Mitte des 17. Jh.s der erste Freihafen Nordeuropas. Der alte Name *to dem Altona* deutet auf einen Hausnamen oder Dorfkrug hin: vielleicht *Joachim van Lo to der Pepermolenbeeke* (dt. am Pfeffermühlenbach). Den aus Hamburg kommenden Fuhrleuten schien dieser Krug ALLZU NAHE zu sein (nd. *al to nā*), und so hat sich aus einer umgangssprachlichen Wendung ein Ortsname gebildet. (Q: Duden, Geografische Namen)

AMAZONAS [F, Südamerika, engl. *Amazon*] Der aus der Sprache der Tupi oder Guarani entlehnte Name bedeutet WELLE, was auf den im Mündungsbereich entstehenden Gezeitenhub zurückzuführen ist. Spanische Entdecker des 16. Jh.s bezogen diese Bezeichnung fälschlicherweise auf die legendären Amazonen, vielleicht auch deshalb, da ihnen die Eingeborenen bartlos und anmutig wie die klassischen Kriegerinnen erschienen. Der Name der *Amazonen* geht, so wird vielfach behauptet, auf griech. *a* OHNE und *mazos* BRUST zurück, da den jungen Mädchen die rechte Brust ausgebrannt wurde, damit sie beim Bogenschießen mehr Armfreiheit hatten. Wahrscheinlich ist aber ein altes persisches Wort für KRIEGER die eigentliche Wurzel. Mit mehr als 7 Mio. km² Einzugsgebiet und dem größten Regenwaldgebiet der Erde beeinflusst der Amazonas das globale Klima .

AMERICAN SAMOA [I, USA, Ozeanien, dt. *Amerikanisch-Samoa*] Der östliche Teil des Archipels Samoa gehört bis heute als Außengebiet zum Territorium der Vereinigten Staaten von Amerika. Der Name dürfte PLATZ DES MOA oder HEILIGE MITTE bedeuten. Zur Legende s. Samoa.

AMERIKA → Vereinigte Staaten von Amerika [E, Nord-, Mittel-, Südamerika, engl. *America*] Der Doppelkontinent Amerika (nach AMERIGO Vespucci) erstreckt sich in voller Ausdehnung vom 83. Breitengrad Nord (Kap Columbia) bis zum 56. Breitengrad Süd (Kap Hoorn), also über gigantische 15 000 Kilometer. Mit einer Landfläche von knapp 42 Mio. km² ist dieses »Amerika« etwas kleiner als der Riese Asien. Zum Namen s. **Vereinigte Staaten von Amerika.**

AMIENS [O, Frankreich, Europa] Die Stadt der berühmten Kathedrale Notre-Dame d'Amiens, eines der sehr beeindruckenden Bauwerke Frankreichs, trägt eigentlich einen »Wassernamen«. Gall. *ambe* FLUSS führte über das keltische Volk der Ambianer sowie die römische Bezeichnung *Ambianum* zum heutigen Namen.

AMMAN [O, Jordanien, Asien] Das alte semitische Volk der AMMONITER verleiht der jordanischen Hauptstadt ihren Namen. Vermutlich geht der Volksname auf die biblische Gestalt Ammon

zurück, den Stammvater der »Stadt der Kinder Ammons«, wie es in der Bibel heißt. Auch der ägyptische Gott AMUN ist ein möglicher Kandidat als Namenspatron.

AMRITSAR [O, Indien, Asien] Das glorifizierende SEE DER UNSTERBLICHKEIT (aind. *amrta* »unsterblich«, *saras* »See«) weist auf den tatsächlich so benannten See hin, an dessen Ufer diese heilige Stätte der Sikhs im Jahre 1577 gegründet wurde. Inmitten des Sees erhebt sich der Goldene Tempel, das Herz dieser Religion.

AMSTERDAM [O, Niederlande, Europa] In buchstäblicher Form bedeutet der Name dieser Stadt DAMM AN DER AMSTEL. Dies weist auf ein Schutzbauwerk aus dem 13. Jh. hin, das die Flüsse Amstel und IJ voneinander trennte und ein Bollwerk gegen die in diesen Jahren entstandene Zuidersee darstellen sollte.

AMU DARJA [F, Kasachstan, Asien, usbek. *Amudaryo*] *Amu* und *dario* sind die usbekischen Wurzeln des LANGEN FLUSSES. Damit wurde in der Tat eine sehr sprechende Bezeichnung gewählt, erstreckt sich der Amu Darja doch immerhin über fast zweieinhalbtausend Kilometer als Grenzfluss der jungen zentralasiatischen Staaten Usbekistan und Turkmenistan.

AMUR [F, China, Russland, Asien, chin. *Hēilóng Jiāng*] Der Grenzfluss zwischen der Mandschurei und Russland heißt in der mongolischen Sprache *amar* RUHIG, FRIEDVOLL. Nicht ganz treffend, angesichts der Tatsache, dass sich im 20. Jh. am Amur mehr feindliche Soldaten (chinesische und sowjetische) gegenüberstanden als an irgendeinem beliebigen anderen Punkt der Erde. Der chinesische Name bedeutet übrigens »Fluss des Schwarzen Drachen«.

ANATOLIEN [R, Türkei, Asien, engl. *Anatolia*] Trotz der historischen Rivalität zwischen Griechen und Türken trägt dieses Hochland den griech. Namen *anatolé* SONNENAUFGANG, OSTEN. Aus Sicht der alten Hochkultur eine geografisch absolut treffende Bezeichnung. Bekannt ist auch der allgemeine Name *Anatol* für türkische Teppiche aus diesem Hochland.

ANCONA [O, Italien, Europa] Die stark gebogene Küstenlinie bewog im 4. Jh. v. Chr. die griechischen Seefahrer dazu, den Namen *ankón* KURVE, ELLBOGEN für diesen Hafenabschnitt zu wählen.

ANDALUSIEN [R, Spanien, Europa, span. *Andalucia*, engl. *Andalusia*] Eigentlich sollte der Name dieser südspanischen Provinz »Wandalusien« lauten, fielen doch während der Völkerwanderung die WANDALEN hier ein. Kurz darauf wurden sie jedoch von den Westgoten verdrängt, und schließlich setzten sich im 8. Jh. die Araber im Südwestzipfel Europas fest. Die heute gebräuchliche Regionsbezeichnung geht daher auf das arab. *Al-Andalus* zurück, womit damals ganz Spanien gemeint war. Randnotiz: *Andalusit*, ein Mineral, ist nach dem ersten Vorkommen in dieser Region benannt.

ANDAMANEN [I, Asien, engl. *Andaman Islands*] HANUMAN, der König der Affen im epischen Sanskritgedicht Ramayana, gibt dieser Inselgruppe im Golf von Bengalen den eigenwilligen Namen. Angeblich konnte ihn Rama auf der Suche nach seiner Gattin Sita im Wettstreit besiegen. Schenkt man dem Epos Glauben, entstand bei diesem Wettkampf mit Kugeln und Würfeln die Inselkette zwischen Indien und Sri Lanka.

ANDEN [B, Südamerika, engl. *Andes*] Bis heute nicht restlos geklärt ist der Name des südamerikanischen Faltengebirges. Vielleicht ist mit dem Quechuawort *andi* der deutsche Ausdruck SPITZE gemeint, vielleicht darf aber auch auf Grund der Kupfervorkommen *anta* KUPFER als Quelle der Inspiration angenommen werden. Unwahrscheinlich ist eine Ableitung von *anti* »Osten«, wenn dies auch in manchen Erklärungsversuchen steht. Auch die Anden wurden in der Nomenklatur der Geologie durch ein eigenes Mineral verewigt, das *Andesit*.

ANDHRA PRADESH [P, Indien, Asien] TELUGU STAAT könnte man den Namen dieser indischen Region, die nur das Siedlungsgebiet des lokalen Volkes bezeichnet, frei übersetzen (aind. *pradesa* »Staat«).

ANDORRA AD/AND/AND [S, Südwesteuropa, oL *Fürstentum Andorra*, span. *Principat d'Andorra*] Die Bedeutung des Landesnamens dieses Pyrenäenstaates ist auf jeden Fall unsicher. Einen möglichen Ursprung sieht man im navarresischen Wort *andurrial*, was am besten mit BUSCHBEDECKTES LAND übersetzt wird. Die Bewohner dieser Republik heißen übrigens *Andorraner*. Wenn auch erst im 13. Jh. durch einen Vertrag zwischen zwei Co-Fürsten offiziell ein eigener Staat, war Andorra seit der Vertreibung der Muslime durch Karl den Großen im Jahr 803 mehr oder weniger unabhängig in seiner politischen Entwicklung. Interessant auch, dass Andorra aus zwei postalischen Ausgabegebieten besteht: eines für die Post nach Spanien, das andere für Frankreich (s. Spezialkapitel). Randnotiz: Das 1961 erschienene Drama »Andorra« von Max Frisch bezieht sich auf einen fiktiven Staat, hat also nichts mit der Pyrenäenrepublik zu tun. U: 8. 9. 1278 (Vertrag der Co-Fürsten), endgültig 3. 6. 1993

ANDORRA LA VELLA [O, Andorra, Europa, franz. *Andorra-la-Vielle*] Die Hauptstadt des Fürstentums in den Pyrenäen ist eine Übersetzung aus dem Katalanischen: DAS ALTE ANDORRA. Die Gründung dieser Stadt erfolgte bereits in vorchristlicher Zeit.

ANGARA [F, Russland, Asien] FLIESSENDES WASSER ist die treffende Beschreibung dieses einzigen im Baikalsee entspringenden Flusses (ewenk. *ang* »Wasser«, *gara* »fließen«). Ein bekanntes ewenkisches Märchen erzählt von einem Mädchen, das aus Liebe zu einem Prinzen ihren Vater (den Baikalsee) und ihre 336 Geschwister (die Wasser spendenden Zuflüsse) zurücklässt. All ihr Sehnen gilt der Vereinigung mit ihrem Geliebten (gemeint ist der sibirische Strom Jenissej). Daher wird unter der Lokalbevölkerung die Angara auch als DIE UNGEHORSAME bezeichnet.

ANGEL FALLS [X, Venezuela, Südamerika, span. *Salto del Angel*] Mit unglaublichen 978 m sind die Angel Falls der höchste ununterbrochene Wasserfall der Erde. Wer dieses Naturschauspiel frei mit »Engelfälle« übersetzt, liegt jedoch deutlich daneben, es sei denn, er überträgt auch gleich den Namen des amerikanischen Fliegers und Abenteurers James ANGEL ins Deutsche. Dieser war es nämlich, der 1933 auf seiner Suche nach Gold dieses gigantische Werk der Natur (wieder)entdeckte. Angeblich hatte bereits mehr als zwei Jahrzehnte zuvor der Venezolaner Ernesto Sánchez la Cruz den Wasserfall gesichtet. In der Sprache der Einheimischen heißt dieser Katarakt klangvoll *Kerekupai-Merú* (dt. Sprung des tiefsten Ortes).

ANGERS [O, Frankreich, Europa] Die alte Hauptstadt von Anjou trägt den römischen Namen eines keltischen Volkes, der ANDECAVI (kelt. *ande* »größer«, *cavi* »Verbündete«).

ANGKOR WAT [X, Kambodscha, Asien] Die berühmte kambodschanische Tempelanlage aus dem 12. Jh. trägt den Namen dieser Region. Angkor leitet sich von aind. *nagara* STADT ab. Wat, in der lokalen Sprache der Khmer *vot*, steht für PAGODE oder SCHREIN.

ANGOLA AO/AGO/ANG [S, Südwestafrika, oL *Republik Angola*, port. *Repüblika de Angola*] Benannt wurde Angola nach dem ersten Teil des Herrschertitels NGOLA a kiluanje, den der König der Mbundu zur Zeit der portugiesischen Landnahme des Ndongo-Reiches im 16. Jh. führte. Die Benennung dieser Region war mit dem Aufstellen eines Padrão (eines steinernen Kreuzes) gekoppelt, ein Zeichen der Inbesitznahme des Landes für die portugiesische Krone. Das eigentliche Auftauchen der Portugiesen liegt jedoch bereits im Jahr 1483. Bis ins 20. Jahrhundert war der Name *Portugiesisch Westafrika* sehr gebräuchlich. Angola war nach Venezuela erst das zweite Land, das sich für eine lokale Währung nach dem Landesnamen entschied (1932): *Angolar*. Als *Angolaner* dagegen werden in korrektem Deutsch die Einwohner bezeichnet. U: 11. 11. 1975 (ehem. port. Kolonie)

ANGORA → **Ankara** [H/O, Türkei, Asien] Bis 1930 hieß die türkische Hauptstadt Angora und lebt unter diesem Namen auch in den Begriffen *Angorakaninchen*, *Angorakatze*, *Angoraschaf* und *Angorawolle* weiter. Zur Namensdeutung s. **Ankara.**

ANGUILLA [I, Großbritannien, Karibik, Mittelamerika] Kolumbus wählte 1493 den sprechenden Namen AAL (span.), vermutlich wegen der lang gestreckten Form dieser Karibikinsel.

ANKARA [O, Türkei, Asien] Die traditionelle Namensdeutung ANKER, also »Platz, an dem die Siedler ankerten«, scheint etymologisch nicht haltbar. Wahrscheinlich ist mit der idg. Wurzel *ang* eher eine FLUSSKRÜMMUNG gemeint, was auch den geografischen Gegebenheiten dieser Siedlung entspricht und im früheren Namen **Angora** (s. d.) erkennbar bleibt.

ANNAM [H/L, Vietnam, Asien] FRIEDLICHER SÜDEN (*an* »Friede«, *nam* »Süden«) ist der schöne Name dieses ehemals eigenständigen Königreichs. Vielleicht wäre aber die Übersetzung BEFRIEDETER SÜDEN treffender. Jedenfalls wird mit der Himmelsrichtung gleichzeitig angedeutet, dass die Einwanderung aus dem chinesischen Norden erfolgte.

ANNAPURNA [B, Nepal, Asien] Dieser Achttausender im Himalayamassiv wurde nach einer Hindugöttin benannt. Aind. *anna* steht für NAHRUNG, *pūrna* für REICH. Schon in alten Zeiten wurden die Täler am Fuß des gewaltigen Massivs als sehr fruchtbar erkannt.

ANSBACH AN [O, Bayern, Deutschland, Europa] Wie viele alte Ortschaften trägt auch Ansbach einen ausgestorbenen Personennamen: *Onold.* Erkennbar wird dies in der früheren Schreibung *Onoldesbach* (also SIEDLUNG AM BACH DES ONOLD). Berühmt wurde Ansbach als Heimat- und Grabstätte Kaspar Hausers. Sein Monument trägt die vielsagende Inschrift: *Hic occultus occulto occisus est: (dt. Hier wurde ein Unbekannter von einem Unbekannten ermordet).*

ANTAKYA → **Antiochia** [O, Türkei, Asien] Der moderne Name des ehrwür-

digen Antiochia dürfte sich aus der Form *Antiokheia* gebildet haben. Zur Deutung des Namens s. Antiochia.

ANTALYA [O, Türkei, Asien] Der Name dieses heute ungemein beliebten Badeortes an der »türkischen Riviera« leitet sich vom Gründer, König ATTALUS II., ab, der die Grundmauern bereits im 2. Jh. v. Chr. legte. Eine weitblickende Standortwahl, schützt doch das hohe Taurusgebirge die einladende Küstenebene vor den kalten Nordwinden.

ANTANANARIVO [O, Madagaskar, Afrika] Der schöne Name STADT DER TAUSEND bezieht sich auf die große Zahl von Menschen, die die Hauptstadt Madagaskars bevölkern. In Malagasy steht vor einem Ortsnamen immer das Präfix *an*, *tanàna* bedeutet »Stadt« und *arivo* »tausend«.

ANTARKTIS [E, engl. *Antarctic*] Die klassische griechische Namensbildung *anti* GEGENÜBER und *arkticos* ARKTIS beschreibt geografisch korrekt die polare Lage dieser bei weitem größten zusammenhängenden Eismasse der Erde. Mehr als 90 % der gesamten Süßwasserreserven unseres Planeten sind in einem kilometerdicken Eispanzer gespeichert. Heute gilt die Antarktis als das größte Freiluftlabor der Menschen, und daher darf es auch nicht erstaunen, dass die Bewirtschaftungsrechte bereits 1959 in einem international anerkannten Vertrag festgehalten wurden. Von den mehr als 12,5 Mio. km^2 dieses Erdteils sind 98 % mit Eis bedeckt. Ein weiterer Rekord: Mehr als 90 % der gesamten Eismassen der Erde liegen in der Antarktis. Sieben Staaten stell(t)en Ansprüche auf das Land südlich des 60. Breitengrades, in teilweise überlappenden Sektoren: Argentinien, Australien, Chile, Frankreich, Großbritannien,

Neuseeland und Norwegen. Der 1961 inkraft getretene Vertrag anerkennt jedoch völkerrechtlich keine dieser Forderungen – daher sind alle »Wünsche« bis auf unbestimmte Zeit buchstäblich »auf Eis gelegt«.

ANTIBES [O, Frankreich, Europa] An einer Bucht mit dem mondänen Nizza gelegen, trägt Antibes ganz zu Recht den Namen GEGENÜBER DER STADT (griech. *Antipolis*). Wie so oft bei französischen Namensschöpfungen ist auch hier die historische Bezeichnung nur sehr versteckt zu erkennen.

ANTIGUA und BARBUDA AG/ATG/AG [S/I, Karibik, Mittelamerika, oL *Antigua und Barbuda*] Wenn er seine Phantasie auch nicht direkt nach Heiligen ausrichtete, so blieb Kolumbus dennoch seinem frommen Geist treu und wählte für einige der neu entdeckten Inseln bekannte spanische Kirchennamen. Eine dieser Benennungen hat mit einem Teil ihres Namens in einem heutigen Staat überlebt: *Santa Maria La Antigua De Sevilla* (dt. Altehrwürdige hl. Maria von Sevilla). Der erste Teil der Doppelinsel Antigua und Barbuda heißt wortwörtlich übersetzt ALT, was ohne den vollen Kirchennamen keinen Sinn macht. Unklar die Herkunft des zweiten Teils des Landesnamens. Barbuda (ehem. *Dulcina*) könnte sich vielleicht von den BARTARTIGEN BLÄTTERN oder den LUFTWURZELN der weit verbreiteten Feigenbäume ableiten. Die Bewohner dieses Staates nennen sich übrigens *Antiguaner*. U: 1. 11. 1981 (ehem. brit. Kolonie)

ANTILLEN [I, Karibik, Mittelamerika, engl. *Antilles*] Der Florentiner Kartograph Paolo Toscanelli gab der damals noch hypothetischen, weil unentdeckten westindischen Inselgruppe 1474 ihren Namen. Abgeleitet wird diese Bezeichnung von den lateinischen Begriffen *ante* VOR und *illas* INSELN. Vielleicht besteht aber auch ein Zusammenhang mit dem ATLANTIK, so meinen zumindest einige Namensforscher.

ANTIOCHIA, ANTAKYA [H/O, Türkei, Asien, türk. *Antakya*, engl. *Antioch*] Dieser biblische Ort wurde ca. 300 v. Chr. nach ANTIOCHOS, dem Vater des Stadtgründers Seleukos I. Nikator, benannt. Hier lehrte der Apostel Paulus, und hier wurde auch zum ersten Mal der Name »Christen« für die Bekehrten verwendet. Neben Alexandria, Jerusalem, Konstantinopel und Rom war Antiochia einer der fünf Sitze der Patriarchate, zwischenzeitlich sogar Hauptstadt des Römischen Reiches.

ANTRIM [P, Irland, Europa] In grauer Vorzeit dürfte in diesem nordirischen County (dt. Grafschaft) eine vereinzelte Farm gestanden sein. Zumindest deutet der Name darauf hin: ir. *aon* EIN und *treabh* HAUS. Im Laufe der Zeit wurde die Bezeichnung dieses Einzelgehöfts auf die umliegende Region übertragen.

ANTWERPEN [O, Belgien, Europa, franz. *Anvers*, engl. *Antwerp*] *Anda* BEI und *werpum* WERFT sind die germanischen Wurzeln dieser Stadt an der Schelde. *Werpen* heißt jedoch auch WERFEN. Und in der Tat erzählt eine in Belgien populäre Legende von einem römischen Krieger, der die Hand eines Riesen abschlug und in hohem Bogen in den Fluss schleuderte.

ÄOLISCHE INSELN [I, Italien, Europa, ital. *Isole Eolie*] INSELN DES WINDES (ital. *Isole d'Eole*) werden diese nördl. von Sizilien gelegenen Inseln genannt. Äolus, der Gott des Windes, soll den mythischen Erzählungen nach seinen Sitz auf diesem Archipel gehabt haben. Heute ist der Name **Liparische Inseln** (s. d.) für die Gruppe um Vulcano, Lipari und Stromboli wesentlich geläufiger. Die *Äolsharfe*, wegen ihres durch Wind verursachten mystischen Klanges auch Geisterharfe genannt, verdankt ihren Namen ebenfalls dem antiken Gott.

APENNINEN [B, Italien, Europa, ital. *Apennini*, engl. *Apennines*] Das keltische Wort *penn*, HÜGEL, steckt in dieser berühmten, Italien durchziehenden Gebirgskette. Eine Entsprechung findet sich in den englischen Pennines oder in der Stadt Penzance in Cornwall.

APENNINEN-HALBINSEL
→ **Apenninen** [Hi, Italien, Europa] Diese Halbinsel hat seit der Römerzeit wie keine andere die Geschichte Europas geprägt. Heute finden sich hier die Staaten Italien, San Marino und Vatikanstadt.

APPALACHEN [B, USA, Nordamerika, engl. *Appalachians*] Der heute ausgestorbene Stamm der APPALACHEN gibt diesem alten, im Osten Nordamerikas gelegenen Gebirgszug seinen Namen. Die Bedeutung des indianischen Wortes *apalatchi* ist LEUTE AUF DER ANDEREN SEITE. Ob damit Gebirge, Fluss oder ein kultureller Kontext gemeint sind, ist nicht mehr mit Sicherheit festzustellen.

APPENZELL [O, Schweiz, Europa, ital. *Appenzello*] Die ABTZELLE (lat. *abbatis cella*) ist noch deutlich in diesem Schweizer Dorfnamen, dem Hauptort des Kantons Appenzell-Innerrhoden erkennbar. Der Grund für die Benennung liegt in der wichtigen Funktion der Bischöfe dieser Siedlung in vergangenen Jahrhunderten.

APPENZELL-AUSSERRHODEN → **Appenzell** AR [P, Schweiz, Europa, franz. *Appenzell Rhodes-Extérieures*, ital. *Appenzello Esterno*, engl. *Appenzell Outer-Rhodes*] Zum ersten Namen, ABTZELLE, siehe Appenzell. Die alte Schreibweise *Ussroden* für den zweiten Namensteil dürfte mit ahd. *rod* RODEN zusammenhängen.

APPENZELL-INNERRHODEN
→ **Appenzell-Ausserrhoden** AI [P, Schweiz, Europa, franz. *Appenzell Rhodes-Intérieures*, ital. *Appenzello Interno*, engl. *Appenzell Inner-Rhodes*] Beide Halbkantone (Außerrhoden und Innerrhoden) sind im Ständerat mit jeweils nur einem Sitz vertreten, sonst jedoch vollkommen gleichgestellte Kantone. (Zur Etymologie s. Appenzell-Außerrhoden.) Apropos Frauenwahlrecht: Appenzell-Innerrhoden führte dieses als letzter Schweizer Kanton erst im Jahr 1990 ein, fast 700 Jahre nach Gründung der Eidgenossenschaft.

ÄQUATORIALGUINEA GQ/GNQ/GQ [S, Zentralafrika, oL *Republik Äquatorialguinea*, engl. *Equatorial Guinea*, span. *República de Guinea Ecuatorial*] Obwohl der ÄQUATOR nicht direkt durch den heutigen Staat führt, ist der erste Teil des Namens aufgrund der geografischen Lage durchaus berechtigt. Guinea dagegen leitet sich vom Tuareg-Wort *aginaw/aguinaou* ab und heißt einfach SCHWARZE LEUTE. Der alte Kolonialname für dieses Gebiet war *Spanisch Guinea*. Für afrikanische Verhältnisse ist Äquatorialguinea ein winziger Staat, der sich aus den Inseln Bioko (ehem. *Fernando Poó*) und Pagalu (ehem. *Annobón* »Gutes Jahr«, da am Neujahrstag 1474 entdeckt) sowie dem Festlandsgebiet Mbini (ehem. *Río Muni*) mit den Elobey-Inseln zusammensetzt (s. auch Kap. Postalische Ausgabegebiete). U: 12. 10. 1968 (ehem. span. Kolonie)

AQUILEA [O, Italien, Europa] Heute ist Aquilea ein völlig unbedeutender Fischerort an der nördlichen Adria. Bis zur Spätantike war der Beiname »Zweites Rom« allerdings durchaus gerechtfertigt, ging doch die wichtigste Handelsstraße zwischen Nord- und Südeuropa über diese Siedlung. Leider wurde die stolze STADT DES ADLERS (lat. *aquila*) bereits 452 durch den Hunnenkönig Attila völlig zerstört.

AQUITANIEN [H/P, Frankreich, Europa, franz./engl. *Aquitaine*] Die schon in Römerzeiten bedeutende Provinz in Nordwestfrankreich trägt den lateinischen Namen für WASSER (*aqua*). Dieser wird ergänzt um eine Endung, die vermutlich LAND bedeutet.

ARABISCHE HALBINSEL [Hi, Afrika, Asien, arab. *Dschazārat al-'Arab*, engl. *Arabia*] Der Name *Araber* wird herkömmlich als ZELTBEWOHNER interpretiert, was auf eine nomadische Lebensform hindeutet. Folgt man den Worten der Bibel, könnten mit *aravi* jedoch alle Bewohner der Wüste gemeint sein. Auch das arab. Wort *garb*, WESTEN scheint eine denkbare Erklärung für diesen kollektiven Namen. Eine edle Rasse der Vollblutpferde wird nach ihrem Ursprungsland als *Araber* bezeichnet. Auch die *Arabeske*, ein ranken- oder blattförmiges Ornament, kam über ital. *arabesco* sowie franz. *arabesque* aus Nordafrika/Vorderasien in unseren Sprachraum. Da der Koran bildhafte Darstellungen lebender Wesen verbot, wurde diese ornamentale Kunst von den Arabern zur Blüte gebracht. Zuletzt seien noch die *Arabistik*, die wissenschaftliche Erforschung der arabischen Sprache und Literatur, sowie die *arabischen Ziffer* (1, 2, 3, 4 … n) erwähnt.

ARABISCHE WÜSTE → **Arabien** [Wü, Ägypten, Afrika] Diese Wüste, nicht zu verwechseln mit der Großen Arabischen Wüste (Rub al-Khali), liegt als östlichste auf dem Kontinent Afrika.

ARAGONIEN [P, Spanien, Europa, span. *Aragón*, katal. *Aragó*, engl. *Aragon*] Der Name Aragoniens ist von einem Fluss geborgt, der die idg. Wurzel **ara* WASSER hat (vgl. Aachen, Aix-en-Provence). Catherine of Aragon, die erste Gattin Heinrichs VIII., stammt aus diesem ehemaligen nordspanischen Königreich. Da ihm Catherine keinen männlichen Thronfolger schenken konnte und der Papst einer Scheidung nicht zustimmte, kam es zum Bruch mit der katholischen Kirche. Themenwechsel: Auch ein karbonathältiges Mineral, der *Aragonit*, wurde einst in Nordspanien abgebaut.

ARALSEE [G, Kasachstan, Turkmenistan, Usbekistan, Asien, engl. *Aral Sea*] Wahrscheinlich ist das kirgisische oder kasachische Wort *aral* INSEL die Wurzel dieses Namens. Dies war bis ins 20. Jh. mehr als passend, da über tausend kleinere und größere Inseln diesen See schmückten. Heute ist das ehemals viertgrößte Binnengewässer der Erde flächenmäßig um mehr als ein Drittel geschrumpft und hat dabei fast zwei Drittel seines Volumens verloren. Zurück blieb eine Salzwüste, in der praktisch alles Leben vernichtet ist. Insel um Insel verschwand, der alte Name wird bald keine reale Entsprechung mehr haben. Der Grund für diese Umweltkatastrophe ist die Umleitung der Zuflüsse Syr Darya und Amu Darya für die exzessive Bewässerungswirtschaft der Baumwoll- und Reisfelder der ehemaligen Sowjetunion.

ARAN ISLANDS [I, Irland, Europa] Die Umrissform einer NIERE (ir. *ára*) gibt

den drei der Bucht von Galway vorgelagerten irischen Inseln ihren kollektiven Namen. Inishmore (dt. Große Insel), Inishman (dt. Mittlere Insel) und
Inisheer (dt. Kleine Insel) bilden also
zusammen diese für eine Ortsbenen-
nung ungewohnte »Organform«.

ARARAT [B, Türkei, Asien, türk. *Ağn dağ*]
Der Vulkan, der als Zufluchtsstätte der
Arche Noah gilt (Gen 8,4), hieß ursprünglich nach einem assyrischen Königreich *Urartu* (dt. Berg). Die türkische Bezeichnung *Ağn dağ* dagegen
spricht vom Berg der Leiden, dies in
Anspielung auf einen Vulkanausbruch,
der ein Dorf völlig verschüttete.

ARCHANGELSK [O, Russland, Europa,
engl. *Archangel*] Im Jahre 1613 wurde diese Stadt an der Dvina nach einem mittelalterlichen Kloster benannt, das dem
hl. Michael, Beiname Der Erzengel
(russ. *Arkhangel'sk*), geweiht war.

ARDENNEN [B, Belgien, Europa, Frankreich, engl. *Ardennes*] Dieses alte Gebirge
in Nordostfrankreich und Belgien trägt
einen gallischen Namen: *ardu* Hoch
oder *ar duenn* Land der Wälder. Beide Bezeichnungen würden durchaus
Sinn ergeben. Eine andere Herleitung
des Namens macht uns jedoch mit
der gallischen Jagd- und Waldgöttin
Arduenna vertraut.

ARGENTINIEN AR/ARG/RA [S, Südamerika, engl. *Argentina*, oL *Argentinische Republik*, span. *República Argentina*] 1515 erreichte Juan Diaz de Solis die Mundung des
Rio de la Plata und vermutete große
Silbervorkommen im Hinterland des
Mündungsgebietes. Freudvoll wählte
er daher den Namen Argentinien, vom
lat. Wort *argentum* Silber abgeleitet.
Bereits knapp zwanzig Jahre später
nahm Pedro do Mendoza das Land des
Rio de la Plata endgültig für die spani-

schen Krone in Besitz. Nachdem die
Legende vom *Sierra del Plata* (dt. Silberberg) sofort bis Spanien drang, erschien bereits 1536 auf einer in Venedig
gezeichneten Karte zum ersten Mal der
Name Argentiniens. Dieses Land ist
neben Zypern der einzige Staat der
Erde, der nach einem chemischen Element benannt ist, und dies ohne tatsächlich die versprochenen Schätze zu
besitzen. In gesetzlichen Dokumenten
findet man auch oft die Bezeichnung
Nación Argentina (dt. Argentinische
Nation). U: 9. 7. 1816 (ehem. span. Kolonie)

ARIZONA AZ/ARIZ. [P, USA, Nordamerika]
Die weit verbreitete, den klimatischen
Gegebenheiten entsprechende Herleitung des Namens aus dem span. *arida
zona* (dt. trockene Region) dürfte etymologisch nicht korrekt sein. Der ursprüngliche indianische Name *Arizo-
nac*, aus *ari* »klein« und *shonak* »Platz
der Quelle« zusammengesetzt, bedeutet vielmehr Ort der kleinen Quelle. Gemeint war damit ein Dorf an einem kleinen Fluss im heutigen Süden
Arizonas. Der stolze Beiname *Grand
Canyon State* weist auf die prachtvolle
Natur dieses US-Bundesstaates hin.

ARKADIEN [H/R, Griechenland, Europa,
engl. *Arcadia*] Der in der Antike bedeutende Landstrich im zentralen Peloponnes verdankt seinen Namen König
Arkás, einem Sohn des Zeus und der
Kallistó, der der mythologischen Erzählung nach in einen Bären (griech.
arktos) verwandelt wurde. In der poetischen Dichtkunst wird *Arkadien* als ein
Bild der idealisierten ländlichen Idylle
gesehen.

ARKANSAS AR/ARK. [P/F, USA, Nord-
amerika] Der Namenspate ist der Indianerstamm der Arkansea, der aller-

dings von den ersten französischen Siedlern mit einem -s- am Wortende versehen wurde. Grund war vielleicht eine fälschliche Assoziation mit dem Staat Kansas. Interessanterweise hat sich aber für den Bundesstaat bis heute die alte Aussprache, ohne das -s- am Ende, gehalten (gesprochen wie das englische »saw«). Die Bedeutung des Stammesnamens ist nicht mehr zu eruieren. Der Beiname *The Natural State* wirkt auf Europäer ein wenig nichtssagend.

ARKTIS [E, engl. *Arctic*] BÄR, griech. *arktos*, ist der glücklich gewählte Name der Nordpolregion. Allerdings ist nicht der Eisbär gemeint, sondern die Sternenkonstellation des GROSSEN BÄREN, unter dem die nördlichen Polarmeere liegen. Immerhin umfasst dieses Nordpolargebiet eine Fläche von ca. 26 Mio. km^2. Politisch haben die Staaten Dänemark (Grönland), Kanada (Kanadisch-Arktischer Archipel), USA (Alaska), Russland (sibirische Inseln) und Norwegen (Spitzbergen, Jan Mayen und Bäreninsel) Anteil an dieser Region. Der *arktische Kälteeinbruch* ist ein durchaus regelmäßiges Phänomen, mit dem die Wetternachrichten eine Extremperiode der Tieftemperatur erklären.

ARMAGH [P, Nordirland, Großbritannien, Europa, ir. *Árd Macha*] Der Name dieses nordirischen Countys erinnert an die legendäre Königin Macha, die hier in vorchristlicher Zeit geherrscht haben soll. Wörtlich bedeutet diese Bezeichnung: ANHÖHE DER MACHA (ir. *árd* »Anhöhe«). Im 5. Jh. gründete St. Patrick hier eine Klosterkirche – und so ist das in Ulster gelegene Armagh (erstaunlicherweise) bis heute Sitz des Primas der irischen Kirche.

ARMENIEN AM/ARM/AR [S, Südwestasien, engl. *Armenia*, oL *Republik Armenien*, armen. *Hayastani Hanrapetut'yun, Hayastan*] Unsicher ist, ob das gleichnamige Volk seinen Namen von einem gewissen ARMENAK oder ARAM ableitet, einem Argonauten, der in der griechischen Mythologie Jason auf der Suche nach dem Goldenen Vlies begleitete. Jedenfalls taucht der Name dieses Reiches zum ersten Mal im 6. Jh. v. Chr. auf einer persischen Felseninschrift zu Ehren des Königs Darius I. auf. Die armenische Landesbezeichnung *Hayastan* geht auf den Herrscher *Hayk* zurück, der das heutige Armenien zum rechtmäßigen Staatsgebiet erklärte. Der Legende nach handelt es sich um einen Urenkel von Noah, der sich am Fuß des Ararat ansiedelte. Neben der Ableitung von einem Herrscher könnte der Landesname auch vom Wort *nairi* LAND DER FLÜSSE kommen. Da dieses von Flüssen durchzogene, gebirgige Gebiet an die wüstenhaften, südlicheren Regionen anschließt, ist diese Interpretation nicht ganz unwahrscheinlich. Trotz der historisch weit zurückreichenden Wurzeln konnte Armenien erst nach dem Ersten Weltkrieg für kurze Zeit seine Unabhängigkeit erlangen, bevor es vom aufstrebenden Sowjetreich verschluckt wurde. Seit 1991 gibt es jedoch wieder ein Armenien auf den Landkarten. Randnotiz: Lat. *armeniacum* (dt. armenischer Apfel) wurde zu unserer *Marille*, lat. *sal Armoniacus*, eine Lehnübersetzung aus dem Arabischen, zu *Salmiak*. U: 1918–1920; 21. 9. 1991 (erneute Proklamation)

ARNO [F, Italien, Europa] Wie bei einigen europäischen Benennungen (vgl. Aachen, Aix, Aragonien, Ayr) führt das idg. Wurzelwort **ara* WASSER zum Namen dieses Flusses in der Toskana.

ARNSBERG [O, Nordrhein-Westfalen, Deutschland, Europa] Der Name leitet sich von einer gleichnamigen Burg ab, die majestätisch oberhalb der Ruhr thront und den alten deutschen Personennamen ARN (ahd. *aro* »Adler«) enthält.

ARUBA [I, Niederlande, Karibik, Mittelamerika] Bis 1986 gehörte Aruba zusammen mit Bonaire und Curaçao zu den sogenannten ABC-Inseln. Seit der Abtrennung von diesen hat Aruba, ebenso wie die Niederländischen Antillen, vollkommene innere Autonomie, d. h. eine eigene Verfassung und eine eigene Regierung. Wie auch Curaçao profitiert Aruba seit dem Zweiten Weltkrieg von den Erdölvorkommen der Karibik. Sehr unklar ist, ob der Name Aruba die portugiesische Entsprechung des deutschen Wortes für ENTZÜCKUNG sein könnte.

ASCENSION ISLAND [I, Portugal, Afrika] Diese Insel im Südatlantik wurde am HIMMELFAHRTSTAG (1. Juni) des Jahres 1508 vom portugiesischen Entdecker João da Nova betreten und ehrt damit den 40. Tag nach Ostern (immer ein Donnerstag), an dem Jesus zum Himmel fuhr.

ASCHAFFENBURG AB [O, Bayern, Deutschland, Europa] DIE BURG AM ESCHENBACH, so lautet eine genaue Herleitung des Namens dieser fränkischen Stadt. Der Fluss Aschaff (980 *Ascafa*) ist eine Verschmelzung von ahd. *asc* »Esche« mit dem Grundwort **apa* »Wasser«.

ASCOT [X, Europa, Großbritannien] Obwohl nur ein Dorf, ist dieses Mekka des Pferderennsports, offiziell als »Royal Ascot« bezeichnet, weltweit berühmt, vielleicht auch wegen der fast legendären, freimütig zur Schau gestellten Hutpracht der englischen High Society. Der Ortsname selbst bedeutet einfach ÖSTLICHE HÜTTE (eng. *cottage*).

ASERBAIDSCHAN AZ/AZE/AZ [S, Südwestasien, engl. *Azerbaijan*, oL *Republik Aserbaidschan*, azeri *Azarbaycan Respublikasi*] Nicht ganz klar ist die Bedeutung des Namens für das Volk der Azeri, nach dem dieser Staat sich nennt. Aber das Lokalwort *azer* »Feuer« sowie das pers. *baykan* »Wächter« lassen eine Interpretation wie FEUERWÄCHTER zu. Vielleicht sind damit ehedem die Tempelwächter gemeint gewesen, die das heilige Feuer zu bewahren hatten. Während der Zeit des Römischen Reiches war dieses Gebiet unter dem Namen *Kaukasisches Albanien* bekannt. Wie auch die anderen Kaukasusstaaten konnte Aserbaidschan erst im 20. Jh. zum ersten Mal seine Unabhängigkeit feiern, unterbrochen durch knapp siebzig Jahre Sowjetherrschaft. U: 1918–1920; 18. 10. 1991 (erneute Proklamation)

ASIEN [E, engl. *Asia*] Vielleicht verbirgt sich hier die assyrische Wurzel *asŭ* (dt. steigen), was auf das LAND DER AUFGEHENDEN SONNE hindeutet, oder aber das Sanskritwort *usă*, was so viel wie MORGENDÄMMERUNG heißt. In beiden Fällen ist jedenfalls der Osten des Kontinents Eurasien gemeint. Die heutige Form des Namens kam über griech. *asia* (zuerst um 440 v. Chr. bei Herodot bezeugt) in unsere Sprache. Herodot erzählt jedoch mehr eine mythologisch verbrämte Geschichte. Werke über Asien werden mit einem Kollektivnamen als *Asiatica* bezeichnet. In den letzten Jahren hat uns oftmals die *asiatische Grippe*, eine aggressive Form dieser Erkrankung, großen Schrecken eingejagt.

ASOWSCHES MEER [G, Asien, engl. *Azov Sea*] Möglicherweise leitet sich der Name dieses nördlich des Schwarzen Meeres gelegenen Gewässers von einer gleichnamigen Stadt an der Donmündung ab. Der Stadtname dürfte auf das türk. Wort *azak* NIEDER zurückzuführen sein. Der Legende nach entstand die Siedlungsbezeichnung allerdings im 11. Jh. zu Ehren eines gewissen Prinzen *Azum* oder *Azuf*, der während der Belagerung getötet wurde.

ASPEN [O, Colorado, USA, Nordamerika] Nach Berichten des Instituts Forbes ist der Nobelschiort Aspen die reichste Stadt der Welt. Der Name der 1878 gegründeten Siedlung erklärt sich unspektakulär mit den damals hier üppig wachsenden ESPEN.

ASSAM [P, Indien, Asien] Vermutlich geht der Name dieses nordostindischen Staates auf den im 13. Jh. einfallenden Stamm der *Ahamiya* zurück. In deren tibetisch-burmesischem Dialekt bedeutet das thai. *ahom* so viel wie UNBESIEGBAR. Ein stolzer Name! Eine andere Erklärung ist ebenso schmeichelhaft: Das aind. Präfix *a* »ohne« und *sama* »gleich« würden dieses Gebiet als OHNE SEINESGLEICHEN definieren. Das wäre wohl eine exzellente Werbung für die gleichnamige Teesorte, den exquisiten *Assam*!

ASSISI [O, Italien, Europa] Sehr im Dunkeln liegt der etymologische Ursprung des Geburtsortes des heiligen Franz von Assisi. Mit einiger Wahrscheinlichkeit stammt die Bezeichnung aus dem Umbrischen und dürfte für einen FLURNAMEN stehen.

ASSYRIEN [H/L, Asien, engl. *Assyria*] Der Kriegs- und Richtergott ASSUR, der die Fähigkeiten zahlreicher assyrischer Gottheiten auf sich vereinigte, schenkte diesem alten Königreich in Mesopotamien den Namen. Etymologisch ist eine Ableitung aus dem assyr. *sar* »Prinz« wahrscheinlich. In der Bibel wird Assur als einer der Söhne Sems bezeichnet (Gen 10,22). Seine bildlichen Darstellungen zeigen ihn meist als Bogenspanner und Bogenhalter inmitten einer geflügelten Sonnenscheibe. Die Wissenschaft, die sich mit diesem historischen Land beschäftigt, nennt sich *Assyrologie*.

ASTRACHAN [O, Russland, Europa, engl. *Astrakhan*] Heute für den Handel mit Pelzen bekannt, verdankt diese Stadt dem rechtgläubigen Gründer, einem Hadschi, ihren Namen. Der türkische Ausdruck *haci tarhan* leitet sich nämlich von *haci* (zum HADSCHI wird ein moslemischer Pilger nach erfolgreicher Fahrt nach Mekka) und *tarhan* STEUERFREI ab. Wegen seines hohen religiösen Stellenwertes wurde Astrachan offensichtlich bereits früh von jeder religiösen Steuerleistung entbunden. Ein in dieser regenarmen Region entdecktes Salzmineral, *Astrachanit*, trägt den Namen der Stadt. Unter Kürschnern ist auch der *Astrachan*, ein Pelz der Fettschwanzschafe, bekannt.

ASTURIEN [P, Spanien, Europa, span. *Asturias*, amtl. *Principado de Asturias*, engl. *Asturia*] In diesem alten Siedlungsgebiet wurden Steinzeitmalereien gefunden, die bereits vor mehr als 15 000 Jahren entstanden. Die heute autonome Region am Golf von Biscaya trägt den Namen FELSWASSER (bask. *asta* »Fels«, *ur* »Wasser«). Randnotiz: Der spanische Thronfolger trägt seit 1388 den Titel »Fürst von Asturien« (span. *Príncipe de Asturias*).

ASUNCIÓN [O, Paraguay, Südamerika] Wie oft bei religiös inspirierten Ortsnamen lautet die volle Bezeichnung *Nuestra Señora de La Asunción*. Der heute gebräuchliche Namensteil bedeutet schlicht HIMMELFAHRT. Gegründet wurde die erste Dauersiedlung des La-Plata-Mündungsgebiets bereits im Jahr 1537, am Festtag der Aufnahme Mariens in den Himmel.

ATACAMA [Wü, Chile, Südamerika] Möglicherweise ist diese extrem trockene Wüste an der Pazifikküste Südamerikas nach dem Totemtier eines lokalen Stammes, der Atacameños, benannt. In der Sprache der Hochlandindianer (Quechua) hieß dieses Tier *takama*, deutsch SCHWARZE ENTE.

ATHEN [O, Europa, Griechenland, griech. *Athina*, engl. *Athens*] Niemand Geringerer als die Schutzgöttin Athene schenkte dieser bedeutendsten Stadt der Antike ihren Namen, so wird zumindest immer wieder behauptet. Allerdings könnte auch eine weit ältere Siedlung, deren Namensbedeutung sich im Dunkeln der Geschichte verliert, auf Attikas Boden gebaut worden sein. Athene leitet sich von *a* »nicht« und *thuntos* »sterblich« ab, darf also mit DIE UNSTERBLICHE übersetzt werden. Es gibt aber auch Stimmen, die behaupten, dass die Zusammensetzung aus *a* und *tithēnē* (dt. OHNE PFLEGERIN) in diesem Stadtnamen versteckt ist. Immerhin lässt sich diese Herleitung damit erhärten, dass die Göttin Athene bereits in voller Rüstung der Stirn des Zeus entsprungen ist. Wie dem auch sei, Athene brachte den Bauern den Pflug, den Frauen den Webstuhl und den Griechen ihr Alphabet, wie es in salopper Kurzform heißt. Mit dem sprichwörtlichen »Eulen nach Athen tragen« hat sich diese antike Metropole in unserem Sprachgebrauch bis heute verewigt.

ÄTHIOPIEN ET/ETH/ETH [S, Nordostafrika, engl. *Ethiopia*, oL *Demokratische Bundesrepublik Äthiopien*, amhar. *Ityop'ya*] Das griechische Wort *aithíopes* bedeutet VERBRANNTE GESICHTER, was zur Zeit der Namenseinführung für alle Afrikaner südlich der Sahara galt. Frei und modern übersetzt heißt der ostafrikanische Hochlandstaat also schlicht und einfach »Land der Schwarzen«. Diese Interpretation erinnert an die griechische Sage von Phaeton, der hier mit seinem Sonnenwagen abstürzte und dabei die Gesichter der Menschen verbrannte. Der alte eigene Landesname **Abessinien** dagegen – im Grunde austauschbar für Äthiopien verwendbar – kommt aus dem Semitischen und bedeutet Völkergemisch, was durchaus richtig ist, da die »Wiege der Menschheit«, wie die Ostafrikanische Region auch genannt wird, eine Unzahl verschiedener Völker und Sprachen auf engem Raum beherbergt. Leider nicht immer konfliktfrei, was beim Wort Völkergemisch indirekt impliziert gewesen sein mag. Andere Quellen sehen im amhar. *Habescha* (dt. Hochlandbewohner) die Erklärung für den alten Landesnamen Abessinien. Im Ägypten der Pharaonen war Äthiopien ein Teil des Königreichs *Kusch*, wie historische Karten zeigen. Eine Besonderheit ist zur Kolonialgeschichte Afrikas anzumerken: Äthiopien ist neben Liberia das einzige Land dieses Kontinents, das niemals unter europäische Kolonialherrschaft fiel (abgesehen von der Besetzung durch Italien 1935–1941). Weitere Randnotiz: Eine in Südafrika entstandene religiöse Lehre, die die christliche Kirche von den Weißen befreien will, nennt sich *Äthiopismus*, da in diesem Staat die ältesten christlichen Spuren Afrikas zu finden sind. U: alte staatliche Tradition; neuzeitlicher Staat 1896 (Friedensabkommen von Addis Abeba)

ATHOS [B, Griechenland, Europa, griech. *Hágion Óros*] Die Mönchsrepublik Athos, auch als »Heiliger Berg« (griech. *hágion óros*) bezeichnet, dürfte sich von griech. *thoos* SPITZ (gemeint ist der Gipfel) ableiten, wenn auch ein Zusammenhang mit griech. *athoos* UNSCHULDIG denkbar scheint. Innerhalb Griechenlands genießt die nur Männern zugängliche orthodoxe Klosteranlage autonomen Status.

ATLANTA [O, Georgia, USA, Nordamerika] Ursprünglich als Endstation der Georgia Railroad Line unter dem Namen *Terminus* gegründet (1837), danach in *Marthasville* umgetauft, erfolgte acht Jahre später eine letzte Umbenennung. Der Vorschlag kam vom Chefingenieur J. Edgar Thomson, der damit die GEORGIA AND ATLANTIC RAILROAD LINE stärker ins Bewusstsein rücken wollte. Heute ist Atlanta eine der Metropolen des Südens, nicht zuletzt wegen der dort von John Pemberton gegründeten Coca-Cola Company. Damals, zu Lebzeiten dieses Apothekers, betrugen die Jahreseinnahmen ganze 25 Dollar. Filmgeschichte schrieb diese Stadt auch als Schauplatz (die fiktive Baumwollplantage Tara liegt bei Atlanta) eines der größten Erfolge Hollywoods, des vielfachen Oscargewinners »Vom Winde verweht« (nach dem Roman von Margaret Mitchell).

ATLANTIK, ATLANTISCHER OZEAN [G, engl. *Atlantic Ocean*] Der Name taucht zum ersten Mal in den Schriften des Herodot auf (5. Jh. v. Chr.). Er leitet sich entweder vom Riesen *Atlas* oder vom sagenumwobenen Land *Atlantis* ab. Atlas musste als Strafe für seine Rebellion gegen Zeus den Himmel auf seinen Schultern tragen. Griech. *athlos* bedeutet SICH ABMÜHEN, KÄMPFEN, wovon auch unser Wort Athletik stammt. Vielleicht hat Atlas aber nur im legendären Atlantis geweilt, als er seine Titanenarbeit verrichtete. Jedenfalls ist Atlantis der Überlieferung nach westlich von Spanien im Meer versunken. Wahrlich ein guter Grund, diesen Ozean nach dem sagenhaften Land zu benennen. In römischer Zeit wurde dieser Ozean als *Mare Atlanticum* oder *Mare Externum* (dt. äußeres Meer) bezeichnet. Da man damals die Erde für eine Scheibe hielt, waren die Gewässer an deren Rand für die Schifffahrt praktisch tabu. Der Atlantik stellte so eine natürliche Grenze des Römischen Imperiums dar.

ATLAS (Gebirge) [B, Algerien, Marokko, Tunesien, Afrika, engl. *Atlas Mountains*] Vielleicht hat der griechische Riese ATLAS, der vom Göttervater Zeus damit bestraft wurde, den Himmel auf seinen Schultern zu tragen, diesem Gebirge seinen Namen gegeben. *Athlos* bedeutet, wie schon beim gleichnamigen Ozean erwähnt, SICH ABMÜHEN, KÄMPFEN. Und in der Tat scheint dieses nordafrikanische Gebirge den Himmel zu stützen. Aber auch eine Ableitung vom sagenhaften ATLANTIS, das sich hier befunden haben soll, ist durchaus denkbar. Jedenfalls hat diese mythologische Gestalt unseren Kartenwerken (*Atlanten*) ihren Namen gegeben, wie auch dem weniger bekannten obersten Halswirbel der höheren Wirbeltiere (*Atlas*).

ÄTNA [B, Italien, Europa, ital./engl. *Etna*] Dieser weltberühmte Vulkan Siziliens trägt mehr als passend den phöniz. Namen *attūnā* GLUTOFEN. Wenn auch während der Menschheitsgeschichte ohne gewaltigen Ausbruch, brodelt und köchelt der *Mongibello* (dt. Schöner Berg; lat. *mons*, arab. *djebel*, verfälscht durch ital. *bello*), wie er in Sizilien genannt wird, fortwährend vor sich hin.

ATTIKA [Hi, Europa, Griechenland, griech. *Attiki*] »Die Küste des Lichts« nennen die Griechen die Umgebung Athens, wo sich die exklusiven Villenviertel an die endlosen Sandstrände schmiegen. Unklar bleibt leider die eigentliche Bedeutung dieses geschichtsschwangeren Landes. Unter einer *Attika* versteht man einen Aufsatz über dem Hauptgesims eines Bauwerks.

AUCKLAND [O, Ozeanien, Neuseeland] Der größte Hafen Neuseelands wurde als ehemaliger Sitz der britischen Kolonialregierung nach George Eden, Earl of AUCKLAND (1784–1849), benannt. Der First Lord of the Admiralty brachte es später sogar bis zum Generalgouverneur Indiens. Der Erbtitel bezeichnet die Geburtsstätte des Vaters: Auckland im County Durham.

AUGSBURG A [O, Bayern, Deutschland, Europa] Um das Jahr 30 n. Chr. wurde Augsburg als Römerstadt gegründet und zur Hauptstadt der damaligen Provinz Raetia gemacht. Der Name wurde zu Ehren des Kaisers AUGUSTUS (63 v. Chr.–14 n. Chr.). sowie des Stamms der Vindeliker gewählt. Ehemals hieß diese Stadt *Augusta Vindelicum*. Im 9. Jh. entstand durch Anfügung von ahd. *burg, purch* BURG an das lateinische »Augusta« der heutige Name. »Burg« soll in diesem Fall wohl so viel wie Stadt bedeuten, ist also, analog zum ursprünglichen Sinn »befestigte Höhe«, auf römische Kastelle in der Ebene übertragen worden.

AUSTERLITZ [O, heute Tschechien, Europa] Hier machte Napoleon 1805 mit seinem triumphalen Sieg über Russland und Österreich dem Heiligen Römi-schen Reich Deutscher Nation ein jähes Ende. Das mittelalterliche *Nuzedliz* bedeutet so viel wie NEUES DORF.

AUSTIN [O, Texas, USA, Nordamerika] Ursprünglich hieß diese Stadt *Waterloo*, wurde aber zu Ehren des Pioniers und Gründers der Republik Texas, STEPHEN F. AUSTIN (1793–1836), umbenannt. Heute nimmt Austin in der Bevölkerungszahl selbst in Texas nur die fünfte Stelle ein.

AUSTRALIEN AU/AUS/AUS [S/E, Ozeanien, oL *Commonwealth of Australia, Australia*] Schon der griechische Geograf und Astronom Claudius Ptolemäus hat von einer *terra australis incognita* gesprochen, einem UNBEKANNTEN SÜDLICHEN LAND, wohl als Gegengewicht zur Nordhemisphäre. Im 15. Jh. waren führende Kartographen bereits so von der Existenz dieses Landes überzeugt, dass Kartenwerke mit der Bezeichnung *Terra Australis Nondam Incognita* (dt. Südliches *noch* unbekanntes Land) erschienen. Zwar wurde dann dieser Erdteil auf Grund der bewegten Kolonialgeschichte zwischenzeitlich als *Neu-Holland* angesprochen, dennoch hat sich im frühen 19. Jh. *terra australis* durchgesetzt und schließlich 1817 der heutige Staatsname Australien. Die eigentliche Namensgebung erfolgte durch den monumentalen Forschungsbericht Matthew Flinders' (1774–1814) »A Voyage to Terra Australis«. Bemerkenswert jedenfalls, und ohne Parallele bei der Bezeichnung von Staaten, dass ein Land bereits viele Hunderte Jahre vor seiner Entdeckung in den Lehrbüchern seinen Namen findet. Wegen seiner Abgelegenheit wird dieser Kontinent in den angelsächsischen Ländern auch gerne als *Down Under* bezeichnet. Politische Ergänzungen: Bis heute ist Königin Elisabeth II. offizielles Staatsoberhaupt Australiens (im Jahr 1999 letztmalig durch eine Abstimmung bestätigt). Die Weihnachtsinsel (engl. Christmas Island), die Kokos- bzw. Keelinginseln (engl. Territory of Cocos Islands) und die Norfolkinsel zählen als australische Außengebiete. U: 1. 1. 1901 (de facto); 11. 12. 1931 (nominell, Westminster-Statut)

AUSTRIA → **Österreich** [S, Österreich, Europa] International ist der Begriff Austria (abgekürzt »A«) wahrscheinlich bekannter als die korrekte deutsche Namensform. (Zur Etymologie s. Österreich.) »Made in Austria« bürgt jedenfalls für qualitativ hochstehende Produkte.

AUXERRE [O, Frankreich, Europa] Eine Zusammensetzung aus dem gallischen Personennamen AUTESIO und dem Wort *duru* HAUS, FORT scheint die plausibelste Erklärung für diesen ungewöhnlichen französischen Siedlungsnamen zu sein. Die Geschichte verschweigt allerdings, was dieser Autesio für seine Stadt geleistet hat.

AVIGNON [O, Frankreich, Europa] »Sur le pont d'Avignon« lautet ein berühmter Schlager der Fünfzigerjahre. Tatsächlich ist auch der Stadtname nach dem Fluss Rhône, den eine mittelalterliche Brücke überspannte, gewählt. Die idg. Wurzel *ab* heißt einfach WASSER.

AVON [F, England, Großbritannien, Europa] Durch William Shakespeare zu weltweiter Berühmtheit gelangt, heißt der Avon einfach FLUSS (kelt. *abonā*). Stratford upon Avon ist also die am Fluss gelegene Siedlung.

AYERS ROCK [X/B, Australien, Ozeanien, amtl. *Uluru*] Der größte Monolith der Erde ragt 318 m über den australischen Wüstenboden auf und hat einen Umfang von mehr als acht Kilometern.

1873 wurde dieser »bemerkenswerte Kieselstein« (so die Worte des Forschers Ernst Giles) nach Henry AYERS (1821–1897), dem damaligen Premierminister Südaustraliens, benannt. Heute ist dieser heilige Berg der Aborigines eine Welttouristenattraktion ersten Ranges, nimmt er doch, abhängig von der Tageszeit und den klimatischen Bedingungen, eine breite Palette von Farbschattierung an, von Blau bis Tiefrot. Die rechtmäßigen Eigentümer, die Aborigines, nennen diesen Sandsteinfels **Uluru** (dt. SCHATTIGER PLATZ) und verehren in den erodierten Höhlen ihre Väter und Ahnen. Diese ursprüngliche Bezeichnung wird übrigens in Australien immer gebräuchlicher und populärer.

AYR [F, Schottland, Großbritannien, Europa] Wie bei der Aare (s. d.) ist auch hier die erschlossene idg. Wurzel *ara* WASSER Namen spendend.

AZOREN [I, Portugal, Europa, engl. *Azores*] HÜHNERHABICHTE nennen sich diese 1427 von den Portugiesen entdeckten Inseln im Nordatlantik. Wegen der zahlreichen *açores* (port. Pl. von Hühnerhabicht) wählten die Entdecker diesen Tiernamen für die »Wetterinseln« Europas. Wer kennt es nicht, das berühmte *Azorenhoch*?

 griech. *beta* Bβ – phöniz. *bēth* »Haus«

BAB EL MANDEB [G, Afrika, Asien] Das TOR DER TRÄNEN (arab. *Bab al-Mandab*) wird die Meeresstraße zwischen Rotem Meer und Golf von Aden (Indischer Ozean) genannt. Unberechenbare Strömungen haben diese Passage schon seit alters her für Schiffe zu einer gefährlichen Herausforderung gemacht.

BABEL → **Babylon** [H/O, heute Irak, Asien] Die sprichwörtliche babylonische Sprachverwirrung, in Breughels Monumentalwerk meisterhaft dargestellt, geht auf das Alte Testament (Gen 11,7-11) zurück. Für die Anmaßung, ein Gebäude bis in den Himmel errichten zu wollen (*Sündenbabel*), wurden die Menschen vom Allmächtigen mit heilloser Sprachverwirrung bestraft und dann über die ganze Welt verstreut. Auch die Geschichte der babylonischen Gefangenschaft der Juden erinnert an das ehemals stolze Babylon.

BABYLON [O, Irak, Asien] Das berühmte Herzstück Mesopotamiens verdankt seinen Namen dem akkad. *Bāb-ilān* TOR DER GÖTTER (*babu* »Tor«, *ilan* »Götter«). Der historische Hintergrund zu diesem Namen wird unter dem Stichwort Babel näher erläutert. Die legendäre Königin Semiramis (assyr. *Sammuramat* »liebende Tauben«), DIE GRÜNDERIN Babylons, soll von Tauben großgezogen worden sein. Nach ihrem Tod wurde sie, so die Überlieferung, in eine Taube verwandelt. Eines der sieben Weltwunder, die »Hängenden Gärten von Babylon«, wird in einigen Sprachen auch als »Gärten der Semiramis« bezeichnet.

BAD HOMBURG vor der Höhe HG [O, Hessen, Deutschland, Europa] Salzquellen, die bereits die Römer nutzten, bildeten einen idealen Siedlungsplatz, an dem im 12. Jh. BURG HOHENBERG erbaut wurde. Im Verlauf der nächsten beiden Jahrhunderte entstand aus dieser Bezeichnung die heutige Form Homburg. 1834 wurde der Namenszusatz BAD amtlich. Das »vor der Höhe«

leitet sich vom alten Namen des Taunuskamms ab: DIE HÖHE (mhd. *hœhe, hōhe*).

BAD REICHENHALL [O, Bayern, Deutschland, Europa] Wenn auch die Meinung weit verbreitet ist, dass der Name Reichenhall vom kelt. Wort *hal* für Salz abstammt, gibt es in der Fachliteratur keinen einzigen wissenschaftlichen Beleg für diese Annahme. Vielmehr dürfte eine Herleitung von germ. *hal* SALINE erfolgt sein. »Reich an Hall« bedeutet demnach, dass dieser Ort zahlreiche Salinen hatte. Eine logische Begründung steckt im Vergleich mit der österreichischen Stadt Hallein, die eine Verkleinerungsform darstellt. Das Wort Salz lässt sich jedoch sprachlich nicht verkleinern, ganz im Gegensatz eben zu einer Salinenanlage. Die zahlreichen Solequellen und Solebäder haben Bad Reichenhall zu einer wichtigen Kurstadt werden lassen.

BAD SALZUFLEN [O, Nordrhein-Westfalen, Deutschland, Europa] Im Tal der Salze gelegen, verrät die Siedlung *Uflon* (Dat. Pl. von mnd. *lō* GEHÖLZ, WALD) die bereits im Mittelalter (11. Jh.) wichtige Funktion als SALZABBAUSTÄTTE.

BADAJOZ [O, Spanien, Europa] Drei Vorschläge geistern über den Ursprung dieses spanischen Städtenamens durch die Lehrbücher. Arab. *badāhus* (mit unklarer Deutung), lat. *battalia* SCHLACHT und ebenfalls lat. *Pax Augusta* FRIEDE DES AUGUSTUS.

BADEN-BADEN BAD [O, Baden-Württemberg, Deutschland, Europa] Seit der Römerzeit sind die heißen Quellen prägend für diese Stadt. Folgerichtig hat sich dies in der Namensgebung niedergeschlagen. Die lat. Bezeichnungen *Res Publica Aquensis, Civitas Aquensis* und *Aurelia Aquensis* enthalten jeweils den

Begriff »Wasser«. Umgangssprachlich wurde daraus *Aquae* (dt. BÄDER), eine Kurzform, die sogar auf römischen Meilensteinen aus dem 3. Jh. erhalten ist. Im 10. Jh. erfolgte die Übersetzung ins Deutsche. Die im Mittelalter tonangebenden Markgrafen trugen den offiziellen Titel Markgraf von Baden zu Baden, woraus sich der heutige Doppelname erklärt.

BADEN-WÜRTTEMBERG → **Baden-Baden** BW [P, Deutschland, Europa] Im Herbst des Jahres 1945 wurde von der amerikanischen Besatzungsmacht für ihre Zone das Land Württemberg-Baden proklamiert. Die französische Militärregierung entschied sich aber für die Errichtung der Gebiete (Süd-)Baden und Württemberg-Hohenzollern, mit dem Ziel, letztlich wieder ein einheitliches Baden zu schaffen. In einer Volksabstimmung des Jahres 1951 votierten die Deutschen jedoch für einen größeren Südweststaat. Zur Etymologie des ersten Namensteils siehe Baden-Baden. Württemberg, der östliche Landesteil, war ursprünglich der Name des Stammschlosses einer großen Dynastie. Er geht entweder auf den erschlossenen Personennamen *WIRTINO zurück, oder auf den kelt. Berg- und Burgnamen *Virodunum* (Personenname VIROS und gall. *dūnon* BURG).

BAFFIN BAY [G, Kanada, Nordamerika] Der englische Seefahrer William BAFFIN (1584–1622) erforschte auf der Suche nach der Nordwestpassage diesen Teil des Arktischen Archipels. Dabei erreichte er den Eingang zum Lancastersund, der ihn, hätte er es nur gewusst, tatsächlich zum Pazifischen Ozean geführt hätte.

BAFFIN ISLAND → **Baffin Bay** [I, Kanada, Nordamerika, inuktitut *Qikiqtaaluk*]

Die größte Insel des kanadisch-arktischen Archipels ist mit fast 500 000 km^2 die fünftgrößte Insel der Erde. Dabei leben dort nur knapp 11 000 Einwohner, vorwiegend Inuit. William BAFFIN zu Ehren wurde neben der gleichnamigen Bay ein zweites Denkmal gesetzt.

BAGDAD [O, Irak, Asien, engl. *Baghdad*] Wahrscheinlich darf der sehr alte Name dieser Stadt mit GOTTESGESCHENK gedeutet werden. Kein Wunder, war ja schon vor Jahrtausenden die Lage am Mittellauf des Tigris in dieser trockenen Region mehr als begünstigt. Die einfallenden Araber konnten hier ihre Brunnen und blühenden Gärten errichten, die für viele Jahrhunderte ein Juwel der Zivilisation darstellten. Jedenfalls schenkte uns Bagdad nicht zuletzt den aus Seide gemachten *Baldachin*.

BAHAMAS BS/BHS/BS [S/I, Karibik, Mittelamerika, oL *Commonwealth der Bahamas*, engl. *The Commonwealth of the Bahamas*, *The Bahamas*] Nicht ganz klar zu deuten ist der Name Bahamas. Span. *baja mar* NIEDRIGES MEER (dt. seichte Gewässer) trifft ziemlich genau die geografischen Gegebenheiten um diese Inselgruppe. Ebenso wahrscheinlich ist aber die Ableitung vom lokalen Namen GUANAHANI, dessen Bedeutung völlig unklar ist. Guanahani (heute *San Salvador*) hieß übrigens auch die Insel, die für Christoph Kolumbus die »Neue Welt« eröffnete. Ein bedeutungsschwangerer Ort, fürwahr, nicht nur für die einheimischen *Bahamaer*. Obwohl eigentlich die Spanier diese Welt entdeckten, waren es britische Siedler von den Bermudas, die 1649 eine erste Kolonie schufen. Knapp achtzig Jahre später wurden die Bahamas Kronkolonie des British Empire. U: 10. 7. 1973 (ehem. brit. Kolonie)

BAHIA → **Salvador** [P u. H/O, Brasilien, Südamerika] Bahia hat ohne Zweifel die größte afrikanische Bevölkerungsdurchmischung in Brasilien. Port. *baía* bedeutet einfach BUCHT, womit der Siedlungsplatz Salvadors, der ehemaligen Hauptstadt des Landes (bis 1763), gemeint war (s. d.): . Bis Mitte des 20. Jh.s war der Name *Bahia* auch für die Stadt gebräuchlich.

BAHIA BLANCA [O, Argentinien, Südamerika] Der argentinische Hafen ist nach der gleichnamigen WEISSEN BUCHT (span. *bahia* »Bucht«, *blanca* »weiß«) benannt. Gemeint sind damit die beeindruckenden weißen Sandufer.

BAHRAIN BH/BHR/BRN [S/I, Vorderasien, oL *Königreich Bahrain*, arab. *al-Mamlaka al-Bahrayn*] Die Halbinsel Bahrain teilt sozusagen den Persischen Golf in eine West- und eine Osthälfte. Entsprechend fiel die Namenwahl auf *al-bahrayn* ZWEI MEERE (arab. Pl. von *bahr* »Meer«). Während der langen Geschichte dieser Region hatten Perser, Araber, Portugiesen und Briten die Herrschaft über dieses Land. Erst in der zweiten Hälfte des 20. Jh.s wurde Bahrain ein unabhängiges Emirat. Seit 2002 ist dieser Staat sogar ein Königreich, ganz gegen den Trend der Zeit, da heute meist die Staatsform Republik angestrebt wird. U: Proklamation 14. 8. 1971 (ehem. brit. Protektorat)

BAIKALSEE [G, Russland, Asien, engl. *Lake Baikal*] Der tiefste Süßwassersee der Erde (1940 m) enthält mehr Wasser als alle fünf Großen Seen Nordamerikas zusammengenommen. Die aus der Turksprache stammenden Wörter *bol* REICH und *göl* SEE dürften sich auf den ungeheuren Fischreichtum dieses Gewässers beziehen. Der Artenreichtum des Baikalsees ist auf unserer Erde nahezu unübertroffen.

BAILE ÁTHA CLIATH → **Dublin** [O, Irland, Dublin] DIE STADT DER FURT AN DER SCHILFHÜRDE, wie der moderne gälische Name [ausgespr. *Bal'ah:k^l'l'i3*] Dublins lautet, erinnert an eine im Jahr 988 von König Mael Sechnaill II. gegründete Siedlung am Schwarzen Tümpel, der an Dublin angrenzte.

BAKER STREET [X, England, Großbritannien, Europa] Der wohl berühmteste Detektiv der Literaturgeschichte, Sherlock Holmes, hatte in dieser Londoner Straße seine Wohnung. Sir Arthur Conan Doyle hat die Schlussfolgerung und das rationale, deduktive Denken als Grundlage der kriminalistischen Arbeit gesehen. Die Straßenbenennung erfolgte bereits im 18. Jh. nach dem Erbauer William BAKER. Zufällig trug dieser Mann einen Berufsnamen, sodass bei oberflächlicher Betrachtung fälschlicherweise die Arbeit des Bäckers als etymologisch relevant angesehen werden mag.

BAKU [O, Aserbaidschan, Asien, aserbaid. *Baki*] Am Westufer des Kaspischen Sees gelegen, dürfte Baku bereits zu Gründerzeiten stürmischen Winden ausgesetzt gewesen sein. Jedenfalls deutet das apers. *badkuba* WINDWÄRTS auf die damalige Situation hin. Schon seit dem 8. Jh. weiß Baku von seinem Erdölreichtum. Bis heute stellt das »Schwarze Gold« die Basis des aserbaidschanischen Wirtschaftslebens dar.

BALATON [G, Ungarn, Europa, dt. *Plattensee*] Der größte und neben dem Neusiedlersee (s. d.) einzige Steppensee Europas trägt einen slaw. Namen (russ. *boloto* MARSCH, SUMPF). Die tiefste Stelle dieses riesigen Gewässers beträgt nur knapp zwölfeinhalb Meter, wodurch sich das Wasser im Sommer auf bis zu 28 °C erwärmt und Ungarn einen ergiebigen Badetourismus garantiert.

BALEAREN, BALEARISCHE IN-SELN [I, Spanien, Europa, span. *Islas Baleares*, katal. *Illes Balears*, engl. *Balearic Islands*] Das präidg. *bal* WEISS, SCHEINEND beschreibt den für Besucher faszinierenden Eindruck dieser Mittelmeerinseln. Kein Wunder, dass sich Mallorca, Menorca und Ibiza zu Touristenattraktionen ersten Ranges entwickelten. Allgemein wird heute das griech. *bállein* »werfen«, das seinerseits aus dem Phönizischen übernommen wurde, als Namensgrundlage gesehen. Der römische Schriftsteller Timais berichtet von Barbaren, die mit ungeheurer Kraft Steine werfen konnten. Das STEINESCHLEUDERN ist bis heute eine beliebte lokale Sportart geblieben. Der Begriff *Ballistik* hat die gleiche Wortwurzel.

BALI [I, Indonesien, Asien] Bali wird auch die »Insel der Tausend Tempel« genannt, hat doch fast jeder bedeutende Ort zumindest einen Ursprungs-, einen Versammlungs- und einen Totentempel. Mit Tausenden von Tanzgruppen ist diese Perle der Kleinen Sundainseln überdies das touristische Kulturzentrum Indonesiens. Der Name könnte auf ein altes Volk, die BALI AGA, zurückgehen.

BALKAN [B, Europa, engl. *Balkans*] Vermutlich ist dieser Name türk. Ursprungs (*balkan* GEBIRGE). Angesprochen wird damit die ca. sechshundert Kilometer lange Gebirgsbarriere im heutigen Bulgarien. Die Bulgaren selbst verwenden die Bezeichnung *Stara Planina* (dt. altes Gebirge).

BALKAN-HALBINSEL → **Balkan** [I, Europa, engl. *Balkan Peninsula*] Nach dem Zerfall Jugoslawiens im ausgehenden 20. Jh. war diese Halbinsel für ein halbes Jahrzehnt der Unruheherd Europas. Daher hat sich in den letzten Jahren in der politischen Medienberichterstattung der Begriff *Balkanisierung* für eine staatliche Zersplitterung mit unruhigen Folgen etabliert.

BALTIKUM [R, Estland, Lettland, Litauen, Europa, engl. *Baltic States*] Die etymologische Herkunft dieser Regionsbezeichnung ist nicht eindeutig geklärt, wenngleich sie sich vom Baltischen Meerbusen, bei uns meist als Ostsee bezeichnet, ableitet. Am wahrscheinlichsten ist ein Zusammenhang mit dem dän. *bælt* GÜRTEL, womit ursprünglich die Meerengen Skaggerak und Kattegat gemeint gewesen sein dürften. Es gibt aber auch noch eine mythologische Erklärung für diesen Namen: Die von Plinius dem Älteren erwähnte legendäre Insel »Baltia« in Nordeuropa könnte Anlass zur späteren Benennung gewesen sein. Interessanterweise sind die zum Baltikum gezählten Esten finnisch-ugrischen Ursprungs und damit mit Letten und Litauern sprachlich absolut nicht verwandt. Auch Königsberg, Ostpreußen, Livland und Kurland wurden, historisch betrachtet, zeitweise dem Baltikum zugerechnet.

BALTIMORE [O, Ohio, USA, Nordamerika] Benannt wurde diese Schiffsbaustadt nach Cecilius Calvert, Lord BALTIMORE (1605–1675), dem Gründer Marylands. Der Name Baltimore entspricht einer kleinen Stadt im Süden Irlands, wo der Familiensitz der Calverts stand. Das gäl. *Baile na Tighe Mór* heißt so viel wie UMZÄUNTES LAND DES GROSSEN HAUSES. Das Wappentier der Stadt ist der Pirol (auch Goldamsel, engl. *Oriole*), der auch der berühmten Baseballmannschaft den Namen geliehen hat.

BALTISCHER MEERBUSEN → **Ostsee** [G, Dänemark, Deutschland, Estland, Finnland, Lettland, Litauen, Polen, Russland, Schweden, Europa] Bei uns im deutschen Sprachraum wird der Name Baltischer Meerbusen heute als veraltet empfunden. Die unsichere Herkunftsdeutung wird unter dem Stichwort Ostsee näher erläutert. Interessant sind die sehr unterschiedlichen Assoziationen, die mit dem Begriff Baltikum im Allgemeinen verbunden sind, was wohl mit der bewegten Geschichte dieser Region zu tun hat. Heute denken wir meist an die jungen Staaten Estland, Lettland, Litauen sowie die russische Exklave Kaliningrad.

BAMAKO [O, Mali, Afrika] Die Hauptstadt Malis trägt den Eingeborenennamen KROKODILFLUSS. Das passt ganz gut zum Landesnamen (s. d.), der oft mit dem Nilpferd in Zusammenhang gebracht wird.

BAMBERG BA [O, Bayern, Deutschland, Europa] Dieses Bollwerk gegen den Südosten entstand im 9. Jh. im Umkreis einer Burg des Adelsgeschlechts der Popponen. *Papinberc* (belegt 973) heißt wörtlich übersetzt BURG DES PAPO (oder Babo). Ahd. *burg, berg* (dt. hoch, erhaben) meint ursprünglich immer eine BEFESTIGTE HÖHE. Möglicherweise bezieht sich der Name Babo auch auf den Stammvater der Babenberger, den ersten Markgrafen der bayerischen Ostmark (d. h. des späteren Österreich).

BANAT [R, Rumänien, Serbien, Ungarn, Europa] Dieser historisch turbulente Landstrich trägt den serb. Namen HERR, vermutlich nach einem in der Versenkung der Geschichte verschwundenen Herrscher.

BANDAR SERI BEGAWAN [O, Brunei, Asien] Das ehemalige *Brunei Town* wurde 1967 von Sultan Hassanal Bolkiah zu Ehren seines Vaters, Sir Omar Ali Saifuddin (1918–1986) in Bandar Seri Begawan umbenannt. *Bandar* ist der malai. Begriff für HAFEN, *Seri Begawan* ein Ehrentitel, der soviel wie DER GESEGNETE, DER ERHABENE ausdrückt.

BANDUNG [O, Indonesien, Asien] Bandung trägt den gefälligen Beinamen *Stadt der Blumen*. Zu Kolonialzeiten wurde diese durch europäisches Ambiente und Kultur geprägte Stadt auch als »Paris von Java« bezeichnet. Allerdings lassen sich beide Namen nicht aus dem malai. Wort *bandong* ableiten. Dieses steht einfach für KAI oder BÖSCHUNG.

BANGALORE [O, Indien, Asien] Der Name zeigt die gleiche Wurzel wie der von Bengalen oder Bangladesch (s. d.): *banglā* bedeutet einfach BENGALI. Bangalore wird auch als »Gartenstadt Indiens« bezeichnet.

BANGKOK [O, Thailand, Asien, thai. *Krung Thep*] LAND DER OLIVENBÄUME (thai. *bāng* »Land«, *kok* »Olivenbaum«) nennt sich die viel besuchte Hauptstadt Thailands in der im Westen üblichen Bezeichnung. Allerdings lautet der im Land gängige Name *Krung Thep* »Stadt der Engel«. Auf Autokennzeichen steht sogar *Krungthep Mahanakorn*. Warum dies? Der alte Name umfasst die unglaubliche Rekordzahl von 163 Buchstaben (Leerzeichen zur besseren Lesbarkeit eingefügt): *Krungthep mahanakorn amornratanakosin mahintarayutthaya mahadilok phopnopparat rajathaniburi romudom rajaniwes mahasathorn amornphimarn avatarn sathit sakkattiya visanukamprasit*. Auf Deutsch hört sich dies ungefähr so an: »Stadt der

Engel, große Stadt und Wohnsitz des Smaragdbuddhas, uneinnehmbare Stadt des Gottes Indra, große Hauptstadt der Welt, geschmückt mit neun wertvollen Edelsteinen, reich an gewaltigen königlichen Palästen, die dem himmlischen Heim des wiedergeborenen Gottes gleichen, Stadt, die von Indra geschenkt und von Vishnukarm gebaut wurde.« Offensichtlich ist Bangkok das ewige Herz dieses Landes. Da die »Langform« heute jedoch nicht mehr in Gebrauch ist, wird sie offiziell nicht als Ortsname anerkannt und hat damit auch keinen Eintrag ins Guinness Buch der Rekorde bekommen.

BANGLADESCH BD/BGD/BD [S, Südasien, engl. *Bangladesh*, oL *Volksrepublik Bangladesch*, bengali *Gan Prajātantrī Bāmlādeś*] Das LAND DER BENGALEN (*banglâ* »Bengali«, *deś* »Land«) ist möglicherweise nach einem längst verschollenen Häuptling *Banga* benannt. Zwischen 1947 und 1971 war Bangladesch in Atlanten unter dem Namen *Ostpakistan* zu finden. Damit war Pakistan damals der »am stärksten zerrissene« Staat der Welt, mit dem feindlich gesinnten Indien als Keil zwischen den zwei Landesteilen. Sehr populär wurde die einheimische, vom Landesnamen abgeleitete Flachbauweise für Häuser, im Englischen *bungalow* (dt. zu Bengal gehörend). Dieses Wort fand schließlich den Weg in zahlreiche Sprachen und wurde in Deutschland fast zu einem Synonym für Lifestyle-Wohnen der gehobenen Art. Auch die bunte, durch chemische Stoffe bewirkte Festbeleuchtung, das *Bengalische Feuer*, stammt von den Fürstenhöfen dieses Landes. Ungewohnt, zumindest für unser Ohr, heißen die Bewohner dieses Staates *Bangladescher*. Von diesen sind übrigens

mehr als 95% Bengalen (Q: Taschenatlas Völker und Sprachen). U: Proklamation 26. 3. 1971; 17. 12. 1971 (ehem. Teil von Britisch-Indien, ab 1947 Teil Pakistans)

BANJA LUKA [O, Bosnien, Europa] Slaw. *banja* BADEORT (oder moderner KURORT) sowie *luka* HAFEN ist die Bedeutung der zwei Ortsnamensteile. Die Save ist ab dieser Siedlung schiffbar, was letztlich der Grund für die Bezeichnung »Hafen« gewesen sein dürfte.

BANJUL [O, Gambia, Afrika] Wie so oft in ehemaligen Kolonialgebieten ist auch hier der Name auf ein Missverständnis zurückzuführen. Die einheimischen Mattenflechter legten die Frage nach dem Gebietsnamen fälschlicherweise als Frage nach ihrer Tätigkeit aus: *bangjulo* SEILMATTEN war die irrige Antwort.

BARBADOS BB/BRB/BDS [S/I, Karibik, Mittelamerika, oL *Barbados*] Kurios ist die Interpretation von span. *barbados* BÄRTIGE. Der Name wurde im 16. Jh. von spanischen Eroberern wegen der bartartigen Blätter der weit verbreiteten Feigenbäume oder auch deren erstaunlichen Luftwurzeln verwendet. Also darf in diesem Fall tatsächlich von einem »Pflanzennamen« gesprochen werden. Schön, dass auch Bilder dieser Art zur Benennung von Staaten geführt haben. Die *Barbadier*, wie es im Deutschen heißen muss, sind selbstverständlich genauso wenig bärtig wie andere Karibikvölker. Entdeckt wurden Barbados von Spaniern, besiedelt dagegen von Engländern (ab 1627). Bis heute ist daher Königin Elisabeth II. offizielles Staatsoberhaupt. U: 30. 11. 1966 (ehem. brit. Kolonie)

BARCELONA [O, Spanien, Europa] Hamilcar BARCA (ca. 270–228 v. Chr.), der berühmte karthagische General und Vater Hannibals, soll dieser Stadt seinen Namen geliehen haben. Das arab. *barq* bzw. das hebr. *baraq* bedeuten so viel wie DONNERSCHLAG, ein wahrlich treffender Beiname für einen Militärführer. Andere Deutungen sprechen von SIEDLUNG DER SCHIFFER, abgeleitet von span. *barca* BOOT. Auch unsere *Barke* oder die bekannte *Barkarole* (»Gondellied«) zeigen die gleiche Wurzel.

BÄRENINSEL [I,   Norwegen,   Europa] Weit im Norden unserer Erde liegt eine von EISBÄREN bewohnte gleichnamige Insel, die heute als Wetterstation Norwegens wichtiges Datenmaterial liefert.

BARENTSSEE [G, Polarregion] Tragisch endete die irrtümliche Suche nach einem sicheren östlichen Seeweg um die Nordküste Eurasiens für den holländischen Kartographen Willem BARENTSZ (1550–1597). Im Eis eingeschlossen, versank sein voll mit Waren beladenes Schiff östlich der großen Insel Nowaja Semlja. Im Jahr darauf brach man in zwei offenen Booten in südliche Richtung auf. Auf dieser Fahrt jedoch starb Willem Barentsz.

BARI [O, Italien, Europa] Die Hauptstadt der Provinz Apulien trägt einen ägyptischen Namen, der über griech. und lat. *bâris* (Bedeutung BOOT, BARKE) die heutige Form fand. Vielleicht kann dies als Beleg gesehen werden, dass Bari bereits in der Antike einer der bedeutendsten Handelshäfen des östlichen Mittelmeers war.

BARMEN [H/O,   Nordrhein-Westfalen, Deutschland, Europa] Der heutige Stadtteil von Wuppertal erhielt erst 1808 Stadtrecht und wurde bereits knapp hundert Jahre später (1929) mit Elber-feld vereinigt. Vermutlich geht der Name (11. Jh. *de Barmon*, 14. Jh. *in den Barmen*) auf nd. *berme* DEICHRAND, BÖSCHUNG zurück, womit wohl die Wälle der früheren Landwehr gemeint sind.

BARNAUL [O, Russland, Asien] 1730 als Kosakenfort gegründet, war Barnaul schon einige Jahre zuvor Deportationskolonie für Verbrecher und politische Gefangene. Der Flussname Barnaulka bedeutet »Wolfswasser«. Barnaul ist also der WOLFSFLUSS (tatar. *büre*, usbek. *bori*, uighur. *börä* »Wolf«; *ul* »Fluss«).

BASEL BS/BL [O/P, Schweiz, Europa] Das griech. *basileia* KÖNIGLICH steckt im Namen dieser Schweizer Stadt. Gegründet wurde die Siedlung bereits 44 n. Chr., allerdings unter dem ebenfalls sprechenden Namen *Robur* (von *roburetum*, dt. Eichenhain). Über die Landesgrenzen hinaus bekannt sind die *Basler Läckerli*, ein schmackhaftes Lebkuchengebäck. Gleich zwei Kantone der Eidgenossenschaft tragen »Basel« im Namen: Basel-Land und Basel-Stadt.

BASKENLAND [P, Spanien, Europa, bask. *Euskadi* span. *País Vasco*, engl. *Basque Country*] Diese historische Region umfasst Pyrenäengebiete Nordspaniens sowie Südfrankreichs. Der spanische Name ist den Bewohnern, den *Euskaldunak* (dt. baskisch Sprechende) nachempfunden. Die Sprache selbst – die nicht zur indogermanischen Sprachfamilie zählt – nennt sich Euskara. Aus dem ursprünglichen Wort *Vascones* ist schließlich der moderne Name Basken entstanden. Darin versteckt sich die Wurzel *sk*, die auf ein SEEFAHRENDES VOLK hinweist. Sehr bekannt ist bis heute die typisch geformte *Baskenmüt-*

ze, wenn auch diese Kopfbedeckung in den letzten Jahren ziemlich außer Mode gekommen ist. Die Basken haben bis heute ein ungemein starkes Nationalbewusstsein bewahrt. Vielleicht ist auch dies ein Grund für die geringe Hemmschwelle, die die Terrorgruppe ETA (*Euzkadi Ta Azkatasuna*, dt. Baskisches Heimatland und Freiheit) im Kampf um die Unabhängigkeit kennt.

BASRA [O, Irak, Asien] Der Haupthafen Iraks im Schatt-el-Arab trägt einen arabischen Namen: *albasrah* WEICH. Gemeint ist der griffige Schwemmlandboden des Mündungsgebietes von Euphrat und Tigris. Vielleicht leitet sich auch das Wort *Alabaster* von dieser Bodentypisierung ab, wenn auch genauso die ägyptische Stadt Alabastron als Namensspenderin in Frage kommt.

BASS-STRASSE [G, Australien, Ozeanien, engl. *Bass Strait*] Der Militärchirurg und Entdecker George BASS (1771–1803) war der erste Europäer, der 1798 die Meeresstraße zwischen Tasmanien und Südaustralien durchfuhr. Damit war der Nachweis erbracht, dass Tasmanien eine Insel ist.

BASTIA [O, Frankreich, Europa] Dieser Handelshafen im Norden Korsikas entstand aus einer genuesischen FESTUNGSANLAGE (ital. *bastia*, Kurzform von *bastiglia* »Zitadelle«) aus dem 14. Jahrhundert. 1768 erfolgte der Verkauf ganz Korsikas an Frankreich. Daher weht heute auch über Bastia die Tricolore.

BASTILLE [X, Frankreich, Europa] Jahrhundertlang war die berüchtigte Bastille, genauer gesagt *Bastille Saint-Antoine* (also dem heiligen Antonius geweiht) das Staatsgefängnis von Paris, bis es vom empörten Mob während der Französischen Revolution gestürmt

wurde. Das Wort enthält afranz. *bastir* BAUEN bzw. provenz. *bastide* mit gleicher Bedeutung.

BATAVIA → **Jakarta** [H/O, Indonesien, Asien] Diese Bezeichnung, von den Niederländern während der Kolonialepoche gewählt, geht auf ahd. *bata* BESSER zurück. Heute erinnert noch das Autokennzeichen »B« an diesen Namen. Batavia ist, nebenbei bemerkt, der alte lateinische Name für die Niederlande.

BAYERN BY [P, Deutschland, Europa, engl. *Bavaria*] Die Kernbevölkerung Bayerns, die *Bajuwaren* (dt. Bewohner Böhmens; asächs. *warōn* »bewahren, bewohnen«), wanderten im 6. Jh. aus Böhmen, Mähren und Pannonien in das heutige Landesgebiet ein. Dabei ist auch der Name des Herkunftslandes Böhmen, ahd. *Beheim*, lat. *Boiohaemum* (dt. BOIERHEIMAT), in die Benennung Bayerns eingeflossen. Das kelt. Volk der Boier lebte jahrhundertelang in Böhmen, bevor es im 1. Jh. v. Chr. von den germanischen Markomannen unterworfen wurde. Der alexandrinische Geograph Claudius Ptolemäus nannte diese Markomannen *Baiochaimai* (dt. Bewohner des Boierlandes). Die *Bavaria*, eine Frauengestalt als Sinnbild Bayerns, steht für den neulateinischen bayerischen Namen. Ein ganz anderer Rekord wurde bis vor kurzem Bayern zugeschrieben. Hier, in der Gemeinde Neualbenreuth, lag, wenn man einem angeblich von Napoleon 1805 errichteten Stein glauben kann, der geografische Mittelpunkt Europas. Neuberechnungen setzen diesen inzwischen ins ferne Litauen. Letzte Bemerkung: Bayern war auch das erste deutsche Land, das zwischen 1849 und 1920 eigene Briefmarken herausgab, darunter als allererste Portomarke den berühmten »Schwarzen Einser« (s. Kap. Postalische Ausgabegebiete).

BAYEUX [O, Frankreich, Europa] Wegen des fast 70 m langen Wandteppichs, der die Eroberung Englands durch William the Conqueror zeigt, wurde Bayeux weltberühmt. Mehr als zehn Jahre wurde im 11. Jh. an diesem Kunstwerk gewoben. Dieser Teppich zeigt auch die erste bekannte bildliche Darstellung des Halleyschen Kometen. Das kelt. Volk der *Badiocasses* (*badio* heißt SIEG) verlieh der Stadt ihren Namen. Durch einen unwahrscheinlichen Zufall wurde Bayeux am Ende des Zweiten Weltkriegs die erste durch die Alliierten befreite Stadt Westeuropas. Nomen est omen!

BAYREUTH BT [O, Bayern, Deutschland, Europa] Aus dem Volksnamen BAYERN (ahd. *beiera*) und dem ahd. Grundwort *riuti* RODEN setzt sich der Name dieser Stadt zusammen. Offensichtlich haben hier bayerische Siedler erste Rodungen durchgeführt. Heute ist Bayreuth vor allem wegen der Wagner-Festspiele ein Herzstück der Musikwelt.

BEAUFORTMEER [G, Polarregion, engl. *Beaufort Sea*] Der Hydrograph der Royal Navy, Sir Francis BAEUFORT (1774–1857) ist nicht nur für dieses Arktische Meer der Namensgeber, sondern auch für die bekannte Beaufort-Skala, mit der Windgeschwindigkeiten gemessen werden. Diese an der Wirkung orientierte Skala reicht von der Windstille (Stufe 1), d. h. keine Luftbewegung, spiegelglatte See, bis zum Orkan (Stufe 12), schwere Verwüstungen, See mit Schaum und Gischt erfüllt.

BEAUJOLAIS [R, Frankreich, Europa] Wie viele französische *Rotweingegenden* ist der Name lat. Ursprungs: *Bellojugum* (dt. SCHÖNER BERG; lat. *bellus* und *jugum*).

BEERSHEBA [O, Israel, Asien] SIEBENBRUNN (hebr. *be'er* »Brunnen«, *shéva* »sieben«) und EIDBRUNN sind die zwei gängigen Namen für diese Stadt im äußersten Süden Israels. Gen 21,27-34 berichtet von einem Vertrag zwischen Abraham und König Abimelech, der mit einem Geschenk von sieben Lämmern, als Beweis für die getane Brunnenarbeit, besiegelt wurde. Mit der Anpflanzung einer Tamariske dankte Abraham seinem Gott und rief den Herrn mit den Worten an: Gott, der Ewige (Gen 21,33). Sein Flehen dürfte Gehör gefunden haben, ist doch Beersheba bis zum heutigen Tag ein Kulturzentrum der Negev-Wüste.

BEIJING [O, China, Asien] Mehr als 3000 Jahre Geschichte kann diese nordchinesische Stadt bezeugen. Unter dem Mongolenherrscher Kublai Khan (1215–1294) wurde die Winterhauptstadt hierher verlegt. Marco Polo, der berühmte venezianische Reisende, war ein erster europäischer Gast. **Peking**, so die alte, bekanntere Schreibweise, bedeutet so viel wie HAUPTSTADT DES NORDENS (chin. *bei* »Norden«, *jing* »Hauptstadt«). Mehr als fünfhundert Jahre hielt dieser Status, mit einer kurzen Ausnahme zwischen 1928 und 1949, wo Nanking die zentrale Funktion übernahm. Atlanten dieser Zeit führen daher für Beijing den im Mittelalter gebräuchlichen Namen *Peiping* (chin. *ping* »Friede«). Heute sind auch im Westen kulinarische Genüsse wie die *Pekingente* oder die *Pekingsauce* nicht unbekannt. Auch die Hunderasse *Pekinese* geht auf diese Stadt zurück. Ebenso die kunstvolle Form der *Pekingoper*. Zuletzt wurden frühe Menschenfunde in Asien nach dem Fundort als *Homo erectus pekinensis* (*Pekingmensch*) bezeichnet.

BEIRUT [O, Asien, Libanon, arab. *Bairût*] Wegen der permanenten Wasserknappheit in diesem Teil der Welt ist der Name Beirut mehr als verständlich: abgeleitet aus hebr. *be'rōt* DIE QUELLEN (Sg. *be'er; s.* Beersheba). Erst die Römer mit ihren eleganten und funktionalen Aquädukten konnten dieser Wassernot ein Ende bereiten.

BELAJA [F, Russland, Europa, tatar. *Ağidel*] Dieser fast eineinhalb Kilometer lange Nebenfluss der Kama nennt sich wie zahlreiche andere Gewässer Russlands DER WEISSE (s. auch Belarus).

BELARUS → **Weißrussland** [S, Europa] Mit Ausnahme des Deutschen, des Türkischen und des Griechischen wird in den meisten Sprachen die Form *Belarus* für diese im Lauf der Geschichte sehr umkämpften Region verwendet. Zur Namensdeutung s. Weißrussland.

BELAU → **Palau** [S, Ozeanien] Legenden ranken sich um den Namen dieser Inseln – und doch bleibt etymologisch letztlich kein unabhängiger Staat der Erde weniger klar erforscht als Palau (s. d.).

BELÉM [O, Brasilien, Südamerika] Wie viele in der frühen Kolonialgeschichte errichteten Befestigungssiedlungen (in diesem Fall im Jahr 1616), trägt auch Belém einen religiös inspirierten Namen: *Santa Maria de Belém do Grão Pará* »Heilige Maria von BETLEHEM am Großen Pará«. Der gegenwärtig gebräuchliche Name Belém ist eine Kürzung der am Pará liegenden Hauptstadt der gleichnamigen Provinz. Ehedem hieß diese Siedlung *Feliz Lusitânia* (dt. Fröhliches Lusitanien).

BELFAST [O, Nordirland, Großbritannien, Europa] Der gäl. Name FURT BEI DER SANDBANK (ir. *Béal Feirste*) klingt einigermaßen verwirrend, wenn keine Erläuterung folgt. Gemeint mit Sandbank ist der Fluss Farset, der hier bei Ebbe ohne größere Probleme durchfurtet

werden konnte. Sobald die Long Bridge (als Überquerungsstelle) gebaut war, verlor die frühere Funktion schnell ihren Sinn.

BELGIEN BE/BEL/B [S, Westeuropa, engl. *Belgium*, oL *Königreich Belgien*, holl. *Koninkrijk België*, franz. *Royaume de Belgique*] Die *Belgae* sind nicht nur Asterix zufolge ein aufbrausendes, kämpferisches Volk. Ihr Name könnte aus zwei Wurzeln stammen: gall. *volca* SCHNELL, AKTIV oder idg. *bhelgh* AUFBRAUSEND. Damit ist der Charakter des Volkes für alle Zeiten etymologisch festgehalten. Belgien war vor der Unabhängigkeit Teil der Spanischen Niederlande (1579–1713), der Österreichischen Niederlande (1713–1795), Frankreichs (1795–1815) sowie des Vereinigten Königreichs der Niederlande (1815–1830). U: 4. 10. 1830

BELGISCH-KONGO → **Belgien, Kongo** [H/L, Afrika] Fast wie einen Privatbesitz nutzte der BELGISCHE KÖNIG Leopold II. (1835–1909) dieses riesige Gebiet im Herzen Afrikas. Und der natürliche Reichtum war auch einer der Gründe für die Kolonialisierung des Landes durch das belgische Königshaus.

BELGRAD [O, Serbien, Europa, serb. *Beograd*, engl. *Belgrade*] WEISSE STADT ist die serb. Bezeichnung für das Zentrum des Landes, übersetzt von *beo* »weiß« und *grad* »Stadt«. Die Inspiration zu diesem Namen findet sich in einer im 4. Jh. v. Chr. gebauten keltischen Steinfestung.

BELIZE BZ/BLZ/BZ [S, Mittelamerika, oL *Belize*] Das indianische Wort *belize* (maya *belix*) steht für SCHLAMMIGES WASSER. Gemeint ist der Fluss Belize bei Hochwasser. Da Schlamm auch gleichzeitig Fruchtbarkeit bedeutete, ist der heutige Landesname durchaus verständlich.

Auch eine Ableitung von maya *be likin* WEG NACH OSTEN ist denkbar, wieder mit Anspielung auf den Fluss. Eine andere Theorie vermutet hinter dem Namen eine spanische Verballhornung von WALLACE. Dieser Pirat schuf hier 1638 die erste Siedlung. Ehemals war dieses mittelamerikanische Gebiet in britischem Besitz, damals (bis 1973) bekannt als **British Honduras**. Die Bedeutung dieser spanischen Bezeichnung (dt. Tiefe) wird mit Kolumbus' Danksagung für die glückliche Überquerung dieser gefährlichen Untiefen erklärt. U: 21. 9. 1981 (ehem. brit. Kolonie)

BELO HORIZONTE [O, Brasilien, Südamerika] Der ersten brasilianischen Reißbrettstadt hat die amerikanische Hauptstadt Washington Modell gestanden. Mit SCHÖNER HORIZONT ist die Hügelkette des Serro do Curral gemeint, eine wunderbare Umrahmung für das Plateau, auf dem Belo Horizonte 1897 errichtet wurde.

BELUTSCHISTAN [P, Indien, Asien] Die größte Provinz Pakistans trägt die gleiche Endung wie der Staatsname (pers. *stan* LAND). Das Volk der Belutschen stellt die wichtigste Gruppe innerhalb dieser Provinz. Der Volksname kann bis heute nicht sicher gedeutet werden. Berühmt jedenfalls sind die exquisiten *Belutsch-Teppiche*.

BEN NEVIS [B, Schottland, Großbritannien, Europa] Der höchste Berg Großbritanniens steht in Schottland und trägt einen ungewöhnlichen Namen: BOSHAFTER BERG. Gäl. *beinn* bedeutet »Berg«, der zweite Namensteil ist auf den Fluss Nevis zurückzuführen, der wegen seines in den Legenden tradierten schlechten Rufs (gäl. *nemess* »boshaft«) zu diesem Namen kam. Volks-

etymologen sehen im gäl. *Beinn-nimhbhathais* BERG MIT DEM WOLKENGIPFEL eine wahrscheinlichere Erklärung. Hier dürfte sich allerdings eher die poetische Ader der Bewohner ein Denkmal gesetzt haben.

BENELUX [X, Belgien, Niederlande, Luxemburg, Europa] Die erste Zollunion Europas (1948) setzt sich aus den drei Staaten Belgium, Netherlands und Luxembourg zusammen. Dies wird sehr sprechend im Kunstwort Benelux verdeutlicht. Gleichzeitig suggeriert dieser Name jedoch GUTES LICHT (lat. *bene* und *lux*) und verspricht damit Gedeihen und Wohlstand. Mit diesem Zusammenschluss wurde gleichsam ein früher Vorläufer der Europäischen Union geschaffen.

BENGALEN → **Bangladesch** [H/R, Bangladesch, Indien, Asien, engl. *Bengal*] Diese historische Region in Indien und Bangladesch ist möglicherweise nach einem längst verschollenen Häuptling BANGA benannt (*banglā* »Bengali«). Für einige Jahrhunderte war Bengalen sogar ein selbständiges Königreich.

BENGASI, BANGHAZI [O, Libyen, Afrika, engl. *Benghazi*] Der Araber Bani Ghazi war ein hochverehrter Marabut, d. h. ein heiliger Mann, dessen Grab nördlich der libyschen Hafenstadt liegt. Arab. *banī* (Pl. von *ibn*) »Sohn« und *ġazī* »Eroberer« ergibt den leicht martialisch angehauchten Namen SÖHNE DES EROBERERS. Angespielt wird damit auf die im 7. Jh. über Nordafrika wegfegende islamische Bewegung. Der griechische Name dieser damaligen Kolonie war *Hesperides*, nach den mythologischen Nymphen, die zusammen mit einem gefährlichen Drachen einen mit goldenen Äpfeln (vielleicht auch Orangen?) gesegneten Garten im Westen der bekannten Welt bewachten. Später schenkten die vom Glauben erfüllten Krieger dieser Stadt den ebenso sprechenden Beinamen *Berenike* (griech. *phérein* »tragen« und *nike* »Sieg«), also die »Siegbringende«, zum Dank an die Gattin des Ptolemäus oder die Tochter der Salome, die beide so genannt wurden.

BENIN BI/BEN/RPB [S, Westafrika, oL *Republik Benin*, franz. *République du Bénin*] Seit 1975 nennt sich das ehemalige Dahomey Benin, nach einem untergegangenen Königreich in Westafrika, dem der IBÎNI (heutiges Nigeria). Vielleicht ist der Name mit dem arab. *bani* SÖHNE verwandt. Der zumindest im englischsprachigen Raum bekanntere Landesname **Dahomey** ist ebenfalls afrikanischen Ursprungs, entstanden im vorkolonialen Königreich *Abomey*, dessen Zentrum im Süden des Landes lag. Nach einem Sieg des lokalen Königs über einen Nachbarherrscher namens Dā entstand der klingende Name. Frei übersetzen könnte man diesen mit »Innerhalb der Festung Dā« (von *agbo* »Stärke« und *mi* »drinnen«). U: 1. 8. 1960 (ehem. franz. Kolonie); bis 1975 Dahomey

BERBER-KÜSTE [V/R, Afrika] Meist wird eine klare Deutung von griech. *barbaros* FREMD, VERSCHIEDEN angenommen, einfach wegen der klanglichen Ähnlichkeit der beiden Wörter. Vielleicht steckt jedoch im dt. *ber* »Bär« oder im idg. *bher* »tragen« der Schlüssel zu diesem Volks- und Landschaftsnamen. Mit TRÄGER DES BÄREN könnte vor langer Zeit auf das astronomische Sternzeichen Großer Bär angespielt worden sein.

BERCHTESGADEN [O, Bayern, Deutschland, Europa] Wahrscheinlich bezieht sich der Name dieser oberbayerischen Marktgemeinde auf das HAUS DES PERCHTER (des ersten Siedlers). Ahd. *gadum, gadem* steht für »einräumiges Haus« und bei »Ber(c)htger« dürfte es sich um einen frühen Personennamen handeln. Vielleicht leitet dieser sich vom Rufnamen Berthold ab.

BERCHTESGADENER LAND BGL [R, Bayern, Deutschland, Europa] Diese Region Oberbayerns hat die gleiche Namenswurzel wie die Stadt Berchtesgaden (s. d.). Als von Salzburg umschlungene Grenzregion darf dieses Gebiet auf eine bewegte Geschichte zurückblicken. Während der Zeit des Nationalsozialismus war der Obersalzberg bei Berchtesgaden sogar eine Art inoffizieller Regierungssitz des Deutschen Reiches.

BERESINA [F, Russland, Europa] Der rechte Nebenfluss des Dnjepr wird nach dem für diese Region typischen Baum als BIRKENFLUSS bezeichnet (russ. *birjósa* »Birke«).

BERGAMO [O, Italien, Europa] Diese lombardische Stadt am Fuß der Alpen, die bereits zu Römerzeiten bestand, trug seit jeher einen keltischen Namen, der in der deutschen Sprache bis heute unverändert weiterlebt: *berg* GEBIRGE, BERG. Der *Bergamasca*, ein alter Volkstanz, entstand in dieser Region.

BERGEN [O, Norwegen, Europa] Anord. *björg* »Berg« und *vin* »Weide« umschreiben diesen Nordatlantikhafen Norwegens. Wahrscheinlich waren früher die BERGWEIDEN von allerhöchster wirtschaftlicher Bedeutung. So nimmt es nicht Wunder, dass diese kosmopolitische Stadt stilvoll in die Berghänge hineingewachsen ist.

BERGHEIM [O, Nordrhein-Westfalen, Deutschland, Europa] Nicht immer stehen Ortsname und Ortsgeschichte im Einklang miteinander. Bergheim entstand 1249 als *castrum Berchem* in einer feuchten Flussniederung (Q: Duden, Geografische Namen in Deutschland). Allerdings wurde der Name von der nahe gelegenen Kirche übernommen, und diese befand sich in der Tat auf einem HÜGEL am Rande einer Flussterrasse. Also war anfangs doch die Topografie entscheidend. Diese Kirche war als Sitz des Dekanats der Grafen von Jülich, die hier auch eine Burg errichteten, von eminenter politischer Bedeutung. Ein guter Grund also für den alten Namen *Bergheimerdorf* – trotz der etwas anderes suggerierenden Lage!

BERGISCH GLADBACH GL [O, Nordrhein-Westfalen, Deutschland, Europa] Bereits im Mittelalter wurde diese um einen fränkischen Fronhof entstandene Siedlung der Grafschaft BERG zugeschlagen. Gladbach enthält das nl. *glad*, ahd. *glat* GLÄNZEND.

BERGKAMEN [O, Nordrhein-Westfalen, Deutschland, Europa] Die Namen *Camine* (10. Jh.), *Kamena* (12. Jh.) oder das heutige Kamen werden mit dem gall.-lat. *camminus* in Verbindung gebracht, mit der Bedeutung STEINWEG, RÖMERSTRASSE. Jedenfalls ist dieser Name ziemlich passend, denn hier befand sich, wie neuere Ausgrabungen zeigten, das größte römische Militärlager nördlich der Alpen. Diese Benennung wurde auch auf einige Nachbarorte ausgeweitet, wie etwa auf das zur mittelgroßen Stadt gewachsene Bergkamen (ehem. *Berchkamene*). Der erste Wortteil dürfte einen keltischen WASSERBEGRIFF enthalten.

BERG-KARABACH [P, Aserbaidschan, Asien, aserbaid. *Daġlïq Qarabaġ*, russ. *Nagorny Karabach*] Diese autonome Region in Aserbaidschan kann mit OBERER (GE-

BIRGIGER) SCHWARZER GARTEN übersetzt werden.

BERINGMEER [G, Polarregion, engl. *Bering Sea*] Die Trennzone zwischen Asien und Nordamerika ist zu Ehren des dänischen Forschers Vitus BERING (1681–1741) benannt. Bering, der in Diensten des russischen Zaren Peter des Großen stand, war der erste Europäer, der den Boden Alaskas betrat. Allerdings erreichten bereits vor 12 000 Jahren, vielleicht sogar noch früher, die ersten Menschen, aus Sibirien kommend, nordamerikanisches Gebiet.

BERINGSTRASSE → **Beringmeer** [G, Polarregion] Die Beringstraße (nach Vitus BERING) ist eine Meerenge, die den westlichsten Punkt Amerikas (Kap Prince of Wales) mit dem östlichsten Punkt Asiens (Kap Deschnjow) verbindet. Nirgendwo sonst kommen sich die beiden Großmächte USA und Russland näher als an dieser nur 85 km breiten Engstelle, durch die auch die Datumsgrenze verläuft.

BERLIN BE/B [O/P, Berlin, Deutschland, Europa] Berlin, die Hauptstadt des mächtigen Königreichs Preußen, wurde 1871 auch Hauptstadt des Deutschen Reiches. Zwischen 1945 und 1990 war diese Metropole in Ost- und West-Berlin geteilt. Seit 1961 wurde Berlin durch eine über Nacht errichtete Mauer zum Symbol für den sogenannten Kalten Krieg, die Trennung der Welt in Kapitalismus und Kommunismus. Der Name dürfte slawischen Ursprungs sein. Die idg. Wurzel **birl* oder **berl* bedeutet so viel wie SUMPF. Gemeint war wohl das bei der Siedlungsgründung durch Spreeüberflutungen durchzogene Gelände. Interessanterweise benennt das phonetisch ähnlich klingende Wort »Bär« das Wappentier der Spreemetropole. Beliebt weit über die Grenzen des Landes hinaus ist der *Berliner Pfannkuchen*.

BERMUDAS [I, Großbritannien, Nordamerika] Juan de BERMÚDEZ, der bei der heute britischen Inselgruppe 1503 Schiffbruch erlitt, wählte ursprünglich den Namen *Islas de los diablos* (dt. Teufelsinseln). Knapp hundert Jahre später (1609) ereilte das gleiche Schicksal eine Gruppe von Unglücklichen aus Virginia. Diese gaben dem Eiland den Namen ihres Anführers: *Somers Island*. Zweifellos waren sowohl Bermúdez wie auch Somers frei von abergläubischen Visionen über das spätere mystische Verschwinden von Flugzeugen im sogenannten *Bermuda-Dreieck*. Beliebt sind auch die nach dieser Insel benannten *Bermuda-Shorts*.

BERN BE [O/P, Schweiz, Europa, engl. *Berne*] Die Helveter, die zu römischen Zeiten die Berner Region bevölkerten, waren tiefe Verehrer des weiblichen BÄREN. Daher tragen sowohl die Schweizer Hauptstadt als auch einer der Kantone einen an einen Bären erinnernden Namen. Dies behauptet zumindest die Volksetymologie. Wahrscheinlicher ist eine Namensherleitung vom idg. *ber* SUMPFLAND. Interessant auch die Tatsache, dass Dietrich von Bern nicht hier lebte, sondern sein Domizil in der oberitalienischen Stadt Verona hatte.

BESSARABIEN [H/R, Moldawien, Ukraine, Europa, engl. *Bessarabia*] Meist wird der Name des Moldauer Gründungslandes (im Gebiet des heutigen Moldawien und der Ukraine) mit einem arabischen Wüstenstaat assoziiert. Dies ist grundlegend falsch, denn der Name geht vielmehr auf das dynastische Geschlecht BESARAB (14. Jh.) zurück. Dieser Adelsname seinerseits leitet sich aus dem

Türkischen ab: *bas* »unterdrücken«, *basmak* »pressen«.

BETLEHEM [O, Israel, Asien, engl. *Bethlehem*] Der Geburtsort Jesu bedeutet in der hebr. Sprache HAUS DES BROTES (*bēt* »Haus«, *léhem* »Brot«). Dies darf durchaus als Anspielung auf die Fruchtbarkeit des Bodens um diesen Ort verstanden werden. Betlehem war laut 1. Buch Samuel der Herkunftsort König Davids und sollte auch, so die Prophezeiung des Micha (Mi 5,1), die Geburtsstätte des Messias werden. Sehr berühmt – und besonders in den angelsächsischen Ländern alljährlich zu hören – ist das Weihnachtslied »O little town of Bethlehem«. *Bēt* (oder *bēth*) – mit der Bedeutung »Haus« – ist auch der Name des zweiten Buchstabens des semitischen Alphabets, das sich um ca. 1800 v. Chr. in Ägypten aus den Hieroglyphen entwickelte und um 1050 in das für uns grundlegende phönizische Alphabet übernommen wurde.

BETSCHUANALAND → **Botswana** [H/L, Botswana, Afrika] Wegen der Bodenschätze, insbesondere Gold, wurde das Betschuanaland dem Britischen Empire einverleibt. Bis ungefähr 1966 war dieser Name anstatt des heutigen Botswana gebräuchlich.

BEUTHEN [H/O, Polen, Europa, pol. *Bytom*] Die schlesische Kohlestadt gehörte jahrhundertelang zum Habsburgerreich, nachdem im 16. Jh. zusammen mit Böhmen die reibungslose Eingliederung erfolgte. Mit letzter Sicherheit ist die deutsche Bezeichnung allerdings nicht zu erklären.

BEVERLY HILLS [O, USA, Nordamerika] Das Zuhause zahlreicher Hollywood-Stars wurde bis 1911 einfach als *Beverly* bezeichnet, nachdem ein Zeitungsartikel über den Urlaubsort von

Präsident Taft eine Farm dieses Namens erwähnte. Das FLACHWELLIGE Gelände dürfte zum zweiten Teil des heutigen Namens inspiriert haben.

BHUTAN BT/BTN/BHT [S, Südasien, oL *Königreich Bhutan*, tibetobirmanisch *Drug Gyal Khab, Druk-Yul*] Der außerhalb des Himalayastaates geläufige Name bezeichnet die geografische Lage: ENDE VON TIBET (aind. *bhota* bedeutet »Tibet«, *anta* »Ende«). Die Landessprache dagegen erhebt den mythologischen Drachen, der auch in der Staatsflagge enthalten ist, zum Symbol: *Druk-Yul* hieß das »Drachenreich«. In historischen Dokumenten ist auch die Bezeichnung *Men Jong* »Land der gesunden Pflanzen« zu finden, offensichtlich eine Anspielung auf die reiche Flora der Bergtäler. Chinesische, britische und indische Einflüsse haben zu einer ganz typischen Färbung dieses Staates geführt. U: altes Fürstentum, 12. 2. 1971

BIAFRA [R, Nigeria, Afrika] Nur für drei Jahre (1967–1970) war Biafra ein unabhängiger Staat. Die reichen Ölvorkommen ließen eine ungestörte Entwicklung nicht zu, und nach dem schrecklichen Biafrakrieg erfolgte 1970 eine Wiedereingliederung in Nigeria. Der Name geht auf das Volk der MAFRA zurück, die in europäischer Diktion als Biafra bezeichnet wurden.

BIAŁYSTOK [O, Polen, Europa] WEISSER ABHANG (pol. *biaty* »weiß«, *stok* »Abhang, Hügelseite«) ist der die Natur beschreibende Name dieser polnischen Stadt.

BIARRITZ [O, Frankreich, Europa] PLATZ DER ZWEI EICHEN oder ORT DER ZWEI FELSEN ist die Übertragung von bask. *bi* »zwei« sowie *haritz* »Eiche« oder *harri* »Felsen«. Biarritz ist heute ein mondäner Kur- und Badeort am Golf von Biscaya.

BIEL-BIENNE [O, Schweiz, Europa] Seit 2005 trägt diese Stadt offiziell einen Doppelnamen, um der gemischtsprachigen Bevölkerung gerecht zu werden. Als gesichert gilt heute die Namensherleitung vom röm.-kelt. Gott BELENOS (früheste Erwähnung: 1142 *apud belnam*). Dessen Name wird auch mit »der Leuchtende« übersetzt. Zwei weitere Versuche einer Deutung sollen nicht unerwähnt bleiben. (1) *Bühl* »Hügel« und (2) volksetymologisch: schwz.-dt. *bieli* »Beil«. Letztere Erklärung hat zum mittelalterlichen Stadtwappen mit zwei gekreuzten Beilen geführt.

BIELEFELD BI [O, Nordrhein-Westfalen, Deutschland, Europa] Kurioserweise ist der Name Bielefeld älter als die Stadt selbst (gegründet 1214 von den Grafen von Ravensburg). Der erste Namensteil, der eine Flurbezeichnung darstellt, könnte aus dem mhd. *bihel, bil* abgeleitet sein, was so viel wie BEIL heißt. Vielleicht ist damit die Form des Flurstücks angesprochen? Auch die idg. Wurzel **bil* STEILER FELS, BERGKEGEL ist als Namensursprung denkbar, wenngleich kein direkter Beleg diese Theorie unterstützt.

BIG BEN [X, England, Großbritannien, Europa] Vermutlich sind der Name der Glocke wie auch der des Turms des Houses of Parliament eine Verkürzung des Namens BENJAMIN Hall (1802–1867); er war Commissioner of Works (Staatsbaumeister) zur Zeit der Errichtung dieses Gebäudes. Die weltberühmte Melodie des Glockenspiels stammt von Georg Friedrich Händel und ist einer Arie aus dem »Messias« entnommen. Außerhalb der Victoria Station steht eine nur 30 Fuß hohe Miniaturausgabe dieses Glockenturms, der Little Ben.

BIG HOLE [X, Südafrika, Afrika] GROSSES LOCH ist die mehr als treffende Beschreibung des größten je von Menschenhand erschaffenen Kraters in der Nähe der Stadt Kimberley. Hier wurden seit 1870 von der Weltfirma De Beers mehr Diamanten geschürft als an jedem anderen Ort der Erde.

BIHAR [P, Indien, Asien] Dieser indische Name geht auf aind. *vihàra* KLOSTER zurück. Der Grund liegt in rings um die Stadt Bihar angelegten buddhistischen Mönchsklöstern. Diese indische Provinz ist bitterarm und zudem noch sehr in heute verbotenen Traditionen verwurzelt. So kommen selbst zu Beginn des 21. Jh.s wegen illegaler Abtreibungen auf 100 Jungen gerade mal knapp an die 60 Mädchen.

BIKINI-ATOLL [I, USA, Ozeanien] Dieses unscheinbare Atoll der Marshallinseln war zwischen 1946 und 1963 Atombombentestgebiet der USA. Die endemische Bevölkerung musste zwangsevakuiert werden. Wie hat schon der große Entdecker James Cook knapp vor seinem Tod auf Hawaii mit großer Weisheit gemeint: »Es wäre besser für diese Leute gewesen, sie hätten uns nie gekannt.« In der Sprache der Eingeborenen wird dieses Atoll *pikinni* genannt (*pik* LANDFLÄCHE, *ni* KOKOSNUSS), womit eine wichtige Erntefrucht angesprochen wird. Heute assoziiert man weltweit allerdings vielmehr das Badeutensil *Bikini* mit diesem Wort. Vielleicht sollte die willkürliche Namensgebung des Zweiteilers auf dessen reizvolle Explosivität hindeuten? Nun, die späte Deutung des *bi* als »zwei« scheint in der Tat auf den Zufall der Silbenverteilung zurückzuführen zu sein.

BILBAO [O, Spanien, Europa, bask. *Bilbo*] Eine Korrumpierung des röm. *Bellum Vadum* SCHÖNE FURT führt zum baskischen Namen dieser Stadt am Golf von Biscaya. Die Furt bezieht sich auf den unscheinbaren Fluss Nervión. Bilbao ist die Hauptstadt des Baskenlandes und geprägt durch großen Nationalstolz. So spielen im lokalen Fußballklub Atletico ausschließlich Spieler aus dieser Region.

BIRMA, BURMA → **Myanmar** [H/S, Myanmar, Asien] Interessanterweise besteht zwischen den Bezeichnungen Birma (oder Burma) und Myanmar etymologisch kein nennenswerter Unterschied (s. Myanmar). Beide Worte stehen für die BAMAR, die größte Bevölkerungsgruppe des Landes. Die beiden bilabialen Laute -B- und -M- werden wechselseitig verwendet, abhängig vom jeweiligen Dialekt. Allgemein ist *Myanma* seit dem 6. Jh. eher in historischen Dokumenten zu finden, während *Bama* mehr umgangssprachlich verwendet wird.

BIRMINGHAM [O, England, Großbritannien, Europa] BEORMAS HEIM ist die unscheinbar klingende Bezeichnung der zweitgrößten Stadt Großbritanniens. Wer Beorma war, weiß man heute nicht mehr, jedenfalls ist es aber eine Kurzform des aengl. Namens *Beornmund* (dt. Mann-Wächter). Vermutlich hatte er daher eine Schutzfunktion für die ihm anvertrauten Menschen.

BISKAYA, GOLF VON [G, Frankreich, Spanien, Europa, engl. *Bay of Biscay*] Da diese mondäne Bucht im Schatten der Pyrenäen liegt, darf der bask. Name *bizkař* GEBIRGIGES LAND nicht überraschen.

BISMARCK-ARCHIPEL [I, Ozeanien, engl. *Bismarck Archipelago*] Das frühere deutsche Protektorat wurde nach dem großen Kanzler Otto von BISMARCK (1815–1898) benannt. Der Name des Politikers leitet sich von einem *Biscopesmark* (dt. bischöfliches Grenzland) in der Nähe der Stadt Magdeburg ab (s. Kap. Familiennamen nach Herkunft; zu Archipel s. Allgemeine geografische Begriffe).

BLACKPOOL [O, England, Großbritannien, Europa] Wegen des schlammigen, moorigen Wassers trägt diese Hafenstadt den gleichen Namen (SCHWARZER TEICH) wie ihr Pendant am anderen Ufer der Irischen See, Dublin (s. d.).

BLUE MOUNTAINS [B, Australien, Ozeanien] Bei klarem Wetter kann ein BLAUER Schleier über diesen Bergen Australiens beobachtet werden. Zum Teil könnte dies auch mit den dichten Eukalyptuswäldern, die die Blue Mountains überziehen, zu tun haben. Optisch jedenfalls sind diese Lichtreflexionen sehr attraktiv.

BOCHOLT [O, Nordrhein-Westfalen, Deutschland, Europa] Phonetisch noch leicht nachklingend ist der etymologische Namenssinn dieser Stadt: BUCHENWALD (asächs. *bōke*, ahd. *buohha*). Ein Vergleich mit Bochum ist erlaubt.

BOCHUM BO [O, Nordrhein-Westfalen, Deutschland, Europa] Die Baumbezeichnung BUCHE (asächs. *bōke*, ahd. *buohha*) sowie das Grundwort *heim* WOHNORT bilden den Namen dieser im 13. Jh. gegründeten Stadt. Vor fast 1000 Jahren nannte sich diese Siedlung noch *Cofbuockheim*, enthielt also die asächs. Silbe *kō* KUH. Dies deutet auf die seit alters her große Bedeutung der Viehzucht in diesem Teil Europas hin.

BODENSEE → **Konstanz** [G, Deutschland, Österreich, Schweiz, Europa, engl. *Lake Constance*] In römischer Zeit hieß dieser See *lacus Brigantinus* (dt. Bregenzer See), nach der gleichnamigen Stadt. Der deutsche Name entwickelte sich aus dem heute unbedeutenden Ort *Bodman*, der in merowingischer Zeit eine eigene Münzstätte war und unter den Karolingern eine Kaiserpfalz. Ahd. *bodam* BODEN, GRUND, meint wohl einen »tief gelegenen Siedlungsplatz«. Im englischen Sprachraum ist die Stadt *Konstanz* die Namensgrundlage. »Der Ritt über den Bodensee« aus der bekannten Ballade Gustav Schwabs (»Der Reiter und der Bodensee«) hat als Redewendung Eingang in den allgemeinen Sprachgebrauch gefunden. Gemeint ist damit ein waghalsiges Unternehmen mit ungewissem Ausgang.

BOGOTÁ [O, Südamerika, Kolumbien] Neu gegründet wurde diese Stadt im Jahr 1538 von Gonzalo Jiménez de Quesada unter dem Namen *Santa Fé* (dt. Heiliger Glaube), in Erinnerung an seinen Heimatort in Spanien. Da vorher an dieser Stelle die Indianersiedlung *Bacatá* (dt. HOCHGELEGENES FELD) bestand, entschied man sich bald für eine Namenserweiterung auf *Santa Fé de Bogotá*, was bis heute der offizielle Name blieb.

BÖHMEN [R, Tschechien, Europa, *Čechy*, engl./lat. *Bohemia*] Das Volk der Boii, dessen Namen die idg. Wurzel *bhoi* »Schlacht« trägt, war vermutlich sehr kriegerisch orientiert. Der zweite Namensteil leitet sich vom idg. *haimoz* »Heim« ab. Die Böhmen sind also, frei ausgedrückt, die WÄCHTER DER HEIMSTÄTTE. Randnotizen: In den letzten Jahrhunderten wurde mit *Bohemien* eine eher unkonventionell lebende Person tituliert. Berühmt in diesem Zusammenhang wurde Puccinis Oper

»La Bohème«. Die bekannte Redewendung »lauter böhmische Dörfer« etablierte sich während der Schreckensjahre des Dreißigjährigen Krieges, als für deutsche Soldaten alles Geschriebene unverständlich bleiben musste.

BÖHMERWALD → **Böhmen** [B, Deutschland, Österreich, Tschechien, Europa, tschech. *Šumava*] Eigentlich wird dieses Bergland heute mit drei Namen belegt: *Böhmerwald* (Tschechien), *Bayerischer Wald* (Deutschland) und *Mühlviertel* (Österreich). Der Böhmerwald bildet, nebenbei bemerkt, die Wasserscheide zwischen Donau und Moldau. Zum Namen s. Böhmen.

BOLIVIEN BO/BOL/BOL [S, Südamerika, engl. *Bolivia*, quechua Qullasuyu, oL *Republik Bolivien*, span. *República de Bolivia*] Der südamerikanische General und Staatsmann Simón Bolívar (1783–1830) erzwang gegen die spanische Kolonialmacht die Unabhängigkeit für Bolivien, Kolumbien, Venezuela, Ecuador und Peru. Er wurde auch erster Präsident des neu gebildeten *Groß-Kolumbien*, später Präsident des aus *Südperu* entstandenen Bolivien. Ohne Bolívar wäre Südamerika nicht der erste Kontinent geworden, der die Fesseln des Kolonialismus abschütteln konnte. Dennoch blieb Bolívars Traum der »Vereinigten Staaten von Südamerika« (nach dem Modell der USA) weitestgehend unerfüllt. Im 16. Jh. war dieses Land Teil des Vizekönigreichs Peru sowie später des Vizekönigreichs Río de la Plata. Im sogenannten Salpeterkrieg gegen Chile (1879–1883) verlor Bolivien seinen Zugang zum Pazifik und wurde damit zu einem – geopolitisch ungünstig gelegenen – Binnenstaat Lateinamerikas. U: 6. 8. 1825 (ehem. span. Kolonie)

BOLOGNA [O, Italien, Europa] Wie bei Bonn, der ehemaligen Hauptstadt Deutschlands, oder bei Boulogne scheint auch hier das gall. Wort *bona* FESTUNG, FORT versteckt durchzuscheinen. Eine andere Etymologie sieht eine Verwandtschaft mit den Boii (vgl. Böhmen), die unter dem Namen *Bononia* auch in Oberitalien eine Siedlung gründeten. Randnotiz: In dieser Stadt fiel 1999 die Entscheidung, den postsekundären europäischen Bildungssektor auf ein dreistufiges System (Bachelor, Master, Doktor) umzustellen.

BOLTON [O, England, Großbritannien, Europa] *Bolton-le-Moors*, *Boltheton* oder *Boulton* waren frühe Schreibweisen für diese mittelgroße Stadt. Der Name ist nicht restlos geklärt, könnte jedoch vielleicht eine Zusammensetzung aus aeng. *bōthl* WOHNSTÄTTE und *tūn* EINFRIEDUNG sein.

BOMBAY → **Mumbai** [O, Indien, Asien] Im Februar 1948 marschierte das letzte Truppenkontingent des Empires durch das »Tor Indiens«. Damit war der Endpunkt der britischen Kolonialgeschichte erreicht. Immerhin organisierte kein Geringerer als Mahatma Gandhi von hier aus den Widerstand gegen die Besatzungsmacht. Bombay blieb jedoch in aller Munde, kein Wunder, ist diese Stadt doch eine der größten Metropolen unserer Erde. Der Name selbst stammt aus dem Portugiesischen: *Bom Bahia* GUTE BUCHT.

BONAIRE [I, Niederlande, Karibik, Mittelamerika] Bonaire gehört zu den Niederländischen Antillen und darf wie auch Buenos Aires (s. d.) mit SCHÖNE LÜFTE übersetzt werden. Mit Aruba und Curaçao bildet Bonaire die sogenannten ABC-Inseln.

BONN BN [O, Nordrhein-Westfalen, Deutschland, Europa] Die ehemalige Hauptstadt der Bundesrepublik Deutschland wurde im Jahre 50 n. Chr. zu einem römischen Legionslager ausgebaut, um den Rheinübergang an dieser Schnittstelle nicht schutzlos zu belassen. Der Name Bonns, der ursprünglich für ein Fischerdorf bei der heutigen Stadt stand, dürfte keltischen Ursprungs sein. Allerdings ist die Bedeutung nicht wirklich gesichert. Vielleicht darf kelt. *bona* mit BURG übersetzt werden, analog zu Vindobona (heute: Wien) oder Ratisbona (heute: Regensburg).

BOPHUTHATSWANA [P, Südafrika, Afrika] Die Vorsilbe *bo*, *phuta* »sammeln« und das Volk der *Tswana* bilden den schwer aussprechbaren Namen dieses früheren südafrikanischen Homelands. Frei übersetzt handelt es sich um den PLATZ, WO SICH DAS VOLK VERSAMMELT.

BORDEAUX [O, Frankreich, Europa] Vermutlich war diese aquitanische Stadt eine Gründung der Basken. Der Name *Burdeo* darf mit EISERNE BURG interpretiert werden. Bereits unter den Römern (*Burdigala*) wurde in diesem milden, durch subtropisch-mediterrane Einflüsse geprägten Klima, Weinbau betrieben. Heute sind die Rotweine dieser Gegend (*Bordeaux-Weine*) weltberühmt. Anlässlich der Pariser Weltausstellung 1855 wurde das Klassifikationssystem Grand Cru Classé geschaffen, das bis heute praktisch unverändert die edelsten Lagen des Bordelais, dieser einzigartigen Weinbauregion, auszeichnet.

BORKUM [I, Deutschland, Europa] Diese ostfriesische Insel trägt die aisl. Namen *burkn* FARNKRAUT oder isl. *burkni* BROMBEERGESTRÜPP. Die Endung entspricht den in Ostfriesland üblichen Angleichungen auf HEIM. Plinius verwendet dagegen neben *Burchana* auch den Namen *Fabaria*, von lat. *faba* »Pferdebohne«, einer auf Borkum wild wachsenden Erbsenart.

BORMIO [O, Italien, Europa] Der kelt. Name dieses modernen Wintersportzentrums, *Borbetmagus* WIESE DER WÄSSER, hat eine Entsprechung in der dt. Kaiserstadt Worms (s. d.). Die heute als veraltet angesehene deutsche Bezeichnung war, etymologisch passend, *Worms im Veltlintal*.

BORNEO [I, Indonesien, Asien] Der Name der drittgrößten Insel der Erde ist eine portugiesische Form von *Brunei*, was sich aus dem aind. *bhūmi* LAND, REGION herleitet. Möglicherweise entstand der Name einfach aus einem Verständigungsfehler heraus. Der indonesische Teil der Insel wird heute nach dem malaiischen Stamm der KALIMANTAN benannt. Deren Name leitet sich von aind. *kāliman* SCHWÄRZE und *tanah* LAND ab.

BORNHOLM [I, Dänemark, Europa] Die historisch bemerkenswerte Tatsache, dass die Burgunder im 5. Jh. von der dänischen Ostsee aus nach Frankreich auswanderten, führte zum alten Namen BURGUNDERINSEL, zusammengesetzt aus adän. *Burgundar* und *holm* (dt. Insel). Die noch ältere Bezeichnung »Berglandinsel« kann wegen der geringen Höhe über dem Meeresspiegel nicht eindeutig erklärt werden.

BOSNIEN und HERZEGOWINA
BA/BIH/BIH [S, Südosteuropa, engl. *Bosnia and Herzegovina*, oL *Bosnien und Herzegowina*, bosn. *Bosna i Hercegovina*] Der erste Teil des Landesnamens, nach dem Fluss *Bosna*, geht auf eine alte idg. Wurzel *bhog* zurück, was so viel wie STRÖMUNG heißt. Das serbokr. *herceg* »Fürst« (im zweiten Teil des Namens)

wird durch die besitzanzeigende Endung *ov* mit dem Begriff *ina* »Land« verbunden. Frei übersetzt bedeutet dies LAND DES FÜRSTEN. Diese Bezeichnung hat mit der Annahme des Titels *Herzog* aus der Hand Kaiser Friedrichs III. durch Stjepan Vukčič zu tun (1448). Zu römischen Zeiten war dieses Gebiet ein Teil *Illyricums*, später dann trug es den Namen *Dalmatien*. Im österreichischen Jargon findet sich die abwertende Bezeichnung *Bosniak* für einen Habenichts und Hungerleider. Vermutlich hat dies mit der gemeinsamen Geschichte zu tun, war doch Bosnien-Herzegowina seit 1878 für einige Jahrzehnte unter Habsburgerkontrolle (1908 wurde es sogar von Österreich-Ungarn annektiert). U: Souveränitätserklärung 15. 10. 1991; Proklamation 5. 4. 1992

BOSPORUS [G, Türkei, Asien, Europa, türk. *Boğaziçi*] Das Schwarze Meer und das Marmarameer werden durch diese geschichtsträchtige Meeresstraße miteinander verbunden. Der Name stammt aus dem Griechischen: *bous* OCHSE und *poros* FURT, ÜBERGANG. Damit ist die Bedeutung identisch mit der englischen Universitätsstadt Oxford. Der türkische Begriff bedeutet dagegen »Schlund«. Angeblich schwamm, so erzählt die griechische Mythologie, Io über diese Meerenge, nachdem sie von Zeus in eine junge Kuh verwandelt worden war. Im 19. Jh. sprach man oft über den »kranken Mann vom Bosporus«. Gemeint war mit dieser besonders in Diplomatenkreisen gängigen Bezeichnung das durch innere Probleme zerrissene Osmanische Reich.

BOSTON [O, Massachusetts, USA, Nordamerika] Bereits 1630 siedelten die ersten Puritaner in Boston. Da die frühere Heimatstadt vieler Pilgerväter in Lincolnshire diesen Namen trug, schien er ihnen wunderbar geeignet für eine Niederlassung in der Neuen Welt. 1635 öffnete in Boston die erste öffentliche Schule Amerikas ihre Tore. Vielleicht leitet sich der Name Boston von »*St Botolph's Stone*« ab. BOTOLPH war der lokale Heilige und hat der Legende nach auf diesem Stein stehend gepredigt. Ein historischer Nachweis für diesen Heiligen konnte allerdings nicht erbracht werden. Am Rande darf ein Treppenwitz der Geschichte nicht fehlen. Von Puritanern gegründet, und diese hatten einen unbeschreiblichen Hass auf den Papst, ist Boston heute die am tiefsten katholische Stadt der USA. Letzte Bemerkung: Ein längst vergessenes Stichkartenspiel trägt genauso wie der *Boston*, ein langsamer Walzer, den Namen dieser Stadt.

BOTSWANA, BOTSUANA BW/BWA/RB [S, Südafrika, oL *Republik Botsuana*, engl. *Republic of Botswana*] Das ursprüngliche Stammeskönigreich der TSWANA (frei übersetzt DIE FORTGEHENDEN) wurde einfach um die abstrakten Wörtern vorgestellte Silbe *bo* zum heutigen Landesnamen erweitert. Während der britischen Kolonialherrschaft (ein Resultat eines Hilferufs gegen die herrschenden Buren) wurden die Tswana, vorwiegend sesshafte Viehzüchter, als Betschuanen bezeichnet, daher dieses Gebiet folgerichtig als **Betschuanaland** in den Karten vermerkt (*British Protectorate of Bechuanaland*, 1885–1966). U: 30. 9. 1966 (ehem. brit. Protektorat)

BOTTROP BOT [O, Nordrhein-Westfalen, Deutschland, Europa] Die historischen Bezeichnungen *Borthorpe* oder *Borgthorpe* waren möglicherweise Gaubezeichnungen, die auf den germanischen

Stamm der BRUKTERER (lat. *Bructeri*) verweisen. Ahd. *dorf,* mhd. *dorp* DORF wurde durch Akzentverlagerung zu trop verändert.

BOUGAINVILLE [I, Pazifik, Ozeanien] Die größte Insel der Salomonen ehrt den französischen Navigator Louis Antoine de BOUGAINVILLE (1729–1811), der dieses Eiland im Jahr 1786 entdeckte. Ende des 19. Jh.s wurde diese Insel zusammen mit den Salomonen zur Kolonie *Deutsch-Neuguinea.* Die *Bougainvillia* (eine Pflanzenart) wurde auch auf dieser Pazifikinsel entdeckt.

BOULOGNE [O, Frankreich, Europa] Wie auch beim noch bekannteren Bologna leitet sich der Ortsname Boulogne von *bona* FESTUNG, FORT ab. Manche Historiker meinen, dass der röm. Kaiser Konstantin diese französische Stadt direkt nach dem italienischen Vorbild benannte.

BOURNEMOUTH [O, England, Großbritannien, Europa] Der deskriptive Ausdruck MÜNDUNG DER BOURNE gibt dieser Dorset-Stadt den Namen. Die Bourne selbst, ein unscheinbarer Fluss, geht auf das kelt. Wort für STRÖMEN zurück.

BRABANT [P, Belgien, Europa] Die ahd. Wörter *bracha* NEUES LAND und *bant* REGION stecken in diesem belgisch-niederländischen Provinznamen. Südbrabant ist der Deutsch sprechende Teil Belgiens, Nordbrabant gehört dagegen zu den Niederlanden, wenn es auch – sprachlich aus Sicht der Holländer gesehen – im Süden dieses Staates liegt.

BRADFORD [O, England, Großbritannien, Europa] Im alten Namen *Bradeford* ist der PLATZ AN DER BREITEN FURT noch direkter erkennbar als in der modernen Bezeichnung ohne die -e-Stammendung.

BRAHMAPUTRA [F, Bangladesch, China, Indien, Asien] SOHN DES BRAHMA ist die wortwörtliche Übersetzung dieses Namens. Der indische Schöpfergott *Brahma* und das Wort *putra* (dt. Sohn) bilden die beiden Teile dieses asiatischen Flusses. Brahma ist das allem Sein zugrunde liegende Prinzip. Mit seinem fast 1 Mio. km^2 Einzugsgebiet hat der Brahmaputra tatsächlich ungeheure kultische Bedeutung für Südasien. Leben und Tod zugleich bringt das Flusssystem des Ganges und Brahmaputra für den bengalischen Staat Bangladesh. Großen landwirtschaftlichen Erträgen stehen gewaltige Überschwemmungen gegenüber, die die Landschaft in sogenannte *Chars* (dt. kleine Inseln) zerschneiden.

BRANDENBURG BB/BRB [P/O, Brandenburg, Deutschland, Europa] Bis zum Jahre 1947 war Brandenburg eine preußische Provinz, später (bis zum 3. 10. 1990) ein Land der DDR. Die Geschichte der historischen Mark begann bereits im 12. Jh. Der Land- wie auch der Stadtname dürfte mit ahd./asächs. *brant* BRENNEN bzw. mit ahd./asächs. *brinnan* VERBRENNEN zu tun haben. Ob es nun Zerstörungsbrände oder Brandrodungen waren, die diese Benennung verursachten, ist heute nicht mehr eindeutig zu klären. Die Burg entstand am Havelübergang, als Stammsitz eines slawischen Volkes.

BRANDENBURG an der HAVEL → **Brandenburg** [O, Brandenburg, Deutschland, Europa] Zum ersten Namenteil s. Brandenburg. Die Havel ist eine l-Ableitung aus mnd. *haf,* aengl. *hæf* MEER, BUCHT. Der Grund liegt wohl in den zahlreichen Seen, die dieser Fluss durchfließt.

BRASILIA → **Brasilien** [O, Brasilien, Südamerika] Bereits 1891 wurde der Beschluss, eine neue Hauptstadt dieses Riesenstaates zu bauen, in der Verfassung verankert. 1960 schließlich wurde Brasilia eingeweiht. Der Name ist die splat. Form von BRASILIEN, mi1t gleicher Etymologie (s. d.).

BRASILIEN BR/BRA/BR [S, Südamerika, engl. *Brazil*, oL *Föderative Republik Brasilien*, port. *República Federativa do Brasil*] Wunderschön zu erklären ist der Name des südamerikanischen Riesenstaates. Das port. *pau brasil* bezeichnet den BRASIL-BAUM in Bahia, der ein sehr rötliches, in Europa beliebtes Holz hat. Und das Wort *brasa* heißt frei übersetzt einfach GLUT. Wahrscheinlich waren hier Klima und Vegetation zu gleichen Teilen bei der Namensgebung beteiligt. Als Folge des Vertrags von Tordesillas (1494) waren bereits früh die Grenzen zwischen portugiesischer und spanischer Einflusssphäre in Lateinamerika festgelegt. Brasilien ist heute das einzige Land dieses Erdteils, in dem Portugiesisch gesprochen wird. Nur mehr für Historiker von Interesse ist der für die Küstengebiete gültige alte portugiesische Name *Ilha de Vera Cruz* (dt. Insel des Wahren Kreuzes). *Brazil* ist auch ein gebräuchlicher und begehrter Markenname für Zigarren, Tabak und Kaffee. U: 7. 9. 1822 (ehem. port. Kolonie)

BRAȘOV [O, Rumänien, Europa, ung. *Brassó*, dt. *Kronstadt*] Die 1211 vom Deutschen Orden unter dem Namen *Corona* (dt. Krone, daher Kronstadt) gegründete Siedlung hat eine bewegte Namensgeschichte. Jahrhundertelang war das ungarische *Brassó* (nach einem gewissen Braš) in Verwendung, und zwischen 1950 und 1960 hieß es kurzerhand *Stalinstadt*. Der heutige Name ist

an den ungarischen angelehnt, mit der slawischen Zugehörigkeitsendung *ov*: also STADT DES BRAŠ.

BRATISLAVA [O, Slowakei, Europa, ung. *Pozsony*, dt. *Pressburg*] Wie bei Breslau (s. d.) war auch im Fall der slowakischen Hauptstadt ein gewisser Herzog WRATISLAW Taufpate. Für das Rekordbuch: Bratislava ist die einzige Stadt der Welt, deren Stadtgebiet an zwei fremde Staaten grenzt (Österreich und Ungarn). Bis 1919 war für diese Stadt ganz offiziell der deutsche Name *Pressburg* üblich.

BRAUNSCHWEIG BS [O, Niedersachsen, Deutschland, Europa] Mit Braunschweig ist die SIEDLUNG DES BRUNO gemeint. Allerdings erfolgte die Benennung nach dem alten Grafengeschlecht der Brunonen. Das Lehnwort *wik* (asächs. *wik*, afries. *wic*, aus lat. *vicus* »Dorf, Gehöft«) steht in Norddeutschland und Holland häufig für »Siedlung« oder »Wohnstätte«.

BRAZZAVILLE [O, Rep. Kongo, Afrika] Die Hauptstadt der Republik Kongo trägt den Namen des franz. Forschers Savorgnan de BRAZZA (1852–1905), der diese Stadt 1883 gründete. Sein Name findet sich auch in der Adriainsel *Brazza* (heute kroat. *Brač*).

BREGENZ [O, Österreich, Europa] Bei den Römern hieß diese Siedlung *Brigantium*, nach der keltischen Siegesgöttin BRIGANTIA, worin die Wurzel *bri* »hoch« enthalten ist. Das ist allerdings nur die eine Seite der »etymologischen Medaille«. Bahlow sieht im Namen Bregenz viel mehr das kelt. Gewässerwort *brig*, das mit der urkundlichen Form *Brigana* (1095) in Einklang steht und einfach WASSER bedeutet. Immerhin gibt es auch einen Fluss namens Bregenzer Ache, und außerdem spricht die niedrige Lage der Stadt am östlichen Ufer des Bodensees (s. d.) deutlich für letztere Deutung.

BREMEN HB [O/P, Freie Hansestadt Bremen, Deutschland, Europa] Die Randlage der karolingischen Domburg auf dem Dünenzug gab Bremen seinen Namen. Im 8. Jh. entstand am rechten Ufer der Weser eine erste Kaufmannssiedlung. Asächs. *bremo* RAND ist auch im nhd. Begriff *verbrämen* (dt. mit einem Rand verzieren) erhalten.

BREMERHAVEN [O, Freie Hansestadt Bremen, Deutschland, Europa] 1827 wurde durch einen Vertrag mit Hannover vom damaligen Bremer Bürgermeister Smidt der neue HAFEN an der Wesermündung erworben. Während der Zeit des Dritten Reiches wurde der Großteil dieser Stadt Wesermünde zugeschlagen, kam aber durch Besatzungsrecht 1947 wieder an Bremen zurück und nahm gleichzeitig auch wieder den alten Namen an.

BRESLAU → **Wrocław** [O, Polen, Europa, pol. *Wrocław*] Der böhmische Herzog Wratisław als Namensgeber für diese Stadt ist noch deutlich in der polnischen Bezeichnung zu erkennen. Doch auch das deutsche Breslau ist eine direkte Herleitung dieses polnischen Namens. Von 1526 bis zum Ende des Dritten Reichs gehörte diese niederschlesische Stadt zu Deutschland. Daher ist bis heute der deutsche Name, der eine Verwandtschaft zum slowakischen Bratislava aufweist, sehr bekannt.

BREST [O, Frankreich, Europa] Der französische Bretagnehafen Brest trägt den kelt. Namen *bre* HÜGEL, der seinerseits mit gall. *briga* verwandt ist. Wegen seiner Lage auf zwei Hügeln ist dies eine durchaus passende Beschreibung.

BREST [O, Weißrussland, Europa] Viele Historiker haben den Friedensvertrag von Brest-Litovsk im Ohr, wenn sie den Namen dieser weißrussischen Stadt hören. Slaw. *berest* ULME ist der bezeichnende Baumname, da es früher hier ausgedehnte Ulmenbestände gab. Die frühere Bezeichnung **Brest-Litovsk** (dt. Litauen, s. d.) wurde 1921 im Zuge der Eingliederung in die Sowjetunion verkürzt.

BREST-LITOVSK → **Brest, Litauen** [H/O, Weißrussland, Europa] Als diese Stadt 1921 zusammen mit dem Umland in die Sowjetunion eingegliedert wurde, war der zweite Namensteil als Unterscheidungsmerkmal überflüssig geworden (s. Brest).

BRETAGNE [P, Frankreich, Europa, engl. *Brittany*] Bis ins Mittelalter war der Name der Bretagne *Britannia minor* (dt. Kleinbritannien; s. Großbritannien). Der Grund für diese Benennung könnte mit der Flucht vieler BRITEN auf das nahe gelegene Festland während der Invasion durch die Angelsachsen gesehen werden.

BRETTON WOODS [O, USA, Nordamerika] Noch während des Zweiten Weltkriegs wurde in diesem an sich unbedeutenden Ort in New Hampshire die Weltwirtschaftsordnung für »die Zeit danach« neu geregelt. Ein möglichst stabiles Währungssystem und feste Wechselkurse sollten die Grundlage dieser Ordnung sein. Der Ortsname deutet im zweiten Teil auf die lokalen WÄLDER hin. Die ursprüngliche Bedeutung von *Bretton* dagegen bleibt unklar.

BRIE [R, Frankreich, Europa] Da der Boden hier leicht ansteigt (gall. *briga* HÜGEL) wurde diese Region entsprechend benannt. Heute ist vor allem die gleichnamige Weichkäsesorte *Brie* weltberühmt.

BRIGHTON [O, England, Großbritannien, Europa] BEORHTHELMS FARM (aengl. *Beorhthelms tūn*) ist der Ausgangsname dieses mondänen englischen Badeorts in East Sussex. Wenn auch ein gleichnamiger Mann keine sichtbaren Spuren in der Geschichte hinterlassen hat, so darf Beorhthelm doch mit »leuchtender Helm« übersetzt werden. Vielleicht handelte es sich um einen erfolgreichen Krieger?

BRINDISI [O, Italien, Europa] Wegen des vor einigen Jahrtausenden offensichtlich zahlreichen Wildbestands in dieser Region trägt die Hafenstadt Brindisi den illyr. Namen *brento* oder *bretto* ROTWILD.

BRISBANE [O, Australien, Ozeanien] Die Hauptstadt Queenslands ist nach General Thomas Macdougall BRISBANE (1773–1860) benannt, der vormals Gouverneur der größeren Region New South Wales war. Gleichzeitig mit der Stadtgründung der früheren Sträflingskolonie wurde auch der neue Name etabliert.

BRISTOL [O, England, Großbritannien, Europa] Der zu *Bridgestow* (aengl. *Brycgstow*) BRÜCKENPLATZ äquivalente Name der berühmten Hafenstadt wurde durch eine lokale Dialektverwaschung (Anhängen eines -l- an einen Vokal) zum heutigen Namen umgeformt.

BRISTOL-CHANNEL → **Bristol** [G, England, Wales, Großbritannien, Europa] Die Bezeichnung KANAL ist ziemlich irreführend, da es sich vielmehr um eine trichterförmige Bucht des Atlantiks handelt, in der die Severn einmündet. Hier wird auch der höchste Tidenhub ganz Englands gemessen.

BRITANNIEN → **Großbritannien** [H/S, Großbritannien, Europa, lat. *Britannia*] Die antike Bezeichnung für dieses damals keltische Gebiet wurde später zur Unterscheidung von der Bretagne in Großbritannien umgetauft. Vermutlich hat kelt. *brith* »bunt, gefleckt« mit TÄTOWIERT, BEMALT zu tun, wie im Stichwort Großbritannien ausführlich dargelegt wird.

BRITISH COLUMBIA → **Kolumbien** [P, Kanada, Nordamerika] 1858 wurde diese kanadische Provinz als britische Kronkolonie geschaffen. Der Name leitet sich vom COLUMBIA RIVER ab (s. d.), der seinerseits mit Kolumbus zu tun hat. Eigentlich war der Name *New Caledonia* (römischer Name für Schottland) geplant. Dies wurde jedoch von Queen Victoria persönlich abgelehnt, um jede Verwechslung mit einer französischen Insel dieses Namens zu vermeiden.

BRITISH GUIANA → **Guyana** [H/L, Guyana, Südamerika] Die »One cent magenta«, die teuerste Briefmarke der Welt (siehe Kap. Postalische Ausgabegebiete), hält den Namen dieser ehemals Britischen Kolonie in Erinnerung.

BRITISH HONDURAS → **Belize** [H/L, Belize, Mittelamerika] Bis 1973 war für das seit 1981 unabhängige Belize dieser Britische Kolonialname üblich. Zur Namenserklärung s. Belize.

BRNO [O, Tschechien, Europa, dt. *Brünn*] Das atschech. *brn* TONERDE oder, wenig wahrscheinlich, das deutsche Wort BRUNNEN erklären den Namen dieser tschechischen Stadt. Die feuchte, schlammige Bodenbeschaffenheit dieser Gegend scheint derartige Deutungsversuche zu unterstützen. Auch heute ist die Bezeichnung Brünn noch sehr geläufig, war diese Stadt doch bis zum Zweiten Weltkrieg auch von Deutschen bewohnt.

BROADWAY [X, USA, Nordamerika] Berühmt für seine Theater, hat der Broadway einen sich selbst erklärenden Namen: BREITER WEG. Betont wurde damit eine vom Standard abweichende Ausrichtung dieser Durchzugsstraße.

BRONX, THE [X, USA, Nordamerika] Johan BRONCK, ein holländischer Immigrant, steckte knapp nördlich von Manhattan sein Farmland ab. Wer also »zu den Broncks« ging, betrat den Boden dieses heutigen New Yorker Stadtteils. Der Artikel ist demzufolge auch fester Bestandteil des Namens.

BROOKLYN [X, USA, Nordamerika] Der Gründer dieses New Yorker Stadtteils, der holl. Farmer Joris Jensen de Rapelje, dürfte mit Wehmut an sein Heimatdorf BREUKELEN gedacht haben, als er 1636 den Namen wählte. Später wurde Breukelen wie viele andere holländische Orts- und Regionsnamen anglifiziert.

BRÜGGE [O, Belgien, Europa, fläm. *Brugge*, franz. *Bruges*] Dieser Name geht auf das norm. *Bryggia* LANDUNGSSTELLE, ANLEGEKAI zurück. Viel bedeutender als dieses Faktum ist jedoch die Tatsache, dass hier die Kaufmannsfamilie Van der Beurse die erste (Waren-)Börse der Welt schuf (s. Allgemeine geografische Begriffe.)

BRUNEI DARUSSALAM) BN/BRN/BRU [S/I, Südostasien, oL *Brunei Darussalam*, malai. *Negara Brunei Darussalam*] Unspektakulär ist der Name dieses kleinen Ölstaates an der Nordküste Kalimantans. Das aus dem Sanskrit abgeleitete Hinduwort *bhumi* heißt einfach LAND oder REGION. Der offizielle Landesname *Brunei Darussalam* dagegen bedeutet STÄTTE DES FRIEDENS. Klanglich wenig schön ist die deutsche Bezeichnung für die Bewohner dieses Kleinstaates: *Bruneier*. Dieses ehemalige Sultanat bzw. britische Protektorat zerfällt heu-

te in zwei Landesteile, die durch die malaysische Provinz Sarawak auseinandergerissen werden. U: 1. 1. 1984 (ehem. brit. Protektorat)

BRÜNN → **Brno** [O, Tschechien, Europa] Lange Zeit eine deutschsprachige Stadt, wurde Brünn (vermutlich auf BRUNNEN zurückgehend) erst nach dem Ersten Weltkrieg durch Eingemeindungen tschechisch dominiert. Dennoch blieb der deutsche Name noch sehr gebräuchlich. Am 31.Mai/1.Juni kam es als Folge der Beneš-Dekrete zum *Brünner Todesmarsch*, bei dem fast alle deutschsprachigen Einwohner vertrieben wurden (immerhin ein Viertel der damaligen Bevölkerung), von denen viele dabei ums Leben kamen!

BRÜSSEL [O, Belgien, Europa, franz. *Bruxelles*, engl. *Brussels*] Im 6. Jh. entstand diese im modernen Europa als erste Adresse gehandelte Stadt im Flussgebiet der Schelde. Damals war es wohl schlammiges Marschland, was auch im Namen der Siedlung zum Ausdruck kam (ahd. *broca* SUMPF, *sali* GEBÄUDE). Letzteres Wort ist aus lat. *cella* »Raum« entlehnt (vgl. engl. *cellar, cell*). Die *Brüsseler Spitzen*, seit ca. 1700 typisch für diese Stadt, sind als Spitzenklöppeleierzeugnisse weltweit gefragt.

BUCHARA [O, Usbekistan, Asien] Die einst blühende KLOSTERSTADT (aind. *vihára*, *bichara* »Kloster«) hat eine wechselvolle Geschichte. Arabisch-islamische Einflüsse, eine Zerstörung durch Dschingis Khan, eine usbekische Herrschaftsepoche sowie eine Einnahme durch das aufstrebende Russland konnten letztlich dem Charakter dieser inmitten einer Halbwüste gelegenen Stadt nichts anhaben. *Buchara* behielt seine Bedeutung als Zentrum der Teppichknüpfereien und des Baumwollanbaus.

BUCKINGHAM PALACE [X, England, Großbritannien, Europa] Der Personenname BUCCA (erweitert um *ing* als Volksbezeichnung) formt den ersten Teil des britischen Königspalastes. Das aengl. *hamm* UMSÄUMTES LAND meint hier die Flusskrümmung der Ouse, die den Palast umschlingt.

BUDAPEST [O, Ungarn, Europa] Buda auf der rechten Donauuferseite und Pest auf der linken verschmolzen 1872 zur neuen ungarischen Hauptstadt. *Buda* geht auf die alten KALKBRENNÖFEN dieser Gegend zurück (dt. *Ofen*), *Pest* [sprich Pescht] dürfte sich ähnlich wie der Ortsname Pécs auf HÖHLEN beziehen.

BUDWEIS [O, Tschechien, Europa, tschech. *České Budějovice*] Zur Unterscheidung von Moravské Budějovice trägt das tschechische Budwitz/Budweis den Beinamen *České* BÖHMISCH. Budwitz kann nur unsicher gedeutet werden, vielleicht hat es mit den ehemaligen Kalkbrennöfen zu tun. Jedenfalls steht der Name dieser südböhmischen Stadt für eine Weltmarke des Biers, das fast legendäre Budweiser. Seit 1911 allerdings liegen die Namensrechte für alle Länder außerhalb Europas beim Brauereikonzern Anheuser-Busch, was nach dem Zweiten Weltkrieg beinahe zu einem »Bierkrieg« geführt hätte. Seit dem Jahr 2000 dürfen Original-*Budweiser* Produkte auch wieder in die USA exportiert werden, wenn auch nur unter dem Markennamen Czechvar.

BUENOS AIRES [O, Argentinien, Südamerika] Wortwörtlich muss die Hauptstadt Argentiniens mit GUTE WINDE ins Deutsche übersetzt werden, wenn dies auch nur der Rest des ehemaligen stolzen Namens *Nuestra Señora Maria de los Buenos Aires* ist (dt. Unsere Mutter Maria der günstigen Winde). Als Schutzpatronin der Seeleute wurde die Jungfrau Maria in Spanien seit jeher verehrt und angefleht. Die eigentliche heutige Stadt wurde, im Gegensatz zum Hafen, erst 1536 gegründet, wieder unter einem »heiligen« Namen: *Ciudad de la Santisima Trinidad* (dt. Stadt der heiligsten Dreifaltigkeit).

BUER [H/O, Nordrhein-Westfalen, Deutschland, Europa] Seit 1928 ein Teil von Gelsenkirchen, steckt in diesem topografischen Begriff ahd. *būr* KLEINES HAUS, KAMMER (vgl. Dornbirn).

BUKAREST [O, Rumänien, Europa, rum. *Bucureşti*, engl. *Bucharest*] Ein Schäfer namens Bucur soll im Jahr 1457 diese Stadt gegründet haben, so will es die Volksetymologie. Wahrscheinlicher ist eine Rückführung auf rum. *bucuros* FRÖHLICH, FREUDVOLL. Immerhin kennen auch wir einen ähnlichen Ausdruck, das *bukolische* Gastmahl.

BUKOWINA [R, Rumänien, Ukraine, Europa] Russ. *buk* BUCHE bildet die Wurzel dieses während der Jahrhunderte türkisch, österreichisch und rumänisch besetzten Karpatenvorlands, dessen größter Teil allerdings zur heutigen Ukraine gehört.

BULGARIEN BG/BGR/BG [S, Südosteuropa, engl. *Bulgaria*, oL *Republik Bulgarien*, bulg. *Republika Bălgaria*] Leider allzu schmerzlich den Kern des Problems getroffen hat das alte türk. Wort *bulga* VERMISCHT, wenn man an die inhomogene bulgarische Bevölkerungszusammensetzung denkt. Bis ins 20. Jh. gab es Probleme zwischen slawischen und türkischen Menschen in diesem Balkanstaat. Immerhin war dieses Land für viele Jahrhunderte Teil des Osmanischen Reichs. Randnotiz: Das englische Schimpfwort »*bugger*« ist direkt vom

Landesnamen Bulgariens abgeleitet. Kaum schmeichelhaft, wenn auch die Entstehungsgeschichte unklar bleibt. Seit 1. Januar 2007 ist Bulgarien Mitglied der Europäischen Union und wird sich daher im wahrsten Sinne des Wortes neu »vermischen« müssen. U: alte staatliche Tradition; 22. 9. 1908 (ehem. Teil des Osmanischen Reichs)

BURGENLAND B [P, Österreich, Europa] Im Jahr 1919 stand das zertrümmerte Habsburgerreich vor einer gewaltigen Neuordnung. Der Plan, die deutschsprachigen Teile Westungarns Österreich zuzuschlagen, führte zur Idee, das jüngste Bundesland der Alpenrepublik nach den westungarischen Komitaten Pressburg/Poszony/Bratislava, Wieselburg/Moson, Ödenburg/Sopron und Eisenburg/Vasvar VIERBURGENLAND zu nennen. Das zumindest war die Vorstellung des Neusiedler Anwalts Karl Adolf Amon. Auch *Vierbürgen* (analog zu Siebenbürgen) war im Gespräch. Als jedoch Pressburg der Tschechoslowakei zugesprochen wurde, musste zeitweilig das abgespeckte *Dreiburgenland* herhalten. Diese Namenssuche wurde dann durch ein erstes offizielles Schreiben der österreichischen Bundesregierung an den Heiligen Stuhl am 8. Oktober 1919 elegant beendet. Fortan hieß dieses Gebiet einfach Burgenland. Interessant ist in diesem Zusammenhang auch, dass ein weiterer Name, *Heinzenland/Heanzenland*, zur Diskussion stand. Ob die Häufigkeit des Männernamens *Heinz* der Grund dafür ist, also aus einem Vornamen ein Gattungsname wurde, wohl mit der Bedeutung »Bauernland«, oder aber Kaiser Heinrich IV., unter dem die ersten Siedler ins Land kamen, Pate stand, ist unsicher. Möglicherweise ist auch das mundartli-

che oft gehörte *heanz* oder *hienz* (für hochdeutsch »jetzt«) als Spottname gedacht gewesen (Q: Sigmar/Sedlaczek).

BURGOS [O, Spanien, Europa] Diese Stadt trägt einen deutschen Namen. Eine im 9. Jh. errichtete BURG als Schutz gegen die einfallenden Mauren charakterisiert die kastilische Hauptstadt. Sie ist heute eine beliebte Zwischenstation auf dem Jakobsweg nach Santiago de Compostela.

BURGUND [R, Frankreich, Europa, engl. *Burgundy*] Ein germanischer Stamm, die BURGUNDER, siedelte im 4. und 5. Jh. in diesem Land. Der Volksname seinerseits mag auf got. *baurgjans* »Fortsiedler« zurückzuführen sein. Denkbar ist aber auch die Bedeutung BERGLAND, da die skandinavischen Wanderer auf ihrem Weg nach Süden zunächst auf der Insel Bornholm (ehedem *Berglandinsel*) siedelten. Gegen diese Erklärung spricht jedoch die geringe Meereshöhe Bornholms. Weltbekannt ist dafür der *Burgunder*, eine für erlesene Weingaumen reservierte Spezialität.

BURKINA FASO BF/BFA/BF [S, Westafrika, oL *Demokratische Republik Burkina Faso*, franz. *République Démocratique du Burkina Faso*] VATERLAND DER EHRBAREN (UNBESTECHLICHEN) MÄNNER – der Name stammt von den Suahelibegriffen (Sprache der Mossi) *burkina* »ehrbar, unbestechlich« und *faso* »Land« ab (seinerseits zusammengesetzt aus *fà* »Vater« und *só* »Dorf«). Offensichtlich handelte es sich um eine patriarchalische Gesellschaft. Die *Burkiner* (so die Bezeichnung für die Einwohner) tragen also einen stolzen Namen. Die ehemalige Landesbezeichnung **Obervolta** *geht auf die drei Volta-Flüsse zurück. Volta* bedeutet »Fluss der Wiederkehr, Fluss der Krümmung«. Eigentlich ein sehr schöner Kolonialname. Zwischen 1904 und 1919 war dieses Land Teil der französischen Kolonie *Haut-Sénégal-Niger*. U: 5. 8. 1960 (ehem. franz. Kolonie); bis 1984 Obervolta (Haute-Volta)

BURMA → **Birma, Myanmar** [H/S, Myanmar, Asien] Unter den Stichwörtern Birma und Myanmar wird die ungewöhnliche Namensgeschichte dieses Staates genau aufgezeigt. In der angelsächsischen Welt hat Burma noch immer einen ganz besonderen Klang.

BURSA [O, Türkei, Asien] Durch eine Metathesis wurde aus *Brusa* (oder *Prusa*) der heutige Name dieser nordwesttürkischen Stadt. Die Benennung geht auf den Gründer PRUSIAS I., den König von Bithynien, zurück, der diesen Ort im 2. Jh. v. Chr. als Hauptstadt seines Reiches gründete.

BURUNDI BI/BDI/BU [S, Ostafrika, oL *Republik Burundi*, kirundi *Republika y'Uburundi*, franz. *République du Burundi*] Nahe verwandt den Ruanda sind die *Barundi* (oder *Rundi*). Immerhin bildete *Ruanda-Burundi* bis 1962 eine Einheit, die von Belgien als Treuhandgebiet der UNO verwaltet wurde. Die Vorsilbe *ba* steht eigentlich für das Volk, die Vorsilbe *bu* für das Land, also darf man diesen Staat als LAND DER BARUNDI (Bantusprache: Kirundi) bezeichnen. Genau genommen gliedern sich die Burundier in drei historisch gewachsene Volksgruppen: Hutu, Tutsi und Twa (Pygmäen). (Q: Taschenatlas Sprachen und Völker.) Zwischen 1890 und 1919 war Burundi Teil *Deutsch-Ostafrikas* (s. auch Kap. Postalische Ausgabegebiete). U: 1. 7. 1962 (ehem. belg. Treuhandgebiet)

BUSAN → **Pusan** [O, Südkorea, Asien] Der KESSELBERG (kor. *pu* »Kessel«, *san* »Berg«) kann im Deutschen sowohl mit -P- als auch mit -B- transkribiert werden – daher diese doppelte Schreibweise.

BUXTEHUDE [O, Niedersachsen, Deutschland, Europa] Die heutige Stadt entstand 1285 als Wasserfestung im Moor, wobei der Gründer Erzbischof Giselbert von Bremen war. Knapp ein halbes Jahrhundert später wurde das Stadtrecht erteilt, und bereits 1369 war Buxtehude Mitglied der Hanse. Der Name setzte sich ursprünglich aus ahd. *buohha* BUCHE und *stado* UFER, GESTADE zusammen. Später wurde für den Hafen mhd. *hūde* STAPELPLATZ, FÄHRSTELLE (oder wörtlich: Bergungsplatz) angehängt. Die Redewendung *in/aus/nach Buxtehude* bezeichnet einen »irgendwo fernab gelegenen, unbedeutenden kleinen Ort« (Q: Duden).

BYDGOSZCZ [O, Polen, Europa, dt. *Bromberg*] Beim Zusammenfluss von Brda und Weichsel gelegen, geht dieser Ortsname auf ein idg. Wort *bredahe* SUMPF zurück. Dieser etymologische Hintergrund findet sich auch im ersten Teil des deutschen Namens.

BYTOM → **Beuthen** [O, Polen, Europa] Auch der bereits 1136 erstmals erwähnte polnische Siedlungsname *Bitom* ist etymologisch nicht sicher zu deuten, genauso wenig wie die deutsche Entsprechung Beuthen (s. d.).

BYZANZ → **Istanbul** [H/O, Türkei, Asien] Immer noch einen guten Klang hat der älteste, griechische Name dieser Stadt am Bosporus (griech. *Byzantion*). Vielleicht war ein gewisser BUZAS von Megara als Siedlungsgründer gemeint.

 etrusk. zu C geworden – griech. *gamma* Γγ – phöniz. *gīmel* »Kamel« – proto-semitisch *gaml* »Wurfstock«

CÁDIZ [O, Spanien, Europa] Diese Exklave Spaniens in Nordafrika trägt einen phöniz. Namen: *gadir* FESTUNG. Gemeint war damit allerdings weder eine Befestigungsanlage noch eine Siedlung, sondern vielmehr der Felsen, auf dem Cádiz errichtet wurde. Plinius vermutete, dass dieser Boden ein Teil von Atlantis war.

CAEN [O, Frankreich, Europa] Das gall. Wort bedeutet SCHLACHTFELD, aus *catu* »Schlacht« und *mago* »Feld« gebildet. Schon in längst vergangenen Zeiten war man sich offensichtlich der strategischen Position dieser Gegend bewusst. Im Zweiten Weltkrieg war Caen eines der Hauptziele der Alliierten Invasion.

CALAIS [O, Frankreich, Europa] Dieser Fährhafen trägt einen keltischen Namen, *cul* KANAL, WASSERWEG, der auch im Volk der CALETER zu finden ist. Eine historische Randnotiz: Calais wurde am Beginn des Hundertjährigen Krieges von England eingenommen und war der letzte Brückenkopf Britanniens auf dem europäischen Festland.

CALEDONIA → **Schottland** [H/L, Schottland, Großbritannien, Europa] Die lateinisch-keltische Bezeichnung für Schottland enthält die kelt. Wurzel *car* HART, womit vielleicht die Zähigkeit der Bewohner dieser nördlichen Lagen gemeint gewesen sein dürfte.

CALGARY [O, Kanada, Nordamerika] Ein Colonel der Royal Canadian Mounted Police, James Macleod (1836–1894) benannte diese Stadt Albertas im Jahr 1876 nach seinem HEIMATDORF auf der schottischen Insel Mull. Calgary ist ein gälisches Wort, das vielleicht am besten mit PRÄRIEWEIDE zu übersetzen ist. Nebenbei bemerkt: *Mounties* ist der liebevolle Kosename der berittenen Polizisten Kanadas.

CALI [O, Kolumbien, Südamerika, amtl. *Santiago de Cali*] Bereits 1536 wurde diese Hafenstadt vom spanischen Eroberer Kapitän Sebastián de Belalcázar gegründet. Der erste Teil des offiziellen Namens ehrt den Apostel JAKOB (span. *Santiago*). Über den Hintergrund zum Namen Cali gibt es nur Vermutungen: Vielleicht ist er eine falsche Wiedergabe eines lokalen Stammesnamens, vielleicht aber auch eine Entlehnung eines Quechua-Wortes. Immerhin liegt nahe Quito eine Stadt, die sich Cali Cali nennt (Quechua). Cali wird auch oft als »Hauptstadt des Salsa« bezeichnet.

CALIFORNIA → **Kalifornien** [P, USA, Nordamerika] Der amerikanische Name dieses bevölkerungsreichsten Bundesstaates der USA trägt einen ungemein klangvollen Namen, war doch California für viele Siedler das wahre Land der unbegrenzten Möglichkeiten. Der Name leitet sich entweder von einer mythologischen Gestalt, KALLIPHIA, oder von span. *caliente* HEISS ab. Weitere Details sind beim deutschen Stichwort Kalifornien zu finden.

CAMBRIDGE [O, England, Großbritannien, Europa] Der Fluss Cam, der die Universitätsstadt durchzieht, lässt die Herleitung BRÜCKE ÜBER DEN CAM nahe liegend scheinen. Dennoch ist dies etymologisch inkorrekt, da ausnahmsweise der Fluss erst nachträglich seinen Namen erhielt. Im 8. Jh. hieß die kleine Siedlung noch *Grantacaestir* (Fluss *Granta* und aengl. *caestir* »Lager«; vgl.

lat. *castra*). Durch normannischen Einfluss wurde der erste Namensteil auf *Cam* verkürzt und die verkehrsgeografische Endung *bridge* angehängt. Das alte Granta ist jedoch ebenfalls in Gebrauch geblieben, z. B. für die studentische Universitäts-Zeitschrift. Wie beim großen Rivalen Oxford (s. d.) dürfen auch Cambridge-Abgänger in Klammer einen abgekürzten Ehrentitel tragen: *Cantab.* (von. Cantabrians).

CAMBRIDGE → **Cambridge** [O, Massachusetts, USA, Nordamerika] Cambridge, Massachusetts, ist Sitz der weltberühmten Harvard-Universität. Der Gründer, der puritanische Geistliche John Harvard, war einst Student der CAMBRIDGE UNIVERSITY. So schließt sich der Kreis. Zur Etymologie s. Cambridge (England).

CAMP DAVID [X, Maryland, USA, Nordamerika] Das Refugium der amerikanischen Präsidenten (seit 1942) wurde 1953 von Dwight D. Eisenhower nach seinem Enkelkind DAVID neu benannt.

CANBERRA [O, Australien, Ozeanien] Vermutlich steckt das Aborigine-Wort *nganbirra* VERSAMMLUNGSPLATZ in der unscheinbaren australischen Hauptstadt. Zynisch haben die ersten weißen Siedler dies so ausgelegt, dass sie zunächst fast 2000 Aborigines vom Stamm der Ngunnawal vertrieben, um sich in deren Heimstätten zu versammeln. Dass Canberra die zentrale Hauptstadtfunktion überhaupt zugesprochen bekam (1913), ist in der ewigen Rivalität der Metropolen Melbourne und Sydney zu sehen. Canberra gehört zudem keinem Bundesstaat an, sondern ist ein eigenes Territorium (ACT, Australian Capital Territory).

CANNES [O, Frankreich, Europa] Nicht wirklich klar ist, woher der Name dieses Seebads an der Riviera stammt. Eine Verballhornung von *Castrum Marsellium*, das ist der Name eines Römerlagers, ist denkbar, ebenso wie ein Zusammenhang mit dem präidg. Wort *kan* HÖHE oder eine Verbindung mit »*Cane*« SCHILFROHR. Berühmt ist diese Stadt auch für das Filmfestival (*le Festival de Cannes*), das seit 1939 mit der Verleihung der Palme d'Or (dt. Goldene Palme) für den besten Film ihren Höhepunkt findet.

CANOSSA [O, Italien, Europa] Der demütigende Bittgang Heinrichs IV. zu Papst Gregor VII. im Jahr 1077 hat bis heute als »Gang nach Canossa« seine sprichwörtliche Bedeutung. Damals musste der deutsche Kaiser auf der Felsenburg Canossa die überlegene Stellung der römischen Kirche demonstrativ anerkennen. Die etymologische Geschichte des Namens Canossa selbst konnten bislang auch die Kirchenhistoriker nicht restlos klären.

CANTERBURY [O, England, Großbritannien, Europa] Der Sitz des Erzbischofs der Anglikanischen Kirche hieß zu römischen Zeiten *Durovernum* (dt. Ummauerte Stadt am Erlenmoor; *duro* und *verno*). Als 1086 das berühmte Domesday Book, die erste »Volkzählung« des Mittelalters, verfasst wurde, war bereits der heutige Name gebräuchlich: *Canterburie*. Dieser hatte sich aus *Cantwaraburg* entwickelt (*Cantwares* MÄNNER AUS KENT; aengl. *ware* »Bewohner«; *burh* STADT). Im Pferde-begeisterten England nennt sich ein leichter Galopp *canter* (dt. *Kanter*), eine Kurzform der Stadt Canterbury. Davon abgeleitet kennen wir den *Kantersieg*, einen mühelosen, leichten Erfolg im Sport.

CAPE CANAVERAL [Hi, Florida, USA, Nordamerika, span. *Cabo Cañaveral*] Das

Raketenzentrum auf Florida, dessen spanischer Name KAP DES ZUCKER-ROHRS bedeutet, wurde zweimal umbenannt. Zuerst 1964 in *Cape Kennedy*, zu Ehren des ermordeten Präsidenten, dann wieder auf den alten, auf frühe Siedler zurückgehenden Namen. »Cape Kennedy« wurde von der einheimischen Bevölkerung nie wirklich angenommen.

CAPE TOWN → **Kapstadt** [O, Südafrika, Afrika] Da Cape Town, so der englische Name dieser Siedlung, die erste Stadt Südafrikas war, wird von Einheimischen oft die Bezeichnung »Mother City« (engl.) oder »Moederstad« (afrikaans) verwendet. Zur Etymologie s. Kapstadt.

CAPRI [I, Italien, Europa, ital. *Isola di Capri*] Gleich mehrere Theorien stehen im Wettstreit um die Erklärung dieser märchenhaften Insel vor Neapel. Am gängigsten ist die Erklärung dieses Namens mit lat. *caper* ZIEGENBOCK. Immerhin wurde dieses oft besungene Eiland von den Römern als *Capreae* (dt. Ziegeninsel) bezeichnet. Übrigens leiten sich auch die *Kapriole* und *kapriziös* von diesem Wort ab. Heute werden aber auch. griech. *kápros* WILD-SCHWEIN oder EBER und etrusk. *capra* GRABSTÄTTE als mögliche Wurzeln erwogen. Nebenbei bemerkt: In den Fünfzigerjahren waren die »Capri-Fischer« der Ohrwurm der Musikwelt.

CARACAS [O, Venezuela, Südamerika] Der spanische Eroberer Diego de Losada gründete im Jahr 1567 die Stadt *Santiago de León de Caracas*. Der Name setzte sich aus drei Teilen zusammen, dem Namen des hl. Jakob (Santiago), dem des Provinzgouverneurs Don Pedro Ponce de León und dem des Volks der CARACAS. Letzteres bildet auch den heutigen Hauptstadtnamen.

CARCASSONNE [O, Frankreich, Europa] Diese malerische Stadt trägt einen prädg. Namen, der die geografische Lage der Altstadt mit seiner Burg wunderbar beschreibt: *kar* FELSEN und *kasser* EICHE. Ein gleichnamiges Brettspielsystem (*Carcassonne*) hat vor einigen Jahren für Furore gesorgt.

CARDIFF [O, Wales, Großbritannien, Europa, gäl. *Caerdydd*] Seit 1955 ist *Caer Didd*, wie der walisische Name heute lautet, die Hauptstadt des Landes. Frei übersetzt darf man vom FORT AM FLUSS TAFF sprechen (gäl. *caer* »Fort«, *Dydd* »(Fluss) Taff«. Die namengebende Befestigungsanlage wurde um 75 n. Chr. von den Römern errichtet.

CARLISLE [O, England, Großbritannien, Europa] Das röm. Befestigungslager *Luguvalium*, »Stark wie LUGUS«, ehrt den keltischen Gott der Künste und des Handwerks. Daraus entstand die Modifikation *lisle*. Der erste Namensteil, kelt. *cair* BEFESTIGTE SIEDLUNG, wurde später hinzugefügt.

CAROLINA (South, North) [P, USA, Nordamerika] Die beiden Staaten Carolina waren ursprünglich ein Territorium, das zu Ehren des französischen Königs Charles IX. (lat. *Carolus*) *Caroline* benannt wurde. Allerdings geht die heutige Bezeichnung auf den gleichnamigen englischen Monarchen CHARLES II. zurück, der dieses Land 1663 seinerseits neun Siedlern übertrug. Kurioserweise findet sich in der Namensgeschichte eine dritte Form aus dem Jahr 1629, *Carolana*. Diese wurde vom Kolonisten Robert Hearth gewählt, nachdem ihm Charles I. das Territorium überließ. South Carolina nennt sich auch *Palmetto State* (dt. Staat der Zwergpalmen), der nördliche Bruder *Tar Heel State* (mit unklarer Bedeutung).

CARRARA [O, Italien, Europa] Der weltbekannte *Marmor aus Carrara*, von Michelangelo zeitlebens favorisiert, leitet seinen Namen passenderweise von lat. *quadraria* STEINBRUCH ab.

CARTAGENA [O, Spanien, Europa] Diese spanische Hafenstadt wurde im 3. Jh. v. Chr. vom karthagischen Feldherrn Hasdrubal gegründet. Die Römer kannten die Siedlung unter der Bezeichnung *Carthago Nova* (dt. Neukarthago). Da schon Carthago die etymologische Bedeutung »Neustadt« trägt (s. d.), heißt das heutige Cartagena eigentlich NEUE NEUSTADT.

CASABLANCA [O, Marokko, Afrika, arab. *Ad-Dār al-Baydā*] Als die Portugiesen 1515 an Stelle der alten Berbersiedlung *Anfa* eine neue, hauptsächlich aus WEISSEN HÄUSERN bestehende Stadt errichteten (port. *casa* »Haus«, *branca* »weiß«), war der neue Name bereits vorgezeichnet. Die Mauertünche benannte gleichsam die Stadt. Auch der arab. Name *Ad-Dār al-Baydā* oder *Dar al-Beïda* (*ad* »das«, *dar* »Steinhaus«, *baydā* »weiß«) übernahm diese Bezeichnung. Wann immer man heute das Wort *Casablanca* hört, denkt man sofort an den weltberühmten und von vielen Kritikern als bester Film aller Zeiten ausgezeichneten romantischen Klassiker mit Humphrey Bogart und Ingrid Bergman in den Hauptrollen (gedreht 1942).

CASHEL [O, Irland, Europa, ir. *Caiseal*] Dieser in Irland eher geläufige Ortsname (ir. *caiseal* kann mit STEINERNER RING übersetzt werden) wurde durch den 900 Jahre alten »Rock of Cashel« (in der gleichnamigen Stadt im County Tipperary) weltberühmt. Hier stand für viele Jahrhunderte die Festung der Könige von Munster, und zudem soll der hl. Patrick diese Stadt zum Bischofssitz gemacht haben.

CASTEL GANDOLFO [X, Italien, Europa] Die 1608 erworbene Sommerresidenz des Papstes ist nach der fürstlichen Familie der GANDOLFI benannt.

CASTROP-RAUXEL [O, Nordrhein-Westfalen, Deutschland, Europa] Erst im Jahr 1926 wurden die Stadt Castrop und das Amt Rauxel vereinigt. Im Namen Castrop ist das asächs. *thorp*, westfäl. *trup, trop* DORF enthalten, in Rauxel das asächs. *seli* EINRÄUMIGES GEBÄUDE. Die übrigen Namensteile sind noch ungeklärt.

ÇATAL HÜYÜK [H/O, Türkei, Asien] Die in den Fünfzigerjahren entdeckte Siedlung auf der Hochebene Anatoliens war vor mehr als achttausend Jahren die größte Stadt der Welt mit ca. 5000 bis 6000 Einwohnern. Errichtet wurde sie auf einem Schutthügel, der aus zerfallenen Schlammziegeln früherer Siedlungen bestand. Türk. *hüyük* HÜGEL und *çatal* SCHEIDEWEG bilden den vollen Namen. Auffallend und völlig überraschend brachten die Ausgrabungen keine Tempel- oder Palastbauten zutage. Pflegte diese Gesellschaft vielleicht ein dezentrales Gemeinwesen? Zudem fehlen Fenster und Türen, die Gebäude wurden daher, ähnlich wie bei manchen zentralamerikanischen Pueblos, über Leitern bestiegen. 1963 fand man hier auch die älteste kartografische Darstellung der Menschheit, eine Wandmalerei, die den Doppelgipfel des Vulkans Hasan Daği zeigt.

CATANIA [O, Italien, Europa] Am Fuß des Ätna gelegen, trug Catania selbst diesen frühen Namen: *Aítnē* oder *Ætna*. Die vielen Gebäude aus Lavagestein waren Grund genug, den Beinamen »Schwarze Tochter des Ätna« zu kreieren. Eine sichere Deutung des modernen Stadtnamens ist nicht möglich, doch vielleicht kommt phöniz. *qaton* KLEIN als Erklärung in Frage. Worauf sich dies beziehen könnte, bleibt allerdings ebenfalls ungewiss.

CAYENNE [O, Französisch Guyana, franz. *Guyane*] 1777 wurde eine bereits bestehende Siedlung, *La Ravardière*, mit der franz. Form des karib. *guyana* (dt. WERTVOLL) belegt. Am bekanntesten ist bis heute der scharfe *Cayennepfeffer*, ein edles Gewürz.

CELEBES → **Sulawesi** [H/I, Indonesien, Asien] Der niederländische Kolonialname für diese Sundainsel ist bis heute nicht wirklich geklärt, wenn auch vielleicht ein holländisches Wort für BEERE im Namen steckt.

CELLE CE [O, Niedersachsen, Deutschland, Europa] Die bereits 1292 von Herzog Otto dem Strengen gegründete Siedlung trug zeitweilig den Namen *Nigenzelle* (Bedeutung: Neuzelle). Vermutlich hat der ahd. Name *kella* (mhd. *kelle*) SCHÖPFLÖFFEL mit einem an der Aller gelegenen Fischtümpel zu tun, wo gute Fangergebnisse möglich waren.

CENTRAL PARK [X, USA, Nordamerika] Der vielleicht bekannteste Park der Welt, die »grüne Lunge New Yorks«, wurde 1853 als Landschaftspark eingerichtet und liegt IN DER MITTE Manhattans. Immerhin macht dieses Erholungsgebiet insgesamt fünf Prozent der Fläche dieses Stadtteils aus.

ČESKÝ KRUMLOV [O, Tschechien, Europa, dt. *Krumau*] Der Name KRUMME AUE (oder »gekrümmte Auenlandschaft«) beschreibt die S-Biegung, die die Moldau an dieser Stelle der Stadt Krumau macht. *Český* (dt. tschechisch) ist nur eine Ergänzung, die zur Unterscheidung einer gleichnamigen Sied-

lung in Mähren dient. Auf der UNESCO-Liste schützenswerter Denkmäler in Europa liegt die Altstadt gleich hinter Venedig auf Platz 2. Dies soll die kulturhistorische Bedeutung von Český Krumlov unterstreichen.

CEUTA [R, Spanien, Afrika, arab. *Sebta*] Diese spanische Exklave an der marokkanischen Küste trug den römischen Namen SIEBEN BRÜDER (lat. *septem fratres*), nach den sieben Hügeln, an deren Fuß die Stadt errichtet wurde. Mit der Einnahme dieser Region durch die Araber im Jahr 711 kam es zur Arabisierung des Namens in *Sebta* (oder *Cibta*). Gegenüber Gibraltar gelegen, wurde die höchste Erhebung, der Jabal Musa Range, im Altertum als eine der »Säulen des Herkules« gesehen.

CEYLON → **Sri Lanka** [H/S, Sri Lanka, Asien] Der ungemein klangvolle Name Ceylon – bis 1972 auch der offizielle Landesname – ist eine portugiesische Verballhornung des aind. *simha* LÖWE. Wie bei Sri Lanka (s. d.) angedeutet, hat dies jedoch nichts mit der Tierwelt dieser Insel zu tun.

CHABAROWSK [O, Russland, Asien] Diese Stadt wurde 1858 als Militärposten an der Mündung des Ussuri in den Amur gegründet. Als Anerkennung der ersten Erkundungstaten eines Jerofei Pawlowitsch CHABAROW (im 17. Jh.), wählte man zunächst den Siedlungsnamen *Chabarowka*. 1895 kam es zur heute gültigen Umbenennung.

CHALKIDIKE [Hi, Griechenland, Europa] Der enorm wichtige Rohstoff KUPFER(ERZ) (griech. *chalkós*) animierte einst die Bewohner von Chalkis die kolonisierte Halbinsel (8. bis 7. Jh. v. Chr.) Chalkidike zu nennen. Interessant ist der politische Aspekt des zweiten Namensteils. Griech. *dike* steht nämlich für RECHT oder SITTE. Vermutlich sollte mit dem Namen gleich klargestellt werden, dass die eigenen Traditionen und Gebräuche uneingeschränkt zu ihrem Recht kommen sollten.

CHAMONIX [O, Frankreich, Europa] Der Wintersportort am Fuß des Mont Blanc leitet sich wahrscheinlich vom ligur. *ham* RUNDER HÜGEL ab. Hier fanden 1924 die 1. Olympischen Winterspiele mit 300 Aktiven aus sechzehn Ländern statt.

CHAMPAGNE [R, Frankreich, Europa] Lat. *campus* EBENE (vgl. Kampanien) ist die Wurzel dieser Regionsbezeichnung. Durch den edlen Schaumwein *Champagner* wurde der Name dieser Gegend zu einem weltweit bekannten Markennamen, der sogar Entsprechungen in verschiedensten Sprachen hat: russ. *shampanskoye*, hindi *šampin*, jap. *shampen* oder chin. *xiāngbing-jiŭ* (letztere Silbe bedeutet »Wein«).

CHAMPS ELYSÉES [X, Frankreich, Europa] Der Boulevard vom Place de la Concorde zum Arc de Triomphe ist nach einem nahe gelegenen Park benannt, der seinerseits die Bedeutung HEILIGES FELD oder GEFILDE DER SELIGEN hat. Das *Elysion*, die »Insel der Seligen« im äußersten Westen des vom Okeanos umflossenen Erdreichs, war der Treffpunkt der von den Göttern gesegneten Verstorbenen.

CHANGCHUN [O, China, Asien, pinyin *Chángchûn*] Unter japanischer Besatzung wurde das damalige *Hsingking* (pinyin *Xīnjīng*, jap. *Shinkyō*) die »neue Hauptstadt« (dies die deutsche Bedeutung) des Satellitenstaates Mandschukuo. Wesentlich blumiger ist der heutige chinesische Name: EWIGER FRÜHLING (*chān* »ewig«, *chún* »Frühling«).

Er soll sich angeblich von der mythologischen Vier-Jahreszeiten Blume ableiten, die lotusförmige Blätter hat, deren Farbe im Frühling grün, im Sommer rot, im Herbst weiß und im Winter purpurrot erstrahlt.

CHARLEROI [O, Belgien, Europa] Zu Ehren von KÖNIG CHARLES II. wurde der ähnlich klingende Name der Festung *Charnoy* 1666 von der Generalgouverneurin der Niederlande, der Marquesa de Castel Rodrigo, in die heutige Form geändert. Mit der Unabhängigkeit Belgiens 1830 fiel auch diese Stadt unter neues Hoheitsgebiet.

CHARLOTTE [O, North Carolina, USA, Nordamerika] Die Hauptstadt North Carolinas wurde nach CHARLOTTE Sophia von Mecklenburg-Strelitz, Gattin Georgs III. (1744–1818) benannt. Und diese Stadt hält einen Rekord: »Der größte Teil des Rauchs, der durch die Lungen der Amerikaner geht, stammt von hier.« (Raymond Cartier)

CHARLOTTENBURG [H/O, Berlin, Deutschland, Europa] Am Ende des Ersten Weltkriegs, als Charlottenburg Groß-Berlin eingemeindet wurde, blickte diese Stadt auf eine bereits lange Geschichte zurück. 1695 erhielt Sophie CHARLOTTE (1668–1705) die Ortschaft Lietzow von ihrem Mann Kurfürst Friedrich III. von Brandenburg im Austausch gegen weit verstreute Güter übereignet. Dort ließ die Adelige das Sommerschloss *Lützeburg* errichten, das nach ihrem Tod (inzwischen war der Kurfürst als Friedrich I. König in Preußen) in Charlottenburg umbenannt wurde, mit gleichzeitiger Übertragung des Stadtrechts.

CHARTRES [O, Frankreich, Europa] Die CARNUTEN (kelt. *carn* »Fels, Stein«) gaben dieser religiösen Stadt in Zentral-

frankreich – berühmt durch die Kathedrale Notre Dame – ihren Namen. Die
römische Bezeichnung lautete entsprechend *Civitas Carnutum*.

CHARTREUSE [O, Frankreich, Europa]
Die *Caturiges*, die KÖNIGE DER
SCHLACHT (gall. *catu* »Schlacht«, *riges*
»Könige«), gaben dieser berühmten
Siedlung den Namen. Nicht nur der
Karthäuserorden, sondern auch die
Kartause (Einsiedelei) sowie der *Char-
treuse*, ein Kräuterlikör, leiten sich von
diesem Ort ab.

CHATTANOOGA [O, Tennessee, USA,
Nordamerika] 1816 von John Ross als
Handelszentrum mit den Cherokee unter dem Namen *Ross's Landing* gegründet, erfuhr die Stadt nach der Zwangs-
umsiedlung der Indianer nach Oklahoma (Stichwort: Trail of Tears) eine Umbenennung in SPITZER BERG – vor allem
wegen der dieses Gebiet umringenden
steilen Berggipfel. Randnotiz: Musik-
liebhabern ist sicherlich der *Chattanooga Choo Choo* ein Begriff.

CHAUX-DE-FONDS, LA [O, Schweiz,
Europa] Es ist unsicher, ob das präidg.
calma UNBEWACHSENE HÖHE in diesem
Namen steckt. Daneben gibt es auch
eine Volkssage, die von zwei Quellen
erzählt, deren eine den Namen *Chaude
Font* (dt. warme Quelle) trug. Nachzuweisen ist dieser Ursprung jedenfalls
heute nicht mehr.

CHELSEA [X, England, Großbritannien,
Europa] Der Name des Londoner Stadtteils mit dem berühmten Fußballclub
setzt sich aus den aengl. Wörtern *cealc*
KREIDE und *hŷth* LANDEPLATZ zusammen. Offensichtlich wurde hier am
Wasser Kreide verladen, was letztlich
auch zur etymologisch inkorrekten Endung *sea* (dt. Meer) führte.

CHEMNITZ C [O, Sachsen, Deutschland,

Europa] Schon im 19. Jh. war Chemnitz
ein Zentrum der deutschen Arbeiterbewegung. Daher erstaunt es kaum, dass
kurz nach der Gründung der DDR
(Deutsche Demokratische Republik)
eine Umbenennung nach dem geistigen
Vater des Kommunismus erfolgte: So
hieß diese Stadt von 1953 bis zum for-
mellen Ende der DDR im Jahr 1990
Karl-Marx-Stadt. Der heutige Name
leitet sich vom asorb. *kamen* »Stein« ab.
Kamenica kann daher als STEINBACH
gelesen werden. Die Schreibweise mit
-Ch- ist relativ jung und erst im 17. Jh.
belegt.

CHENGDU [O, China, Asien] In weiser
Voraussicht wählte der Stadtgründer
den vielversprechenden Namen (ZU-
KÜNFTIGE) GROSSE STADT für das heutige Herz Sichuans (chin. *chéng* »werden«, *dū* »große Stadt«). Randbemerkung: Chengdu gilt auch als die »Pan-
da-Hauptstadt« der Welt, wird doch
hier dieses Nationaltier Chinas erfolg-
reich gezüchtet.

CHENNAI → **Madras** [O, Indien, Asien]
Chennapattanam (STADT DES CHEN-
NAPA, Raja von Chandragiri; hindi *pat-
tanam* oder *patnam* »Stadt«) so lautet
seit 1996 der volle Name von *Madras*,
einer der Metropolen Indiens. Auf
Landkarten findet sich heute die Kurzform Chennai, die dem Wunsch Indiens nachkommt, wieder zu den eigenen Wurzeln zurückzufinden.

CHERBOURG [O, Frankreich, Europa]
Wahrscheinlich bildet die germ. Form
(*hari*) des lat. Wortes *corio* »Armee«
den ersten Teil des Namens. Cherbourg bedeutet daher einfach: ARMEE-
FESTUNG.

CHESAPEAKE BAY [G, Maryland, Virginia, USA, Nordamerika] Schon der Klang
dieser größten Atlantikbucht der USA

verrät den indianischen Ursprung. Entweder bildet das Wort *kcheseipogg* GROSSES SALZWASSER (Sprache der Delaware) oder *chesipoc* ZUM GROSSEN FLUSS (aus dem Algonkin) die Wurzel. Wie auch immer, rund um diese Bucht schlägt mit den Metropolen Baltimore und Washington das amerikanische Herz. James Michener hat die Geschichte der Chesapeake Bay in seinem 1978 erschienenen gleichnamigen Roman meisterhaft nachempfunden.

CHIANTI [R, Italien, Europa] Der *Chianti* gehört zu den bekanntesten Weinen Italiens und macht circa ein Drittel des Anbaugebietes der Toskana aus. Der Name steht für ein früheres MILITÄRBÜNDNIS der Städte Radda, Castellina und Gaiole.

CHICAGO [O, Illinois, USA, Nordamerika] Der indianische Name aus der Sprache der Algonkin, *Chicagou*, bedeutet STARK, MÄCHTIG. Vielleicht kann er aber auch mit STÄTTE DER ZWIEBELN übersetzt werden, was wegen der wild wachsenden Zwiebelpflanzen im Umkreis dieser Stadt durchaus zutreffend wäre. Da die Schreibung des Namens von *Schuerkaigo*, über *Psechaggo, Shikkago, Tschakko, Ztschaggo, Shecago, Shakakko* bis zu *Stkachango* reichte (Quelle: Bill Bryson), darf diese freie Bedeutungsinterpretation nicht überraschen. Zurück zur Etymologie: »Stark« und »mächtig« ist mehr als zutreffend. Chicago gehört zu den stolzesten Städten der Welt. Es geht das Sprichwort: »Ohne Chicago gäbe es keinen Dollar für das übrige Amerika und keinen Cent für den Rest der Welt« (Q: Raymond Cartier). Nun, jedenfalls stammen die Kaugummis, die amerikanische Kinnbacken in Bewegung halten, fast ausnahmslos aus Chicago.

CHIEMSEE [G, Bayern, Deutschland, Europa] Der größte bayerische See trägt einen Personennamen unklarer Bedeutung: CHIEM. Das ahd. *sēo* SEE wurde bereits im ersten Jahrtausend mit dem Dorfnamen *Chieming* am Ostufer des Sees verschmolzen.

CHIHUAHUA [P, Mexiko, Nordamerika] Wenn auch heute der gleichnamige kleine Hund, der *Chihuahua*, fast bekannter ist als dieser Bundesstaat Mexikos, so hat er nichts mit dem Namensursprung zu tun. Dieser ist nämlich indianischer Herkunft und beschreibt das Klima der Region: SANDIG, TROCKEN.

CHILE CL/CHL/RCH [S, Südamerika, oL *Republik Chile*, span. *República de Chile*] Nicht klar zu beantworten ist die Frage, wie der lang gestreckte Andenstaat zu seinem Namen kam. Vielleicht ist quechua *tschili* SCHNEE (für KALT oder WINTER) gemeint, aber Chile könnte auch DAS ENDE DES LANDES bedeuten (in der Sprache der Aymara). Beide Interpretationen treffen den Charakter dieser Region. Volksetymologisch wird auch noch die lautmalerische Bezeichung für einen Vogel, TRILE, als möglicher Namensursprung gesehen. Sicher nichts hat Chile mit dem zufällig namens- und sinngleichen englischen »chilly« (dt. kühl) zu tun. Randnotiz: Eine häufig verwendete chemische Verbindung, der Natronsalpeter, wird auch oft als *Chilesalpeter* bezeichnet, was wegen der weltweit größten natürlichen Vorkommen in diesem Andenstaat durchaus seine Berechtigung hat. U: Proklamation 12. 2. 1818 (ehem. span. Kolonie)

CHIMBORAZO [B, Ekuador, Südamerika] Kurioserweise ist der Gipfel des Chimborazo mit 6310 m der am weitesten in den »Himmel« ragende Punkt der Erde. Dies hat mit der Abplattung unseres Planeten gegen die Pole hin zu tun. Der Abstand vom Erdmittelpunkt wird dadurch immer geringer. Eigentlich bedeutet das Wort *chimpa* einfach GEGENÜBER (aus dem Quechua). Gemeint war damit ursprünglich der Fluss Chimbo, der gegenüber dem Vulkan lag. Das peruanische *rasu* SCHNEE schließlich ergibt in Kombination mit dem ersten Wortteil den Namen dieses erloschenen Vulkans. Eine andere Erklärung sieht im Wort *chimbana* QUEREN, PASSIEREN die Wurzel zu diesem Namen.

CHINA, Republik → **Taiwan** [S, Taiwan, Asien, chin. *Zhōnghuá Mínguó*] Wenn auch von der Volksrepublik China nie anerkannt, ist die Insel Taiwan dennoch eine wirtschaftlich enorm starke Region. Nicht zu Unrecht wird die Republik China zu den sogenannten »Tigerstaaten« gezählt. Der aus der ersten Hälfte des 20. Jh.s stammende Name *Nationalchina* ist heute als obsolet zu betrachten. U: Fortführung der am 1. 1. 1912 in Peking proklamierten Republik; seit 1971 von der UNO ausgeschlossen (dennoch inoffizielle Beziehungen zu den meisten Staaten)

CHINA, Volksrepublik CN/CHN/RC [S, Ostasien, oL *Volksrepublik China*, chin. *Zhonghuá Rénmín Gònghéguó, Zhongguo*] Allgemein wird der Name des bevölkerungsreichsten Staates der Erde auf die CH'IN- oder QIN-Dynastie zurückgeführt, die 221 v. Chr. mit dem »ersten« Kaiser Qin Shihuangdi (dt. »Erster souveräner Herrscher von Qin«) zu Macht und Ehre kam. Aber auch aind. *cina* bezeichnet dieses Volk. Fast scheint es daher, dass die Region um Shanxi, sozusagen das alte China, der Dynastie den Namen geschenkt hat.

Das Endungs-*a* wurde erst eineinhalb Jahrtausende später von den Portugiesen dazugefügt. Die Chinesen selbst nennen sich *Zhongguo* »Reich der Mitte« oder *Zhonghua* »Mitte der Blume«. Wie kaum anders zu erwarten, hat diese alte Hochkultur in zahlreichen Wörtern ihre Spuren hinterlassen: *Chinapapier* (festes Papier aus Bambus), *Chinarinde* (Heilmittel aus der Rinde des gleichnamigen Baumes), *Chinaseide* (Naturseide) oder *Chinaware* (Porzellan aus China). Kunstgewerbliche Gegenstände aus diesem ostasiatischen Staat werden gerne mit dem Sammelbegriff *Chinoiserie* belegt. Im Englischen bezeichnet man bis heute Porzellan allgemein als *china*, was diesem Land mehr als gerecht wird, wenn man die Geschichte der Erfindungen vor Augen hat. Auch das deutsche Wort für Orange, *Apfelsine*, oder der *Chinakohl* werden vom Namen dieses Riesenreiches abgeleitet. Fast schon als Normalbegriff wird die Bezeichnung *China-Restaurant* für Gaststätten mit ostasiatischer Küche empfunden. Zuletzt sei noch der Begriff *Sinologie*, die Wissenschaft von der chinesischen Sprache und Literatur, angeführt. Eine politische Besonderheit darf nicht unerwähnt bleiben: Macau und Hongkong (s. d.) haben als Sonderverwaltungszonen starke innere Autonomie. U: alte staatliche Tradition; 1. 10. 1949 (Ausrufung der Volksrepublik)

CHITTAGONG [O, Bangladesch, Asien] Diese bengalische Hafenstadt heißt genau genommen WEISSES DORF (hindi *cittā* »weiß«, *gānv* »Dorf«).

CHOMOLUNGMA → **Mount Everest** [B, China, Nepal, Asien] Fast prophetisch wirkt der tibetische Name DIE MUTTER DES UNIVERSUMS. Dies vor allem, wenn man bedenkt, dass die Menschen bei der Benennung dieses 8848 m hohen Riesen nicht wissen konnten, dass sie auf den höchsten Berg der Welt blickten.

CHONGQING [O, China, Asien, auch *Tschungking*] Der würdige Name der Hauptstadt Sichuans, DIE DOPPELT GESEGNETE (chin. *chóng* »doppelt« und *qing* »gefeiert, gesegnet«), geht auf das 12. Jh. zurück, als dem hier residierenden Thronfolger Zhao Dun sowohl vom Kaiser als auch von dessen Gattin bei der Krönungszeremonie die Ehre erwiesen wurde. Während der Okkupation durch Nationalchinesen (1938–1946) wurden die chinesischen Zeichen als Tschungking transkribiert.

CHORASSAN [P, Iran, Asien] Die in den Märchen aus »Tausendundeiner Nacht« beschriebene Provinz Chorassan trägt den schönen Namen LAND DES SONNENAUFGANGS.

CHRISTCHURCH [O, Neuseeland, Ozeanien] 1851 von John Godley gegründet, wurde diese Stadt der South Island Neuseelands nach seinem HEIMATCOLLEGE in Oxford (Christ Church) benannt. Diese Wahl ist doppelt treffend, da es sich hier einerseits um eine typische Siedlung der Church of England handelte, andererseits das Herz der anglikanischen Kirche in Canterbury in der namensgleichen Christ Church Cathedral schlägt.

CHRISTKINDL [O, Österreich, Europa] Sehr berühmt, besonders unter Philatelisten, wurde dieser kleine Wallfahrtsort seit der Errichtung eines Sonderpostamts im Jahr 1950. Mehrere Millionen Briefe werden zwischen dem ersten Adventsonntag und dem 6. Januar mit einem weihnachtlichen Poststempel versehen. Der Name geht auf ein aus Wachs gefertigtes CHRISTKIND zurück, das ein gewisser Ferdinand Sertl als Dank für eine Heilung seiner Epilepsie an einen Baum hängte. 1699 wurde an dieser Stelle eine Kapelle errichtet, um die schließlich der Wallfahrtsort wuchs.

CHRISTMAS ISLAND [I, Australien, Asien, amtl. *Territory of Christmas Island*] Als der holländische Kapitän Willem Mynors am WEIHNACHTSTAG des Jahres 1653 diese Inselgruppe südlich von Java erblickte, war es nur ein kleiner Gedanke, den Namen »Weihnachtsinsel« zu wählen.

CHRISTMAS ISLAND [I, Kiribati, Ozeanien] Wie die gleichnamige Insel im Indischen Ozean trägt auch dieses Eiland im polynesischen Archipel den Namen zu Ehren der Geburt Jesu. Entdeckt und benannt wurde es am HEILIGEN ABEND des Jahres 1777 von James Cook. In den Atlanten findet sich dieses größte Atoll der ehemaligen Gilbert-Inseln (→ **Kiribati**) heute allerdings unter dem malaiischen Namen *Kiritimati*.

CHUR [O, Schweiz, Europa, ital. *Coira*] Die Hauptstadt Graubündens ist mit mehr als 5000 Jahren die älteste Stadt der Schweiz. Chur trägt einen kelt. Namen: *kora, koria* CLAN, STAMM.

CISKEI [P, Südafrika, Afrika] Das frühere Homeland (1981–1994) trägt den Namen AUF DIESER SEITE DES (FLUSSES) KEI (lat. *cis* »diesseitig«).

CITLALTÉPETL [B, Mexiko, Mittelamerika] In Ehrfurcht vor der gewaltigen Höhe dieses Vulkankegels (5610 m) wählten die Azteken den sprechenden Namen BERG DES STERNS. Und in der Tat scheint der Citlaltépetl nach den Sternen zu greifen.

CLEVELAND [O, Ohio, USA, Nordamerika] Benannt wurde diese Stadt nach ei-

nem General, nämlich Moses CLEAVE-
LAND (1754–1806), der für die Connecticut Land Company arbeitete. 1832
wurde das erste -a- fallen gelassen, um
den Namen zu vereinfachen. Don't for-
get – Americans like it simple!

CLONTARF [X, Irland, Europa, gäl. *Cluain
Tarbh*] Der Vorort Dublins kann mit
STIERWEIDE übersetzt werden. Hier
fand am Karfreitag des Jahres 1014 die
Entscheidungsschlacht zwischen dem
irischen Hochkönig Brian Boru und
den einfallenden Wikingern statt. Für
beide Seiten brachte dieser Tag
schmerzliche Verluste, die Irland für
lange Jahre zersplittert und hilflos zu-
rückließen.

CLUJ-NAPOCA [O, Rumänien, Europa,
dt. *Klausenburg*] Das frühere Römerlager
Castrum Clus (lat. *clusum* EINGE-
SCHLOSSEN; von den umgebenden Bergen) wurde erst im 14. Jh. in Cluj umbenannt. Der deutsche Name dieser Stadt
in Siebenbürgen könnte mit einer
»Mönchsklause« zusammenhängen
oder aber mit einem archaischen Wort
für »Bergpass« (*klus*). 1974 entschied
der damalige Staatsführer Nicolai
Ceaușescu eigenwillig, den Namen Na-
poca anzuhängen, um den römischen
Ursprung – hier gab es einst eine Da-
kersiedlung – zu unterstreichen.

CLUNY [O, Frankreich, Europa] Der
Name der berühmten Klosterstadt – die
Kirche in Cluny war immerhin zeitweise das größte Gotteshaus des Christentums – dürfte etymologisch mit WAS-
SER zu tun haben. Parallelen zu ähnlichen topografischen Bezeichnungen
sind belegbar. Die *Kluniazenser*, eine
der einflussreichsten Ordensgemein-
schaften des Mittelalters, haben ebenfalls in dieser Stadt ihren Ursprung.

CLYDE [G, Schottland, Großbritannien, Eu-
ropa] Die kelt. Wurzel *clouta* REINIGEN-
DES WASSER findet sich in diesem schottischen Fluss. Worauf mit dieser Benennung angespielt wurde, lässt sich
heute jedoch nur mehr schwer eruieren.

COBURG CO [O, Bayern, Deutschland, Eu-
ropa] Coburg dürfte von Gründungsbe-
ginn an als städtische Siedlung geplant
gewesen sein. Das mhd. *borch, burch*
WALLBURG,   BEFESTIGTE   SIEDLUNG
deutet darauf hin. Ob dagegen die erste
Silbe auf das ahd. *kō* KUH zurück geht,
ist in der Namensforschung sehr umstritten.

COCHINCHINA [H/R, Vietnam, Asien]
Eine Verballhornung des chinesischen
Namens für VIETNAM, *Giao Chi*, dürfte
die portugiesischen Seefahrer zur Bezeichnung *Cauchichina* veranlasst haben. Zunächst war nur das Mekongdel-
ta gemeint, wobei zur Unterscheidung
vom ähnlich lautenden Namen der Kolonie Cochin in Indien die Endung
CHINA angehängt wurde. Die Franzosen übernahmen mit der Besitzer-
greifung des Südens der Halbinsel im
Jahr 1862 diese Wortwahl. Heute ist
Cochinchina als topografischer Begriff
nicht mehr gebräuchlich. Überlebt hat
dieser Name jedoch im sogenannten
Kotchinchinahuhn (allerdings mit fal-
scher Schreibweise).

COCOS ISLANDS [O, Großbritannien,
Asien] Schon aus dem lautlichen Bild
wird sofort klar, dass diese zu Großbritannien zählende Inselgruppe der KO-
KOSNUSS ihren Namen verdankt.

COGNAC [O, Frankreich, Europa] Das
mittelalterliche lateinische *Comniacum*
LAND DES COMINIUS wurde durch den
edlen Weinbrand aus Weißweinen
weltberühmt.

COIMBRA [O, Portugal, Europa] Das frühere *Conimbriga* (kelt. *cun* HÜGEL, *bri-*

ga FESTUNG), dessen Grundmauern ca. 13 km von der heutigen Stadt Coimbra entfernt standen, war zwischen 1139 und 1260 die Hauptstadt Portugals. Der Name dürfte auf den präkeltischen Stamm der CONII zurückzuführen sein.

COLOMBO [O, Sri Lanka, Asien] Der Name der Hauptstadt Sri Lankas hat eine verzwickte Etymologie. Frühe Namen wie das chin. *Kao-lan-pu* oder *Kalan-totta* (mit unklarem Ursprung) wurden von Arabern in *Kolambu* (singhal. *Kolamba*) geändert, möglicherweise mit der Bedeutung HAFEN. Die ersten Weißen, portugiesische Seeleute, dachten dagegen, dass dies eine Zusammensetzung aus *cola* »Blätter« und *amba* »Mango« wäre. Und da der Name an Christoph Kolumbus denken lässt, der freilich nie auch nur in die Nähe Südasiens segelte, nahm man die Gelegenheit wahr, die »moderne« Schreibweise »Colombo« zu kreieren.

COLÓN [O, Panama, Mittelamerika] Die Stadt am Nordende des Panamakanals wurde 1850 nach einem Sponsor der Panama-Eisenbahn *Aspinwall* benannt. Zu Ehren des großen Entdeckers entschied man sich 1890 zur Umbenennung in *Colón*, die spanische Form von KOLUMBUS. Die kleinere Zwillingsstadt *Cristóbal* trägt passender Weise den Vornamen des Seefahrers.

COLORADO [P/F, USA, Nordamerika] Die rötliche Färbung des gleichnamigen Flusses, verursacht durch den Ton, der aus den Canyons ausgewaschen wird, gibt Colorado seinen Namen. Das spanische Adjektiv *colorado* heißt einfach FARBIG, RÖTLICH. Der Beiname *Centennial State* (dt. Staat des 100-jährigen Bestehens) wurde durch den gleichnamigen Roman des Schriftstellers James Michener weit über die Grenzen Colorados hinaus bekannt gemacht. Dies ist eine Hommage an das Jahr des Beitritts zur Union: 1876, genau hundert Jahre nach der (Geschichte schreibenden) Unterzeichnung der Declaration of Independence. Der *Colorado-Käfer* war Mitte des 19. Jh.s der Auslöser der großen Hungersnot in Irland, die mehr als eine Million Menschen das Leben kostete und eine weitere Million zur Auswanderung nach Amerika zwang.

COLUMBIA RIVER → **Kolumbien** [F, USA, Nordamerika] Der amerikanische Kapitän Robert Gray gab diesem Fluss in den Rocky Mountains 1792 den Namen *Columbia* wahrscheinlich deshalb, weil sein SCHIFF nach dem großen Genuesen getauft war. Grays persönliche hohe Wertschätzung des Christoph Kolumbus ist dagegen nicht belegt.

COLUMBUS → **Kolumbien** [O, Ohio, USA, Nordamerika] Christopher COLUMBUS (so die englische Schreibweise) schenkte dieser Stadt seinen Namen. Als großzügiges Präsent erhielt die einwohnerreiche Metropole Ohios von einer ihrer Partnerstädte, nämlich Genua (Kolumbus' Geburtsort), eine Statue des berühmten Namenspatrons.

CONCEPCIÓN [O, Chile, Südamerika] Das spanische Wort bezieht sich auf die »Unbefleckte EMPFÄNGNIS (*concepción*) Marias«. Pedro de Valdivia gründete am 8. Dezember 1550 (Mariä Empfängnis) diese chilenische Stadt, die 1818 sogar als Ort der Verkündigung der Unabhängigkeit Chiles gewählt wurde.

CONNACHT [P, Irland, Europa] Die namentlich älteste der vier irischen Provinzen ist nach dem Volksstamm CONNACHTA benannt. Die irische Mythologie führt diesen Namen wiederum auf den legendären Begründer des ersten Königreiches, CONN, zurück.

CONNECTICUT CT/CONN. [P/F, USA, Nordamerika] LANGER FLUSS heißt das indianische *kuehnitekot*. Das -c- in der Mitte des Staatsnamens dürfte sich erst später durch eine falsche Assoziation mit dem englischen Wort »connect« (dt. verbinden) eingeschlichen haben. Connecticut hat zwei Beinamen, einen volkstümlichen, *Nutmeg* (dt. Muskatnuss) *State*, und seit 1959 einen hochoffiziellen: *Constitution State* (dt. Staat der Verfassung). Ganz zu Recht, denn auf diesem geschichtsträchtigen Boden wurde die erste geschriebene Verfassung der Menschheit unterzeichnet.

CONNEMARA [R, Irland, Europa] Dieses vom großen Westernregisseur John Ford zeitlebens heiß geliebte Land an der Küstenregion des County Galway geht auf Conmac zurück, der durch die Ehe mit der legendären Queen Maeve in die irische Mythologie einging. Übertragen bedeutet dieses Wort SEELAND DES VOLKES CONMACS.

CONSTANȚA [O, Rumänien, Europa, dt. *Konstanza*] Dieser größte Schwarzmeerhafen Rumäniens [ausgespr. Constanza] wurde von KONSTANTIN I. zu Ehren seiner SCHWESTER in *Konstantiana* umbenannt (der alte Name lautete *Tomis*). Hier lebte und starb auch der aus Rom verbannte Dichter Ovid.

COOK ISLANDS [I, Ozeanien, Neuseeland] James COOK (1728–1779) war die überragende Persönlichkeit unter den Entdeckern des Pazifischen Ozeans. Es kommt daher fast überraschend, dass nur wenige Spuren seiner Reisen in geografischen Namen dokumentiert sind. Selbst die zu Neuseeland gehörigen Cook-Inseln wurden erst durch den russischen Seefahrer Adam Johann Krusenstern so benannt. James Cook selbst wählte den nichts sagenden Namen *Harvey-Inseln*.

COOK STREET → **Cook Islands** [G, Neuseeland, Ozeanien] Die Meeresstraße zwischen der Nord- und der Südinsel Neuseelands ehrt den großen Entdecker James COOK.

CÓRDOBA [O, Spanien, Europa] Die andalusische Stadt, das frühere Zentrum des maurischen Spaniens, dürfte phönizischen Ursprungs sein, mit ungeklärter Namensbedeutung. Spekuliert wird mit phöniz. *karta-tuba* GROSSE STADT oder *qorteb* ÖLPRESSE. Nachdem sich die Römer diese Siedlung einverleibten, wurden die Namen *Corduba* und *Colonia Patricia* gebräuchlich, Letzteres auf eine Wohnstätte für Patrizier hinweisend. Das *Korduan*, ein weiches Leder aus Ziegenfell, stammt ursprünglich aus dieser spanischen Stadt.

CÓRDOBA → **Córdoba** [O, Argentinien, Südamerika] Der Konquistador Jéronimo Luis de Cabrera gründete 1573 zu Ehren der Geburtsstadt seiner Frau auf argentinischem Boden ein *Córdoba de la Nueva Andalucia* (dt. Córdoba Neu-Andalusiens). Zur Etymologie s. Córdoba (Spanien).

CORK [O, Irland, Europa, gäl. *Corcaigh*] Für drei Millionen Iren begann im Hafen dieser Stadt der Exodus in die Neue Welt. Der gälische Name dieser Stadt, *Corcaigh* [ausgespr. korkig], ist sehr deskriptiv. Gäl. *corcach* MARSCHLAND beschreibt das sumpfige Gelände zur Gründungszeit im 7. Jh. Bei Regengüssen waren die Straßen selbst noch im 18. Jh. wegen der schlammigen Wassermassen nur schwer passierbar.

CORNWALL [P, England, Großbritannien, Europa] Die Form eines Horns (lat. *cor-*

nu) gab diesem County wie auch dem Volk der Cornovii seinen Namen. Ob der Name eine Herkunftsbezeichnung ist oder auf einen Hornschmuck am Helm hinweist, ist nicht restlos geklärt. Die angelsächsischen Einwanderer hängten die aengl. Endung *walh* »Fremder, Waliser« an (s. Wales, Walachei), als sie in dieser Gegend auf eine fremdartige Sprache stießen. So war dieser eigentümliche Name geboren: DIE FREMDEN DES CORNOVII-STAMMES.

CORTINA D'AMPEZZO [O, Italien, Europa] Ampezzo ist eine Ableitung von ital. *pezzo* LANDSTÜCK. Erst 1923 wurde der erste Namensteil, der EINGEZÄUNTER PLATZ oder vielleicht sogar FRIEDHOF bedeuten mag, hinzugefügt. 1956 bei der Winterolympiade in Cortina schrieb der Österreicher Toni Sailer Skigeschichte, als er alle alpinen Titel gewinnen konnte.

COSTA BLANCA [R, Spanien, Europa] Zwischen Valencia und Alicante erstreckt sich die sogenannte WEISSE KÜSTE, die möglicherweise wegen des etymologischen Hintergrunds der Stadt Alicante (s. d.) so benannt wurde.

COSTA BRAVA [R, Spanien, Europa] Die zerklüftete Küstenlinie Kataloniens dürfte den Schriftsteller Ferran Argullo 1908 zur Bezeichnung WILDE KÜSTE inspiriert haben.

COSTA DEL SOL [R, Spanien, Europa] Leicht zu erraten und wunderbar treffend (mehr als 320 Sonnentage im Jahr) ist die Bedeutung KÜSTE DER SONNE für diese südspanische Gegend. Der Name wurde bewusst gewählt, um sonnenhungrige Touristen anzuziehen.

COSTA RICA CR/CRI/CR [S, Mittelamerika, oL *Republik Costa Rica*, span. *República de Costa Rica*] Die REICHE KÜSTE verhieß üppige Vegetation und einen Reichtum an Süßwasser, ein unschätzbares Gut für die ermatteten Seefahrer der frühen Entdeckungszeit. Und natürlich erhoffte sich auch Kolumbus volle Schatztruhen für seine Gönner und Förderer, Isabella und Ferdinand von Kastilien. Aber auch der hoffnungsschwangere alte Name *Costa del Oro* (dt. Goldküste) sollte hier erwähnt werden. Gemeint sind die golddurchwirkten Ornamente der einheimischen Indianer, wenn auch im Zauberwort »Gold« bereits eine Vorahnung auf die kommende, gierige Meute der Konquistadoren mitschwingt. Costa Rica hat mit nur 1 % den geringsten Anteil indigener Bevölkerung unter allen mittelamerikanischen Staaten. U: Proklamation 15. 9. 1821 (ehem. span. Kolonie); 14. 11. 1838 (Austritt aus der Zentralamerikanischen Konföderation)

CÔTE D'AZUR [R, Frankreich, Europa] AZURBLAUE KÜSTE – kann ein Name schöner sein? Gemeint sind das Wasser und der Himmel über der französischen Riviera, die sich – inoffiziell – von Toulon bis zur italienischen Grenze erstreckt. Mehr als 300 Sonnentage geben dieser Landschaft ihren ungemeinen Reiz.

CÔTE D'IVOIRE, ELFENBEINKÜSTE CI/CIV/CI [S, Westafrika, engl. *Ivory Coast*, oL *Republik Côte d'Ivoire*, franz. *République de Côte d'Ivoire*] Der französische Name für die ELFENBEINKÜSTE wurde unter Präsident Houphouet-Boigny offiziell zum Staatsnamen erklärt, jede andere Bezeichnung, so das früher übliche englische **Ivory Coast**, sogar unter Strafe gestellt. Elfenbein war ehedem das wichtigste Exportprodukt, und ein wenig überraschend wurde der Kolonialname bis heute beibehalten. Die Bewohner des Landes sollten korrekt als *Ivorer* angesprochen werden. U: 7. 8. 1960 (ehem. franz. Kolonie)

CÔTE D'OR [B,   Frankreich,   Europa] Fälschlicherweise vermutet man bei dieser Benennung eine weitere GOLDKÜSTE mit rohstoffreichem Hinterland oder faszinierender Naturschönheit. Tatsächlich jedoch handelt es sich hier um einen schmalen Gebirgszug an der Saône, der für seinen hochqualitativen Burgunder berühmt ist. Ganz so unpassend ist die Bezeichnung Côte d'Or nun aber auch wieder nicht, denn lat. *costa aurea* kann mit GOLDENE RIPPE übersetzt werden.

COTTBUS CB [O, Brandenburg, Deutschland, Europa] Cottbus entstand im 10. Jh. als Burgstadt und geht auf den asorb. Personennamen *Chotĕbud* zurück. Dieser ist allerdings nie belegt worden, sondern allein das Ergebnis sprachwissenschaftlicher Forschungen. Man könnte also frei übertragen vom ORT DES CHOTEBUD sprechen.

COVENTRY [O, England, Großbritannien, Europa] COFAS BAUM setzt sich aus einem Personennamen und aengl. *trēow* »Baum« zusammen. Ob damit ein Versammlungsplatz oder eine Kultstätte gemeint war, kann heute nicht mehr festgestellt werden.

CRAIOVA [O, Rumänien, Europa] Slaw. *krai* »Ecke, Rand«, erweitert um die Endung *ov*, soll wohl ein GRENZLAND zwischen zwei Völkern andeuten. So zumindest die eine Deutung. Die zweite Möglichkeit sieht etymologisch eine KÖNIGSSTADT in diesem Namen.

CREMONA [O, Italien, Europa] Wahrscheinlich ist diese Stadt nach dem Volk der CENOMANI benannt (*cen* »Spitze«, *mano* »Mann«; vgl. Le Mans). Aber auch das kelt. *carra* STEIN könnte die Wurzel des Namens sein.

CURAÇAO [I, Niederlande, Karibik, Mittelamerika] Wenn auch bereits 1499 durch die Spanier entdeckt, wurde die inzwischen wieder verlassene Insel 1634 von den Holländern in Besitz genommen. Ursprünglich nannte man dieses Eiland *Islos de los Gigantes* »Insel der Riesen«, wegen der Größe der hiesigen Eingeborenen. Der heutige Name wird gerne mit gewagten Spekulationen erklärt, die jedoch mehr legendenartigen Charakter haben. So meint man im alten Wort für KURIEREN, HEILEN (port. *curación*) die Lösung des Rätsels zu haben. Immerhin hatte Vespucci auf seinen Reisen Skorbutkranke auf Curaçao zurückgelassen und diese bei seiner Wiederkehr geheilt vorgefunden, womöglich wegen Vitamin-C-haltiger Früchte auf dieser Insel. Allerdings stellt sich die Frage, weshalb ein Italiener in spanischen Diensten ein portugiesisches Wort zur Benennung verwenden sollte. Eine andere Theorie meint, dass span. *corazón* HERZ der frühe Name war, später jedoch von den Kartenmachern korrumpiert wurde. Oder wurde vielleicht letztlich doch nur einfach ein indianischer Name verwendet?

CURITIBA [O, Brasilien, Südamerika] Aus der Welt der Flora entlehnt ist der heutige Name dieser Millionenstadt: tupi *curii tiba* VIELE KIEFERNBÄUME (lat. Araucaria angustifolia). 1693 von den Portugiesen gegründet, hieß diese Ansiedlung früher *Vila Nossa Senhora da Luz dos Pinhais* (dt. Stadt unserer lieben Frau des Lichts im Föhrenwald/ Fichtenwald).

CUXHAVEN CUX [O,   Niedersachsen, Deutschland, Europa] HAFEN AM KOOG, ist die treffende Herleitung dieses Städtenamens. Unter einem *Koog* (nl.) versteht man ein eingedeichtes Land (fries. *kāch, kūch*). Und genau dieses Lehnwort steckt im ersten Teil des Namens. Übrigens gibt es gerade an der Westküste Schleswig-Holsteins zahlreiche weitere Beispiele für die dem Meer abgerungenen Marschsiedlungen, in deren Namen dieses niederländische Wort Verwendung fand. Dieser bedeutende norddeutsche Hafen entstand im 16. Jh. (1579 *Kuckeshaven*, 1799 *Koogshaven*). Der zweite Teil, »Hafen«, entstand aus mnd. *have(ne)*, was seinerseits aus anord. *hofn* entlehnt scheint.

CUZCO [H/O, Peru, Südamerika] Seit dem 11. Jahrhundert war Cuzco die Hauptstadt des Inka-Reiches, und so ist auch der indianische Name NABEL mehr als treffend. Mit der Ankunft der Spanier und der vollständigen Plünderung dieser Stadt im Jahr 1534 ging die goldene Zeit dieser Kultur jedoch schlagartig zu Ende.

CZESTOCHOWA [O, Polen, Europa, dt. *Tschenstochau*] Möglicherweise leitet sich der polnische Name von *czestokoł* PALISADENZAUN ab, also von einer historisch notwendigen Schutzeinrichtung. Immerhin hat das bekannte Paulinerkloster im Jahr 1655 eine mehrwöchige Belagerung durch die Schweden überstanden.

 **Dd** griech. *delta* Δδ – phöniz. *dāleth* »Tür« – proto-semitisch *digg* »Fisch«

DACHAU DAC [O, Bayern, Deutschland, Europa] Der Name Dachau ist eine Zusammensetzung aus ahd. *dāha* »Lehm« und *ouwa* »Insel, Land am Wasser«. Es handelt sich also um ein LEHMIGES AUENLAND. Traurige Berühmtheit erlang-

te diese Stadt durch das 1933 errichtete größte Konzentrationslager auf deutschem Boden, das neben Auschwitz zum Inbegriff des Grauens wurde.

DAEGU, TAEGU [O, Südkorea, Asien] Seit dem Koreakrieg hat sich die Bevölkerungszahl dieser Metropole mehr als verzehnfacht. Der Name bedeutet einfach GROSSER HÜGEL (kor. *tae* »groß«, *ku* »Hügel«).

DAHOMEY → **Benin** [H/S, Benin, Afrika] Etwas überraschend mag die 1975 erfolgte Umbenennung Dahomeys in Benin erscheinen, haben doch beide Namen einen afrikanischen Ursprung (s. d.). Reines Zurückweisen der kolonialen Erinnerungen war hier also nicht das einzige Motiv. Der wahre Grund liegt in der ethnischen Vielfalt dieses Staates, sodass Benin als neutralere Bezeichnung erscheint. Dahomey war ja ursprünglich der Name eines alten Königreichs.

DAKAR [O, Senegal, Afrika] TAMARINDENBAUM (*wolof n'dakar*) nennt sich die Hauptstadt Senegals. Wie so oft ist auch hier eine missverständliche Frage der europäischen Seeleute nach dem lokalen Ortsnamen verantwortlich. Die Eingeborenen glaubten wohl, den wichtigsten Baum benennen zu müssen. Die am weitesten westlich gelegene Stadt Afrikas war der Umschlagplatz für den Sklavenhandel nach Nord- und Südamerika.

DAKOTA (SOUTH, NORTH) [P, USA, Nordamerika] Das indianische Wort *dakota* (auch *lakota*) hat die schöne Bedeutung FREUNDE. Gemeint ist allerdings damit nicht die Begegnung mit den Weißen, denn die Kämpfe zwischen dem Weißen und dem Roten Mann waren immer erbarmungslos. Vielmehr lebte der Stamm der Dakota in freund-

schaftlicher Verbundenheit mit den Sioux. Daher trägt North Dakota auch
den treffenden Beinamen *Sioux State*,
während sich der südliche Staat *Coyote
State* oder *Mount Rushmore State*
nennt. Letzterer Name spielt auf das
Wahrzeichen dieses Staates, die vier in
Stein   gemeißelten   Präsidentenköpfe
(Washington, Jefferson, Lincoln und
Theodore Roosevelt) an. Der große Regisseur Alfred Hitchcock hat diese
stummen Ehrenzeugen in der Schluss-
szene seines Thrillers »North by Northwest« (dt. »Der unsichtbare Dritte«)
dramatisch verewigt.

DALLAS [O, Texas, USA, Nordamerika]
George Mifflin DALLAS (1792–1864),
Vizepräsident (1845–1849) unter James
K. Polk, ist außer George Washington,
James Madison und Andrew Jackson die
einzige Person in diesem hohen politischen Rang, nach der eine größere Stadt
der USA benannt ist. Zwei weitere Ereignisse der jüngeren Geschichte haben
die Stadt in den Blickpunkt gerückt.
Zum einen die Ermordung John F. Ken-
nedys am 22. November 1963, zum anderen die lockere TV-Serie »Dallas«.

DALMATIEN [R, Kroatien, Europa, kroat.
Dalmatija, engl. *Dalmatia*] Ein illyrisches
Volk, die DELMATEN Dalmaten), leben
in diesem Landschaftsnamen weiter.
Das idg. Wurzelwort *dhal* bedeutet
JUNGES TIER. Auf den ersten Blick
scheint dies ein wenig passender Name
für einen Volksstamm zu sein. Die up-
pigen Bergweiden jedoch bieten den
Jungtieren optimale Futterplätze, sodass in diesem Fall Volksname und Be-
deutungsinhalt direkt miteinander verschmelzen. Heute ist die dalmatinische
Küste eine touristisch überaus attraktive Landschaft mit alljährlich Millionen
von Besuchern. Der *Dalmatiner*, sehr

bekannt durch die Disney-Verfilmung,
ist nach dieser Region benannt.

DAMASKUS [O, Syrien, Asien, arab. *Di-
mashq*, umgspr. *aš-Šām*, engl. *Damascus*]
Nicht ganz geklärt ist die Entstehung
dieses Namens, der einer der ältesten
durchgehend bewohnten Stätten der
Erde gehört. Meist wird der heute gebräuchliche Name mit dem aram. *Dar-
meséq* GUT BEWÄSSERTER PLATZ in Verbindung gebracht. Allerdings wurden
Tontafeln entdeckt, die einen vorara-
mäischen Ort *Damaski* bezeugen, mit
völlig unklarer Deutung. Das umgangssprachliche *aš-Šām* (arab. für
Norden) wird dagegen in der arabischen Welt gerne für ganz Syrien verwendet. Der *Damast*, ein teures Gewebe, stammt ursprünglich aus dieser
Stadt. Außerdem war das Land um Damaskus die Heimat der *Zwetschge*.
Randbemerkung: Damaskus ist Ort eines kirchlichen Tabubruchs. Johannes
Paul II. war hier der erste Papst, der je
eine Moschee besuchte.

DÄNEMARK   DK/DNK/DK [S, Nordeuropa,
engl. *Denmark*, oL *Königreich Dänemark*,
dän. *Kongeriget Danmark*] Die idg. Wurzel
marg bedeutet einfach »Grenzland, un-
besiedeltes Land«. Der Name der Dänen geht ebenfalls auf ein idg. Wort zurück: *dhanu* (ahd. *tanar*) »Sandbank,
Gestade«. Daraus entstand ahd. *tenni*
»fester Lehmboden« (vgl. nhd. Tenne).
Daher ist der alte germanische Name
für diesen nordeuropäischen Staat
GRENZLAND DER SANDBANKBEWOH-
NER. Zwischen dem 8. und dem 11. Jh.
wurden Dänen, Norweger und Schweden generell als Wikinger bezeichnet.
Zitat: Aus   Shakespeares   Tragödie
»Hamlet« stammt der Spruch »Etwas
ist faul im Staate Dänemark«. Gemeint
ist damit, dass ein Vorgang nicht ganz

geheuer ist. Der *Danebrog* war die erste Landesflagge der Welt – und damit ein Vorbild für die gesamte Staatengemeinde (s. Kap. Flaggenfamilien). Eine Randnotiz sollte nicht fehlen: Mit Grönland und den Färöer-Inseln, die als Außengebiete zählen, hat Dänemark mehr als 2 Mio. km² und gehört damit (theoretisch) zu den flächenmäßig größten Staaten der Welt. U: alte staatliche Tradition (ca. 1200 Jahre)

DANZIG → **Gdańsk** [O, Gdańsk, Polen, Europa] Mit dem Vertrag von Versailles wurde Danzig ab dem 15. November 1920 zur Freien Stadt Danzig erklärt, jedoch unter Aufsicht des Völkerbunds. Die überaus bewegte Geschichte dieser Stadt erklärt sich auch mit der Dreisprachigkeit (polnisch, deutsch, kaschubisch), die zu politischen Ansprüchen geradezu herausforderte. Heute ist Danzig vor allem für die künstlerische Verarbeitung des Bernsteins berühmt. Die alte Bernsteinstraße verbindet ja das Weichseldelta mit dem Mittelmeerraum.

DARDANELLEN [G, Türkei, Europa, engl. *Dardanelles*] Die Dardanellen, früher auch als **Hellespont** bezeichnet, stellen eine schmale Verbindung zwischen Ägäis und Marmarameer dar. DARDANUS, der Ahnherr des Trojanischen Königshauses, schenkte dieser Meeresstraße seinen Namen. Auch die alte Bezeichnung Hellespont (dt. helles Meer) hat einen mythologischen Ursprung. Die Sage erzählt, dass Hélle, die Tochter des Königs Athamas, gemeinsam mit ihrem Bruder Phrixos auf der Flucht nach Kolchis war, als das Mädchen vom Rücken des goldenen Widders stürzte und hilflos in den unruhigen Fluten ertrank. Phrixos gelangte wohlbehalten nach Kolchis und opferte

aus Dankbarkeit den Widder, der seitdem, als Sternbild und Tierkreiszeichen an den Himmel versetzt, an dieses Ereignis erinnert. Das Fell des Widders, das »Goldene Vlies«, hängte Phrixos in einem dem Ares geweihten Hain auf.

DARESSALAM [O, Tansania, Afrika, arab. *Dār as-Salām*, engl. *Dar es Salaam*] Wenn auch nicht mehr offiziell Hauptstadt des Landes, hat das HAUS DES FRIEDENS, wie die Übertragung aus dem Arabischen lautet, noch immer die wichtigsten Geschäfts- und Verwaltungsfunktionen. Mit dieser Benennung war ursprünglich wohl der Palast des Sultans von Sansibar, Seyyid Majid, gemeint, der diese Stadt im Jahr 1866 gründete.

DARJEELING [O, Indien, Asien] Das tibet. *dojeling (doje* DIAMANT, *ling* INSEL) kommt aus den Schriften des tantrischen Buddhismus und darf metaphorisch verstanden werden. Fast ähnlich wertvoll wie Diamanten wurde allerdings der *Darjeeling*, eine Weltmarke der Teekultur.

DARLING [F, Australien, Ozeanien] Auch wenn das englische Wort auf eine romantische Affäre hinzudeuten scheint, wurde der Name dieses australischen Flusses 1829 vom Entdecker Charles Sturt nach dem damaligen Gouverneur von New South Wales, Sir Ralph DARLING (1775–1858) gewählt. Dieser Übername bezeichnet als Familienname eine Person, die »geliebt« wurde oder »liebevoll« war. Ob dies auch auf Sir Ralph zutrifft, ist nicht belegt.

DARMSTADT DA [O, Hessen, Deutschland, Europa] Der wenig wohlklingende Name der hessischen Landeshauptstadt ist eine Verbindung des ahd. *stat* »Stätte, Stelle« mit einem Personennamen. Man könnte also von der WOHNSTÄTTE DES DARMUND sprechen. Ob besagter

Mann eine wichtige Wildhübnertätigkeit (Forstwart) ausübte, die diese Bezeichnung rechtfertigt, bleibt unklar.

DARTMOOR [R, England, Großbritannien, Europa] Dartmoor, heute ein Nationalpark, lebt von seinen Mythen und Legenden, die in der englischen Literatur immer wieder beschrieben werden. Der Name leitet sich ganz banal von einem gleichnamigen Dorf DART ab, dessen ursprüngliche Bedeutung verloren ging.

DARWIN [O, Australien, Ozeanien] Port Darwin, wie die Hafenregion auch genannt wird, ehrt den berühmten Naturwissenschaftler Charles DARWIN (1809–1882), den Begründer der Evolutionstheorie. Die Stadt Darwin selbst entstand erst 1869, allerdings unter dem Namen *Palmerston*, nach dem britischen Premierminister Viscount Palmerston (1784–1865). 1911, zehn Jahre nach der Unabhängigkeit Australiens, kam es zur mehr als verdienten Rückbenennung zu »Darwin«.

DAUPHINÉ [H/L, Frankreich, Europa] Die Grafen von Albon, die den Beinamen DELPHINUS (franz. DAUPHIN, dt. Delphin) trugen, geben dieser historischen Alpenlandschaft ihren Namen. Seit dem 14. Jh. durfte der französische Thronfolger den Titel *Dauphin* tragen und bis zum 16. Jh. diese Region zudem als Apanage betrachten.

DDR [H/S, Deutschland, Europa, oL Deutsche Demokratische Republik] Vom 7. Oktober 1949 bis zum 2. Oktober 1990 existierten auf deutschem Boden zwei Staaten, die BRD und die DDR. Letztere ging aus der Sowjetischen Besatzungszone und dem Ostsektor Berlins hervor. Aufgrund des Alleinvertretungsanspruchs der Bundesrepublik Deutschland wurde die DDR (DEUTSCHE DEMOKRATISCHE REPUBLIK) bis in die Sechzigerjahre vornehmlich als Sowjetisch Besetzte Zone (SBZ), Ostzone oder einfach nur als Zone bezeichnet, sogar auf offiziellen Kartenwerken. Wegen der zweifelhaften Auslegung des »D« (für demokratisch) war, vor allem in Journalistenkreisen, auch der satirisch angehauchte Name »die sogenannte DDR« (oder – in Anführungszeichen – »DDR«) gebräuchlich.

DEATH VALLEY [Wü, USA, Nordamerika] Die am niedrigsten gelegene, heißeste und trockenste Region der USA erreicht in den Sommermonaten Temperaturmittelwerte von über 45 °C. Kein Wunder, dass die ersten weißen Einwanderer bereits Mitte des 19. Jh.s vom TAL DES TODES sprachen.

DEBRECEN [O, Ungarn, Europa] Das slawische Wurzelwort *debr* bedeutet TIEF. Gemeint ist damit die Lage in der ungarischen Puszta, einem ausgedehnten Flachland. »Wer ist verrückt genug, eine Stadt inmitten einer Ebene ohne Hügel und ohne Wasser zu bauen?«, fragte man sich, als diese Stadt entstand. Nun, Debrecen [gespr. debretsen] brachte es zum kulturellen Zentrum Ungarns und ist nach Budapest die zweitgrößte Stadt des Landes. Besonders bekannt, weit über die Stadtgrenzen hinaus, sind die scharfen *Debreciner* Würstchen.

DEE [F, Schottland, Wales, Großbritannien, Europa] Das kelt. Wort *deva* GÖTTIN schenkte gleich vier Flüssen auf den Britischen Inseln den Namen (vgl. lat. *dea*). Der bekannteste »Dee« fließt freilich in Schottland.

DEKKAN [B, Indien, Asien, engl. *Deccan*] Hindi *dakkin* (aind. *dakchina*) bedeutet einfach SÜDEN. Und in der Tat liegt dieses Bergland im äußersten Süden des

Subkontinents Indien. Der aind. Ausdruck *dakchina* trägt auch die Vorstellung von »rechts«, da beim Blick auf die aufgehende Sonne der Süden rechts des Betrachters liegt.

DELAWARE DE/DEL. [P, USA, Nordamerika] Der erste Gouverneur von Virginia, Thomas West, Lord DE LA WARR, lieh sowohl dem Staat als auch der Bucht und dem Fluss seinen Namen. Delaware wird auch oft als das »Liechtenstein Amerikas« bezeichnet. Der Grund ist die Unzahl von Aktiengesellschaften, die hier eingetragen sind, da dieser Staat ein äußerst günstiges Steuersystem bietet. Der stolze Beiname *First State* bezieht sich jedoch auf den durch die schnelle Ratifizierung frühesten Beitritt eines Staates zur Union (7. Dezember 1787). Pennsylvania, die Nummer zwei, folgte fünf Tage später. Der zweite heute gebräuchliche Beiname Delawares ist *Diamond State*.

DELFT [O, Niederlande, Europa] An einem Kanal gelegen, ist in diesem Stadtnamen geografisch passend das anl. *delf* GRABEN, KANAL enthalten.

DELHI [O, Indien, Asien] Der Ursprung dieses Städtenamens ist nicht klar zu eruieren, wenn auch hindi *dehli* SCHWELLE, also Übergangsgebiet zwischen Ganges und Indus, suggeriert wird. Heute zerfällt Delhi in zwei Teile: das alte Kerngebiet mit fast zehn Millionen Einwohnern und die Hauptstadt New-Delhi im Süden dieser Agglomeration.

DELMENHORST DEL [O, Niedersachsen, Deutschland, Europa] Der erste Teil des Namens entspricht dem Namen eines Flusses, der Delme, mit unbestimmter Bedeutung. Mnd. *horst*, ahd./asächs. *hurst* bedeutet GEBÜSCH, BUSCHWALD. Möglicherweise war Delmenhorst eine Siedlung im Feuchtgebiet?

DELPHI [H/O, Griechenland, Europa, griech. *Delphoi*] Der Mythologie nach hat sich die Erdmutter Gaia mit dem Schlamm, der vom Goldenen Zeitalter übrig blieb, vereinigt und die Schlange Python geboren. In der Tat hieß die heute vor allem durch das Orakel berühmte Stadt ehemals *Python*. Griech. *delphos* GEBÄRMUTTER, SCHOSS dagegen erinnert an diese erste Geburt. Wie kam es nun zur Umbenennung? Auch hier weiß die Mythologie eine Antwort. Python sollte – es ging um eine Eifersuchtsgeschichte zwischen Hera und Leto, eine der Geliebten des Zeus – die Mutter des Apollon verschlingen. Aus Rache tötete der Held im Mannesalter bei Delphi die gefährliche Schlange. Das vergossene Blut übertrug deren Fähigkeit der Hellseherei auf den Ort, der fortan dem Apollon geweiht war. Das *Orakel von Delphi* sollte jahrhundertelang die Fantasie der Menschen beflügeln.

DEN HAAG [O, Niederlande, Europa, amtl. *'s-Gravenhage*, engl. *The Hague*] Den Haag ist der Regierungssitz der Niederlande, nicht jedoch die Hauptstadt. Genau genommen handelt es sich um die Kurzform des offiziellen Namens *'s-Gravenhage* GRAFENHECKE. Die Jagdgründe der holländischen Grafen in diesem von Hecken eingefriedeten Land lagen im Umkreis der heutigen Stadt.

DENALI → **Mount McKinley** [B, USA, Nordamerika] Wenn auch Denali (athabaska DER GROSSE) der offizielle Name für diesen Riesen ist, so wird doch meist der Name Mount McKinley mit dem höchsten Berg Nordamerikas assoziiert.

DENVER [O, Colorado, USA, Nordamerika] 1858 gegründet, hieß diese Stadt ursprünglich *Auraria* (dt. Goldene), passend zu den Fundstätten des wertvollen Metalls. Vielleicht war es aber auch der schier grenzenlose Blick in die Weiten der Prärien, der zum ersten, poetisch verträumten Namen inspirierte. Immerhin liegt diese Stadt 1500 Meter über dem Meeresspiegel. Sie wurde jedoch zu Ehren von General James W. DENVER (1817–1892), dem damaligen Gouverneur des Kansas Territory, ein Jahr später in Denver umbenannt. Heute kennt der Fernsehfreund diesen Stadtnamen vor allem wegen der beliebten TV-Serie »Denver-Clan«.

DERRY → **Londonderry** [O, Nordirland, Großbritannien, Europa, *ir. Doire Cholm Chille*, kurz: *Doire*] Der EICHENHAIN DES COLUMCILLE, wie der irische Name in voller Pracht lautet, wird von den protestantischen Siedlern seit dem 17. Jahrhundert *Londonderry* genannt. Der Grund liegt in den Spenden einiger Londoner Handelsorganisationen für den Ausbau dieser Stadt.

DES MOINES [O, Iowa, USA, Nordamerika] Die Hauptstadt Iowas, 1846 gegründet, liegt MITTEN in einem ZWISCHEN Mississippi und Missouri gelegenen, von Indianern bewirtschafteten Land (franz. *de moyen* »mitten dazwischen«).

DESSAU DE [O, Sachsen-Anhalt, Deutschland, Europa] Bis zum Ende des Zweiten Weltkriegs war Dessau die Hauptstadt von Anhalt. Nicht restlos geklärt ist die Herkunft dieses Ortsnamens, wenngleich eine Ableitung aus einem slaw. PERSONENNAMEN (*Dyš/Deš* oder *Zdyš/Zdeš*) mit der Endung *ov* wahrscheinlich scheint.

DETMOLD [O,   Nordrhein-Westfalen, Deutschland, Europa] Die erste Siedlung entstand bereits im 8. Jh. bei einem alten Gerichtsplatz. Daher auch der

Name: *Theotmalli* VOLKSGERICHTS-STÄTTE (ahd. *thiot* »Volk«, *mahal* »Versammlungsort, Gerichtsstätte«.

DETROIT [O, Michigan, USA, Nordamerika] Die Autometropole Detroit wurde 1701 von französischen Kolonisten als Fort am Übergang von Lake St. Clair und Lake Erie gegründet. Der sprechende Name lautete: *Fort Pontchartrain du Détroit*, wobei das letzte Wort im Französischen MEERENGE, ENGPASS bedeutet. Daran kann man erkennen, wie endlos weit, einem Meer gleich, die Großen Seen den Siedlern erschienen sein müssen. Der Comte de Pontchartrain war Minister Louis XIV. und gleichzeitig großzügiger Förderer des Gründers dieses Forts, Antoine de la Mothe, Sieur de Cadillac. Nach diesem Mann wurde fast zweihundert Jahre später die amerikanische Nobellimousine benannt. Ohne Übertreibung darf man sagen, dass in Detroit das Herz des Automobilzeitalters heftiger schlägt als an jedem anderen Ort der Erde (Q: Cartier).

DEUTSCHLAND DE/DEU/D [S, Mitteleuropa, engl. *Germany*, oL *Bundesrepublik Deutschland*] In den Urkunden Karls des Großen ist von einer »lingua theodisca« (oder »lingua theudisca«) die Rede, die eine Art Volkssprache darstellt, als Gegenstück zur »lingua romana«, der Sprache Roms. Dem Volk sollte durch eine eigene, verständliche Sprache Recht, Gesetz und Glaubenslehre näher gebracht werden. Allerdings muss betont werden, dass diese Form nur in unmittelbar rechtsprachlichen Zusammenhängen Verwendung fand. Got. *thiuda*, germ. *þeudo* heißt ganz einfach VOLK. Das lat. *theodiscus* hängt das Adjektivsuffix *iska* an die germanische Wurzel. Von dieser lateinischen Form scheint sich das selten verwendete ahd. *diutisk* herzuleiten. Allerdings zunächst wieder nur auf die Sprache bezogen. Erst um 1090 wurden mit *diutisk* erstmals auch Volk und Land angesprochen. Eine Randbemerkung dazu: Da die Wurzel des Landesnamens ein Adjektiv ist, gibt es für die grammatische Beugung der Volksbezeichnung zwei Formen – ein Deutscher bzw. der Deutsche (Sg.), für Deutsche bzw. für die Deutschen (Pl.). So viel dazu! Die Bezeichnung *Teutonen* (lat. *teutoni* oder *teutones*; Bedeutung »Stammesleute«) wird gelegentlich als Synonym für den Volksnamen Deutsche verwendet. Etymologisch ist dies allerdings inkorrekt! Nun zur Benennung in anderen Sprachen: Das englische *Germany* ist unklaren Ursprungs, vielleicht kann es aus dem keltischen *gair* »Nachbar« und *maon* »Leute« abgeleitet werden. Eine andere Interpretation lautet: *gari* »Speer« und *man* »Mann«. Das franz. Wort *l'Allemand* bezieht sich auf die Alemannen, wortwörtlich heißt dies »alle Männer«. Es setzte sich zunächst vorwiegend im heutigen Süddeutschland durch, und wurde allmählich zur allgemeinen Bezeichnung für die Bewohner dieser Region. Im Finnischen wird Deutschland als *Saksa*, als »Land der Sachsen« bezeichnet, was vom ahd. *sahs* »einschneidiges Schwert, Messer«, die bevorzugte Waffe der alten Sachsen, stammt. Im Russischen heißt es *Germaniya*, wenn auch der Deutsche als Person *nemets* genannt wird. Die Wurzel *nem* »stumpf« bezieht sich auf die für slawische Ohren unverständliche deutsche Sprache. Nach dem lateinischen Namen für Deutschland wurde sogar ein Element, das *Germanium*, benannt. Bis zur Mitte des 20. Jahrhunderts wurde auch eine eigene *deutsche Schrift* (Sütterlin-Schrift) verwendet. Zuletzt soll auf die Phrase »jetzt müssen wir mal deutsch reden« (das heißt, jemandem die Meinung sagen) hingewiesen werden. U: Beginn der Staatsgeschichte 843 (Vertrag von Verdun); 18. 1. 1871 (Deutsches Reich); 24. 5. 1949 (BRD); 3. 10. 1990 (Beitritt der DDR, Wiedervereinigung)

DEUTSCH-NEUGUINEA [H/R, Marschallinseln, Mikronesien, Nauru, Palau, Papua-Neuguinea, Salomonen, Ozeanien] Ab 1899 war das Deutsche Reich auch im pazifischen Raum als Kolonialmacht präsent. Der Name Deutsch-Neuguinea entstand bei der Übernahme dieser Gebiete von der Neuguinea-Kompagnie (s. Neuguinea). Deutsch-Neuguinea umfasste alle Südseekolonien des Deutschen Reiches mit Ausnahme von Samoa. Im Detail: Bismarck-Archipel, Bismarck-Inseln, Kaiser-Wilhelms-Land, Karolinen, Marianen, Marshallinseln, Nauru, Neuhannover, Neumecklenburg, Neupommern, nördliche Salomonen und Palau (s. auch Kap. Postalische Ausgabegebiete). Randnotiz: Das Verhältnis Deutsche zu Indigene ist eine Eintragung ins Rekordbuch wert: Bei der einzigen Volkszählung 1912 stand es 772 zu 478 843.

DEUTSCH-OSTAFRIKA [H/R, Burundi, Ruanda, Tansania, Afrika] Der Pastorensohn Carl Peters war die treibende Kraft bei der Kolonialisierung Afrikas. Trotz Bismarcks anfänglichem Widerstand zwangen die zunehmenden sozialen und wirtschaftlichen Probleme das Deutsche Reich nach neuen Absatzmärkten zu suchen. Mit Gründung der Deutsch-Ostafrikanischen Gesellschaft gelang es, die bevölkerungsreiche Region Ostafrika (augenscheinlich ein Lagename) zwischen 1885 und 1919 als Kolonie zu führen. Weitere Details s. Kap. Postalische Ausgabegebiete.

DEUTSCH-SÜDWESTAFRIKA
→ **Namibia** [H/R, Namibia, Afrika] Das

riesige Kolonialgebiet Deutsch-Südwestafrika (immerhin eineinhalb Mal so groß wie das Deutsche Reich) trägt einen reinen Lagenamen, wie unschwer zu erkennen ist. Entstanden ist es um das von einem Kaufmann 1883 erworbene und als Lüderitz-Bucht bezeichnete Land. Um diesen Handelsplatz gegen britische Ansprüche zu sichern, wurde die gesamte Region 1884 unter den Schutz des Deutschen Reiches gestellt. Erst während des Ersten Weltkriegs, 1915, eroberten südafrikanische Truppen dieses Territorium (s. Kap. Postalische Ausgabegebiete).

DEVON [P, England, Großbritannien, Europa] Die Dumnonii, ein keltisches Volk, scheinen früher hier gelebt zu haben. Deren Name bedeutet wörtlich übersetzt tief gelegene. Vielleicht sind diese Menschen damit als Bewohner eines Tals beschrieben worden. Das *Devon*, eine der geologischen Formationen des Paläozoikums, führt seinen Namen auf diesen Landstrich Großbritanniens zurück.

DHAKA, DAKKA [O, Bangladesch, Asien] Aind. *dhākā* sind die Blüten eines Baumes, die einen für das Färben geeigneten gelben Farbstoff abgeben. Dies ist eine der beiden Erklärungen für diesen Stadtnamen. Die zweite nimmt eine Legende als Quelle der Inspiration: So soll der berühmte Hindutempel *Dhakeswari* Tempel der Göttin von Dhaka diese Benennung bewirkt haben.

DHAULAGIRI [B, Nepal, Asien] Der siebenthöchste Berg der Erde, der Weisse Berg, trägt die aind. Wurzeln *dhavala* »weiß« und *giri* »Berg«. Im Mai 1960 wurde er als Vorletzter aller Achttausender von sechs Mitgliedern einer internationalen Expedition bezwungen.

DIJON [O, Frankreich, Europa] Die Göttliche Stadt (lat. *divus* oder *divinus*) ist heute vor allem wegen der Senfproduktion (*Dijon*) über die Grenzen des Landes hinaus bekannt. Der Grundstein Dijons wurde in römischer Zeit gelegt: *Castrum Divionense*.

DINSLAKEN [O, Nordrhein-Westfalen, Deutschland, Europa] Ahd. *lahha*, mnd. *lake* stehendes Altwasser, mhd. *lache* Pfütze, Lache beschreiben den zweiten Namensteil. *Dinsan* (ahd.) dagegen kann mit sich ausdehnen erklärt werden. Die lokale Naturgegebenheit steckt also bestens umschrieben im Ortsnamen.

DISTRICT OF COLUMBIA DC/D.C. [P, USA, Nordamerika] Die Hauptstadt Washington und der District of Columbia (kurz District oder D.C.) sind als Verwaltungseinheit eng miteinander verschmolzen. Bereits 1790 wurde die *Federal City*, wie der alte Name laut Verfassung lautet, geschaffen, um die Regierungsgeschäfte in übergeordneten Bahnen (also ohne Kontrolle eines Bundesstaates) ausüben zu können. Die Bezeichnung District of Columbia geht auf den seit dem 20. Jh. außer Gebrauch gekommenen alten poetischen Namen für die USA, Columbia, zurück. (Siehe auch Washington.)

DIXIELAND [H/R, USA, Nordamerika] Der spätere Spitzname für den Süden der USA entstand knapp vor 1860 und bezog sich zunächst nur auf New Orleans. Die Bezeichnung hat mit den 10-Dollar-Noten dieser Zeit zu tun, die den französischen Aufdruck dix (dt. zehn) trugen. Neben der rein geografisch-soziologischen Bezeichnung wurde dieses Wort auch durch den *Dixieland Jazz* berühmt.

DJAKARTA → **Jakarta** [O, Indonesien, Asien] Die Schreibweise mit dem vorangestellten D ist vor allem in älteren Atlanten zu finden. Heute wird eindeutig *Jakarta* bevorzugt.

DNIPROPETROWSK, DNJEPRO-PETROWSK [O, Ukraine, Europa, engl. *Dnepropetrovsk*] Der erste Namensteil ist sichtlich vom Fluss (s. d.), an dem diese Stadt liegt, abgeleitet. Das Petrowsk dagegen repräsentiert den Namen eines sowjetischen Revolutionskämpfers, Grigory PETROVSKY (1878–1958). Die Umbenennung aus dem alten *Jekaterinoslav* (zu Ehren Katharinas der Großen) erfolgte erst 1928.

DNJEPR [F, Ukraine, Europa, engl. *Dnieper*] Wegen seiner enormen Bedeutung für die slawischen Völker wird dieser drittlängste Strom Europas russisch auch liebevoll als *Slawutitsch* (dt. Slawischer Fluss) bezeichnet. Die gleiche iranische Wurzel wie bei der Donau dürfte dem Namen zugrunde liegen (*dānu* FLUSS, WASSER). Die Endung könnte vom iran. *apara* WEIT abgeleitet sein, bezogen auf die – im Vergleich zum Dnjestr – größere Entfernung vom damaligen Kerneuropa.

DNJESTR [F, Ukraine, Europa, engl. *Dniester*] Wieder findet sich die iran. Wurzel *dānu* FLUSS, WASSER, hier ergänzt um die Endung *nazdyō* NAHE. Der Dnjestr lag ja in grauer Vorzeit dem europäischen Blickfeld näher als sein größerer Bruder, der Dnjepr (s. d.).

DODEKANES [I, Griechenland, Europa, engl. *Dodecanese*] ZWÖLF INSELN ist die wörtliche Übertragung aus griech. *dōdeka* und *nēsos*. Die Namen lauten: Astypalaia, Kalymnos, Karpathos, Kasos, Khalki, Kós, Leros, Lipsi, Nisyros, Patmos, Sými und Telos.

DOLOMITEN [B, Italien, Europa, engl. *Dolomites*] Der französische Geologe Déodat de Gratet de DOLOMIEU (1750–1801) wurde wegen der Entdeckung des Minerals *Dolomit* auch mit der Benennung dieses beeindruckenden Südtiroler Gebirges geehrt. Sein eigener Name geht auf ein Dorf bei Grenoble zurück.

DOMINICA DM/DMA/WD [S/I, Karibik, Mittelamerika, oL *Commonwealth of Dominica*] Beim kleinen Staat Dominica war die Bibel ebenso der wahre Taufpate wie bei der heutigen Tourismushochburg Dominikanische Republik (s. d.). Dominica wurde am 3. November 1493, einem Sonntag, von Christoph Kolumbus entdeckt. Da damals oft lateinische Bezeichnungen für neu entdeckte Gebiete herangezogen wurden, ist der TAG DES HERRN, lat. *dies dominica*, die Erklärung für diesen Ländernamen. Am 485. Jahrestag der Entdeckung wurde Dominica schließlich eine unabhängige Republik. U: 3. 11. 1978 (ehem. brit. Kolonie)

DOMINIKANISCHE REPUBLIK DO/DOM/DOM [S/I, Karibik, Mittelamerika, engl. *Dominican Republic*, oL *Dominikanische Republik*, span. *República Dominicana*] Mit Haiti teilt sich dieser Staat die von Kolumbus benannte Insel Hispaniola (span. *La Isla Española* »die Spanische Insel«, s. d.). Das Territorium der Dominikanischen Republik wurde an einem SONNTAG entdeckt, allerdings erst 1697 mit dem heutigen Namen versehen. U: 27. 2. 1844 bis 1861; 14. 9. 1863 (ehem. span. Kolonie)

DON [F, Russland, Europa] Ebenso wie die Donau, die bei den Griechen *Tanais* hieß und die Ostgrenze Europas bildete, steckt die iran. Wurzel *dānu* FLUSS, WASSER in diesem Flussnamen.

DONAU [F, Bulgarien, Deutschland, Kroatien, Österreich, Rumänien, Serbien, Slowakei, Ungarn, Europa, slow. *Dunaj*, ung. *Duna*, bulg. *Dunav*, rum. *Dunarea*, russ. *Dunáj*, engl.

Danube] Möglicherweise steckt die iran. Wortwurzel *dānu-avi* in diesem Wort (dt. FLUSS, WASSER). Daraus leitet sich jedenfalls das lat. *Danubius* und das griech. *Danoúbios* ab. Das erste Element dieses Wortes findet sich auch in den ukrainisch-russischen Flüssen *Don* und *Dnepr* oder im schottischen Fluss *Don*. Hier ist jedoch möglicherweise eine keltische Göttin namengebend. Aber auch eine spätere Verschmelzung mit dem ahd. *owe, ouwe* (dt. AUE, FLUSS) ist sehr wahrscheinlich. Der heutige deutsche Name wird in der gegenwärtigen Schreibung seit dem 18. Jh. verwendet.

DONCASTER [O, England, Großbritannien, Europa] Die röm. Namen *Caer Daun, Doneceastre* oder *Danum* bedeuten einfach FESTUNG AM (FLUSS) DON. Dieses Gewässer wieder ist etymologisch verwandt mit der Donau (s. d.), trägt also die Wurzel WASSER, FLUSS in sich.

DONEGAL [P, Irland, Europa] Dieses im äußersten Nordwesten der Insel gelegene County ist nach der Stadt *Dún na nGall* FORT DER FREMDEN benannt (gäl. *dún* »Fort«, *gall* »Fremder«). Gemeint waren mit den »Fremden« die Dänen, die hier eine primitive Befestigungsanlage eroberten.

DONETSK [O, Ukraine, Europa] Diese ukrainische Stahlstadt trug bei der Gründung im Jahr 1862 den Namen *Juzovka* (nach dem walisischen Ingenieur John Hughes, der hier die erste Industrieanlage baute). Zwischen 1924 und 1961 stand die Stadt mit dem Namen *Stalino* in den Atlanten. Seit damals gilt die Flussbezeichnung (iran. *dānu* FLUSS, WASSER) mit der Stadtendung *sk*.

DONEZ [F, Ukraine, Russland, Europa]

KLEINER DON lautet die russische Bezeichnung für diesen südlich des großen Bruders gelegenen Fluss. Auch hier findet sich die iran. Wurzel *dānu* FLUSS, WASSER.

DORMAGEN [O, Nordrhein-Westfalen, Deutschland, Europa] Vermutlich ist der kelt. Personenname TURNUS in der frühen Ortsbezeichnung *Durnomagus* oder *Turremage* enthalten, erweitert um die kelt. Endung *magos* FELD, EBENE.

DORNBIRN [O, Österreich, Europa] Wenn auch im Stadtwappen ein Birnbaum prangt, hat dieser Siedlungsname nichts mit Obst zu tun. Korrekt muss *Torrin puirron*, so ein bereits 895 belegter Name, mit SIEDLUNG, HAUS DES TORRO interpretiert werden. Offenbar war Torro ein hier ansässiger alemannischer Bauer.

DORSTEN [O, Nordrhein-Westfalen, Deutschland, Europa] Im 14. Jahrhundert war die Stadt an der Lippe Mitglied der Hanse. Die frühen Namen *Durstinon* (um 890) und *Durstene* (12. Jh.) sind etymologisch nicht geklärt.

DORTMUND DO [O, Nordrhein-Westfalen, Deutschland, Europa] Der volle Name dieser fußballverrückten Stadt konnte bis heute nicht sicher gedeutet werden. Wahrscheinlich aus asächs. *thrut* und *manni* oder *menni* WASSER zusammengesetzt, hat der erste Wortteil das Geheimnis seiner Bedeutung nicht preisgegeben.

DOVER [O, England, Großbritannien, Europa] Das kelt. Wort für WASSER (*dov* oder *duv*) meint nicht das offene Meer sondern vielmehr die Flüsse, die hier in den English Channel münden (einer davon der etymologisch namensidentische Dour). Aus dem römischen Namen *Dubrae* entwickelte sich im 4. Jh.

die Mehrzahlform *Dubris* (dt. AN DEN GEWÄSSERN), daraus schließlich das heutige Dover. Berühmt ist diese Stadt durch die weithin sichtbaren Kreidefelsen, die zum Ehrennamen Großbritanniens, »Albion«, Anlass gaben (s. d.).

DOWNING STREET [X, London, Großbritannien, Europa] Die offizielle Residenz des britischen Prime Ministers (Nr. 10) sowie des Finanzministers (Nr. 11) erinnert an den Diplomaten Sir George DOWNING (1623–1684), der diese Prestigeadressen gegenüber dem Royal Palace of Whitehall schuf.

DRAU [F, Italien, Kroatien, Österreich, Slowenien, Ungarn, Europa, serbokr. *Drava*] Schon im röm. Namen *Dravus* spiegelt sich das aidg. *dravati* ER STRÖMT wider. Im Unterlauf kennt die hier noch weitgehend unberührte Drau einen Artenreichtum, der für Naturliebhaber eine Reise wert sein sollte.

DRESDEN DD [O, Sachsen, Deutschland, Europa] Das Bombardement Dresdens im Zweiten Weltkrieg führte zu Zerstörungen ungeheuren Ausmaßes, besonders im Stadtzentrum. Dennoch geben viele der Prachtbauten, allen voran der Dresdner Zwinger, dieser Stadt heute wieder viel vom alten Glanz. Asorb. *drezg(a)*, abgeleitet von der Wurzel **Drežďane*, bedeutet so viel wie SUMPF- oder AUWALDBEWOHNER. Als weihnachtliche Spezialität bietet diese Stadt den sogenannten *Dresdner Stollen*.

DROGHEDA [O, Irland, Europa] Ir. *Droichead Átha* BRÜCKE ÜBER DIE FURT bezieht sich auf eine bereits im 12. Jh. entstandene Brücke über den Fluss Boyne.

DSCHIBUTI DJ/DJI/DJI [S/O, Nordostafrika, engl. *Djibouti*, oL *Republik Dschibuti*, arab. *Ǧumhūriyya Ǧībūtī*] Der Name

Dschibuti ist gleichzeitig der Name der Hauptstadt. Diese wurde in der Sprache der Afar *gabouti* TELLER, SCHALE benannt. Damit ist eine Art Palmfaserschale gemeint, die bei zeremoniellen Anlässen hochgehalten wurde. Aber auch die Geografie des Landes bietet eine plausible Erklärung für den Namen dieses beinahe »Stadtstaats«: Die Umgebung ist flach und wüstenhaft, und die Stadt scheint wie in einer Schale eingebettet dazuliegen. Dieser an sich unwirtliche Flecken Land, bei dem die Erdkruste so dünn ist wie sonst nirgendwo auf unserem Planeten (ca. 7000 m), wurde von den arabischen Seefahrern »Katakomben des Verderbens« genannt. Durch den Bau des Suezkanals bekam die Küstenregion der Afar und Issi plötzlich strategische Bedeutung und wurde von den Franzosen zur Kolonie **Französisch Somaliland** erklärt (s. Kapitel Postalische Ausgabegebiete). U: 27. 6. 1977 (ehem. franz. Kolonie)

DSUNGAREI [Wü, China, Asien, engl. *Dsungaria*] Das LAND DER DSUNGAREN, eine nordwestchinesische Wüstenlandschaft, war Ausgangspunkt zahlreicher Kriegszüge der Mongolen, Hunnen und Uighuren. Fast prophetisch steckt im Volksnamen der Begriff HEERFÜHRER.

DUBLIN [O, Irland, Europa, ir. *Baile Átha Cliath*] Das schwarze Wasser des Liffey, der durch die irische Hauptstadt fließt, inspirierte die frühen Siedler zum Namen SCHWARZER TEICH (ir. *dubh* »schwarz« und *linn* »Teich«). Durch Zufall stellt diese Bezeichnung einen etymologischen Spiegel zur englischen Stadt Blackpool (s. d.) dar, die am anderen Ufer der Irischen See liegt. Der offizielle gälische Name dieser Stadt ist für

Uneingeweihte kaum aussprechbar: **Baile Átha Cliath** [gespr. bailjah kliie]. Dieser Name bezieht sich auf den heute dahindümpelnden Liffey und bezeichnet einen »Ort an der Furt an der Schilfhürde« (ir. *baile* »Ort«, *átha cliath* »Furt an der Schilfhürde«).

DUBROVNIK [O, Kroatien, Europa, auch *Ragusa*] *Ragusa*, der lat. Name für das heutige Dubrovnik, geht auf die kleine Insel Lausa zurück, mit unbekannter Etymologie. Dubrovnik, der moderne Name des Kulturzentrums Kroatiens, bedeutet dagegen EICHENHAIN (slaw. *dub* »Eiche«, *dubrava* »Hain«).

DUERO, DOURO [F, Portugal, Spanien, Europa. span. *Duero*, port. *Douro*] Wie so oft ist auch bei diesem Flussnamen die idg. Wurzel für WASSER (*dur, dor*) oder idg. **dheu* LAUFEN, RINNEN entscheidend für die Benennung.

DUISBURG DU [O, Nordrhein-Westfalen, Deutschland, Europa] Der größte Rhein-Binnenhafen trägt einen bis heute nicht geklärten Namen. Möglicherweise hat die alte Merowingerpfalz *Disbargum* Pate gestanden, allerdings lässt sich dies nicht wirklich belegen.

DÚN LAOGHAIRE [O, Irland, Europa] Dieser Vorort und Hafen Dublins ist für Nicht-Iren nur schwer auszusprechen. Zumindest gilt dies seit der Rückbenennung von 1921, wo man im Zuge der Unabhängigkeitsbegeisterung die gälische Schreibweise wählte. 1821 wurde das ehemalige *Dunleary* (die heutige Aussprache entspricht dieser Schreibung) in *Kingstown* umbenannt, zu Ehren von King George IV., der von hier – und nicht vom Dubliner Hafen – zurück nach England aufbrach. *Dún Laoghaire* bedeutet FORT DES LAOGHAIRE. Der Erzählung nach war Laoghaire, Schüler des hl. Patrick, im 5. Jh. Hochkönig von Irland. Jedenfalls ist Dún Laoghaire eine der ältesten Siedlungen Irlands.

DUNDEE [O, Schottland, Großbritannien, Europa, gäl. *Dùn Dèagh*] Am TAY gelegen, könnte dieser schottische Hafen den Flussnamen im zweiten Wortteil tragen. Das *Dùn* bedeutet einfach FORT. Wahrscheinlicher ist jedoch ein Bezug zum Personennamen DAIG. Dundee ist eine sehr alte Siedlung, die bereits von den Pikten bewohnt wurde. Deren Bezeichnung *Alectum* bedeutet so viel wie »schöner Platz«.

DUNEDIN [O, Neuseeland, Ozeanien] *Dùn Eydin*, der historische Name Edinburghs, ist keltischen Ursprungs (gäl. *dùn* »Lager«, *Eydin* dürfte ein Personenname sein): also EYDIN'S LAGER. 1848 gründeten wehmütige schottische Siedler, ausgestattet mit diesem historischen Wissen, die Stadt Dunedin auf der Südinsel Neuseelands.

DÜNKIRCHEN [O, Frankreich, Europa, franz. *Dunkerque*, nl. *Duinkerken*, engl. *Dunkirk*] Die nl. Wörter *dune* und *kerke* bilden den ausdrucksvollen Namen DÜNENKIRCHE. Angesprochen ist die Kirche von St. Eloi, die hier im 7. Jh. mitten in die Dünen hinein errichtet wurde. Diese Stadt hat eine ungemein bewegte Geschichte, gehörte sie doch zwischenzeitlich zu Burgund, Österreich, Spanien und England. Während des Zweiten Weltkriegs wurden die British Expeditionary Forces hier eingekesselt und die Stadt fast vollständig zerstört. Nach der Invasion 1944 erklärte die Deutsche Wehrmacht Dünkirchen zur Atlantikfestung und hielt diese Stadt in erbitterten Kämpfen bis zum Ende des Krieges.

DURBAN [O, Südafrika, Afrika] Sir Benjamin D'URBAN (1777–1849), der Gouverneur der Kapkolonie, war 1824, im Gründungsjahr der Stadt, eine prägende

Gestalt im boomenden Süden Afrikas. Wenn auch kurzfristig als *Port Natal* bezeichnet (nach der gleichnamigen Region), erfolgte bald eine Umbenennung, zunächst in D'Urban, später in die vereinfachte heutige Form. Kurioserweise liegt in der etymologischen Wurzel des Familiennamens die Bedeutung »Stadt« (lat. *urbs*). Treffender geht es kaum mehr!

DÜREN DN [O, Nordrhein-Westfalen, Deutschland, Europa] Die ehemalige Reichsstadt könnte eine Verwandtschaft mit dem spanischen Fluss Duero (port. Douro) aufweisen (s. d.): idg. **dheu* bedeutet LAUFEN, RINNEN.

DUSCHANBE [O, Tadschikistan, Asien, engl. *Dushanbe*] Tadschik. *dušanbe* MONTAG setzt sich aus *du* »zwei« und *šanbe* »Samstag« zusammen; also »zwei Tage nach Samstag«. Der Sinn dieser ungewöhnlichen Benennung liegt in einem regelmäßig abgehaltenen Markt am Montag der Woche. Zwischen 1929 und 1961 trug diese Stadt den heute verpönten Namen *Stalinabad* (dt. Stalinstadt).

DÜSSELDORF D [O, Nordrhein-Westfalen, Deutschland, Europa] Die korrekte Namenserklärung lautet: DORF AM RAUSCHENDEN WASSER. Die Düssel, ein Bach, der zum Rhein führt, ist mit ahd. *dōsōn*, nhd. *tosen* (dt. brausen, rauschen) verwandt. Vermutlich lassen sich diese Wörter auf germ. **thusīla* zurückführen.

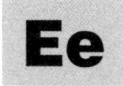 griech. *epsilon* Eε – phöniz. *hē* »Fenster« [*Guttural*] – proto-semitisch *hil/haw* »Feier«

EBRO [F, Spanien, Europa] Wie in vielen anderen Gewässerbenennungen üblich, bedeutet auch hier das Wurzelwort einfach FLUSS (idg. *var*). Lateinisch wurde dieser Fluss als *Iberus* bezeichnet (s. Iberische Halbinsel).

ECUADOR EC/ECU/EC [S, Südamerika, oL *Republik Ecuador*, span. *República del Ecuador*] Klarer kann die Namensfindung für einen Staat kaum sein: Ecuador leitet sich vom ÄQUATOR (dt. TEILER) ab. *Quito*, die Hauptstadt (bis 1830 der Name des Landes, das gleichzeitig Teil *Groß-Kolumbiens* war), liegt zwar nur 30 Kilometer südlich des Äquators, dennoch aber ist es dort nachts ziemlich kalt. Kein Wunder, mit 2900 m weist diese Stadt eine der größten Seehöhen aller Großstädte der Erde auf. U: Proklamation 10. 8. 1809 (ehem. span. Kolonie); 13. 5. 1830 (Loslösung von Großkolumbien)

EDAM [O, Niederlande, Europa] Der *Edamer*, eine rotschalige, halbweiche Käsesorte, machte diese kleine Stadt weltbekannt. Ein DAMM am Fluss YE (anl. *e* »Fluss«) ist für die Namensbildung verantwortlich.

EDINBURGH [O, Schottland, Großbritannien, Europa, gäl. *Dùn Èideann*] Die direkte Übersetzung aus dem Gälischen lautet BEFESTIGTES LAGER AM EIDYN (gäl. *dùn* »Lager«), womit vielleicht eine Wehrsiedlung am Abhang, an einer Bergflanke gemeint gewesen sein mag. Und in der Tat lag eine ehemalige Wehranlage auf dem sogenannten Castle Rock, einem Basaltrücken. Das populäre sprachliche Zusammenspiel mit Edwin, König von Northumbria (dt. Edwins Fort), scheint wegen des alten Namens Eidyn mehr als unwahrscheinlich. Das »Athen des Nordens«, seit 1437 schottische Hauptstadt, hat große Denker wie David Hume und Adam Smith hervorgebracht.

EDIRNE [O, Türkei, Asien] Der römische

Kaiser HADRIAN (76–138) höchstpersönlich schenkte dieser thrakischen Stadt seinen Namen. Immer wieder im Laufe der Geschichte in Kriegsgeschehen hineingezogen, wurde *Adrianopel* (so der römische Name; griech. *Hadrianopolis*) 1922 endgültig türkisch und damit auch mit der heutigen Namensform belegt. Edirne ist eine der wenigen bekannten türkischen Städte auf europäischem Boden.

EDMONTON [O, Kanada, Nordamerika] 1877 wurde die Hauptstadt Albertas nach Fort EDMONTON, das einige Kilometer vom heutigen Siedlungsplatz entfernt lag, benannt. 1807 wurde dieses Fort von Indianern völlig zerstört; später erfolgte ein Neuaufbau, für den William Tomison aus Anerkennung der Arbeit seines Sekretärs einen englischen Ortsnamen (den seiner Geburtsstätte) wählte. Dieser geht auf einen Mann namens Ēadhelm und das aengl. *tūn* »Farm, Wohnstätte« zurück.

EDO → **Tokio** [H/O, Tokio, Japan, Asien] Mit Beginn des Tokugawa-Shōgunates 1603 wurde das Fischerdorf Edo (jap. *e* BUCHT, *to* TOR) zum politischen Zentrum des Landes. Mit der Öffnung Japans zum Westen im Jahr 1868 änderte sich auch der Name in Tokio.

EGER [F, Tschechien, Europa, tschech. *Cheb*] Die idg. Wurzel **ag* TREIBEN, IN BEWEGUNG SETZEN sowie das Suffix *ara* bilden diesen Flussnamen. Interessant ist, dass das lateinische Zeitwort *agere* (dt. treiben, führen, handeln) den gleichen Ursprung hat (vgl. nhd. agil).

EIFEL [B, Nordrhein-Westfalen, Rheinland-Pfalz, Deutschland, Europa] Heute als Teil des Rheinischen Schiefergebirges gesehen, gehörte die Eifel ursprünglich zu den westlich anschließenden Ardennen. Der Name Eifel leitet sich vom ka-

rolingischen *Eifelgau* ab, die Deutung ist jedoch unsicher. Vielleicht trägt das 1054 belegte *Eiffila* die Bedeutung EICHEN-HÖHENZUG (das heißt EICHEN-VILLE; aus *vele, vile* zu idg. **pela* »breit und flach«). Mit dem von Gustav Eiffel erbauten Wahrzeichen von Paris hat dies jedoch etymologisch absolut nichts zu tun.

EINBUCHSTABIGE NAMEN: Å [O, Asien, Europa, Ozeanien] Dieser Ortsname auf den Lofoten (Norwegen), von der Wurzel *å* WASSER abgeleitet, taucht auch in den beiden anderen nordischen Ländern Schweden und Dänemark auf. In letzterem Staat findet sich ein weiterer Einbuchstaber: **Ø**. Zusammen mit der japanischen Stadt **O** (Kurzform von *Sosei*), einer Siedlung **U** in Mikronesien und dem französischen Dorf **Y** dürfen diese einbuchstabigen Ortsnamen als Kuriosum in dieses Lexikon aufgenommen werden. Immerhin haben es alle fünf Namen zu einer Eintragung ins Guinness Buch der Rekorde gebracht.

EINDHOVEN [O, Niederlande, Europa] Aholl. *eind* ENDE und *hoven* HOF, BESITZ deutet auf ein Gut am Rand einer Siedlung hin. Und tatsächlich war der heutige Vorort Woensel, an dessen Südende der Streubesitz lag, ehemals die Hauptsiedlung, aus der die heutige Industriestadt hervorgegangen ist. Den größten Beitrag zum Wachstum dieser Stadt leistete zweifellos die 1891 durch Gerard und Anton Philips errichtete Glühlampenfabrik – heute eine Weltmarke.

EINSIEDELN [O, Schweiz, Europa] Die Benediktinerabtei Maria Einsiedeln, über der Zelle des Eremiten Meinrad gebaut, liegt am Jakobsweg und wurde damit zur bedeutendsten Schweizer Pilgerstätte. Der hl. Meinrad errichtete im 9. Jh. an dieser Stelle eine Klause, um in der Einsamkeit – EINSIEDELEI – Gott zu dienen. Eine populäre Sage berichtet von der Überführung der Mörder des heiligen Mannes durch zwei Raben. Daher wurden diese Vögel auch ins Stadtwappen aufgenommen.

EIRE → **Irland** [S, Irland, Europa] Trotz intensiver Forschung ist die Namensdeutung Irlands unsicher: Infrage kommen WESTLICHES LAND oder INSEL DES EISENS, wie im Stichwort »Irland« näher ausgeführt wird.

EISENACH EA [O, Thüringen, Deutschland, Europa] Der Name *Ysenache* (12. Jh.) könnte einen Bach bezeichnen, der EISENOXIDhaltiges Wasser (mhd. *ach*) führt. Eine zweite Deutung lässt eine Nachbenennung nach einem gleichnamigen Ort bei Trier zu. Johann Sebastian Bach wurde hier am 21. März 1685 geboren. Über der Stadt thront die 1999 zum Weltkulturerbe ernannte Wartburg.

EISENHÜTTENSTADT [O, Brandenburg, Deutschland, Europa] Das ehemalige Fürstenberg/Oder, die Gemeinde Schönfließ sowie die Wohngegend Stalinstadt wurden 1961 zu einer neuen, nach dem hiesigen EISENHÜTTENKOMBINAT-Ost benannten Stadt zusammengeschlossen. Der alte Name *Fürstenberg/Oder* (mhd. *vörste, vürste*, eigentlich »der Erste, der Vorderste«) ist nur noch in einem Stadtteil erhalten. *Schönfließ* geht auf das mnd. *vlēt* »Bach, Wasserlauf« zurück, der dritte Namensteil (*Stalinstadt*) erinnert an den russischen Diktator.

EISENSTADT [O, Österreich, Europa] Die Gegend um die burgenländische Hauptstadt war bereits in der Hallstattzeit besiedelt. 1118 findet sich mit *Castrum ferrum* die erste schriftliche Er-

wähnung dieses Ortes. Der heutige Name Eisenstadt (früher *Eysenstat*) spielt vermutlich auf die BEFESTIGUNG DER STADTMAUERN im 14. Jh. an. Die Blütezeit Eisenstadts, zumindest in kulturhistorischer Hinsicht, brachte Josef Haydns Ernennung zum Hofkapellmeister durch Fürst Esterházy.

EKATERINBURG [O, Russland, Europa, engl. *Yekaterinburg*] 1722 als FESTUNG gegründet, wurde Ekaterinburg (auch **Jekaterinburg**) nach der zukünftigen Zarin KATHARINA I. (1648–1727) benannt. Vielleicht drückt gerade der deutsche Name die Vorliebe des Zaren für die westliche Wissenschaft und Kultur aus? Ironischerweise wurde im ersten Jahr der Russischen Revolution gerade in dieser vom Zaren benannten Stadt die gesamte Familie Nikolaus' II. (des letzten Zaren) hingerichtet. 1924 sah sich das Regime genötigt, eine Umbenennung der viertgrößten Metropole Russlands in *Swerdlovsk*, nach dem Bolschewikenführer Jakow Swerdlow, vorzunehmen. Erst 1991 wurde der alte Name wieder amtlich bestätigt. Der berühmteste Sohn dieser Stadt in der neueren Geschichte ist zweifellos der spätere Präsident Boris Jelzin.

EL ESCORIAL [X, Spanien, Europa] Nach einer siegreichen Schlacht gegen Heinrich II. von Frankreich am Ehrentag des hl. Laurentius schwor Philipp II. zum Dank eine nie gesehene Prunkanlage zu errichten. Astrologen rieten dem König zum Platz des kleinen Dorfs El Escorial (span. *escoria* SCHLACKENHALDE) am Südhang des Kastilischen Gebirges. Und sechs Jahre später, 1563, hatte Philipp II. tatsächlich sein *San Lorenzo el Real de El Escorial* errichtet, eine ungemein prunkvolle Kloster-, Residenz- und Grabstätte, die für einige Jahrhunderte das eherne Bollwerk des Katholizismus darstellen sollte. Randbemerkung: Von der Schafrasse *Eskorial* stammt das viel bekanntere Merinoschaf ab.

EL PASO [O, Texas, USA, Nordamerika] Die Siedlung El Paso, im äußersten Nordwestzipfel von Texas gelegen, entstand 1598 am Austritt des Rio Grande aus dem Gebirgsland. Der damalige volle Name *El Paso del Norte* bedeutet übersetzt »DER PASS des Nordens«. 1848 fiel diese Stadt an die USA.

EL SALVADOR SV/SLV/ES [S, Mittelamerika, oL *Republik El Salvador*, span. *Republica de El Salvador*] El Salvador steht spanisch für DER ERLÖSER, womit hier einfach Jesus Christus gemeint ist. 1524 wurde diese Bezeichnung von spanischen Kolonisten für ein Fort gewählt und später auf das ganze Land ausgedehnt. Eine Parallele für diese Art der »Erweiterung« findet sich auch beim iberischen Staat Portugal und dem Atlasland Tunesien. In den frühen Jahren der Unabhängigkeit war El Salvador Teil der Vereinigten Staaten von Zentralamerika (s. Kap. Flaggenfamilien). Heute besteht die Bevölkerung zu 90 Prozent aus Mestizen, hier auch Ladinos genannt. Randnotiz: 1969 befand sich El Salvador für vier Tage in einem sogenannten »Fußballkrieg« mit dem Nachbarstaat Honduras. U: Proklamation 15. 9. 1821 (ehem. span. Kolonie); endgültig 13. 4. 1839

ELBA [I, Italien, Europa] Für ihre reichen Bodenschätze schon im Altertum berühmt, erhielt die Insel von denRömern den Namen *Ilva* »Eisenstein«. Die Schmelzöfen und Kohlenmeiler dürften die vorbeifahrenden Griechen zur eigenwilligen Benennung DIE RUSSIGE, FUNKEN SPRÜHENDE (griech. *Aethalia*)

animiert haben. Bekannt wurde Elba vor allem als erster Verbannungsort Napoleons, von wo er unter stetig zunehmendem Jubel mit seinem Marsch auf Paris die »Herrschaft der Hundert Tage« antrat. Seit 1860 gehört Elba zu Italien.

ELBE [F, Deutschland, Tschechien, Europa] Vom Riesengebirge bis zur Nordsee durchzieht dieser Fluss das nördliche Tschechien sowie ganz Deutschland. Im 1. und 2. Jh. n. Chr. tauchte der Name *Albis* auf, abgeleitet vom idg. Farbadjektiv *albh* WEISS, was auf helles Wasser hindeutet. Im Norwegischen geht das Wort *elv* (dt. heller Fluss) auf den gleichen Ursprung zurück. Der tschechische Name der Elbe, *Labe*, ist dagegen aus dem Germanischen entlehnt.

ELBERFELD [H/O, Nordrhein-Westfalen, Deutschland, Europa] Eine wunderschöne Legende von einem Ritter und seinem treu ergebenen Knecht führt uns zum Namen dieser ehemaligen deutschen Großstadt, die heute mit Barmen und Wuppertal (s. d.) zusammengeschlossen ist. Wehmut beschlich den Knecht beim unverdienten Abschied nach langjährigen Diensten, und so kaufte er ein Glöckchen, das er im Wald aufhängte. Immer wenn der Ritter, der an übernatürliche Kräfte seines Knechts glaubte, dort vorbeikam, sollte ihn der Klang an den geisterhaften ELBEN (Alben) erinnern. Berührend mag diese Namenserklärung schon sein, doch richtig ist vermutlich eine Ableitung aus dem Personennamen *ALBIRO/*ALVIRO und der Siedlungsbezeichnung FELD (ahd. *feld*, mhd. *velt*).

ELBRUS, ELBURS [B, Georgien, Asien] Der höchste Berg des Kaukasus (mehr als 5600 m) ist ein erloschener, stark vergletscherter Vulkan mit zwei deutlich abgesetzten Gipfeln. Sehr passend daher der georg. Name KEGELFÖRMIGER BERG. »König der Geister, Ort der Gesegneten« oder »Thron der Götter« sind mythische Beinamen dieses Bergriesen, den manche Geografen sogar als höchsten Gipfel Europas anerkennen. Nun, letztere Zuordnung des Kaukasus zu Europa bleibt dennoch sehr umstritten, wenngleich sich Georgien immer stärker an diesem Kulturerdteil zu orientieren scheint.

ELEUSIS [H/O, Griechenland, Europa, ngriech. *Elefsina*] Bekannt für die »Eleusinischen Mysterien«, einem antiken Kult, ist *Elefsina*, wie dieser Ort heute heißt, ein Stadtteil Athens. Der Name *Eleusis* könnte als ANKUNFTSORT gedeutet werden, im Sinne eines kultischen Versammlungsplatzes der Menschen.

ELFENBEINKÜSTE, CÔTE d'IVOIRE CI/CIV/CI [S, Westafrika, engl. *Ivory Coast*, oL *Republik Côte d'Ivoire*, franz. *République de Côte d'Ivoire*] Beide Staatsbezeichnungen, ELFENBEINKÜSTE und **Côte d'Ivoire**, dürfen heute als gleichwertig angesehen werden. Etymologisch waren sie das ohnehin immer schon, politisch jedoch wurden 1986 alle Namensverwendungen mit Ausnahme des Französischen zeitweilig unter Strafe gestellt (s. Côte d'Ivoire). Dies war trotz der starken kolonialen Bande zu Frankreich (Überseeterritorium, Kolonie, Protektorat) eine international nicht nachvollziehbare Entscheidung. Die Benennung Elfenbeinküste geht auf das neben Gold und Sklaven wichtigste Handelsgut der frühen portugiesischen und französischen Kolonialzeit zurück. U: 7. 8. 1960 (ehem. franz. Kolonie)

ELLESMERE ISLAND [I, Kanada, Nordamerika] Obwohl bereits 1616 von William Baffin entdeckt, wurde diese arktische Insel erst 1852 nach Francis Egerton, first Earl of ELLESMERE (1800–1857), benannt. Sein Titel geht auf eine Ortschaft in Shropshire zurück.

ELLIS ISLAND [I, USA, Nordamerika] Diese kleine in der Upper New York Bay gelegene Insel schrieb große Geschichte, um es mit einer Kurzformel auszudrücken. Hier mussten zwischen 1892 und 1954, als sich die Pforten dieser Einwanderungsstation endgültig schlossen, zwanzig Millionen Immigranten ihre Gesundheit und ihre lauteren Absichten überprüfen lassen. Wenn auch nicht unbedingt durch Willkür, so zumindest aus freiem Willen der Einwanderer, kam es in unzähligen Fällen zu einer »Amerikanisierung« der Vor- und Familiennamen. Ellis Island entschied damit indirekt über die Personennamensgeschichte der Vereinigten Staaten (s. Kap. Familiennamen nach Herkunft). Ein gewisser Samuel ELLIS besaß im späten 18. Jh. die Besitzrechte an diesem Gebiet, daher diese Namenswahl.

ELSASS [R, Frankreich, Europa, franz. *Alsace*] Seit dem Sieg der Franken über die Alemannen 496 war das linke Rheinufer ein Teil des Frankenreiches. Damals entstand auch der ahd. Name *alisaz* FREMDER SITZ, ANDERER SITZ, mit dem die Germanen die gegenüber ihrer Siedlungsgebiete liegende Flussseite bezeichneten. Der *Alsatian dog* (dt. Schäferhund) leitet sich ebenfalls von dieser Wurzel ab.

EMDEN [O, Niedersachsen, Deutschland, Europa] Um 800 als Handelsniederlassung entstanden, war Emden bereits 1200 Hafen für die Englandfahrt. Der kleine Fluss Ehe mündet bei dieser Stadt in die Ems. Etymologisch gesehen sieht dies so aus: *Ehe* (afries. *a, e,* ahd. *aha* »Wasser«) sowie asächs. *mūth,* afries *mūtha* bezeichnen eine Lage AN DER MÜNDUNG DER EHE.

EMILIA ROMAGNA [P, Italien, Europa] Die Via Aemilia war eine wichtige Handelsverbindung zwischen Rom und dem Norden des heutigen Italien. Gebaut wurde sie im 2. Jh. v. Chr. vom Konsul Marcus AEMILIUS Lepidus (gest. 152 v. Chr.), was den ersten Teil des Namens dieser Provinz erklärt. *Romagna* dagegen (eigentlich eine korrumpierte Form von *Romania*) entstand im 8. Jh. als Kollektivname bei der Übergabe der fünf Städte Ancona, Fano, Pesaro, Rimini und Senigallia vom lombardischen König an den Papst in ROM und damit an den Kirchenstaat.

EMPIRE STATE BUILDING [X, New York, USA, Nordamerika] Der 1931 gebaute Wolkenkratzer in New York war lange Zeit das höchste Gebäude der Welt. Der Spitzname EMPIRE STATE für den Atlantikstaat New York steht zweifellos für den Wohlstand und die wirtschaftliche Stärke dieser Region.

ENGLAND [P, Großbritannien, Europa] Der Name des größten Teillandes des Vereinigten Königreichs geht auf die bereits im 5. und 6. Jh. einwandernden ANGELN zurück, was phonetisch leicht nachzuvollziehen ist. Noch deutlicher kommt diese Beziehung im franz. *Angleterre* (dt. Land der Angeln) zum Ausdruck. Einen Mangel an typisch britischer Fairness bedeutet das geflügelte Wort »Das ist nicht die feine englische Art«. Gemeint ist, dass eine Sache eher weniger ehrenhaft abläuft, als es von einem Briten mit wahrem Sports-

geist zu erwarten wäre. Wenn wir in Kontinentaleuropa von England sprechen, meinen wir oft die ganze Insel, was einen Schotten sicherlich wenig freuen wird. Das Nationalbewusstsein ist eben auch hier sehr stark ausgeprägt. Die *Anglikanische Kirche*, seit Heinrich VIII. von Rom losgelöst, hat den gleichen Namensursprung wie dieses Land. Von diesem Landesnamen abgeleitet sind auch die Begriffe *Anglizismus* (für Wörter, die aus dem Englischen stammen) und *Anglistik* (Lehre der englischen Sprache, Geschichte und Kultur). Der sogenannte *Engländer,* ein verstellbarer Schraubenschlüssel (anderorts »Franzose« genannt), das *Englischhorn*, eine Oboe in Alt-Lage, der *English Waltz*, ein langsamer Walzer, und die *englische Krankheit* (auch Rachitis genannt), eine Vitaminmangelerkrankung, ergänzen die »englischen« Ethno-Ableitungen. Zuletzt eine Bemerkung zur Antwort auf die Frage, wie jemand sein Steak haben möchte: *Englisch!* bedeutet hier kurz angebraten, noch leicht blutig. Bleiben wir beim Kulinarischen: Ein *englisches Frühstück* – heute leider immer seltener serviert – enthält unter anderem Ei mit Schinken.

ENGLISH CHANNEL [G, Europa, franz. *La Manche*, dt. *Ärmelkanal*] Die Wasserstraße zwischen England, Frankreich, Belgien und Holland verbindet auch den Atlantik mit der Nordsee. Der französische wie der deutsche Name ÄRMELKANAL drückt bildhaft die schlauchartige Verengung dieses Wasserweges aus, der in der Straße von Dover nur 34 km breit ist. So darf es auch nicht wirklich erstaunen, dass sich Langstreckenschwimmer immer wieder an neuen Rekordzeiten für die

Durchquerung versuchen. Ptolemäus dürfte bei seiner Benennung in *Oceanus Britannicus* (im 2. Jh.) von der wahren Größe noch wenig Vorstellung gehabt haben. Während der letzten Eiszeit wurde die Verbindung zum Kontinent auf »natürlichem« Weg geschaffen, heute dagegen verbindet der unterseeische Eurotunnel, ein 50 km langer Eisenbahntunnel durch den Kanal, England mit Frankreich.

ENNISKILLEN [O, Nordirland, Großbritannien, Europa, ir. *Inis Ceithleann*] Wörtlich bedeutet dieser Ortsname CETHLENNS INSEL (ir. *inis* »Insel«, Personenname *Cethlenn*). Besagte Ceithleann war die Frau eines berüchtigten Piraten und legendären Königs von Tory Island.

ENNS [O, Österreich, Europa] Das Mündungsgebiet der Enns in die Donau ist bereits seit viertausend Jahren Siedlungsgebiet. Während der Römerzeit entstand hier aus dem Lager *Lauriacum* eine mittlere Stadt. Der heutige Name leitet sich jedoch von der zum Schutz gegen einfallende Ungarn um das Jahr 900 erbauten ENISIBURG ab, aus der später das Schloss *Ennsegg* entstand. Der Name ist nicht sicher zu deuten.

ENSCHEDE [O, Niederlande, Europa] Nahe der deutschen Grenze gelegen, wählten die Namensgeber bereits vor siebenhundert Jahren den treffenden Namen AN DER GRENZE (aholl. *ane* »an«, *schedhe* »Grenze«).

EPHESOS [H/O, Türkei, Europa, türk. *Efes*] Diese Ausgrabungsstätte dürfte von griech. *ephoros* BEHERRSCHER oder aber von *éphesis* STREBEN abgeleitet sein. Vermutlich nimmt der Name auf die zentrale Stellung als religiöses Zentrum Bezug. Hauptsächlich wurde hier die Jagd- und Fruchtbarkeitsgöttin Artemis (röm. Diana) verehrt. Der Artemistempel von Ephesos mit der vielbrüstigen Kultstatue galt als eines der sieben Weltwunder der Antike.

EPSOM [X, England, Großbritannien, Europa] EBBIS HEIM, eine Zusammensetzung aus einem Personennamen und aengl. *hām*, bilden den Namen dieses Mekkas der Pferderennen, wo jedes Jahr im Juni eines der hoch dotierten Triple Crown Races stattfindet.

ERFTSTADT [O, Nordrhein-Westfalen, Deutschland, Europa] Erst 1969 durch Zusammenschluss mehrerer Gemeinden entstanden, trägt diese junge Stadt einen Flussnamen: Die Erft hieß früher *Arnapa* oder *Arnefa*, worin das Wurzelwort **arnava* WASSER (idg. *ar* »Wasser«) enthalten ist.

ERFURT EF [O, Thüringen, Deutschland, Europa] Die zwischen 8. und 12. Jh. verwendeten Namen *Erphesfurt, Erfesfurt* und *Erpesford* deuten darauf hin, dass der alte Flussabschnittsname *Erphesa* (ahd. *erph* DUNKELFARBIG, BRÄUNLICH) an diesem ÜBERGANG der heutigen Gera eine besonders charakteristische Wasserfärbung aufwies.

ERIESEE [G, Kanada, USA, Nordamerika, engl. *Lake Erie*] Der Name des Indianerstammes, nach dem dieser kleinste der Großen Seen benannt ist, bedeutet LANGER SCHWANZ. Wahrscheinlich ist damit der Panther oder Puma, das heilige Totemtier, gemeint.

ERITREA ER/ERI/ER [S, Nordostafrika, oL *Staat Eritrea*, tigrinya *Eritrea*, arab. *Iritriyya*] Das griechische Wort *erythros* ROT bezieht sich wohl auf das Rote Meer (griech. *Mare Erythraeum*), an dessen Ufer dieser junge Staat grenzt. Die Wahl für die Benennung entspricht der italienisierten Form des griechischen Namens für das Rote Meer und spiegelt damit den starken italienischen Einfluss in Nordostafrika seit Mitte des 19. Jh.s wider. Der Ursprung der Bezeichnung bleibt dennoch umstritten, da »rot« auch für SÜDEN stehen könnte. Zumindest geografisch wäre diese Erklärung durchaus korrekt. U: 24. 5. 1993 (ehem. Provinz von Äthiopien)

ERLANGEN ER [O, Bayern, Deutschland, Europa] Bereits 1743 wurde in Erlangen eine eigene Universität eröffnet. Der Name bedeutet MIT ERLEN BEWACHSENES FELD (ahd. *erila* »Erle« und *ang, wang* »Feld, Wiese, Weide«). Dies hat jedenfalls nichts mit der späteren Bedeutung als Kulturstadt zu tun.

ERZGEBIRGE [B, Deutschland, Tschechien, Europa, tschech. *Krušné hory*] Bereits seit dem 12. Jh. werden in diesem GEBIRGSLAND zahlreiche ERZE (zunächst Silber, später unter anderem Blei, Kupfer, Zinn, Nickel und Kobalt) abgebaut. Der Reichtum Sachsens in der frühen Neuzeit ist auf diese Rohstoffvorkommen zurückzuführen. Seit 1945 werden sogar Uranerze gefördert.

ERZURUM [O, Türkei, Asien] Als diese ostanatolische Stadt 415 gegründet wurde, gab man ihr den Kaisernamen *Theodosiopolis* (nach Theodosius II.) Mit der Eroberung durch die Araber erfolgte eine Umbenennung in *Arzen (Erzen) ar-Rūm* LAND DER RÖMER (gemeint waren die byzantinischen Christen). Diese Bezeichnung wurde später von den Türken übernommen und in eine sprachlich geeignete Form transkribiert.

ESCHWEILER [O, Nordrhein-Westfalen, Deutschland, Europa] ESCHENGEHÖFT ist ein Name, der sich aus ahd. *ask* »Esche« und dem Grundwort *Weiler* (ahd. *wīlāri*, mhd. *wīler*, mlat. *villare* »Gehöft, Vorwerk«) zusammensetzt.

ESKILSTUNA [O, Schweden, Europa] Ein englischer Priester, der später heilig gesprochene Bischof ESKIL, machte die Siedlung TUNA zu seinem Ausgangspunkt für die Konvertierung der heidnischen Schweden. Wegen eines Protests gegen ein allzu frivoles Fest wurde Eskil um 1080 von der aufgebrachten Menge gesteinigt. Hundert Jahre später wurden seine Gebeine nach Eskilstuna überführt, wo an seinem Ehrentag, dem 12. Juni, bis heute seiner Leiden gedacht wird. Üblicherweise stellt man Eskil als Bischof mit drei Steinen als Hinweis auf sein Martyrium dar.

ESPAÑA → **Spanien** [S, Spanien, Europa] In romantisch verklärten Liedern und modernen Schlagern wird die klangvolle spanische Landesbezeichnung auch bei uns bisweilen im Original verwendet.

ESPÍRITO SANTO [R, Brasilien, Südamerika] Der Name *Espírito Santo* (dt. HEILIGER GEIST) passt exakt zum Benennungsschema der frühen portugiesischen Eroberer. Interessant die Bezeichnung für die Einwohner dieser Region: Espiritosantenses.

ESPÍRITU SANTO [I, Vanuatu, Ozeanien] Ursprünglich (1606) *La Austrialia del Espíritu Santo* benannt, verdankt diese Insel ihren ersten Namen der irrigen Annahme des portugiesischen Seefahrers Pedro Fernández de Quirós, auf Australien gelandet zu sein. Später wurde der Name dieser pazifischen Insel, die heute zum Staat Vanuatu gehört, auf HEILIGER GEIST gekürzt.

ESPOO [O, Finnland, Europa, schwed. *Esbo*] Diese schnellwachsende Stadt im Großraum Helsinki ist nach dem Fluss *Espoo* (*Espaa*) benannt, der seinerseits anord. *äspe* ESPE bzw. die Bedeutung WASSER in sich trägt.

ESSEN E [O, Nordrhein-Westfalen, Deutschland, Europa] Laienhaft denkt man zunächst an kulinarische Genüsse, wenn man diesen Ortsnamen hört. Tatsächlich jedoch ist das im 11. Jh. belegte *Astnithi* eine Zusammensetzung aus dem asächs. Suffix *ithi*, für Kollektivnamen verwendet, und dem mnl. *ast* »Dörrofen, Schmiedeofen«. Eine Verwandtschaft mit dem Begriff »Esse« ist deutlich erkennbar. War diese Stadt einfach ein ORT DER SCHMIEDEÖFEN?

ESSEX [P, England, Großbritannien, Europa] Das Land der OSTSACHSEN, eines der sieben angelsächsischen Königreiche, leitet sich von aengl. *East Seaxe* »Ost-Sachsen« ab. Dieses Wort wiederum dürfte auf den Begriff *seax* »Messer, Schwert« zurückgehen. Ob dies die bevorzugte Waffe der Sachsen war?

ESSLINGEN AM NECKAR → Neckar ES [O, Baden-Württemberg, Deutschland, Europa] Diese alemannische Siedlung erhielt durch Karl den Großen das Markt- und durch Friedrich II. das Stadtrecht (13. Jh.). Die alten Schreibformen *Ezelingas, Ezelingin, Eczelingen, Ezzilingen* gehen auf den Personennamen AZZILO zurück, erweitert um das Zugehörigkeitssuffix *ingen*. Zum Flussnamen s. Neckar.

ESTLAND EE/EST/EST [S, Nordosteuropa, engl. *Estonia*, oL *Republik Estland*, estn. *Eesti Vabariik*] Das für Europa untypische Volk der Esten gehört neben den Finnen und Ungarn zur finnisch-ugrischen Sprachfamilie. Man darf annehmen, dass das baltische Wort *aueist* KÜSTENBEWOHNER den Landesnamen bedingt hat. Für viele Jahrhunderte (ab 1346) war Estland zusammen mit Lettland Teil der Region *Livland*. Zwischen 1941 und 1944 besetzten deutsche Truppen Estland (wie auch die übrigen baltischen Staaten) und führten dieses Okkupationsgebiet unter dem klanglich täuschenden Namen *Ostland* (s. Kap. Postalische Ausgabegebiete). Seit 1. Mai 2004 gehört Estland der Europäischen Union an (s. Kap. Europa). (U: 1918–1940; Proklamation 30. 3. 1990; endgültig 21. 8. 1991

ETON [O, England, Großbritannien, Europa] LAND AM FLUSS (aengl. *tūn* »Farmland«, *ēa* »Fluss«) könnte sich auf eine der zahlreichen kleinen Inseln der Themse beziehen. Heute ist Eton vor allem als Public School des englischen Adels bekannt.

EUBÖA [I, Griechenland, Europa, engl. *Euboea*] Vielleicht haben griech. *eu* »gut« und *bous* »Rind, Ochse« der größten griechischen Insel den Namen REICH AN RINDERN gegeben. Aber auch die in Legenden beschriebene Nymphe EVIA wird von vielen Volksetymologen als Namensspenderin gesehen.

EUPHRAT [F, Irak, Syrien, Türkei, Asien, engl. *Euphrates*] Der VATER DER FLÜSSE scheint einen griechischen Namen zu tragen. Tatsächlich leitet sich die Bezeichnung vom akkad. *ur* »Fluss« und *at* »Vater« oder von *a* »sehr« und *pratu* »breit« ab. In der Bibel wird der Euphrat als einer der vier Flüsse Edens genannt, zusammen mit dem Pischon, dem Gihon und dem Tigris (Gen 2,11-14).

EURASIEN → Kapitel **Europa** [E, engl. *Eurasia*] Dieser geografisch-geologische Begriff beschreibt die größte zusammenhängende Landmasse der Erde – EUROPA und ASIEN – mit ungefähr 55 Mio. km^2. In Ostasien sieht man Europa nicht als eigenen Erdteil, sondern immer in Zusammenhang mit Asien (eben als Eurasien). Nur aus der Weltsicht der Antike konnte Europa seine prominente Stellung als eigener Erdteil erhalten.

EUROPA [E, engl. *Europe*] Der Name der Alten Welt ist etymologisch nicht ganz verlässlich zu rekonstruieren. Wahrscheinlich leitet er sich vom phöniz. *ereb* ABEND, WESTEN ab, was so viel bedeuten soll wie LAND DER UNTERGEHENDEN SONNE. Den Gegenpol bildet Asien, das »Land der aufgehenden Sonne«. Traditionellerweise wird auch gerne die griechische Mythologie als Namensquelle gesehen. Dort wird die PHÖNIZISCHE PRINZESSIN EUROPA von Zeus in Gestalt eines Stiers nach Kreta entführt. Alsbald gibt er sich als Göttervater zu erkennen, macht Europa zu seiner Geliebten und zeugt mir ihr drei Kinder. Europa wurde daher vielleicht sogar »aus der Liebe geboren«. Randnotiz: Der 1999 bzw. 2002 im Raum der Europäischen Union eingeführte *Euro* ist ein an diesen Erdteilnamen angelehntes Kunstwort.

EUSKIRCHEN [O, Nordrhein-Westfalen, Deutschland, Europa] Der aus dem 11. Jh. belegte Name *Oweskirike* dürfte ein Hinweis auf einen Personennamen des Stammes AWI sein. Der zweite Teil leitet sich von mhd. *kirche*, ahd. *kirihha*, asächs. *kirika* KIRCHE ab.

EVERGLADES [R, USA, Nordamerika] Der Name Everglades hat einen metaphorischen Charakter: AUSGEDEHNTE MARSCHLANDSCHAFT (eng. *ever* »weit«, *glades* »Marschland«). Diese einzigartige Naturlandschaft in Florida liegt nur knapp 2,5 m über dem Meeresspiegel. Die nur wenige Zentimeter tiefe Wasser-Rinne wird praktisch durchgehend von Gras und Sumpfpflanzen bewachsen und ist daher nicht wirklich als Flusslandschaft wahrnehmbar. Seit 1979 gehört der heute leider gefährdete Nationalpark zum Weltnaturerbe. Die Everglades sind zudem die einzige Region der USA, in der Flamingos frei leben.

EXETER [P, England, Großbritannien, Europa] Der Flussname *Exe* »Wasser« sowie das lat. *castra*, aengl. *ceaster* »Lager« verbinden sich zu diesem LAGER AN DER WASSERSTELLE.

EXTREMADURA [R, Spanien, Europa] Diese kaum fruchtbare Landschaft mit ihren überaus kargen Böden trägt den treffenden Namen EXTREM HART. Vielleicht ein Omen für die Durchsetzungskraft der spanischen Eroberer Cortéz und Pizarro, die beide hier aufgewachsen sind.

 lat. F – griech. *digamma* [anderer Laut] – phöniz. *wāw* »Haken«

FAIRBANKS [O, Alaska, USA, Nordamerika] Charles W. FAIRBANKS (1852–1918), ein Senator aus Indiana, hatte die diplomatische Aufgabe, während des sogenannten Goldstreiks (1902) einen Grenzstreit zu schlichten. Heute trägt daher die größte Stadt Alaskas seinen Namen.

FALKLAND ISLANDS [I, Großbritannien, Südamerika, span. *Malvinas*] Captain John Strongs Dankeschön an den Financier seiner Expedition, Anthony Cary, fifth Viscount FALKLAND (1656–1694), war 1690 die Umbenennung dieser Inselgruppe von *Davis Land* (nach dem Entdecker, 1592) in Falkland Islands. Der spanische Name ist bis heute **Malvinas** (kurz für *Islas Malvinas*). Dies in Erinnerung an die französischen *Malouins*, Marineeinheiten aus St. Malo, die im 18. Jh. eine Besiedlung dieser Inseln versuchten. Deren Bezeichnung dürfte auf einen walisischen Mönch namens Maclovius zurückgehen. Heute ist die Zugehörigkeit der Falklands eine geopolitische Streitfrage zwischen Großbritannien und Argentinien.

FÄRÖER-INSELN -/-/FO [I, Dänemark, Europa, *Føroyar, Færøerne*] Sehr bekannt ist der deutsche Name SCHAFSINSELN für diese Inselgruppe im Nordatlantik. Anord. *fær* »Schaf« und *ey* »Eiland« sind deutlich im Namen erkennbar. Wenn auch um 800 von Norwegern besiedelt, gehören die unwirtlichen Schafsinseln heute zu Dänemark. Traumatisch für Österreich war die 0:1 Niederlage im Jahr 1990 im ersten offiziellen Fußballländerspiel, das die Färöer-Inseln je austrugen.

FÁTIMA [O, Portugal, Europa] Als einzige Frau wird FATIMA, die Lieblingstochter des Propheten, zusammen mit Mohammed und den zwölf Imamen von den Schiiten zu den »Vierzehn Unfehlbaren« gezählt. Der arabische Name hat eine doppelte Auslegung. Sowohl die Bedeutung »ein Kind beruhigen« als auch »von verbotenen Dingen Abstand nehmen« wird als korrekt angesehen. Durch die wiederholten, kirchlich anerkannten Marienerscheinungen im Jahr 1917 wurde Fatima weltberühmt.

FERRARA [O, Italien, Europa] Das lat. *ferrarius* SCHMIED scheint in diesem oberitalienischen Siedlungsnamen zu stecken (Wurzelwort *ferrus* »Eisen«). Allerdings gibt es keine urkundlichen Erwähnungen vor dem 8. Jahrhundert.

FEUERLAND [I, Chile, Argentinien, Südamerika, span./engl. *Tierra del Fuego*] Der spanische Name **Tierra del Fuego**, wörtlich LAND DES FEUERS, entspringt einer Assoziation Ferdinand Magel-

lans, der bei seiner Weltumseglung 1520 zu seinem Erstaunen den Schein der Lagerfeuer der Ureinwohner Feuerlands erblickte. Diese Feuer waren auch ein praktisches Kommunikationsmittel, das sogar auf Booten mitgeführt wurde. Ob Magellan hier als erster Weißer Land betrat, ist aus den Logbüchern nicht ersichtlich.

FEZ [O, Marokko, Afrika] Der Namensursprung dieser marokkanischen Stadt ist mit großem Unsicherheitsfaktor behaftet. Das arab. Wort *fa's* bedeutet jedenfalls AXT, allerdings drängt sich kein Zusammenhang mit dem Ortsnamen auf. Dafür wurde der *Fez*, eine »blumentopfartige« Kopfbedeckung, gewöhnlich rot und mit Quasten versehen, international bekannt.

FICHTELGEBIRGE [B, Bayern, Deutschland, Europa] Eigentlich sollte es »Fichtengebirge« heißen, da doch die FICHTE (ahd. *fiohta*) diese Pluralbildung hat. Allerdings wurden gleichförmige Baumstände im Deutschen gern mit der Endung *el* versehen (vgl. Eichel).

FIDSCHI FJ/FJI/FJI [S/I, Ozeanien, engl. *Fiji*, oL *Republik Fidschi-Inseln*, fidschi *Matanitu Tu-Vaka-i-koya Ko Viti*, engl. *Republic of the Fiji Islands*] Absolut unklar bleibt die Bedeutung dieses Landesnamens. Wahrscheinlich steckt darin die gleiche Wurzel (in der Tongasprache) wie bei der Hauptinsel Viti Levu (dt. GROSS-FIJI; vielleicht mit dem Namenshintergrund ZUM WASSER GEHÖRIG), doch darf diese Interpretation nur als Spekulation verstanden werden. James Cook wird heute als der Schöpfer des modernen Staatennamens gesehen, der allerdings aus einer Verballhornung der Bezeichnung der Hauptinsel entstanden sein dürfte. U: 10. 10. 1970 (ehem. brit. Kolonie)

FINNLAND FI/FIN/FIN [S, Nordeuropa, engl. *Finland*, oL *Republik Finnland*, finn. *Suomen Tasavalta, Suomi*, schwed. *Republiken Finland*] Sehr ausgefallen ist die Erklärung für dieses nordeuropäische Land: Germ. *finna* oder *fenna* kann mit FISCHSCHUPPEN übersetzt werden (finn. *suomu*). Gemeint ist eine in früherer Zeit alltägliche Kleidung, die die Finnen von anderen Völkern unterschied. Auch der finnische Landesname *Suomi* trägt wahrscheinlich die gleiche Bedeutung, wenn dieser Interpretation auch ein gewisser Faktor der Unsicherheit anhaftet. Finn. *suo* »Sumpf« und *maa* »Land«, also SUMPFLAND, gäbe nämlich auch eine ganz prächtige Erklärung für die finnische Topografie. Wegen der zeitweiligen wirtschaftspolitischen Bindung Finnlands an die ehemalige Sowjetunion während des Kalten Krieges (1945–1990) wird diese Art der Abhängigkeit eines unabhängigen Staates auch als *Finnlandisierung* bezeichnet. U: Proklamation 6. 12. 1917 (Loslösung von Russland)

FLANDERN [R, Belgien, Europa, holl. *Vlaanderen*, franz. *la Flandre, les Flandres*, engl. *Flanders*] Der fläm. Name bedeutet EBEN(E) FLÄCHE und WANDERN (*vlakte*), was auf die landschaftliche Beschaffenheit hinweist. Heute teilen sich die belgischen Provinzen Ostflandern und Westflandern dieses historische Land (ehem. Grafschaft Flandern, Herzogtum Brabant und Herzogtum Limburg).

FLEET STREET [X, London, Großbritannien, Europa] »Druckerpresse Britanniens« ist ein mehr als passender journalistischer Beiname für diese Londoner Straße. Der unscheinbare Fluss Fleet (aengl. *fleot* FLIESSENDES WASSER; vgl. engl. *to float, flood*), am Ostende

unterirdisch verlaufend, mündet bei Blackfriars in die Thames.

FLENSBURG FL [O, Schleswig-Holstein, Deutschland, Europa] Flensburg erhielt bereits 1260 das Stadtrecht, wurde in den folgenden Jahrhunderten jedoch zwischen Dänemark, Preußen und Schlesien hin- und hergereicht. Mehr als vierhundert Jahre unterstand Flensburg dem dänischen König. Der Name BURG AN DER FLENSAA (die ahd. Endung *aha* bedeutet »Wasser«) geht auf dän. *flenså* (Gen. von adän. *flen* GABELSPITZE) zurück. Ob damit wohl der Innenteil der Förde (dän. *fjord* »tief einschneidende Bucht«) beschrieben wird? Apropos: Flensburg ist Sitz der deutschen Kraftfahrt-Bundesbehörde.

FLORENZ [O, Italien, Europa. ital. *Firenze*, engl. *Florence*] Florenz, die Hauptstadt der Toskana, ist in kunstgeschichtlicher Hinsicht eine der ersten Adressen unserer Erde. Der röm. Name *Colonia Florentia* (dt. BLÜHENDE Kolonie) verbindet Natur mit Politik, wenn auch das Adjektiv schon damals gleichzeitig für die goldene Zukunft dieser Stadt gestanden haben dürfte. Auch das Wappen, eine Lilie (ital. *florino* »Blümchen«), entspricht dieser Interpretation. Der moderne Name *Firenze* ist dagegen Altitalienisch. Der *Florin*, ein hier geprägter Gulden, wurde direkt nach dem lateinischen Namen benannt. Auch das Wort Floskel, das für blumige Redewendungen steht, leitet sich aus der gleichen Wurzel ab.

FLORIDA FL/FLA. [P, USA, Nordamerika] Dieser weit in den Golf von Mexiko ragende Staat trägt einen BLUMIGEN spanischen Namen, *florida*, womit vielleicht auf die üppige Vegetation angespielt wird. Wahrscheinlicher ist jedoch, dass der Eroberer Juan Ponce de León, der mit seiner Expedition die Halbinsel am 20. März 1513 entdeckte, den spanischen Namen für den OSTERSONNTAG wählte: *Pascua florida*. Der mehr als treffende Beiname, der die ungemeine Beliebtheit dieses »Altersheims Amerikas« als Erholungsgebiet kennzeichnet, ist *Sunshine State*.

FLUSHING MEADOW [X, New York, USA, Nordamerika] Die BLÜHENDE WIESE, das nationale Tenniszentrum der Staaten, geht auf den holländischen Siedlungsnamen Vlissingen zurück. Kalvinistische Einwanderer entschieden sich 1644 aus Heimatverbundenheit für diese Benennung.

FORMOSA → Taiwan [H/S, China Republik, Asien] Die SCHÖNE INSEL (port. *Ilha formosa*) wurde in China bereits seit dem 16. Jh. *Taiwan* genannt. Heute ist der offizielle Name allerdings *Republik China*, als Abgrenzung zum verfeindeten Bruder, der international anerkannten Volksrepublik.

FORT KNOX [X, Kentucky, USA, Nordamerika] Dieses ehemalige Militärtruppenlager ehrt den ersten Kriegsminister der Vereinigten Staaten, Henry KNOX (1750–1806), der seine Meriten im American Revolutionary War (Unabhängigkeitskrieg) erwarb. Heute gilt Fort Knox als das Goldbarrenlager der USA, wo fast 70 Milliarden Dollar gehütet werden. Eine zwanzig Tonnen schwere Eisentür, deren Code keinem einzelnen Menschen, sondern nur einer Personengruppe bekannt ist, versperrt den Zugang. Während des Zweiten Weltkriegs wurden sogar die Kronjuwelen des britischen Königshauses sowie die Magna Carta hier verwahrt. Im berühmten James Bond

Film »Goldfinger« geht es um diese Schatzkammer der Vereinigten Staaten.

FORT LAMY → **N'Djamena** [O, Tschad, Afrika] Der alte Name von N'Djamena, der Hauptstadt des Tschad, stammt noch aus der französischen Kolonialzeit, als ein gewisser Émile Gentil im Jahr 1900 diese Siedlung nach dem Afrikaforscher und Militärkommandanten François Joseph Amédée LAMY benannte.

FORT LAUDERDALE [O, Florida, USA, Nordamerika] Benannt wurde das »Venedig Amerikas« 1895 nach einem Expeditionsführer im Kampf gegen die Seminolen, Major William LAUDERDALE.

FORTALEZA [O, Brasilien, Südamerika] Am 2. Februar 1500 landete Vicente Pinzón in der schönen Bucht und belegte diesen Ort sogleich mit einem religiösen Namen: *Santa Maria de la Consolación* (dt. Heilige Maria die Trösterin). Erst mehr als eineinhalb Jahrhunderte später wurde von portugiesischen Seeleuten der heutige Name gewählt: *Forte de Nossa Senhora da Assunção* (dt. FESTUNG unserer Dame von Assunção). Der erste Begriff dieses typisch religiös gefärbten Namens blieb bis heute erhalten.

FRANKEN [R, Bayern, Baden-Württemberg, Deutschland, Europa] Das heutige Franken in Bayern und Baden-Württemberg ist nur ein winziger Rest des ehemaligen Fränkischen Reiches, das das Werden Europas entscheidend beeinflusste. Der Stamm der FRANKEN hat seine Wurzeln im Gebiet östlich des Niederrheins (3. Jh.). Bereits um 500 begründete der Merowingerkönig Chlodwig das spätere Großreich, das als christliches Imperium unter dem

Karolinger Karl dem Großen zum abendländischen Kaisertum führte. Nach Karls Tod entstand aus dem westfränkischen Reichsteil Frankreich, aus dem ostfränkischen Deutschland. Der Stammesname, der wie auch in anderen Fällen zum Landesnamen wurde (im Dat. Pl.), könnte aus dem germ. Wurzelwort *franka MUTIG gebildet worden sein (ahd./aisl. *fram* »vorwärts«).

FRANKFURT AM MAIN F [O, Hessen, Deutschland, Europa] Bereits seit dem Mittelalter ist Frankfurt am Main eine Messe- und Handelsstadt. Heute stellt die hessische Metropole ein Finanzzentrum Europas dar. Der Name erklärt sich mit einem Flussübergang bei einer frühen fränkischen Siedlung (dt. FURT DER FRANKEN). Zumindest in Österreich denkt man sofort an die *Frankfurter Würstchen*, wenn man den Namen dieser Mainmetropole hört.

FRANKFURT AN DER ODER FF [O, Brandenburg, Deutschland, Europa] Für eineinhalb Jahrhunderte (1368–1518) war Frankfurt/Oder Hansestadt. Die alten Namen *Vrankenvorde, Vrankinfort* oder später *Franchenfurt* wurden wohl von Einwanderern aus Frankfurt am Main (s. d.) hierher übertragen.

FRANKREICH FR/FRA/F [S, Westeuropa, engl. *France*, oL *Französische Republik*, franz. *République Française, France*] Wenn man den Franzosen heute auch bisweilen Chauvinismus vorwirft, so darf man nicht vergessen, dass sie immerhin als *Franken*, also als FREIMÄNNER, als MUTIGE, im 4. Jh. in das heutige Frankreich eindrangen (germ. *franka). Das Gefühl der Besonderheit konnten sie in den eineinhalb Jahrtausenden einfach nie ganz ablegen. Andererseits sind gerade die Franken kein einheitliches

Volk, sondern eine Mischung aus zahlreichen Einwanderungswellen. Letztlich hat sich auch die Form dieses Landes (in Frankreich selbst wird oft der Beiname *L'Hexagone* gebraucht, bezogen auf die sechseckige Umrissgestalt) erst 1919 mit der Rückgabe von Elsass-Lothringen durch Deutschland endgültig herauskristallisiert. Sprichwörtlich wurde dieser Landesname jedoch bereits weit früher. So wird etwa das geflügelte Wort »sich auf Französisch verabschieden«, d. h. einfach so mir nichts dir nichts eine Gesellschaft verlassen, mit diesem eher leichtlebigen Volk in Verbindung gebracht. Aber auch das sehnsüchtige »wie Gott in Frankreich leben«, seit der französischen Revolution in Gebrauch, hat seine Wurzeln in diesem alten Staat. Durch einen Kulturschock sondergleichen war Gott während der revolutionären Tage am Ende des 18. Jh.s per Dekret quasi zum Nichtstun gezwungen. Es sollte auch nicht vergessen werden, dass zwei chemische Elemente, das *Francium* und das *Gallium*, nach diesem Land benannt wurden, ebenso ein verstellbarer Schraubenschlüssel, der sogenannte *Franzose*. Im kulinarischen Bereich kennen wir die *French fries* (Pommes) sowie den *French toast* (einseitig geröstete Toastscheiben). Und dann gibt es ja auch noch den *French kiss* (dt. Zungenkuss) bzw. *Liebe auf französische Art* (auf diesem Gebiet sind die Franzosen sehr erfahren). Politische Ergänzung: Frankreich hat auch zu Beginn des 21. Jh.s zahlreiche Außengebiete, die im Spezialkapitel Europa (s. d.) näher besprochen werden. U: alte staatliche Tradition; 843 (Vertrag von Verdun)

FRANZ-JOSEF-LAND [I, Russland, Europa] Entdeckt wurden diese nach Kaiser FRANZ JOSEF I. (1830–1916) benannten Inseln 1873 von der österreichisch-ungarischen Nordpolexpedition unter Payer/Weyprecht.

FRANZÖSISCH GUYANA → Guyana -/-/GUF [P, Frankreich, Südamerika, franz. *Guyane française*, engl. *French Guiana*] Seit 1637 ist dieses Land ein Überseegebiet der Grande Nation und gehört damit zur Europäischen Union wie auch der Eurozone. Berühmt wurde der »Archipel der Verdammten« auf den Îles du salut, zu denen auch die Teufelsinseln zählen, als Strafkolonie. Hier kämpften zwischen 1852 und 1951 Tausende von vorwiegend politischen Gefangenen ums nackte Überleben. Dramatisch geschildert hat dies Henri Charrière in seinem meisterhaften Roman »Papillon«.

FRANZÖSISCH SOMALILAND → Dschibuti, Somalia [H/L, Dschibuti, Afrika] Um ein Gegengewicht zum britischen Militärhafen Aden zu haben, sicherte sich Frankreich 1862 die Rechte auf Obock und Dschibuti. 1896 wurde dieses Gebiet dann zur französischen Kolonie Französisch Somaliland erklärt (s. Kap. Postalische Ausgabegebiete). Zur Etymologie s. Somalia.

FREIBURG im Breisgau FR [O, Baden-Württemberg, Deutschland, Europa] Eine Blütezeit vom 13. bis zum 15. Jh. verdankt diese Stadt den ergiebigen Gewinnen durch den Silberbergbau im Schwarzwald. Bereits 1454 wurde daher auch bereits die bekannte Freiburger Universität gegründet. Zwischenzeitlich gehörte Freiburg zu Frankreich (1678–1697), dann wieder zu Österreich. 1821, im Todesjahr Napoleons, wurde Freiburg Sitz eines Erzbischofs. Der Name Freiburg spricht (voll zutreffend) die historischen Rechte dieser Stadt an, sowohl was die freie Schultheißen- (heute Bürgermeister) als auch die freie Pfarrerswahl anbelangte (mhd. *vrī* FREI, NICHT GEBUNDEN).

FREIBURG FR [P/O, Schweiz, Europa, franz./engl. *Fribourg*, ital. *Friburgo*] Die gleichnamige Stadt dieses französisch geprägten Kantons wurde bereits 1157 gegründet, um eine Furt über die Saane zu kontrollieren. Wortbedeutung: FREIE BURG. Als Kanton schloss man sich 1481 der Eidgenossenschaft an.

FRIAUL [R, Italien, Europa, ital. *Friuli*, furl. *Friûl*, slow. *Furlanija*] Nach der römischen Stadt *Forojulium* (ursprünglich *Forum Julii*) ist diese Landschaft benannt; im Namen verbirgt sich JULIUS Cäsar (100–44 v. Chr.). Mehr als einhundert Jahre (ab 1797) war Friaul ein Teil der Habsburgermonarchie. Bis heute wird eine Restsprache, das Furlanische (oder Friaulische), gepflegt.

FRIEDRICHSHAFEN FN [O, Baden-Württemberg, Deutschland, Europa] Die Leistungen König FRIEDRICHS I. von Württemberg (1754–1816) wurden bei der Vereinigung der Reichsstadt Buchhorn mit dem Kloster Hofen (1811) bedacht. Berühmt machte diesen Ort jedoch erst Graf Zeppelin, dem König Wilhelm II. 1898 ein Ufergelände am Bodensee als Werft für seine Luftschiffe überließ. Zwischen 1918 und 1940 wurden hier zudem etwa 2300 Maybach-Luxusautomobile hergestellt.

FRIESLAND [I, Dänemark, Deutschland, Niederlande, Europa, engl. *Frisian Islands*] Die Römer bezeichneten die Einwohner dieses Inselarchipels als die FRISII (entweder ahd. *fri* FREI oder afries. *frisiaz* WIRR, gemeint ist das Haupthaar). Letztere Interpretation ist aus soziologischer Sicht die wahrscheinlichere.

FUERTEVENTURA [I, Spanien, Afrika]

Jean de Béthencourt, der in spanischen Diensten stehende französische Kapitän, soll seine Faszination mit der Welt der Entdeckungsreisen auf die Kurzformel *forte aventure* GROSSES ABENTEUER gebracht haben. Damit haben wir auch schon die Erklärung für den Namen dieser Kanarischen Insel.

FUJIYAMA, FUDSCHIJAMA [B, Japan, Asien, jap. *Fujisan*, engl. *Mount Fuji*] Die zwei japanischen Ideogramme, die im »heiligen Berg Japans« stecken (kanji *fu* und *ji*), könnten mit REICHER MANN interpretiert werden, wenn dies auch keinesfalls die wortwörtliche Bedeutung ist. Auch DER UNVERGLEICHLICHE oder FEUERSPUCKER wurden für diesen Vulkan vorgeschlagen. *Yama* (jap. Lesung des Zeichens) bzw. *san* (chin. Lesung als *Fujisan*) bedeuten einfach BERG. Alljährlich strömen Tausende zum Gipfel des heiligen Berges, der bis zur Meiji-Zeit für Frauen verboten war.

FUKUOKA [O/P, Japan, Asien] Der sprechende Name HÜGEL DES GLÜCKS (jap. *fuku* »Glück«, *oka* »Hügel«) wurde für die 1889 aus zwei Städten (Hakata und Fukuoka) gebildete Metropole Kyūshūs gewählt. Da diese Region bereits 300 v. Chr. Siedlungsgebiet war, bezeichnet man Fukuoka gern als »Wiege der japanischen Zivilisation«.

FULDA FD [O/F, Hessen, Deutschland, Europa] Der Name des linken Quellflusses der Weser setzt sich aus ahd. **fulta*, asächs. *fulda* ENDE, LAND und ahd. *aha* WASSER zusammen. Die gleichnamige Stadt, heute bekannt für ihre Philosophisch-theologische Hochschule, entstand bereits im 8. Jh. (bereits 772 als *Fulda* belegt) auf altem, fränkischem Siedlungsgebiet.

FÜRTH FÜ [O, Bayern, Deutschland, Europa] Fürth ist heute durch ein historisches Ereignis unvergessen. 1835 wurde die erste deutsche Eisenbahn auf der Strecke Nürnberg–Fürth errichtet. Im gleichnamigen Brettspiel (»1835«) des begnadeten Francis Tresham kann man die frühe deutsche Eisenbahngeschichte sogar nachspielen. Der Name dieser bayrischen Stadt lässt sich auch phonetisch leicht vom ahd. *furt* FURT, ÜBERFAHRTSSTELLE ableiten. Offensichtlich war ein wichtiger Flussübergang die Keimzelle der späteren Zwillingsstadt Nürnbergs.

FÜSSEN [O, Bayern, Deutschland, Europa] Die Lage der Siedlung AM FUSS des Gebirges ist entscheidend für diesen Ortsnamen. Über *Fozen*, *Fuozzen* bis zu Füssen entwickelte sich die Dat. Pl. zu ahd. *fuoz*, *fouz* »Fuß«. Allerdings wurde durch Grabungen auch ein römisches Kastell *Foetibus* (aus germ. **fōt* »Fuß«) nachgewiesen. Jedenfalls hat diese Siedlung eine Namensverwandtschaft mit der italienischen Provinz Piemont (s. d.).

griech. *gamma* Γγ – phöniz. *gīmel* »Kamel« – proto-semitisch *gaml* »Wurfstock«

GABUN GA/GAB/G [S, Zentralafrika, engl. *Gabon*, oL *Gabunische Republik*, franz. *République gabonaise, Le Gabon*] Eine faszinierende Vorstellungskraft bewiesen die portugiesischen Seeleute, als sie im 16. Jh. die Mündung des Mbe ansteuerten. Wegen des fjordartigen Aussehens dieses Flusses, das einem weit verbreiteten Kleidungsstück ähnelt, wählten sie den Namen *gabão* MANTEL MIT KAPUZE. Während des 15. Jh.s wurde auf dem Gebiet des heutigen Gabun der

Bantu-Staat *Loango* gegründet. U: 17. 8. 1960 (ehem. franz. Kolonie)

GALÁPAGOS-INSELN [I, Ekuador, Südamerika] Als die ersten Spanier hier 1535 Land betraten, mussten die riesigen Schildkröten einen ungeheuren Eindruck gemacht haben. Spontan nannten sie diese Inselgruppe *galápagos* (span. für SCHILDKRÖTE). Dieses Wort geht auf eine vlat. Wurzel zurück: *kal* bedeutet so viel wie »Panzer«, folgerichtig wurden diese Echsen *kalappaku* genannt. Zumindest ist dies eine der gängigen Namenserklärungen. Einer anderen etymologischen Herleitung zufolge setzt sich der Name aus griech. *gála* »Milch« und *págos* »Felszacke« zusammen, könnte also mit MILCHIGE FELSSPITZEN interpretiert werden. Diese Herleitung ist nicht so abwegig, da die Felsen der Galápagos-Inseln dick mit weißem Vogelmist (also Guanodünger) bedeckt sind. Eine historische Randnotiz: Trotz der Verlassenheit dieser zu Ekuador gehörigen Pazifikinseln kann ihre Bedeutung für die Evolutionstheorie Charles Darwins nicht hoch genug eingeschätzt werden. Nicht zuletzt auf Grund seiner Beobachtungen dreizehn verschiedener Finkenarten konnte Darwin seine Hypothesen entscheidend erhärten und damit einen der größten Meilensteine der Wissenschaftsgeschichte setzen.

GALAȚI [O/P, Rumänien, Europa, dt. *Galatz*] Möglicherweise steckt das Volk der Vollkommene GALATER in dieser rumänischen Siedlungsbezeichnung. Auch der deutsche Name scheint dies anzudeuten.

GALICIEN, GALIZIEN [P, Spanien, Europa, span. *Galicia, Galiza*] Als die Römer um 140 v. Chr. hierher kamen, war dieses nordwestspanische Land im Besitz des keltischen Stammes der GAL-LAECI. Daher der römische Name *Gallaecia*. Vermutet wird aus etymologischer Sicht ein Zusammenhang mit der Bezeichnung GALLIER.

GALILÄA [H/P, Israel, Asien, engl. *Galilee*] Der Name dieser biblischen Provinz, der Heimat des Jesus von Nazareth, kommt vom hebr. Wort *ha-galil* KREIS, BEZIRK.

GALIZIEN [H/P, Polen, Ukraine, Europa, pol. *Galicja*, ukrain. *Halych*] Fast einhundertfünfzig Jahre lang (von 1772 bis 1918) waren Galizien und Lodomerien (kurz: Galizien) die nördlichsten Provinzen des Habsburgerreiches. Heute ist diese historische Landschaft zwischen Polen und der Ukraine aufgeteilt. Der Name könnte sich von einem KELTISCHEN Stamm ableiten, also ähnlichen Ursprung wie das spanische Galicien haben. Jedoch wird auch ein Bezug zu slaw. *halytsa, galitsa* NACKTER HÜGEL oder *halka, galka* DOHLE für möglich gehalten, war doch dieser Vogel auch im Wappen des Landes enthalten. Allerdings muss, vor allem wegen der zeitlichen Abfolge Name-Wappen, letztere Herleitung als Volksetymologie interpretiert werden.

GALLIEN [H/L, Belgien, Deutschland, Frankreich, Italien, Europa, franz. *Gaule*, engl. *Gaul*] *Gallia Aquitania* im Südwesten Frankreichs, *Gallia Transalpina* (dt. Gallien jenseits der Alpen), *Narbonensis* (Mittelmeerküste Frankreichs), *Gallia Celtica* oder *Lugdunensis* (Zentralfrankreich), *Gallia Belgica* (heute Teile Belgiens, Deutschlands) sowie *Gallia Cisalpina* (dt. Gallien diesseits der Alpen, also Norditalien) waren die zu römischen Zeiten nach den GALLIERN (lat. *Gallia* KELTEN) benannten Gebiete. Ein chemisches Element, das *Gallium*, erinnert an diese historische Region.

GALLIPOLI [O, Italien, Europa] Ehemals als *Kallipolis* (griech. *kalos* »schön«, *polis* »Stadt«) bekannt, war die SCHÖNE STADT um ca. 1356 die erste Eroberung der Osmanen auf europäischem Boden.

GALLIPOLI [O, Türkei, Asien, türk. *Gelibolu*] Der Hafen an den Dardanellen geht auf das griech. *Kallipolis* (griech. *kalos* SCHÖN, *polis* STADT) zurück, genauso wie die gleichnamige Siedlung in Italien. Im Ersten Weltkrieg (1915) fand hier eine gänzlich unschöne, riesige Opfer fordernde Schlacht statt.

GALWAY [O/P, Irland, Europa, ir. *Gaillimh*] Galway liegt an der Mündung des Corrib in den Atlantischen Ozean. Vom steinigen Flussbett oder der felsigen Küste dürften sich auch der Stadt- und County-Name ableiten. Denn im gäl. *gall* steckt neben anderen Bedeutungen auch das Adjektiv STEINIG.

GAMBIA GM/GMB/WAG [S/F, Westafrika, oL *Republik Gambia*, engl. *Republic of the Gambia*, *The Gambia*] Einer portugiesischen Verballhornung des Lokalnamens *ba-dimma* (dt. DER FLUSS, verdankt Gambia seinen Namen. Zu Recht, denn der Gambia führt mehr als 320 km ins Landesinnere und ist die alleinige Lebensader dieses Staates. Kritiker haben Gambia als einen »Unfall« der Kolonialgeschichte bezeichnet. Im Ringen um Einfluss in Westafrika wurde auf der großen Afrikakonferenz 1884 den Briten der Fluss, den Franzosen der übrige Senegal zugesprochen. Und gerade die englische Bezeichnung Gambias, *The Gambia* (mit Artikel), drückt deutlich eine Assoziation mit einem Fluss statt eine solche mit einem Staat aus. Eine Ableitung des Namens vom port. *câmbio* (dt. Handel), in Anspielung auf die regen Warentausch in dieser Region,

scheint dagegen sehr weit hergeholt. U: 18. 2. 1965 (ehem. brit. Kolonie)

GANGES [F, Bangladesch, Indien, Asien] Aind. *gangā* FLUSS bildet den Namen des heiligen Stroms des Hinduismus. Er ist die Mutter alles Lebens, Quell und Ziel zugleich. Der Mythologie entsprechend, soll der Ganges einst dem Fuß des Gottes Vishnu und der Stirn des Gottes Shiva entsprungen sein. Der Ganges ist das Ziel aller Pilgerfahrten der Hindus, denn die Berührung mit dem heiligen Wasser stellt für jeden Gläubigen das höchste Glück auf Erden dar. Selbst die Asche der Toten findet so die ewige Ruhe im Jenseits.

GARBSEN [O, Niedersachsen, Deutschland, Europa] Das Wappen Garbsens erinnert an die zahlreichen Ziegeleibetriebe dieser Stadt – hier gab es früher starken Sandsteinabbau. Die Namensetymologie dieses Ortes ist bis heute nicht restlos geklärt.

GARDASEE [G, Italien, Europa, ital. *Lago di Garda*, *Benàco*, engl. *Lake Garda*] Garda (lat. *guardia* WACHE) ist der Name einer malerischen ehemaligen Wehrsiedlung, deren Burg vom Gotenkönig Theoderich im 5. Jh. erbaut wurde (got. *garda* GARTEN oder got. *wardja* WACHE, WÄCHTER). Damit wurde auch der alte Name *Benàco* durch Lago di Garda verdrängt.

GARMISCH-PARTENKIRCHEN
GAP [O, Bayern, Deutschland, Europa] Dieser Doppelort, heute als Veranstalter eines Springens der Vierschanzentournee bekannt, wurde 1935 aus zwei Gemeinden vereinigt. Garmisch geht auf ahd. *gouwe, gawe* »Gau, Wohngebiet« zurück. So hieß diese Siedlung noch im 11. Jh. *Germarisgowi*, also WOHNGEBIET DES GERMAR. Der Personenname wiederum entspricht der bei frühen

deutschen Namen üblichen Zusammensetzung aus zwei Begriffen, hier ahd. *gēr* »Speer« und *māri* »angesehen, berühmt«. Partenkirchen liegt an einer römischen Straßenstation, im 3. Jh. als *Part(h)ano* belegt. Möglicherweise hat dies mit dem Völkernamen Parthi zu tun, vielleicht aber auch mit dem Personennamen Partus. Wie auch immer, die KIRCHE DER PARTHER (oder des PARTUS) ist in jedem Fall gemeint.

GARONNE [F, Frankreich, Europa] Die präidg. Wurzel *kar* STEIN, FELS beschreibt etymologisch anschaulich das Bett dieses südfranzösischen Flusses.

GATWICK [O, England, Großbritannien, Europa] Der Flughafen südlich von London trägt einen sehr »ländlichen« Namen: ZIEGENFARM (aengl. *gat* »Ziege« und *wic* »Ort, Farm«).

GASCOGNE [R, Frankreich, Europa, engl. *Gascony*] Das römische *Novempopulana* (dt. Land der neun Stämme) wurde um 600 von den Basken (lat. Vascones) in Besitz genommen. Der neue Name *Vasconia* (dt. Land der Vasconer) entwickelte sich durch Anlautumstellung zunächst zu *Wasconia* und dann weiter zu *Gasconia*. Die durch genießerische Lebensführung bekannte Gascogne könnte man einfach mit BASKENLAND übersetzen.

GAZA (-Streifen) [R, Israel, Asien, arab. *Ghazzah*, hebr. *Azzā*, engl. *Gaza Strip*] Dieser wild umkämpfte Landstreifen am Mittelmeer (seit dem 16. Jh. türkisch, ab 1917 britisch, zwischen 1948 und 1967 ägyptisch, dann im Sechstagekrieg von den Israelis erobert und heute palästinensisches Siedlungsgebiet) könnte sich ebenso wie die Stadt Gaza vom hebr. *az* STÄRKE ableiten, was auf eine frühe Wehrsiedlung in diesem Gebiet schließen lässt.

GDÁNSK [O, Polen, Europa, pol./engl. *Gdańsk*] Da sich das Land der Goten bis in die Gegend von Gdańsk erstreckte, wählte man den Namen *Gutisk-anja* ENDE DER GOTEN. Der deutsche Name **Danzig** dagegen suggeriert eine Verbindung zu den Dänen, die allerdings etymologisch nicht nachzuweisen ist.

GDYNIA [O, Polen, Europa, dt. *Gdingen*] Als alternativer Hafen zu Danzig gegründet, sollte Gdynia den schmalen polnischen Zugang zur Ostsee nutzen helfen. Auch dieser Name leitet sich von den GOTEN ab. Interessanterweise wurde während der kurzen deutschen Okkupationszeit sogar die Bezeichnung *Gotenhafen* eingeführt.

GELBES MEER [G, China, Nordkorea, Südkorea, Asien, chin. *Huanghai*, engl. *Yellow Sea*] Der chinesische Name *Huanghai* GELBES MEER verdankt seine Bezeichnung der gelben Färbung der tonnenschweren Ablagerungen zahlreicher ostchinesischer Flüsse, allen voran des **Huang Ho** (s. d.). Allerdings wurde dieser Fluss im Jahr 1852 eingedeicht, sodass er seitdem nördlich des Gelben Meeres in den Pazifik mündet.

GELSENKIRCHEN GE [O, Nordrhein-Westfalen, Deutschland, Europa] Der Name dieser Ruhrpottstadt, Heimat des berühmten Fußballclubs Schalke 04, wird heute als KIRCHE AUS GELBEN STEINEN gedeutet. Dies mittels einer auf sprachwissenschaftlicher Ebene rekonstruierten Form **Gelestēnkirka*.

GENEZARETH → **See Genezareth** [G, Israel, Asien] In der Literatur wird dieses schon in der Bibel erwähnte Gewässer meist mit dem vorgestellten »See« beschrieben; daher auch die alphabetische Zuordnung in diesem Namenswerk. Zur Etymologie s. See Genezareth.

GENF GE [O/P, Schweiz, Europa, franz. *Ge-*

nève, engl. *Geneva*] Sowohl das idg. Wurzelwort *genu* KRÜMMUNG, KNIE (in Anspielung auf den See) wie auch das präidg. *gan* MÜNDUNG (nämlich der den See speisenden Rhône) kommen als Namensursprung für die Westschweizer Stadt wie den Kanton infrage. Die *Genfer Konvention*, die eine menschenwürdige Behandlung Gefangener und Zivilisten während eines Krieges einfordert, ist das wohl bedeutendste Dokument, das in dieser UNO-Stadt unterzeichnet wurde. Genf ist zudem Sitz zahlreicher internationaler Organisationen.

GENFER SEE → **Genf** [G, Frankreich, Schweiz, Europa, fra0,nz. *Lac Léman*, engl. *Lake Geneva*] Der nach dem Plattensee zweitgrößte See Mitteleuropas hat gleichzeitig die größte Wassermenge. Der französische Name setzt sich aus den kelt. Wörtern *lem* und *an* »großes Wasser« zusammen und entspricht dem lat. *Lacus lemanus*. Zur deutschen Bezeichnung s. Genf.

GENT [O, Niederlande, Europa, franz. *Gand*, engl. *Ghent*] Wahrscheinlich ist das kelt. Wort *contate* ZUSAMMENFLUSS die Wurzel für diesen Ortsnamen. Gemeint sind die Flüsse Leie und Schelde.

GENUA [O, Italien, Europa, engl. *Genoa*] Möglicherweise bildet das lat. *janua* TÜR oder das idg. *genu* KRÜMMUNG, KNIE (am gleichnamigen Golf) diesen Stadtnamen (vgl. Genf). Die französische Form *Gènes* hat uns den Namen für die *Jeans* geschenkt. Unter Seeleuten ist auch die *Genuafock*, ein Vorsegel, ein Begriff.

GEORGETOWN [O, Guyana, Südamerika] 1781 gegründet, wurde die Hauptstadt des ehemaligen British Guyana nach König GEORGE III. (1738–1820) benannt.

GEORGIA GA/GA [P, USA, Nordamerika] Dieser Staat wurde 1732 zu Ehren GEORGS II. (1683–1760) benannt. Der griechische Name bedeutet »Bauer« und ist eine Zusammensetzung von *gē* »Erde« und *ergein* »arbeiten«. *Peach* (dt. Pfirsich) *State* und *Empire State of the South* (dt. frei übersetzt: Reich des Südens) sind die beiden gängigen Beinamen.

GEORGIEN GE/GEO/GE [S, Südwestasien, engl. *Georgia*, oL *Republik Georgien*, georg. *Sakartvelos Respublikis, Sakartvelo*] Der hl. Georg, der in diesem Kaukasusstaat in seiner religiösen Bedeutung fast auf einer Ebene mit Gott und Jesus Christus steht, lebte um 300 in Kleinasien. Er starb unter Diokletian den Märtyrertod. Allgemein wird er als Patron der Bauern, Waffenschmiede und Soldaten gesehen. Griech. *georgos* heißt einfach »Bauer, Landmann«. Und eine der zahlreichen Legenden besagt, dass er mit einem Drachen gekämpft hat. Georg versprach, das Ungeheuer vollends zu töten, sollten sich der König und zwanzigtausend Menschen taufen lassen und damit die Gnade Gottes annehmen. Dies ist die fürwahr schöne Geschichte als Namenshintergrund für einen unabhängigen Staat. In Wahrheit scheint aber vielmehr das pers. *kurj* oder *gurj* mit der platten Bedeutung LAND für diesen Namen verantwortlich. Die Georgier selbst nennen ihren Staat *Sakartvelo*, was ebenfalls auf eine mythologische Gestalt zurückgeht, nämlich auf den Stammvater Kartlos, den Ururenkel Noahs. Früher war noch ein anderer Name, das russische **Grusinien** sehr gebräuchlich. Die Griechen kannten dieses Land unter der Bezeichnung *Kolchis*, die Römer unter *Iberia*. Politische Ergänzung: Innerhalb Georgiens liegen die autonomen Gebiete Abchasien, Adscharien und Süd-Ossetien. U: 1918–1920; Proklamation 9. 4. 1991

GERA G [O, Thüringen, Deutschland, Europa] Diese auf altem Siedlungsboden gelegene Stadt trägt einen Flussnamen. Die idg. Wurzel *gher bedeutet frei übersetzt GURGELN, REIBEN, aber auch GERÖLL oder KIES.

GERMANY → **Deutschland** [S, Europa] »Made in Germany« gilt trotz Wirtschaftsflaute der letzten Jahre international immer noch als erste Herkunftsadresse. Nicht umsonst bezeichnet man Deutschland als Exportweltmeister!

GETHSEMANE → **Ölberg** [X, Israel, Asien] Für bibelfeste Menschen ranken sich ganze Erzählwelten um den Garten Gethsemane (dt. ÖLPRESSE) oder den Ölberg, wie um alle anderen historischen Stätten, die im Leben Jesu eine Rolle spielten.

GETTYSBURG [O, Pennsylvania, USA, Nordamerika] 1786 von James GETTYS angelegt und zunächst als *Gettys Town* bezeichnet, erfolgte bereits 1800 die Umbenennung in die heutige Form. Wenn Gettysburg auch weniger als zehntausend Einwohner hat, so wird die Stätte der entscheidenden Schlacht des Amerikanischen Bürgerkriegs (1.– 3. Juli 1863) alljährlich von mehr als zwei Millionen Menschen besucht. Vielleicht ist die knapp dreiminütige Rede Abraham Lincolns, die sogenannte Gettysburg Address, in der er in knappen Worten die Grundzüge des Konflikts erklärt und zugleich die Basis der Demokratie beschwört, ein Mitgrund für die Faszination, die von diesem historischen Boden ausgeht. Immerhin gehört Lincolns rhetorisch meisterhafte Ansprache – die der Präsident auf der Rückseite eines Briefumschlags notierte – zum kollektiven Geschichtsbewusstsein der Amerikaner.

GHANA GH/GHA/GH [S, Westafrika, oL *Republik Ghana*, engl. *Republic of Ghana*] Bereits vom 4. bis zum 13. Jh. gab es in Afrika ein Großreich Ghana, das aber mit dem heutigen, gleichnamigen Staat weder ethnisch noch geografisch, noch politisch identisch ist, sondern vielmehr im Norden, im heutigen Mali und Mauretanien, lag. Das Wort *ghana* bedeutet eigentlich KÖNIG, HERRSCHER. Und bei der Staatsgründung des ersten unabhängigen afrikanischen Staates im 20. Jahrhundert (es war das Jahr 1957) wurde als Zeichen der Stärke Afrikas der alte Name verwendet. Der Stolz der *Ghanaer*, wie die dortigen Menschen heißen, schwingt hier sichtlich mit. Immerhin wurden auch die panafrikanischen Farben der Flagge Ghanas (s. Spezialkapitel Flaggenfamilien) während der Loslösungsphase von den ehemaligen Kolonialmächten von vielen Ländern Afrikas zum Symbol für Hoffnung und Freiheit. Die kolonialzeitliche Bezeichnung **Goldküste**, einst wegen der lokalen Goldfunde von den Portugiesen eingeführt (*Costa do Ouro*), ist heute dagegen fast in Vergessenheit geraten. U: 6. 3. 1957 (ehem. brit. Kolonie)

GHATS [B, Indien, Asien] Die West- und die Ostghats tragen ihre Namen nach dem Hindibegriff *ghāt* GEBIRGSPASS. Jedenfalls ist diese Bezeichnung geomorphologisch absolut angezeigt.

GIBRALTAR -/-/GBZ [R, Großbritannien, Europa] Der maurische Kommandant Tāriq ibn Ziyād (ca. 720 gestorben) nahm 711 den »Felsen« (arab. *jabal* »Berg«) ein, und aus *Jabal Tāriq* BERG

Tāriqs entstand dann auch der heutige Name. 1462 von Spanien annektiert, fiel Gibraltar 1704, während des Spanischen Erbfolgekriegs, in britische Hände. Seit 1830 ist der Felsen eine Kronkolonie Großbritanniens. Als einziger Ort Europas, an dem Affen (Tierart: Berberaffe oder Magot) freilebend vorkommen, wird Gibraltar im Volksmund auch als »Affenfelsen« bezeichnet.

GIBSON DESERT [Wü, Australien, Ozeanien, dt. *Gibson Wüste*] Treue Freundschaft drückt sich im Namen dieser erst 1873 entdeckten Wüste Australiens aus. Der Abenteurer und Forscher Ernest Giles wählte diese Bezeichnung zu Ehren seines Reisegefährten Alfred GIBSON, der beim Wasserholen verschollen war und nie mehr ins Basiscamp zur Stoßtruppe zurückkehrte.

GIESSEN GI [O, Hessen, Deutschland, Europa] Seit 1607 hat Gießen eine eigene Universität. Die im 12. Jh. übliche Bezeichnung *burg ze din Giezzen* (dt. Burg an den BÄCHEN) spricht auf die Lage im Mündungsbereich der Wieseck an. Ahd. *giezo*, mhd. *gieze* trägt die Bedeutung »Wasserlauf, Flussarm«.

GIJÓN [O, Spanien, Europa, astur. *Xixón*] Diese in der autonomen Region Asturien gelegene spanische Hafenstadt trägt den lat. Namen *saxones* FELSIG, in Anspielung auf die hier zahlreichen Felsklippen.

GILBERT-INSELN → **Kiribati** [H/I, Kiribati, Ozeanien] Kapitän Thomas Gilbert zu Ehren wurde diese Inselgruppe in Ozeanien mit seinem Namen belegt. Immerhin war er es, der die ersten Sträflinge nach Australien brachte. Genaueres s. Kiribati.

GIZEH [X, Ägypten, Asien, arab. *al-Jizah*, engl. *Giza*] Der Name dieser archäologischen Ausgrabungsstätte, die einige der erstaunlichsten Monumente des alten Ägyptens zeitigte, wird von *er-ges-her* (*ges* »neben«, *her* »der Hohe«) abgeleitet, bedeutet also so viel wie DER NEBEN DEM HÖCHSTEN. Wenn man die kultische Bedeutung der Pyramiden in Betracht zieht, dann ist dieser Name an sich fast schon göttlich.

GLADBECK [O, Nordrhein-Westfalen, Deutschland, Europa] GLÄNZENDER BACH ist die wörtliche Übertragung von ahd. *glat*, nhd. *glad* und ahd. *bah*, mhd. *bach*.

GLARUS GL [P/O/B, Schweiz, Europa, ital. *Glarona*] Dieser bereits 1352 entstandene Kanton trägt den gleichen Namen wie die Hauptstadt sowie das umliegende Gebirge. Vermutlich bildet lat. *clarus* HELL, KLAR den Namen, vielleicht mit Anspielung auf die klare Bergluft oder die nicht vollständig baumüberwachsenen Bergflanken.

GLASGOW [O, Schottland, Großbritannien, Europa, gäl. *Glaschu*] Das gäl. *glas cau* bedeutet einfach GRÜNES TAL oder GRÜNE MULDE, sicher ein Hinweis auf die Schönheit der Landschaft in alten Zeiten. Als »Second City of the British Empire« waren die Glaswegians (so der Name der Einwohner) während der Viktorianischen Epoche wohl ziemlich stolz auf ihre Stadt.

GLEIWITZ [H/O, Polen, Europa, pol. *Gliwice*] Ein gestellter Angriff auf eine Radiostation (Reichssender Gleiwitz) am 31. August 1939 diente Nazi-Deutschland als Vorwand, Polen zu überfallen und damit den Zweiten Weltkrieg vom Zaum zu brechen. Der Name dürfte so viel wie HINTER DER BRÜCKE bedeuten.

GLENDALOUGH [R, Irland, Europa, ir. *Gleann Dá Locha*] Das TAL DER ZWEI SEEN, eine idyllische Landschaft inmitten der Wicklow Mountains, wurde im 6. Jh. zum Refugium des heiligen Kevin, eines frühen Mönchs. Der zum Schutz gegen die einfallenden Wikinger erbaute Round Tower sowie das Keltische Hochkreuz ziehen Jahr für Jahr hunderttausende Touristen in ihren Bann.

GLIWICE → **Gleiwitz** [O, Polen, Europa] Wenn auch sonst nichts vom deutschen Namen Gliwices in Erinnerung bleibt, so wird wohl jedem Historiker, der sich mit der Zeit des Dritten Reichs beschäftigt, sofort der gestellte Überfall auf den Reichssender Gleiwitz einfallen, der den Zweiten Weltkrieg auslöste. Fast symbolhaft wirkt in diesem Zusammenhang die Bedeutung des Namens: HINTER DER BRÜCKE.

GOA [P, Indien, Asien] Der kleinste indische Bundesstaat verdankt seinen Namen einem lokalen Dialekt. *Goe mat* bedeutet einfach FRUCHTBARES LAND. Vielleicht haben dies ehedem auch die portugiesischen Kaufleute so gesehen und Goa daher fast 450 Jahre lang unter ihrer Kontrolle gehalten. 1961 schließlich wurde die Kolonialherrschaft beendet, ohne dass auch nur ein Schuss abgefeuert werden musste.

GOBI [Wü, China, Mongolei, Asien] Das mongol. *gov* bedeutet so viel wie STEPPE oder WÜSTE. Der chin. Name *Shamo* muss mit Sandwüste übersetzt werden. Auf Grund des kontinentalen Klimas treten in dieser zweitgrößten Wüste der Erde extremste Temperaturschwankungen zwischen Tag und Nacht auf.

GODTHÅB [O, Dänemark, Nordamerika, engl. *Godthaab*] Die Hauptstadt Grönlands trägt den schönen dän. Namen GUTE HOFFNUNG (*godt, håb*). Dies hat jedoch nichts mit den begrenzten wirtschaftlichen Möglichkeiten in dieser

Eiswüste zu tun, sondern vielmehr mit der Hoffnung auf eine Bekehrung der dort ansässigen Inuit, die der norwegische Missionar Hans Egede bei der Stadtgründung im Jahr 1721 hegte.

GOLANHÖHEN [R, Israel, amtl. Syrien, hebr. *Ramat Hagolan*, arab. *al-Jawlān*, engl. *Golan Heights*] Die von Israel im Sechstagekrieg annektierten Golanhöhen wurden nach der biblischen Stadt GOLAN (Deut 4,43; Jos 20,8) benannt. Die Bedeutung des Namens verliert sich in der Geschichte.

GOLDENES HORN [G, Türkei, Asien, Europa, engl. *Golden Horn*, türk. *Haliç*] Das Goldene Horn, eine langgezogene Bucht, die Istanbul in einen Nord- und einen Südteil durchschneidet, trägt seinen Namen wegen des unglaublichen Prunks, mit dem die Herrscher des Römischen bzw. Oströmischen Reiches früher ihre Macht demonstrierten. Auf der Halbinsel (dem HORN) standen etwa der Kaiserpalast oder das Hippodrom (die Pferderennbahn). GOLD war das bevorzugte Dekorationsmaterial.

GOLDKÜSTE → **Ghana** [H/R, Ghana, Afrika, engl. *Gold Coast Colony*] Heute gerät dieser alte Name für den westafrikanischen Küstenabschnitt im heutigen Ghana, die ehemalige *Gold Coast Colony* (1878–1958), immer mehr in Vergessenheit. Nun, die selbstbewussten Staaten Afrikas versuchen verständlicherweise die Erinnerungen an den Status als Kronkolonien Großbritanniens endgültig abzuschütteln.

GOLF VON BENGALEN → **Bengalen** [G, Asien, engl. *Bay of Bengal*] Der Golf von Bengalen, ein Teil des Indischen Ozeans, trennt Indien vom südostasiatischen Festland. Zum Namen s. Bengalen.

GOLF VON BISCAYA [G, Frankreich, Spanien, Europa, franz. *Golfe de Gascogne*,

engl. *Bay of Biscay*] Der Name ist baskischen Ursprungs (*biskar* BERGLAND)
und spielt auf die Pyrenäen an, an deren
Nord- und Südflanken dieses Volk
lebt.

GOLF VON MEXIKO → Mexiko [G,
engl. *Gulf of Mexico*] Als Ausgangsgebiet
des Golfstroms (s. d.) ist dieses Gewässer auch für Europa von eminenter Bedeutung, trotz der riesigen Entfernung
über den gesamten Atlantik. Wie
schrieb ein Wirtschaftsjournalist: »Der
Golfstrom ist die Warmwasserheizung
der Alten Welt«.

GOLFE DU LION [G, Frankreich, Euro-
pa] Am LÖWENGOLF an der französischen Mittelmeerküste liegen zahlreiche bekannte Städte, unter anderem
Marseille, Narbonne, Perpignan, Bé-
ziers, Saintes-Marie-de-la-mer, Montpellier und Toulon.

**GOLGOTHA, GOLGOTA, GOLGA-
THA** [X, Israel, Asien, aram. *gulguta*, hebr.
gulgulet] Alle vier Evangelisten bezeichnen den Kreuzigungsplatz Jesu als
SCHÄDELHÖHE. Ob dies auf die Grabstätte des Schädels Abrahams hinweist
(wie Origenes meint) oder auf die Schädel der Verurteilten (Hieronymus)
oder aber einfach auf die Form des Hü-
gels, darüber gibt es letztlich nur Spekulationen. Mit dem Begriff *Golgotha*
wird auch tiefes Leiden ausgedrückt.

GOMORRAH [X, Israel, Asien] Inmitten
einer fruchtbaren Landschaft gelegen,
dürfte hebr. *ōmer* KORNÄHRE die
Wortwurzel von Gomorrah bilden. Allerdings ist der genaue Lageplatz dieser
bereits in der Bibel (Gen 10,19) erwähnten Stadt nicht bekannt, wenn
auch das Südufer des Toten Meeres gut
in Frage kommt. Zusammen mit Sodom wurde diese Stadt wegen des un-
moralischen und bösen Lebenswandels

seiner Einwohner zerstört. *Sodom und
Gomorrah* wurden damit zu einem geflügelten Wort.

GÖPPINGEN GP [O, Baden-Württemberg,
Deutschland, Europa] Die ehemalige
Handballhochburg trägt einen Personennamen: GEPPO. Dies ist vor allem in
den alten Formen *apud Geppingin* oder
de Geppingen gut erkennbar.

GORKIJ → Nischni Nowgorod [H/O,
Russland, Europa] Maxim GORKIJ ist einer der ganz wenigen Literaten, nach
denen Städte benannt wurden. Und
auch hier war dies nur von begrenzter
Zeitdauer. Der politische Hintergrund:
Stalin wollte den populären Schriftsteller mit dieser Ehrung stärker an die
kommunistische Partei binden. Heute
nennt sich diese Stadt wieder *Nischni
Nowgorod* (s. d.).

GÖRLITZ GR [O, Sachsen, Deutschland, Eu-
ropa] Bereits im ausgehenden Mittelalter erlebte Görlitz als Zentrum des
Sechsstädtebundes seine Hochblüte.
Das slaw. *zgorěti* DURCH BRAND RO-
DEN bildet den Namen dieser sächsischen Stadt.

GOSLAR GS [O, Niedersachsen, Deutschland, Europa] Vermutlich war Goslar
ehedem eine Kaufmannssiedlung, die
im 13. Jh. Mitglied der Hanse wurde.
Der Name leitet sich vom Fluss Gose
ab (idg. *gheus*, *ghus* SPRUDELN), sowie von ahd. *(h)lâr*, idg. *klei* »neigen, lehnen«, womit vermutlich ein
GERUST oder ein GESTELL für die
Viehwirtschaft gemeint gewesen sein
dürfte.

GÖTEBORG [O, Schweden, Europa, engl.
Gothenburg] Der Name dieser 1603 auf
den Grundmauern einer gotischen
Siedlung errichteten schwedischen
Stadt spiegelt die Historie wider: BURG
DER GOTEN (schwed. *got*, *borg*).

GOTLAND [I, Schweden, Europa] Wissenschaftliche Forschungen können zwar nicht zweifelsfrei beweisen, dass die GOTEN hier ihr Ursprungsland hatten, aber einiges spricht doch für diese Theorie. Auch Göteborg oder Gdansk (s. d.) gehen auf diesen Volksnamen zurück.

GÖTTINGEN GÖ [O, Niedersachsen, Deutschland, Europa] Der sehr alte Dorfname *Gutingi*, aus dem sich bis zum 15. Jh. Göttingen entwickelte, könnte auf einen Personennamen, aber auch auf das asächs. *gota* »Wasserrinne« zurückgehen. Dafür spräche die Ableitung auf *ingi*, also LEUTE AN DER WASSERRINNE. Bereits im 14. Jh. war Göttingen Hansestadt, seit dem Jahr 1737 beheimatet es eine eigene Universität.

GRAN CHACO [R, Brasilien, Südamerika] Die GROSSEN JAGDGRÜNDE (span. *gran* »groß« und Quechua *chaco* »Jagd«) sind eine treffende Bezeichnung für diese Ebenen Brasiliens.

GRANADA [O, Spanien, Europa] Der GRANATAPFEL (lat. *granatum*) gibt dieser auf vier Hügeln errichteten andalusischen Stadt ihren Namen. Die landschaftliche Assoziation mit dem Granatapfel ist aber nur eine Erklärungsmöglichkeit. Ebenso gut könnte eine lokal kultivierte Frucht den Namen Granada bedingt haben. Weltberühmt ist der Palast der *Alhambra* (s. d.), das zweifellos beeindruckendste maurische Kulturerbe in Europa.

GRAND CANYON [R, USA, Nordamerika] Die vom Colorado während Jahrmillionen ins Gestein gegrabene GROSSE SCHLUCHT zählt zu den eindrucksvollsten Naturwundern unseres Planeten. Mit steilen Wänden auf 450 km Länge zieht vor allem der Nationalpark in Arizona jedes Jahr Millionen von Menschen an. Hier darf man offen Ehrfurcht vor der Natur zeigen!

GRAUBÜNDEN GR [P, Schweiz, Europa, ital. *Grigioni*, franz. *Grisons*, rätorom. *Grischun*, engl. *Graubunden*] Der Name dieses Schweizer Kantons geht auf den GRAUEN BUND, eine 1395 gegründete geheime Liga, zurück, die als Ziel den Machtkampf gegen die Habsburger sah. Der Bund seinerseits übernahm einfach den Namen des gewobenen Tuches, das von den Mitgliedern getragen werden musste. Graubünden hat drei Amtssprachen (Deutsch, Rätoromanisch und Italienisch) und wird daher auch gerne als »kleine Schweiz« bezeichnet.

GRAZ [O, Österreich, Europa] Das slaw. Wort *gradec* bedeutet KLEINE BURG (*grad* »Burg«, *ec* »klein«). In dieser Benennung könnte man auch einige Symbolik sehen, ist doch Graz auf drei Seiten von Bergen umschlossen und war daher ein fast natürliches Bollwerk gegen einfallende Stämme aus dem Süden.

GREAT BARRIER REEF [G, Australien, Ozeanien, dt. *Großes Barriereriff*] Das größte Korallenriff der Erde besteht aus fast dreitausend Einzelriffen und mehr als tausend Inseln. Diese über Jahrmillionen entstandenen Kalkberge gelten als eines der »sieben Weltwunder« der Natur und wurden daher bereits 1981 zum Weltnaturerbe erhoben. Wegen der ausgedehnten Korallenbänke (vgl. die Fläche Deutschlands) war dieses der Nordostküste Australiens vorgelagerte RIFF lange Zeit ein großes HINDERNIS für die Schifffahrt. Daher der sprechende Name.

GREAT BEAR LAKE → **Großer Bärensee** [G, Kanada, Nordamerika] Der viertgrößte See Kanadas ist nicht ganz halb so groß wie Österreich. Der englische Name entspricht exakt der deutschen Übersetzung (s. d.).

GREAT LAKES [G, Kanada, USA, Nordamerika, dt. *Große Seen*] Oberer See (Lake Superior), Michigansee (Lake Michigan), Huronsee (Lake Huron), Eriesee (Lake Erie) und Ontariosee (Lake Ontario) bilden zusammen mit dem St. Lawrence-System das GRÖSSTE SÜSSWASSERRESERVOIR der Erde. Mnemotechnisch merken sich amerikanische Kinder die Reihenfolge der Seen von West nach Ost mit dem Satz »She Made Harry Eat Onions«. Zwischen dem Erie- und Ontariosee stürzen die weltberühmten Niagarafälle in die Tiefe.

GREAT PLAINS [R, Kanada, USA, Nordamerika] Die Great Plains am Ostrand der Rocky Mountains bilden ein ungeheuer ausgedehntes Steppengebiet, eine wahrhaft GROSSE EBENE. Bis ins 19. Jh. waren die Plains die Weidegründe riesiger Bisonherden, die den Charakter Nordamerikas prägten.

GREAT SALT LAKE [G, USA, Nordamerika, dt. *Großer Salzsee*] Dieses Gewässer in Utah ist extrem flach und extrem SALZHALTIG (knapp 25 %). Der Grund liegt in der starken Verdunstung, die den Zufluss bei weitem übersteigt, allerdings damit auch die Ausdehnung des Sees mehr und mehr einschränkt.

GREAT SANDY DESERT [W Australien, Ozeanien, dt. *Große Sandwüste*] Die GROSSE SANDWÜSTE in Nordwestaustralien hat einen Jahresniederschlagswert, der fast an den von Wien herankommt. Auf Grund der extrem hohen Verdunstung ist Wüstenbildung dennoch die zwangsläufige Folge.

GREAT SLAVE LAKE → **Großer Sklavensee** [G, Kanada, Nordamerika] Der englische Name für diesen naturbelassenen See in den kanadischen Northwest-Territo-ries entspricht genau der deutschen Übersetzung (s. d.). Die am Seeufer gelegene Siedlung Yellowknife ist übrigens der Hauptort dieses riesigen Gebietes.

GREENWICH [X, England, Großbritannien, Europa] HAFENSIEDLUNG IM GRÜNEN lautet die fast poetisch anmutende Bezeichnung dieses Londoner Stadtteils (aengl. *grēne* »grün«, *wic* »Hafensiedlung«). 1675 wurde hier das Royal Greenwich Observatory, die britische Sternwarte errichtet, 1884 schließlich dieser Standort als Nullmeridian der internationalen Zeitzonen bestimmt. Die *Greenwich Meantime* war bis zur Einführung der Coordinated Universal Time die allgemeingültige Weltzeit.

GREENWICH VILLAGE [X, USA, Nordamerika] Dieses Künstlerviertel New Yorks war ursprünglich ein echtes DORF, das seinen ersten Namensteil dem heute mindestens ebenso berühmten Londoner Stadtteil verdankt (s. d.).

GREIFSWALD HGW [O, Mecklenburg-Vorpommern, Deutschland, Europa] Einige Meilensteine auf dem Weg zur heutigen Stadt: 1197 Salzquelle, 1250 Stadtrecht, 1281 Hansestadt, 1456 Gründung einer Universität, 1815 Übernahme durch Preußen. Der erste Namensteil enthält das Fabeltier GREIF (mnd. *grīp, grīpe*), das Wappentier der pommerschen Herzöge, der zweite Teil ist als Hinweis auf dichten WALDBESTAND (mnd. *wold*) in der Umgebung zu verstehen.

GRENADA GD/GDR/WG [S/I, Karibik, Mittelamerika, oL *State of Grenada*] Die kleine Karibikinsel benennt sich nach dem stolzen spanischen Königreich GRANADA. Lat. *granatum* steht für GRANATAPFEL, was entweder auf eine lokale Frucht hinweist oder auf die Lage einer Stadt auf vier Hügeln, die an das Aussehen eines aufgeschnittenen Granatapfels erinnern. Während der französischen Besetzung wurde der Inselname in *Grenade* geändert und schließlich von den Briten Ende des 18. Jh.s in die heutige Form gebracht. Kolumbus nannte diese Insel übrigens *Concepción* (dt. [Mariä] Empfängnis). U: 7. 2. 1974 (ehem. brit. Kolonie)

GRENOBLE [O, Frankreich, Europa] Diese ursprünglich keltische Siedlung wurde erstmals in römischen Annalen unter dem Namen *Cularo* erwähnt. 377 erfolgt eine Umbenennung in *Gratianopolis* (nach Kaiser GRATIAN, 359–383), woraus dann schließlich die heutige Form entstand, allerdings mit einer kuriosen Unterbrechung während der Französischen Revolution. Da der Wortteil »noble« eine starke Assoziation mit dem verhassten Adel hervorrufen könnte, folgte kurzerhand eine politisch korrekte Umbenennung in *Grelibre* (franz. *libre* »frei«). Revolutionen können, so scheint es, in Kleinkariertheit ausarten, die nicht einmal vor sprachlichen Traditionen haltmacht!

GREVENBROICH [O, Nordrhein-Westfalen, Deutschland, Europa] Der erste Beleg für diese Stadt findet sich im 10. Jh. unter dem Namen *Brouche* (nd. *brōk*, ahd. *bruoh* SUMPF, MORAST. Der später vorangestellte Genitiv von mnd./mnl. *grēve* GRAF hat mit der Zugehörigkeit zu den Grafen von Jülich zu tun.

GRIECHENLAND GR/GRC/GR [S, Südosteuropa, engl. *Greece*, oL *Hellenische Republik*, *Griechische Republik*, griech. *Elliniki Dimokratía, Elláda*] Die idg. Wurzel **gra* EHRWÜRDIG führte zu griech. *graikoi* beziehungsweise lat. *graecus* »Griechen«, was auch den römischen Namen für dieses Land, *Graecia*, erklärt. Und passend war der Name allemal für die alten Griechen! Der eigene prähistori-

sche Name **Hellas** wird von *Hellen*, dem mythischen Sohn des Deukalion, abgeleitet. Schon Aristoteles hat in seinen Schriften diese Bezeichnung verwendet. Und selbst heute führen die Griechen mit Stolz diesen Beinamen. Einzigartig unter den Staaten der Erde kommt hier ihr Naheverhältnis zur alten Kultur zum Ausdruck. Der Historiker Droyson hat im 19. Jh. für die Zeit von Alexander dem Großen bis zu Kaiser Augustus den treffenden Ausdruck *Hellenismus* geprägt. Bekannt und sehr einprägsam ist das vierarmige *Griechische Kreuz*, wenn es auch in Mitteleuropa weniger Beachtung findet als andere Kreuzformen. Unter dem Begriff *Graecum* versteht man den Wissensstoff der altgriechischen Sprache. Letzte Bemerkung: Griechenland ist wohl der einzige Staat der Erde, für den bei Erwähnung von Land, Leuten und Sprache eine Unterscheidung in »alt« und »neu« getroffen werden muss. U: Proklamation 13. 1. 1822; nominell 3. 2. 1830 (Londoner Protokoll)

GRONINGEN [O/P, Niederlande, Europa] Erste Spuren dieser Siedlung, die aus einigen Bauerngehöften entstand, finden sich bereits im Jahr 300 v. Chr. Sowohl der frühere Name *Cruoninga* als auch die heutige Form Groningen dürften sich vom ahd. *gron* GRÜN sowie der Wohnstättenendung *ingen* ableiten.

GRÖNLAND [I, Dänemark, Nordamerika, inuit *Kalaalit Nunaat*, engl. *Greenland*] Die größte Insel der Erde (mehr als 2 Mio. km^2) trägt einen mehr als irreführenden Namen. Erik der Rote wählte knapp vor der ersten Jahrtausendwende (im Jahr 982) die Bezeichnung GRÜNES LAND, um Siedler aus seiner Heimat anzuziehen. Heute gehört Grönland zu Dänemark, allerdings mit vollständiger innerer Autonomie, die so weit geht, dass das Mutterland Dänemark zur Europäischen Union gehört, Grönland dagegen nicht.

GROSSBRITANNIEN GB/GBR/GB [S/I, Westeuropa, oL *Vereinigtes Königreich von Großbritannien und Nordirland*, engl. *United Kingdom of Great Britain and Northern Ireland, Great Britain*] Die frühen Bewohner der Insel müssen die Angewohnheit gehabt haben, ihre Körper zu bemalen, da das griechische Wort *prittanoi* mit BEMALTE LEUTE übersetzt werden kann. Auch kelt. *brith* »bunt, gefleckt« spielt auf die traditionelle Gesichtsmalerei der Kelten an. Der römische Name **Britannia** bezeichnete zunächst das heutige England, Schottland und Wales. Nachdem die Briten den Kanal überquert hatten, wurde zur Unterscheidung von Brittany (Bretagne) das »Groß« vor den Namen gesetzt. Der erste Beleg dafür findet sich im 13. Jahrhundert. Offiziell gilt die heutige Bezeichnung Großbritannien jedoch erst seit dem 1. Mai 1707, als England (mit dem bereits inkorporierten Landesteil Wales) und Schottland eine volle Union bildeten. Politisch-geografisch korrekt ist noch anzumerken, dass die Isle of Man und die Channel Islands (dt. Kanalinseln) nicht Teil Großbritanniens, wohl aber Teil des Vereinigten Königreichs sind. Der offizielle Staatsname lautet **Vereinigtes Königreich von Großbritannien und Nordirland**. Als Beiname ist *Britannia* ebenso gebräuchlich wie das heute weniger assoziative *Albion*. Letzte Bemerkung: Von allen ehemaligen Kolonialmächten kontrolliert Großbritannien auch heute noch die größte Zahl an Kronkolonien und Überseeterritorien (s. Spezialkapitel Europa). U: alte staatliche Tradition

GROSSE ANTILLEN → **Antillen** [I, Dominikanische Republik, Haiti, Jamaika, Kuba, Karibik, Mittelamerika] Gemeint sind die drei Inseln Kuba, Jamaika und Hispaniola (mit den Staaten Haiti und Dominikanische Republik).

GROSSE SUNDAINSELN → **Sundainseln** [I, Brunei, Indonesien, Malaysia, Asien] Sumatra, Java, Borneo und Sulawesi sind die vier flächenmäßig gewaltigen Inseln in Südostasien. Heute gehören alle zum Riesen Indonesien. Nur den Norden Borneos teilt sich »Inselindien« mit Brunei und einem Teil Malaysias.

GROSSE VICTORIA-WÜSTE → **Victoria** [Wü, Australien, Ozeanien, engl. Great *Victoria Desert*] Der englische Forscher Ernest Giles benannte diese Wüste nach seiner Durchquerung im Jahr 1875 nach seiner Königin VICTORIA (1819–1901).

GROSSER BÄRENSEE [G, Nordamerika, engl. *Great Bear Lake*] Der sprechende Name deutet auf die frühe Begegnung mit riesigen, angriffslustigen nordamerikanischen BÄREN in Nordwestkanada hin.

GROSSER SKLAVENSEE [G, Nordamerika, engl. *Great Slave Lake*] Der nordwestkanadische See verdankt seinen Namen den SLAVE(Y)-Indianern, die früher an seinem Westufer wohnten. Ihr eigener Name, *Awokanak*, bedeutet »Diener«, hat jedoch nichts mit dem englischen Wort *Slave* (dt. Sklave) zu tun. Gewählt wurde er vom mächtigen Stamm der Cree, die unter den Slaves plünderten und raubten. Der Great Slave Lake ist mit 614 m der tiefste Süßwassersee Nordamerikas.

GROSSGLOCKNER [B, Österreich, Europa] Elegant ist die eine der beiden möglichen Herleitungen dieses höchsten Berges Österreichs (3797 m) nach seiner GLOCKENFORM. Die zweite Variante greift auf einen alten Bergbauausdruck zurück: GOLD-KLOCKEN (montanistisch: Erzabbau).

GROSSVENEDIGER [B, Österreich, Europa] Mit 3674 m ist der Großvenediger, in der Venedigergruppe der Hohen Tauern gelegen, der dritthöchste Berg Österreichs. Unklar ist die Herkunft des erstmals 1797 in einem Protokoll erwähnten Namens, wenn auch einige Spekulationen hinsichtlich einer Benennung durch italienische, vermutlich VENEZIANISCHE HÄNDLER bestehen. Andere Quellen weisen auf eine bei klarem Wetter gewaltige FERNSICHT BIS NACH VENEDIG hin.

GRUSINIEN → **Georgien** [S, Georgien, Asien] Grusinier ist einfach die RUSSISCHE Bezeichnung für GEORGIER. Wegen des starken politischen Einflusses, den der mächtige Nachbar auf Georgien ausüben konnte, war auch in deutschen Kartenwerken lange Zeit die Regionsbezeichnung Grusinien neben Georgien üblich. Die einheimische Bevölkerung bezeichnet sich allerdings wieder anders, nämlich als Khartwelier.

GUADALAJARA [O, Spanien, Europa] Von den Iberern gegründet, dann von den Römern erobert und *Arriaca* (iberisch »steinig«) genannt, trägt diese Stadt heute einen arab. Namen: *Wādi al-Hijārah* TAL, WO WASSER ÜBER DEN FELS FLIESST.

GUADALCANAL [I, Salomonen, Ozeanien] Der spanische Eroberer Álvaro de Mendaña de Neira gab dieser pazifischen Insel 1568 einen an seine Heimat GUADALAJARA (s. d.) erinnernden Namen arabischen Ursprungs (*Wādi el-Ganar*). Der Endbuchstabe wurde spä-

ter unter britischer Herrschaft zu einem -l- verschliffen.

GUADALQUIVIR [F, Spanien, Europa] Das GROSSE FLUSSTAL (arab. *Wādi al-Kabīr*) trägt heute einen arabischen Namen, nachdem es in der Antike noch (lat.) *Baetis*, später *Betis* hieß. Die beiden Metropolen Córdoba und Sevilla liegen an diesem südspanischen Gewässer.

GUADALUPE → **Guadeloupe** [X, Mexiko, Mittelamerika, engl. *Guadaloupe*] Mit jährlich mehr als 20 Mio. Pilgern ist die auf dem Berg Tepeyac im gleichnamigen Vorort Mexiko Citys gelegene Basilika der größte Wallfahrtsort der Welt. Dem Indio Juan Diego erschien hier 1531 die Gottesmutter Maria. Zum Namen siehe den folgenden Eintrag.

GUADELOUPE [I, Frankreich, Karibik, Mittelamerika] Die beiden Inseln Basse-Terre (dt. niedriges Land) und Grande-Terre (dt. großes Land) sowie weitere kleinere Eilande bilden seit 1946 dieses französische Überseedepartement. Der Name wurde bereits 1493 von Christoph Kolumbus gewählt, in Erinnerung an ein Kloster in seiner Wahlheimat Extremadura. Dieses ist nach dem Guadelupejo-Fluss (eine Mischung aus arab. *wādi* und lat. *lupus* »Wolf«) benannt. Guadeloupe bedeutet daher soviel wie TAL DES WOLFES. Die heutige Schreibung stammt von den seit dem 17. Jh. hier siedelnden Franzosen.

GUAM [I, USA, Ozeanien, amtl. U.S. Territory of Guam, chamorro *Guahan*] Guam gehört geografisch zum Marianen-Archipel, politisch jedoch zu den Vereinigten Staaten. Entdeckt wurde der gesamte Archipel, dessen südlichste und größte Insel Guam ist, 1521 von Ferdinand Magellan. 1898 wurde im Frieden von Paris Guam an die USA übergeben.

Eine entscheidende Pazifikschlacht des Jahres 1944 brachte Guam, dessen Namenshintergrund bis heute nicht geklärt werden konnte, in den Blickpunkt der Weltöffentlichkeit.

GUANGDONG → **Kanton** [O/P, China, Asien] WEITER OSTEN nennt das heute selbstbewusste China die ehemalige Stadt Kanton. Offensichtlich handelt es sich hier um einen Lagenamen. Dennoch ist der Klang der früheren Bezeichnung noch nicht ganz verhallt.

GUANGZHOU → **Kanton** [O/P, China, Asien] WEITE REGION ist die alternative Bezeichnung für Kanton (s. auch Guangdong). Für Europäer bleibt jedoch noch der Name Kanton im Bewusstsein.

GUATEMALA GT/GTM/GCA [S, Mittelamerika, oL *Republik Guatemala*, span. *República de Guatemala*] Dieser Staatsname kann mit LAND DES ADLERS bezeichnet werden, wenn auch mit dem indian. *cuauhtemallan* ein Totemvogel gemeint gewesen sein dürfte. Manche Quellen besagen, dass dieses *cuauhtemallan* als ERDE DER VIELEN BÄUME zu übersetzen ist. Eine andere Worterklärung führt zu LAND DER HÖLZERNEN SÄULEN, wohl bezogen auf die Heiligtümer der Maya. Vielleicht aber ist der Name auch von *guhatezmalha* hergeleitet, also von BERG DES STRÖMENDEN WASSERS, eine bildhafte Anspielung auf den gewaltigen Lavafluss eines Vulkanausbruchs in längst vergangenen Zeiten. Welche Deutung auch letztendlich richtig sein mag, hier ist es die Natur, die den Menschen inspirierte. U: Proklamation 15. 9. 1821 (ehem. span. Kolonie); endgültig 13. 4. 1839 (Austritt aus der Zentralamerikanischen Föderation)

GUAYAQUIL [O, Ecuador, Südamerika, amtl. *Santiago de Guayaquil*] Der spanische Entdecker Francisco de Orellana gründete 1537 die heute größte Stadt Ecuadors unter dem Namen *Santiago de Guayaquil*. Diese Bezeichnung ist eine ungewöhnliche Mischung aus span. *Santiago* (zu Ehren des hl. Jakob, an dessen Festtag die Gründung erfolgte und dem Namen des Stammeshäuptlings GUAYA sowie dessen Frau QUILA.

GUERNICA, GUERNICA Y LUNO [O, Spanien, Europa, bask. *Gernika-Lumo*] In Gernika steht das Nationalsymbol der Basken, eine Eiche, unter deren Dach bis ins späte 19. Jh. alljährlich der Ältestenrat zusammentrat, um eine direkte Form der Demokratie zu pflegen. Nachdem die Stadt Guernica, die heilige Stadt der Basken, im Jahr 1937 während des Spanischen Bürgerkriegs von der deutschen Legion Condor im ersten Luftbombardement der Geschichte dem Erdboden gleichgemacht worden war, sah die Welt Pablo Picassos gleichnamiges Bild als ein unübertroffenes Mahnmal gegen die Gräuel des Krieges. Eduardo Vallejos Ausspruch »Guernica wurde nicht berühmt, weil es bombardiert wurde, Guernica wurde bombardiert, weil es berühmt war« darf als durchaus realistische Einschätzung eingestuft werden. Unklar ist leider die Bedeutung dieses baskischen Siedlungsnamens.

GUERNSEY -/-/GBG [I, Großbritannien, Europa] Manche Etymologen sehen, vielleicht wegen der relativ üppigen Vegetation, eine GRÜNE INSEL in diesem Namen, manche eine von einem Personennamen abgeleitete GRANIS INSEL (mit skand. Wurzel). Jedenfalls steckt das anord. *ey* im zweiten Wortteil. Guernsey ist als Crown Dependency mit starken Rechten ausgestattet, die diese Insel – wie einige andere auch – zu einem Steuerparadies werden ließen.

GUINEA GN/GIN/RG [S, Westafrika, oL *Republik Guinea*, franz. *République de Guinée*] Das Tuareg-Wort *aginaou* (oder *aguinaw*) heißt schlicht SCHWARZE LEUTE, ebenso wie der aus der Berbersprache stammende Begriff *akal n-iguinamen* LAND DER SCHWARZEN MÄNNER. Und treffender könnten die Bewohner dieses Teils Afrikas kaum beschrieben werden, so schien es zumindest den im 15. Jahrhundert hier landenden Portugiesen. »Guinea« stand damals für eine wesentlich ausgedehntere Region Westafrikas. Dennoch ist eine zweite, auf ein Missverständnis gebaute Namensinterpretation denkbar. Eingeborene könnten eine Geste weißer Seefahrer bei der Erkundigung nach dem Namen der Küste falsch verstanden und mit dem Wort *guiné* FRAU geantwortet haben. Die meisten Quellen sprechen jedoch für erstere Erklärung. Die berühmte englische Goldmünze *Guinea* (auch *Guinea*; 1663–1817) verdankt ihren Namen übrigens diesem Land. In England hat sich der *Guinea* bis zur Umstellung auf das Dezimalsystem (1971) erhalten. Überraschend ist es, dass auch der *Medinawurm*, ein schmarotzender Fadenwurm der Tropen, aus Westafrika stammt. Manchmal wird er auch als *Guineawurm* bezeichnet. U: 2. 10. 1958 (ehem. franz. Kolonie)

GUINEA-BISSAU GW/GNB/GNB [S, Westafrika, oL *Republik Guinea-Bissau*, port. *República da Guiné-Bissau*] Hier gilt genau die gleiche Erklärung wie oben, also SCHWARZE LEUTE bzw. LAND DER SCHWARZEN MÄNNER. Die Namenserweiterung durch die Hauptstadt »Bissau« (nach den BIJAGÓS, einem lokalen Stamm, benannt) dient nur zur internationalen Unterscheidung dieser ehemals portugiesischen Kolonie vom gleichnamigen Guinea. Selbst die Einheimischen bezeichnen sich mit einem Doppelnamen: *Guinea-Bissauer*. U: Proklamation 24. 9. 1973 (ehem. port. Kolonie); endgültig 10. 9. 1974

GUJARAT [P, Indien, Asien] Der letzte Lebensraum für Löwen außerhalb Afrikas wurde nach einem Nebenstamm der Hunnen, den GUJAR oder GURJARA, benannt. Unklar bleibt, wofür der Völkername steht.

GUMMERSBACH GM [O, Nordrhein-Westfalen, Deutschland, Europa] Schon zu Karolingerzeiten entstand hier eine erste Siedlung um eine zum Kölner Severinstift gehörige Pfarrkirche. Der Name lautete im 12. Jh. *Gumeresbraht*, enthielt also noch das mhd. Stammwort *bracht* (ahd. *brahti*), das ein ABGEGRENZTES WALDSTÜCK bezeichnete, welches einer Person zur Rodung übereignet wurde. Frei ausgedrückt: BRACHT DES GUMMĀR (Gundmār). Mit dem nhd. Wort Bach hat dieser Ortsname jedenfalls nichts zu tun. In jüngster Zeit steht Gummersbach vor allem als Handballhochburg in den Sportmedien.

GÜTERSLOH GT [O, Nordrhein-Westfalen, Deutschland, Europa] Vermutlich steckt die Bezeichnung WALD DES GUTHER (Günther) in diesem Namen. Ahd. *lōh* »Hain«, mnd. *lo* »Gehölz, Wald« finden sich in zahlreichen weiteren Ortsnamen, zum Beispiel Iserlohn oder Waterloo (s. d.).

GUYANA GY/GUY/GUY [S, Südamerika, oL *Kooperative Republik Guyana*, engl. *Cooperative Republic of Guyana*] Eher unklar, könnte das indianische Wort *guaianazes* vielleicht EHRWÜRDIG bedeuten. Aber auch guarani *guai* »geboren« und *ana* »Verwandte« ist denkbar, gemeint wäre wahrscheinlich der Hinweis, dass es sich um EIN GEMEINSAMES VOLK handelt. Auch das arawak *guiana* LAND DER VIE-LEN WASSER oder *gu a yana* BLÜTE DER ROSE wird in einschlägiger Literatur erwähnt. Früher hieß dieses Gebiet **British Guiana**; unter diesem Namen ist es vielen Markensammlern wegen der teuersten Briefmarke der Welt, der »One cent magenta«, eher ein Begriff. Im Verständnis vieler Lateinamerikaner wird immer noch die gesamte Nordostregion des Kontinents (Guyana, Suriname und Französisch Guiana) mit dem Begriff Guyana assoziiert. U: 26. 5. 1966 (ehem. brit. Kolonie)

GYÖR [O, Ungarn, Europa, dt. *Raab*] Der römische Name *Arrabona*, von dem sich die deutsche Bezeichnung *Raab* ableitet, bedeutet »Fort am Fluss Rába«. 1592 wurde Raab von den Türken erobert, allerdings bald wieder zurück gewonnen, woran bis heute die damals allgegenwärtigen »Raaberkreuze« erinnern. Der kurzfristig in Verwendung stehende türkische Name *Janik-Kala* darf vielsagend mit »verbrannte Stadt« übersetzt werden. Die heutige Bezeichnung Györ dagegen dürfte vom Wort *gyürü* KREIS-RUNDE FESTUNG stammen.

 griech. *eta* Hη – phöniz. *bēth* »Zaun«

HAARLEM [O, Niederlande, Europa] Die leicht erhöhte Lage an der Sparne dürfte für den Namen SCHLAMMIGE HÖHE (holl. *haar* »Höhe«, *lem* »Schlamm«) verantwortlich sein. Der weit bekanntere New Yorker Stadtteil (s. d.) schreibt sich mit nur einem -a-.

HABSBURG [X, Schweiz, Europa, engl. *Hapsburg*] Diese Trutzburg im Schweizer Aargau ist bereits seit dem 13. Jh. im Besitz der Habsburger und wurde durch deren dynastische Erfolge zu einem Namen, der Europa jahrhundertelang beherrschte. Eigentlich ist Habsburg eine Kontraktion des Wortes HA-BICHTSBURG.

HADRAMAUT [H/R, Jemen, Asien, arab. *Hadramawt*, engl. *Hadhramaut*] Der eher Furcht einflößende Ausdruck DER TOD WAR GEGENWÄRTIG (arab. *hadhar* »war gegenwärtig«, *mawt* »Tod«) gilt als eine der Namenserklärungen für eine ziemlich lebensfeindliche Region. Aber auch die biblische Figur HAZARMA-VETH (Gen 10,26-28) oder das griech. *hydreumata* EINGEZÄUNTE WASSER-STATIONEN (bei Wadis) werden als Namensquellen gesehen.

HAGEN HA [O, Nordrhein-Westfalen, Deutschland, Europa] Das ahd. *hagan* DORNSTRAUCH, mhd. *hagen* EINFRIE-DUNG steckt in diesem Ortsnamen. Nichts hat er jedenfalls mit der gleichnamigen Gestalt aus dem Nibelungenlied zu tun.

HAIFA [O, Israel, Asien, hebr. *Hêphāh*] Zwei widerstreitende Theorien stehen sich bei dieser Namensdeutung gegenüber. Zum einen wird im hebr. *kef* KLIPPE, FELS eine Erklärung gesehen, die sich vielleicht auf die Lage beim Berg Karmel bezieht, zum anderen meint man auf Grund des wunderbaren Ausblicks über den Golf im hebr. *chéfa* PERLE die Wurzel des Namens gefunden zu haben. Die erste Theorie wird auch dadurch untermauert, dass diese Stadt während der Kreuzfahrerzeit *Kaiphas* hieß.

HAINAN [I, China, Asien] Diese tropische Insel im südchinesischen Meer heißt ebenso wie das Gewässer: MEER DES SÜDENS (chin. *hai* »Meer«, *nan* »Süden«).

HAITI HT/HTI/RH [S/I, Karibik, Mittelamerika, oL *Republik Haiti*, franz. *République d'Haïti*, kreol. *Repiblik Dayti*] Zwei Drittel der Insel werden von Bergketten durchzogen, so dass die Arawakbezeichnung *ayiti* HOCHGELEGENES LAND oder LAND DER BERGE äußerst treffend erscheint. Dennoch findet sich in der Literatur auch die Bedeutung NEST (von *jhaiti* abgeleitet). Haiti wurde 1804 die erste von Schwarzen geführte Republik der Welt und nahm gleichzeitig für die ganze Insel den alten Arawaknamen »Land der Berge« an. Zuvor war der französische Name *Saint Domingue* (oder *Dominique*) in Gebrauch. U: 1. 1. 1804 (ehem. franz. Kolonie)

HALLE HAL [O, Sachsen-Anhalt, Deutschland, Europa] Schon in der Bronze- und Eisenzeit wurden auf dem Boden des heutigen Halle Solquellen genutzt. Wenn diese auch bereits am Ende des ersten nachchristlichen Jahrtausends versiegten, so wurde doch der Name (mhd. *hal* SALINE oder asächs. *halla* HALB OFFENER SÄULENBAU) für die neue Ansiedlung gewählt. Die große Zeit dieser Stadt als Teil der Hanse liegt aber schon Jahrhunderte zurück.

HALLEIN [O, Österreich, Europa] Seit 4000 Jahren finden sich in dieser salzreichen Region Siedlungen. Hallein leitet sich wie viele andere Ortschaften von ahd. *hal* SALINE ab.

HALLSTATT [O, Österreich, Europa] Wie zahlreiche andere STÄTTEN, an denen SALZ (ahd. *hal* »Saline«, griech. *háls* »Salz«) abgebaut wurde, geht auch dieser Ortsname auf das lebensnotwendige Mineral zurück. Eine Kulturstufe der Eisenzeit wird nach Fundstellen an diesem Ort als *Hallstattzeit* bezeichnet.

HALLSTÄTTER SEE → **Hallstatt** [G, Österreich, Europa] Der Hallstätter See liegt am Nordende des Dachsteins und ist zweifellos der kälteste See des Salzkammerguts.

HAMBORN [H/O, Nordrhein-Westfalen, Deutschland, Europa] Heute ist Hamborn ein Stadtteil von Duisburg (seit 1929). Der aus dem 10. Jh. stammende Name *Havenburnen* könnte als QUELLE DES HABO gelesen werden (ahd. *brunno*, mnd. *born* »Quelle« und ein nicht mehr gebräuchlicher Personenname).

HAMBURG HH [O/P, Freie und Hansestadt Hamburg, Deutschland, Europa] Hamburg, Deutschlands »Tor zur Welt«, entstand neben einem zwischen Alster und Elbe erbauten Grenzkastell *Hammaburg*, einer karolingischen Wallburg. Der erste Teil des Namens (ahd. *hamma*) bedeutet »Hinterschenkel« oder »Kniekehle«. Dies ist aber nicht wörtlich zu verstehen, sondern vielmehr mit »Krümmung« oder »Bucht« zu übersetzen. Wir haben es daher mit einer BURG AN DER FLUSSKRÜMMUNG zu tun. Denkbar ist auch die mnd. Form *hamme* UMFRIEDETES WEIDELAND. Der *Hamburger*, seit dem Siegeszug McDonald's weltweit ein Begriff, nennt sich nach dieser norddeutschen Hafenstadt.

HAMELN HM [O, Niedersachsen, Deutschland, Europa] Die auf das Jahr 1284 datierte Sage vom »Rattenfänger von Hameln« verhalf dieser Stadt zu einem ungewohnt hohen Bekanntheitsgrad. Am Fluss Hamel gelegen, entstand dieser Markt an der Stelle eines frühen Missionsklosters. Der Flussname kann mit ahd. *hamel* VERSTÜMMELT bzw. mhd. *hamel* STEILE ANHÖHE in Verbindung gebracht werden.

HAMM [O, Nordrhein-Westfalen Deutschland, Europa] Vermutlich trägt die idg.

Wurzel *hamna, die zum mnl. hamme führt, die Bedeutung »Meeresbucht« (s. Hamburg). Im alten Namen der Stadt, *Hammonem*, schwingt allerdings eine Lokalitätsbezeichnung mit: IN DER FLUSSKRÜMMUNG, also an einer Biegung der Lippe, gelegen.

HAMMERFEST [O, Norwegen, Europa] Einen Eintrag ins Buch der Rekorde ist dieser Hafenort im arktischen Norwegen allemal wert: Hammerfest ist als die nördlichste Stadt der Welt bekannt (70° 39' 48" nördl. Breite). Die Namenswurzel anord. *hamarr* KLIPPE, FELS weist auf die siedlungsfeindliche Lage jenseits der nördlichen Baumgrenze hin. Und tatsächlich prägen Klippen und Felsen das Bild dieser arktischen Landschaft. Seit den Neunzigerjahren ist allerdings mit der neu zur Stadt erhobenen Siedlung Honningsvåg ein Konkurrent für diesen Rekord der geografischen Lage, erwachsen.

HAMPSHIRE [P, England, Großbritannien, Europa] Wie viele andere alte Grafschaften ist auch Hampshire nach dem Hauptort benannt, an den die Endung SHIRE (aengl. *scīr* GRAFSCHAFT) angehängt wurde: *Hammtūn Estate* (aengl. *hamm* LANDVORSPRUNG). Aus Hampton wurde schließlich im 10. Jh. zur Unterscheidung von einem gleichnamigen Ort weiter nördlich *Southampton*. Die gegenwärtige Bezeichnung ist eine Kürzung dieses Namens. Die in England übliche Form *Hants* geht auf eine Eintragung im Domesday Book (1086) zurück: *Hantescir*. Aus dieser Grafschaft stammt auch das schwarzköpfige *Hampshireschaf*.

HAMPTON COURT [X, London, Großbritannien, Europa] Dieser weltberühmte Palast nahe Kingston upon Thames bedeutet vermutlich SIEDLUNG BEIM LANDVORSPRUNG (d. h. in einer Flusskrümmung; aengl. *hamm* »Landvorsprung«, *tūn* »Siedlung«). Court bezeichnet ein HERRSCHAFTSHAUS, das allerdings bereits weit vor dem im 16. Jh. von Kardinal Wolsey erbauten heutigen Palast hier stand.

HANAU am Main [O, Hessen, Deutschland, Europa] Eigentlich ist mit diesem Ortsnamen eine bewaldete und mit einer EINFRIEDUNG versehene FLUSSINSEL gemeint (mhd. *hagen* »Einfriedung aus Büschen«, ahd. *ouwa* »Insel«).

HANGZHOU, HANGCHOW [O, China, Asien] Unglaubliche 7000 Jahre reichen die ersten Siedlungsspuren Hangzhous in das Neolithikum zurück. Wie fast immer im Osten Asiens war es der Reis, der zur Sesshaftigkeit geführt hatte. Marco Polo, der Hangzhou im 13. Jh. bereiste, bezeichnete diese Stadt als »ohne Zweifel die schönste und nobelste in der Welt«. Ein chinesisches Sprichwort setzt dem noch eins drauf: »Im Himmel gibt es das Paradies, auf Erden Suzhou und Hangzhou« (frei ausgedrückt). *Han* ist ein dynastischer Name für CHINESEN, *zhou* steht für STADT, REGION.

HANNOVER H [O, Niedersachsen, Deutschland, Europa] Die große deutsche Messestadt entstand bereits im 11. Jh. als Marktsiedlung. Der Name der Hauptstadt Niedersachsens beschreibt die Lage AM HOHEN UFER der Leine (mnd. *hō, hōch* »hoch« und *over* »Ufer«). Zwischen 1714 und 1837 war das gleichnamige ehemalige Kurfürstentum in Personalunion mit Großbritannien verbunden. Kurios dabei: Der englische König König George I. (1660-1727) war zu dieser Zeit nur der deutschen und französischen Sprache mächtig. Eine weitere Bemerkung: Die Bürger Hannovers können auf fünf verschiedene Arten angesprochen werden: hannoverische, hannoversche, hannöverische, hannöversche und letztlich »Hannoveraner Bürger« (Q: Sick).

HANOI [O, Vietnam, Asien] In der Krümmung des Roten Flusses (viet. *Song Ka*) gelegen, trägt die Hauptstadt Vietnams den Namen INNERHALB DES FLUSSES (viet. *hà* »Fluss«, *nôi* »innen«). Der chinesische Name für Hanoi lautet **Tonking** (oder **Tonkin**), ein Name der von *dong* »Osten« und *kinh* »Hauptstadt« gebildet wird. In Vietnam selbst, wo die chinesische Bezeichnung nie verwendet wurde, spricht man von *Bác Bô* »Nordgrenze«.

HARBIN [O, China, Asien] DER PLATZ, WO DER FISCH TROCKNET ist die deutsche Entsprechung der mandschurischen Bezeichnung für diesen historisch und kulturell bedeutenden nordostchinesischen Hafen. Gemeint sind mit dieser bildlichen Sprache die Fischernetze der frühen Bewohner. Manche Reiseführer preisen Harbin gar als das »Orientalische Sankt Petersburg« an.

HARBURG-WILHELMSBURG [H/O, Freie Hansestadt Hamburg, Deutschland, Europa] Diese ehemalige Großstadt (1927 zu Harburg-Wilhelmsburg vereinigt) wurde mit Erlass vom 1. April 1938 in das Bundesland Hamburg eingegliedert. Harburg ist bereits 1142 urkundlich als *Horeburg* MOORBURG erwähnt, Wilhelmsburg trägt seit 1672, als GEORG WILHELM von Braunschweig-Lüneburg-Celle drei große Elbinseln erwarb, diesen Namen.

HARLEM [X, USA, Nordamerika] LEHMIGE ANHÖHE (nl. *haar* »Höhe« und *lem* »Schlick, Lehm«) ist die vielleicht beim New Yorker Stadtteil heute wenig zutreffende Beschreibung. Allerdings geht die Etymologie dieses Namens auf das gegenüber der Ebene leicht erhöhte Flussgebiet der gleichnamigen niederländischen Stadt zurück. Das pulsierende New Yorker Harlem wurde von Petrus Stuyvesant (hier klingt die Firmenbezeichnung der weltbekannten Zigarettenmarke nach) im Jahr 1658 als *Nieuw Haarlem* gegründet. Stuyvesant war zu dieser Zeit Gouverneur der Kolonie Neu-Niederlande.

HARROW [O, England, Großbritannien, Europa] Wie Eton wurde auch dieser Ort für seine Public School bekannt. Aengl. *hearg* bedeutet wörtlich HEIDNISCHER TEMPEL. Vermutlich war damit ein ehemals auf dem Hügel stehender sächsischer Schrein gemeint.

HARVARD UNIVERSITY [X, Massachusetts, USA, Nordamerika] Die älteste Universität Nordamerikas (1636 gegründet), und zugleich die prestigeträchtigste, wurde nach dem puritanischen Geistlichen John HARVARD (1607–1638) benannt. Immerhin überschrieb er seine umfangreiche Bibliothek sowie seinen halben Besitz dieser Institution. John Harvard selbst war ein Graduate von Cambridge, England. Die Harvard University gehört zur Ivy League (dt. Efeu-Liga), einer ungemein elitären Gruppe von acht Privatuniversitäten der amerikanischen Ostküste.

HARZ [B, Niedersachsen, Sachsen-Anhalt, Thüringen, Deutschland, Europa] Das nördlichste deutsche Mittelgebirge geht auf ahd. *hard* BERGWALD, BEWALDETER HÖHENZUG zurück. In Cäsars Bellum Gallicum wird der Ausdruck *silva Bacenis* verwendet, eine Entsprechung zum germ. *baconia* »Buchenwald«, wobei es sich jedoch aus etymologischer Sicht um eine Fehlbenennung handeln dürfte.

HASTINGS [O, England, Großbritannien, Europa] Die 1066 verlorene Battle of Hastings hat die englische Gesellschaft, Kultur und Sprache stärker geformt als jede andere kriegerische Entscheidung der Landesgeschichte. Linguisten meinen, dass ohne den normannischen Einfluss das heutige Englisch kaum die Vielseitigkeit hätte entwickeln können, die es zur unumstrittenen Weltsprache Nummer 1 macht. Der römische Name *Haestingaceaster* (aengl. *haest* »wild«, *ingas* »Stammesendung« und lat. *ceaster* »befestigtes Lager«) könnte mit LA-GER VON HAESTAS LEUTEN übersetzt werden.

HATTINGEN [O, Nordrhein-Westfalen, Deutschland, Europa] Der erste Teil dieses Namens ist unerklärt. In der alten Bezeichnungen *Hatneghen* (um das Jahr 1000) steckt jedenfalls das mnd. Grundwort *egge* KAMM, HÖHENRÜ-CKEN. Das Suffix *ingen* kam erst viel später in Analogie zu anderen Ortsnamen dazu.

HAVANNA [O, Kuba, Karibik, Mittelamerika, span. *La Habana*, engl. *Havana*] *La Habana* wurde bereits 1515 vom Konquistador Diego Velázquez de Cuéllar gegründet. Allerdings musste die Stadt wegen der ungeheuren Moskitoplage bereits vier Jahre später wieder aufgegeben werden. Interessanterweise wurde der Name einfach auf ein anderes Küstendorf transferiert, allerdings mit einem klingenden Zusatz versehen: Der volle span. Name lautete *San Cristóbal de La Habana* »Heiliger Christoph von HAVANNA«. Die Bedeutung des ursprünglichen Namens, vermutlich der eines Indianerstamms, konnte leider nicht wirklich rekonstruiert werden. Die weltberühmte Zigarre, die *Havanna*, wie auch ein Tanz, die *Habanera*

(Adj. zu La Habana), stammen aus der Hauptstadt Kubas.

HAWAII HI/HA. [P/I, USA, Ozeanien] Die beiden Vulkane Mauna Kea und Mauna Loa werden als die Heimat der Götter verehrt. Immerhin hält der Mauna Kea einen »verborgenen« Weltrekord. Vom Grund des Pazifiks bis zum Gipfel ragt er mehr als 10 000 m in die Höhe und lässt damit den Mt. Everest bei weitem hinter sich. Das polynes. *Owhyhii*, aus dem der Staatenname entstand, spricht diese beiden Berge an und bedeutet sinngemäß PLATZ DER GÖTTER. James Cook bezeichnete diesen Archipel als **Sandwich-Inseln**. Der Beiname *Aloha State* (dt. Staat des Willkommens) wurde in mehr als einem Song verklärt interpretiert. Interessant auch, dass die Aussprache dieser Inselgruppe ein doppeltes I ist, vermutlich da die korrekte Schreibung Hawai'i aus einem ehemaligen *Hawaiki* entstanden ist. Übrigens kennt das hawaiianische Alphabet nur vierzehn Buchstaben und ist damit eines der kürzesten der Welt. Sehr dramatisch wird die lange und vielfältige Geschichte Hawaiis in James Micheners gleichnamigem Roman erzählt. Ein absolut empfehlenswertes Werk! Letzte Anmerkungen: Die *Hawaiigitarre* (ein Instrument mit Metallsaiten), der *Hawaiitoast* (ein Fantasiename, wohl wegen der Ananas aus diesem Land), das *Schnitzel Hawaii* (mit Ananas belegtes Schweinsschnitzel) und die vom Aussterben bedrohte *Hawaiigans* (übrigens ein Staatssymbol) sind Begriffe, die auf diese Pazifikinsel zurückgehen. Der Schimpfwortausdruck *Kanake*, ursprünglich für die Urbevölkerung Hawaiis verwendet, entstand im 19. Jh.

HEATHROW [X, London, Großbritannien,

Europa] Dieser internationale Megaflughafen, der aus bislang fünf getrennten Terminals besteht, benennt sich nach einer Reihe (eng. *row*) von Hütten neben einer ausgedehnten Heide (eng. *heath*), die vom Mittelalter bis ins 20. Jh. diese Landschaft prägten. Heute erinnert allein der Name an diese Zeit.

HEBRIDEN [I, Schottland, Großbritannien, Europa, engl. *Hebrides*] Der römische Name Ebudae wurde vermutlich zu Zeiten der handschriftlichen Kopie fälschlich geschrieben, mit einem -ristatt des korrekten -u-. Die Bedeutung des alten Namens konnte bisher nicht geklärt werden.

HEBRON [O, Israel, Palästina, Asien, arab. *Khalil ar-Rahmān*, hebr. *Hevron*] Der traditionellen Überlieferung nach ist Abraham in dieser altehrwürdigen Stadt begraben. Der arab. Name Freund des Gnadenvollen (arab. *khalil* »Freund«) betont diese Legende. Die hebräische Bezeichnung dieser Stadt (sie gehört zu den vier heiligen Stätten des Judentums) kommt von *khavor* »vereinigen«. Während der Zeit König Davids war Hebron sogar für einige Zeit die Hauptstadt Israels. Bei der Staatsgründung des modernen Israels übernahm Jordanien die Kontrolle über diese Stadt. Erst 1967, im erfolgreichen Sechstagekrieg, konnte Israel dieses historische Juwel zurückgewinnen. Heute ist Hebron ein palästinensisches Autonomiegebiet.

HEIDELBERG HD [O, Baden-Württemberg, Deutschland, Europa] Die Heidel (mdal. für Heidelbeere) dürfte den erst spät belegten Namen (1196 *Heidelberch*) dieser altehrwürdigen Studentenstadt bewirkt haben. Bekannt ist der Schlager »Ich hab' mein Herz in Heidelberg verloren«.

HEILBRONN HN [O, Baden-Württemberg, Deutschland, Europa] Leicht erkennbar erhielt sich in diesem Ortsnamen (früher *Heylprunn, Heiligbrunno, Heilacbrunnen, Heiligbrunen*) die heilige Quelle, die auf eine frühe Christianisierung hindeutet. In der Tat entstand diese Siedlung bereits im 5. Jh. in der Nähe einer alten germanischen Kultstätte. Mit dem »Käthchen von Heilbronn« hat Heinrich von Kleist dieser Stadt ein weit über die Grenzen bekanntes Denkmal gesetzt.

HELGOLAND [I, Deutschland, Europa, engl. *Heligoland*] Heiliges Land (nd.) oder afries. *helikos* Gebogen, Gekrümmt sind die beiden gängigen Erklärung für diesen Inselnamen. Letztere deutet auf die Form des Landes hin. Interessant ist auch die Tatsache, dass dieses Eiland im sogenannten Helgoland-Sansibar-Vertrag (1890) gegen die zum ehemaligen Deutsch-Ostafrika gehörende Insel Sansibar eingetauscht wurde. »Knopf gegen Hose« wurde dieser (erzwungene) Tausch wegen der unterschiedlichen wirtschaftlichen Bedeutung in der Bevölkerung genannt.

HELLAS → **Griechenland** [H/S, Griechenland, Europa] Der griechische Landesname wird von einer mythologischen Gestalt abgeleitet (s. Griechenland). Bei uns begegnen wir dem Begriff »Hellas« vor allem in poetischen Werken.

HELLESPONT → **Dardanellen** [G, Türkei, Asien] Der in der Antike übliche Name für die Dardanellen, Hellespont (dt. helles Meer), hat einen mythologischen Ursprung. Zur Legende s. Dardanellen.

HELSINKI [O, Finnland, Europa, schwed. *Helsingfors*] Das schwedische *Helsingfors*, gegründet im Jahr 1550 von König

Gustav I. Vasa, könnte am besten mit die HELSINGI AM WASSERFALL übersetzt werden. Die Helsingi waren ein altnorwegischer Volksstamm. Der finnische Name ist nur eine direkte Übertragung. Hundert Jahre später wurde die Stadt um fünf Kilometer Richtung Meer verlegt, um besseren Zugang zur Ostsee zu haben.

HELVETIA → **Schweiz** [H/S, Schweiz, Europa] Der Name Helvetia taucht erstmals im 17. Jahrhundert für eine allegorische Frauenfigur, die die Schweiz versinnbildlicht, auf. Spätestens seit der Ausgabe der ersten Briefmarken 1848 (s. Kap. Postalische Ausgabegebiete) dürfte dieser Name, der sich vom Volk der HELVETIER ableitet, im vollen Bewusstsein der Schweizer sein.

HERAKLION [O, Griechenland, Europa, griech. *Iráklion*] Im 9. Jh. v. Chr. von den Sarazenen gegründet, nannte sich das spätere Heraklion arab. *El Khandaq* »der Graben«, in Anspielung auf die Schutzgräben gegen Plünderer. 1204 kaufte Venedig in einem komplizierten Deal diese Stadt und nannte sie *Candia*, ein Name, der für einige Jahrhunderte auch für ganz Kreta gebraucht wurde. In einem unglaublich blutigen, zweiundzwanzig Jahre währenden Krieg eroberten 1669 die Türken diesen Hafen, der fortan zwei Namen trug: das gewohnte *Kania* (die türkische Form Candias) sowie *Megalo Kastro* (dt. große Festung). Als die Stadt nach Ruckzug der Osmanen 1898 unabhängig wurde, entschied man sich für einen grundlegenden Namensbruch. Eine nahe gelegene Siedlung in römischen Zeiten hieß *Heracleum*, da hier der Erzählung nach die Halbgott HERAKLES eine seiner zwölf Aufgaben vollbrachte, nämlich die Bändigung des Stiers,

der Kreta terrorisierte. Und dieses Heracleum führte letztlich zur heutigen Bezeichnung **Iraklion**.

HERFORD [O, Nordrhein-Westfalen, Deutschland, Europa] Der an das Kriegshandwerk erinnernde Name, ahd. *heri* HEER und *furt* DURCHFAHRBARE STELLE, täuscht, was die Örtlichkeit anbelangt. Herford entstand um ein bereits im 9. Jh. gegründetes adeliges Damenstift.

HERNE HER [O, Nordrhein-Westfalen, Deutschland, Europa] Herne entstand aus dem bereits im 10. Jh. bekannten Hofnamen *Haranni*. Wahrscheinlich bedeutet dies ANHÖHE (mnd. *hare*).

HERTEN [O, Nordrhein-Westfalen, Deutschland, Europa] Im 14. Jahrhundert als Bauernschaft entstanden, verliert sich der Namensursprung dieser mittelgroßen Stadt in der Geschichte. Vielleicht hat *Hertene* (so die alte Bezeichnung) etwas mit SUMPF- oder MOORWASSER zu tun (Q: Bahlow).

HERZEGOWINA → **Bosnien und Herzegowina** [S, Bosnien und Herzegowina, Europa, bosn./kroat. *Hercegovina*] Das HERZOGSLAND ist der südöstliche Teil des gleichnamigen Staates (s. Bosnien und Herzegowina), der beim Zerfall Jugoslawiens im letzten Jahrzehnt des 20. Jh.s entstand.

HESSEN HE [P, Deutschland, Europa] Wie bei einigen anderen Bundesländern geht auch der Name Hessen auf einen Stammesnamen zurück: mhd. *das lant ze Hessen* BEI DEN HESSEN. Den ungeklarten Namensursprung bilden die Chatten, aus denen im Lateinischen der Volksname Hassi entstand.

HIGHLANDS, SCOTTISH HIGHLANDS
[B, Schottland, Großbritannien, Europa] *Highlands* (dt. HOHE LANDE) finden sich zu Dutzenden weltweit in den angelsächsisch geprägten Ländern. Wenn wir jedoch diesen Ausdruck ge-

brauchen, so denken wir fast unweigerlich an den romantisch verklärten Norden Schottlands.

HILDEN [O, Nordrhein-Westfalen, Deutschland, Europa] Die Lage an Flussterrassen dürfte für die Benennung dieser Stadt maßgebend sein: ahd. *hald* GENEIGT (vgl. den Begriff Halde).

HILDESHEIM HI [O, Niedersachsen, Deutschland, Europa] Die Benennung der alten Bistumsstadt Hildesheim ist eine Verkürzung, die den deutschen Personennamen Hildin enthält. Dieser wiederum leitet sich von ahd. *hiltia* KAMPF ab.

HIMALAYA [B, Bhutan, China, Indien, Nepal, Asien, engl. *Himalayas*] Aind. *hima* »Schnee« und *ālaya* »Heimat« drücken in fast poetischer Form den Eindruck des Beschauers aus, wenn er Richtung Himalayamassiv blickt. Bildhaft und doch fast verklärt kann man sich die HEIMAT DES SCHNEES leicht vorstellen. Entstanden ist dieses höchste Gebirgsmassiv der Welt durch den Aufprall des Subkontinents Indien auf die nördlich liegende Landmasse. Diese Wanderbewegung ist bis heute nicht vollends abgeschlossen, sodass der Himalaya nach wie vor zentimeterweise gegen den Himmel wächst. Der englische Name in Pluralform deutet auf die drei parallelen Faltengebirge hin, in die sich dieses Massiv gliedert.

HINDENBURG [H/O, Polen, Europa, pol. *Zabrze*] Diese oberschlesische Stadt war zwischen 1915 und 1946 zu Ehren von Paul von HINDENBURG (1847–1937) nach dem Generalfeldmarschall und Reichspräsidenten der Weimarer Republik benannt. Der Sieg gegen die russische Armee bei Tannenberg brachte Hindenburg für den Rest seines Lebens fast mythische Verehrung ein.

Der heutige polnische Name Zabrze dürfte so viel wie »beim Fluss« bedeuten.

HINDUKUSCH [B, Afghanistan, Pakistan, Asien, engl. *Hindu Kush*] Einem Reisebericht des berühmten Ibn Battūta zufolge, soll der Name HINDUTÖTER bedeuten. Damit wird auf die unmenschliche Kälte und die Schneemassen angespielt, die den indischen (Hindu-)Sklaven bei der Überquerung des Gebirgsmassivs Tod und Verderben brachten. Die Volksetymologie kennt jedoch weitere Deutungen, von denen zwei sehr interessant scheinen: BERGE VON INDIEN (etymologisch verwandt mit dem Indus) sowie eine Verballhornung der Bezeichnung KAUKASUS, die etwa Alexander der Große für diese Gebirgsregion verwendete.

HINDUSTAN [R, Indien, Asien] Selbst für einen Laien ist die etymologische Herleitung LAND DER HINDUS leicht zu sehen. Die pers. Endung *stan* »Land« findet sich in zahlreichen zentralasiatischen Bezeichnungen.

HINTERINDIEN → **Südostasien** [H/R, Kambodscha, Laos, Malaysia, Myanmar, Singapur, Thailand, Vietnam, Asien] Heute ist dieser aus der Kolonialzeit stammende LAGENAME »hinter« (das heißt östlich von Indien aus europäischer Sicht) völlig von den Landkarten verschwunden. In literarischen Texten und Artikeln kann man diese Regionsbenennung jedoch weiterhin finden.

HIROSHIMA [O, Japan, Asien] Die Geschichte dieser Präfektur begann 1593 mit einer Burg, die der Daimyō Mori Motonari an der Mündung des Ota-Flusses errichten ließ. Der geografischen Lage dieser Präfektur angepasst – immerhin waren einige Offshoreinseln eingeschlossen – lautete der Name

BREITE INSEL (jap. *hiro* »breit«, *shima* »Insel«). Seit dem 6. August 1945, dem Tag des Abwurfs der Atombombe »Little Boy« auf Hiroshima, ist diese Stadt ein Mahnmal des Grauens, das mit nuklearer Verseuchung einhergeht. In der heute wiederaufgebauten Stadt erinnern die Atombombenkuppel und das Friedensmuseum an dieses schreckliche Inferno des Krieges.

HISPANIOLA [I, Dominikanische Republik, Haiti, Karibik, Mittelamerika, span. *Española*] *La Isla Española*, DIE SPANISCHE INSEL, wurde bereits 1492 auf Kolumbus' erster Reise benannt. Später verballhornten die Briten den Namen zum heute festgeschriebenen Hispaniola. Diese Insel sah die erste Siedlung in der neu entdeckten Welt, errichtet noch dazu nach Plänen des genialen Leonardo da Vinci.

HITACHI [H/P, Japan, Asien] Der frühere Name der heutigen Ibaraki-Präfektur ist als multinationaler Konzern für Datensysteme weltweit bekannt. Der Sinngehalt DIE SONNE STEIGT AUF (jap. *hi* »Sonne«, *tachi* »sich erheben«) könnte fast als Werbeslogan durchgehen.

HO CHI MIN CITY [O, Vietnam, Asien, amtl. *Thành phố Hồ Chí Minh*] Das frühere **Saigon**, die Hauptstadt Südvietnams, wurde 1976 aus politischer Raison nach dem Präsidenten des kommunistischen Staates Nordvietnam, HO CHI MINH (1890–1969), umbenannt. Ho Chi Minh selbst bedeutet vielsagend DERJENIGE, DER ERLEUCHTET. Die Bezeichnung Saigon, die auch heute noch sehr beliebt ist, bleibt trotz vielfältiger Deutungsversuche unklar. Vielleicht stehen die chinesischen Lehnwörter *Sài* und *Gòn* für »Stecken aus Holz«, vielleicht sind aber auch die entsprechenden Silben der Sprache der Khmer entnommen (*prey nokor*), mit der Bedeutung »Wald aus Kapokbäumen«. Zuletzt kommt der kantonesische Name *Tai-Ngon* »Flussdamm« als Ursprung für den Namen Saigon in Frage.

HOEK VAN HOLLAND [Kp, Niederlande, Europa, engl. *Hook of Holland*] Als ECKE HOLLANDS wird dieser Landvorsprung im Südwesten der Niederlande treffend beschrieben.

HOHE TAUERN [B, Österreich, Europa] Die ursprüngliche Verwendung dieses Namens war HOHER PASS (kelt. *tur* »Tor«), oder poetischer ausgedrückt, Tor in eine andere Welt. Während der Zeit der Hochblüte des Bergbaus im späten Mittelalter wurde dieser Name dann auf das gesamte Gebirge übertragen.

HOHENSTAUFEN [X, Baden-Württemberg, Deutschland, Europa] Dieser kegelförmige Berg wurde bereits früh mit einem BECHER verglichen (ahd. *stouf*, *stouph* »Becher«). Um den Gegensatz zum Marktflecken auszudrücken, wurde die Burg bereits um 1360 als *Hohenstouffen* bezeichnet.

HOKKAIDO [I, Japan, Asien] Der Name der zweitgrößten der japanischen Inseln darf mit NORDSEEPROVINZ übersetzt werden (jap. *hoku*, *kai* und *dō*). Wie häufig bei fernöstlicher Namensgebung wird damit die politisch-geografische Situation wiedergegeben.

HOLLAND → **Niederlande** [S/P, Niederlande, Europa] Kaum ein Staatenname wird im deutschsprachigen Raum so häufig durch eine Regionalbenennung ersetzt wie der der Niederlande. Holland (anl. *holtland* WALDLAND oder MULDENFÖRMIGES LAND) hat vielleicht einen einprägsameren Klang als der simple Lagename dieses westeuropäischen Staates.

HOLLYWOOD [X, Los Angeles, USA, Nordamerika] Wenn auch als Synonym für die Welt des Films verstanden, geht die Benennung des Stadtteils von Los Angeles auf das Jahr 1887 zurück, also eine Zeit weit davor. Ein gewisser Harvey Wilcox und dessen Gattin Daeida, beide in der Siedlungs- und Raumplanung tätig, suchten nach einem gut klingenden Namen für ihr neuestes Projekt. Und im Gegensatz zur oft kolportierten Ableitung vom Pflanzennamen *holly* (dt. Stechpalme) scheint es sich hier um eine Nachbenennung einer von Holländern in Ohio gegründeten Siedlung gleichen Namens zu handeln. Daeida Wilcox liebte einfach den Klang des STECHPALMENWÄLDCHENS. Die *Hollywoodschaukel* (übrigens eine Fantasiebezeichnung), eine überdachte Gartenbank, dürfte den Wunsch ausdrücken, dieses einzigartige Lebensgefühl der Filmmetropole in jedermanns Haus zu bringen.

HOLSTEIN → **Schleswig-Holstein** [P, Schleswig-Holstein, Deutschland, Europa] Zeitweilig war Holstein (der Name erinnert an die HOLSTEN) eine eigene Grafschaft bzw. ein Herzogtum. Zur Etymologie s. auch Schleswig-Holstein.

HOLYHEAD [O, Wales, Großbritannien, Europa, wal. *Caergybi*] Der Name Holyheads leitet sich sehr direkt aus dem engl. *holy headland* (dt. HEILIGE LANDZUNGE) ab. Die walisische Bezeichnung dagegen spricht von »Cybis Festung« (gäl. *caer* »Festung«), nach einem Heiligen, dem die Stadtkirche geweiht ist.

HONDURAS HN/HND/HN [S, Mittelamerika, oL *Republik Honduras*, span. *República de Honduras*] Die Bezeichnung *Hondura*, spanisch für TIEFES WASSER, wurde von Christoph Kolumbus als Dank für die sichere Überfahrt durch vermeintlich tiefe Gewässer an dieser Stelle vor der Küste Mittelamerikas gewählt. Sicherlich hat dieser Name einen religiösen Beigeschmack, da Kolumbus, wie auch viele andere Seefahrer, den Erfolg seiner Mission eng mit dem Willen Gottes verband. Zwischen 1823 und 1838 war Honduras Mitglied der *Vereinigten Staaten von Zentralamerika*, was auch in der noch heute gültigen Flagge zum Ausdruck kommt (s. Kap. Flaggenfamilien). U: Proklamation 15. 9. 1821 (ehem. span. Kolonie); endgültig 26. 10. 1838 (Austritt aus der Zentralamerikanischen Konföderation)

HONG KONG, HONGKONG -/-/HK [O, China, Asien, chin. *Xiānggǎng*] DUFTENDER HAFEN (chin. *xiang* »wohlriechend«, *gǎng* »Hafen«) ist der schöne Name dieser Handelsmetropole in Südchina. Das bei uns übliche Hong Kong ist nur die kantonesische Form des Namens. Der Grund für die blumige Benennung könnte folgender sein: entweder eine wohlriechende Baumart, oder – ein wenig weit hergeholt – der Spitzname einer in diesen Gewässern plündernden Piratenlady oder aber das gute Wasser eines nahe gelegenen Wasserfalls. Wie auch immer, die ehemalige britische Kronkolonie erfreut sich seit ihrer Rückgabe an China (1. Juli 1997) großer Autonomie mit eigener Gesetzgebung, Währung, Handelsrechten sowie Immigrationsgesetzten. Der Slogan lautet: »Ein Land, zwei Systeme«.

HONOLULU [O, Hawaii, USA, Nordamerika] Der alte malai. Name geht auf *hono* »Bucht« und *lulu* »geschützt« zurück. Honolulu ist also ein GESCHÜTZTER HAFEN. Dies hat dennoch wenig geholfen, als die französischen Fregatte Artémise vor Honolulu erschien und man dem König Kamehameha III. genau achtundvierzig Stunden Zeit gab, den Katholizismus auf diesem Eiland zuzulassen. Seine Entscheidung fiel angesichts der drohenden Kanonen klar und eindeutig aus.

HONSHU [I, Japan, Asien] Der eher schmucklose Name HAUPTBEZIRK (jap. *hon* »haupt« und *shū* »Bezirk«) ist doch in doppelter Weise sinnvoll: geografisch wie auch politisch.

HOOVER DAMM [X, Arizona, Nevada, USA, Nordamerika] Der ehemals *Boulder Dam* (nach den Felsformationen in diesem Gebiet) genannte Staudamm ist bis heute der größte der USA. In den Dreißigerjahren erbaut, erfolgte 1947 eine Umbenennung nach dem vormaligen Präsidenten Herbert HOOVER (1874–1964), der zur Zeit des Baus wegen seiner Weigerung, Bundesfonds für Arbeitslose zu zeichnen, als Persona non grata nicht für diese Ehre in Frage kam.

HORMUS, STRASSE VON [G, Iran, Oman, Vereinigte Arabische Emirate, Asien, engl. *Hormuz*] Die Wasserstraße zwischen Persischem Golf und Arabischem Meer könnte zu Ehren der persischen Lichtgottheit ORMUZD (dt. Weiser Herr) diesen Namen tragen. Der Prophet Zarathustra verkündete Ormuszd im 6. Jh. v. Chr. als einzigen wahren Gott.

HORN VON AFRIKA [Hi, Äthiopien, Eritrea, Somalia, Afrika, engl. *Horn of Africa*] Die Form eines HORNS gibt in diesem Fall die Benennung fast zwingend vor. Als regionaler Name sind jedoch mit dieser Bezeichnung nicht nur der Landvorsprung in Somalia, sondern auch der Küstenabschnitt Eritreas sowie das Hinterland in Äthiopien zu verstehen.

HOUSTON [O, Texas, USA, Nordamerika] Der erste Präsident von Texas, Sam HOUSTON (1793–1863), gab dieser Stadt seinen Namen. Heute ist die texanische Metropole das Zentrum der bemannten Raumfahrt im Programm der NASA. Hier wurde der Grundstein für Neil Armstrongs ersten Schritt auf dem Mond gelegt.

HRADSCHIN [X, Tschechien, Europa, tschech. *Hradčany*] Vom Burggrafen Berka von Dubá wurde 1320 die BURGSTADT (tschech. *hrad* und *čany*) als dritter Prager Stadtteil erbaut. Heute versteht man unter Hradschin vor allem den Residenzsitz der großen böhmischen Adelsfamilien.

HUDSON BAY [G, Kanada, Nordamerika] In eisiger Winterkälte wurde der englische Seefahrer Henry HUDSON (um 1550–1611) von seiner meuternden Mannschaft zusammen mit seinem geliebten Sohn und wenigen Getreuen in der nach ihm benannten Bay auf einem Beiboot ausgesetzt. Man hat nie wieder von ihm gehört. Hudsons verzweifelte Suche nach einer befahrbaren Nordwestpassage nach Asien blieb leider ein unerfüllter Traum seines Forscherlebens.

HUDSON RIVER → **Hudson Bay** [F, USA, Nordamerika] Wie die gleichnamige Bucht in Kanada, ist auch dieser Fluss nach Henry HUDSON (um 1550–1661) benannt.

HUË [O, Vietnam Asien, engl. *Hué*] Der Name der früheren Hauptstadt Annams (Nordvietnams) leitet sich letztlich vom chin. *huá* CHINA, der Kurzform von *huáqiáo* »Chinese in der Fremde« ab. Huë liegt am Huong, der auch »Parfümfluss« genannt wird. Die Chinesen hatten schon immer eine Vorliebe für klingende Namen.

HULL [O, England, Großbritannien, Europa, amtl. *Kingston-upon-Hull*] Der volle Name dieser ostenglischen Stadt lautet *Kingston-upon-Hull*, wobei die kelt. Wurzel *hul* die Bedeutung SUMPFIG trägt. Frei übersetzt und scherzhaft gemeint: KÖNIGSSTADT IM SUMPFGELÄNDE (beim Zusammenfluss von Humber und Hull).

HUMBOLDT-GLETSCHER → **Humboldt River** [X, Grönland, Nordamerika] Wie der Fluss in Nevada (s. d.) oder der kühle Humboldtstrom an der Westküste Südamerikas führt auch dieser Gletscher seinen Namen auf Alexander von HUMBOLDT zurück.

HUMBOLDT RIVER [F, Nevada, USA, Nordamerika] Erstmals wurde dieser Fluss 1828 vom Pelzhändler Skene Ogden in seinen Aufzeichnungen erwähnt. Der Name ehrt den großen Naturforscher Alexander von HUMBOLDT (1769–1859), der seine Reiseerfahrungen in einem 36-bändigen Werk niederschrieb. Fast pathetisch bedeutet dieser Familienname »kühner Geist« (ahd. *hugu* »Geist, Gedanke«, *bald* »kühn«).

HUNAN [P, China, Asien] (LAND IM) SÜDEN DES SEES (chin. *hú* »See«, *nán* »Süden«) spielt auf die geografische Lage dieser Provinz zum See Dongting, dem zweitgrößten Süßwassersee Chinas, an.

HUNSRÜCK [B, Deutschland, Europa] Der phonetische Klang dieser Gebirgsbenennung täuscht nicht. Der Hunsrück, zum Rheinischen Schiefergebirge gehörig, leitet seinen Namen von ahd. *hunt* und *hrucci, rukke* ab, was ganz einfach HUNDSRÜCKEN bedeutet.

HURONSEE [G, Nordamerika, engl. *Lake Huron*] Der zweitgrößte der nordamerikanischen Seen ist nach dem Stamm der HURONEN benannt. Ihr Name wurde im 16. Jh. von den Franzosen gewählt, da die Eingeborenen den ersten Siedlern BORSTENHAARIG (afranz. *huron*) erschienen. Gemeint ist wahrscheinlich nicht die ungewöhnliche Frisur, sondern der bei den Indianern obligate Kopfschmuck.

HWANG HO, HUANG HO, HUANG HE [F, China, Asien] Den Europäern ist auch der Name *Gelber Fluss* geläufig. Chin. *huáng* GELB und *hé* FLUSS beziehen sich auf den gelblichen Löss, den dieser zweitlängste chinesische Strom mit sich führt. Segen und Elend zugleich brachte dieser Strom seinen Anrainern schreckliche Überschwemmungen, aber auch fruchtbare Lössablagerungen.

HYDE PARK [X, London, Großbritannien, Europa] Heinrich XIII. kaufte 1536 ein Stück Land in der Größe von einem HIDE (ca. ¼ bis ½ km²) von den Mönchen der Westminster Abbey. Heute ist besonders der Speakers' Corner eine ungewöhnliche touristische Attraktion.

HYDERABAD [O, Indien, Asien] Ali, der Schwiegersohn Mohammeds, trug den Beinamen »der Löwe«. Ihm zu Ehren wurde daher diese indische Metropole, wenn auch erst 1589 gegründet, LÖWENSTADT benannt. Hindi *haidar* und *ābād* (»Löwe« und »bewohnter Platz«) bilden die beiden Namensteile. Auch in Pakistan findet sich, wenig überraschend, wenn man den religiösen Hintergrund kennt, eine Stadt dieses Namens.

 griech. *iota* Ι – phöniz. *yōdh* »Arm«

IAŞI [O, Rumänien, Europa, dt. *Jassy*] Die letzten zwei Jahre des Ersten Weltkriegs war Iaşi die Hauptstadt eines umkämpften Restrumäniens. Über den Namensursprung gibt es unterschiedliche Theorien. Am wahrscheinlichsten ist eine Ableitung von einem Wort für »Jagd« oder JÄGER (Q: Oxford World Place Names).

IBADAN [O, Nigeria, Afrika] Diese islamisch geprägte Stadt leitet ihren Namen vom arab. *ibāda* VEREHREN ab. *Ibād* ist die Pluralform von arab. *abd* (dt. Diener), womit in diesem Fall der Diener Allahs gemeint ist.

IBBENBÜREN [O, Nordrhein-Westfalen, Deutschland, Europa] Bereits in karolingischer Zeit entstanden, bedeutet der Name dieser mittelgroßen Stadt BEI DEN HÄUSERN DES IBBO. Letzterer ist ein alter deutscher Personenname. *Buren* (durch Umlautung *Büren*) ist der Dat. Pl von ahd. *būr* »kleines Haus«.

IBERISCHE HALBINSEL → **Pyrenäen-Halbinsel** [Hi, Andorra, Portugal, Spanien, Europa] Der Name dieser Halbinsel in Südwesteuropa geht auf den präindogermanischen Stamm der IBERER zurück, die in der Antike dort lebten. Bezeichnenderweise war die griechische Benennung *Iberia*. Heute ist in Atlanten der Begriff Pyrenäenhalbinsel fast häufiger in Verwendung als dieser alte Name. Da auch der Ebro lat. *Iberus* heißt, könnte dieses Volk der Iberer einen Gewässernamen tragen.

IBIZA [I, Spanien, Europa, katal. *Eivissa*] Diese Baleareninsel trägt den schönen Namen INSEL DER DÜFTE (phön. *ī* »Insel«, *busim* »Düfte«). Offensichtlich strömten für die karthagischen Einwanderer diese bewaldeten Hügel geradezu betörende Wohlgerüche aus. Vielleicht ist dies als Kontrapunkt zur kargen Heimat zu verstehen.

IDAHO ID/ID. [P, USA, Nordamerika] Keiner der US-Staatennamen ist unsicherer gedeutet worden als Idaho. Fast sicher ist die Bezeichnung indianischen Ur-

sprungs, aber alle Erklärungsversuche wie FISCHESSER oder BERGJUWEL (mit Bezug auf die Gold- und Silberfunde) haben eine hochspekulative Komponente. Jedenfalls dürfte der zweite Vorschlag mitentscheidend für den modernen Beinamen *Gem State* (dt. Juwelenstaat) gewesen sein.

IGUAÇÚ [G, Argentinien, Brasilien, Südamerika] Diese gewaltigen Wasserfälle Lateinamerikas heißen in der Sprache der Guarani *Yguazu* GROSSES WASSER. Auf mehr als 2700 m Breite stürzen die Wassermassen auf zwei Stufen 75 m in die Tiefe. Eleanor Roosevelt, die Gattin des amerikanischen Präsidenten, soll vor Erstaunen und Ehrfurcht nur zwei Worte herausgebracht haben: »Poor Niagara!«

IJSSEL [F, Niederlande, Europa] Wie in vielen Gewässernamen, steckt auch in diesem holländischen Fluss die Wortwurzel WASSER. Bekannter noch wurde das gleichnamige IJsselmeer (das IJ ist eine im Holländischen übliche Ligatur).

IJSSELMEER → **IJssel** [G, Niederlande, Europa, sprich Eissel; das IJ wird als Ligatur groß geschrieben] Im Holländischen meint man mit »Meer« einen See. In diesem speziellen Fall entstand dieser »See« allerdings erst im Jahr 1932 durch den Bau eines fast 30 km langen Abschlussdeichs der ehemaligen Zuiderzee (s. d.). Im Laufe der Jahre wurden Teile dieses beliebten Segelgebiets als Polder (s. Allgemeine geografische Begriffe) trockengelegt und damit die Landgewinnung vorangetrieben.

ILLINOIS IL/ILL. [P, USA, Nordamerika] Der Stammesname *Illini* (eine Gruppe der Algonkin) bildet die Wurzel dieses Staatsnamens. Die Bedeutung dürfte MÄNNER oder KRIEGER sein. Französische Siedler haben später die romanische Endung *ois* hinzugefügt, um den gleichnamigen Fluss zu bezeichnen. Illinois trägt den Beinamen *Prairie State* (dt. Präriestaat).

INDEPENDENCE [O, Missouri, USA, Nordamerika] Als die reorganisierten Mormonen sich 1852 von ihrer Glaubensgemeinschaft abspalteten, drückten sie dies durch die sprechende Siedlungsbezeichnung *Independence* (dt. UNABHÄNGIGKEIT) aus.

INDIANA IN/IND. [P, USA, Nordamerika] Mitte des 18. Jh.s gaben französische Siedler diesem zukünftigen Staat seinen Namen, wobei sie einfach an die Vielzahl unterschiedlicher INDIANERSTÄMME dachten. Die latinisierte Form entsprach den Gepflogenheiten der damaligen Zeit. Wenn man Bill Bryson Glauben schenken darf, konnte noch niemand wirklich erklären, warum Indiana den Beinamen *Hoosier State* bekommen hat.

INDIANAPOLIS [O, Indiana, USA, Nordamerika] Diese Siedlungsgründung (1821) bezog sich direkt auf das Territorium INDIANA, angehängt wurde das griech. *polis* STADT. Aus der Welt des Sports: Die »500 Meilen von Indianapolis«, seit 1911 alljährlich ausgetragen, werden am sogenannten Memorial Day, dem 30. Mai, gefahren.

INDIEN IN/IND/IND [S, Südasien engl. *India*, oL *Republik Indien*, ind. *Bhāratīya Ganarājya, Bhārat*] Vielen Lesern wird die starke phonetische Ähnlichkeit mit dem großen Fluss Indus aufgefallen sein. Daher ist auch für Laienetymologen klar, dass hier ein Zusammenhang bestehen muss. Tatsächlich bedeutet *Indus* einfach »Fluss, Meer« (aind. *sindhu*, pers. *hindhu*), womit Indien als das LAND DES FLUSSES bezeichnet werden kann. Ironischerweise fließt dieser

Strom gar nicht durch Indien, sondern durch das Land des Erzfeindes Pakistan, um nach mehr als 3000 Kilometern ins Arabische Meer zu münden. Gerade das Quellgebiet liegt in der umstrittenen Region Kaschmir. Über die lateinische und griechische Bezeichnung des Flussgebietes kam der Name »Indien« schließlich für den ganzen Subkontinent in Gebrauch. Der eigene Landesname *Bhārat* (oder *Bhāratavarsha*) dagegen dürfte von einem alten indischen Heldenkönig aus dem Epos »Mahabharata«, dem Anführer eines gleichnamigen Volkes, abstammen, aber hier fehlen eindeutige Belege. Einer der größten historischen Irrtümer war sicherlich Christoph Kolumbus' Annahme, auf seinen Reisen über den Atlantik Indien entdeckt zu haben. Daher rührt die kollektive Bezeichnung *Indianer* für die Ureinwohner Amerikas, was weder geografisch noch ethnologisch haltbar ist. Das Gleiche gilt für die *Indios* in Lateinamerika. Die engl. Form *India* wird auch für das internationale NATO-Alphabet verwendet. Zudem leiten sich das chemische Element *Indium* wie der Farbstoff *Indigo* (lat. *indicum*) von diesem südasiatischen Riesenstaat ab. Die Wörter *Indogermane* (*Indogermanistik*), *Indoeuropäer* oder *Indologie* (Wissenschaft von den indischen Sprachen und Kulturen) zeigen die gleichen Wortwurzeln. U: 15. 8. 1947 (ehem. Britisch-Indien)

INDISCHER OZEAN → Indien [G, engl. *Indian Ocean*] Der knapp über 8000 m Tiefe erreichende Indische Ozean hat eine Fläche von 74,9 Mio. km^2. Der Gewässername leitet sich vom Subkontinent Indien her (s. d.). Auf indonesischen Kartenwerken wird der drittgrößte Ozean auch als »*indonesischer*« bezeichnet.

INDOCHINA → **China, Indien** [H/R, Asien] Die riesige Halbinsel zwischen INDIEN und CHINA (im deutschsprachigen Raum auch als *Hinterindien* bezeichnet) wurde vom schottischen Poeten und Orientalisten John Leyden, der im frühen 19. Jh. hier lebte und forschte, mit diesem ungewöhnlichen Kunstnamen belegt.

INDONESIEN ID/IDN/RI [S/I, Südostasien, oL *Republik Indonesien*, engl. *Republik Indonesia*] In Anlehnung an Polynesien wurde aus Indien und dem griechischen Wort für Insel (griech. *nèsos*) von einem deutschen Kartografen 1884 der Kunstname Indonesien geprägt. Frei übersetzt könnte man diesen Staat als INDISCHE INSELWELT bezeichnen. Der erste Teil des Namens kann nur aus der verzerrten Perspektive des Europäers im 19. Jh. erklärt werden, der zweite Teil trifft aber für diesen größten insularen Staat der Erde mehr als zu. 13 600 Inseln ziehen sich »einem Smaragdband gleich um den Äquator«, wie dies poetisch ein holländischer Dichter ausdrückte. Die Indonesier haben ihrer Heimat daher auch den treffenden Beinamen *Tanah Air* (dt. Erde und Wasser) gegeben. Zwei Jahrhunderte lang (bis ins 20. Jh. hinein) war diese Inselwelt als *Niederländisch-Ostindien* eine der ersten holländischen Kolonien. Daher kam der heutige Staatsname Indonesien erst um 1920 wirklich in allgemeine Verwendung. U: Proklamation 17. 8. 1945 (ehem. niederländische Kolonie); endgültig 27. 12. 1949

INDUS [F, Pakistan, Asien, ind. *Sindhu*] Das aind. Wort *sindhu* FLUSS bildet den Namen dieses längsten Stroms des Subkontinents Indien. Der Indus mündet in einem riesigen Delta in das Arabische Meer. Der Mittellauf speist das größte Bewässerungsgebiet der Erde. In einem eigenen Vertrag (Indus Water Treaty) wurde 1960 die Nutzung zwischen den feindlichen Nachbarn Indien und Pakistan geregelt.

INGOLSTADT IN [O, Bayern, Deutschland, Europa] Der heute sehr seltene Personenname INGOLD und das ahd. *stat* STÄTTE, STELLE bilden den Namen dieses bayrischen Orts, der im Spätmittelalter wegen seines Wein- und Salzhandels aufblühte. *Ing(wio)* war der Name einer germanischen Stammesgottheit, *walt* (zu *walten*) bedeutet »herrschen«.

INN [F, Deutschland, Österreich, Schweiz, Europa] Wahrscheinlich ist der Name keltischen Ursprungs (*enos* WASSER). Über das lat. *Enus/Aenus* sowie *Inus* entstand daraus bereits Ende des ersten nachchristlichen Jahrtausends *In* (belegt 1060).

INNISFAIL → **Irland** [X, Irland, Europa] Der poetische Name Innisfail ist eine Zusammensetzung aus ir. *inis* INSEL und *fáil* (Gen. von *fál*) SCHUTZWALL (s. Irland).

INNSBRUCK [O, Österreich, Europa] Die INNBRÜCKE, auch ohne viel etymologisches Verständnis leicht zu erkennen, gibt der Hauptstadt des österreichischen Bundeslandes Tirol den Namen. Der Flussname dürfte kelt. Ursprungs sein und WASSER (kelt. *enos*) bedeuten.

INSELN ÜBER DEM WINDE
→ **Windward Islands** [I, Karibik, Mittelamerika] Die Windward Islands (so der englische Name) sind der WINDRICHTUNG ZUGEWANDT (Luv), liegen also ständig im Einflussbereich der Passate.

INSELN UNTER DEM WINDE
→ **Leeward Islands** [I Karibik, Mittelamerika] Im Gegensatz zu den Windward Islands (s. d.) sind die Inseln unter dem

Winde der vorherrschenden WIND-
RICHTUNG ABGEWANDT.

INTERLAKEN [O, Schweiz, Europa]
ZWISCHEN DEN SEEN Brienz und Thun
gelegen, bedeutet der lat. Name *inter
lacus* und spiegelt diese Lage wider.
Diese Stadt blühte im 12. Jh. auf, als
hier ein Augustinerkloster entstand.

INVERNESS [O, Schottland, Großbritannien, Europa] Das in Schottland häufig
anzutreffende gäl. *inbhir* bedeutet
FLUSSMÜNDUNG, ist also als Lagebezeichnung zu verstehen. Eine Entsprechung wäre das gäl. *aber*, das ebenfalls
in zahlreichen schottischen und walisischen Namen anzutreffen ist (vgl.
Aberdeen). Der Ness, ein kleiner lokaler Fluss, ergänzt den Namen. Berühmt
wurde das von dieser Stadt aus bisher
leider vergeblich gesuchte *Loch Ness
Monster*. Alle Fotoaufnahmen erwiesen
sich nachträglich als Fälschung.

IONA [I, Schottland, Großbritannien, Euro-
pa] In alten Zeiten war der Name dieser
Insel einfach (kelt.) *I*, deutsch EIBEN-
BAUM. In einem Dokument aus dem
8. Jh. wurde von einer *Ioua insula*, einer
EIBENINSEL, gesprochen. Durch einen
Schreibfehler entstand der heutige
Name Iona, der dann allerdings zu end-
losen Spekulationen um den biblischen
Propheten Jonah Anlass gab. Immerhin
stand auf dieser Insel das berühmte
Kloster, in dem das Book of Kells
(s. d.), die älteste Evangelienhand-
schrift, verfasst wurde.

IOWA IA/IA. [P, USA, Nordamerika] Dieser
US-Staat wurde nach dem gleichnamigen Fluss benannt, der seinen Namen
auf einen indianischen Stamm zurückführt. Die Bedeutung ist unklar, könnte
aber BLEICHGESICHTER oder SCHÖNES
LAND bedeuten. Iowa ist unter einer
Vielzahl von Schreibweisen auf Landkarten oder in älteren Dokumenten zu
finden, zum Beispiel auf einer französischen Karte aus dem Jahr 1673 unter
Ouaouiatonon. Iowa trägt aus heute
nur schwer erklärlichen Gründen den
Beinamen *Hawkeye State* (dt. Falken-
auge-Staat).

IRAK IQ/IRQ/IRQ [S, Südwestasien, engl. *Iraq*,
oL *Republik Irak*, arab. *Al-Ǧumhūriyya al-
ʾIrāqiyya, Irāq*] Die beiden Flüsse
Euphrat und Tigris, die die ersten
Hochkulturen unserer Geschichte ermöglichten, dürften der Grund für die
arab. Bezeichnung *al-irâq* KÜSTE,
NIEDRIGES UFERLAND sein. Das semit.
uruk GEWÄSSER meint ebenfalls
Euphrat und Tigris. Auch heute noch
bildet Mesopotamien das Kernland des
modernen Irak. Wunderbar sind aus
dem Flugzeug die bewässerten Grün-
zonen zu beiden Seiten der geschichtsträchtigen Ströme erkennbar, der
Name »niedriges Uferland« beschreibt
tatsächlich die natürlichen Gegebenheiten in bester geografischer Art. Und
bis in die Zwanzigerjahre des 20. Jh.s
war *Mesopotamien* auch der offizielle
Name für dieses Gebiet. Seit dieser Zeit
bildet der Irak zwar einen eigenen
Staat, nicht jedoch eine wirklich homo-
gene eigene Nation. Zu groß sind die
Spannungen zwischen Arabern und
Kurden im Norden des Landes. Die
Bewohner dieses Staates werden übrigens im Deutschen als *Iraker* bezeichnet. U: 3. 10. 1932 (Aufhebung des Völ-
kerbundmandats)

IRAKLION → **Heraklion** [O, Griechenland, Europa] Auch der neugriechische
Name der Hauptstadt Kretas erinnert
an den antiken Helden HERAKLES
(s. Heraklion). Ein stolzer Name, fürwahr!

IRAN IR/IRN/IR [S, Südwestasien, oL *Islami-*

sche Republik Iran, pers. *Jomhūrī-ye Eslāmī-ye Īrān*] Das apers. *aryam* LAND DER ARIER leitet sich vom aind./apers. *arya*, Pl. *aryānam* WERTVOLL ab. Die Wurzel *ar* heißt übrigens Berg, was auf die Bedeutung des Hochlands in längst vergangenen Zeiten hinweist. Leider hat dieser Begriff, missbraucht vom nationalsozialistischen Regime wie kaum ein anderer, zu einem völkisch-rassischen Überlegenheitsdenken geführt. Damit bleibt in Mitteleuropa ein negativer Beigeschmack bei diesem an sich alten und ehrwürdigen Wort. In der Tat wurde Persien erst 1935 auf Anraten eines deutschen Gesandten in Iran umbenannt. Der alte Landesname **Persien** wird traditionell mit *Perses*, dem Sohn des heldenhaften Perseus und der schönen Andromeda, verbunden. Hier ist aber eine Ableitung aus der alten Provinz *Fars* (das Arabische kennt kein P) viel wahrscheinlicher. Dieser Name wiederum geht auf das apers. *parsi* »rein« zurück und war auch für ein früher hier lebendes Volk gebräuchlich. Persien ist daher das »Land der Reinen«. Interessant ist, dass die Begriffe »Iran« und »persisch« nebeneinander existieren. Ersterer Ausdruck wird für alle Staatsangelegenheiten verwendet, zweiterer für Themen aus Kultur, Sprache, Musik und dergleichen. Seit 1979 ist der Iran eine streng geführte Islamische Republik. Zuletzt einige sprachliche Randnotizen: Das Fell des Karakulschafs, der *Persianer*, hat auf Grund der Kampagnen der Tierschutzaktivisten jüngst viel von seinem Glanz verloren. Der *Pfirsich* (lat. *persicum malum*) wurde den Römern durch die Perser bekannt gemacht – daher der unerwartete Namensursprung. U: alte staatliche Tradition (über 2500 Jahre)

IRAWADI [F, Myanmar, Asien, engl. *Irrawaddy*] Burmas Hauptfluss trägt den bildhaften Sanskritnamen *Airāvata*, also den Namen eines SONNENGOTTES, der als Prototyp des Elefanten gilt und der Legende nach durch den aufgewühlten Ozean geboren wurde.

IRKUTSK [O, Russland, Asien] Diese sibirische Stadt, 1661 aus einem Kosakenfort an der Angara entstanden, trägt einen Flussnamen (Irkut), der in der einheimischen Sprache so viel wie GROSSE SCHLEIFE bedeutet.

IRLAND IE/IRL/IRL [S, Westeuropa, engl. *Ireland*, oL *Republik Irland*, ir. *Poblacht Na h'Éireann, Éire*] Der Ursprung des Namens »Irland« ist nicht wirklich eindeutig geklärt. Jedenfalls scheint kein Zusammenhang mit der römischen Bezeichnung *Hibernia* zu bestehen. Das englische »Ireland« geht auf die gälische Form **Eire**(-Land) zurück, diese wiederum könnte so viel wie WESTLICHES LAND bedeuten. (Gäl. Wurzel *iar* »Westen«). Nicht auszuschließen ist aber auch die Bedeutung INSEL DES EISENS, vom gälischen *i* »Insel« und *iarunn* »Eisen«. Betrachtet man die Randlage im äußersten Westen Europas – Island war ja noch nicht im Blickfeld –, so darf man die »Lagebezeichnung« als durchaus wahrscheinlich annehmen. Manche Etymologen sehen auch in einer keltischen Göttin der Fruchtbarkeit namens ERIU (oder *Erinn*) die Wurzel dieses Namens. Irland trägt zudem die poetische Bezeichnung **Innisfail**. Irisch *inis* »Insel« und *fáil* (Gen. von *fál*) »Schutzwall« waren in alten Tagen auf den zentralen Teil des Landes bezogen. Gemeint war aber damit immer das ganze damals bekannte Land. Schließlich wird die Heimat dieses poetischen Volkes auch durch die Namen *Grüne Insel* (engl. *Emerald Island*) oder *Kleeblattinsel* ausgedrückt. Mit politischem Blick auf die Spaltung des Landes in zwanzig irische und sechs nordirische Counties (seit 1925 vertraglich fixiert) hört man auch immer wieder den Begriff *The Twenty Six Counties*. Ein spannende politische Randbemerkung darf hier nicht fehlen: Wer immer aus Ulster einen Antrag auf irische Staatsbürgerschaft stellt, darf sofort die »Landesfarben« wechseln und sogar höchste politische Ämter in der Republik Irland bekleiden. Ein Beispiel gefällig: Die jetzige Präsidentin Mary McAleese wurde in Belfast geboren! Weit über die Grenzen des Landes bekannt und beliebt sind kulinarische Spezialitäten wie *Irish coffee* und *Irish stew*. Wie nennen sich übrigens die Menschen auf dieser Insel? In der deutschen Sprache sind zwei Bezeichnungen gültig: *Irländer* (veraltet) oder *Iren*. U: Proklamation 1919; 6. 12. 1921 (Dominion im Commonwealth); 18. 4. 1949 (Proklamation der Republik)

IRTYSCH [F, Russland, Asien, engl. *Irtysh*] Die türkische Wurzel *ir* FLIESSEN dürfte im Namen dieses im Oberlauf ungemein rasant dahinströmenden sibirischen Gewässers stecken.

ISAR [F, Deutschland, Europa] Die idg. Wurzel **eis-*, **ois-* oder **is-* bedeutet SICH HEFTIG, SCHNELL BEWEGEN. Die franz. *Isère* und die nl. *IJssel* haben den gleichen Ursprung.

ISCHIA [I, Italien, Europa] Wenn auch heute assoziativ nur schwer zu erkennen, leitet sich der Name Ischias vermutlich aus lat. *insula* INSEL ab. Einige Quellen sehen jedoch arab. *ischra* SCHWARZE INSEL als Wortwurzel an. Wegen der malerischen Kulisse sowie

des imposanten Castellos wurde Ischia als Drehort zahlreicher Filme auserwählt (z.B. Avanti, Avanti; Mongibello; Der talentierte Mr. Ripley [Remake]; Der rote Korsar; Cleopatra).

ISÈRE [F, Frankreich, Europa] Wie die Isar (s. d.) führt auch dieser Fluss seinen Namen auf die idg. Wurzel **eis-*, **ois-* oder **is-*, SICH SCHNELL BEWEGEN zurück.

ISERLOHN [O, Nordrhein-Westfalen, Deutschland, Europa] Mnd. *lō* WALD, GEHÖLZ (Dat. Pl. *loon*) und mnd. *īser* EISEN bilden die beiden Namensteile dieser alten Metallgewerbestadt, die bereits vor 1050 als Münzstätte diente.

ISHEWSK [O, Russland, Europa, udmurt. *Iž*, engl. *Izhevsk*] 1760 als Stahlstadt gegründet, ist dieser Ortsname nach dem Fluss *Izh* benannt. Dieser trägt die Bedeutung WASSER.

ISLAMABAD [O, Pakistan, Asien] STADT DES ISLAM nennt sich die Hauptstadt Pakistans. Der Name setzt sich aus arab. *aslama* »sich ergeben« (gemeint ist in die Hand Gottes) und iran. *ābād* »bewohnter Platz« zusammen. Die gleiche Wurzel hat die arabische Grußform *salaam* (dt. Friede).

ISLAND IS/ISL/IS [S/I, Nordeuropa, engl. *Iceland*, oL *Republik Island*, isl. *Lýğveldiğ Ísland*] Schon vor der ersten Jahrtausendwende unserer Zeitrechnung, im Jahr 960, hat der Wikinger *Flori* den Namen EISLAND (*is* »Eis«, *land* »Land«) geprägt, zur damaligen Zeit wahrscheinlich ganz berechtigt (zuvor war der Name *Snæland* »Schneeland« gebräuchlich). Heute rechtfertigt der zwischen Island und Skandinavien durchfließende Golfstrom, der Jahresmittelwerte der Temperatur von ca. 0 °C bewirkt, diesen Namen nicht mehr wirklich. Von einem wahren »Eisland« kann kaum mehr die Rede sein. Island ist auf Grund seiner Abgeschiedenheit auch ein Dorado für Genealogen. Hier können Studien über gesunde und kranke Erbanlagen über einen Zeitraum von mehr als 1000 Jahren durchgeführt werden. Wie schrieb ein isländischer Journalist: Genealogie ist Kult! (Q: Kastner, Atlasrätsel) Letzte Bemerkung: Für Pferdeliebhaber sei an dieser Stelle noch das *Island-Pony* erwähnt. U: 1. 1. 1918 (in Personalunion mit der dän. Krone); 17. 6. 1944 (Ausrufung der Republik)

ISLE OF MAN -/-/GBM [I, England, Großbritannien, Europa] Bis heute ist die Isle of Man politisch nicht als Teil des United Kingdom zu verstehen, hat also ein eigenes Parlament und eine eigene Verwaltung. Der gäl. Name bedeutet BERGLAND – und ist in der Tat mit lat. *mons* sehr verwandt. Die seit 1974 ausgestorbene Sprache der Einwohner (Manx) klingt für unsere Ohren seltsam fremd. Interessanterweise dürfte letztere skandinavischen Ursprungs sein, das *x* also dem nordischen *sk* entsprechen (vgl. Norsk, Dansk).

ISLE OF WIGHT [I, England, Großbritannien, Europa] Endlose Spekulationen ranken sich um diesen Inselnamen. Das offensichtliche WEISS, das bei großzügiger Buchstabenumstellung erkennbar scheint, würde sich auf die Kalkfelsen der Südküste Englands beziehen. Wahrscheinlicher bedeutet Wight jedoch HEBEL (lat *vectis*), womit das »Heraushebeln« der Insel aus den Fluten des Atlantiks beschrieben wird. Und in der Tat war der röm. Name des Landes *Vectis*. Moderne etymologische Deutungen wiederum sehen einen kelt. Ursprung: *gwaith* könnte auf eine ENTSCHEIDUNGSSTELLE der Schiffe, welche

Richtung einzuschlagen wäre, hindeuten. Nun, auch der Leser darf sich ausnahmsweise frei bedienen.

ISRAEL IL/ISR/IL [S, Südwestasien, oL *Staat Israel*, gebr. *Medinat Yisra'el*, arab. *Dawlat Isrā-īl*] Trotz intensivster Forschung ist bis heute die genaue Ableitung des Namens Israel unklar. Hebräisch heißt *Isrea`el* DER MIT GOTT RINGT, ein Beiname, den Jakob, der mythische Stammvater der zwölf hebräischen Stämme, in einer nächtlichen Begegnung erhielt. Ein geheimnisvoller Fremder attackiert ihn unversehens. Es gelingt Jakob jedoch mit seinen enormen Kräften, den Angreifer abzuwehren. Da wird er plötzlich nach seinem Namen gefragt, und als er antwortet, verkündet ihm der Fremde mit den Worten »Du hast mit Gott gerungen und mit den Menschen und hast obsiegt« den Ehrennamen *Israel*. Die Silben *is* »Mann«, *rea* »Freund« und *el* »Gott« könnten auch mit »Mannesfreund Gottes« interpretiert werden. Jedenfalls waren die zwölf Stämme von nun an nicht nur durch uralte Blutsbande, sondern auch durch ihren Glauben miteinander verbunden. Möglich ist aber auch eine Zusammensetzung aus dem heidnischen Namen *Isra* und dem Wort *el* »Gott«. Der Beiname *Heiliges Land*, oder noch viel häufiger in der englischsprachigen Welt *Holy Land*, geht auf die biblischen Zeiten zurück. U: 14. 5. 1948 (Proklamation)

ISTAMBUL [O, Türkei, Asien, Europa] Die traditionelle Interpretation sieht die griech. Wendung *Is tìm pólin* AUF IN DIE STADT als Namensquelle. Mit diesem Schlachtruf wollten die Türken im Belagerungsjahr 1453 die Verteidiger entmutigen, so weiß es die Geschichte. Aber auch der Hinweis auf ein verballhorntes *Islambul* »Stadt des Islam« wird nicht gänzlich ausgeschlossen, wobei hier die Endsilbe von griech. *polis* (dt. Stadt) stammen könnte. Unwahrscheinlich bleibt letztere Theorie dennoch, da Istanbul bereits vor der Übernahme durch die Türken diesen Namen trug. Zur Hochblüte dieser Stadt war **Konstantinopel** (griech. *Konstantínou pólis* »Stadt des Konstantin«; gemeint war Konstantin der Große) das Herz des Oströmischen Reiches, ja fürwahr der Mittelpunkt der politischen wie künstlerischen Welt, an der Schnittstelle zweier Kontinente gelegen. Vielleicht ist Istanbul auch nur eine neuere Form dieses Traditionsnamens? Zuletzt muss die Kurzform *Stambul* erwähnt werden, die aus Graham Greenes »Stamboul Train« bzw. aus Karl Mays »Von Bagdad nach Stambul« auch bei uns bekannt wurde. Der älteste, griechische Name klingt ebenfalls bis heute im Ohr der Menschen nach: **Byzanz** (griech. *Byzantion*). Hier könnte ein gewisser Buzas von Megara, der Gründer dieser Stadt, gemeint sein.

ITALIEN IT/ITA/I [S, Südeuropa, engl. *Italy*, oL *Italienische Republik*, ital. *Repubblica Italiana, Italia*] Seltsamerweise hat der Name dieses alten Kulturlands eine unsichere Etymologie. Das Volk der VITALI könnte vom lat. *vitulus* KALB abgeleitet sein, einem Namen, den die ersten griechischen Siedler in Kalabrien im 8. Jh. verwendeten, indem sie dieses Land *Vitalia* nannten. Aber vielleicht gab es auch einen Herrscher namens ITALUS. Hier fehlen immer noch genaue Belege. In der Literatur finden sich weiters Quellen, die einen Zusammenhang mit dem Ausdruck *diovi-telia* »Land des Tages, Land des Lichts« sehen. Sehr

bekannt ist der Beiname *Stiefel*, der sich aus der geografischen Form des Landes erklärt, oder *lo Stivale* (dt. das Boot), eine besonders in Italien selbst übliche Bezeichnung. Der Begriff *Italienisieren* bedeutet sehr anschaulich »etwas italienisch machen«. Eine bekannte Antiqua-Druckschrift nennt sich *Italienne*. Letzte Notiz: Auch der *Italo-Western* à la Sergio Leone hat seine unverwechselbaren Spuren in der Filmgeschichte hinterlassen. U: alte staatliche Tradition; 1861 (nationale Einheit); 2. 6. 1946 (Ausrufung der Republik)

ITHAKA [I, Griechenland, Europa] Mit an fast sicher grenzender Wahrscheinlichkeit steht das -I- für das phön. Wort für INSEL (VGL. IBIZA). DAFÜR KONNTE BIS HEUTE DER ZWEITE NAMENSTEIL DIESER »INSEL DES ODYSSEUS« NICHT GEKLÄRT WERDEN.

IVORY COAST → Côte d'Ivoire, Elfenbeinküste [S, Afrika] Die englische Bezeichnung der ELFENBEINKÜSTE entspricht exakt dem deutschen Namen. Wie dieser fiel jedoch auch Ivory Coast zeitweilig den frankophilen Träumen des Präsidenten Houphouet-Boigny zum Opfer.

IZMIR [O, Türkei, Asien] Möglicherweise ist dieser Hafenname aus dem byzantinischen Griechisch (*eis Smurnē* NACH SMYRNA) gebildet worden, wenn auch eine Verballhornung des Wortes **Smyrna** wahrscheinlicher scheint. Smyrna selbst nennt sich die STADT DER MYRTEN (griech. *myrríne* »Myrte«). Nach diesem Ort wurde auch ein Teppich, der *Smyrna*, benannt.

lat. Jj –
griech. *iota* Iι –
phöniz. *yōdh* »Arm«

JACKSONVILLE [O, Florida, USA, Nordamerika] Der erste Militärgouverneur von Florida, General Andrew JACKSON (1767–1845), wurde durch seine Siege gegen die Briten sowie die Seminolen Floridas zum Namensgeber für die größte Stadt dieses US-Staates. Später bekleidete Jackson sogar von 1829 bis 1837 das Amt des Präsidenten der USA.

JAFFA [O, Israel, Asien, hebr. *Jáfo*] Diese von Phöniziern gegründete Küstenstadt bildet heute den weniger bedeutenden Teil der Doppelstadt Tel Aviv-Jaffa. Das hebr. *jáfe* muss mit SCHÖN übersetzt werden. Der von Plinius überlieferten Sage nach wurde Jaffa von Joppa, der Tochter des Windgottes Aeolus, gegründet. Hier soll auch Andromeda, die Tochter Joppas, an den Felsen geschmiedet worden sein, um schließlich von Perseus befreit zu werden. Der Andromeda-Felsen im Hafen Jaffas ist Mahnmal für den in alten Zeiten praktizierten Brauch, die schönsten Töchter des Landes den Meergöttern zu opfern. Sehr bekannt und beliebt sind bis zum heutigen Tag die sogenannten *Jaffa-Orangen*.

JAKARTA, DJAKARTA [O, Indonesien, Asien] Sultan Fatahillah wählte im 16. Jh. nach der Eroberung der alten Stadt *Sunda Kelapa* den malai. Namen *Jayakarta* (dt. SIEG bzw. WOHLSTAND). 1619 wurde diese Stadt von der holländischen Ostindischen Kompanie zerstört und unter dem Namen **Batavia** neu aufgebaut (s. d.).

JAKUTIEN [P, Russland, Asien] LAND DER FREMDEN (ewenk. *jekot* »Fremde«) nennt sich dieses dünn besiedelte Gebiet Ostsibiriens, das durch Permafrostböden mehr als unwirtlich ist. Mit Werchojansk (–67,8 °C) und Oimjakon (–74,0 °C) finden sich hier auch die beiden Kältepole der Erde, wenn man vom antarktischen Territorium absieht.

JAKUTSK [O, Russland, Asien] Die Hauptstadt Jakutiens trägt den ewenk. Namen *jekot* FREMDE. Die dort ansässigen Menschen selbst bezeichnen sich jedoch als Sacha (*saha* »Platz, Gebiet«; vgl. Sachalin).

JALTA [O, Ukraine, Europa] Der seit der Alliierten-Konferenz im Zweiten Weltkrieg bekannte Ort auf der Halbinsel Krim trägt einen griechischen Namen: *Gialós* (sprich [jalós]) bedeutet so viel wie STRAND. Der Grund für die Benennung könnte ein Schiffbruch im Schwarzen Meer und die sehr glückliche Rettung an dieser Küste gewesen sein.

JAMAIKA JM/JAM/JA [S/I, Karibik, Mittelamerika, oL *Jamaica*] Die legendäre »Ruminsel« sollte eigentlich besser »Wasserinsel« heißen. Das Arawakwort *xaymaca* bedeutet nämlich LAND DER QUELLEN, REICHTUM AN QUELLEN. Und diese Bezeichnung beschreibt wunderbar diese zu den Perlen der Karibik gehörende Insel, die mit teilweise noch unberührten Karsthöhlen und aus der Ferne blaugrün schimmernden Bergen ein wahres Erholungsparadies ist. Der Einfluss des Passats bringt der Windseite der Blue Mountains Niederschlagswerte von bis zu 5000 mm und damit üppigen tropischen Regenwald. Wir haben wahrlich ein *xaymaca* vor uns! Vielleicht ist auch dies ein Grund, weshalb sich hier nie der von Kolumbus gewählte Name *Santiago* durchsetzen konnte. Politische Randnotiz: Mit Blick auf die Flaggenfarben Schwarz, Gelb und Grün wurde bei der letzten Wahl in Deutschland eine mögliche Koalitionsform aus CDU/CSU, FDP und Grünen im journalistischen Jargon als *Jamaika-Ampel* bezeichnet. U: 6. 8. 1962 (ehem. brit. Kolonie)

JAMESTOWN [O, USA, Nordamerika] 1507 segelten 104 Männer mit den drei Schiffen Susan Constant, Godspeed und Discovery in die Chesapeke Bay und gründeten im Mai am James River die erste dauerhaft besiedelte englische Kolonie in Nordamerika. Kein Geringerer als König JAMES I. (1566–1625) verlieh diesem Ort seinen Namen. Um Konflikte mit der spanischen Flotte zu vermeiden, wurde der unmittelbare Küstenstreifen gemieden und die Siedlung im Landesinneren errichtet.

JAN MAYEN [I, Norwegen, Europa] Der holländische Seefahrer JAN MAYEN (eigentlich Jan May van Schellinghout) verdankt seine Verewigung im arktischen Meer der Wiederentdeckung dieser Insel im Jahre 1611. Der Entdeckerpriorität zufolge hätte die Ehre Henry Hudson zugestanden, der bereits vier Jahre zuvor auf das Eiland gestoßen war. Übrigens hält das abgelegene Jan Mayen als nördlichstgelegene Vulkaninsel der Erde einen einsamen Rekord.

JANGTSEKIANG [F, China, Asien, engl. *Yangtze Kiang, Yangtze*] *Yáng* REICH, *zī* SOHN, KIND und *kiang* FLUSS sind die drei chinesischen Zeichen für den berühmtesten Strom des Reichs der Mitte. Der alternative Name ist *Chang Jiang* »Langer Fluss«. Die alte jesuitische Bezeichnung *Blauer Fluss* (zur Unterscheidung vom Hwangho,

dt. Gelber Fluss) ist heute fast vergessen.

JAPAN JP/JPN/J [S/I, Ostasien, jap. *Nihon-Koku, Nippon*] Blumig, wie in Ostasien üblich, nennt sich Japan *Nippon* LAND DER AUFGEHENDEN SONNE, von *nichi* »Sonne« und *hon* »Ursprung« (beides chinesische Zeichen). Auch der chinesische Name *Riben*, von dem sich unser »Japan« ableitet, darf mit URSPRUNG DER SONNE übersetzt werden, ebenso wie Marco Polos Bezeichnung *Zipangu* (ebenfalls chinesisch). Immer wird damit auf die östliche Lage des Inselstaates hingewiesen. Niemand konnte zur Zeit der Namensgebung wissen oder auch nur ahnen, ob es jenseits des Wassers (des heutigen Pazifiks) weiteres Festland gab. Daher ging für die damals in Ostasien bekannte Welt die Sonne in Japan tatsächlich früher auf als in allen anderen Ländern unseres Planeten. Überhaupt verliert sich der Ursprung dieses Landes in verklärten mythologischen Erzählungen. So soll der erste Kaiser, Jimmu Tennō, der direkte Urenkel der Sonnengöttin gewesen sein. Erst 1946, nach der mit Atombombenabwürfen erzwungenen Niederlage im Zweiten Weltkrieg, wurde der Gedanke dieses göttlichen Ursprungs endgültig aufgegeben. Randbemerkungen: Die *Japanologie* beschäftigt sich mit der eingehenden Erforschung der japanischen Kunst, Sprache und Kultur. Letzte Randnotiz: Für Künstler interessant ist das sogenannte *Japanpapier*, ein feines, handgeschöpftes Papier aus Bastfasern. U: alte staatliche Tradition (Kaiserreich seit mindestens 660 v. Chr.)

JAPANISCHES MEER → **Japan** [G, Japan, Nordkorea, Russland, Südkorea, Asien, engl. *Sea of Japan*] Das Japanische Meer, zwischen den Inseln Japans und dem Festland gelegen, wird schon auf Grund der ewigen Rivalität zwischen Japan und Korea vom Festlandsanrainer als *Ostmeer* (engl. *East Sea*) bezeichnet.

JAROSLAWL [O/P, Russland, Europa, engl. *Yaroslavl*] 1010 wurde diese Stadt von JAROSLAW, dem Großfürsten von Nowgorod (986–1054), gegründet. Das Motiv ist außergewöhnlich: Der Fürst war von einem Bären angefallen worden. Als Danksagung für die Bezwingung des mächtigen Tieres ließ er an der Stelle des Angriffs diese Stadt errichten, allerdings unter dem sprechenden Namen *Medvedugol* (russ. *medved* »Bär«, *ugol* »Ecke«). Die Umbenennung erfolgte erst ein paar Jahre später, als Jaroslaw Fürst von Kiew geworden war. Zwischen 1218 und 1471 war diese Provinz sogar ein unabhängiges Fürstentum.

JAVA [I, Indonesien, Asien] Aind. *yavadvīpa* INSEL DER GERSTE (*yava* »Gerste«, *dvīpa* »Insel«) steckt im Namen dieses ungeheuer fruchtbaren Landes. Mit mehr als 900 Menschen pro Quadratkilometer gehört diese Insel zu den dichtestbesiedelten Gebieten der Erde. Der *Javamensch*, eine Frühform des Homo erectus, wurde nach einer Fundstätte auf dieser Insel benannt.

JEKATERINBURG → Ekaterinburg [O, Russland, Asien, engl. *Yekaterinburg*] Jekaterinburg, das frühere *Swerdlowsk*, ist mit weit über einer Million Einwohnern die fünftgrößte Stadt Russlands. Die Namensgebung erfolgte zu Ehren der späteren Zarin KATHARINA I., der Großen.

JEMEN YE/YEM/YE [S, Südwestasien, engl. *Yemen*, oL *Republik Jemen*, arab. *al-Ǧumhūriyya al-Yamaniyya*] Wie der Name Jemens religiös gedeutet werden kann, mag diskutiert werden. Jedenfalls bedeutet das arab. *al-yamin* sowohl »rechts« der Kaaba in Mekka als auch rechts des Roten Meers, das Wort *yumn* dagegen so viel wie »Glück, Wohlstand«. Das heißt, man darf frei interpretieren: GLÜCKLICHES LAND ZUR RECHTEN ALLAHS. Der Grund für diese euphorische Bezeichnung liegt einerseits im blühenden Karawanenhandel mit den in der antiken Zeit überall begehrten Duftharzen Myrrhe und Weihrauch, andererseits aber auch in der über Jahrhunderte üblichen Vorbildwirkung des herrschenden Imams. In der Alten Welt wurden das heutige Jemen und die angrenzende Provinz Dofar (heute im Oman) auch als »*Arabia felix*« (dt. glückliches Arabien) bezeichnet. Nicht Allah stand dabei im Blickpunkt, sondern Parfüm und Gewürze, Seide, Schildpatt, Diamanten, Saphire, Zimt, Elfenbein, Gold, Myrrhe, Musselin, Öl und zuletzt auch Sklaven. Die gläubigen Araber (*Jemeniten*) haben freilich eine andere Erklärung für diesen Namen. Der jetzt verborgen lebende Imam wird dereinst als Mahdi, als Welterlöser, zurückkommen und auf Jemens Boden das irdische Paradies errichten. Immerhin soll bereits Mohammed mit einer deutlichen Geste auf den Süden gezeigt und dieses Land entsprechend benannt haben: *Al-Yaman*. U: alte staatliche Tradition (um 550 v. Chr.); 30. 10. 1918 Nord-Jemen (Teil des Osmanischen Reichs); 30. 11. 1967 Süd-Jemen (ehem. brit. Protektorat); 22. 5. 1990 (Vereinigung der Jemenitischen Arabischen Republik und der Demokratischen Volksrepublik Jemen)

JENA J [O, Thüringen, Deutschland, Europa] Vermutlich ist dieser Ortsname auf den

Weinbau, der auf dem lokalen Muschelkalkboden schon seit Jahrhunderten betrieben wird, zurückzuführen. Denn immerhin bezeichnete der Begriff »Jahne« bis ins 18. Jh. die im Weinberg abgeteilten Streifen, die einzeln gedüngt werden mussten. Ahd. *jāni*, mhd. *jān* kann daher treffend mit STREIFEN GEMÄHTEN GRASES (bzw. »Getreides«) umschrieben werden. Der älteste Beleg für dieses Wort stammt aus dem 9. Jh.

JENISSEI [F, Asien, engl. *Yenisey*] Aus der Sprache eines zentralsibirischen Volkes leitet sich die Bezeichnung Jenisseij ab: *Ientaiea* oder *Ionaessi* heißt GROSSES WASSER. Andere Deutungen sprechen von UNRUHIG, wieder auf das Wasser bezogen. In Anspielung auf seine Nord-Süd-Ausrichtung entlang des 90. Längengrades wird der Jenissei auch als »sibirischer Meridian« bezeichnet.

JEREWAN [O, Armenien, Asien, engl. *Yerevan*, auch: *Eriwan*] Eine alte VOLKSBEZEICHNUNG könnte der armenischen Hauptstadt den Namen gegeben haben. Sprichwörtlich wurde der »SENDER RADIO ERIWAN« (es handelt sich in Wahrheit um keinen realen Radiosender). Die Grundstruktur eines klassischen Radio-Eriwan-Witzes ist stereotyp. Es wird eine Frage an Radio Eriwan gestellt, die Antwort lautet immer »im Prinzip ‚ja‘« oder »im Prinzip ‚nein‘«, gefolgt von einem ‚aber‘ und nachfolgend einem langen, sozialistischen, bürokratischen, lähmenden Wortschwall. Beispiel: Darf man die Pilze aus Tschernobyl wieder essen? Antwort: Im Prinzip ja, aber Sie dürfen ihre Toilette nicht an die öffentliche Kanalisation angeschlossen haben. Meist hatten die Radio-Eriwan-Witze einen politischen Charakter, besonders zur Zeit des Kommunismus. Die typische Witzkonstruktion ermöglichte es, Kritik am Sozialismus so zu verpacken, dass sie mehrdeutig formuliert war und sowohl systemkonform als auch systemkritisch verstanden werden konnte.

JEREZ DE LA FRONTERA [O, Spanien, Europa] Einer der edelsten Weine, der *Sherry*, stammt nicht nur aus dieser Gegend, er wurde sogar nach dieser südspanischen Stadt benannt. In alten spanischen Dokumenten findet sich die Bezeichnung CERES oder XERES, vielleicht auf die Göttin des Anbaus anspielend. Als 711 die Mauren in die christliche Welt einfielen, wurde Jerez am Rand des maurischen Andalusien für Jahrhunderte zur Grenzstadt. Und genau dies kommt im zweiten Namensteil zum Ausdruck (span. *frontera* GRENZE).

JERICHO [H/O, Israel, Asien] Jericho gilt als die älteste und tiefstgelegene Stadt der Erde (256 m unter dem Meeresniveau). Der Name könnte aus dem hebr. *yaréah* MOND, MONAT abgeleitet sein, was wieder auf alte kultische Handlungen zu Ehren des Mondgottes schließen lässt. Ganz anders als es die biblische Geschichte von der Einnahme der Stadt durch die Posaunen der Israeliten erzählt, war Jericho bereits lange zuvor verwüstet und leer. Heute steht diese Stadt unter palästinensischer Selbstverwaltung.

JERSEY -/-/GBJ [I, Großbritannien, Europa] Die Hauptinsel der Channel Islands hat vermutlich einen skandinavischen Ursprung: *Geirs ey* »Geirs Insel«. Geir ist ein nicht ungebräuchlicher Name, der dem ahd. *ger* »Speer« entspricht. Wir haben also hier eine SPEER-INSEL vor uns. Der *Jersey*, ein Stoff bzw. Kleidungsstück, ist nach dieser Kanalinsel benannt.

JERUSALEM [O, Israel, Asien, hebr. *Yerushaláyim*] Zu Zeiten Jesu hieß dieser Ort *Uru Shalím* HAUS DES FRIEDENS (aram. *uru* »Haus«, *salim* »Friede«). Die Araber bezeichnen diese Stätte als *El-Quds* »das Heiligtum«. Zumindest einige Namensforscher halten auch einen Bezug zum semitischen Gott *Salem* für denkbar. Auch die poetisch verklärten Namen »die Strahlende« oder »die Tochter Zions« sind gebräuchlich (hebr. *Zion* steht für Jerusalem oder den Tempelberg und gab uns den politischen Begriff des *Zionismus*). Wie auch immer die Namen für diese Herzstadt des Judentums, des Christentums wie auch des Islams lauten mögen, von Frieden kann im Laufe der turbulenten Geschichte Jerusalems kaum die Rede sein. Seit König David diese Stadt im 10. Jh. v. Chr. eroberte, stand sie im Brennpunkt der Interessen. Bereits im 6. Jh. v. Chr. wurde der legendäre Tempel König Salomos durch den babylonischen Herrscher Nebukadnezar zerstört, 332 v. Chr. nahm Alexander der Große diese Stadt ein, 70. n. Chr. zerstörte der Römer Titus Jerusalem und vertrieb mit Androhung der Todesstrafe die noch ansässigen Juden, 614 fegten die Perser über Jerusalem hinweg, und 1099 schließlich hissten die Kreuzritter ihre Fahne und gründeten den berühmten Templerorden. 1187 eroberte Saladin die heilige Stadt für den Islam, im 16. Jh. fiel sie den Türken zu, um schließlich im 1. Weltkrieg durch die britische Armee besetzt zu werden. Nach Staatsgründung Israels wurde Jerusalem 1948 in eine jüdische und eine jordanische Hälfte geteilt, bis 1967 im Sechstagekrieg Ost-Jerusalem für die Juden zurückgewonnen werden konnte. So viel zum Thema »Stadt des Friedens«.

JINAN, TSINAN [O, China, Asien] Die Hauptstadt der Provinz Shandong nennt sich STADT SÜDLICH DES (FLUSSES) JI (chin. *nán* »Süden«). Wenn auch in Europa weitgehend unbekannt, drängen sich im Ballungsgebiet mehr als 3,5 Millionen Menschen.

JOACHIMSTHAL [O, Tschechien, Europa, tschech. *Jáchymov*] Diese Stadt im Erzgebirge, deren Gründung auf einen heute unbekannten Mann namens JOACHIM zurückgeht, wurde durch die Silberfunde im 16. Jh. schnell zu einem zentralen Bergbaugebiet. Heute erinnert der Name des *Talers* bzw. *Dollars* an diese ehemalige Erzquelle für die Münzprägung. Anfang des 20. Jh.s entdeckte Marie Curie im Joachimsthaler Erz das Element Radium. Daher findet sich hier auch das älteste Radiumheilbad der Welt. Bis zum Ersten Weltkrieg war Joachimsthal auch die einzige bekannte Uranlagerstätte der Erde.

JOHANNESBURG [O, Südafrika, Afrika] Zwei Bürger mit dem Namen JOHANNES sind mögliche Kandidaten für den Namen dieser erst 1886 gegründeten Stadt. Zum einen Johannes Rissik (1857–1935), der einflussreiche Sekretär im Büro des Surveyor-General, zum anderen Christian Johannes Joubert (1834–1911), ein Lokalpolitiker und gleichzeitig Chef der Bergbaugesellschaft. Der zweite Namensteil *burg* steht einfach für STADT.

JOHOR BAHRU [O/P, Malaysia, Asien, auch: *Johore (Bahru)*] Von der lokalen Bevölkerung wird fast ausnahmslos die Kurzform *Johor* oder gar *JB* verwendet. Jedenfalls ein schöner Name, der mit WERTVOLLES JUWEL (arab. *jauhar*) übersetzt werden darf. Der ehemalige Staat, der bis Sumatra (heute Indonesien) reichte, entstand bereits 1511, als

Malakka in portugiesische Hände fiel. Die Stadt in der gleichnamigen Provinz wurde dagegen erst 1855 vom damaligen Herrscher Ibrahim Temenggong gegründet, und zwar unter dem Namen *Tanjung Puteri*. 1866, mit der Übernahme der Hauptstadtfunktion für diesen malaiischen Staat, erfolgte die Namensänderung in Johor, erweitert um den Anhang Bahru (aus *baharu, baru* NEU). (Siehe auch Kap. Postalische Ausgabegebiete.)

JORDAN → **Jordanien** [F, Israel, Jordanien, Asien, hebr. *Nahar Ha Yarden*, arab. *Al-Urdunn*] Der Jordan ist der tiefstgelegene Fluss der Erde und mündet in die geologische Senke des Toten Meeres. Wegen der geopolitischen Lage als Grenze zwischen Israel und Jordanien (s. Staatenname) ist dieser Fluss auch entscheidend für den Frieden im Nahen Osten. Seit 1994 garantiert sogar ein Vertrag Jordanien eine größere Menge Wasser. Dennoch könnte Syrien Israel das Wasser buchstäblich »abgraben« – ein Grund für die dauerhafte Besetzung der Golanhöhen. Die umgangssprachliche Wendung »über den Jordan gehen« heißt so viel wie »sterben, dahinscheiden«.

JORDANIEN JO/JOR/JOR [S, Südwestasien, engl. *Jordan*, oL *Haschemitisches Königreich Jordanien*, arab. *al-Mamlaka al-Urdunniya al-Hāšimiyya*] Unsicher ist die richtige Erklärung für diesen nach dem *Jordan* benannten Staat. Das hebr. *yarod* wird eigentlich mit HERABSTEIGEN übersetzt, womit die vielen starken Stromschnellen gemeint sein könnten. Aber auch die idg. Wurzeln **yor* »Jahr« und **dan* »Fluss« erlauben eine bequeme Interpretation: GANZJÄHRIG WASSERFÜHRENDER FLUSS. Andererseits war DAN (hebr. Ha-Yarden) auch einer der Söhne Jakobs und damit Ahnherr eines der zwölf Stämme Israels. In der Literatur findet sich weiters eine Bezugnahme auf zwei QUELLFLÜSSE, *Jor* und *Dan*, von denen allerdings der erstere nie entdeckt wurde. Sie dürfen sich die gefälligste Erklärung selbst aussuchen, das Wasser des Jordan bleibt jedenfalls das tragende Element des Landesnamens. 1923 entstand hier als Vorläufer des heutigen Staates ein unter britischer Mandatsverwaltung stehendes *Emirat Transjordanien* (dt. Jenseits des Jordan). U: 22. 3. 1946 (ehem. brit. Mandatsgebiet)

JUDÄA [H/P, Israel, Asien, engl. *Judaea*] Der Name dieser biblischen Region leitet sich vom Königreich *Judah* ab, das seinerseits nach Jakobs viertem Sohn, JUDAH, benannt wurde (Gen. 29,35). Dieser hebräische Name kann mit »Lobgepriesener« interpretiert werden. Interessant ist, dass aus dem hebr. *yehūdīm* (pl. von *yehūdī*, adjektivische Form von Judah) der Name des semitischen Volkes der Juden entstand. Die *Judaistik* beschäftigt sich mit der Kultur und Geschichte des Judentums.

JUGOSLAWIEN → **Serbien** [H/S, Europa engl. *Yugoslavia*] SÜDSLAWENLAND, wie die Eindeutschung lauten würde, war von 1918 bis 1992 ein mittelgroßer Staat auf der Balkanhalbinsel. Dann kam es als Folge der Balkankriege zu einem Zerfall der gesamten Region in zahlreiche Kleinstaaten. »Restjugoslawien« wurde bis 2003 offiziell *Bundesrepublik Jugoslawien* genannt, danach *Serbien und Montenegro*.

JUNEAU [O, Alaska, USA, Nordamerika] Einem nach Gold suchenden Abenteurer, Joseph JUNEAU, verdankt die Hauptstadt Alaskas, die 1881 gegründet wurde, ihren Namen.

JURA JU [B/P, Frankreich, Schweiz, Europa] Kelt. *iuris* BERGWALD ist eine recht treffende Beschreibung der dichten Nadelwälder, die die Flanken des Jura dunkel und bedrohlich erscheinen lassen und letztlich für das Gebirge an sich stehen. Daneben gilt die Bezeichnung *Jura* auch für einen Schweizer Kanton. Viel bekannter wurde der Name jedoch für eine geologische Formation des Mesozoikums. Sie begann nach der Trias vor 195 Mio. Jahren und endete vor ca. 135 Mio. Jahren mit dem Beginn der Kreidezeit.

JÜTLAND [R/I, Dänemark, Deutschland, Europa, dän. *Jylland*] Nach dem germanischen Volk der JÜTEN benannt, zählt sowohl ein Teil Dänemarks (ca. 70% der Landesfläche) als auch der Norden Schleswig-Holsteins zu Jütland. Im 5. Jh. wurden die Jüten von den Dänen überrannt. Asorb. *jutro* steht für OSTEN. Es ist aber mehr als unsicher, ob dieser regionale Name die gleiche Wurzel hat.

 griech. *kappa* Kκ– phöniz. *kaph* »Handfläche«

K2 [B, China, Pakistan, Asien] Das -K- weist darauf hin, dass sich dieser Bergriese im KARAKORUM erhebt, die -2-, dass der K2 als ZWEITER Berg in dieser Kette kartiert wurde. Der britische Ingenieur T. G. Montgomery nummerierte bei seiner Vermessungsarbeit (1865) die Bergriesen einfach durch. Der alternative Name, **Mount Godwin-Austen**, ehrt den Geologen Lieutenant-Colonel Henry Godwin-Austen (1834–1923), der als erster Weißer einen ehrfurchtsvollen Blick auf den K2 werfen durfte.

Der Zufall will es, dass der K2 gleichzeitig der zweithöchste Gipfel unseres Planeten ist (8610 m). So also stimmt der Name in mehrfacher Hinsicht. Für viele Bergexperten gilt die Besteigung des K2 als die anspruchsvollste Tour überhaupt.

KABUL [O, Afghanistan, Asien] Die Hauptstadt Afghanistans ist nach dem gleichnamigen FLUSS benannt. Dessen Namensdeutung ist jedoch unsicher, wenngleich die Bezeichnung *Kabul* für die Handelsroute zwischen Indien und der Griechischen Inselwelt bereits weit vor der Entstehung des Islam verwendet wurde. Seit 1776 ist diese bereits bei Strabo erwähnte Siedlung Hauptstadt Afghanistans.

KAFFA [H/P, Äthiopien, Afrika] Das Bergregenwaldgebiet Äthiopiens ist die ursprüngliche Heimat des *Kaffees*, der hier wild gedeiht. Alle Pflanzen der Gattung *caffea arabica* sind Abkömmlinge dieser ostafrikanischen Sträucher. Von 1400 bis Ende des 19. Jh.s war Kaffa ein unabhängiges Königreich. Das arab. Wort *qahwa* hatte ursprünglich die Bedeutung WEIN, woraus sich in praktisch sämtlichen wichtigen Sprachen der Begriff Kaffee ableitet. Einige Beispiele: engl. *coffee*, franz. *café*, ital. *caffè*, nl. *koffie*, pol. *kawa*, port. *café*, rum. *cafe*, russ. *kofe*, span. *café*, türk. *kahwe*.

KAIMAN-INSELN [I, Großbritannien, Karibik, Mittelamerika, engl. *Cayman Islands*] Frei übersetzt würde dies KROKODIL-INSELN bedeuten. Der *Caiman crocodilus* ist die einzige Art der Kaimane, die auch in Mittelamerika vorkommt. Der Name könnte heute fast doppeldeutig interpretiert werden, ist doch dieses Gebiet seit der Zeit der Globalisierung der Bankgeschäfte als Steuerinsel mehr als »gefräßig«.

KAIRO [O, Ägypten, Afrika, arab. *al-Qāhi-ra*, engl. *Cairo*] Entweder liegt das arab. *al-qāhira* UNBEZWINGBARE FESTUNG oder *al-qāhir* SIEGREICH dem Namen dieser historischen Stadt zugrunde. Letzteres war der Beiname des Planeten Mars, der am 6. Juli 969, dem Tag des Baubeginns der Neustadt, im Aszendenten stand. *Kāhira* wandelte sich im Englischen zu *Cairo*. Zur Zeit der Pharaonen wurde diese Stätte *Khere oho* KAMPFESPLATZ genannt, in Anspielung auf den legendären Kampf der feindlichen Brüder, der Götter Horus und Seth. Beide verlieren dabei ihre machtvollsten Körperteile, Horus ein Auge, Seth seine Hoden. Die alten Griechen bevorzugten eine weniger blutrünstige Benennung: *Hieropolis* (dt. heilige Stadt).

KAIROUAN [O, Tunesien, Afrika] Dieser heilige Ort der Moslems kann mit KARAWANENLAGER übersetzt werden. Die Geschichte erzählt, dass hier im Jahr 671 Emir Okba Ibn Nafi, ein Anhänger Mohammeds, sein Reiterheer während des Eroberungsfeldzuges durch Nordafrika lagern ließ. Als Ansporn, den heiligen Krieg mit allem Einsatz zu bestreiten, versprach der Emir am Vorabend einer entscheidenden Schlacht, an dieser Stelle eine »ewige« Stadt als islamisches Bollwerk gegen die Ungläubigen zu errichten. Kairouan war geboren!

KAISERSLAUTERN KL [O, Rheinland-Pfalz, Deutschland, Europa] Nach der von Friedrich Barbarossa ab 1152 erbauten KAISERPFALZ wurde dieser Ort zunächst *Lutra imperialis*, später Kaiserslautern benannt. Im Volksmund war aber bis zum Ende des 17. Jh. das einfache »Lautern«, nach dem gleichnamigen Fluss, gebräuchlich. Ahd. *hlūttar*,

mhd. *lūter* bedeutet REIN, KLAR, HELL. Gemeint ist das Wasser der Lauter.

KALABRIEN [P, Italien, Europa] Das griech. *kalì ávra* SCHÖNE LÜFTE deutet auf die ständig abkühlenden Meeresbrisen dieser die Stiefelspitze Italiens bildenden Provinz hin. Eine andere Namensdeutung sieht im idg. **kalabra* FELS die Wurzel eines Volksnamens, der später auf die gesamte Region übertragen wurde. Ein breitkrempiger Filzhut, der *Kalabreser*, ist für diese Gegend typisch.

KALAHARI [Wü, Angola, Botswana, Sambia, Südafrika, Afrika] Die lokale Bezeichnung *karri-karri* gibt den Charakter der Landschaft treffend wieder: WÜSTE.

KALIFORNIEN CA/CALIF. [P, USA, Nordamerika, engl. *California*] Mit letzter Sicherheit lässt sich der Name dieses bevölkerungsreichsten Staates der USA nicht erklären. Aber es gibt zwei sehr plausible Theorien. Möglicherweise hat Hernán Cortéz, der spanische Konquistador, dieses Land nach einer griechischen mythologischen Figur, KALLIPHIA, benannt. Der Legende nach hat Kalliphia als Königin über ein Eiland der Ägäis geherrscht. Wahrscheinlicher aber ist, dass sich der Name des Staates vom span. *caliente fornalla* herleitet (dt. HEISSER OFEN). Dies wäre eine passende Anspielung auf die extrem heißen Trockengebiete Kaliforniens. Es ist aber auch durchaus denkbar, dass die zweite Erklärung die erste bewusst untermauert. Der für dieses sechstgrößte Wirtschaftsgebiet der Erde passende Beiname: *Golden State*. Politische Anmerkung: Mit dem Ex-Filmstar Arnold Schwarzenegger brachte es ein gebürtiger Österreicher zum Gouverneur dieses riesigen US-Staates.

KALIMANTAN → **Borneo** [H/I, Indonesien, Asien] Der indonesische Teil der Insel Borneo wird heute ganz offiziell als Kalimantan bezeichnet. Der Name bedeutet wahrscheinlich SCHWARZES LAND (aind. *kāliman* »schwarz« und *tanah* »Land«). Da auch eine Mangofrucht diesen Namen trägt, findet sich manchmal ein Deutungsversuch in diese Richtung: also »Insel der wild wachsenden Mangofrüchte«.

KALININGRAD [O, Russland, Europa, dt. *Königsberg*] Der im Kampf gegen die Heiden siegreiche deutsche Orden errichtete 1255 an der Pregelmündung eine geschichtsträchtige Burg, die zu Ehren von König Ottokar II. von Böhmen **Königsberg** benannt wurde. Das sollte sich als gutes Omen herausstellen, wurde doch diese Gründung 1701 Krönungsstätte der preußischen Könige. 1946 erfolgte eine Umbenennung der heute russischen Exklave (Königsberg ist vollständig von Litauen und Polen umschlossen) in Kaliningrad, nach dem sowjetischen Politiker Michail Iwanowitsch KALININ (1875–1946). Der berühmteste Sohn der Stadt ist aber ohne Zweifel der große Philosoph Immanuel Kant. In manchen Ländern Europas genießt man auch die sogenannten *Königsberger Klopse* (Fleischstücke). Der Mathematiker Leonhard Euler hat mit dem Rätsel *Die Brücken von Königsberg* die Graphentheorie begründet.

KALKUTTA, KOLKATA [H/O, Indien, Asien, engl. *Calcutta*] Mutter Teresa, die 1979 den Friedensnobelpreis erhielt, ist die wohl berühmteste Bürgerin dieser Stadt. Der Name Kalkutta geht auf die hinduistische Totengöttin KALI zurück. Kali ist gleichzeitig Muttergöttin und Herrin der Zeit (aind. *kāli*

SCHWARZ, ZEIT). So wie alle Farben im Schwarz verschwinden, so verschwinden alle Formen und Namen in der Göttin Kali. Dargestellt wird die Totengöttin auf ihrem Gatten tanzend, mit den Attributen Dreizack und Halskette aus fünfzig Menschenköpfen ausgestattet. Jeder davon repräsentiert einen der fünfzig Buchstaben des Sanskrit-Alphabets. Die heutige Bezeichnung **Kolkata** geht ebenfalls auf den Namen der Göttin zurück, der im alten, 1495 von einem Dichter geprägten Wort *Kālikāta* (dt. »Schwarzes Tor« oder »Tor der Göttin Kali«) steckt.

KALVARIENBERG [H/B, Israel, Asien] Die SCHÄDELSTÄTTE, der Kreuzigungsberg Jesu vor den Toren Jerusalems, geht etymologisch auf das lat. *calvaria* »Hirnschale« zurück. Dies entspricht dem hebr. *Gulgoleth*, griech. *Golgatha*. Beide Wörter bedeuten einfach »Schädel«.

KAMA [F, Russland, Europa] Die mehr als 1800 km lange Kama (udmurt. *kam* WASSER) ist der längste Nebenfluss der Wolga.

KAMBODSCHA KH/KHM/K [S, Südostasien, engl. *Cambodia*, oL *Königreich Kambodscha*, khmer *Preăh Réachéanachâkr Kămpūchéa*] Die Legende besagt, dass der Staatsname mit dem frühen Vorfahren Svayambhuva KAMBU, der durch die Vereinigung mit der Nymphe MERA sein Volk begründet haben soll, zu tun hat. Auch der offizielle Staatsname **Kampuchea** deutet auf diesen Ursprung hin, leitet er sich doch vom alten Reich Kambuja (Kamboja) ab, was seinerseits als *kambu ja* »Nachkommen des Kambu«, *kam boja* »Herrscher von Kam« oder *kambu boja* »König Kambu« interpretiert werden kann. Das formell korrekte *Prâteh Kampuchea* ist einfach ein anderer Name für »das Land Kambodscha«. Das Gleiche gilt für das Hauptvolk der **Khmer**, die in der zweiten Hälfte des 20. Jh.s unter kommunistischer Führung ebenfalls den Landesnamen stellten. Eigentlich ist *Srok Khmae* (dt. Land Khmer; das Endungs-r fällt im Lokalnamen weg) die eher informelle, im Volk verwendete Landesbezeichnung. Wieder finden sich die Wurzeln von *Kambu* und *Mera*. Wir erleben hier also eine wahrlich mythische Verschmelzung. U: alte staatliche Tradition; Proklamation 12. 3. 1945; endgültig 9. 11. 1953

KAMERUN CM/CMR/CAM [S, Zentralafrika, engl. *Cameroon*, oL *Republik Kamerun*, franz. *République du Cameroun*] Als Fernando Póo 1472 den Wuri-Fluss erreichte, wimmelte es nur so von Krabben, sodass er sich sofort für den sprechenden Namen *Río dos Camarões* entschied, also »Krabbenfluss« (port. *camarões* heißt KRABBEN, GARNELEN). Damit ist Kamerun neben Panama der einzige Staat, der nach wasserbewohnenden Lebewesen benannt ist. Für mehr als dreißig Jahre, von 1884 bis 1916, war dieser afrikanische Staat deutsches Schutzgebiet. U: 1. 1. 1960 Ost-Kamerun (ehem. franz. Mandatsgebiet); 1. 10. 1961 West-Kamerun (ehem. brit. Mandatsgebiet)

KAMPALA [O, Kamerun, Afrika] Vermutlich trägt die Hauptstadt Ugandas einen Tiernamen. Eine Antilopenart, das IMPALA, dürfte als Quelle der Inspiration gedient haben.

KAMPANIEN [P, Italien, Europa, ital. *Campania*] Die flache Provinz um Neapel trägt den gleichen Namen wie die durch den Schaumwein berühmte Champagne: FELD (lat. *campus*).

KAMPUCHEA → **Kambodscha** [H/S,

Kambodscha, Asien] Vermutlich hat diese formelle Landesbezeichnung den gleichen Namenshintergrund wie der bei uns bekanntere Staatsname Kambodscha. Der Legende nach hat ein gewisser KAMBU durch die Vereinigung mit der Nymphe MERA sein Volk gegründet. Zur genaueren Deutung s. Kambodscha.

KAMTSCHATKA [Hi, Russland, Asien, engl. *Kamchatka*] MÄNNER DES FERNEN LANDES (korjak. *konchachal*) werden die Bewohner dieser ostsibirischen Halbinsel genannt, die bei uns vor allem durch den gleichnamigen *Kamtschatkabären* bekannt ist.

KANAAN [H/L, Israel, Asien] Das Land, das Abraham und seinen Nachkommen versprochen wird (Gen 12), kommt später durch Eroberung und Besiedlung unter israelische Herrschaft. Die biblische Gestalt CANAAN ist, so die Chronik des Alten Testaments, der Sohn Sems und der Enkel Noahs. Das Wort selbst (*q'ná'an*) könnte hebräischen Ursprungs sein, allerdings mit ungeklärter Bedeutung.

KANADA CA/CAN/CDN [S, Nordamerika, oL *Kanada*, engl. *Canada*] Der zweitgrößte Staat der Erde verdankt seinen Namen einem Missverständnis. Irokes. oder huron *kanata*, mit der Bedeutung HÜTTE oder DORF, wurde von den Entdeckern, angeführt vom französischen Seefahrer Jacques Cartier, der entlang des St. Lorenz-Stroms fuhr, fälschlicherweise als Bezeichnung des ganzen Territoriums verstanden (1534). Daher darf man ruhig sagen, dass die frühen Eingeborenen unwissentlich diesen Riesenstaat mit einem angestammten Namen versahen. Und für sie war es vielleicht tatsächlich nicht viel mehr als ein »Dorf«. Eine zweite, weniger wahrscheinliche Namensinterpretation hat mit einer portugiesischen Logbucheintragung zu tun, die den erfolglosen Versuch, den Indischen Ozean zu erreichen, mit den Worten *acá nada* HIER NICHTS dokumentierte. Eingeborene könnten dies aufgeschnappt und an spätere Abenteurer weitergegeben haben. Randnotiz: Auch ein Sportboot mit einseitigem Paddel, der den Kanus einheimischer Indianer nachgebildete *Kanadier*, leitet sich von diesem Landesnamen ab. In den USA spricht man großspurig auch ganz gerne vom *51st state*, wenn man sich mit dem nördlichen Nachbarn vergleicht. U: de facto 1. 7. 1867 (autonomes Dominion); 11. 12. 1931 (Westminster-Statut)

KANARISCHE INSELN [I, Spanien, Afrika, span. *Islas Canarias*, engl. *Canaries*] Die Römer bezeichneten diese klimatisch begünstigten Inseln, die geografisch Afrika, politisch jedoch Spanien zugehörig sind, als *Canariae insulae* (lat. *canis* HUND). Der Grund: Plinius berichtet von wilden Hunden, die angeblich diese Inseln bewachten. Der *Kanarienvogel*, ein früher beliebtes Haustier, wurde umgekehrt nach den Inseln benannt, nicht, wie vielfach angenommen, die Inseln nach diesem Tier. (Mit Hunden hat diese Vogelart allerdings nichts gemein.)

KANDAHAR [R/O, Afghanistan, Asien] DÜFTE, vermutlich SCHÖNE DÜFTE ist die Deutung des aind. Wortes *gandha*. Die gleichnamige Stadt, die zweitgrößte Afghanistans, wurde von keinem Geringeren als Alexander dem Großen gegründet. Verblüffend auch, dass ein Skiwettbewerb, das *Arlberg Kandahar-Rennen,* ebenfalls diesen Namen trägt. Die Erklärung: Der englische Stifter des Wanderpokals (1911), der Earl Robert of Kandahar (1832–1914) war Befehlshaber im zweiten anglo-afghanischen Krieg (1878–1880).

KANO [O, Nigeria, Afrika] Zu unbekannter Zeit gegründet, gibt es für den Namensursprung dieser nigerianischen Millionenstadt nur eine legendenhafte Erklärung. Ein gewisser KANO, ein Schmied vom Stamm der Gaya, soll auf der Suche nach Eisen auf diesen Ort gestoßen sein. Nach anderer Erzählung heißt der Gründungsheld jedoch Bayajidda. Angeblich ließ er sich an der Stelle, wo sich die heutige Stadt ausbreitet, sein legendäres Schwert schmieden.

KANPUR [O, Indien, Asien, engl. (auch) *Cawnpore*] STADT DES KĀHN (oder Krischna) ist die Namensbedeutung dieser bis zur Unabhängigkeit 1948 oft als *Cawnpore* in den Atlanten zu findenden Metropole.

KANSAS KS/KAN. [P, USA, Nordamerika] Der Stamm der *Kansa* gehört zu den Sioux. Neben dem großen Fluss leitet auch der US-Staat seine Bezeichnung vom Stammesnamen ab. Die Bedeutung ist, blumig ausgedrückt, VOLK DES SÜDLICHEN WINDES. Kansas kennt zwei Beinamen: *Sunflower State* (dt. Sonnenblumen-Staat) und *Jayhawk State*. Letzterer ist insofern kurios, als es in der englischen Sprache keinen »Jayhawk« gibt. Ein »jay« ist ein Eichelhäher, ein »hawk« ein Falke oder Habicht. Der Namensgeber hat, bewusst oder unbewusst, eine Art mythologisches Tier geschaffen.

KANTABRIEN → **Kantabrisches Gebirge** [P, Spanien, Europa, span./engl. *Cantabria*] Diese nordspanische Provinz trägt entweder einen baskischen Lagenamen (dt. BEIM EBRO) oder sie leitet sich vom kelt. Begriff für FELS, STEIN ab.

KANTABRISCHES GEBIRGE [B,

Spanien, Europa, span. *Sistema Cantábrico, Cordillera Cantábrica, engl. Cantabrian Mountains*] Über den Umweg eines Volksnamens, den der Kantabrer, wurde dieses nordspanische Gebirge benannt. Das kelt. Wort *kanto* drückt den naturlandschaftlichen Charakter gut aus: FELS, STEIN. Eine andere Deutung sieht einen Zusammenhang mit bask. *kant* BEI und *abre* EBRO, vermutet also eine Lagebezeichnung für dieses Bergland.

KANTON [O/P, China, Asien, engl. *Can-*

ton, chin. *Guǎngzhōu, Guǎngdōng*] »Die Kantonesen essen alles, was schwimmt, fliegt und vier Beine hat, außer Unterseeboote, Flugzeuge und Tische.« So zumindest lautet ein chinesischer Spruch, der die vielseitige, lokale Küche Kantons preist. Kanton war lange Zeit der einzige Handelshafen für Ausländer, daher geht von hier auch die Verbreitung der Chinesen in alle Welt aus. Nun zum eigentlichen Namen: Chin. *guǎng* »weit«, *zhōu* »Region« vermittelt die Idee eines WEITEN LANDES, was sich auf Stadt wie Provinz bezieht. Diese europäische Bezeichnung ist die fälschliche Übertragung des chinesischen Provinznamens *Guǎngdōng* WEITER OSTEN. Die zweite Bezeichnung der Millionenstadt Kanton (mehr als 10 Mio. Einwohner) ist *Yangcheng,* was so viel wie »Stadt der Ziegen« bedeutet. Eine Statue mit fünf Ziegen bildet folglich auch das bekannte Wahrzeichen dieser Metropole.

KAP DER GUTEN HOFFNUNG

[Hi, Südafrika, Afrika, engl. *Cape of Good Hope*] Nachdem der große portugiesische Seefahrer Vasco da Gama (1468–1524) die Südspitze Afrikas umrundet hatte, entschied König Manuel I., dass die endgültige Entdeckung des Seewegs nach Indien einen optimistischen Namen verdiene: KAP DER GUTEN HOFFNUNG. Zehn Jahre zuvor, bei der Entdeckung dieses Landvorsprungs durch Bartolomeu Diaz, klang es noch wenig vielversprechend *Cabo Tormentoso* (dt. Kap der Stürme). Angesichts der tobenden Windbewegungen im Grenzbereich zwischen Atlantik und Indischem Ozean scheint dies der wahrlich passende Name. Es sei hier angeführt, dass der südlichste Punkt Afrikas nicht hier liegt, sondern am Kap Agulhas, ca. 200 km östlich davon.

KAP DESCHNJOW, KAP

DESCHNEW [Hi, Russland, Asien, engl.

Cape Dezhnev, East Cape] Der östlichste Punkt Russlands liegt an der Beringstraße und wurde nach dem Kosaken Semjon Iwanow DESCHNJOW (ca. 1605–1673) benannt. Ihm war es im Jahr 1648 als Erstem vergönnt, das Ostkap Asiens zu umfahren und damit den Nachweis zu erbringen, dass zwischen Amerika und Asien keine Landverbindung besteht. Manche Historiker vermuten sogar, dass Deschnjow bis nach Amerika gesegelt ist. Sein Bericht über diese Reise wurde erst 1736 bekannt und so musste die Namengebung dieses Kaps bis 1879 warten.

KAP HOORN [Hi, Chile, Südamerika,

span. *Cabo de Hornos,* engl. *Cape Horn*] Der Holländer Willem Shouten umrundete 1616 den südlichsten Punkt Lateinamerikas und wählte den nostalgischen Namen *Hoorn* nach seiner Heimatstadt. Die Bedeutung HORN ist leicht ersichtlich und korreliert noch dazu optisch mit diesem Landvorsprung.

KAP VERDE CV/CPV/CV [S/I, Westafrika,

engl. *Cape Verde,* oL *Republik Kap Verde,*

port. *República de Cabo Verde*] Das GRÜNE KAP verdankt seinen Namen den von den Portugiesen als große Hoffnung angesehenen Palmen am Strand der Inseln. Groß muss die Enttäuschung gewesen sein, als man schließlich die fünfzehn hufeisenförmigen Inseln ansteuerte und eine eher lebensfeindliche Vegetation vorfand. Vielleicht war aber auch das westlichste Kap Afrikas (im heutigen Senegal), Cap-Vert, der letzte Anstoß für die Benennung. Jedenfalls scheinen sich die wenigen *Kap-Verdier* in ihrer abgelegenen Heimat sehr wohl zu fühlen. U: 5. 7. 1975 (ehem. port. Kolonie)

KAPPADOKIEN [R, Türkei, Asien] Das iranische Volk der KAPPADOKEN wanderte ca. 700 v. Chr. ins Hochland von Anatolien ein. Wenn auch die Deutung dieses Namens unsicher ist, so waren die Kappadoken zweifellos ein wildes Volk. Wie hieß es in der Antike: »Wenn eine Schlange einen Kappadokier beißt, stirbt die Schlange«.

KAPSTADT [O, Südafrika, Afrika, engl. *Cape Town*] Der Name erklärt sich mit der Lage der STADT am KAP der guten Hoffnung (s. d.). Das als erste Stadt der Kolonialzeit gegründete Kapstadt versehen Südafrikaner gern mit dem Beinamen »Mother City« (dt. Mutterstadt). Ein weiterer Werbeslogan, der die scheinbar einzigartige Lage betont, ist nicht ganz korrekt: »… die einzige Stadt der Welt, die an zwei Ozeanen liegt.« Der wahrlich südlichste Punkt Afrikas, Kap Agulhas, liegt nämlich ca. 200 km östlich der Metropole.

KARA KUM [Wü, Turkmenistan, Asien] Die Sandflächen der Kara Kum sind von Pflanzen überwachsen, ganz im Gegensatz zu vielen anderen Wüsten. Dies schlägt sich im Namen nieder:

SCHWARZER SAND (türk. *kara* »schwarz« und *kum* »Sand«).

KARAGANDA [O, Kasachstan, Asien] Diese Stadt ist nach einer GELBEN AKAZIE, kasach. *karakan*, benannt. Der berühmte russische Schriftsteller Alexander Solschenizyn bezeichnete Karaganda als »die größte Provinzhauptstadt des Archipel Gulag«. Ein sehr bedrückender Beiname.

KARAKORUM [B, China, Indien, Pakistan, Asien] Die von britischen Forschern Mitte des 19. Jh.s für den Westen entdeckte zweithöchste Gebirgskette der Welt (s. K2) trägt einen türk. Namen: *kara* SCHWARZ und *koram* BERGE. Abgesehen von den Polarregionen und Alaska befinden sich hier die größten Gletscher der Erde.

KARATSCHI [O, Pakistan, Asien, engl. *Karachi*] Die ehemalige Hauptstadt Pakistans trägt einen alten Volksnamen, KOLACHI, mit unklarer Bedeutung. Bis ins 18. Jh. war diese Siedlung ein Fischerdorf, danach wandelte sich *Kolachi-jo-Goth*, westlich des Mündungsdeltas des Indus am Arabischen Meer liegend, rasant in eine bedeutende Handelsniederlassung. Heute leben in Karatschi mehr als 10 Mio. Menschen.

KARELIEN [R, Finnland, Russland, karel./finn. *Karjala*, russ. *Karelija*, engl. *Karelia*] Diese nach dem VOLK der Karelier benannte Region war seit Jahrhunderten ein Zankapfel zwischen Schweden, Finnland und Russland. Heute lebt der größte Teil der russischen Karelier in einem sogenannten autonomen Gebiet innerhalb des Riesenreichs. Die Namensbedeutung der Karelier verliert sich in den Tiefen der Geschichte.

KARIBIK, KARIBISCHES MEER

[R/G, Karibik, Mittelamerika, engl. *Caribbean*] Die englische Bezeichnung der Kleinen Antillen war *Caribbees*, davon leitet sich der Name der Karibik ab. Die Engländer haben sich auf das Volk der Cariben bezogen, deren Name aus dem Arawakwort *kalinago* oder *kalino* kommt, was nichts anderes als TAPFERE Männer heißt. Dies hat jedenfalls nicht direkt – wie manchmal zu lesen – mit dem Wort *Kannibale* zu tun. Letzteres leitet sich aus der spanischen Form *caribales* ab. Das -n- dieser Lautform dürfte durch den Einfluss von lat. *canis* (dt. Hund) entstanden sein. Doch auch die Eingeborenen auf dieser Inselwelt hatten, so berichtete Kolumbus, den Brauch, ihre Gefangenen zu töten und an besonderen Opfertagen zu verspeisen. Der große amerikanische Pulitzerpreisträger James Michener hat einen ausgezeichneten historischen Roman (»Caribbean«) über diesen Teil der Welt geschrieben.

KARL-MARX-STADT → **Chemnitz** [O, Sachsen, Deutschland, Europa] Zwischen 1953 und 1990 wurde dieses Zentrum der deutschen Arbeiterbewegung zu Ehren von KARL MARX (1818–1883) mit dessen Namen versehen. Erst mit dem Ende der DDR kam es wieder zur Rückbenennung auf den alten Namen Chemnitz.

KARLSBAD [O, Tschechien, Europa, tschech. *Karlovy Vary*] Diese altehrwürdige tschechische Kurstadt wurde im 14. Jh. von Kaiser KARL IV. (1316–1378) gegründet, daher der Name. Zwölf Quellen speisen seit Jahrhunderten die zahlreichen Kureinrichtungen und machten Karlsbad besonders in der Habsburgerzeit zu einem mondänen Zentrum. Die *Karlsbader Oblaten*, nach diesem Kurort benannt, sind seit dieser Zeit international bekannt.

KARLSRUHE KA [O, Baden-Württemberg, Deutschland, Europa] Erst 1715 als Schloss und neue Residenz (dt. RUHESTATT) durch Markgraf KARL WILHELM von Baden-Durlach (1679–1738) errichtet, trägt Karlsruhe den Namen des Gründers. Der Grundstein wurde auf einer Lichtung des Hardtwaldes gelegt, von wo 32 radial verlaufende Straßen die Verbindung zum umliegenden Land ermöglichten.

KARMEL [B, Israel, Asien] WEINGARTEN GOTTES (hebr. *kerem el*) nennt sich ein Gebirge in Galiläa, das durch die Gründung des überaus strengen *Karmeliterordens* im 12. Jh. weltweit bekannt wurde. Der Karmel gehört auch zu den frühesten Siedlungsgebieten der Menschheit, wie Funde aus der Altsteinzeit belegen.

KÄRNTEN K [P, Österreich, Europa, engl. *Carinthia*] Ein uralter Volksname, kelt. *Karner* GEBIRGSBEWOHNER (kelt. *cairn* »Fels, Stein«, idg. **kar* »Fels«) bezeichnet das südlichste österreichische Bundesland. Die aus dem slawischen Anrainergebiet eingewanderten Gruppen übernahmen einfach die alte Bezeichnung in Form von *Carantani*, was noch immer im heute üblichen englischen Namen *Carinthia* erhalten ist. Einer anderen Theorie zufolge geht der deutsche Name jedoch auf das kelt. *carant* »Freund« zurück. Klingt jedenfalls einladend, das LAND DER FREUNDE, und wurde daher folgerichtig in der Werbebranche auch mit dem Slogan »Urlaub mit Freunden« beworben.

KAROLINEN → **Mikronesien** [H/I, Mikronesien, Ozeanien] Karl II. (lat. Carolus) von Spanien (1661–1700) zu Ehren wurde dieser Inselarchipel im Jahr 1686 auf Karolinen getauft. Ursprünglich wurden diese Inseln 1525 von portugiesischen Seefahrern entdeckt. Seit 1986 bilden die Karolinen unter dem Namen *Mikronesien* einen eigenen Staat.

KARPATEN [B, Polen, Rumänien, Slowenien, Tschechien, Ukraine, Europa, engl. *Carpathians*] Vielleicht kann der Name dieses mitteleuropäischen Gebirges auf das ahd. *ger* BOGEN zurückgeführt werden. Ob damit der Gebirgsverlauf oder der Abhang der Bergflanken gemeint ist, ist leider nicht zu beantworten.

KARST [B, Kroatien, Europa] Heute denken wir weniger an das istrische Gebirge, wenn wir den Begriff Karst hören, sondern vielmehr an die durch die Löslichkeit des Kalkgesteins bedingten Oberflächenformen, wie etwa zerklüftete Felsen, Dolinen, Poljes oder Höhlen. Das Wort *kras* beschreibt eine slowenische Landschaft und bedeutet wortwörtlich DÜNNER BODEN.

KARTHAGO [H/O, Tunesien, Afrika, engl. *Carthage*] Dieser große Gegenspieler Roms geht auf das phöniz. *qart hadasht* zurück, was so viel wie NEUSTADT bedeutet. Vollkommen treffend zur Zeit der legendären Gründung im Jahr 814 v. Chr. durch Königin Èlyssa, die Schwester des Königs von Tyros. Ernstzunehmende Historiker datieren die Grundmauern dieser heute viel besuchten Ruinenstadt allerdings auf die Mitte des 8. Jh. v. Chr. In Geschichtswerken häufig zu finden ist auch der von den Römern bevorzugte Name **Punien** (phöniz. *pun* »untergehen«) – »Land des Sonnenuntergangs«.

KASACHSTAN KZ/KAZ/KZ [S, Zentralasien, Osteuropa, engl. *Kazakhstan*, oL *Republik Kasachstan*, kasach. *Kazakstan Respublikasy*] Die türkische Wurzel *kazak* oder *qaz(z)ak* »Nomade, Steppenreiter« deutet auf die wenig sesshafte Lebensweise der Kasachen hin, die eigentlich von der Abstammung her direkt mit den Usbeken (s. d.) verwandt sind. Wie in Zentralasien üblich, vervollständigt die iran. Endung *stan* »Land« den Staatsnamen, der erstmals 1245 urkundlich erwähnt wird. Also wäre LAND DER NOMADEN (STEPPENREITER) eine aussagekräftige Übersetzung. Auch das Reitervolk der *Kosaken* (dt. Abenteurer) leitet seinen Namen von der gleichen Wortwurzel ab, wenngleich diese mit Kasachen sonst nichts gemeinsam haben. Kasachstan zählt übrigens fußballerisch zu Europa. Immerhin liegt ein Zipfel Land westlich des Ural-Flusses in der Tat physisch auf europäischem Boden. U: Souveränitätserklärung 25. 10. 1990; Proklamation 16. 12. 1991

KASAN [O, Russland, Europa, tatar. *Qasan*, engl. *Kazan*] Das islamische Zentrum Russlands wurde im 13. Jh. von den Tataren gegründet und dürfte seinen türk. Namen *kazan* KESSEL den starken Strömungen des Kazanka-Flusses verdanken. Das Khanat Kasan war die erste nichtrussische Stadt, die sich Ivan IV., der Schreckliche, 1552 einverleibte. Damit war der Grundstein zum Vielvölkerstaat Russland gelegt. Randbemerkung: 1870 erschien hier das spirituelle Werk »Aufrichtige Erzählungen eines russischen Pilgers«, durch das das Jesusgebet weltweite Verbreitung fand.

KASCHMIR [R, Indien, Pakistan, Asien, engl. *Kashmir*] Diese zwischen den verfeindeten Nachbarstaaten Südasiens aufgeteilte Region trägt einen aind. Namen, der einem Gott gewidmet ist: *kāśhyapa-mara* LAND DES KAŚHYAPA. Der Name dieses Stammvaters der meisten Götter bedeutet übertragen SCHILDKRÖTE. *Kaschmir* liefert mit seiner Wolle, von Ziegen geschoren, ein weltweit gefragtes Textilprodukt.

KASPISCHES MEER [G, Asien, engl. *Caspian Sea*] Der weltgrößte Binnensee ist nach einem Volk benannt, das in römischen Zeiten unter dem Namen *Caspii* (Kaspen) bekannt war. Dies wiederum dürfte WEISS bedeuten, vielleicht in Assoziation mit dem biblischen Namen Cush. Das Kaspische Meer liegt 30 m unter dem Meeresspiegel und ist damit der tiefste Punkt Europas. Berühmt ist es auch für eine kulinarische Spezialität, den *Kaviar* (eigentlich der Rogen des Belugastörs).

KASSEL KS [O, Hessen, Deutschland, Europa] Kassel entstand aus einer Befestigungsanlage des 10. Jh.s. Das zeigt sich absolut treffend im Namen: fränk. *castella, cassela* (dem gleichbedeutenden lat. *castellum* entlehnt) bedeutet BEFESTIGUNG.

KATALONIEN [P, Spanien, Europa, *Catalunya, Cataluña*] Diese stolze spanische Provinz war ehemals (ab dem 5. Jh.) das Siedlungsgebiet der Westgoten sowie der Alanen, wie im Namen GOT-ALANIEN leicht erkennbar ist. Beide Völker mussten den einfallenden Hunnen weichen und wählten als Rückzugsgebiet die Iberische Halbinsel. Die Goten selbst, aus Südschweden stammend, dürften ihren Namen entweder dem nord. Gott *Odin*, dem germ. Wort *got* für »Gott« oder der alten idg. Wurzel *gauta* »fließen« verdanken. Die Alanen, die ihre Urheimat nördlich des Kaukasus haben, nennen sich selbst »Aryanam«, also Arier.

KATANGA [P, Dem. Rep. Kongo, Afrika] Für kurze Zeit war diese an Malachit und Kupfer reiche Provinz Kongos sogar unabhängig (1960–1963). Einige Jahre führte diese Region den Namen *Sha-ba*, eine Suaheli-Bezeichnung für Kupfer. Der frühere und auch heutige Name entspricht dem eines Flusses und kann vielleicht mit GROSSES WASSER interpretiert werden. Allerdings steht hinter dieser Deutung ein Fragezeichen.

KATAR QA/QAT/Q [S, Südwestasien, engl. *Qatar*, oL *Staat Katar*, arab. *Dawlat Qatar*] Die arabische Wortwurzel *qat* heißt AUSSTOSSEN, ABSONDERN, womit der Öl- und Gasreichtum angesprochen sein könnte. Auch »destillieren« ist in etymologischen Wörterbüchern zu finden. Vielleicht kein schöner Landesname, dafür aber umso passender! Eine zweite, nicht minder wahrscheinliche Namensherleitung ist arab. *qatara* KAMELE IN EINER REIHE AUFSTELLEN. Zuletzt sei noch das arab. Wort *qutr* REGION, GEGEND erwähnt. Vielleicht ist der Landesname sogar eine Art Zusammenspiel mehrerer Wortwurzeln. U: 1. 9. 1971 (ehem. brit. Protektorat)

KATMANDU [O, Nepal, Asien] In Nepal ist dies die Stadt der HÖLZERNEN TEMPEL (nepal. *kath* »Holz«, *māndū* »Tempel«). Bis ins 16. Jh. dagegen sprach man von der »Stadt der Schönheit« (*Kantipur*), abgeleitet von nepal. *kānti* »schön« und *pur* »Stadt«.

KATOWICE [O, Polen, Europa, dt. *Kattowitz*] Die Kohle- und Erzlagerstätten haben das Oberschlesische Steinkohlebecken zu einem der florierenden Standorte Polens werden lassen. Katowice liegt im Herzen dieser Region. Diese Stadt kam jedoch erst durch eine Volksabstimmung im Jahr 1922 zu Polen. Das slaw. Wurzelwort *kot* KATZE steckt im heutigen Namen. Für wenige Jahre (1953–1956) wurde Katowice zu Ehren des sowjetischen Diktators von polnischen Kommunisten in *Stalinogród* (dt. Stalinstadt) umgetauft.

KATTEGAT [G, Dänemark, Schweden, Europa] Anord. *kati* BOOT und *gata* WEG beschreibt die gut navigierbare Verbindung zwischen Nordsee und Ostsee. Hier stoßen Dänemark und Schweden bis auf wenige Kilometer zusammen.

KAUKASUS [B, Aserbaidschan, Georgien, Russland, Asien, Europa, engl. *Caucasus*, russ. *Kawkas*] Pelasgisch *kau* dürfte einfach BERG bedeuten. Der römische Autor Plinius sprach sich für eine skytische Ableitung aus: »Schneebedeckt«. Der Kaukasus, zwischen Schwarzem Meer und Kaspischem See gelegen, ragt im Elbrus gewaltige 5642 m in den Himmel. Historisch wurde er üblicherweise als Grenze zwischen Europa und Asien gesehen. Wegen der Vielzahl der Völker, die sich in den Gebirgstälern dieser Region sehr autonom entwickelten, kam und kommt es immer wieder zu blutigen Auseinandersetzungen.

KAUNAS [O, Litauen, Europa, pol. *Kowno*, dt. *Kauen*] Im 11. Jh. gegründet, hatte Kaunas seine politische Hochblüte zwischen 1920 und 1940 als provisorische Hauptstadt Litauens. Der Name ist nicht mit letzter Sicherheit zu deuten, könnte jedoch mit slaw. *kovati* GABELN zusammenhängen. Immerhin liegt diese Stadt am Zusammenfluss von Memel und Neris.

KECSKEMÈT [O, Ungarn, Europa] Vermutlich ist die Bezeichnung ZIEGENORT für diese Stadt in der Puszta aus dem Türkischen entlehnt (turk. *keçi* »Ziege«). Passend ist der Name jedenfalls, wenn man das gewaltige Steppengebiet für die Viehzucht vor Augen hat.

KELLS [O, Irland, Europa] Das Book of Kells, eine der ältesten Bibelhandschriften aus dem 7. bis 10. Jh., die die vier Evangelien sowie Abbildungen von Christus, Maria mit dem Kind sowie der Evangelisten enthält, wird im Trinity College, Dublin, ausgestellt. Hergestellt wurden diese Schriften vermutlich im Kloster Iona vor der Westküste Schottlands. Der Name *Kells* bedeutet einfach ZELLEN. Gemeint sind Klosterzellen, in denen im Mittelalter wertvolle Buchmalerei gepflegt wurde.

KEMPTEN KE [O, Bayern, Deutschland, Europa] Zusammen mit Trier, Worms und Augsburg zählt Kempten zu den ältesten Städten Deutschlands. Die Siedlungsgeschichte dürfte bereits in vorrömischer Zeit begonnen haben. Belegt ist jedenfalls eine unter Tiberius nahe des keltischen *Cambodunum* angelegte Stadt, die allerdings bereits im 3. Jh. von den Alemannen zerstört wurde. Der keltische Ortsname dürfte eine Zusammensetzung aus **cambo* »krumm« und *dūnum* »hoch gelegener Ort« sein, also eine BURG AN DER KRÜMMUNG DES FLUSSES beschreiben. Über mehrere Stationen (*Kambódounon*, *Camboduno*, *Campidona*, *Kembeduno*, *Kembeten*, *Kemptun*) entstand aus dem ursprünglichen Namen das heutige Kempten.

KENIA KE/KEN/EAK [S, Ostafrika, engl. *Kenya*, oL *Republik Kenia*, suah. *Jamhuri ya Kenya*] Wie auch immer die Erklärung für den Landesnamen aussieht, es ist das Bild der höchsten Berge Afrikas, das als Inspiration für die einheimische Bevölkerung diente. In der Kambasprache (Kıkuyu) heißt *kıma ja Kegnua* (oder ın Massai *kere-nyaga*) WEISSER BERG, womit der schneebedeckte Kilimandscharo gemeint sein könnte, oder eben die mit ewigem Schnee überzuckerten Gipfel des Mount Kenia, des zweithöchsten Berges Afrikas. Der deutsche Missionar und Afrikaforscher Johann Ludwig Krapf dürfte diesen Eingeborenennamen zu Kenia verballhornt haben, vielleicht wegen seiner unzulänglichen Sprachkenntnisse. Auch das Bantuwort für STRAUSS bietet eine Erklärung für den Staatsnamen, sollen doch die Flanken des Mount Kenya den grauen und weißen Farben des Laufvogels ähneln. Letztere Deutung hat aber zweifellos eine legendenartige Komponente, so dass der »Weiße Berg« doch um einiges wahrscheinlicher ist. Noch dazu, wo Afrika nur in den Gipfelregionen dieser beiden Bergriesen Gletscher kennt. Als ehemalige Kronkolonie trug Kenia früher den Namen *British East Africa* (s. Kap. Postalische Ausgabegebiete). U: 12. 12. 1963 (ehem. brit. Kolonie)

KENT [P, England, Großbritannien, Europa] Schon beim griechischen Geografen Strabo wurde diese südenglische Grafschaft erwähnt. Das kelt. Wort *cant* GRENZE dürfte die Basis dieses Namens sein, wahrscheinlich die schmale Küstenregion bezeichnend (s. auch Canterbury). Kent war ursprünglich eines der Sachsenkönigreiche in England.

KENTUCKY KY/KY. [P, USA, Nordamerika] Sehr bildhafte, farbige Interpretationen des irokes. Wortes *kentake* sind in der Literatur zu finden: LAND DES MORGENS (die wahrscheinlichste Bedeutung), LAND DER WIESEN, LAND DURCH BLUT GEFÄRBT und zuletzt LAND DES GRÜNEN SCHILFS. Tatsächlich ist kein amerikanischer Boden grüner als die Wiesen Kentuckys. Nicht zuletzt deshalb gehören die Rennställe dieses Bundesstaates zu den Wallfahrtsorten der Pferdezüchter. Dennoch haben Dichter für Kentucky den Beinahmen *Bluegrass State* gewählt, wegen der azurblauen Färbung des Grases im Frühling. Eine letzte Anmer-

kung: Der *Bourbon*, ein edler Whiskey, kommt ebenfalls aus diesem US-Bundesstaat.

KERGUELEN [I, Frankreich, Antarktis] Der französische Kapitän Yves Joseph de KERGUELEN de Trémadec (1734–1797) entdeckte diesen im südlichen Indischen Ozean gelegenen Archipel im Jahr 1772. Die größte der mehr als einhundert Inseln, ein Vulkaneiland, wurde einige Jahre später von James Cook mit dem passenden Namen *Desolation Island* (dt. »Insel der Einsamkeit« oder »Insel der Trostlosigkeit«) versehen. Wunderbare Namenwahl, denn es gibt auf den Kerguelen gerade mal eine wissenschaftliche Forschungsstation.

KERPEN [O, Nordrhein-Westfalen, Deutschland, Europa] Vermutlich hängt der Name dieser an einem karolingischen Königshof an der Römerstraße entstandenen Stadt mit lat. *càrpinus* HAINBUCHE zusammen, aber auch die kelt. Wurzel *carp* MOOR, SUMPF ist laut Bahlow denkbar.

KERRY [P, Irland, Europa] CIARRAÍ, der Legende nach der Sohn von King Fergus und Queen Maeve, schenkt diesem naturbelassenen irischen County mit seiner beeindruckenden Küstenlandschaft seinen Namen.

KHARKIV [O, Ukraine, Europa, russ. *Charkow*, engl. *Kharkov*] Ein kosakischer Anführer namens KHARKO hat hier angeblich im Jahr 1656 eine Militärbefestigung angelegt. Daraus hat sich die heutige Millionenstadt mit Schwerpunkt Industrie entwickelt. Archäologische Funde zeigen zudem, dass in dieser Gegend bereits im 2. Jahrtausend v. Chr. Menschen gehaust haben müssen.

KHARTOUM [O, Sudan, Afrika, engl. *Khartoum*] Sehr ungewöhnlich ist der Name der sudanesischen Hauptstadt:

ENDE DES ELEFANTENRÜSSELS (eigentlich arab. *ra's al-hurtūm*). *Ra's* »Ende«, *al* »des«, *hurtūm* »Rüssel«. Sehr bildhaft, muss man zugeben, wird damit der enge Landstrich zwischen Weißem und Blauem Nil beschrieben.

KHMER → **Kambodscha** [H/S, Kambodscha, Asien] Für einige Jahre gestattete die kommunistische Führung für das durch einen Bürgerkrieg zerrüttete Land nur den »neuen« Landesnamen Khmer. Die Anführungszeichen sollen ein Hinweis darauf sein, dass auch diese Bezeichnung letztlich auf die Legenden eines KAMBU und einer MERA zurückgeht (s. Kambodscha).

KIEL KI [O, Schleswig-Holstein, Deutschland, Europa] Die Ostseehafenstadt an der Kieler Förde, bedeutend für die Meeresforschung, bezeichnet eigentlich eine geografische Lage. Mnd. und norw. *kil* KEIL oder LANGE SCHMALE BUCHT bzw. anord. *kill* SCHMALE BUCHT weisen auf das innere, eng zulaufende Ende der Förde hin.

KIEW [O, Ukraine, Europa, ukrain. *Kijiw*, russ. *Kijew*, engl. *Kiev*] Prinz KIJ hat, so die mythologische Überlieferung, diese Stadt im 9. Jh. aus der Taufe gehoben. Der wahre Namensursprung bleibt bis heute verborgen. Der Beiname »Mutter der russischen Städte« ist jedoch durchaus treffend, begann doch hier (*Kiewer Rus*) seit dem Beginn des zweiten Jahrtausends die Siedlungsbildung des russischen Reiches, die letztlich erst im fernen Sibirien am Pazifik enden sollte.

KILDARE [P, Irland, Europa] Die schöne Beschreibung KIRCHE BEIM EICHENHAIN (ir. *cill* »Kirche«, *doire* »Eichenhain«) steckt im Namen dieses irischen Countys. Angeblich wurde hier im 5. oder 6. Jh. von der hl. Brigid ein Nonnenkloster gegründet, an dessen Stelle

sich heute die St. Brigid's Cathedral erhebt. Die Nationalheilige Irlands trägt auch den ehrwürdigen Beinamen »Mary of the Gaels« (Maria der Kelten).

KILIMANDSCHARO [B, Kenia, Tansania, Afrika, engl. *Kilimanjaro*] Gletscher in Afrika, fast unvorstellbar und doch wahr! Der 5895 m hohe Bergriese trägt eine weiße Kuppe, die Ernest Hemingway zu seinem berühmten Roman »The Snows of Kilimanjaro« inspirierte. Hätte Hemingway hundert Jahre später gelebt, wäre dieser Titel wohl kaum zustande gekommen. Der höchste Berg Afrikas hat durch den weltweiten Temperaturanstieg bereits achtzig Prozent seiner Schneekappe verloren. Bleiben wird allein der Name: suah. *kilima* »Berg« und *njaro* »Gott der Kälte«, also BERG DES KÄLTEGOTTES. Aber auch sprechende Beinamen sind für diesen Bergriesen typisch: »Haus Gottes« (Volk der Massai), »Berg der bösen Geister« (Volk der Dschagga).

KILKENNY [P/O, Irland, Europa] *Cill Chainnigh*, gäl. für KIRCHE DES ST. KENNETH, ist die Bezeichnung der Stadt wie des gleichnamigen irischen Counties. Kilkenny war ehemals die Hauptstadt des altirischen Königreichs Ossory. Bekannt über die Landesgrenzen hinaus ist auch eine hiesige Biermarke: *Kilkenny's*.

KILLARNEY [O, Irland, Europa] SCHLEHDORNKIRCHE oder KIRCHE DER SCHLEHEN, eine Übersetzung des gäl. *Cill Airne*, ist der schöne Name dieses Touristenortes im County Kerry am Rand des Killarney-Nationalparks.

KILMARNOCK [O, Schottland, Großbritannien, Europa] Die Feinheiten des Gälischen sollte man bedenken, wenn es an die Herleitung dieses Ortsnamens geht. Wortwörtlich ist die KIRCHE MEINES kleinen Ernan gemeint, abgeleitet von gäl. *cill* »Kirche«, einem Heiligen des 6. Jh.s, *Ernan*, sowie dem Persönlichkeitspräfix *mo* und der Verkleinerungsendung *oc*.

KIMBERLEY [O, Südafrika, Afrika] Die fast legendäre Diamantenstadt Südafrikas wurde 1871 gegründet, als hier die ersten Funde einen ungeheuren Rush (dt. »Diamantfieber«) auslösten. Der Name geht auf den damaligen britischen Staatssekretär für Kolonialangelegenheiten, John Woodhouse, first Earl of KIMBERLEY (1826–1902), zurück. Sein Titel wiederum leitet sich von einer Stadt im heimatlichen Norfolk ab. Die bis heute größte und weltweit wohl bekannteste Diamantmine ist das sogenannte *Big Hole* (dt. Großes Loch; s. d.). Das in vulkanischen Schloten vorkommende, diamanthältige Gestein heißt treffend *Kimberlit*.

KINGSTON [O, Jamaika, Karibik, Mittelamerika] Drei Jahre vor Gründung der lebenslustigen Hauptstadt Jamaikas im Jahr 1692 kam KING William III. (1650–1702) auf den englischen Thron. Dieses Kingston teilt den Namen KÖNIGSSTADT mit mindestens zwanzig gleichnamigen Orten in Australien, Kanada, Großbritannien und den USA.

KINSHASA [O, Dem. Rep. Kongo, Afrika] Die Hauptstadt Kongos trägt einen Bantu-Namen, dessen Ursprung sich allerdings nicht mehr eruieren lässt. Jedenfalls bezeichnet die Silbe *kin* in der Sprache der Bantu eine Fülle von Objekten, darunter Palme, Welle, Eidechse, Abhang, Schnecke, Vogel etc. Die NATUR dürfte in jedem Fall bei der Benennung Pate gestanden haben. Bis 1966 war diese Stadt als *Léopoldville* bekannt, nach dem belgischen König Léopold II. (1835–1909). Belgisch-Kongo war das größte Kolonialgebiet dieses kleinen westeuropäischen Staates.

KINTYRE [Hi, Schottland, Großbritannien, Europa] ENDE DES LANDES steckt im Namen Kintyre (gäl. *ceann* »Kopf«, *tire* »Land«). Und diese Bezeichnung ist gut gewählt, ragt doch hier die Küste Schottlands sehr weit Richtung Nordirland. Weltweit berühmt wurde Paul McCartneys Song »Mull of Kintyre« (1977 herausgebracht), und damit ist seit diesen Tagen auch das gäl. Wort für Kap, *Mull*, in aller Munde. Immerhin war dies die erste Single, von der im Vereinigten Königreich mehr als zwei Millionen Stück verkauft wurden. Der Liedtitel ist eigentlich ein Pleonasmus, da ja ein Kap notwendigerweise am »Ende« des Landes liegen muss. »Mull« könnte sich vom anord. *múli* »Schnauze« ableiten (vgl. dt. Maul).

KIRGISIEN, KIRGISISTAN KG/KGZ/KS [S, Zentralasien, engl. *Kyrgyzstan*, oL *Kirgisische Republik*, kirgis. *Kyrgyz Respublikasy, Kyrgyzstan*] Die Kirgisen sind quasi die STEPPENWANDERER, wenn man das türk. *kir* »Steppe« und *gizmek* »wandern« zusammensetzt. Die zweite heute sehr gebräuchliche Landesbezeichnung **Kirgisistan** erweitert den Namen um die persische Endung *stan* »Land«. Zu diesem Landesnamen gibt es auch noch eine mythologische Deutung: »Vierzig Clans«. Gemeint sind damit die vierzig Stämme, die das historisch beschriebene Kirgisien begründeten. U: Souveränitätserklärung 15. 12. 1990; Proklamation 31. 8. 1991

KIRIBATI KI/KIR/KIR [S/I, Ozeanien, oL *Republik Kiribati*, I-Kiribati *Ribaberikin Kiribati*, engl. *Republic of Kiribati*] Dieser einheimische Name ist insofern ein Kuriosum, als er einfach eine Rückübersetzung eines ehemaligen Kolonialnamens darstellt: **Gilbert-Inseln**. 1765 entdeckt, wurde die Inselgruppe 1788 vom russischen Kartografen Krusenstern nach dem britischen Kapitän Thomas GILBERT, der das erste Schiff mit Sträflingen nach Australien brachte, benannt und 1979 Teil des neuen Pazifikstaates (zu dem auch noch Banaba, die Pheonix Islands und die Line Islands gehören). Daher auch die etwas unorthodoxe Aussprache [Kiribass]. Von 1892 bis zur Unabhängigkeit waren die *Gilbert and Ellis Islands* (so der Name dieser politischen Einheit) ein britisches Protektorat. Ein Detail am Rande: Da dieser Staat durch die Datumsgrenze läuft, hat er immerzu zwei Wochentage zur gleichen Zeit. Eher gewöhnungsbedürftig für uns Europäer! U: 12. 7. 1979 (ehem. brit. Kolonie)

KISCHINEW, KISCHINJOW [O, Moldawien, Europa, moldau. *Chişnău*] Vielleicht wegen des kontinentalen Klimas trägt die moldawische Hauptstadt den Namen WINTER (von türk. *kiş* abgeleitet). Immerhin gehörte sie von 1555 bis 1812 zum osmanischen Einflussbereich.

KITAKYUSCHU [O, Japan, Asien, engl. *Kitakyushu*] Diese Hafenstadt auf der Insel Kyushu (s. d.) trägt einen Lagenamen: Im jap. Wort *kita* steckt die Himmelsrichtung NORDEN.

KLAGENFURT [O, Österreich, Europa] Nach einer populären Legende geht der Name der »Lindwurmstadt« auf eine mythische Gestalt, die KLAGENFRAU, zurück, die die Furt über die Drau kontrollierte. Tatsächlich ist eine verlässliche Deutung des bereits im 12. Jh. dokumentierten Namens *Chlagenfurt* kaum möglich.

KLEINE ANTILLEN → **Antillen** [I, Karibik, engl. *Lesser Antilles*] Die kleinen Antil-

len, die ihrerseits wieder in die Inseln über dem Winde und die Inseln unter dem Winde (s. d.) aufgeteilt werden, gehören zu den Westindischen Inseln. Zur Etymologie s. Antillen.

KLEINE SUNDAINSELN → **Sundainseln** [I, Indonesien, Timor-Leste, Asien] Die östlich von Java gelegenen Inseln werden in Atlanten unter der Sammelbezeichnung Kleine Sundainseln geführt. Die wichtigsten davon sind Bali, Lombok, Sumbawa, Flores und Timor. Letztere Insel beheimatet seit 2002 mit Timor-Leste (s. d.) sogar einen eigenen unabhängigen Staat. Zur Etymologie s. Sundainseln.

KLONDIKE [R/F, Kanada, Nordamerika] Der Klondike River ist ein Gold führender Fluss im Nordwesten Kanadas. Das indian. *throndik* bezieht sich jedoch auf die Nahrungsquelle der Eingeborenen und bedeutet so viel wie FLUSS DER FISCHE.

KOBE [O, Japan, Asien] Der religiöse Name HAUS GOTTES steckt in den beiden jap. Wörtern *kō* »Gott« und *be* »Haus«. Kobe war 1868 eine der ersten Städte Japans, die mit der westlichen Kultur Kontakt aufnahmen.

KOBLENZ KO [O, Rheinland-Pfalz, Deutschland, Europa] Der ZUSAMMENFLUSS von Mosel und Rhein (lat. *Confluentes*) drückt sich im Namen dieser mehr als 2000 Jahre alten Stadt aus. Denkbar ist es auch, dass der lat. Begriff eine Lehnübersetzung des gall. Siedlungsnamens *Condate* (dt. Mündungsort) ist.

KOLA [Hi, Russland, Europa] Wahrscheinlich stammt der Name dieser Halbinsel aus dem Sämischen. Die Bedeutung ist jedoch bis heute unklar. Jedenfalls ist die sibirische Pelzart *Kolinski* nach dieser Halbinsel benannt.

KOLKATA → **Kalkutta** [O, Indien,

Asien] Seit 1. Januar 2001 wird wieder die ursprüngliche bengalische Schreibweise für diese Megastadt verwendet. Der Name *Kālikāta* wird gern frei mit SCHWARZES TOR (bengal. *kāli* »schwarz«, *ghatta* »Tor, Stätte«) übersetzt. Das englische *Calcutta* kam der indischen Aussprache sehr nahe, die eingedeutschte Wiedergabe Kalkutta dagegen kaum mehr. Nachdem Englisch in Indien auch offizielle Landessprache ist, kann man auch weiterhin häufig »Calcutta« hören.

KÖLN K [O, Nordrhein-Westfalen, Deutschland, Europa, engl. *Cologne*] Eine bereits im 1. Jh. v. Chr. gegründete Siedlung der Ubier (*Oppidum Ubiorum*) mit deren Zentralheiligtum (*Ara Ubiorum*) wurde 50 n. Chr. von Agrippina, der Gattin des Kaisers, zur COLŌNIA, zur Ansiedlung mit römischem Bürgerrecht erhoben. Der amtliche Name lautete: *Colōnia Claudia Ara Agrippinensium*. Später wurde dieser unpraktische Name zu *Colōnia Agrippina*, schließlich zu *Colōnia* gekürzt. Auf diese lat. Form geht auch die engl./franz. Bezeichnung *Cologne* zurück. Das eingedeutschte md. *Cöllen*, mhd. *Kölne* führt schrittweise zum heutigen Namen dieser ältesten deutschen Großstadt. Bekannt und beliebt ist auch der Toilettenartikel *Eau de Cologne* (*Kölnisch Wasser*).

KOLUMBIEN CO/COL/CO [S, Südamerika, engl. *Colombia*, oL *Republik Kolumbien*, span. *República de Colombia*] Obwohl Christoph KOLUMBUS, der sicherlich bekannteste aller Namensgeber, nie den Boden dieses lateinamerikanischen Landes betreten hat, hat er die späte Anerkennung als Taufpate eines unabhängigen Staates mehr als verdient. Fast könnte man sagen, dass hier ausglei-chende Gerechtigkeit herrscht, landete doch Kolumbus' Landsmann Amerigo Vespucci als erster Weißer an dieser südamerikanischen Küste. Und nach diesem Mann wurde schließlich die ganze Neue Welt benannt. Ohne aber die Verdienste eines Amerigo Vespucci schmälern zu wollen, hätte es wohl Kolumbus zu Ehren nicht USA sondern »USC« heißen müssen, »United States of Columbia«. Geboren in Genua Ende Oktober 1451, gestorben in Valladolid im Jahre 1506, öffnete Kolumbus das Tor zur »Neuen Welt«. Wenn auch seine Idee, Indien via Westroute zu erreichen, im Kern unrichtig war, so beeindruckt doch der Wagemut dieses Seefahrers. Aristoteles' Schriften und einige unsichere Berechnungen heute fast vergessener Forscher motivierten Kolumbus zu seiner damals schier unglaublichen Überfahrt. Ein Treppenwitz der Geschichte, dass Kolumbus seine Dienste zunächst den Portugiesen anbot, aber auf taube Ohren stieß. Isabella I. und Ferdinand II. von Spanien schließlich ebneten den Weg zur Neuzeit, einer Epoche, die 1492 mit Kolumbus' erster Fahrt begann. Mit den drei Schiffen Nina, Pinta und Santa Maria erreichte der Genuese am 12. Oktober 1492 Guanahani (heute San Salvador) auf den Bahamas. Triumph und Tragödie liegen bei diesem Mann eng beieinander. Da er es auch auf seiner dritten (der insgeamt vier) Reise nicht schaffte, eine stabile Regierung in Hispaniola einzusetzen, wurde der Admiral und Vizekönig in Ketten nach Spanien überführt. Unbeachtet und verarmt starb der große Seefahrer im heimischen Valladolid. Fast sprichwörtlich wurde die Fügung »das Ei des Kolumbus finden«, womit eine überraschend

einfache Lösung eines schwierigen Problems gemeint ist. Jedenfalls wurde ihm
zu Ehren 1863 endgültig der gegenwärtige Name für das frühere *Neugranada*
(1810–1819 und 1830–1861) sowie
Großkolumbien (1819–1830; span. *República de Colombia*) amtlich fixiert.
Zuletzt eine Randbemerkung: Das lat.
Wort *columba* heißt übersetzt »die
Taube«. U: Proklamation 20. 7. 1810
(ehem. span. Kolonie); endgültig 7. 8.
1819

KOMOREN KM/COM/COM [S/I, Ostafrika,
engl. *Comoros*, oL *Union der Komoren*, komor.
Udzima wa komori] Die stellare Namensgebung der Komoren stellt ein Unikum
dar, noch dazu ein durchaus elegantes.
Arab. *djazair al qamar* führte zu *Juzur
al-Qamr* KLEINE MONDINSELN, den
arabischen Namen für die Magellan-
schen Wolken (die nur auf der südlichen
Hemisphäre zu sehen sind), womit einfach der Süden gemeint war. Daher wurden ursprünglich alle Inseln südlicher
Lage als »Komoren« bezeichnet, also
auch Mauritius, Madagaskar und dergleichen. Eine andere Deutung führt zu
den mythologischen MONDBERGEN, die
sich irgendwo in der Gegend der heutigen Komoren befunden haben könnten.
Bis zur Unabhängigkeit waren diese Inseln für mehr als hundert Jahre unter
französischer Herrschaft. U: Proklamation 6. 7. 1975 (ehem. franz. Kolonie)

**KONGO, DEMOKRATISCHE
REPUBLIK** CD/COD/CD [S/F, Zentralafrika,
oL *Demokratische Republik Kongo*, franz. *République démocratique du Congo*] Zwar liegt
die direkte Ableitung vom Fluss Kongo
auf der Hand, die Bedeutung des Wortes ist aber erstaunlicherweise BERG
(kongol. *kong*). Dieser Name erklärt
sich einerseits mit der lokalen Topografie, führt doch der gesamte Oberlauf

des Kongo durch gebirgiges Gelände,
andererseits könnte er auch vom
Stamm der BAKONGO abgeleitet sein,
die hier im 14. Jh. ein Königreich schufen. Letztlich ist »Kongo« auch eine
Kollektivbezeichnung für eine Gruppe
von sehr unterschiedlichen Volksstämmen. Tatsächlich wäre bei den ausgedehnten Regenfällen im Gebiet des
heutigen Staates Kongo ein echter
»Flussname« reichlich unnötig. Was-
sermangel herrscht hier keiner. Dieser
Staat hat mehrere Namen getragen:
Kongo Free State, später **Belgisch-
Kongo**, dann für einige Jahre **Zaïre**. In
letzterem Namen war tatsächlich das
Kikongo-Wort *nzai* »Fluss« für die Benennung bestimmend. Eher ungewöhnlich, wurde das Wort *Zaïre* 1979
auch als Währungsbezeichnung in diesem Staat eingeführt, 1993 dann
schließlich in *New Zaïre* umbenannt.
Zur Unterscheidung vom zweiten Staat
gleichen Namens (Kongo-Brazzaville)
führten Atlanten lange Zeit den Doppelnamen *Kongo-Kinshasa* (nach der
damaligen Hauptstadt, s. d.). Die *Conga*, eine afrikanische Trommel, stammt
ebenso aus diesem Land. Zuletzt ist anzumerken, dass die Bewohner dieser
Region als *Kongolesen* angesprochen
werden sollten. U: 30. 6. 1960 (ehem.
belg. Kolonie); 1971–1997 Republik
Zaire

KONGO, Republik CG/COG/RCB [S, Zen-
tralafrika, oL *Republik Kongo*, franz. *Républi-
que du Congo*] Hier gilt die obige Erklä-
rung (dt. BERG), abgesehen vom alten
Kolonialnamen **Kongo-Brazzaville**.
Dieser erinnert an den französischen
Kolonialbeamten Pierre Savorgnan de
Brazza, der mit dem König der Batéké
einen Vertrag über die Nutzung des
Gebietes nördlich des Kongo abge-

schlossen hatte. U: 15. 8. 1960 (ehem. franz. Kolonie)

KÖNIGGRÄTZ [O, Tschechien, Europa, tschech. *Hradec Králové*] Der traditionelle Wohnsitz der böhmischen Königinnenwitwen sah die berühmte Schlacht von Königgrätz (1866), in der die Preußen die Oberhand über die Österreicher und Sachsen behielten. Der Name ist eine direkte Übersetzung von tschech. *Hradec Králové* (*hrad* BURG, *král* KÖNIG).

KÖNIGSBERG → **Kaliningrad** [H/O, Russland, Europa] Die gleichnamige Burg an der Pregelmündung war ab 1701 KRÖNUNGSSTÄTTE der preußischen Könige. Königsberg ist also in der Tat eine geschichtsträchtige Stadt, die nicht zuletzt wegen Immanuel Kant und Leonhard Euler (der hier lange Jahre wirkte) einen starken deutschen Einschlag hat. Seit 1946 ist allerdings offiziell der Landesname Kaliningrad gültig (s. d.)

KONSTANTINOPEL → **Istanbul** [H/O, Türkei, Asien, Europa] Als ehemaliges Herz des Oströmischen Reiches trägt diese Stadt den Namen eines ihrer bedeutendsten Herrscher. KONSTANTIN DER GROSSE (um 275–337) prägte wohl nicht nur die Geschichte seiner eigenen Epoche. Heute bildet diese Stadt im wahrsten Sinne des Wortes die Brücke der Türkei zu Europa, allerdings unter dem Namen Istambul.

KONSTANZ KN [O, Baden-Württemberg, Deutschland, Europa, engl. *Constance*] Dem imperialen Namen Kaiser CONSTANTIUS Chlorus' wurde das ehemalige Römerkastell am Südufer des Bodensees (lat. *civitas Constantia* »Bürgerschaft Konstanz«) in den folgenden Jahrhunderten mehr als gerecht. Bereits um 590 in den Sitz eines Bistums erhoben, war Konstanz wiederholt Tagungsort kaiserlicher Hoftage, wurde schließlich

Reichsstadt und erlebte im 15. Jh. mit dem 16. Konzil seinen absoluten kirchenpolitischen Höhepunkt.

KOPENHAGEN [O, Dänemark, Europa, dän. *København*, engl. *Copenhagen*] Passend zur geografischen Lage und Wirtschaftsbasis dieser Stadt lautet der Name KAUFMANNSHAFEN (dän. *køber* »Kaufmann«, *havn* »Hafen«). Das chemische Element *Hafnium* ist nach der nlat. Form *Hafnia* benannt.

KORDILLEREN [B, Süd-, Mittel-, Nordamerika] Span. *Cordillera* GEBIRGSKETTE war der erste europäische Name für die südamerikanischen Anden. In diesem Wort steckt auch der Begriff *Kordel*. Offenbar sah man die Berge der Anden bildlich wie auf einer Kordel aufgereiht. Später wurde der Name Kordilleren auch für die Fortsetzung der Bergketten auf der mittelamerikanischen Landbrücke, ja sogar für die heutigen *Rocky Mountains* (s. d.) verwendet.

KOREA (NORD-), DEMOKRATISCHE VOLKSREPUBLIK KP/PRK/KP [S, Ostasien, engl. *Korea North*] Einen sehr edlen Namen tragen die beiden verfeindeten Brüder **Nordkorea** und **Südkorea**. Das chin. *gaoli*, zugleich der Name einer Dynastie, bedeutet ERHABENE. Auch der japanische Name vermittelt ostasiatischen Wohlklang: *chosŏn* LAND DER MORGENRUHE (*cho* »Morgen«, *sŏn* »Ruhe«). Bis heute steckt diese bereits 1392 verwendete Bezeichnung im offiziellen Landesnamen Nordkoreas. Der deutsche Name entspricht vielleicht dem alten Reich *Goryeo*, das bis zum 14. Jh. Bestand hatte. U: alte staatliche Tradition; 9. 9. 1948 (Ausrufung der Volksrepublik)

KOREA (SÜD-), REPUBLIK KR/KOR/ROK [S, Ostasien, engl. *Korea South*] Trotz der erbitterten Rivalität seit Mitte des 20. Jahrhunderts tragen die beiden Staaten **Nordkorea** und **Südkorea** einen schönen Namen: chin. *gaoli* bedeutet ERHABENE; jap. *chosŏn* LAND DER MORGENRUHE (*cho* »Morgen«, *sŏn* »Ruhe«). Der deutsche Name dürfte mit dem alten Reich *Goryeo*, das bis zum 14. Jh. bestand, zu tun haben (s. Korea-Nord). U: alte staatliche Tradition; 15. 8. 1948 (Ausrufung der Republik)

KORFU [I, Griechenland, Europa, griech. *Kerkyra*, engl. *Corfu*] Der griech. Name *Kerkyra* BIEGUNG weist geografisch anschaulich und korrekt auf die geschwungene Küstenlinie hin. Das Wort Korfu dagegen meint wohl die GIPFEL der Zwillingsberge (griech. *koryphé*, agriech. *korphous*). Dieses Wort liegt auch dem eingedeutschten Begriff *Koryphäe* (dt. Fachmann, Kenner) zugrunde.

KORINTH [O, Griechenland, Europa, engl. *Corinth*] Bereits in vorgriechischer, pelasgischer Zeit wurde diese Nahtstelle zwischen der Halbinsel Peloponnes und dem Festland als *kar* (dt. PUNKT, SPITZE) bezeichnet. Gemeint ist die Lage am gleichnamigen Isthmus von Korinth. Kleine kernlose Rosinen aus dieser Gegend werden bei uns als *Korinthen* bezeichnet.

KOROMANDELKÜSTE [R, Indien, Asien] Der Name der Ostküste Indiens, der dem *Koromandelholz* zugrunde liegt, ist eine verzerrte Wiedergabe des ind. *Chola mandalam*, was so viel wie LAND DES CHOLA bedeutet.

KORSIKA [I, Frankreich, Europa, kors. *Corsica*, franz. *Corse*, engl. *Corsica*] Einige Quellen deuten auf ein phöniz. Wort *korsai* BEWALDET oder MIT WALD BEDECKT hin. Gut möglich wäre dieser Namensursprung, haben doch die Phö-

nizier für ihre Boote Kiefernholz aus Korsika verwendet.

KOŠICE [O, Slowakei, Europa, dt. *Kaschau*, ung. *Kassa*] Dieser Siedlungsplatz reicht bereits in die Jungsteinzeit zurück. Für den Namen gibt es zwei Deutungsmöglichkeiten: Entweder slaw. *koša* GERODETE WALDLICHTUNG oder der Personenname KOŠA.

KOSOVO [P, Serbien, Europa] Der Kosovo, die Kernregion des mittelalterlichen serbischen Reiches, dürfte seinen Namen dem serb. Wort *kos* »Amsel« verdanken, wird also folgerichtig als AMSELFELD bezeichnet. 1389 fand hier die für Serbien entscheidende »Schlacht auf dem Amselfeld« statt, die heute legendenartigen Charakter angenommen hat. Politische Ergänzung: Der Kosovo kämpft momentan um seine völlige Unabhängigkeit von Serbien und könnte damit demnächst die Zahl der Staaten der Erde erweitern.

KRAIN [R, Slowenien, Europa, slow. *Kranjska*] Serbokr. *krajina* kann mit RANDGEBIET oder GRENZLAND übersetzt werden. Und genau dies beschreibt auch treffend die gebirgige Grenzregion zwischen Slowenien, Italien und Österreich. Sprachetymologisch findet sich eine Parallele zur Ukraine (s. d.).

KRAKATAU [B, Indonesien, Asien, engl. *Krakatoa*] Einer der berühmtesten Vulkanausbrüche der Menschheitsgeschichte zerriss 1883 den zwischen Java und Sumatra gelegenen Vulkan Krakatau. Nomen est omen, könnte man heute wohl sagen, bedeutet doch das malai. Präfix *ke* sowie das javan. *rekatak* nichts anderes als DER ZERRISSENE. Fast 40 000 Menschen fanden bei diesem dramatischen Naturschauspiel den Tod. Ein Tsunami ungeheuren Ausmaßes vernichtete umliegende Küstengebiete, und der Knall der Explosion konnte auch noch im 2000 km entfernten Australien wahrgenommen werden. Es dauerte Jahre, bis die Staubpartikel wieder vollständig aus der Atmosphäre abgesunken waren.

KRAKAU [O, Polen, Europa, pol./engl. *Kraków*] In Zukunft wird Krakau als die Bischofsstadt Johannes Pauls II. (Karol Wojtylas), des ersten nicht-italienischen Papstes seit fast fünfhundert Jahren, in Erinnerung bleiben. Der Mythos erzählt, dass bereits weit vor dem 10. Jh. eine Siedlungsgründung oberhalb einer Drachenhöhle durch einen Stammesfürsten namens KRAK erfolgte. Der *Krakowiak* (dt. Krakauer), ein polnischer Nationaltanz, ist nach dieser Stadt an der Weichsel benannt.

KRASNODAR [O, Russland, Europa] Bei der Gründung im Jahr 1793 hieß diese Stadt *Jekaterinodar* »Geschenk für Katharina (die Große)«. Nach der Einnahme durch die Rote Armee 1920 wurde der erste Namensteil in russ. *krasnij* ROT geändert, zweifellos der Revolution zu Ehren.

KRASNOJARSK [O, Russland, Asien, engl. *Krasnoyarsk*] Russ. *krasny* kann sowohl »rot« als auch »schön« bedeuten. Russ. *yar,* ein Wort türk. Ursprungs, meint eine »Flussböschung«, hier wohl den Jenisseij, an dessen Ufer einst ein Fort errichtet wurde. Also spricht dieser Name eine SCHÖNE UFERBÖSCHUNG oder eine ROTE FLUSSBÖSCHUNG an. Letzteres könnte sich auf die eisenhaltige Farbe des Bodens beziehen.

KREFELD KR [O, Nordrhein-Westfalen, Deutschland, Europa] Erst durch den Zusammenschluss mit Ürdingen im Jahr 1929 bekam Krefeld den Charakter einer Großstadt. Der Name geht auf mhd. *kreye, krege,* asächs. *krāja* »Krähe« zurück, bedeutet demzufolge KRÄHENFELD.

KREML [X, Russland, Europa, engl. *Kremlin*] Bis zum heutigen Tag schlägt hier das politische Herz Russlands. Der Name leitet sich vom Material ab, aus dem an dieser Stelle das erste Funktionsgebäude, ein Fort, errichtet wurde (russ. *krimjén* FEUERSTEIN), ein Schutzbau gegen Tataren und Mongolen. Genau genommen ist Kreml einfach das aruss. Wort für ZITADELLE. Daher gibt es auch in anderen historischen Stätten, wie etwa Nowgorod oder Pskow, Gebäude dieses Namens. Der Moskauer Kreml ist erst seit dem 14. Jh. belegt.

KRETA [I, Griechenland, Europa, griech. *Kríti,* engl. *Crete*] Die fünftgrößte Mittelmeerinsel hat eine 5000 Jahre alte Geschichte. Bis heute bleibt vieles der minoischen Kultur ein Rätsel, vor allem der Diskos von Phaistos, eines der wichtigsten frühgeschichtlichen Zeugnisse der Schriftentwicklung. Ebenso verschwommen ist eine Namenserklärung, die auf einen gewissen KRUS, einen mythischen Vorfahren der Kreter, hinweist. Wesentlich wahrscheinlicher scheint es zweifellos, dass drei verkarstete Kalkgebirgsgruppen, die diese Insel durchziehen, den römischen Besetzern das Wort für KREIDE (*Creta*) als Name nahe legten. Davon abgeleitet *Crayon,* Bleistift.

KRIM [Hi, Ukraine, Europa, engl. *Crimea*] Homer erwähnte in seinen Schriften ein sagenhaftes Volk der Kimmer(i)er, die Nahe dem Eingang des Hades gelebt haben sollen. In ihrem Land herrschte stets Dunkelheit (dt. kimmerische Finsternis), da die Sonne ihnen niemals schien. Ob der Name der Halbinsel von den auch in neueren griechischen Quellen erwähnten KIMMER(I)ERN herrührt oder auf ein mongol. Wort (*krym* FESTUNG) zurückzuführen ist, kann nicht mit letzter Sicherheit belegt werden. Jedenfalls überrannte die Goldene Horde im 13. Jh. diesen Vorposten zwischen Asowschem und Schwarzem Meer. Heute ist diese Halbinsel vor allem für den *Krimsekt* bekannt, dessen Weinstöcke hier ein günstiges Klima finden.

KRISTIANSAND [O, Norwegen, Europa] König CHRISTIAN IV. (1577–1648) von Dänemark und Norwegen, der seine Länder zu einer Großmacht ausbauen wollte, errichtete an der Südküste Norwegens im Jahr 1641 ein kriegstaugliches Fort. Die norw. Endung *sund* bezeichnet eine MEERESSTRASSE.

KRK [I, Kroatien, Europa] Vielleicht ist dieser Name, der [kirk] ausgesprochen wird, eine Verballhornung des röm. CURICUM, vielleicht aber auch eine Anlehnung an die Etymologie des Inselnamens Korfu. Im Italienischen heißt diese Insel *Veglia*. Ob damit die frühe Wortbedeutung »alt« oder das modernere »Wache« gemeint sind, ist ungewiss.

KROATIEN HR/HRV/HR [S, Südosteuropa, engl. *Croatia,* oL *Republik Kroatien,* kroat. *Republika Hrvatska*] Serbokr. *hrbat,* russ. *khrebet* BERGKETTE bezieht sich auf das Dinarische Gebirge, den dominierenden geografischen Landesteil. Dies zumindest ist eine der Namensdeutungen. Eine andere bezeichnet die Kroaten als VIEHHÜTER, NOMADEN (airan. *Fšuhaurvata,* pers. *choroatos*). Interessant, dass das Wort *Krawatte* nach dem Balkanstaat benannt ist. Im Dreißigjährigen Krieg wurde dieses Kleidungs-

stück, ein Halstuch, von Kroaten in der französischen Armee getragen und hat sich seither in leicht veränderter, der Mode angepasster Form, zum dekorativen männlichen Symbol für »white-collar-workers« entwickelt. U: Proklamation 25. 6. 1991; formell 8. 10. 1991

KUALA LUMPUR [O, Malaysia, Asien] Malai. *kuala* »Mündungsgebiet« und *lumpur* »Schlamm« sind die Wortteile im Namen der malaysischen Hauptstadt. Die SCHLAMMIGE FLUSSMÜNDUNG, von den Einwohnern einfach »KL« abgekürzt, ist ein pulsierender Schmelztiegel der Kulturen, mit sakralen Bauwerken aller Religionen, also Moscheen, Kirchen, Pagoden und Tempeln, die sich allerdings in der fast amerikanisch anmutenden Skyline mehr und mehr verlieren.

KUBA CU/CUB/C [S/I, Karibik, Mittelamerika, engl. *Cuba,* oL *Republik Kuba,* span. *República de Cuba*] Der Landesname geht auf einen indianischen Ursprung zurück, wenn auch die Bedeutung sehr unklar ist. Vielleicht war damit einfach REGION oder LAND gemeint, was aber gerade für eine Karibikinsel ein sehr urwüchsiger Name wäre. Aber auch karib. *cubagua* LAND, WO GOLD LIEGT ist denkbar. Als Kolumbus diese Insel auf seiner ersten Reise 1492 entdeckte, wählte er zunächst den Namen *Juana* (Tochter der Majestäten Ferdinand und Isabella), kurz später *Ferdinanda*. Der Beiname *Zuckerinsel* erklärt sich mit dem für Kuba lebenswichtigen Exportgut, dem Rohrzucker, von selbst. Allerdings ist diese Bezeichnung nur inoffiziell in Verwendung. Interessant ist, dass trotz aller Spannungen während des Kalten Kriegs (fast wäre es Anfang der Sechzigerjahre zu einem Atomkrieg gekommen) die amerikanische Marinebasis in der Guantánamo Bucht (span. Bahía de Guantánamo) seit 1903 Bestand hat, wenn auch die gegenwärtige kubanische Regierung den damaligen Vertrag nicht anerkennt. Randthemen: Abgeleitet von diesem Land sind eine spezielle Finkenart, der *Kubafink*, und der sogenannte *Kubalack*. U: 20. 5. 1902 (ehem. span. Kolonie)

KURDISTAN [R, Armenien, Irak, Iran, Syrien, Türkei, Asien] Das LAND DER KURDEN, das es bis auf den heutigen Tag zu keinem eigenen Staat gebracht hat, dessen Bevölkerung sogar auf fünf, zeitweise sehr verfeindete Nachbarn aufgeteilt ist, gilt als ein unwegsames Berggebiet zwischen der Kaspischen See und dem Schwarzen Meer. Das pers. *kard* bedeutet so viel wie AKTIV und bezog sich ursprünglich auf die Menschen in dieser Region. Besonders aktiv sind die Kurden beim mündlichen Weitergeben ihrer zahlreichen Sagen, Märchen und Mythen.

KURILEN [I, Russland, Asien, engl. *Kuril Islands*] Dieser landschaftlich außergewöhnliche *Archipel der tausend Inseln* (jap. *Chisima rettō*), wie es die blumige Sprache der Ostasiaten ausdrückt, gehört heute zu Russland. Unsicher sind der Ursprung und die Bedeutung des Namens. Vielleicht liegt das Ainuwort *kuri* NEBEL, WOLKE zugrunde. Aber auch russ. *kurit* RAUCHEN wäre eine gute Erklärung für diese Vulkaninseln, die noch ca. vierzig aktive Feuerberge kennen.

KURSK [O, Russland, Europa] Obwohl eine russische Stadt, dürfte Kursk auf den finn. Namen *kuru* TIEFES TAL zurückgehen. Gemeint war wohl das unscheinbare Flüsschen Kur. Das bereits 980 als Festungsstadt gegründete Kursk musste nach der größten Panzerschlacht des Zweiten Weltkriegs in den Fünfzigerjahren wieder neu aufgebaut werden.

KUWAIT, KUWEIT KW/KWT/KWT [S, Südwestasien, oL *Staat Kuwait*, arab. *Dawlat al-Kuwayt*] Dieses superreiche Erdölförderland trägt einen sehr bildlichen Namen: WEHRHAFTES HAUS. Er geht auf das arabische Wort *kūt* zurück, dessen Verkleinerungsform *al-kuwait* lautet. In der lokalen Sprache ist mit diesem Begriff eine wehrhafte Wohnstätte am Wasser gemeint. Kut, an strategischer Stelle gelegen, war auch die erste, 1710 geschaffene Siedlung im heutigen Kuwait, die sowohl Handelsplatz als auch Zentrum von Fischern, Perltauchern und Bootsbauern wurde. Diese Namenwahl war sehr bezeichnend für die Intention der ersten Bewohner, die im Deutschen übrigens als *Kuwaiter* bezeichnet werden. Später übertrug man diesen Namen auf das ganze Land. U: 19. 7. 1961 (ehem. brit. Protektorat)

KWAZULU-NATAL [P, Südafrika, Afrika] Die frühere südafrikanische Provinz Natal verschmolz 1994 mit dem Homeland KwaZulu zum heutigen KwaZulu-Natal. Vasco da Gama unterlag offenbar einem Irrtum, als er zu Weihnachten des Jahres 1497 in eine Bucht segelte und fälschlicherweise den Mündungstrichter eines Flusses zu erkennen glaubte: *Rio do Natal* (dt. Weihnachtsfluss) nannte er dieses Gebiet. Das Stammeshomeland KwaZulu (*kwa* »bei«, *Zulu* »Himmel«) trug seit 1977 die Bezeichnung *Bantustan*, wurde jedoch 1992 auf den heutigen Namen umgetauft. Poetisch verklärt könnte man diese Provinz aus etymologischer Sicht mit WEIHNACHT AM PLATZ DES HIMMELS beschreiben.

KYKLADEN [I, Griechenland, Europa] In

der Antike bildeten diese Inseln einen Kreis um das heilige Eiland Delos und wurden daher folgerichtig RINGINSELN (griech. *kyklos* »Ring, Kreis«) genannt. Wegen ihrer Fruchtbarkeit und besonders auch wegen des lebensfreundlichen, fast lieblichen Klimas trugen die Kykladen damals den Beinamen »Perlen von Hellas«. Heute, entblößt von aller Baumvegetation, wirken viele dieser Inseln kahl und ausgedörrt. Die berühmtesten Kykladeninseln, allesamt beliebte Urlaubsziele, sind Ándros, Delos, Mykonos, Naxos und Paros.

KYOTO [O, Japan, Asien] Diese alte Kaiserstadt trug einst den stolzen Namen *Heionkyŏ* »Hauptstadt des ruhigen Friedens« (jap. *hei* »ruhig«, *on* »Friede«, sowie *kyŏ* »Hauptstadt«). Letzterer Begriff steckt auch im modernen Namen, zusammen mit dem jap. Wort *to*, was ebenfalls »Hauptstadt« bedeutet. Wahrlich ein kaiserlicher Name, war Kyoto doch mehr als tausend Jahre lang (bis 1868) DIE HAUPTSTADT DER HAUPTSTÄDTE. Am Beginn des 21. Jh.s ist diese Stadt wegen der *Kyoto-Verträge* zum Klimaschutz, insbesondere zur weltweiten Reduzierung der Abgase, wieder in aller Munde.

KYUSHU [I, Japan, Asien] Obwohl heute in nur sieben Präfekturen unterteilt, trägt die südlichste der japanischen Hauptinseln den Namen NEUN PROVINZEN (jap. *kyū* »neun«, *shū* »Provinz«). Die japanische Mythologie und Chronik besagt, dass die Familie des Kaisers (Tenno) von dieser Insel stammt. Kyushu ist damit der Ursprung der japanischen Zivilisation.

KYZYL KUM [Wü, Kasachstan, Usbekistan, Asien] ROTER SAND (kasach. *kyzyl* »rot« und *kūm* »Sand«) klingt ganz nach einer dem Landschaftscharakter

entsprechenden Namenwahl. Denkbar ist aber auch eine Ableitung vom alten Namen *Kyzyldarya* (dt. Roter Fluss), einem Mündungsarm des Syr Darya.

 griech. *lambda* Λλ – phöniz. *lāmedh* »Stachelstock«

L.A. → **Los Angeles** [O, Kalifornien, USA, Nordamerika] L.A. ist genau genommen eine Abkürzung einer Abkürzung, denn LOS ANGELES wurde unter dem schönen, wenn auch unpraktisch langen Namen *El Pueblo de Nuestra Señora la Reina de Los Angeles* gegründet (s. Haupteintragung).

LA CORUÑA [O, Spanien, Europa, galiz. *A Coruña, engl. Corunna*] Möglicherweise leitet sich dieser galizische Stadtname von lat. *columna* SÄULE ab, womit wohl ein Leuchtturm, der »Herkulesturm« aus dem 2. Jh., gemeint sein dürfte. Allerdings wurde dieser Hafen bereits von den Phöniziern genutzt, trug damals jedoch den kelt. Namen *Brigantium* (s. Bregenz). Die Römer wählten zunächst die Bezeichnung *Coronium* (dt. Krone), die sich dann jedoch zum oben beschriebenen Coruña weiterentwickelte.

LA MANCHA [R, Spanien, Europa] Die durch Miguel Cervantes' Roman »Don Quixote« weltbekannte kastilische Ebene ist eine flache, karge Landschaft, die ganz zu Recht den arab. Namen *al-Manshah* DIE WILDNIS trägt. Der *Manchego*, eine Käsesorte, leitet sich von diesem Regionsnamen ab.

LA PAZ [O, Bolivien, Südamerika] Vom spanischen Konquistador Alonso de Mendoza 1548 unter dem Namen *Nuestra Señora de la Paz* »Unsere Frau des

Friedens« gegründet, steht die bolivianische Verwaltungsstadt auf altem indianischem Boden. Die Schlacht von Ayacucho (1824), die mit der Befreiung Boliviens vom spanischen Joch endete, führte zu einer Umbenennung in *La Paz de Ayacucho*. Später wurde dann dieser Name auf die heutige Form gekürzt: La Paz DER FRIEDE. Die rein nominelle Hauptstadt des Landes bleibt jedoch das wesentlich kleinere Sucre.

LABRADOR [Hi, Kanada, Nordamerika] Kurios der Name dieser riesigen Halbinsel Kanadas. Obwohl von einem Italiener, Giovanni Caboto (alias John Cabot) 1498 entdeckt, bezieht sich der Name auf das port. *lavrador* FARMER, BAUER. Dazu gibt es zwei Theorien: Entweder nahm Caboto einfach die Schilderungen eines gewissen João Fernandes, eines portugiesischen Seemanns, auf, oder der portugiesische Navigator Gaspar Cortereal benannte diese Halbinsel *Terra dos lavradores*, als er auf seiner Reise knapp nach der Jahrhundertwende (1501) der pflügenden Landarbeiter gewahr wurde. Wie dem auch sei, der erste Weiße, der seinen Fuß auf diese Halbinsel setzte, dürfte bereits um das Jahr 1000 der Wikinger Leif Erikson gewesen sein. Die Hunderasse *Labrador* hat diese Halbinsel weit über die Grenzen der Kälteregion hinaus bekannt gemacht.

LADOGASEE [G, Russland, Europa, engl. *Lake Ladoga*] Der größte See Europas trägt einen finnischen Namen: *Aallokko* WELLE, SCHWELLENDE SEE beschreibt die vor allem im stürmischen Herbst bis zu sechs Meter hohen Wellen dieses Gewässers. Der Name leitet sich von finn. *aalto* »Welle« ab. Eine Robbenart, die *Ladoga-Ringelrobbe*, trägt den Namen dieses Gewässers.

LAGO MAGGIORE [G, Italien, Schweiz, Europa, engl. *Lake Maggiore*] Der ital. Name bedeutet einfach DER GRÖSSTE SEE. Vermutlich steht dieser Grenzsee zwischen Italien (80% der Fläche) und der Schweiz (20%) damit im Vergleich zu den nahe gelegenen Wasserflächen des Comer und Luganer Sees.

LAGOS [O, Nigeria, Afrika] Die ehemalige Hauptstadt Nigerias (seit 1991 hat Abuja diese Funktion) trägt wegen seiner LAGUNEN einen alten portugiesischen Namen (*lago* »See«). Erste Kolonisten landeten bereits 1472 an der hiesigen westafrikanischen Küste. Mit ca. 10 Mio. Einwohnern ist Lagos nach Kairo die größte Stadt Afrikas.

LAHORE [O, Pakistan, Asien] Die Hauptstadt des Punjabs, das Herz Pakistans, wurde der Legende nach von Loh oder Lav(a), dem Sohn des Hindugottes Rāma, gegründet. Aus *Lohpur* (PLATZ DES LOH) scheint sich schließlich der heutige Name gebildet zu haben.

LAHTI [O, Finnland, Europa] 1905 am See Vesijärvi gegründet, trägt diese Stadt den finnischen Namen *für* BUCHT.

LAIBACH → **Ljubljana** [O, Slowenien, Europa] Die lange gemeinsame Geschichte der Habsburger mit Slowenien hat den deutschen Name Ljubljanas fast ebenso bekannt gemacht wie die einheimische Schreibweise. Vermutlich leitet sich Laibach vom lateinischen Flussnamen ALUVIANA ab.

LAKE CONSTANCE → **Konstanz** [G, Deutschland, Österreich, Schweiz, Europa] Wie die gleichnamige Stadt am Bodensee geht auch der englische Name für das Gewässer auf Kaiser CONSTANTIUS Chlorus zurück.

LAKE SUPERIOR → **Oberer See** [G, Kanada, USA, Nordamerika] Vor allem die gegenüber dem Huronsee geringfügig höhere Lage des Wasserspiegels führt zum Namen Lake Superior (dt. OBE-RER SEE).

LAKKADIVEN [I, Indien, Asien] In der Sprache Hindi heißt *Laksha divi* 100 000 INSELN. Eine grobe Übertreibung, wenn auch die landschaftlich beeindruckenden vierzehn Atolle einen Überschwang der Gefühle hervorrufen können. Vielleicht war genau dies der Augenblick der Namensfindung.

LAMMERMUIR, LAMMERMOOR [R, Schottland, Großbritannien, Europa] Das LÄMMERMOOR ist eine schottische Landschaft im Südosten von Edinburgh, trägt aber einen aengl. Namen (*lambra* Gen. Pl. von *lamb* und *mor*). Berühmt wurde die Donizetti-Oper »Lucia di Lammermoor«, nicht zuletzt wegen der ungemein hohen Tonlagen.

LANCASHIRE → **Lancaster** [P, England, Großbritannien, Europa] Dieses englische County ist eine Kontraktion des Namens *Lancastreshire* (bis zum 14. Jh. üblich). Für die Deutung dieses Namens s. Lancaster.

LANCASTER [O, England, Großbritannien, Europa] Eine keltisch-römische Mischung, kelt. *lune* (der Flussname könnte GESUNDES WASSER bedeuten) und lat. *castra* LAGER (aengl. *ceaster*), bildet diesen Ortsnamen. Während des Zweiten Weltkriegs war der gefürchtete viermotorige Bomber *Lancaster* (nach dieser Stadt benannt) im Einsatz.

LAND'S END [Hi, England, Großbritannien, Europa] Ein treffenderer Namen als ENDE DES LANDES lässt sich für eine weit ins Meer vorspringende Landzunge wohl kaum finden. Interessanterweise besteht hier eine Verwandtschaft mit der Etymologie des Staatennamens Chile (s. d.).

LANDSHUT LA [O, Bayern, Deutschland, Europa] Der bereits im 12. Jh. belegte Name *Landeshvote* (ahd./mhd. *lant*, mhd. *huote*) BEHÜTUNG DES LANDES deutet auf die Funktion als Schutzort am Übergang über eine damals neue Isarbrücke hin. Genau zu diesem Zweck wurde Landshut im Jahr 1204 von Herzog Ludwig I. gegründet.

LANGENFELD [O, Nordrhein-Westfalen, Deutschland, Europa] Erst 1910 durch Zusammenschluss zweier Rodungsdörfer entstanden, wurde diese Stadt schließlich 1936 mit dem Namen Langenfeld belegt. Allerdings findet sich dieser Name im Ortsteil Altlangenfeld bereits wesentlich früher. Der Flurname spricht für sich: LANGES FELD.

LANGENHAGEN [O, Niedersachsen, Deutschland, Europa] Vor dem Jahr 1312 war der Name *Nigenhagen* (mnd. *nige* »neu«, ahd. *hagen*, mhd. *hagen* EIN-FRIEDUNG, DORNGEBÜSCH) gebräuchlich, danach führte die LANGGESTRECK-TE Form der mit zwei anderen Dörfern vereinigten Siedlung zum heutigen Namen. Langenhagen ist seit 1959 eine eigene Stadt, vor allem wichtig als Flughafen Hannovers.

LANZAROTE [I, Spanien, Europa] Vermutlich aufgrund der geheimnisvollen, nicht einzuordnenden Sprache Baskisch, die Jean de Béthencourt, ein in spanischen Diensten segelnder Franzose, hier vernahm, wählte er die spanische Form des Namens des Artusritters LANCELOT als Inselname. Ähnlich reizvoll wie die Inselbewohner muss ihm die Welt der Sagen erschienen sein.

LAOS LA/LAO/LAO [S, Südostasien, oL *Demokratische Volksrepublik Laos*, lao *Sathalanalat Paxathipatai Paxaxôn*] Vielleicht gab es den legendären Gründer LAO tatsächlich, dessen nach ihm benanntes Volk

bekannt für Holz- und Bambuspfahl-
bauten wurde. Der eigene, volle Landesname ist *Pathet Lao* LAND DER LAO.
Ethnologen unterscheiden jedoch zwischen verschiedenen Lao-Stämmen, die
erst im 14. Jh. zum ersten Mal unter
dem prachtvollen Namen *Land der
Millionen Elefanten* (laot. *Lān Xāng
Hom Khao*), eine Bezeichnung, die militärischen und königlichen Status betonen sollte, lose vereinigt wurden. Das
Endungs-s im Landesnamen dagegen
ist eine französische Pluralbildung, die
seit dem Jahr 1899 für die große Zahl
der mehr als 70 Volksgruppen steht.
Die Bewohner des Landes sind heute
korrekt als *Laoten* zu bezeichnen. U:
formell 22. 10. 1953; bestätigt 21. 7.
1954 (Indochina-Konferenz)

LAPPLAND [R, Finnland, Norwegen,
Russland, Schweden, Europa, finn. *Lapi*, engl.
Lapland] Das LAND DER LAPPEN, ein
grenzüberschreitendes Tundrengebiet,
meint wahrscheinlich die NORDMÄN-
NER, die diese hohe geografische Breitenlage als Heimat wählten. Die Lappen selbst bezeichnen sich als *Sameh*
(dt. Samen), was so viel wie »Sumpfleute« bedeutet.

LAS PALMAS [O, Spanien, Europa] DIE
PALMEN nennen die Spanier diesen bereits 1478 gegründeten Ort auf den Kanarischen Inseln. *Las Palmas de Gran
Canaria* (so der volle Name) beschreibt
den Reichtum der Flora in dieser niedrigen geografischen Breitenlage.

LAS VEGAS [O, Nevada, USA, Nordame-
rika] *Las Vegas* heißt auf Spanisch DIE
WIESEN. Ursprünglich war die Stelle
der heutigen Luxushotels und Casinos
ein Wasserplatz für Reisende auf dem
Weg nach Kalifornien. Die zahlreichen
artesischen Brunnen brachten die nöti-
ge Erfrischung für den letzten Teil des

»Old Spanish Trails«. Diese Brunnen
waren es aber auch, die 1855 Mormonen zur Gründung der Siedlung veran-
lassten. Heute sind es jedoch nicht die
grünen Wiesen, sondern es ist vielmehr
das grüne Spieltuch, das die Grundlage
des Reichtums von Nevada ausmacht.

LATEINAMERIKA → **Amerika** [E,
engl. *Latin America*] Lateinamerika ist eine
Kollektivbezeichnung für die SPANISCH
und PORTUGIESISCH SPRECHENDEN Länder der Neuen Welt. Genau genommen
gehören alle Staaten vom Südzipfel Südamerikas bis zum Rio Grande (Grenze
Mexikos zur USA) zu diesem Kulturerdteil.

LAUSANNE [O, Schweiz, Europa, ital./rä-
torom. *Losanna*] Die letzte römische Bezeichnung lautete FORT AM (FLUSS)
LAUS. Davor waren heute längst ver-
gessene keltische Namen in Verwendung. Die Laus wiederum dürfte mit
dem lat. *lousa* »Schiefer« zu tun haben.
Eigentlich lag Lausanne ursprünglich
leicht erhöht über dem Genfersee, vielleicht aus Gründen der Schutzsuche.

LAUSITZ [R, Deutschland, Europa] Asorb.
lug »Sumpf« ist eine beschreibender
Name, der die häufig überschwemmten
Niederungen der eiszeitlichen Ur-
stromtäler von Neiße und Spree charakterisiert. Das Siedlungsgebiet der
Lusizer oder Lusizi (dt. Sumpfbewohner) trägt daher die passende Bezeichnung SUMPFLAND. Schon seit dem 6. Jh.
ist die Lausitz (gemeint sind die historischen Landschaften *Ober-* und *Niederlausitz;* lat. *Lusatia Inferior* und *Lusatia
Superior*) Siedlungsraum slawischer
Stämme.

LE HAVRE [O, Frankreich, Europa] Abgesehen von Marseille gibt es keinen
bedeutenderen Hafen in Frankreich.
Daher ist der vorangestellte Artikel

wohl als Unterstreichung der Wichtigkeit gut verständlich. Errichtet wurde DER HAFEN im Seinetrichter bereits im Jahr 1517 durch den französischen König Franz I., um seine militärische Position am Atlantik zu stärken.

LE MANS [O, Frankreich, Europa] Die Stadt mit der berühmten Rennstrecke, die »24 Stunden von Le Mans«, trägt einen kelt. Volksnamen, CENOMANI, mit allerdings unsicherer Deutung: *cen* SPITZE, *mano* MANN. Die erste Silbe dürfte sich zum französischen *celui* (der Eine) verschliffen haben, und daraus entstand letztlich der Artikel. Der *Le-Mans-Start*, wo die Rennfahrer zu ihren Wagen sprinteten, war viele Jahre ein spektakuläres Ereignis.

LEEDS [O, England, Großbritannien, Europa] Die Etymologie dieses Yorkshire-Städtenamens ist zwar bekannt, jedoch nicht mehr so ohne weiteres erkennbar. Die Bedeutung LEUTE, DIE AM SCHNELL FLIESSENDEN WASSER LEBEN (gemeint ist die Aire), wird indirekt durch die alten Namen für Leeds, *Lādenses*, *Loidis* und *Ledes* bestätigt. Der kelt. Name für die Aire war *Lāt* (oder *Lād*), sinngemäß mit »schnell fließend« zu übersetzen.

LEEWARD ISLANDS [I, Karibik, Mittelamerika, dt. *Inseln unter dem Winde*] Der Name erklärt sich aus der vorherrschenden WINDRICHTUNG, ebenso wie der der verwandten Windward Islands (s. d.). Die Leeward Islands sind die nördlicheren der Kleinen Antillen. Zu ihnen gehören zwei heute unabhängige Staaten: Antigua und Barbuda sowie St. Kitts und Nevis. Dominica wurde wegen seines britischen Kolonialstatus bis 1840 ebenfalls zu dieser Inselgruppe gezählt.

LEICESTER [O, England, Großbritannien, Europa] Der zweite Namensteil zeigt,

dass es sich offensichtlich um eine römische Bezeichnung handelt: (10 Jh.) *Ligera ceastre* (aengl. *ceaster* »römisches Lager«). Wie so oft bei frühen Siedlungsgründungen lag auch dieses Camp an einem Fluss, der weithin unbekannten Leire. Der volle Name bedeutet daher so viel wie RÖMISCHES LAGER DES VOLKES AN DER LEIRE. Eine andere Interpretation (»Römisches Lager der Ligore«) geht auf ein gleichnamiges Volk zurück, das seinen Namen seinerseits von dem des Flusses ableitet.

LEIDEN [O, Niederlande, Europa] Der Gott LUG findet sich im kelt. Namen *Lugdunum Batavorum*, den die Siedlungsgründer wählten (vgl. Lyon). Das heutige Leiden dagegen bedeutet in der Tat ERDULDEN, LEIDEN, ERTRAGEN. Ganz zu Recht, wenn man die monatelange Belagerung im 16. Jh. durch die Spanier als Maß nimmt. Historische Bedeutung erlangte dieser Ort auch als Zufluchtsstätte der Pilgerväter direkt vor ihrem Aufbruch in die Neue Welt.

LEINSTER [P, Irland, Europa, ir. *Laigins tír*] Mit LAND DER LEUTE LAIGINS könnte man diesen irischen Namen übersetzen. Genau genommen handelt es sich bei den Laigins um einen der keltischen Stämme, aus denen die frühen Königreiche der Insel entstanden. Vielleicht leitet sich die Volksbezeichnung von der bevorzugten Waffenart, der LANZE (ir. *láighe*), ab.

LEIPZIG L [O, Sachsen-Anhalt, Deutschland, Europa] Schon im 12. Jh. war Leipzig eine Kaufmannsstadt der Herzöge und Kurfürsten von Sachsen. Und bis heute ist diese Funktion als Messestadt erhalten geblieben. Der Name leitet sich vom asorb. *lipa* »Linde« ab, das im slaw. *Lipć* hieß, und sich schließlich über *Lipzc*, *Lipzcik* und *Lipczigk* zu Leipzig entwickelte. Die Deutung ist einfach: DER ORT, WO DIE LINDEN WACHSEN. Die kulinarische Welt schätzt das sogenannte *Leipziger Allerlei*.

LEITRIM [P, Irland, Europa] Dieses irische County darf mit GRAUER HÜGEL(RÜCKEN) (gäl. *liath* »grau« und *dhroim* »Hügel«) übersetzt werden. Mit einem nur zwei Kilometer breiten Zugang zum Atlantik hält Leitrim einen einsamen Rekord. Zudem ist es das dünnstbesiedelte County Irlands.

LEMBERG [O, Ukraine, Europa, ukrain. *Lviv*, russ. *Lwow*] Die »heimliche Hauptstadt der Ukraine« wurde im 13. Jh. von Danylo Romanovich, einem galizischen Fürsten, gegründet und nach dessen Sohn LEV (LEO) »Löwe« benannt. Das deutsche Lemberg heißt daher FESTUNG DES LÖWEN. In einer bewegten Geschichte fiel Lemberg zwischenzeitlich an Polen, dann im 18. Jh. an Österreich, knapp vor dem Zweiten Weltkrieg marschierten die Russen ein und 1941 die Deutschen. Nach mehreren Jahrzehnten unter sowjetischer Herrschaft brachte das Jahr 1991 auch für diese Stadt eine unerwartete Neuorientierung.

LENA [F, Russland, Asien] Bei der Lena handelt es sich keinesfalls um einen Mädchennamen, wie bisweilen vermutet wird. Wahrscheinlich bedeutet das ewenk. *Yelyuyon*, das dem Flussnamen zugrunde liegt, einfach FLUSS oder WASSER.

LENINGRAD → **St. Petersburg** [H/O, Russland, Europa] Wladimir Iljitsch Uljánow, genannt LENIN, zu Ehren wurde Sankt Petersburg für die Zeit der kommunistischen Sowjetära nach dem großen Revolutionsführer benannt. Mit dem Ende des Ostblocks kam auch der Sturz Lenins aus der Gunst der neuen Machthaber. Leningrad wurde wieder in Sankt Petersburg umbenannt.

LEÓN [O/P, Spanien, Europa] Zu römischen Zeiten hieß diese Stadt *Legio*, nach der LEGIO SEPTIMA, die ihr Lager im 1. Jh. in dieser Gegend aufschlug. Später führte eine Korrumpierung dieses Wortes zu einer neuen Bedeutung: span *léon* LÖWE. Die autonome Region Kastilien-León, die aus einem unabhängigen Königreich León (ca. 910–1230) hervorging, trägt ebenfalls diesen Namen. Hier ließ König Alfonso el Sabio im Jahr 1283 ein wunderbares Schachbuch (»Codex Alfonso«) herstellen.

LÉOPOLDVILLE → **Kinshasa** [O, Dem. Rep. Kongo, Afrika] Der belgische König LEOPOLD II. (1835–1909) durfte den Kongo als seinen Privatbesitz betrachten. Daher wird es kaum erstaunen, dass die Hauptstadt während der Kolonialepoche seinen Namen trug.

LESBOS [I, Griechenland, Europa] Wahrscheinlich leitet sich der Name Lesbos einfach von WALDLAND ab. Heute wird fast automatisch die lange verbotene *lesbische Liebe* mit dieser griechischen Insel assoziiert. Der Grund liegt darin, dass die alternde Dichterin Sappho hier auf diesem Eiland lebend um 600 v. Chr. diese Form der Liebe zwischen Frauen freudvoll beschrieb – so zumindest die gängige Interpretation.

LESOTHO LS/LSO/LS [S, Südafrika, oL *Königreich Lesotho*, sesotho *Mmuso wa Lesotho*, engl. *Kingdom of Lesotho*] Ohne Zweifel ist der Stamm der *baSotho* (das *ba* steht für den Plural, *le* für den Singular) namengebend für diese kleine südafrikanische Enklave. Der Stammesname könnte DUNKELHÄUTIG, SCHWARZ bedeuten, was sehr treffend wäre für die heute im LAND DER SOTHO ansässige Bevölkerung. Ursprünglich waren die Sotho (heute Süd-Sotho genannt; Q: Taschen Atlas – Völker und Sprachen) weiter westlich beheimatet, wurden aber von den Zulu unter dem legendären Führer Tschaka nach Osten in das Hochland abgedrängt. Übrigens gibt es keinen Staat der Erde, dessen niedrigster Punkt ähnlich hoch liegt wie die Mindestmeereshöhe in Lesotho. Die am 1. Juni 1979 eingeführte Währung *Lisenthe* leitet sich ebenfalls vom Landesnamen ab. Randbemerkung: Die Bewohner des Landes heißen im Deutschen *Lesother*. U: 4. 10. 1966 (ehem. brit. Kolonie)

LETTLAND LV/LVA/LV [S, Nordosteuropa, engl. *Latvia*, oL *Republik Lettland*, lett. *Latvijas Republika*, *Latvija*] Zwar ist es sicher, dass das Volk der LETTEN namengebend ist, aber leider verliert sich der genaue Ursprung dieser Bezeichnung im Dunkel der Geschichte. Jedenfalls besteht ein Zusammenhang mit *Lettgallen* (*Latgale*), einer der vier historischen Regionen des Landes, die nach einem Gewässer benannt worden sein dürfte. Eine andere gängige Namensdeutung spricht von WALDBEWOHNERN. Die übrigen drei Landesteile heißen: Kurland, Livland und Semgallen. Während der deutschen Okkupation im Zweiten Weltkrieg (1941–1944) wurde das gesamte Baltikum inklusive Teilen Weißrusslands als *Ostland* bezeichnet. U: 1918–1940; Souveränitätserklärung 28. 7. 1989; Proklamation 4. 5. 1990; in Kraft 21. 8. 1991

LEVANTE [R, Asien, Europa, engl. *The Levant*] Das franz. *levant* AUFSTEIGEN meint die Sonne, die auch aus Sicht der Grande Nation im Osten aufgeht. Wenn auch heute mehr und mehr ungebräuchlich, wurden ursprünglich die Länder des östlichen Mittelmeerraums mit Levante angesprochen, also Syrien, Libanon, Israel und zahlreiche Inseln. Die Levante stand auch für die Ostgrenze der bekannten Welt. Ein dichtes Gewebe, *Levantine*, trägt ebenfalls diesen Namen.

LEVERKUSEN LEV [O, Nordrhein-Westfalen, Deutschland, Europa] Hier liegt einer der seltenen Fälle vor, wo ein Industrieller, der Chemiker Karl LEVERKUS (1805–1889), Taufpate eines Ortes wurde. Zunächst benannte Leverkus nur sein Werksgelände nach dem Stammsitz seiner Familie. Deren Titel dürfte auf einen Personennamen zurückgehen. Knapp vor Ende des 19. Jh. (1892) übernahm die Farbenfabrik Bayer AG den Familienbetrieb. Bei der Vereinigung mehrerer kleiner Landgemeinden im Jahr 1930 schließlich wurde der Unternehmername auf die neue Stadt übertragen.

LHASA [O, China, Asien] DER ORT DER GÖTTER (tibet. *lha* »Gott«, *sa* »Ort«) entstand bereits im 7. Jh. n. Chr. Seit 1951 ist die Hauptstadt Tibets unter chinesischer Okkupation, heute allerdings mit Autonomiestatus. Die am Scheitelpunkt mit mehr als 5000 m höchstgelegene Eisenbahnstrecke der Welt (eröffnet im Juli 2006), verbindet in einer knapp fünfzigstündigen Reise Lhasa mit Beijing. Immer wieder übte diese Welt eine ungeheure Faszination auf den Westen aus, und so bleiben bis heute Heinrich Harrers Reiseberichte oder James Hiltons Roman »Lost Horizon« – übrigens der erste, der als Taschenbuch erschien (1939) – stark im Bewusstsein des westlichen Menschen.

LHOTSE [B, China, Nepal, Asien] Der tibet. Name SÜDSPITZE (*lho* »Süden«, *tse* »Gipfel«) deutet bereits darauf hin, dass der Lhotse als Teil eines größeren

Massivs gesehen wird. Und in der Tat haben indische Geodäten 1931 die Bezeichnung E (Everest 1) gewählt, in der Annahme, dass diese Bergspitze zum Everestmassiv gehöre.

LIBANON LB/LBN/RL [S, Südwestasien, engl. *Lebanon*, oL *Libanesische Republik*, arab. *al-Ǧumhūriyya al-Lubnāniyya, Lubnān*] Das hebr. Wort *lavan* heißt ebenso wie das assyr. *labhanu* »weiß«, womit vordergründig die schneebedeckten Gipfel der umliegenden Berge gemeint sind. Die Bezeichnung scheint mehr als treffend, da der Libanon einer der ganz wenigen Staaten der Erde ist, wo man zur selben Jahreszeit zwischen Skisport und Badevergnügen wählen kann. Besser gesagt, könnte, da die bürgerkriegsähnlichen Zustände in den letzten Jahrzehnten einen nennenswerten Tourismus unmöglich machten. Manch ein Etymologe sieht jedoch vielmehr in der FARBE DES KREIDEGESTEINS des Gebirges die Namenswurzel für diesen Staat. Randnotiz: Die *Libanonzeder* steht als Nationalsymbol im Wappen und in der Flagge des Landes. Der Libanon ist auch beeindruckender geschichtlicher Boden, war dieses Land doch die Heimat der Phönizier. U: 26. 11. 1941 (ehem. franz. Mandatsgebiet); 22. 11. 1943 (Wiedereinsetzung libanesischer Amtsträger)

LIBANON [B, Libanon, Asien, arab./hebr. *Jabal Loubnân*] Die WEISSEN Jura- und Kreideschichten dieses vorderasiatischen Gebirges sind hier ebenso wie bei der Staatenbezeichnung (s. d.) namengebend. Als Laune der Natur scheinen die schneebedeckten Gipfel diese uralte Benennung zu unterstreichen.

LIBERIA LR/LBR/LB [S, Westafrika, engl. *Liberia*, oL *Republik Liberia*, engl. *Republic of Liberia*] Neben Äthiopien hält Liberia einen einsamen Rekord in Afrika. Dieser Staat war nie in der langen Kolonialgeschichte unter Fremdkontrolle und zudem bereits vor der Wende zum 20. Jh. unabhängig. Im Jahr 1822 wurde durch befreite (engl. liberated), aus den USA zurückgekehrte Sklaven ein erster westafrikanischer Staat gegründet: Das LAND DER FREIEN. Da dies unter der Präsidentschaft von James Monroe geschah, wurde ihm zu Ehren die Hauptstadt »Monrovia« getauft. Und bis heute zeigt Liberia, die älteste Republik Afrikas, seine Verbundenheit mit den USA durch eine an die *Stars and Stripes* angelehnte Flagge. Außerdem ist dieser afrikanische Staat völlig überraschend unter die Topländer im internationalen Schiffsgüterverkehr aufgestiegen. Unter liberianischer Flagge werden zeitweilig aus Steuergründen mehr Waren um den Erdball geschickt als beispielsweise unter britischer, amerikanischer oder japanischer. U: 26. 7. 1847 (Gründung durch repatriierte schwarze Sklaven aus den USA)

LIBREVILLE [O, Gabun, Afrika] Der Name FREIE STADT (franz. *libre* und *ville*) geht auf eine Landschenkung im Jahr 1849 auf dem Boden eines knapp zehn Jahre zuvor geschaffenen Handelspostens zurück. 52 freigelassene Afrikaner wurden so die Stammherren der Hauptstadt Französisch Äquatorialafrikas, des späteren Staates Gabun.

LIBYEN LY/LBY/LAR [S, Nordafrika, engl. *Libya*, oL *Sozialistische Libysch-Arabische Volks-Dschamahirija, al-Ǧamāhīriyya al-ʼArabiyya al-Lībiyya aš-Šaʼbiyya al-Ištirākiyya*] Der mehr als 4000 Jahre alte Name kann heute nur mehr unklar gedeutet werden. Die Hieroglypheninschriften wurden von manchen Bibelforschern mit einem gewissen Lehabim

(Gen 10,13) in Verbindung gebracht. Andere Etymologen glauben in den Lubims (2 Chr 12,3) – ein Name der im Alten Ägypten als LEVU oder LIBU belegt ist – den BERBERSTAMM der Libyer zu erkennen. Letzterer dürfte schließlich 1934 für die damalige Besatzungsmacht Italien beim Zusammenschluss der lange unter britischer Kontrolle stehenden Küstenabschnitte Cyrenaika und Tripolitanien als Vorbild gedient haben. (Der Fezzan, die südliche Wüstenregion, gehörte ehemals zum französischen Einflussgebiet). Wieder andere Etymologen sehen in der mythologischen Gestalt LIBYA (Tochter des Epaphus und der Memphis) das Namensvorbild. Immerhin wurde ein großer Teil Afrikas von den Griechen als Libyen bezeichnet und dieser Name auch von den Römern für den westlichen Teil Ägyptens übernommen. Letzte Bemerkung: Mehr als 85 Prozent dieses riesigen Landes gehören zum Wüstengebiet der Sahara. U: 24. 12. 1951 (ehem. ital. Kolonie)

LICHTENBERG [H/O, Berlin, Deutschland, Europa] Heute Berlin eingemeindet, trägt der Stadtteil Lichtenberg das mhd. *lieht* HELL, STRAHLEND im Namen.

LIECHTENSTEIN LI/LIE/FL [S, Mitteleuropa, oL *Fürstentum Liechtenstein*] Dieser Zwergstaat zwischen Österreich und der Schweiz – die gegenwärtigen Grenzen wurden bereits 1434 gezogen – wurde nach den FÜRSTEN VON LIECHTENSTEIN benannt. Der Stammsitz ist die gleichnamige, immer noch in Privatbesitz befindliche Burg Liechtenstein südlich von Wien. Der althochdeutsche Name bedeutet LEICHTER STEIN. U: Proklamation 12. 7. 1806; nominell 6. 8. 1806

LIGURIEN [R, Italien, Europa, ital., engl. *Liguria*] Wenn auch nur mit Vorsicht zu vermuten, könnten die Liguren nach LUGUS (ir. Lug), dem keltischen Lichtgott (»der Leuchtende«) bzw. dem gallischen Gott der Künste, benannt worden sein (vgl. Lyon, London und Leiden). Diese Region leiht seinen Namen auch dem für Touristen attraktiven **Ligurischen Meer.**

LIGURISCHES MEER → **Ligurien** [M, Italien, Frankreich, Europa] Zwischen Korsika und der Riviera gelegen, gehört das Ligurische Meer zu den wichtigsten Fremdenverkehrsgebieten Europas. Der Name stammt wie die Landschaft Lugurien vom keltischen Lichtgott LUGUS (dt. der Leuchtende).

LILLE [O, Frankreich, Europa] Das afranz. *L'isle* (heute *L'Île*), DIE INSEL, könnte auf eine Siedlungsbildung im Marschland hindeuten. Nach dem Frieden von Utrecht 1713 wurde die Festungsstadt Lille Frankreich einverleibt.

LILLEHAMMER [O, Norwegen, Europa] Die Olympiastadt Norwegens nennt sich nach einer weithin auffallenden Felsformation KLEINER HAMMER (norw. *hammer* »hammerartiger Felsen«.)

LIMA [O, Peru, Südamerika] Wie so oft war auch bei dieser Stadt der alte span. Name wesentlich bombastischer: *Ciudad de los Reyes* »Stadt der Könige«. Gemeint sind die Heiligen drei Könige, denn LIMA wurde am 6. Januar, dem Festtag der drei Weisen aus dem Morgenland, durch Francisco Pizarro gegründet. Ebenfalls religiösen Ursprungs, allerdings von einer Eingeborenensprache hergeleitet, ist die heutige Hauptstadtbezeichnung. Quechua *rimac* heißt so viel wie SPRECHER, womit in diesem Fall die früheren Tempelpriester gemeint sind. *Lima* ist eines der sechsundzwanzig Wörter des NATO-Alphabets.

LIMASSOL [O, Zypern, Europa, griech. *Lemesós*, türk. *Leymosun*] Der alte griech. Name *Nemessós* (dt. ZWISCHEN DEN BEIDEN FLÜSSEN) wurde später zu *Lemessós* und von hier in die englische Form *Limassol* abgeschliffen. Limassol ist heute das zyprische Herz der Offshore-Finanzunternehmen.

LIMERICK [O/P, Irland, Europa] KARGES LAND (von gäl. *lom* »karg, öd«) steckt im alten irischen Namen *Luimneach*. Viel bekannter als Ort und Provinz wurden allerdings die ebenfalls *Limerick* genannten, fünfzeiligen Gedichte, die in einem stark scherzhaften, derben Humor ausklingen. Ein Beispiel: She was peeved and called him »Mister«, / not because he came and kissed her, / but because, just before, / when she was out of the door, / this same mister kissed her sister.

LIMOGES [O, Frankreich, Europa] Die für ihr Porzellan bekannte Stadt ist nach den LEMOVICES, einem gallischen Volk, benannt. Dieses wiederum leitet sich von gall. *lemo* LINDENBAUM und lat. *vicus* DORF ab. Die frühere französische Provinz *Limousin*, von der die Bezeichnung *Limousine* für Luxusautos kommt, hat den gleichen Namensursprung. Interessanterweise allerdings hat dies nichts mit der Herstellung dieser Nobelfahrzeuge in Zentralfrankreich zu tun, sondern vielmehr mit der Form des Daches der frühen Modelle, das einem in dieser Gegend geetragenen Schäfermantel ähnlich sah.

LIMPOPO [F/P, Botswana, Mosambik, Simbabwe, Südafrika, Afrika] In Südafrika nennt man den Quellbereich des Limpopo »Krokodilfluss«. Die seit 2002 auch für die ehemalige Northern Transvaal Province verwendete Bezeichnung Limpopo ist nicht sicher zu deuten. Vielleicht kann dieser Name durch das Ndebele *ilimphopho* FLUSS DES WASSERFALLS oderWASSER ÜBER DIE FELSEN erklärt werden. Zu Zeiten der portugiesischen Entdecker um das Jahr 1500 war noch die Bezeichnung *Kupferfluss* üblich, wegen der reichen Kupferfunde entlang des Flussbetts.

LINCOLN [O, Nebraska, USA, Nordamerika] Die Hauptstadt Nebraskas, ursprünglich *Lancaster*, wurde 1867 zu Ehren Abraham LINCOLNS (1809–1865) nach diesem großen Präsidenten der Bürgerkriegsjahre benannt. Noch während seiner Amtszeit wurde Lincoln im April 1865 vom Schauspieler John Wilkes Booth erschossen. In insgesamt fünfzehn Staaten der USA finden sich Städte dieses Namens, wenn auch einige davon dem General Benjamin Lincoln zuzuschreiben sind.

LINGEN [O, Niedersachsen, Deutschland, Europa] Diese Stadt im Emsland hat eine bewegte Geschichte. Im 16. Jh. gehörte Lingen zu den Niederlanden, ab 1702 zu Preußen und zwischen 1815 und 1866 zu Hannover. Der Name steht für mdal. *linge* KANAL, hat aber vielleicht auch mit anl. *lingene* SCHLAMM, MODER zu tun.

LINZ [O, Österreich, Europa] Das kelt. Wort *lentos* GEBOGEN weist auf die Lage an der Donau hin. Davon leitet sich auch der zu römischen Zeiten übliche Name *Lentia*, der ebenfalls keltischen Ursprungs ist, ab. Eine andere Deutung sieht im kelt. *lent, sent* die Bedeutung SCHMUTZIG-MODRIGES WASSER (Q: Baḷlow). Mit letzter Sicherheit lässt sich der Namensursprung nicht mehr eruieren. Eine der vielen österreichischen kulinarischen Spezialitäten, die *Linzer Torte*, trägt jedenfalls diese keltische Silbe im Namen.

LIPARISCHE INSELN [I, Italien, Europa, ital. *Isole Lipari*, engl. *Lipari Islands*] Entweder das griech. *liparos* ÜPPIG, FETT (damit ist wohl die Vegetation gemeint) oder der Name eines frühen Herrschers, LIPARUS, ist der Grund für die Benennung der nordwestlich von Sizilien gelegenen Inselgruppe. Diese Inseln, lat. *Insulae Vulcani*, galten wegen des hier häufig auftretenden *Vulkanismus* als Sitz des Feuer- und Schmiedegottes. Noch heute erinnert die südlichste Insel, Vulcano, an diesen mythologischen Glauben. Auch das hier häufig zu findende Ergussgestein *Liparit* trägt den Namen dieser Inselgruppe.

LISSABON [O, Portugal, Europa, port. *Lisboa*, engl. *Lisbon*] Die Volksetymologie sieht einen Zusammenhang mit dem populären Helden Odysseus. Dies gehört jedoch zweifellos in das Reich der Legende. Vielmehr dürfte das phöniz. *Alis Ubo* (dt. LIEBLICHE BUCHT) dem Namen zugrunde liegen. Hier wiederum fehlen eindeutige archäologische Beweise. Am 1. November 1755 wurde die portugiesische Hauptstadt durch das größte je registrierte Erdbeben der europäischen Geschichte zu zwei Dritteln zerstört.

LITAUEN LT/LTU/LT [S, Nordosteuropa, engl. *Lithuania*, oL *Republik Litauen*, lit. *Lietuvos Respublika, Lietuva*] Die Deutung des Landesnamens bleibt umstritten. Jedenfalls wird diese Bezeichnung bereits im Jahr 1009 in den Quedlinburger Annalen erwähnt. Der Name könnte entweder mit dem lat. *litus* KÜSTE zusammenhängen oder aber auf die Wurzel des FLUSSES LIETAVA zurückgehen, woraus über Lietuva schließlich Litau-

en wurde. Eine Randnotiz zu diesem jungen Staat sei erlaubt: Beim Dorf Purnuskes, etwa 30 km nordöstlich der Hauptstadt Vilnius, liegt nach französischen Neuberechnungen der geografische Mittelpunkt Europas. Die Koordinaten sind: 54°54' n.Br. und 25°19' ö.L. Während der deutschen Besatzungszeit im Zweiten Weltkrieg (1941–1944) gehörte Litauen, ebenso wie die anderen baltischen Staaten, zum sogenannten *Ostland*. U: 1918–1940; Proklamation 11. 3. 1990; in Kraft 29. 7. 1991

LITTLE BIGHORN [F, Montana, USA, Nordamerika] Die Schlacht am Little Bighorn, in der das siebente Kavallerieregiment unter George Custer von den Lakota-Sioux, angeführt von Sitting Bull und Crazy Horse, vernichtend geschlagen wurde, war der größte Sieg des Roten Mannes gegen die Weißen. Der Name ist beschreibend für den FLUSSKRÜMMUNG, an der dieses Gemetzel stattfand.

LITTLE ROCK [O, Arkansas, USA, Nordamerika] Der französische Forscher Bernard de la Harpe wählte 1722 für zwei auffallende Felsformationen am Arkansas River die Namen *La Grande Roche* und *La Petite Roche*. Aus Letzterem wurde das heutige Little Rock KLEINER FELSEN. Knapp hundert Jahre später baute der Trapper William Lewis am »Kleinen Felsen« seine Hütte – und legte damit den Grundstein für diese Stadt.

LIVERPOOL [O, England, Großbritannien, Europa] Die Beatlesstadt heißt eigentlich SCHLAMMIGE BUCHT aengl. *lifer* »dick, verschlammt«, *pōl* »kleine Bucht«). Die Einwohner dieser Merseyside-Metropole nennen sich übrigens Liverpudlians, was für deutsche

Ohren einen sprachlich kuriosen Klang hat.

LJUBLJANA [O, Slowenien, Europa, dt. *Laibach*] Die slowenische Hauptstadt war viele Jahrhunderte unter Herrschaft der Habsburger, daher auch der sehr bekannte deutsche Name **Laibach**. Die Ortsbezeichnung könnte auf das slaw. *ljubljena* GELIEBT zurückgehen, womit wohl ursprünglich eine Liebe zu dieser schönen Landschaft gemeint gewesen sein dürfte, oder aber auf den lateinischen Flussnamen ALUVIANA.

LLANFAIRPWLLGWYNGYLL [O, Wales, Großbritannien, Europa] Dies ist der längste Ortsname Europas, wenn auch der heute offizielle Teil nur mehr aus den ersten zwanzig Buchstaben besteht, einer allerdings ebenfalls zungenbrecherischen Kurzform. Der volle, für Nichtwaliser fast unaussprechliche Name lautet: *Llanfairpwllgwyngyllogerychwyrndrobwllllantysiliogogogoch*. Das Walisische, eine gälische Sprache, kennt eben viele für unsere Augen sehr ungewohnte Buchstabenkombinationen. Die freie Übersetzung hört sich folgendermaßen an: ST. MARYS KIRCHE IM TAL BEIM WEISSEN HASELSTRAUCH, NAHE DER TOSENDEN STROMSCHNELLEN, BEI DER ROTEN HÖHLE DES HEILIGEN TYSILIO.

LLANO ESTACADO [Wü, New Mexico, Texas, USA, Nordamerika] Die Halbwüste im Südwesten der USA – den Lesern Karl Mays gut bekannt – trägt das span. *llano* »Ebene« im ersten Wortteil. Die gleiche Wurzel findet sich in den Great Plains (lat. *planus*). Span. *estacar* dagegen heißt übersetzt »abstecken«. Warum diese Namenwahl, muss man sich fragen? Nun, die Pfade zu den für die extensive Viehwirtschaft lebensnotwendigen Wasserstellen wurden schon seit lang zurückliegenden Zeiten durch Pfähle gekennzeichnet. Daher haben wir es im wahrsten Sinn des Wortes mit einer ABGESTECKTEN EBENE zu tun.

LOCH LOMOND [G, Schottland, Großbritannien, Europa] Ein an diesem Gewässer liegender Berg, Ben Lomond, gab diesem schottischen See den Namen. Die erhabene Form dieses Berges dürfte die Kelten zur Bezeichnung SIGNALHÜGEL inspiriert haben. Gäl. *loch* dagegen bedeutet so viel wie SEE.

LOCH NESS [G, Schottland, Großbritannien, Europa] Weltbekannt für das hier angeblich hausende Monster Nessie (es gibt sogar Fotos des Untiers!), ist dieser See nach dem Fluss, der schließlich die Stadt Inverness erreicht, benannt. Das alte keltische Wort könnte mit DER TOSENDE oder DER LÄRMENDE übersetzt werden.

LODZ [O, Polen, Europa, pol. *Łódź*] Das polnische Wort für BOOT, ein Symbol, das auch im Wappen dieser mittelpolnischen Stadt steht, ist mit dem Ortsnamen identisch. Wegen der zahlreichen Flüsse in diesem Flachland scheint die Wahl auch gut getroffen zu sein. Allerdings ist es durchaus wahrscheinlich, dass ursprünglich ein ganz anderer Sinn hinter diesem schwer auszusprechenden Ortsnamen stand. Während der deutschen Besatzung 1940 bis 1945 war für kurze Zeit der Name *Litzmannstadt* gebräuchlich.

LOFOTEN [I, Norwegen, Europa, engl. *Lofoten Islands*] Nur die Volksetymologie bietet eine Erklärung dieses alten Namens der Inselgruppe vor der Nordwestküste Norwegens: FUCHSFUSS (norw. *lo* »Fuchs« und *fot* »Bein«).

LOIRE [F, Frankreich, Europa] Dieser neben der Seine berühmteste Fluss Frankreichs hieß in römischen Zeiten *Liger*, bestehend aus einer Übertragung einer idg. Wurzel *leg* oder *lig*, mit der Bedeutung SCHLAMM, sowie einer für Flussnamen üblichen Endung.

LOMBARDEI [P, Italien, Europa, ital. *Regione Lombardia*, engl. *Lombardy*] Der röm. Name *Langobardus* geht auf die germanischen Invasoren, die Lombarden oder Langobarden (dt. LANGBÄRTE) zurück, die in Oberitalien zwischen 568 und 774 ein Königreich errichteten. Bevor die Region Lombardia an Italien fiel, gehörte sie zum Frankenreich, Spanien und Österreich. Aus der Welt der Finanzen: *Lombard* nennt man die Gewährung eines kurzfristigen Darlehens, davon abgeleitet gibt es den *Lombardzins*.

LONDON [O, England, Großbritannien, Europa] Trotz intensiver Nachforschungen bleibt der Name der von Tacitus als *Londinium* bezeichneten Siedlung bis heute unklar. Möglicherweise gibt es hier jedoch einen präkeltischen Ursprung. Das *Oxford Dictionary of British Place Names* spekuliert mit der Bedeutung PLATZ DES NICHT-ZU-DURCHQUERENDEN FLUSSES. Jedenfalls blieb die Schreibung sehr vielfältig (so stehen *Londinion* und *Lundinium* nebeneinander), und im Anglo-Saxon Chronicle findet sich sogar der auf römische Zeiten hinweisende Name *Lundene* (vom angelsächs. *Lundenceaster* gekürzt). Bis zum Ende des 19. Jh.s. war mit London eigentlich nur die heutige City of London gemeint, wenn auch die Hauptstadtfunktion bereits seit dem 12. Jh. besteht. Die Gegend um diesen Kern der Stadt wird in Großbritannien gern als Greater London bezeichnet.

LONDONDERRY → London [O, Nordirland, Großbritannien, Europa, ir. *Doire*] Protestanten und Katholiken verwenden bis heute unterschiedliche Benennungen für diese nordirische Stadt. Die katholische Form lautet **Derry**, abgeleitet von gäl. *doire* EICHENHAIN. Da im Jahr 1613 dieser Ort unter James I. als Kolonieentwicklungsgebiet London zugesprochen wurde, führten die britischen Siedler fortan den Namen Londonderry. Frühere Namen waren *Doire Calgaigh* und *Doire Cholm Cille*. Letztere Bezeichnung ehrt den hl. Kolumban (ca. 521–597).

LONG BEACH [O, Kalifornien, USA, Nordamerika] Der nach seinem Gründer bis zum Ende des 19. Jh.s. *Willmore City* genannte Küstenort in Kalifornien wurde wegen seines wundervollen 13,5 km LANGEN STRANDES 1888 in Long Beach umbenannt. Heute hat diese Stadt als Wohn- und Erholungsgebiet internationalen Ruf.

LONG ISLAND [Hi, USA, Nordamerika] Inmitten der Weltmetropole New York gelegen, hat Long Island (mit den Boroughs [dt. Bezirken] Brooklyn und Queens) einen selbsterklärenden Namen: LANGE INSEL. Nun, immerhin wird bei einer Ausdehnung von 190 km nur eine maximale Breite von 37 km erreicht. Die Taufe scheint also mehr als gerechtfertigt!

LORELEY [X, Rheinland-Pfalz, Deutschland, Europa] Das mdal. rheinische *Lei* »Fels« bildet die Namenwurzel für diesen sagenumwobenen Schieferfelsen am rechten Rheinufer. Der erste Teil dürfte dagegen von mhd. *lūren* »spähen, im Hinterhalt liegen« abgeleitet sein. Die Loreley ist also ein FELS, VON DEM MAN AUSSCHAU HÄLT. Clemens Brentano schuf 1801 die Ballade von der Lore Lay. Der Sage nach saß eine Nixe, Loreley genannt, auf dem gleichnamigen Felsen, mit einem goldenen Kamm ihr langes, blondes Haar kämmend, und lockte mit ihrem unglaublich schönen Gesang die Flussschiffer an, die wegen der bezaubernden Stimme die gefährliche Strömung und die Felsenriffe nicht beachteten und mit ihren Booten zerschellten. Heinrich Heine griff 1823 dieses Thema in seinem bekannten Gedicht erneut auf, mit Anspielung auf den Mädchennamen Lore.

LORETO [O, Italien, Europa] Der berühmte Wallfahrtsort nennt sich nach dem lat. Wort *lauretum* LORBEERHAIN. Der Legende nach wurde die Wohnstätte der Jungfrau Maria (it. *Santa Casa*, dt. *Heiliges Haus*) im Jahr 1295 durch Engel hierher gebracht.

LOS ALAMOS [X, USA, Nordamerika] Wenn heute auch die Entwicklung von Raketen mit Los Alamos assoziiert wird, so bedeutet der Name doch nichts anderes als DIE PAPPELN (span. *alamo* »Pappel«). An diesem Ort wurden auch die ersten beiden Atombomben, die später Hiroshima und Nagasaki zerstörten, gebaut.

LOS ANGELES [O, Kalifornien, USA] Am 4. September 1781 gründete der mexikanische Provinzgouverneur Felipe de Neve die Siedlung *El Pueblo de Nuestra Señora la Reina de Los Angeles* (dt. DAS DORF UNSERER DAME, DER KÖNIGIN DER ENGEL). Von diesem pompösen Namen blieben die letzten beiden Worte übrig, die aber in der Umgangssprache sogar noch weiter auf **L.A.** gekürzt wurden. Los Angeles wurde zur Hauptstadt der mexikanischen Provinz Alta California und war die letzte Stadt, die sich den US-Amerikanern ergab. Heute ist der Ruhm dieser Pazifikmetropole durch die glamourösen cineastischen Meisterwerke

Hollywoods bis in den hintersten Winkel der Erde durchgedrungen. Es gibt viele, viele »Engel« der Filmkunst!

LOTHRINGEN [P, Frankreich, Europa, franz., engl. *Lorraine*] Der heutige Name hat sich aus *Lotharingia* (nach lat. *Lotharii regnum*, dt. Königreich Lothars) entwickelt. 855 wurde der nördliche Teil des Reiches von König LOTHAR I. aufgeteilt und seinem Sohn LOTHAR II. (835–869) geschenkt. Zwischen 1871 und dem Ende des Ersten Weltkriegs, wie auch die letzten fünf Jahre des Zweiten Weltkriegs, war diese Region unter dem Namen Elsass-Lothringen Teil des Deutschen Reiches.

LOURDES [O, Frankreich, Europa] Dieser berühmte Wallfahrtsort, an dem am 11. April 1858 in der Grotte von Massabielle dem Mädchen Bernadette Soubirous zum ersten Mal die Mutter Gottes erschien, ist bis heute das Ziel tausender Pilger und Heilsuchender. Vermutlich wurde der Ort nach einem gewissen LURDUS, einem Römer, benannt.

LOURENÇO MARQUES [H/O, Mosambik, Afrika, heute *Maputo*] Zunächst als »Lagunenbucht« bezeichnet, wurde der Ort im 16. Jh. zu Ehren des portugiesischen Händlers LOURENÇO MARQUES, der die Küstengegend zum Indischen Ozean bereits um 1544 erforschte, umbenannt. Mit der Gründung eines Forts wurde dieser Ort dann die Hauptstadt Portugiesisch Ostafrikas. Ein Jahr nach der Unabhängigkeit von Mosambik (1975) wählte man aus politischen Überlegungen die afrikanische Bezeichnung **Maputo**. Diese entspricht einem Flussnamen, der seinerseits auf einen Häuptlingssohn (18. Jh.) zurückzuführen ist.

LOUISIANA LA/L.A. [P, USA, Nordamerika] Im April des Jahres 1682 stand Robert

Cavelier, Sieur de la Salle, an der Mündung des Mississippi und beanspruchte feierlich, im Namen LOUIS XIV. (1638–1715), den gesamten Flussverlauf mit allen Nebenflüssen sowie das durch diesen bewässerte Territorium für den König von Frankreich. La Salle träumte davon, die französischen Siedlungen am St.-Lorenz-Strom mit dem Golf von Mexiko zu verbinden. Der heutige Bundesstaat ist nur ein kleiner Rest des 1803 erworbenen Louisiana-Territoriums. Der Männername Louis ist ahd. Ursprungs und setzt sich aus *hlūt* »laut, berühmt« und *wīg* »Krieger« zusammen. Louisiana wird wegen seiner Vogelwelt auch *Pelican State* genannt.

LOUVRE [X, Frankreich, Europa] Das Musée de Louvre, ursprünglich das Schloss der französischen Könige, ist heute das größte und wohl auch berühmteste Museum der Erde. Der Name, aus splat. *lupara* entstanden, kann mit SAMMELSTELLE DER WOLFS-JÄGER interpretiert werden.

LUANDA [O, Angola, Afrika, amtl. *São Paulo de Luanda*] Paolo Dias de Novães gründete die Hauptstadt des portugiesischen Kolonialgebietes in Afrika bereits 1576 unter dem Namen *São Paulo de Luanda*, der auch heute noch amtlich gültig ist. Interessanterweise steht das Wort *luanda* STEUER, ABGABE für die Kaurimuscheln, die als lokales Zahlungsmittel verwendet wurden.

LÜBECK HL [O, Schleswig-Holstein, Deutschland, Europa] Bis knapp vor dem Zweiten Weltkrieg war die offizielle Bezeichnung *Freie und Hansestadt Lübeck* (daher auch das Kfz-Kennzeichen HL). Der Name geht auf eine alte slawische Siedlung *Liubice* zurück (slaw. *L'ubici* LEUTE DES L'UB). In Anlehnung an das mnd. *beke* BACH wurde die Endung *bice*

eingedeutscht zu *Lubeke*. Internationalen Ruf hat das *Lübecker Marzipan*. Randbemerkung zu den Einwohnern dieser Stadt: Es gibt neben »Lübecker« übrigens zwei weitere Ableitungen für die Einwohner dieser Stadt, die allerdings langsam aus der Mode geraten: lübisch und lübsch (Q: Sick).

LUBLIN [O, Polen, Europa, dt. *Bromberg*] Lublin wurde im 12. Jh. als Festungsburg errichtet und dürfte einen PERSO-NENNAMEN als Hintergrund haben.

LÜDENSCHEID [O, Nordrhein-Westfalen, Deutschland, Europa] Der ahd. Personenname LUDOLF (ahd. *liut* »Volk«, *wolf* »Wolf«) sowie der aus mhd. *scheiden* SCHEIDEN, TRENNEN abgeleitete Flurname bilden diese Siedlungsbenennung. In diesem Fall ist wohl das aus dem Gemeindewald ausgeschiedene Rodungsland eines gewissen Ludolf gemeint.

LUDWIGSBURG LB [O, Baden-Württemberg, Deutschland, Europa] Das von Herzog Eberhard LUDWIG von Württemberg (1676–1733) erbaute Schloss, der größte deutsche Barockbau, war zunächst als JAGDSCHLOSS gedacht, wurde jedoch später Residenz des Herzogtums.

LUDWIGSHAFEN LU [O, Rheinland-Pfalz, Deutschland, Europa] Zur Zeit der Stadtgründung lag dieser Ort auf bayerischem Boden. Damit erklärt sich auch der Name dieses RHEINHAFENS zu Ehren König LUDWIGS I. von Bayern (1786–1868).

LUGANER SEE → **Lugano** [G, Italien, Schweiz, Europa, ital. *Lago di Lugano*] Der See ist nach der Stadt Lugano benannt, die ihrerseits einen Gewässernamen trägt: kelt. *lacvanno* SEEBEWOHNER. Wegen der eiszeitlichen Ausschürfungen hat dieser See eine extrem zerrissene, fast bizarre Form. Ein Blick auf die Karte wird dies bestätigen!

LUGANO [O, Italien, Schweiz, Europa] Am Nordufer des gleichnamigen Sees gelegen, bedeutet kelt. *lacvanno* SEEBEWOHNER. Andere Quellen sehen im lat. *lucus* HEILIGER WALD die Wurzel für den Siedlungsnamen.

LULEÅ [O, Schweden, Europa] Der Name dieser am Bottnischen Meerbusen gelegenen Stadt bedeutet so viel wie KLEINE INSEL (schwed. *lilla* und *å*).

LÜNEBURG LG [O, Niedersachsen, Deutschland, Europa] Bereits im Mittelalter mit dem Stadtrecht ausgestattet, wurde Lüneburg im 14. Jh. Mitglied der Hanse. Ursprünglich trug nur die BURG diesen Namen, der mit asächs./aengl. *hlēo* SCHIRM, OBDACH erklärt werden kann.

LÜNEBURGER HEIDE → **Lüneburg** [R, Niedersachsen, Deutschland, Europa] Eine Heide ist eine SANDIGE, WILDBEWACHSENE FLÄCHE (mhd. *heide, heyde*). Zum ersten Namensteil s. Lüneburg.

LÜNEN [O, Nordrhein-Westfalen, Deutschland, Europa] Das im 9. Jh. entstandene Kirchdorf *Sudliunon* erinnert an die asächs./aengl. Wurzel *hlēo* SCHIRM, OBDACH.

LÙSHUN → **Port Arthur** [O, China, Asien] Der frühere Name *Port Arthur* war vermutlich wesentlich bekannter als das heutige Lùshun (chin. *lù* REISENDER, *shun* ENTLANG), vor allem wegen der großen Kämpfe im Japanisch-Chinesischen sowie im Russisch-Japanischen Krieg und zuletzt nochmals im Zweiten Weltkrieg.

LUXEMBURG LU/LUX/L [S, Westeuropa, engl. *Luxembourg*, oL *Großherzogtum Luxemburg*, lëtzebuergesch *Groussherzogtum Lëtzebuerg*, franz. *Grand-Duché de Luxembourg*] Auf dem Wiener Kongress wird Luxemburg Mitglied des neu gegründeten Deutschen Bundes, gleichzeitig aber auch geht das Land eine Personalunion mit dem niederländischen Königshaus ein (bis 1890). Interessant ist die Namensentwicklung: Ganz der flächenmäßigen Größe des heutigen Landes angepasst, führt das germ. *luttila* »klein« und *burg* »Fort, Burg« über die lateinische Form *Lucilinburgum* und die mittelalterlichen Namen *Lucilinburhuc*, *Lützelburg*, *Lütteburg* und *Letzeburg* zum Staatsnamen Luxemburg (also KLEINE BURG). Zugegeben, dieses Land ist seinem Namen zum Trotz heute sogar einer der reichsten Staaten der Erde. U: 9. 6. 1815; bestätigt 11. 5. 1867 (Londoner Vertrag); 13. 11. 1890 (Ende der Personalunion mit dem niederländischen Königshaus)

LUXOR [O, Ägypten, Afrika, arab. *al-Uqsur*] Beide arab. Wörter, *al-qusūr* DIE LAGER, DIE BURGEN bzw. *al-qasr* DIE KASERNE, sind vom lat. *castrum* abgeleitet. Der berühmte Tempel von Luxor wurde zu Ehren des Gottes Amun gegründet. Heute ist Luxor – oder das »hunderttorige« **Theben** (ägypt. *tao-pe* »Hauptstadt«), wie es die Griechen nannten, – eine der wichtigsten Ausgrabungsstätten des alten Ägyptens.

LUZERN LU [O/P, Schweiz, Europa, ital., rätorom. *Lucerna*, engl./franz. *Lucerne*] Lat. *lucerna* LEUCHTENDE könnte sich auf die phosphoreszierenden Fische in diesem Gewässer beziehen. Aber auch die wunderbar anmutende Gebirgskulisse wäre eine gute Erklärung für den Namen von Stadt und Kanton.

LUZERNER SEE → **Luzern, Vierwaldstättersee** [G, franz. *Lac des Quatre Cantons*, ital. *Lago dei Quattro Cantoni, Lago* *di Lucerna*, rätorom. *Lag Lucerna,* engl. *Lake Lucerne*] Luzerner See ist nur der alternative Name zur bekannteren Bezeichnung Vierwaldstättersee. Jedenfalls unterstreicht die wunderbare Landschaft den etymologischen Hintergrund, der im Wort LEUCHTEND steckt.

LUZON [I, Philippinen, Asien] Wie oft bei der Suche nach den Wurzeln eines Namens ist auch hier nur eine vage Interpretation eines lokalen Wortes möglich: malai. *losong* STÖSSEL ist ein Gerät zum Stampfen von Reis. Passend wäre der Name ja, aber dennoch bleibt die Erklärung dafür vielleicht ein Gebilde unserer Fantasie.

LVIV. LWOW → **Lemberg** [O, Ukraine, Europa, russ. *Lwow*] Die FESTUNG DES LÖWEN war für fast zwei Jahrhunderte ein Schmelztiegel der Völker, lebten hier doch Ukrainer, Deutsche, Juden und Armenier Seite an Seite, mit einer wunderbaren Entfaltungsmöglichkeit ihrer jeweiligen Kultur. Heute wird das Bild durch eine Mischung russischer, ukrainischer und polnischer Bevölkerungsschichten geprägt.

LYON [O, Frankreich, Europa] Das römische *Lugdunum* dürfte aus dem gall. *Lug(u)dunon* abgeleitet sein, wobei der letzte Wortteil so viel wie FESTUNGSHÜGEL bedeutet. Ganz passend, wenn man den Verlauf der Geschichte verfolgt, war doch Lyon während des Zweiten Weltkriegs das Zentrum der Résistance. Der keltische Lichtgott LUG (gäl. »der Leuchtende«), auch für die Künste, die Dichtung, das Handwerk und den Krieg zuständig, gibt dieser Rhônestadt die schöne Bezeichnung HÜGEL DES LICHTS. Daneben ist jedoch auch immer wieder die etymologisch unklare Benennung »Hügel der Raben« zu finden.

griech. *mü* Mμ – phöniz. *mēm* »Wasser«

MÄANDER [F, Türkei, Europa, türk. *Menderes, griech. Maiandros*] Die durch Erosion hervorgerufenen Schlingen eines Flusses werden nach diesem kleinen Gewässer in der Türkei Mäander genannt. Interessanterweise stellt der Name eine Zusammensetzung aus griech. *maîa* MÜTTERCHEN und *anér*, Gen. *andrós* MANN dar.

MAAS [F, Belgien, Frankreich, Niederlande, Europa, franz. *Meuse,* wallon. *Moûze*] Maas und Mosel tragen jeweils die gleiche lateinische Wurzel in sich. Der sumpfartige Eindruck, der sich den Römern bot, führte hier zur lat. Bezeichnung *Mosa* MOOS, dort zu *Mosella* (s. Mosel). Beim Wiener Kongress 1815 wurden die Gebiete westlich der Maas den Niederlanden zugesprochen. Auf diese Grenzlinie zwischen Deutschland und Holland (die sogenannte Kanonenschusslinie) bezieht sich auch die erste Strophe des Deutschlandliedes: »… von der Maas bis an die Memel.«

MAASTRICHT [O, Niederlande, Europa] Der MAASÜBERGANG (lat. *Mosae Traiectum*) wetteifert mit Nijmegen um den Titel »Älteste Stadt der Niederlande«. 1673 starb vor den Toren der Stadtmauer der durch Alexandre Dumas d. Ä. zum Helden verewigte Musketier d'Artagnan.

MACAO [P, China, Asien, pinyin *Àomén*, port. *Macau,* amtl. (port.) *Região Administrativa Especial de Macau da República Popular da China*] Seit 1999 gehört dieser Handels- und Glücksspielort nach vielen Jahrhunderten als Sonderverwaltungszone wieder zu China. Im »Monte Carlo des Ostens«, nach dem sogar ein gleichnamiges Würfelspiel (*Macao*) benannt ist, gilt das auch in Hongkong angewandte Prinzip: »Ein Land, zwei Systeme« (also ungehemmte Marktwirtschaft trotz kommunistischer Ausrichtung der Politik). *Ama*, eine chinesische Gottheit, und *ngao* BUCHT wurden durch portugiesische Seeleute zum langjährigen Namen verschmolzen. Das heute offizielle *Àomén* bedeutet BUCHTEINGANG (pinyin *ào* »Bucht«, *mén* »Eingang«).

MACHU PICCHU [B, Peru, Südamerika] Die runde Stadt der Inkas, das wohl berühmteste Bauwerk dieser lateinamerikanischen Hochkultur, wurde erst 1911 entdeckt und entging damit der Zerstörung durch die Konquistadoren. Der Name setzt sich aus den Quechuawörtern *machu* ALTER MANN und *pikchu* SPITZE zusammen.

MACKENZIE [F, Kanada, Nordamerika] Der längste Strom Kanadas (1903 km) ist nach dem schottischen Forscher Sir Alexander MACKENZIE (1764–1820) benannt, der den Flusslauf und das umliegende Territorium im Jahr 1789 erschloss. Der Mackenzie hat ein gewaltiges Einzugsgebiet von mehr als 1,7 Mio. km^2.

MADAGASKAR MG/MDG/RM [S/I, Südostafrika, engl. *Madagascar*, oL *Republik Madagaskar*, malag. *Repoblikan'i Madagasikara*, franz. *République de Madagascar*] Reisende sind vermutlich einem Hörfehler erlegen, als sie dieses Gebiet nach der Hauptstadt der Somaliküste (it. MOGADISCIO, dt. Mogadischu) *Madeigascar* benannte. In der italienischen Form der arabischen Namen *maqdašū* oder *muqdišū*, beide mit der Wurzel *q-d-s*, steckt die Bedeutung HEILIG (s. Mogadischu). Der frühere portugiesische Name *São Lourenço*, ebenfalls eine Hei-

ligenbenennung, deutet auf den Tag der Entdeckung durch Diego Dias hin (10. August 1500), der sich jedoch zu diesem Zeitpunkt der bereits älteren Benennung durch Marco Polo nicht bewusst gewesen sein dürfte. Einige portugiesische Landkarten zeigen auch den Namen *Santa Apolonia*. Im imaginären Wettstreit um die richtige Bezeichnung hat sich schließlich Marco Polos Name durchgesetzt, wenngleich bemerkt werden muss, dass die einheimischen *Malagasy*, die vermutlich vor ungefähr tausend Jahren aus Südostasien einwanderten, überhaupt keinen eigenen Namen für die gesamte Insel kannten, wohl aber den von ihnen bewohnten Küstenstreifen nach ihrer Heimat *Makassar* benannten. Fast kurios ist es auch, dass das malai. Wort *madagasikara* »Ende der Welt« ebenfalls klanglich in diesem Staatsnamen steckt. Dies wäre auch geografisch verständlich, muss doch den *Madagassen* (so der Name der Bewohner) der lange Weg aus ihrer Heimat in Südostasien bis zu dieser Afrika vorgelagerten Insel – übrigens die viertgrößte der Erde – tatsächlich endlos erschienen sein. U: 26. 6. 1960 (ehem. franz. Kolonie)

MADEIRA [I, Portugal, Afrika] Port. *madeiro* bedeutet WALD oder HOLZ, was auf die dichte Bewaldung der größten dieser Inseln zurückzuführen ist. Ein brasilianischer Fluss trägt den gleichen Namen. Beliebt ist der Süßwein aus dieser Gegend, der sogenannte *Madeira*.

MADRAS [O, Indien, Asien] Mandra, der Gottkönig der Unterwelt, wird in dieser südindischen Stadt verehrt. Aind. *mandarāstra* steht für KÖNIGREICH DES MANDRA. Wenn auch dieser Name heute noch immer stark in Gebrauch ist, so heißt das Herz des ehemaligen British Empire seit 1996 **Chennai** (im vollen Namen: *Chennapattanam*). Man wollte wieder zurück zu den Wurzeln, da Madras als portugiesisch gefärbter Name galt. Interessanterweise spricht inzwischen einiges dafür, das der alte Name tamilischen Ursprungs ist, Chennai dagegen nicht. Mit fast. 7 Mio. Einwohnern gehört Madras zu den boomenden Metropolen der Welt.

MADRID [O, Spanien, Europa] Nicht restlos klären lässt sich die Herkunft des Namens der Hauptstadt Spaniens. Ableitungen von lat. *materia* MATERIAL oder *matrices* FLUSSBETT scheinen sehr vage Deutungsmöglichkeiten zu sein, besonders wenn man die Lage der ursprünglich maurischen Siedlung auf einer Anhöhe bedenkt. Verblüffend ist jedenfalls die Tatsache, dass Madrid eine der wenigen größeren Hauptstädte ist, die weder an einem Fluss noch an einem wichtigen Handelsknotenpunkt liegen und zudem auch keine alte religiöse Kultstätte waren. Randnotiz: Mit Real Madrid, den Königlichen, beheimatet diese Stadt den wahrscheinlich berühmtesten Fußballclub der Welt.

MAGDALA [H/O, Israel, Asien, hebr. *Migdal*] Der Geburtsort der Maria von Magdala (Mat 15,39) liegt in Galiläa und trägt einen aramäischen Namen mit der Bedeutung TURM. Wahrscheinlich ist damit auch der bei Jos 19,38 erwähnte »Turm Gottes« (*Migdal-el*) gemeint.

MAGDEBURG MD [O, Sachsen-Anhalt, Deutschland, Europa] Seit mehr als tausend Jahren blieb der Name dieser Elbestadt praktisch unverändert: 805 *Magathaburg*, 975 *Magedeburc*, 1019 *Magadeburc*. Das erste Wortglied, ahd. *magad*, *magid*, asächs. *magath* bedeutet

JUNGFRAU, MÄDCHEN, daran ist der Begriff ahd. *burg* BEFESTIGTE HÖHE angehängt. Sprachforscher vermuten auf Grund von Zusammensetzungen wie asächs. *ēkmagadi* (*ēk* »Eiche«) eine kultische Anspielung auf Baumnymphen.

MAGELLANSTRASSE [G, Südamerika, engl. *Strait of Magellan*] Festlandssüdamerika und Feuerland werden durch die im November 1520 von Ferdinand MAGELLAN (Fernão de Magalhães, 1480–1521) entdeckte Meeresstraße voneinander getrennt.

MAGHREB, MAGHRIB [R, Algerien, Marokko, Tunesien, teilweise Libyen, Mauretanien, Afrika] Arab. *al-maghrib* DER WESTEN umfasst die nordafrikanischen Länder, in denen die Sonne nach arabischem Selbstverständnis untergeht. Marokko (s. d.) trägt diese Wurzel sogar im offiziellen Staatsnamen.

MAGINOT-LINIE [X, Frankreich, Europa, engl. *Maginot Line*] Die vermeintlich »undurchdringliche« Maginot-Linie, ein Befestigungssystem Frankreichs zum Schutz gegen Deutschland, wurde 1929 begonnen und nach dem Kriegsminister André MAGINOT (1877–1932) benannt. Wie wir jedoch aus der Geschichte wissen, konnte auch dieses Verteidigungssystem letztlich die Rettung des Landes nicht garantieren.

MAGNITOGORSK [O, Russland, Asien] 1930 am Fuß des Berges Magnitnaya Gora entstanden, spiegelt die Benennung dieser Siedlung die reichen ERZVORKOMMEN dieser Gegend wider.

MÄHREN [R, Tschechien, Europa, tschech. *Morava*, engl. *Moravia*, dt. *March*] Der Flussname Morava, der diesem Gebietsnamen zugrunde liegt, setzt sich aus dem germ. *mar* und *ahwa* SUMPFIGES WASSER zusammen. Das historische Mähren ist das auf tschechischem

Boden liegende Einzugsgebiet der March.

MAILAND [O, Italien, Europa, ital. *Milano*, engl. *Milan*] Das röm. *Mediolanum* (aus gall. *medio* MITTE und *lanum* EBENE) prägt den Namen dieser in den weiten Ausdehnungen des Flusses Po gelegenen Weltstadt für Wirtschaft, Mode und Design.

MAIN [F, Deutschland, Europa] Wahrscheinlich geht der Name des Mains auf die idg. Wurzel **moin* WASSER zurück. Dafür spricht, dass im 14. Jh. neben *Mayn* auch die Schreibungen *Mein* und *Moin* belegt sind. Der ir. *Maín* sowie der pol. *Mień* haben die gleichen Wurzeln.

MAINE ME/ME. [P, USA, Nordamerika] Dieser Staat trägt einen französischen Namen. Gall. *magio* GROSS bezeichnete den Fluss Maine in Westfrankreich. Französische Siedler in diesem Teil der Neuen Welt haben wahrscheinlich in Erinnerung an ihre Heimat (die westfranzösische Provinz *Maine*) das Land westlich des Kennebec Rivers mit diesem Namen belegt. Der östliche Teil des heutigen Maine wurde ursprünglich *Arcadie* genannt. Es gibt aber auch Stimmen, die einen englischen Namensursprung sehen wollen. Geografisch interpretieren sie diese Region einfach als »the *main* land of New England« (dt. Haupt). Dies nur zur Vervollständigung. Jedenfalls rechtfertigt die Großartigkeit und Wildheit dieses Staates, der von unergründlichen Wäldern bedeckt ist, den Beinamen *Pine Tree* (dt. Föhren, Kiefern) *State*.

MAINZ MZ [O, Rheinland-Pfalz, Deutschland, Europa] Der Name dieser Karnevalsstadt (»Mainz bleibt Mainz«, »Mainz wie es singt und lacht«) führt zum mlat. *Mogontia*, eine Kurzform des lat. *Mogontiacum*. Letzteres ist aus dem kelt. Personennamen Mogontios, erweitert um das lat. Zugehörigkeitssuffix *acum*, entstanden. Dieser Ort war also ein GUT DES MOGONTIOS. Eine andere Möglichkeit ist eine Anlehnung an die in der Bretagne inschriftlich erwähnte gallische Göttin Mogontia.

MÁLAGA [O, Spanien, Europa] Das phön. *malaga* KÖNIGIN bezieht sich auf die außergewöhnlich schöne Lage an der Costa del Sol, die einen guten Süßwein, den *Malaga*, gedeihen lässt.

MALAKKA, MALAIISCHE HALBINSEL [O/P/Hi, Malaysia, Asien, malai. *Melaka*, engl. *Malacca*] Entweder aind. *mahā* GROSS und *lankā* INSEL oder malai. *melaka* (eine BAUMART) erklären den Namen dieser Halbinsel Malaysias. Die Stadt Malakka ist ein durch chinesische Händler angelegter Sammel- und Umschlagplatz für die Gewürztransporte von den Molukken. Gleichzeitig ist Melaka (so der malaiische Name) auch eine Provinz Malaysias.

MALAKKA, Straße von → **Malakka** [G, Indonesien, Malaysia, Asien, engl. *Strait of Malacca*] Diese Meeresstraße hat als Transportweg für Gewürze, allem voran der Pfeffer, historisch gesehen eine wichtige geostrategische Rolle gespielt. Chinesen, Araber und Inder konnten durch diese ENGSTELLE zwischen Sumatra und der Malaiischen Halbinsel ihre florierenden Handelsgeschäfte betreiben.

MALAWI MW/MWI/MW [S, Südostafrika, oL *Republik Malawi*, chichewa *Mfuko la Malawwi*, engl. *Republic of Malawi*] Einen »leuchtenden« Namen trägt das Volk der Malawi. In Chichewa bedeutet *maravi* FLAMMEN, was sehr poetisch die wunderbare Sonnenspiegelung im Malawisee beschreibt. Andere weniger dichterische Interpretationen sehen im Abbrennen der Felder während der Trockenperiode den Namenshintergrund. Die alte Bezeichnung **Nyassaland** – Malawi war Teil der Föderation Rhodesien und Nyassaland – leitet sich dagegen vom Lokaldialekt *nyassa* »See« ab. U: 6. 7. 1964 (ehem. brit. Protektorat)

MALAWISEE → **Malawi** [G, Malawi, Mosambik, Tansania, Afrika] Dieses früher *Nyassasee* genannte Gewässer gehört zum Ostafrikanischen Grabenbruchsystem. Besonders für Aquaristiker ist der Malawisee mit seinen mehr als 1500 Fischarten äußerst ergiebig, in erster Linie wegen der zahlreichen maulbrütenden Buntbarsche.

MALAYSIA MY/MYS/MAL [S, Südostasien, oL *Föderation Malaysia*, malai. *Persekutuan Tanah Malaysia*] Das tamilische Wort *malay* heißt einfach BERG und beschreibt die lokalen geografischen Gegebenheiten. Davon wurde dann der heutige Landesname Malaysia gebildet, vermutlich mit der Endungssilbe *sia* als Hinweis auf die Lage in Asien. Heute zählt dieser Festland- und Inselstaat zu den wirtschaftlich schnellstwachsenden Gebieten der Erde, was allerdings stark auf Kosten der Natur geht. Malaysia entwickelte sich fast über Nacht zu einem der dynamischen asiatischen »Tigerstaaten«. Unter britischer Herrschaft bildeten die drei Territorien Penang, Malacca (heute Melaka) und Singapur bereits 1826 die sogenannten *Straits Settlements* (s. Kap. Postalische Ausgabegebiete). 1896 schlossen sich vier Sultanate zu den *Föderierten Malaiischen Staaten* zusammen (wieder unter britischer Kontrolle). 1957 schließlich erlangte dieser Staat die volle Unabhängigkeit, allerdings unter der Bezeich-

nung *Föderation Malaya* (Singapur war nicht mehr Landesteil). Erst 1963 erfolgte eine letzte Umbenennung in *Föderation Malaysia*, ein Staatsgebilde, das heute aus den zwei Inselgebieten Sabah und Sarawak sowie elf Festlandsstaaten besteht und dem zwischen 1963 und 1965 auch Singapur angehörte. U: 31. 8. 1957 (ehem. brit. Protektorat)

MALEDIVEN MV/MDV/MV [S/I, Südasien, engl. *Maldives*, oL *Republik Malediven*, malediv. *Divehi Rājjē ge Jumhūriyyā, Divehi Rājjē*] Vielleicht ist es das geografisch passende aind. *maladvipa* INSELGÜRTEL, von *mala* »Insel« und *dviṗa* »Gürtel« abgeleitet, das diesen extrem niedrig gelegenen Staat beschreibt. Möglich jedoch scheint auch eine Verwandtschaft mit aind. *mahal* PALAST. Der höchste Punkt liegt bei wenigen Metern, so dass die Malediven bei leichtem Anstieg des Meeresspiegels in den Fluten des Indischen Ozeans zu versinken drohen. Das tamil. *malay* »Berg« scheint dagegen den geografischen Gegebenheiten so zuwiderzulaufen, dass davon wohl kaum der Landesname gebildet worden sein dürfte. U: 26. 7. 1965 (ehem. brit. Protektorat)

MALI ML/MLI/RMM [S, Westafrika, oL *Republik Mali*, franz. *République du Mali*] Sicherlich ist der Name vom ehemaligen Großreich der MALINKE abgeleitet. Dessen größte Ausdehnung (heutiges Senegal, Gambia, südl. Mauretanien, östl. Guinea-Bissau, östl. Guinea) wurde bereits im 14. Jh. erreicht. Andererseits bedeutet das Mandingo-Wort *mali* so viel wie NILPFERD und ist schließlich auch im Stamm der Malinke (auch Mandinka genannt) enthalten. Ob in Mali jedoch je Flusspferde gelebt haben, muss sehr angezweifelt werden. U: 22. 9. 1960 (ehem. franz. Kolonie)

MALLORCA [I, Spanien, Europa, engl.

Majorca] Lat. *major* GRÖSSER drückt den Gegensatz zu Menorca (s. d.) bereits in der Begrifflichkeit klar aus. Das Mallorquí ist neben Spanisch und Katalanisch seit 1983 die dritte offizielle Amtssprache. *Majolika*, die italienische Bezeichnung für feine Tonwaren aus Mallorca, wurde im 17. Jh. ins Deutsche entlehnt.

MALMÖ [O, Schweden, Europa] Im Mittelalter gegründet, hieß die drittgrößte schwedische Stadt früher *Malmhauge* bzw. *Malmey* (lat. *Malmogia*). Schwed. *malm* SAND, MINERAL und *ey/ö* INSEL bilden die beiden Wortteile. Wegen der eigenwilligen Küstenform verwendeten norddeutsche Kaufleute lange Zeit den untypischen Ortsnamen *Ellenbogen*.

MALTA MT/MLT/M [S/I, Südeuropa, oL *Republik Malta*, malt. *Repubblika ta'Malta*, engl. *Republic of Malta*] Sehr interessant sind die verschiedensten Erklärungen für diesen »Stepping stone« auf dem Weg nach Afrika (Malta besteht aus den drei Inseln Malta, Gozo und Comino). Die idg. Wurzel **mel* bedeutet einfach HOCH, das griech. *melitta* dagegen BIENE, HONIG, was bei der früher für Honig (griech *meli*) bekannten Insel durchaus Sinn macht. *Melita* (Apg 28,1) war auch der römische Name dieses Teils der Provinz Sizilien. Vielleicht geht der Landesname aber auch auf den phönizischen Begriff *malat* für SCHUTZ, ZUFLUCHT zurück, der ebenso logisch erklärt werden kann. Randnotiz: Bekannt und geschätzt für karitative Hilfsleistungen ist der 1530 von Rhodos nach Malta verlegte *Malteserorden* (zuvor: *Johanniterorden*), einprägsam das schön geformte *Malteserkreuz*. U: 21. 9. 1964 (ehem. brit. Kolonie)

MAN → **Isle of Man** [I, Großbritannien, Europa] Wenn auch offiziell Isle of Man genannt (s. d.), so wird doch häufig die Kurzform verwendet, die allerdings nichts mit der Etymologie von »Mensch« oder »Mann« zu tun hat, sondern das gälische Wort für BERGLAND enthält.

MANCHESTER [O, England, Großbritannien, Europa] Die Endung *chester* deutet auf die ehemals römische Besetzung hin (aengl. *ceaster*, lat. *castra* LAGER). Der erste Namensteil (kelt. *mamma* BRUST) dürfte sich auf den runden Hügel beziehen, auf dem die Siedlung gegründet wurde. Offensichtlich rief die Lage des Militärlagers (lat. *Mamucium*) entsprechende Assoziationen wach. Der *Manchester-Kapitalismus*, ein radikaler Wirtschaftsliberalismus, erlebte in dieser Industriemetropole seinen Ursprung.

MANDSCHUREI [P, China, Asien, chin. *Mănzhōu*, engl. *Manchuria*] Der Volksname der Mandschu bedeutet die REINEN. Aus historischen Gründen – die Mandschurei war lange Zeit ein brutal umkämpftes Gebiet im Interessensbereich der Großmächte Japan und Russland – verwendet man landesintern heute die Bezeichnung *Nordostchina* (chin. *Dōngběi*).

MANHATTAN [I, USA, Nordamerika] Das Herz der Finanzwelt schlägt auf einem felsigen Grund, im wahrsten Sinne des Wortes. Die indianische Bezeichnung (Algonkin) darf mit FELSENHÜGEL interpretiert werden. Daneben gibt es aber noch einige farbenprächtigere Versionen: »Platz der Trunkenheit« oder »Ort der Vergiftung (Ort des Betrugs)«. Letzterer Name könnte wohl den 24-Dollar Gelegenheitskauf ansprechen, um den Peter Minuit im 17. Jh. den Indi-

anern dieses Land abluchste. Offensichtlich war die Verständigung zwischen Rot und Weiß schon damals
wahrlich keine von Fairness getragene
Angelegenheit! Manhattan Island wird
vom Hudson River, East River und
Harlem River umflossen.

MANILA [O, Philippinen, Asien] Tagalog,
die am weitesten verbreitete Sprache
der Philippinen, erklärt den Namen der
Hauptstadt mit den Wörtern *may* HIER
GIBT ES und *nilad* MANGROVENPFLAN-
ZE. Damit ist auch der alternativ gebräuchliche Name *Maynilad* verständlich. Der *Manilahanf* hat hier seine
Heimat.

MANITOBA [P, Kanada, Nordamerika]
Eine Kette von Benennungen führt
zum Namen dieser westlichen kanadischen Provinz. Der gleichnamige Lake
Manitoba (aus der Sprache der Algonkin) ist nach einer Insel gewählt, diese
wiederum geht direkt auf *Manitou*
GROSSER GEIST zurück.

MANNHEIM MA [O, Baden-Württemberg,
Deutschland, Europa] Zweimal in seiner
Geschichte wurde diese ehemals *Fried-
richsburg* (Kurfürst Friedrich IV.) genannte Stadt zerstört, 1720 schließlich
mit einem sehr amerikanisch anmutenden quadratischen Straßenmuster wieder neu gegründet. Der Name hat mit
dem heute ungebräuchlichen deutschen
Personennamen MANNO zu tun und
bezeichnet die WOHNSTÄTTE desselbi-
gen. Mannheim ist die Stadt der Erfindungen. So rollte bereits 1886 das erste
von Carl Benz konstruierte Automobil
über die Straßen dieser Stadt.

MANTUA [O, Italien, Europa, ital. *Manto-
va*] Wahrscheinlich ist die etruskische
Gott der Unterwelt MANTUS, den Dan-
te in seiner Divina Comedia auftreten
lässt, der Namengeber dieser oberitalie-

nischen Stadt. Zum Leidwesen der Österreicher ließ Napoleon hier 1810 den
Anführer des Tiroler Aufstandes, Andreas Hofer, hinrichten.

MAPUTO → **Lourenço Marques** [O,
Mosambik, Afrika] Wie unter dem für
Jahrhunderte gebräuchlichen Kolonialnamen näher erläutert, geht das seit
1975 verwendete Maputo auf einen
FLUSSNAMEN zurück, der seinerseits einen Häuptlingssohn ehrt.

MARACAIBO-SEE [O/G,   Venezuela,
Südamerika, span. *Lago de Maracaibo*] Nur
durch eine acht Kilometer lange Brücke
vom Golf von Venezuela abgeriegelt,
liegt der Maracaibosee fast wie ein Binnengewässer in diesen südamerikanischen Ölstaat eingebettet. Der spanische Entdecker Alonso de Hojeda benannte diesen See bereits 1499 nach einem INDIANERHÄUPTLING, der ihn
freundlich empfing. Die gleichnamige
Stadt wurde 1529 vom Gouverneur
Ambrosius Alfinger gegründet.

MARATHON [X, Griechenland, Europa]
Der Sieg der Athener über die Perser im
Jahr 490 v. Chr. machte Marathon weltberühmt. Der FENCHEL (*griech. marathon*), eine in dieser Ebene Attikas häufig anzutreffende Pflanze, dürfte der
Grund für den Namen sein. Wahrscheinlich wäre Marathon dennoch in
Vergessenheit geraten, hätte nicht der
fast legendäre Siegesbote mit seinen
letzten Worten den Triumph über die
Perser verkündet, nachdem er die volle
Strecke bis nach Athen im Laufschritt
zurückgelegt hatte. Heute liegt die
Weltbestzeit im *Marathon* bei knapp
über zwei Stunden.

MARBURG MR [O, Hessen, Deutschland,
Europa] In dieser Stadt findet man die äl-
teste noch bestehende protestantische
Universität der Welt (1527 von Land-

graf Philipp dem Großmütigen gegründet). Offensichtlich handelte es sich beim lokalen namengebenden Fluss ursprünglich um einen GRENZBACH (ahd. *marca* »Grenze«). Der heutige Name ist eine Kürzung aus Marbach und BURG.

MARIANEN [I, Ozeanien, engl. *Mariana Islands*] Diese zu den US-Commonwealth Territories gehörenden Inseln sind nach der Habsburgerin MARIA ANNA, Gattin Philipps IV., benannt. Spanische Jesuiten besiedelten die bereits 1521 von Magellan entdeckten *Islas dos Ladroes* (dt. *Diebsinseln*) im Jahre 1886 und benannten sie, dem Herrscherhaus ergeben, Marianen. Magellan wählte den Namen Diebsinseln auf Grund seiner persönlichen einschlägigen Erfahrung in diesem Teil der Welt.

MARIANENGRABEN → **Marianen** [G, Ozeanien, engl. *Mariana Trench*] Den gleichen Namen wie die Inselgruppe (MARIA ANNA, s. d.) trägt der mit knapp 11 000 Metern (10 918 m) tiefste Meeresgraben der Erde. Zum bisher einzigen Mal tauchten im Jahr 1960 Menschen (Jacques Piccard und Don Walsh) in knapp unter vier Stunden zum tiefsten Grund des Meeres. Zu ihrer großen Überraschung sahen sie durch die winzigen Fenster, nur fünf Zentimeter im Durchmesser, flunderartige Fische, die durch den unerwarteten Besuch des Tauchboots in ihrer Muße gestört wurden. Wer mehr Einblick in diese faszinierende Welt sucht, dem sei Frank Schätzings »Nachrichten aus einem unbekannten Universum« wärmstens empfohlen.

MARIENBAD [O, Tschechien, Europa, tschech./engl. *Mariánské Lázně*] Bereits im ausgehenden 18. Jh. war Marienbad ein für damalige Zeiten mondänes Kurbad. Sowohl der tschechische wie auch der deutsche Name bedeuten MARIENQUELL. Das Abbild der Mutter Gottes ziert auch den Eingang zu den Heilquellen. Viele Einheimische sehen jedoch eine namentliche Verbindung zur allseits beliebten Kaiserin Maria Theresia.

MARKEN [P, Italien, Europa, ital. *Marche*] Im Mittelalter war diese Region auf Geheiß Karls des Großen Grenzgebiet (ital. *Marche* GRENZLAND) zwischen dem Heiligen Römischen Reich und Süditalien.

MARL [O, Nordrhein-Westfalen, Deutschland, Europa] Marl erlebt erst seit der Industrialisierung im 20. Jh. einen enormen Bevölkerungszuwachs. Der bereits im 9. Jh. existierende Name *Meronhlara* (asächs. *meriha* »Stute«, ahd. **(h)lār(i)* »Gerüst, Gestell, Hürde« bedeutet in etwa STUTENHÜRDE.

MARLBOROUGH [O, England, Großbritannien, Europa] Wenn auch die aengl. Endung *beorg* HÜGEL eindeutig geklärt ist, so bleibt der volle Name doch einigermaßen rätselhaft. Ob ein Personenname oder das aengl. *mēargealla* »Enzian« (vielleicht aus medizinischen Gründen hier kultiviert) im ersten Wortteil stecken, kann nur geraten werden. Berühmt wurde dieser Name durch den den 1. Herzog von Marlborough (John Churchill), den siegreichen General im spanischen Erbfolgekrieg, sowie durch die phonetisch gleich lautende Zigarettensorte *Marlboro*, die allerdings nicht auf die Wiltshire-Stadt zurückgeht.

MARMARAMEER [G, Türkei, Asien, türk. *Marmara denizi*, engl. *Sea of Marmara*] Dieses kleine Meer zwischen Bosporus und Dardanellen ist nach der Inselgruppe Marmara benannt, diese wiederum trägt die griech. Bezeichnung *marmaros* MARMOR. Poetisch verklärt könnte man also vom »Meer des Marmors« sprechen.

MARNE [F, Frankreich, Europa] Gall. *matra* MUTTER dürfte sich auf eine Flussgöttin beziehen, die in alten Zeiten hier gehaust haben soll.

MAROKKO MA/MAR/MA [S, Nordwestafrika, engl. *Morocco*, oL *Königreich Marokko*, arab. *al-Mamlaka al-Maġribiyya, al-Magrib*] Eine Himmelsrichtung steht im Landesnamen für Marokko, zumindest in der einheimischen Form: *Al Mamlaka al-Maġribiyya* »Königreich des Maghreb« (im Arabischen bis heute der offizielle Staatsname), wobei *maghreb* im Arabischen einfach ORT, WO DIE SONNE UNTERGEHT heißt. Wir haben also einen Staat des »Westens« vor uns. Bis 1960 bezeichnete sich dieses Land übrigens als *Scherifisches Maghrebinisches Königreich* (arab. *sherif* »der Noble«). Der abendländische Name Marokko dagegen ist unklaren Ursprungs. Zum ersten Mal taucht er in der Form *marroch* im mittelalterlichen Nibelungenlied auf. Vielleicht hat er, und hierfür spricht die Schreibung mit »a«, mit dem Volk der Mauren (griech. *mauros*, lat. *maurus* »Mohr«) zu tun, wenn dafür auch keine wirklich klaren Belege vorhanden sind. Moderne Etymologen sehen eine Ableitung vom Namen der ehemaligen Hauptstadt Marrakesch (arab. *marrûkus* BEFESTIGT). Immerhin wurde diese Stadt bis 1890 von den Europäern als *Morocco* bezeichnet. Abschlussbemerkung: Weiches Ziegenleder, *Maroquinleder*, wird in der deutschen Sprache oft als »Marokkoleder« bezeichnet. U: 2. 3. 1956 (ehem. franz. u. span. Protektorat)

MARQUESAS-INSELN [I, Frankreich, Ozeanien] Zu Ehren des MARQUIS Antonio de Mendoza, Vizekönig von Peru, wurde diese Inselgruppe 1595 von Álvaro de Mendaña mit einem Adelstitel belegt. Heute sind die Marquesas-Inseln ein Teil Französisch Polynesiens. Der ursprüngliche Name deutet auf eine patriarchalische Gesellschaft hin: *Te Fenua Enata* oder *Te Henua Kenana* bedeutet so viel wie »Die Erde der Männer«.

MARRAKESCH [O, Marokko, Afrika, engl. *Marrakech*] Die »Perle des Südens« wurde 1062 vom Berberführer Yusuf ibn Taschfin, der später Andalusien eroberte, gegründet. Das arabische Wort *marrûkus* bedeutet DAS BEFESTIGTE (LAND GOTTES). Bis 1890 war diese Stadt in Europa unter dem Namen *Morocco* (s. Marokko) bekannt.

MARSEILLE [O, Frankreich, Europa] Der alte griechische Name *Massilia* hat sich im Laufe der Sprachgeschichte zur heutigen Form hin entwickelt. Möglicherweise steckt das Wurzelwort *mas* FRÜHLING in diesem Namen. Das -r- könnte sich durch eine Assoziation mit dem Kriegsgott Mars eingeschlichen haben. 1793, während der Französischen Revolution, wurde Marseille wegen royalistischer Sympathie kurzfristig in *Ville-sans-Nom* »Stadt ohne Namen« umgetauft. Dies scheint ein sehr gequälter Versuch, die Ehre Marseilles zu untergraben, stellt doch auch diese Bezeichnung einen Namen per se dar. Als ausgleichende Gerechtigkeit entstand hier die bereits 1795 offiziell als Nationalhymne anerkannte *Marseillaise*. Vom Armeeleutnant Claude Rouget in einer Nacht- und Nebelaktion komponiert, lautete der Originaltitel »Chant de guerre de l'armée du Rhin«

(dt. Kriegslied der Rheinarmee). Nebenbemerkung: Der Anisschnaps *Ouzo* verdankt seinen Namen überraschend dieser südfranzösischen Stadt. »Questo e uso Massilias« (dt. »das ist Marseiller Art«) soll angeblich ein griechischer Spirituosenfabrikant entzückt beim ersten Testschluck ausgerufen haben. Nun, Griechenland war damit um eine Spezialität reicher.

MARSHALLINSELN MH/MHL/MH [S/I, Ozeanien, engl. *Marshall Islands*, oL *Republik Marshallinseln*, engl. *Republic of the Marshall Islands*] Eine Staatenbenennung scheint fast zu viel der Ehre für den britischen Kapitän John MARSHALL (1755–1835), der 1788 einige der Atolle Mikronesiens erforschte. Zum heutigen Staat gehört auch das zwischen 1946 und 1963 zu Atombombenversuchen ausgesuchte Bikini-Atoll (s. d.), das (zum wenig tröstlichen Ausgleich) der überaus reizvollen Bademode seinen Namen schenkte. Zwischen der Zeit des Zweiten Weltkriegs und der Unabhängigkeit waren diese Inseln Treuhandgebiet der Vereinigten Staaten. U: Proklamation 3. 11. 1986; endgültig 22. 12. 1990

MARTINIQUE [I, Frankreich, Karibik, Mittelamerika] Bis heute unsicher gedeutet bleibt der Name dieses französischen Departements in der Karibik. Die gängige Interpretation spricht von einer auf Landkarten missverständlichen Wiedergabe des Eingeborenenwortes *madinina* BLUMENINSEL. Vielleicht aber ist der heutige Name auch unter Bezug auf den phonetisch ähnlich klingenden HL. MARTIN entstanden. Notiz am Rande: Napoleons erste Frau, Josephine, entstammt einer hiesigen Pflanzerfamilie.

MARYLAND MD/MD. [P, USA, Nordamerika] Dieser US-Staat ist eines der wenigen Territorien, das nach einer Frau benannt ist. Lord Baltimore, dem Charles I. im Jahre 1632 Maryland schenkte, revanchierte sich auf galante Weise und benannte das Land nach der Gattin des Königs, Queen Henrietta MARIA. Der Beiname *Free State* ist treffend, entstand doch in Maryland das berühmte Sternenbanner (eng. Star-Spangled Banner), das Symbol der amerikanischen Freiheit.

MASADA [X, Israel, Asien, hebr. *Mezadá*] Der 440 m hohe Felsstock am Ufer des Toten Meeres trägt den bedeutungsschweren Namen FESTUNG. Schon König Herodes wusste um die strategische Wirkung dieses Felsens. Heute ist Masada ein Symbol für den Freiheits- und Selbstbehauptungswillen des jungen Staates. Und hier ist auch der Ort, wo die Rekruten der Armee die berühmte Eidesformel sprechen: »Masada soll nie wieder fallen.«

MASERU [O, Lesotho, Afrika] Die Hauptstadt Lesothos ist ein Begriff des Sesotho und bedeutet ROTER SANDSTEIN.

MASKARENEN → **Mauritius** [H/I, Mauritius, Afrika] Nur in alten Atlanten und Kartenwerken findet sich der nach dem Portugiesen Pedro de MASCARENHAS gebräuchliche Name für das heutige Mauritius (s. d.).

MASSACHUSETTS MA/MASS. [P, USA, Nordamerika] Die Blue Hills in Massachusetts, in der Sprache der Algonkin-Indianer *mass-adchu-seuck* (übertragen VOLK, LAND DER GROSSEN HÜGEL) sind in diesem von den Pilgrim Fathers betretenen Stück Land namengebend. Hier gründeten die ersten puritanischen Auswanderer 1620 die Kolonie Plymouth und belegten zunächst die

Landungsbucht mit diesem indianischen Ausdruck. Später wurde er auch auf das Hinterland übertragen. *Bay State* (dt. Bucht-Staat) und *Old Colony State* (dt. Alte Kolonie) sind die beiden sehr zutreffenden Beinamen von Massachusetts.

MASSIF CENTRAL [B, Frankreich, Europa, dt. Zentralmassiv] Mit mehr als 85 000 km^2 ist das im ZENTRUM Frankreichs gelegene Massif Central keine echte geografische Einheit, sondern zerfällt in sehr unterschiedliche Regionen, was Klima und Boden anbelangt.

MATABELELAND [R, Simbabwe, Afrika] Der Westteil Simbabwes ist nach dem aus der angestammten Heimat vertriebenen Volk der Matabele benannt, was in der Sprache der Zulu *Amandebele* DIE VERSCHWUNDENEN bedeutet.

MATO GROSSO [P, Brasilien, Südamerika] Die DICHTEN WÄLDER geben diesem brasilianischen Staat den Namen (port. *mato* »Wald«, *grosso* »dicht, dick«). Kein Wunder, dass in diesem am dünnsten besiedelten Bundesstaat des Landes nicht einmal drei Einwohner pro Quadratkilometer leben.

MATTERHORN [B, Italien, Schweiz, Europa, ital. *Monte Cervino*, franz. *Mont Cervin*] Der markante, dreieckige Gipfel des Matterhorns wurde zum Wahrzeichen der Schweiz und zur meistfotografierten Touristenattraktion des Landes. Die Geschichte des Bergsteigens hat hier ihre Tragödien wie ihre Höhepunkte gesehen. Die deutschen Wörter MATTE (Wiese, Weide) und HORN (für die Gipfelregion des beinahe Viereinhalbtausenders) setzen sich zum topografischen Namen zusammen. Sowohl die italienische wie auch die französische Bezeichnung leiten sich vom ital. *cervino* »rotwildartig« ab. Vermutlich ist dieses Wort ein bildhafter Vergleich der Bergflanke mit einem gebogenen Geweih. Die Silhouette des Matterhorns dient auch der weltbekannten Schokoladenfirma Toblerone als Firmenemblem.

MAUNA KEA [B, Hawaii, USA, Nordamerika] Der hawaiianische Name Mauna Kea bedeutet WEISSER BERG. Dieser erloschene Vulkan hält zwei Rekorde: Zum einen ist er der höchste Inselberg der Erde (4205 m), zum anderen ragt er vom Meeresboden aus gemessen über 9205 m in die Höhe und überbietet damit selbst einen Mount Everest.

MAUNA LOA [B, Hawaii, USA, Nordamerika] Im Gegensatz zum Mauna Kea ist dieser hawaiianische Vulkan noch aktiv. Nicht nur das, der Mauna Loa (dt. GROSSER BERG) ist gleichzeitig der größte aktive Vulkan unseres Planeten. So gesehen passt der Name, wenn auch der Mauna Kea noch um einige Hundert Meter höher in den Himmel ragt.

MAURETANIEN MR/MRT/RIM [S, Nordwestafrika, engl. *Mauretania*, oL *Islamische Republik Mauretanien*, arab. *al-Ǧumhūriyya al-Islāmiyya al-Mawrītāniyya, Mawrītāniyya*] Wie vielleicht Marokko und (indirekt) Mauritius hat auch Mauretanien einen Namen, der sich von griech. *mauros* (lat. *maurus*, dt. Mohr), frei übersetzt »schwarzhäutige Leute« ableitet, erweitert um die Endung *ania* »Land der«. Ein Vergleich mit der größten ethnischen Gruppe der Mauren drängt sich auf: Wir haben letztlich ein LAND DER MAUREN vor uns. Diese könnten ihren Namen unter Umständen auch auf phöniz. *mahurim* »Mann des Westens« zurückführen. U: 28. 11. 1960 (ehem. franz. Kolonie)

MAURITIUS MU/MUS/MS [S/I, Südostafrika, oL *Republik Mauritius*, engl. *Republic of Mau-*

ritius] Die **Maskarenen** wurden bereits im 15. Jh. von *Pedro de Mascarenhas* entdeckt und auch nach ihm benannt. Da aber zeitweilig die Holländisch-Ostindische-Kompanie diese Insel kontrollierte, erfolgte ein Umtaufen der »Briefmarkeninsel« zu Ehren des Statthalters MORITZ VON NASSAU (1604–1679). Damit ergibt sich eine interessante Verwandtschaft mit dem Atlasstaat Marokko. Sowohl dieser Name als auch »Moritz« leiten sich vom lat. *maurus* »der Maure« ab. In alten Kartenwerken findet sich der fast poetische Name *Ilha do Cirne* »Insel des Schwans«. Mauritius lieh seinen Namen auch einer ganz typischen Fächerpalmenart, der *Mauritiuspalme*. Am bekanntesten wurde jedoch ein unscheinbares Juwel der Postgeschichte, und zwar die 1847 zum Anlass eines Maskenballs der Gouverneursgattin herausgebrachte *Blaue Mauritius*. Von dieser Briefmarke gibt es heute noch ganze zwölf Stück, sechs davon gestempelt und sechs postfrisch. Für Liebhaber der Philatelie wohl das höchste Glück auf Erden (s. Kap. Postalische Ausgabegebiete). U: 12. 3. 1968 (ehem. brit. Kolonie)

MAUTHAUSEN [O, Österreich, Europa] Im berüchtigten österreichischen Konzentrationslager wurden zwischen 1938 und 1945 fast eine Viertelmillion Menschen umgebracht. Der Ort Mauthausen war bereits während der Kreuzzüge eine Zollstation (ahd. *mūta* ZOLL). Nicht immer wurden diese Forderungen als berechtigt anerkannt. So ließ Kaiser Friedrich Barbarossa im Jahre 1189 diesen Ort von seinen Kreuzfahrern auf deren Zug ins Heilige Land kurzerhand niederbrennen.

MAYFAIR [X, London, Großbritannien, Europa] Der jährliche Markt (eng. *Fair*), der im Monat MAI hier abgehalten wurde, führte auch zum Namen dieses bekannten Londoner Vororts.

MAYO [P, Irland, Europa, ir. *Mhaigh Eo*] Pittoresk wird Mayo als die EBENE DER EIBEN (ir. *mhaigh* »Ebene«, *eo* »Eibe«) beschrieben. In diesem stark vom Wind geprägten irischen County scheint bereits vor mehr als tausend Jahren die Eibe eine Heimat gefunden zu haben.

MAYOTTE [I, Frankreich, Afrika] Der Eingeborenenname *M'Ayâta* oder *Mawutu* (mit unklarer Deutung) wurde offensichtlich von den französischen Siedlern auf eine lautlich »angenehmere« Form korrumpiert.

MAZEDONIEN, MAKEDONIEN

MK/MKD/MK [S, Südosteuropa, engl. *Macedonia*, iL *Republik Makedonien*, mazed. *Republika Makedonija*] Wieder sind wie so oft bei Staatennamen mehrere Deutungen gegeneinander abzuwägen. Zum einen war MACEDON (Makedon) der Sohn des Zeus (der Name bedeutet einfach »groß, hoch«), und so könnte sich das gleichnamige Volk der Makedonier nach diesem Gott benannt haben. Es besteht jedoch die starke Vermutung, dass dieses GROSS, HOCH (griech. *mak*) mit der lokalen Topografie des Pindos-Gebirges zu tun haben könnte. Hier gibt es jedenfalls eine etymologische Unsicherheit. Eine dritte Möglichkeit ist das illyr. Wort *maketia* RINDER, was auf die üppigen Weiden der südlichen Balkanhalbinsel hinweisen würde. Politische Randbemerkung: Bei der Gründung des unabhängigen Staates Mazedonien gab es griechische Proteste, da dieser Name auch für eine griechische Provinz steht und bereits seit Herodots Zeiten (er schuf angeblich während des Peloponnesischen Krieges diese Bezeichnung) geografisch besetzt ist. Der griechische Vorschlag eines Staatsnamens »Skopje« oder »Republik Vardar« wurde jedoch abgelehnt und Mazedonien 1993 als Landesname von der UNO bestätigt. U: Proklamation 25. 1. 1991; Referendum 8. 9. 1991

MECHELEN [O, Belgien, Europa] Ahd. *mahal* VERSAMMLUNGSORT (aber auch RICHTPLATZ) weist auf die frühere Bedeutung dieser belgischen Stadt hin. Hier ist eine etymologische Verwandtschaft mit Orten wie Toronto, Canberra oder Oahu (s. d.) zu vermerken.

MECKLENBURG-VORPOMMERN MV [P, Deutschland, Europa] Das mnd. *Mekelenborch*, *Michelinburc* bezeichnet eine gleichnamige GROSSE BURG (ahd. *michil*, asächs. *mikil* »groß«). Pommern ist polnischen Ursprungs, *Pomorze*, und kann als KÜSTENLAND, LAND AM MEER übersetzt werden. Eine interessante Randbemerkung zur Aussprache: Das -c- (in Mecklenburg) ist eigentlich ein Dehnungszeichen für das vorangehende -e-. Durch den Zusammenfall mit dem -k- wurde jedoch genau der gegenteilige Effekt erzielt. Mecklenburg wird heute kurz gesprochen, sogar von den Bewohnern des Ostseelandes selbst (Q: Sick).

MEDAN [O, Indonesien, Asien] Sehr kriegerisch klingt übersetzt die Kurzform von *Medang perang*: FELD DER SCHLACHT (malai. *medan* »Feld«, *perang* »Krieg, Schlacht«). Der Grund: Diese Anfang des 16. Jh.s gegründete Stadt war lange Zeit zwischen den Königreichen Aceh und Deli wild umkämpft. Während der holländischen Kolonialzeit war Medan Zentrum des gleichnamigen Sultanats.

MEDELLÍN [O, Kolumbien, Südamerika] 1616 gründete der spanische Eroberer Francisco Herrera y Campuzano diese Stadt unter dem Namen *San Lorenzo di Aburra* (dt. hl. Lorenz von Aburra, eine lokale Talbezeichnung). Knapp ein halbes Jahrhundert später kam es zur Umbenennung in *Villa de Nuestra Señora de la Candelaria de Medellín.* Vermutlich ist letzteres Wort von lat. *Metellium* abgeleitet, eine auf einen gewissen Cecilius METELLUS, einen römischen Stadtgründer, zurückgehende Bezeichnung. Heute ist Medellín das unrühmliche Zentrum des kolumbianischen Drogenhandels

MEDINA [O, Saudi-Arabien, Asien, arab. *al-Madīna al-munawwara*] Die arabische Bezeichnung steht für DIE ERLEUCHTETE STADT, ein mehr als passender Name für die – nach Mekka – zweite heilige Stadt des Islam. Die früheren Namen waren *Yathrib* und *Madīnat an-Nabī* (dt. Stadt des Propheten); hier liegt auch das Grab Mohammeds. Heute ist das Wort *Medina* im arabischen Raum allgemein für die Altstadt nordafrikanischer Städte gebräuchlich.

MEERBUSCH [O, Nordrhein-Westfalen, Deutschland, Europa] Erst seit 1970, als sich acht ehemalige Gemeinden zu einer Verwaltungseinheit zusammenschlossen (durch acht rote Blätter im Wappen symbolisiert), ist Meerbusch als eigene Stadt auf den Landkarten zu finden. Im Jahr 1001 wurde auf alten römischen Siedlungsresten die Burg MEER errichtet, wo Hildegard von Meer ein knappes halbes Jahrhundert später ein Prämonstratenserinnen-Kloster gründete. Der zweite Namensteil ist eine Anlehnung an den Meerer BUSCH, einem nahe gelegenen Waldgebiet.

MEISSEN MEI [O, Sachsen, Deutschland, Europa] Vor allem wegen seiner 1710

unter August dem Starken gegründeten Porzellanmanufaktur bekannt, trägt Meißen den slawischen Namen der alten Reichsburg *Misni* (slaw. *mjesni* ORT, STELLE), die Heinrich I. bereits im 10. Jh. als Vorposten im Osten erbauen ließ. Meißen darf daher mit Stolz den Beinamen »Wiege Sachsens« führen.

MEKKA [O, Saudi-Arabien, Asien, arab. *Makka al-Mukkarama*, engl. *Mecca*] Die Heilige Moschee im Zentrum Mekkas ist das Ziel der (möglichst) einmal im Leben erfolgten Pilgerfahrt jedes gläubigen Moslems. Damit kommt dieser Stadt eine enorme kulturelle und religiöse Bedeutung zu. Auch die sprichwörtliche Wendung »jemand findet sein Mekka« hat darin ihren Ursprung. Zwei Theorien versuchen den Namen der Geburtsstätte Mohammeds zu erklären: (1) Phöniz. *maqaq* ZERSTÖRT und (2) arab. *mahrāb* ANBETUNGSSTÄTTE. Letztere Deutung wird verständlicherweise in der arabischen Welt favorisiert.

MEKONG [F, China, Kambodscha, Thailand, Vietnam, Asien] In der Sprache der Thai heißt *menam* FLUSS und *khong* WASSER. Die Mischform aus diesen beiden Gewässerbezeichnungen unterscheidet diesen Fluss vom zweiten südostasiatischen Riesen *Menam*.

MELANESIEN [I, Fidschi, Salomonen, Vanuatu, Ozeanien] Die SCHWARZEN INSELN (griech. *melas* und *nèsos*) haben ihren Namen nach dem Vorbild Polynesiens modelliert. Gemeint ist allerdings nicht, wie neuere Forschungen ergaben, die Hautfarbe der einheimischen Bevölkerung. Vielmehr dürfte diese Bezeichnung auf die gebirgigen und bewaldeten Vulkaninseln zurückzuführen sein, die vom Meer aus betrachtet düster und dunkel erscheinen. Die Weite und Vielfalt Melanesiens ist für Europäer kaum vorstellbar.

MELBOURNE [O, Australien, Ozeanien] Wie zahlreiche australische Städte wurde auch Melbourne zu Ehren eines englischen Politikers, des Prime Ministers William Lamb, second Viscount MELBOURNE (1779–1848), benannt; dies bereits im Jahr 1837.

MEMPHIS [O, Tennessee, USA, Nordamerika] Die antike, geheiligte Kultstätte des Gottes Ptah in Ägypten ist Vorbild für diese amerikanische Stadt. Der ägyptische Name *Mennefer* SEINE SCHÖNHEIT (*men* »sein«, *nefer* »Schönheit«) spricht von Pharao Pepi I., der im 24. Jh. v. Chr. sein Land beherrschte. Vielleicht um die Großartigkeit dieser Neugründung zu betonen oder wohl auch wegen der Lage am Fluss (hier Mississippi, dort Nil) entschieden sich die frühen Siedler für diesen altägyptischen Namen. Jedenfalls soll der Überlieferung nach Hernando de Soto 1541 von dieser Stelle aus den ersten Blick auf den Vater aller Flüsse geworfen haben.

MENAM [F, Thailand, Asien] Thai. *Menam* bedeutet einfach FLUSS. Und damit kommt bereits die große kulturgeschichtliche Bedeutung dieses Stroms für Südostasien zum Ausdruck.

MENDEN [O, Nordrhein-Westfalen, Deutschland, Europa] Der Name *Menethene, Menethe, Menethen* ist in keiner seiner Entwicklungsstufen bis dato geklärt. Vielleicht sind es keltische Reste, vielleicht steckt aber auch die Bedeutung TAL, NIEDERUNG in diesen Wörtern.

MENORCA [I, Spanien, Europa] Zur Abhebung von Mallorca trägt diese Baleareninsel den Namen DIE KLEINERE (span. *menor* »weniger, minder«). Bezüglich Größe mag dies zutreffen. Die

Fülle prähistorischer Höhlen und megalithischer Monumente macht diese Insel jedoch zu einem großartigen Freilichtmuseum.

MERAN [O, Italien, Europa, ital. *Merano*] Die Südtiroler Stadt leitet sich von lat. *Castrum Maiense* LAGER DER MAIENSER ab. Ihre herrliche Lage inmitten hoher Berge macht sie zum begehrten Anziehungspunkt für Touristen.

MERSEY, MERSEYSIDE [F/P, England, Großbritannien, Europa] Der GRENZFLUSS (aengl. *gemære* »Grenze«, *ēa* »Fluss«) trennte ehedem die Counties Lancashire und Cheshire bzw. die früheren Königreiche Mercia and Northumbria. Seit 1974 allerdings, mit der Bildung des neuen Countys Merseyside, hat der Fluss seine alte Funktion verloren.

MESETA [R, Spanien, Europa] Span. *mesa* kann als eine TISCHEBENE FLÄCHE visualisiert werden. Und exakt diesen Eindruck macht die heute völlig abgeholzte Hochfläche Kastiliens, die hauptsächlich zur extensiven Schafwirtschaft dient.

MESOPOTAMIEN [R, Irak, Asien, engl. *Mesopotamia*] Der griech. Name, aus *mesos* und *potamos* gebildet, beschreibt die Lage dieses alten Kulturlandes ZWISCHEN DEN FLÜSSEN Euphrat und Tigris. Bereits in der Bibel (Gen 21,10) wird die Lagebezeichnung »Zweistromland« in hebräischen und aramäischen Texten verwendet (*aram naharáyim* bzw. *beth nahrin*). Ur, Babylon, das Weltreich der Assyrer, die Sprache und Schrift der Sumerer – Mesopotamien hat eine reichhaltige Geschichte wie kaum ein anderer Flecken unserer Erde. Unzählige Bücher wurden über die Hochkulturen dieser Region verfasst.

MESSINA [O/P, Italien, Europa] Immigranten aus Griechenland benannten im 4. Jh. diese sizilianische Stadt nach dem griechischen Ort MESSENE, der seinerseits aufgrund seiner Lage auf griech. *mesos* MITTLERE zurückgeht.

METZ [O, Frankreich, Europa] Die MEDIOMATRICI, ein Volksstamm, geben dieser Stadt, die schon zu Römerzeiten eine zentralörtliche Funktion hatte, den Namen. Gall. *medio* MITTE steht für den ersten Teil des Volksnamens.

MEXIKO MX/MEX/MEX [S, Mittelamerika, engl. *Mexico*, oL *Vereinigte Mexikanische Staaten*, span. *Estados Unidos Mexicanos, México*] IN DER MITTE DES MONDES lautet die schöne Übersetzung des Wortes *metztlixihtlico* aus dem Nahuatl (*metztli* »Mond«, *xihtli* »Nabel, Sonne«). Der Name könnte auf eine Insel hindeuten, die inmitten eines Sees liegt und der Mondgöttin gewidmet ist. Oder ist der aztekische Stammesheros MEXITLI gemeint, ein überaus populärer Kriegsgott? Eine andere Erklärung bietet eine mexikanische Agavenart, *Maguey*, so dass der Landesname vielleicht auch IN DER MITTE DER MAGUEYS heißen könnte. Eine politische Randbemerkung: Bei der Staatsgründung 1810 war Mexiko wesentlich größer als heute, umfasste das Land doch auch die heutigen US-Gebiete Texas, New Mexico, Teile Arizonas, Kaliforniens, Colorados und Utahs. U: Proklamation 16. 9. 1810 (ehem. span. Kolonie)

MEXIKO CITY → Mexiko [O, Mexiko, Mittelamerika, span. *Ciudad de México*, engl. *Mexico City*] Die Geschichte der Metropole Mexico City beginnt mit einer wunderbaren Erzählung: Am Beginn des 14. Jh.s warteten die nomadisierenden Azteken (so die Bezeichnung durch die Spanier) auf ein Zeichen des Sonnengottes Huitzilopochtli. Und so kam es dann auch. Ein Adler, der Gottesvogel, ließ sich auf einer Insel im See Texcoco auf einem Kaktus nieder, eine Schlange in seinen Fängen. *Tenochtitlán* (dt. Platz des Hohepriesters Tenoch) war geboren. Tenoch selbst leitet sich von *nuchtli* »Kaktus« ab, die Namensendung von *tetl* »Felsen«. Bald nach Ankunft der Spanier im Jahr 1519 ersetzte die Stammesbezeichnung Mexiko (erweitert um Ciudad) diesen ehrwürdigen Ortsnamen (s. Mexiko).

MEZZOGIORNO [R, Italien, Europa] Der wirtschaftlich ewig rückständige Südteil Italiens, gekennzeichnet durch Feudalbesitz und mittellose Landarbeiterschichten, heißt übersetzt einfach MITTAG. Vermutlich war der hohe Sonnenstand in diesem Fall entscheidend für die Namenfindung.

MIAMI [O, Florida, USA, Nordamerika] Sehr unsicher ist die Deutung dieses Namens. Vielleicht liegt das Wort *oumaumeg* HALBINSELBEWOHNER aus der Sprache des Ojibwastammes dem heutigen Miami zugrunde; oder aber ist GROSSES WASSER eine Anspielung auf den riesigen Okeechobee-See. Unter allen großen Städten der USA ist Miami die einzige, die von einer Frau gegründet wurde, einer gewissen Julia Tuttle (1891). Dies mag wenig überraschen, wenn man an die Härte und Kampfeslust denkt, mit der die Weißen Neuland in Besitz nahmen.

MICHIGAN MI/MICH. [P, USA, Nordamerika] Dieser nördliche US-Staat trägt den Namen des gleichnamigen Sees. Konsequenterweise wurde Lake Michigan von den Algonkin-Indianern als *michaw guma* GROSSER SEE oder GROSSES WASSER bezeichnet, lässt doch die ausgedehnte Seeoberfläche keinen Horizont erkennen. Der Zusatzname *Wolverine* (dt. Vielfraß) *State* deutet auf die wilde Fauna dieser Grenzregion zu Kanada hin.

MICHIGANSEE → **Michigan** [G, USA, Nordamerika, engl. *Lake Michigan*] Als einziger der Großen Seen liegt dieses Gewässer vollständig innerhalb der USA. Die angrenzenden Bundesstaaten sind Illinois, Indiana, Michigan und Wisconsin. Sprachlich ist es freilich kurios, dass Michigan an sich bereits GROSSER SEE bedeutet (s. d.), wir hier aber noch ein »See« an die Gewässerbezeichnung anhängen. Nun gut, doppelt hält bekanntlich besser!

MIDDLESBOROUGH [O, England, Großbritannien, Europa] aengl. *midleste* »der Mittlerste« und *burh* »Fort« können als MITTLERER BEFESTIGTER PLATZ in die moderne Sprache übertragen werden. Allerdings bleibt unklar, ob mit diesem Lagenamen ein Verbindungsstück zwischen zwei mittelalterlichen Klöstern gemeint war oder einfach die zentrale Lage in einem alten Distrikt, den der Fluss Tees durchquert.

MIDLANDS [R, England, Großbritannien, Europa] Seit dem 17. Jh. ist diese Sammelbezeichnung für die zentral gelegenen englischen Counties in Gebrauch: wörtlich also MITTLERE LÄNDER. Die West Midlands sehen Birmingham als ihren zentralen Ort, die East Midlands Nottingham.

MIDWAY ISLANDS [I, USA, Ozeanien] IN DER MITTE zwischen Amerika und Asien gelegen, wurde dieses Atoll erst in den exzessiven Pazifikschlachten während des Zweiten Weltkriegs in den Blickpunkt der Europäer gerückt.

MIKRONESIEN FM/FSM/FSM [S/I, Ozeanien, oL *Föderierte Staaten von Mikronesien*, cngl. *Federated States of Micronesia*] Die KLEINEN INSELN (griech. *mikros* und *nèsos*) des nördlichen Pazifiks, unter anderem *Guam, Bikini* und *Eniwetok*, haben nur kurz im Brennpunkt der Weltöffentlichkeit gestanden, nämlich während der Phase der Pazifikschlachten des Zweiten Weltkriegs sowie der endlosen Atomtestversuche im Kalten Krieg, im Zusammenprall zweier Weltanschauungen. Heute finden sich in diesem Teil der Erde zahlreiche Kleinststaaten, die nach wie vor sehr von den ehemaligen Kolonialländern abhängig sind. Zu diesen Staaten zählen auch die ehemaligen **Karolinen**, 1525 von Portugiesen entdeckt, aber seit 1686 unter König *Karl II.* zu Spanien gehörig (daher der Name, lat. *Carolus*). Sie wurden schließlich nach dem Vorbild Polynesiens in den heute unabhängigen Staat Mikronesien umbenannt. Jedenfalls scheint dies treffend, wenn man die Winzigkeit der Eilande in den Weiten des Pazifiks bedenkt. U: Proklamation 3. 11. 1986; endgültig 22. 12. 1990

MILWAUKEE [O, Wisconsin, USA, Nordamerika] Die fruchtbaren Weidegründe waren Inspiration genug für den Stamm der Algonkin, diese Siedlungsgründung *Miloaki* GUTES LAND zu nennen. Aber auch *Mah-an-wauk-seepe* SAMMELPLATZ DER FLÜSSE ist als Namensursprung denkbar. Diese Stadt zeigt einen deutschen Stil, einen deutschen Geist und sogar deutliche Akzente der deutschen Sprache. So werden »beer-gardens« mit Leidenschaft frequentiert, beschwingte »lieder« gesungen und entspannte »gemütlichkeit« gelebt. Milwaukee könnte ohne Übertreibung die »Stadt der Bierbrauereien« genannt werden.

MINAS GERAIS [P, Brasilien, Südamerika] Ein Ausdruck aus dem Bergbau, ALLGEMEINE MINEN, beschreibt diese an Gold, Diamanten und Eisen reiche Region Brasiliens.

MINDANAO [I, Philippinen, Asien] Eine Kontraktion des malai. *Magindanau* (*danau* steht für INSEL) führt zum Namen dieser zweitgrößten Insel der Philippinen.

MINDEN MI [O, Nordrhein-Westfalen, Deutschland, Europa] Diese von Karl dem Großen an der Weser gegründete Stadt erhielt bereits im Jahr 977 Markt- und Zollrecht und trat im 13. Jh. der Hanse bei. Der Name kann nur gedeutet werden. Vermutlich hat er mit dem germ. Wort *Mime* (darunter versteht man einen WASSERGEIST) zu tun. Vielleicht genoss die Stelle der Siedlungsgründung eine gewisse mythische Verehrung.

MINNEAPOLIS [O, Minnesota, USA, Nordamerika] Recht ungewöhnlich ist diese indianisch-griechische Mischung: indian. *minne* WASSER (s. Minnesota) und griech. *polis* STADT. Minneapolis ist die Zwillingsstadt der am anderen Ufer des Mississippi liegenden Metropole St. Paul (s. d.). Hier schlägt neben New York das kulturelle Herz der Vereinigten Staaten. Mit der Minnesota Mining and Manufacturing Company (3M) brachte diese Doppelstadt auch eine international bekannte Firma hervor, die sich in Europa in den Sechzigerjahren unter anderem einen Namen durch die Herausgabe von Spielen in »Buchformat« machte.

MINNESOTA MN/MINN. [P/F, USA, Nordamerika] Die Sioux nannten den Fluss, der sich durch diesen Staat schlängelt, WOLKIGES GEWÄSSER (*minne* »Wasser«, *sota* »wolkig«). Die hier ansässigen Indianer dürften wahrscheinlich die düster aussehende Färbung des Flusses gemeint haben, eine Folge der Lichtreflexion des oft grauen, mit Wolken verhangenen Himmels über diesem Teil Amerikas. Zwei Beinamen sind bezeichnend: *North Star* (dt. Nordstern) *State* zeigt die Lage Minnesotas an, *Land of 10 000 Lakes* (dt. Land der 10 000 Seen) beschreibt das charakteristische Merkmal dieses Staates.

MINSK [O, Europa, Weißrussland] Die weißrussische Hauptstadt ist nach dem Fluss *Men* (dt. Bedeutung: WASSER) benannt, mit der für russische Ortsnamen an Gewässern üblichen Endung *sk* (vgl. Irkutsk, Omsk, Podolsk, Tomsk). Möglicherweise besteht eine Verwandtschaft zum deutschen Flussnamen Main.

MIQUELON [I, Frankreich, Nordamerika] Zusammen mit St. Pierre gehört Miquelon zu den Französischen Territorien. Sehr unsicher ist der Grund der Benennung. Vielleicht handelt es sich um einen heute nicht mehr zu eruierenden Navigator, der auf die normannische Verkleinerungsform des franz. Vornamens MICHEL hörte.

MISSISSIPPI [P/F, USA, Nordamerika] Sehr bekannt auch bei Nichtetymologen ist die indianische Bezeichnung des gigantischen nordamerikanischen Flusses Mississippi: GROSSES WASSER. Der Bundesstaat kam erst viel später als der Fluss zu diesen Namensehren. *Magnolia State* (dt. Magnolien-Staat) ist der »blumige« Beiname Mississippis. Die sogenannte *Mississippikultur* (ca. 500–1500) wurde ebenfalls nach den zahlreichen Fundorten in diesem Gebiet benannt.

MISSOURI [P/F, USA, Nordamerika] Der Zwillingsfluss des Mississippi benennt sich, ebenso wie dieser US-Staat, nach einem dort ansässigen Volk, den *Missouri*, wobei die Namensbedeutung unklar ist. Vielleicht sind damit FLUSSSIEDLER gemeint. Jedenfalls war der alte Name des Missouri *Pekitanoul*, also »schlammiges Gewässer«. Kurios der Beiname dieses Staates: *Show-me State*. Das könnte man frei übersetzen mit »Der Staat, der sehen will, was er glauben soll« (Q: Cartier).

MITTELAMERIKA → **Amerika** [E, Amerika] Allgemein wird die Landbrücke, die Mexiko und Kolumbien miteinander verbindet, als Mittelamerika bezeichnet, mit den Staaten Belize, Costa Rica, El Salvador, Guatemala, Honduras, Nicaragua und Panama. Im erweiterten Sinn werden aber auch die Inselstaaten der Karibik zu Mittelamerika gezählt: Antigua und Barbuda, Bahamas, Barbados, Dominica, Dominikanische Republik, Grenada, Haiti, Jamaika, Kuba, St. Kitts und Nevis, St. Lucia, St. Vincent und die Grenadinen sowie Trinidad und Tobago.

MITTELEUROPA → Kap. **Europa** [E, Europa] Das Spezialkapitel im zweiten Teil des Buches klärt exakt, was wir heute unter dem Begriff Mitteleuropa wirklich verstehen müssen.

MITTELLÄNDISCHES MEER, MITTELMEER [G, Europa, Afrika, engl. *Mediterranean Sea*] Das lat. *Mediterraneum mare* (dt. MEER INMITTEN DES LANDES) beschreibt die Lage des Mittelmeers zwischen Nordafrika, Südwestasien und Europa, des damals beherrschenden Teils der Welt. Aber auch *Mare internum* (dt. Inneres Meer) und *Mare nostrum* (dt. Unser Meer) waren gebräuchliche Bezeichnungen, die auf das Herzstück des Römischen Imperiums hinweisen. Fast alle europäischen Sprachen haben den lateinischen Namen übersetzt, mit Ausnahme der türkischen. Hier heißt das Mittelmeer *Akdeniz* (dt. Weißes Meer), wohl um den Gegensatz zum Schwarzen Meer (im Norden des Landes) zu unterstreichen. Geologische Randnotiz: Durch die Plattentektonik wird das Mittelmeer langsam immer stärker zusammengedrückt. Irgendwann in Millionen von Jahren werden Europa und Afrika wieder eine Landmasse bilden.

MITTLERER OSTEN [E, Asien] Der Mittlere Osten ist ein geografischer Begriff, der die Staaten des indischen Subkontinents umfasst. Im Gegensatz zum Nahen Osten (s. d.) sowie zum Fernen Osten liegen die südasiatischen Länder in einer MITTLEREN Entfernung von Europa. In Zeitungen wird oft fälschlicherweise das englische *Middle East* wörtlich übersetzt, obwohl damit unser Naher Osten gemeint ist.

MOCCA → **Mokka** [O, Jemen, Asien, arab. *al-Mukhā*, engl. *el Mocha*] Die Schreibung mit Doppel-c hat exakt die gleiche Bedeutung wie die bei uns üblichere mit dem K-Laut (s. d.).

MODENA [O, Italien, Europa] Der heutige Name der als etrusk. Siedlung *Mutina* gegründeten Stadt könnte mit lat. *mutulus* KRAGSTEIN (das ist ein Mauervorsprung als Stütze für Bogen und Statuen) zu tun haben.

MOERS [O, Nordrhein-Westfalen, Deutschland, Europa] Diese Stadt ist nach dem gleichnamigen Moersbach benannt. Vermutlich hat dieser Name mit ahd. *muor*, mnd. *mōr* MOOR, SUMPF zu tun.

MOGADISCHU [O, Somalia, Afrika, somali *Muqdisho*, engl. *Mogadiscio*] Die ital. Form der arabischen Namen *maqdašû* oder *muqdišû*, beide die Wurzel *q-d-s* HEILIG enthaltend, wurde in unseren Breiten zum allgemein üblichen Namen der Hauptstadt Somalias.

MOJAVE-WÜSTE, MOHAVE [Wü, USA, Nordamerika, engl. *Mojave Desert*] Die Heimat der Klapperschlangen ist namentlich eine Verfremdung des indian. (yuma) *Pipa Aha Makav* VOLK AM WASSER. Einer der heißesten Orte der Erde, das Death Valley, mit Juli- und Augusttemperaturen von über 45 °C, liegt in diesem amerikanischen Wüstenbecken.

MOKKA, MOCCA [O, Jemen, Asien, arab. *al-Mukhā*, engl. *el Mocha*] Im 16. und 17. Jh. besaß *al-Mukhā* (*Mocha*) das Weltmonopol im Handel mit Kaffee (*Mokka*). Entweder im jemenitischen Hochland oder in Äthiopien dürfte dieses Genussmittel seine Heimat haben. Die Etymologie der Wortwurzel ist unklar. Jedenfalls kam dieser Begriff über franz. *moka* in unsere Sprache.

MOLDAU [F, Tschechien, Europa, tschech. *Vitava*] Die Moldau wird auch gerne als »Böhmisches Meer« bezeichnet. Wie beim gleichnamigen Staat weiter im Osten Europas findet sich auch hier die idg. Wurzel **mal* SCHWARZ, DUNKEL. Der berühmteste Teil der sinfonischen Dichtung Smetanas »Má Vlast« (dt. Mein Vaterland) ist »Die Moldau«. Dieser Geniestreich des Komponisten entstand während nur vierzehn Tagen, noch dazu bei völliger Taubheit Smetanas. Besungen wird der Lauf des Flusses durch Wald und Flur von den beiden Quellen bis zur Elbeinmündung.

MOLDAWIEN, MOLDAU, MOLDOVA MD/MDA/MD [S, Südosteuropa, engl. *Moldova*, oL *Republik Moldau*, rumän. *Republica Moldova*] Dieser junge Staat zwischen Rumänien und der Ukraine hat etymologisch nichts mit dem gleichnamigen tschechischen Fluss zu tun, wenngleich große Unsicherheit bei der Namensdeutung besteht. Der Legende nach hörte der Lieblingsjagdhund des transsilvanischen Fürsten Bogdan Dragos auf den Namen Molda. Als das Tier bei einem Jagdausflug ertrank, nannte der Fürst das Gewässer kurzerhand nach seinem Hund. Der Name ging sofort auf Volk und Land über. Nun, so viel zur Legende. Die Wurzel der Landesbezeichnung dürfte vielmehr im rumän. Wort *molid* FICHTE zu suchen sein, also einer Landschaftsbeschreibung entspringen. Politisch bemerkenswert ist Stalins Versuch, eine »Moldawische Nation« zu schaffen, um eine Rechtfertigung für die Abtrennung Bessarabiens von Rumänien zu finden. Zu diesem Zweck wurde sogar das kyrillische Alphabet eingeführt. In Wahrheit besteht zwischen Rumänien und Moldawien praktisch kein sprachlicher, religiöser oder kultureller Unterschied. Eine große politische Schwelle ist allerdings unübersehbar: Rumänien gehört seit 1. 1. 2007 zur EU, Moldawien dagegen zu den Armenhäusern Europas, was letztlich hunderttausende Menschen zur Emigration zwingt. U: Souveränitätserklärung 23. 6. 1990; Proklamation 27. 8. 1991

MOLUKKEN [I, Ozeanien, engl. *Moluccas*] Dieser malaiische Archipel darf einfach mit HAUPTINSELN (malai. *molok* »haupt…«) übersetzt werden. Während der Kolonialzeit, die 1512 mit den ersten portugiesischen Stützpunkten begann, war der Beiname *Gewürzinseln* in aller Munde. Holland, Großbritannien, während des Zweiten Weltkriegs Japan und schließlich Indonesien hatten hier ihren großen politischen Einfluss. Der kurze Sezessionsversuch der Südmolukken im Jahr 1950 (*Republik Maluku Selatan*) wurde von der indonesischen Armee mit brutaler Gewalt unterdrückt.

MONACO MC/MCO/MC [S, Westeuropa, oL *Fürstentum Monako*, franz. *Principauté de Monaco*] Griech. *monoikos* MÖNCH war ein Beiname des Herkules, dessen Statue im 7./6. Jh. v. Chr. an der Stelle des heutigen Staates stand. Möglich ist auch eine Ableitung vom ligur. *monegu* FELS oder dem bask. *muno* BERG. Beide Wörter würden die physisch-geografische Lage dieses reichen Zwergstaates genauestens beschreiben, ist doch Monaco, so unglaublich es auf den ersten Blick scheinen mag, ein Alpenstaat. Zuletzt darf das griech. *monos* EINZIG, ALLEIN als Erklärung herhalten. Restlos geklärt scheint dieser Landesname noch nicht zu sein. Wenn Monaco auch bereits seit 1489 unabhängig ist, so fällt dieser Zwergstaat laut Vertrag bei Erlöschen der Dynastie Grimaldi wieder an Frankreich zurück. Voilá, Nachkommen scheinen wahrlich wünschenswert! – wollen doch auch die *Monegassen* ihr ganz persönliches Zuhause. U: 25. 2. 1489 (s. oben)

MONACO-VILLE [O, Monaco, Europa] Die amtliche Bezeichnung des Hauptortes des Zwergstaates Monaco (s. d.) entspricht dem Landesnamen.

MONASTIR [O, Tunesien, Afrika, arab. *al-munastîr*] Heute als Tourismuszentrum ungemein beliebt, trägt diese Atlas-Stadt einen lat. Namen: *Monasterium* KLOSTER. Im Arab. wurde daraus *al-munastir*. Die Schlussfolgerung liegt nahe, dass hier vor dem Auftauchen des Islams ein christliches Kloster existiert haben müsste. Allerdings ist dies heute nicht mehr nachweisbar.

MÖNCHENGLADBACH MG [O, Nordrhein-Westfalen, Deutschland, Europa] Bis 1951 hieß es *München-Gladbach*, bis 1960 *Mönchen-Gladbach*, mit der wegen des langen Namens amtlichen Abkürzung *M.Gladbach*. Der Grund für den Wechsel des Vokals waren postalische Fehlsendungen und Verwechslungen mit der bayerischen Hauptstadt. Der Namensteil Gladbach (nd. *glad*, ahd. *glat* GLÄNZEND) bezieht sich auf einen kleinen Fluss, der Zusatz *Mönchen* (bezogen auf MÖNCHE) unterscheidet diese Siedlung von ähnlich bezeichneten.

MONGOLEI MN/MNG/MGL [S, Zentralasien, engl. *Mongolia*, oL *Mongolische Volksrepublik*, mongol. *Monggol Ulus*] Die TAPFEREN oder die UNBESIEGBAREN versteckt sich hinter der mongol. Wurzel *mong* oder *mengu*. Und in diesem Fall ist Nomen gleich Omen. Die Horden von Dschingis Chan, Kublai Chan und Attila sind jahrhundertelang zum Schrecken der damals bekannten Welt geworden. Ihre unglaublichen Reitkünste, gepaart mit Unerschrockenheit und wilder Eroberungslust, machten dieses asiatische Reitervolk tatsächlich für lange Zeit unbesiegbar. Ihr Großreich gehörte zu den ausgedehntesten, die die Menschheit je gesehen hat. Umso erstaunlicher ist es, dass in Europa Spuren dieser ehemaligen Großmacht kaum noch vorhanden sind, sieht man vom Faible der Ungarn für den Vornamen Attıla ab. Sprachlich interessant ist die Übernahme des pers. *mughul* in den indischen Herrschertitel *Mogul* (während der mongolischen Besatzungszeit). Letzte Anmerkung: Wegen der Ähnlichkeit der Kopf- und Gesichtsbildung mit der Volksgruppe der Mongolen (durch die Mongolenfalte) wurde das Down-Syndrom früher als

Mongolismus bezeichnet. U: 11. 7. 1921; 5. 1. 1946 (völkerrechtlich durch China anerkannt)

MONROVIA [O, Liberia, Afrika] 1822 von der American Colonization Society gegründet, um freigelassene Sklaven in ihrem Heimatkontinent anzusiedeln, trägt die liberianische Hauptstadt den Namen des fünften amerikanischen Präsidenten James MONROE (1758–1831). Monroe war gleichzeitig Vorsitzender dieser Gesellschaft.

MONT PELÉE [B, Frankreich, Karibik, Mittelamerika, franz. *Montagne Pelée*] Der tätige Vulkan auf Martinique kann mit der KAHLKÖPFIGE beschrieben werden, vermutlich wegen der fehlenden Vegetation. Beim gigantischen Ausbruch am 8. Mai 1902 überlebte nur ein einziger Bewohner der Hauptstadt St. Pierre, geschützt durch die dicken Mauern des Gefängnisses, hinter denen er seinen Rausch ausschlief.

MONT VENTOUX [B, Frankreich, Europa] Dieser Etappenberg der Tour de France trägt wegen seiner durch Abholzung dem Wind und dem Wetter schutzlos ausgesetzten Gipfelregion ganz zu Recht den Namen WINDBERG (provenz. *Mont Ventour*). Isoliert ragt das Gebirgsmassiv aus seiner Umgebung heraus.

MONTANA MT/MONT. [P, USA, Nordamerika] Dieses GEBIRGIGE LAND trägt ganz zu Recht seinen Namen, abgeleitet aus dem Lateinischen (*mons* »Berg«), denn die Rocky Mountains nehmen den westlichen Teil dieses 1864 vom Nebraska Territory abgespaltenen Staates ein. Montana ist reich an Bodenschätzen und hat auch einen passenden Beinamen: *Treasure State* (dt. Staat der Schätze). Zudem hält dieser US-Staat einen klimatischen Weltrekord: Vom

23. zum 24. Januar 1916 gab es in Browning, nahe der kanadischen Grenze, innerhalb von 24 Stunden einen Temperatursturz um 56 °C (von 7 °C auf unglaubliche –49 °C).

MONTBLANC, MONT BLANC [B, Frankreich, Italien, Europa] Der WEISSE BERG, der höchste Alpengipfel (4807 m), trägt einen französischen Namen, der die ausgedehnten Gletscherregionen mit einer mehr als 20 m mächtigen Eisdecke beschreibt.

MONTE CARLO [O, Monaco, Europa] Als Ort der Leidenschaften, ob nun Spielcasino, Formel 1 Grand Prix-Stadtkurs oder Klatsch über das Herrscherhaus der Grimaldis, Monte Carlo als Hauptort Monacos ist stets in den Schlagzeilen der Gazetten. Der ital. Name BERG DES CARLO (ital. *monte* »Berg«) geht auf Prinz CARLO III. von Monaco (1818–1889) zurück.

MONTE CASSINO [B/X, Italien, Europa] Versehentlich, da für einen deutschen Außenposten gehalten, wurde dieses berühmte Benediktinerkloster während des Zweiten Weltkriegs völlig zerstört. Der 516 m hohe Hügel, auf dem das Kloster von Benedikt von Nursia errichtet wurde, ist nach der gleichnamigen Stadt (röm. *Cassinum*) benannt. Deren Ursprung verliert sich im Dunkel der Geschichte. Monte Cassino war eines der bedeutenden abendländischen geistlichen Zentren des Mittelalters.

MONTECRISTO [I, Italien, Europa] Alexandre Dumas hat in seinem unvergleichlichen Racheroman »Der Graf von Montecristo« (1844) diese kleine Insel unsterblich gemacht. Offensichtlich handelt es sich dem Namen nach um den BERG CHRISTI, was auf ein mittelalterliches Kloster auf dieser Insel

hindeutet. Der alte röm. Name lautet *Mons Iovis* (dt. Berg des Jupiter).

MONTENEGRO CG/CRG/CG [S, Europa, serbokr. *Crna Gora*] Montenegro – seit einer Abstimmung im Juni 2006 endgültig von Serbien unabhängig – ist vom Namen her italienischen Ursprungs und kann mit SCHWARZER BERG übersetzt werden, eine Übertragung des serbischen Namens *Crna Gora*. Angespielt wird auf die düstere Farbgebung dieser Region mit einer stark bewaldeten Bergwelt. Wenn auch historisch immer wieder mit Serbien verschmolzen, war Montenegro zwischen 1355 und 1918 ein eigenständiges Fürstentum. Ethnisch besteht jedenfalls eine starke Verwandtschaft mit den Serben, was die Montenegriner nicht daran hinderte, eine eigene nationale Identität aufzubauen. U: Proklamation 3. 6. 2006; anerkannt 8. 6. 2006

MONTERREY [O, Mexico, Mittelamerika] Die sicherste Stadt Lateinamerikas weist auch das höchste Pro-Kopf-Einkommen aller Städte dieses Kontinents auf. Zu Beginn des 20. Jh.s war Monterrey noch nicht einmal eine Großstadt; inzwischen geht der Ballungsraum auf die 4 Millionen Menschen zu. Eine erste Siedlungsgründung erfolgte 1577 durch den portugiesischen Priester Alberto del Canto: *Santa Lucia*. Fünf Jahre später wurde dieser Ort in *San Luis Rey de Francia* umbenannt. Erst 1596 erbaute Diego de Montemayor zu Ehren des Vizekönigs Neuspaniens Don Gaspar de Zúñiga y Acevedo (1540–1606), Conde de MONTE REY, die den heutigen Namen tragende *Ciudad Metropolitana de Nuestra Señora de Monterrey*.

MONTEVIDEO [O, Uruguay, Südamerika] Ganz gesichert ist die Entstehung dieses Stadtnamens nicht. Die Zusammensetzung aus span. *monte* und lat. *video* legt jedoch die Erklärung ICH SEHE DEN BERG nahe. Dies klingt insbesondere deshalb plausibel, da der nur knapp 150 m hohe Cerro (dt. Hügel) am Eingang der Bucht das Bild der Stadt als Landmarke weithin dominiert. Aber auch verwegene Deutungsversuche, wie der Ausruf Magellans »Monte vidi eo« (dt. »ich bin es, der den Berg sah«) oder eine Karteneintragung, die »den sechsten Berg vom Westen« benennt (lat. »monte VI de O«), sind nicht ganz zu verwerfen.

MONTMARTRE [X, Frankreich, Europa] Das Künstlerquartier in Paris ist eigentlich der HÜGEL DER MÄRTYRER. Wieder einmal darf angesichts des kargen Daseins der Maler und Bildhauer das sprichwörtliche »nomen est omen« strapaziert werden. Historisch waren es St. Denis, der erste Bischof von Paris, sowie dessen Mitstreiter Rusticus und Eleutherius, die dieser Stätte den Namen gaben. Alle drei wurden im Jahr 258 öffentlich enthauptet. Der alte heidnische Name lautet: *Mons Mercurii* (dt. Berg des Merkur).

MONTPELLIER [O, Frankreich, Europa, okzitan. *Montpelhièr*] Etwas unpassend trägt diese Stadt am Mittelmeer das Wort *Mont* »Berg« im Namen. Der ursprüngliche lat. Name *Monspessulanus* bedeutete eher KLEINER (VEGETATIONSARMER) HÜGEL.

MONTRÉAL [O, Kanada, Nordamerika] Der französische Seefahrer und Koloniegründer Jacques Cartier wählte 1534 zu Ehren von Franz I. von Frankreich, der seine Expedition finanzierte, den Namen *Mont Réal* (dt. KÖNIGLICHER BERG). Gemeint war damit allerdings nicht die Siedlung, sondern ein nahe gelegener Hügel. Erst 1642 entstand die heutige Weltstadt unter dem Namen *Ville Marie de Montréal* (dt. Marienstadt vom königlichen Berg), eine Bezeichnung, die ein halbes Jahrhundert später auf die jetzige Form gekürzt wurde. Nach Paris ist Montréal die zweitgrößte französischsprachige Stadt der Welt.

MONTREUIL [X, Paris, Frankreich, Europa] Der östliche Vorort von Paris hieß im Lateinischen *monasteriolum* (dt. KLEINES KLOSTER). Als eigenständige Stadt war früher die Ortsbezeichnung *Montreuil-sous-Bois* »Montreuil beim Walde« gebräuchlich, zur Unterscheidung von weiteren Siedlungen desselben Namens.

MONTREUX [O, Schweiz, Europa] Wie beim Pariser Vorort geht auch bei dieser Stadt am Genfer See der Name auf lat. *monasteriolum* (dt. KLEINES KLOSTER) zurück. Montreux genießt als Musikstadt internationalem Ruf.

MONT-SAINT-MICHEL [I, Frankreich, Europa] Der lat. Name MONS SANCTI MICHAELIS (dt. Berg des hl. Michael) wurde einfach ins Französische übertragen. 709 erfolgte anlässlich der Weihe einer Kapelle die Benennung zu Ehren des Erzengels Michael. Bereits 1874 wurde der Mont-Saint-Michel zum »Monument historique« erklärt.

MONTSERRAT [I, Großbritannien, Karibik] Bereits 1493 wurde diese Westindische Insel von Kolumbus entdeckt und nach dem Kloster SANTA MARIA DE MONTSERRAT in Spanien benannt. Nach dem Berg, auf dem sich dieses Kloster erhebt, und nach dessen Form, entstand dieser Landschaftsname (span. *mont* »Berg«, *serrat* »zerklüftet«).

MOSAMBIK MZ/MOZ/MOC [S, Südostafrika, engl. *Mozambique*, oL *Republik Mosambik*, port. *República de Moçambique*] Diese Staatsbezeichnung scheint eine portugiesische Verballhornung des Namens eines arabischen Scheichs, MUSA AL BIQ, eines frühen Herrschers über diesen Küstenstreifen, zu sein. Arabische Geografen des Mittelalters leiteten davon den Siedlungsnamen *Musanbīh* (suah. *Musambiki*) ab. Politisch war Mosambik stark mit Portugal verbunden (sowohl als Provinz als auch als Kolonie), seit Vasco da Gama 1498 seinen Fuß auf dieses Land setzte. Nicht verschwiegen werden soll, dass einige Etymologen auch in der Verschmelzung des Personennamens MUSA mit dem Wort *malik* KÖNIG eine Erklärung für diese Landesbezeichnung sehen. U: 25. 6. 1975 (ehem. port. Kolonie)

MOSEL [F, Deutschland, Frankreich, Luxemburg, franz. *la Moselle*, engl. *Moselle*] Der Rheinzufluss hieß lat. *Mosella* KLEINE MOSA (dt. MOOS, s. **Maas**). Heute ist der Einzugsbereich der Mosel eines der ersten Weinanbaugebiete in Deutschland.

MOSKAU [O, Russland, Europa, russ. *Moskva*, engl. *Moscow*] Die Moskva, der Fluss, an dem diese russische Metropole entstand, ist für den Namen der Hauptstadt des Landes verantwortlich. Über den Ursprung des Gewässernamens wird bis heute spekuliert. Sowohl slaw. *moskva* SUMPFIG, finno-ugrisch *moska* »Kalb« und *va* »Fluss«, also RINDERFURT, als auch slaw. *most-kva* BRÜCKEN-WASSER sind mögliche Wurzeln für diesen Namen. Sicher jedenfalls scheint, wie bei vielen Flussbenennungen der Erde, auch hier das »Wasser« die zentrale Quelle der Inspiration gewesen zu sein. *Muskovit*, ein Mineral, ist nach der russischen Hauptstadt (nlat. *Muscovia*) benannt.

MOSTAR [O, Bosnien u. Herzegowina, Europa] Serbokr. *most* bedeutet »Brücke«, *stari* »alt«, daher haben wir es beim Namen dieser Stadt mit einer ALTEN BRÜCKE zu tun. Und in der Tat wurde eine solche im Jahr 1566 über die Neretva gebaut. In den erbitterten Kämpfen während des Bürgerkriegs wurde jedoch die »stari most« wie viele andere Kulturdenkmäler vollständig zerstört.

MOSUL [O, Irak, Asien, kurd. *Mûsil*, arab. *al-Mausil*, aram. *Nînēwâ*] An der Stelle der Siedlungsgründung kreuzt sowohl eine Brücke wie auch eine Furt den Tigris. Damit erklärt sich auch das arabische Wort *wasala* VEREINIGEN. Weitere Bemerkung: Der Stoff *Musselin* trägt ebenso den Namen dieser Stadt wie der Teppich *Mos(s)ul*.

MOTHERWELL [O, Schottland, Großbritannien, Europa] Als QUELLE DER GOTTESMUTTER (engl. *well* »Quelle«) bezeichnet, trägt diese schottische Stadt einen religiösen Namen. Der Grund sind die der Maria geweihten Trinkwasserbrunnen der Stadt.

MOUNT EVEREST [B, China, Nepal, Asien, tibet. *Chomolungma*, nepal. *Sagarmatha*, chin. *Qomolangma*] Der mit 8848 Metern höchste Gipfel unserer Erde trägt seit 1865 nicht ganz zu Recht den Namen des britischen Vermessungsingenieurs Sir George EVEREST (1790–1866). Everest selbst hatte mehr mit dem Anfertigen von Landkarten als mit der Besteigung von Bergen zu tun. Die einheimische tibetische Bezeichnung ist **Chomolungma** (dt. MUTTER DES UNIVERSUMS) bzw. **Sagarmatha** (dt. HIMMELSGÖTTIN). Neueste chinesische Messungen, die im Mai 2005 abgeschlossen wurden, ergaben einen leicht veränderten Höhenwert von 8844,43 m (mit einer Ungenauigkeit von 21 cm).

Die Schneekuppe beträgt allerdings ca. 3,5 m, was wieder zur altbekannten Höhe führt.

MOUNT GODWIN-AUSTEN → **K2** [B, China, Pakistan, Asien] Wie schon bei der Erklärung zum K2 ausgeführt, erinnert der Name Mount Godwin-Austen an den Geologen Lieutenant-Colonel Henry GODWIN-AUSTEN (1834–1923). Er war der erste Europäer, dem ein Blick auf diesen Bergriesen vergönnt war.

MOUNT KENIA → **Kenia** [B, Kenia, Afrika, engl. *Mount Kenya*] Der WEISSE BERG ist, wie bereits im Stichwort Kenia ausgeführt (s. d.), eine Verballhornung eines sprechenden Eingeborenennamens durch den deutschen Afrikaforscher Johann Ludwig Krapf.

MOUNT MCKINLEY [B, Alaska, USA, Nordamerika] Der mit 6194 m höchste Berg Nordamerikas wurde nach dem ermordeten US-Präsidenten William MCKINLEY (1843–1901) benannt. Er selbst trägt einen keltischen Familiennamen: MacCinfaolaidh (dt. Sohn des Cinfaolaidh). Offiziell heißt dieser Gipfel der Rocky Mountains **Denali** (athabaska DER GROSSE oder DER HOHE).

MOUNT RUSHMORE [B, South Dakota, USA, Nordamerika] *Mount Rushmore National Memorial* wurde 1885 nach dem Anwalt Charles RUSHMORE, der Goldschürfrechte für dieses Gebiet erworben hatte, umbenannt. Ehedem hieß diese Gebirgskette in den Black Hills *Six Grandfathers* (in der Sprache der Lakota). 400 Arbeiter und Helfer sprengten zwischen 1927 und 1941 die berühmten vier Präsidentenköpfe (George Washington, Thomas Jefferson, Theodore Roosevelt und Abraham Lincoln) in den Granit des Berges. Ein gewaltiges Denkmal fürwahr! In Alfred Hitchcocks Meisterwerk »Der unsichtbare Dritte« (engl. North by Northwest) sind die Präsidenten der Schauplatz eines überaus dramatischen, unvergesslichen Finales.

MÜHLHEIM an der Ruhr MH [O, Nordrhein-Westfalen, Deutschland, Europa] Mit diesem Ortsnamen ist die HEIMSTÄTTE BEI DEN WASSERMÜHLEN gemeint (ahd./asächs. *mulīn*, splat. *molīna*).

MUKDEN → **Shenyang** [O, China, Asien] Der wunderbare mandschurische Name GÖTTLICHER WIND musste leider 1948 dem wieder erstarkten Nationalbewusstsein der Chinesen zugunsten der modernen Bezeichnung *Shenyang* (s. d.) weichen.

MÜLHAUSEN → **Mulhouse** [H/O, Frankreich, Europa] Exakt gleich wie im Französischen bedeutet auch der deutsche Name HAUS AN DER MÜHLE (ahd. *mulin*, mhd. *mole* und ahd. *hūs*). Mülhausen gehörte zu den ehemaligen Großstädten Deutschlands.

MULHOUSE [O, Frankreich, Europa, dt. *Mülhausen*] Die zweitgrößte Stadt des Elsaß trägt einen sprechenden Namen, selbst im Französischen: HAUS AN DER MÜHLE (ahd. *mulin*, mhd. *mole* und ahd. *hūs*). Lange Zeit war diese Stadt unter der Bezeichnung Mülhausen Teil des Deutschen Reiches.

MULL OF KINTYRE [Hi, Schottland, Großbritannien, Europa] Diese aus einem Paul-McCartney-Song bekannte Halbinsel nennt sich KOPF DES LANDES (gäl. *ceann* »Kopf«, *tire* »Land«). *Mull*, ein anord. Begriff mit der Bedeutung SCHNAUZE, dürfte hinzugefügt worden sein, als der ursprüngliche Sinn längst vergessen war (s. Kintyre). Auffallend ist die Verwandtschaft mit dem deutschen Wort »Maul«.

MUMBAI → **Bombay** [O, Indien, Asien] Die Hauptstadt des Bundesstaates Maharashtra ist eine der bevölkerungsreichsten Städte der Welt. Der Name ehrt die Hindugöttin MUMBADEVI und verdrängt seit 1995 als offizielle Stadtbezeichnung das doch noch allgegenwärtige **Bombay**. Diese während der Kolonialzeit klingende Bezeichnung ist eine Verballhornung von port. *Bom Bahia* »gute Bucht«.

MÜNCHEN m [O, Bayern, Deutschland, Europa, engl. *Munich*] Diese Kulturstadt an der Isar wurde 1158 von Heinrich dem Löwen unter dem Namen *apud Munichen* (dt. BEI DEN MÖNCHEN) gegründet, wenngleich man von klösterlichen Aktivitäten in diesem Raum keine Spuren gefunden hat. Jedoch könnte der Grund und Boden einem Kloster gehört haben. Der Salzhandel und Salztransport gab dieser Stadt bereits im Mittelalter ihre wirtschaftliche Bedeutung. Heute ist München vor allem wegen seiner Festkultur (Schlagwort: Oktoberfest) weltweit ein Begriff. In Deutschland darf auch ein Hinweis auf den FC Bayern München nicht fehlen.

MUNSTER [P, Irland, Europa, ir. *Mumus tír*] LAND DER MUMU – das hört sich ein wenig wie eine erdachte Figur aus einer märchenhaften Erzählung an. In Wahrheit beruft sich der Stamm der Mumu auf eine vorchristliche Göttin. Munster war neben Connaught, Leinster, Meath und Ulster eines der fünf alten Königreiche Irlands.

MÜNSTER ms [O, Nordrhein-Westfalen, Deutschland, Europa] Ende des 8. Jh.s wurde vom hl. Liudger in einer alten Wallburg ein Kloster (lat. *monasterium*) gegründet, das schließlich die Keimzelle der Hansestadt Münster war, in der 1648 der Westfälische Frie-

de geschlossen wurde. Ahd. *munistri*, mhd. *münster* KLOSTER(KIRCHE), DOM entstand in Anlehnung an das vlat. *monisterium*.

MURCIA [O/P, Spanien, Europa, amtl. *Comunidad Autónoma de la Región de Murcia*] Das arab. Wort *mursah* BEFESTIGT gibt der Stadt wie auch der (historischen) Region den Namen, war die Südostflanke Spaniens doch jahrhundertelang ein Durchzugsgebiet der Völker.

MURMANSK [O, Russland, Europa] Wahrscheinlich setzen sich die finno-ugrischen Wörter *mur* MEER sowie *ma* LAND zum Namen dieses nördlichsten eisfreien Hafens Russlands zusammen. Möglicherweise aber ist Murmansk auch eine Verballhornung der Bezeichnung Normannen (dt. Nordmänner), die allgemein für Skandinavier Verwendung fand. Jedenfalls war es die Küstenregion Murman, in der 1915 diese Stadt unter dem Namen *Romanov-na-Murmane* (nach der Zarenfamilie) gegründet wurde. Zwei Jahre später machte die Oktoberrevolution ein Auslöschen aller Erinnerungen an das Herrscherhaus notwendig. Seither kennen wir diese jenseits des Polarkreises gelegene Stadt auf der Kola-Halbinsel als Murmansk.

MURRAY [F, Australien, Ozeanien] Wie schon der Darling trägt auch der zweite größere australische Fluss den Namen eines Statthalters, nämlich den von Sir Charles MURRAY (1772–1846). Ursprünglich nach einem der beiden Entdecker (Andrew Hume und W. H. Hovell) *Hume* genannt, erfolgte 1830 durch Kapitän Charles Sturt eine Umbenennung.

MYANMAR MM/MMR/MYA [S, Südostasien, oL *Union Myanmar*, birmanisch *Pye Tawngsu Myanma Pye*] Das *burmesische* Volk trägt

mit großem Nationalstolz den Beinamen S CHNELLE und S TARKE (*myan*
»schnell«, *mar* »stark«). Dies gilt besonders für das frühere **Burma** (oder
Birma), dessen Name auch von dieser
Wurzel abgeleitet wird (*bama*) und das
Hauptvolk des Landes bezeichnet. Das
engl. *Burma* (eingedeutscht *Birma*)
spiegelt die Aussprache wider. Auf das
6. Jh. zurückgehend, entstammt das
»Myanma« (ohne Endungs-r) der
Schriftsprache, das »Bama« dagegen
wurde umgangssprachlich verwendet.
Durch die jüngste Militärregierung
wurde versucht, mit der Namensänderung die letzten Spuren einer – zugegeben großen – Kolonialvergangenheit
der Briten in diesem Teil der Welt abzuschütteln. Interessanterweise hat
zwar die UNO die Namensänderung
sofort anerkannt, einige Staaten, wie
etwa die USA und Australien, beharren
dennoch auf der früheren Bezeichnung
Burma. Kurznotiz: Ein Bewohner des
Landes wird sprachlich korrekt als *My-
anmare* bezeichnet. U: 4. 1. 1948 (ehem.
Teil von Britisch-Indien); bis 1989 Birma bzw. Burma

Nn
griech. *ny* N*ν* – phöniz.
nun »Fisch« – proto-semitisch *nahš* »Schlange«

NAGASAKI [O, Japan, Asien] Die L ANGE
H ALBINSEL (jap. *naga* »lang«, *saki*
»Halbinsel«) an der Südwestküste Ky-
ushus war Mitte des 19. Jh.s, während
der Meiji-Restauration, das Einfallstor
für die Europäer, als Stützpunkt der
Kaiserlichen Marine jedoch am 9. August 1945 auch tragischer Schauplatz
des zweiten Atombombenabwurfs der
modernen Kriegsgeschichte.

NAGOYA [O, Japan, Asien] Diese Stadt
entwickelte sich im Umkreis einer 1610
erbauten Burg. Vermutlich hat die
Stadtbezeichnung mit jap. *na* »Name«,
ko »alt« und *ya* »Haus« zu tun: also
N AME DES ALTEN H AUSES.

NAHER OSTEN [R, Asien] Dieser Begriff ist eindeutig als L AGEBEZEICH-
NUNG zu verstehen, wir Mitteleuropäer
fassen darunter die früheren Osmanischen Länder Bahrain, Irak, Israel, Jemen, Jordanien, Katar, Kuwait, Libanon, Oman, Palästina, Saudi-Arabien,
Syrien und die Vereinigten Arabischen
Emirate sowie bisweilen sogar Ägypten
zusammen. Bei den Briten, die ja aus ihrer geografischen Lage heraus einen anderen Blickwinkel haben müssen, wird
diese Region als *Middle East* (dt. Mittlerer Osten) bezeichnet. Der Nahe Osten beginnt dort bereits mit den Niederlanden. Daher Achtung vor wort-
wörtlicher Übersetzung des Ausdrucks
»Nahostkonflikt«!

NAIROBI [O, Kenia, Afrika] 1899 wurde
Nairobi (massai *Ewaso Nyirobi* KÜHLE
W ASSER) an der Bahnverbindung Mom-
basa–Uganda errichtet. Bereits wenige
Jahre später war diese Stadt das Zentrum
des Protektorats British East Africa.

NAMIB → **Namibia** [Wü, Namibia, Afri-
ka] O RT, WO NICHTS IST wäre eine exakte Übertragung dieses Namens ins
Deutsche (s. auch Namibia).

NAMIBIA NA/NAM/NAM [S, Südwestafrika, oL
Republik Namibia, engl. *Republic of Namibia*]
Die Namengebung des ehemaligen Südwestafrika (bis 1915 **Deutsch-Südwestafrika**) hat einen interessanten historischen Hintergrund. Auf Ansuchen der
Alliierten wurde dieses Land während
des Ersten Weltkriegs von südafrikanischen Truppen besetzt. Dies sollte sich
später als Bumerang herausstellen, da sich

Südafrika in den Sechzigerjahren weigerte, das durch UN-Resolution beendete Mandat aufzugeben. 1968 wurde jedoch die nominelle Kontrolle durch die Vereinten Nationen übernommen und gleichzeitig der heutige Name, den einer der Nationalistenführer kurz zuvor geschaffen hatte, offiziell eingeführt. *Nama* bedeutet unter anderem SCHILD; daneben gibt es jedoch auch einen gleichnamigen Hottentottenstamm. Eine zweite, durchaus wahrscheinliche Möglichkeit ist die Herleitung der Landesbezeichnung aus der Bantusprache: *Namib* trägt nämlich auch den Sinngehalt LEERE, und genauso öd und leer wie der Name andeutet, ist diese äußerst trockene, nur durch unregelmäßigen Niederschlag gekennzeichnete, gleichnamige Wüste an der Westküste Afrikas. Die *Namibier* tragen, so scheint es, einen eher sprechenden Namen. U: 21. 3. 1990 (1884–1915 dt. Kolonie Südwestafrika; ab 1920 Treuhandgebiet unter südafrikanischer Verwaltung)

NANCY [O, Frankreich, Europa] Der Name der lothringischen Stadt geht auf einen gewissen NANTIO zurück, der Endbuchstabe entstand aus dem lat. Suffix *acum*.

NANGA PARBAT [B, Pakistan, Asien] Die vegetationslose, kahle Gipfelregion dieses Achttausenders, der als größte sichtbare, freistehende Erhebung der Erde gilt (immerhin beträgt der Höhenunterschied zum 25 km entfernten Industal mehr als 7000 m), erklärt den Namen NACKTER BERG (hindi *nanga* »nackt« und *parvata* »Berg«). Die lokale Bezeichnung *Diamir* dagegen spricht vom »König der Berge«. Offensichtlich ein König, der mit eiserner Hand regiert, wenn man an die zahllosen Bergdramen am Nanga Parbat denkt.

NANKING [O, China, Asien, chin. *Nánjīng*] SÜDLICHE HAUPTSTADT (chin. *nán* und *jing*) ist ein mehr als passender Name, denn Nanking war mehrmals in der chinesischen Geschichte Hauptstadt des Landes (1368–1421 im vereinigten China, 1928–1937, 1940–1945 während der japanischen Okkupation und zuletzt 1946–1949 unter Nationalchinesischer Kontrolle).

NANTES [O, Frankreich, Europa] Nachdem Cäsar diesen Hafen erobert hatte, wurde der Name *Portus Namnetus* gebräuchlich, nach dem gallischen Stamm der NAMNETER. Berühmt wurde diese Stadt durch ein Edikt im Jahr 1598, das den Protestanten in Frankreich eine Fülle von Rechten einräumte.

NARVIK [O, Norwegen, Europa] Ahd. *narwa* »eng« und skand. *vik* »Bucht« bilden den Namen dieser im Zweiten Weltkrieg aus strategischen Gründen heiß umkämpften Stadt. Die ENGE BUCHT war Schauplatz der berühmten »Battle of Narvik«, in der die Briten die Kontrolle über die Westküste des Landes gegen Nazideutschland zurückgewannen.

NASHVILLE [O, Tennessee, USA, Nordamerika] Die Hauptstadt Tennessees wurde zu Ehren des Revolutionsgenerals Francis NASH (1742–1777), der im Kampf fiel, benannt. Der ursprüngliche Name war *Fort Nashborough*.

NASSAU [O, Bahamas, Karibik, Mittelamerika] Die Hauptstadt der Bahamas trägt einen deutschen Namen, der dieser Stadt 1689 zu Ehren des englischen Königs William III. aus dem Haus Oranien-Nassau gegeben wurde. Die etymologische Ableitung ist leicht erkennbar: NASSE AU. Die erste Gründung 1656 hieß *Charlestown*, nach dem damaligen englischen König Charles II.

NATAL → **KwaZulu-Natal** [H/P, Süd-
afrika, Afrika] Bis zur Vereinigung mit
KwaZulu im Jahr 1994 war das WEIH-
NACHTSLAND (port. *dies natalis*), das am
Weihnachtstag 1497 von Vasco da
Gama entdeckt wurde, eine eigenstän-
dige Provinz im Osten Südafrikas.

NAURU NR/NRU/NAU [S/I, Ozeanien, oL
Republik Nauru, nauruisch *Naoero*, engl. *Republic of Nauru*] Dieser fast am Kreuzungspunkt von Äquator und Datumsgrenze liegende Staat hat einen sehr unsicheren Namensursprung. Das Volk
der NAURUER ist zweifellos prägend,
aber es konnte bisher nicht verbindlich
festgestellt werden, was dieser Name
bedeutet. Vielleicht wurde er, so steht
es im deutschen Koloniallexikon von
1920, vom nauruischen Begriff *anáoero*
(eine Verkürzung von *a-nuau-a-a-oro-
ro*) ICH GEHE ZUM STRAND abgeleitet.
Doch dahinter steht, so neuere Forschungen, ein großes Fragezeichen.
Der erste Weiße, ein gewisser Captain
John Fearn, entschied sich 1798 wegen
der Freundlichkeit der Einheimischen
für den schönen Namen *Pleasant Island* (dt. frei mit »Freundliche Insel« zu
übersetzen). Jedenfalls macht sich Nauru durch eine ungemein elegante Flagge
bemerkbar. Auf blauem Grund (des
Pazifiks) teilt ein gelber Strich (der
Äquator) die Flagge in zwei Hälften.
Der Lage des Staates entsprechend,
knapp westlich der Datumsgrenze,
ziert ein einsamer Stern das untere Feld.
U: 31. 1. 1968 (ehem. UN-Treuhandgebiet seit 1947)

NAXOS [I, Griechenland, Europa] Diese
große Kykladeninsel dürfte nach einem
VOLKSNAMEN benannt sein, wenngleich
sich dessen Bedeutung im Verlauf der
Geschichte verlor. Jedenfalls war Naxos
schon in der Bronzezeit besiedelt, was

zahlreiche Funde bestätigen. Hier soll, so
die mythologische Erzählung, Theseus
nach seinem Sieg über den Minotaurus
auf dem Weg von Kreta nach Athen die
Königstocher Ariadne zurückgelassen
haben. Spuren der kultischen Verehrung
als Vegetationsgöttin bezeugen den Status Ariadnes für Naxos.

NAZARETH [O, Israel, Asien, hebr.
Nátzrat, arab. *An Nasira*] Der angebliche
Geburtsort Jesu wird nur im Lukas-
evangelium, jedoch nicht im Talmud
erwähnt. Die Vermutung liegt daher
nahe, dass Jesus in Kapernaum am See
Genezareth (s. d.) aufgewachsen ist und
daraus später die Zusammenziehung
Nazareth entstand (hebr. *nétser* ZWEIG
oder *natsor* BEOBACHTEN). Dennoch
findet sich in der Verkündigungsbasili-
ka die Inschrift »Hic verbum caro fac-
tum est« (dt. »Hier ist das Wort Fleisch
geworden«).

N'DJAMENA [O, Tschad, Afrika] Das
ehemalige **Fort Lamy** änderte seinen
militärisch angehauchten Namen in das
afrikanische Wort für RUHEPLATZ.

NEANDERTAL [X, Deutschland, Europa]
Mit der Entdeckung eines Skeletts des
altsteinzeitlichen »Homo neandertha-
lensis« (-th-, alte Schreibweise) in einer
Schlucht nahe Düsseldorf machte der
Lehrer und Hobbynaturforscher Johann Karl Fuhlrott einen der ungeheu-
res Aufsehen erregenden Funde der archäologischen Geschichte. Die Klamm,
in alten Zeiten »Hun(d)sklippen« genannt, wurde nach dem Kirchenlieddichter Joachim NEANDER (1650–
1680), der dort wandernd seine Muße-
stunden verbrachte, benannt.

NEAPEL [O, Italien, Europa, ital. *Napoli*,
engl. Naples] Exilgriechen haben ca. 600
v. Chr. an der wunderbaren Küste
Kampaniens diese NEUSTADT (griech.

Nea polis) gegründet, aus der sich der heutige Name der vielbesungenen Kulturstadt ableitet. Als Hauptstadt des »Königreichs beider Sizilien« sowie des Königreichs Neapel kam der Stadt am Vesuv auch enorme politische Bedeutung zu. Weltweit geschätzt wird die *Neapolitanische Volksmusik* (ital. Canzone Napoletana), eine einzigartige Mischung aus klassischen und volkstümlichen Elementen, die starke Dialektfärbung aufweisen. Wer kennt es nicht, das mit Leidenschaft hingeschmetterte »O sole mio«. Randbemerkung: Auch die *Neapolitaner-Waffeln* haben ihre Liebhaber.

NEBRASKA   NE/NEB./NEBR. [P, USA, Nordamerika] Nebraska trägt einen aus dem Indianischen stammenden Flussnamen, der mit FLACH, SEICHT übersetzt werden kann. Auch der französische Name mit gleicher Bedeutung ist bis heute in Verwendung: *Platte. Cornhusker State* (dt. Maishülse, Maisschote) ist wegen der ausgedehnten Maisfelder ein absolut passender Beiname.

NECKAR   [F, Baden-Württemberg, Deutschland, Europa] Der rechte Nebenfluss des Rheins, lat. *Nicarus*, dürfte sich vom idg. **neīk*, **nīk* oder **nik* ableiten, was so viel wie LOSSTÜRMEN, STÜRMISCH BEGINNEN bedeutet. Dies ist wohl als Hinweis auf unruhige Quellabschnitte zu deuten.

NEFUD   [Wü, Saudi-Arabien, Asien, arab. *an-Nafud*] Die Wüste Nefud im Norden Saudi-Arabiens zeichnet sich durch riesige sichelförmige Dünen aus. Und in der Tat bedeutet der arab. Name *an-Nafud* einfach HOHER SANDRÜCKEN.

NEGEV   [Wü, Israel, Asien, arab. *an-Naqab*] Die Halbwüste im Süden Israels leitet sich entweder vom biblischen Wort *negev* SÜDEN ab oder aber von der hebr.

Wurzel **n-g-b* TROCKEN. Sinnhaft sind jedenfalls beide Deutungen!

NEPAL   NP/NPL/NEP [S, Südasien, oL *Königreich Nepal*, nepalesisch *Nepāl Adhirāiya*] Einer sehr bildlichen Beschreibung der an die Flanke des Himalayas gedrückten Siedlungen verdankt Nepal eine seiner Namensdeutungen: aind. *nepala* heißt frei übertragen HERABGEFALLENE HÄUSER (von *nipat* »herabfliegen« und *alaya* »Zuflucht, Haus«), und gemeint sind damit wohl die Dörfer und Siedlungen an den Bergflanken des höchsten Gebirges der Erde. Die Menschen dieser Hochlandsregion bezeichnen sich als *Nepalesen*. So lautet zumindest eine der Theorien. Anderer Erklärungen – und davon gibt es viele – deuten diesen Landesnamen als BEGINN EINER NEUEN ZEIT bzw. leiten ihn von KÖNIG NEPA oder dem alten Volksstamm der NEWAR ab. Daneben gibt es noch Interpretationen wie HEIMAT DER WOLLE (tibet. *ne* »Heimat«, *pa* »Wolle«; immerhin gibt es im Kathmandu-Tal Schafzucht) oder MITTE DES LANDES (tibet. *ne* »Mitte«, *pal* »Land«), also ein Hinweis auf die Lage inmitten der Giganten China und Indien. Als Pilgerort der Hinduisten und Buddhisten ist auch die Interpretation HEILIGE HÖHLE (*ne* »heilig«, *pal* »Höhle«) denkbar. Einen Rekord hat Nepal auf jeden Fall sicher: Auf seinem Staatsgebiet befinden sich acht der zehn höchsten Berge der Erde. U: alte staatliche Tradition

NEU DELHI   → **Delhi** [O, Indien, Asien, engl. *New Delhi*] Bei einer Versammlung im Jahr 1911 ordnete König George V. an, die Hauptstadt Britisch Indiens von Kalkutta an eine neue Stätte außerhalb Delhis zu verlegen: New Delhi war geboren. Zur Namensdeutung siehe Delhi.

NEUBRANDENBURG NB [O, Mecklenburg-Vorpommern, Deutschland, Europa] Von den Markgrafen von Brandenburg planmäßig errichtet, trägt diese Stadt den Namen der damaligen Hauptstadt Brandenburg an der Havel: lat. *civitas nostra Brandenborch Nova*, ahd. *Nyen-Brandenborch*, nd. *Nygen Brandenburg*. Wie dort steckt ahd./asächs. *brant* BRENNEN oder ahd./asächs. *brinnan* VERBRENNEN im Namen, wie dort jedoch auch mit unsicherer Erklärung, warum gerade diese Bezeichnung gewählt wurde.

NEUCHÂTEL, NEUENBURG NE [O/P, Schweiz, Europa, dt. *Neuenburg*, franz. *Neuchâtel*, früher: *Neufchâtel*] Das *Novum Castellum* (dt. NEUES SCHLOSS) war ein Geschenk des Burgunderkönigs Rudolf III. an seine Gattin Irmengarde und wird erstmals 1011 schriftlich erwähnt (*neuf* und *châtel* sind ältere Formen dieser Wortteile). Es befand sich vermutlich dort, wo heute das Gefängnis der Stadt steht. Gleichnamige Orte finden sich auch in Belgien, Frankreich oder Kanada.

NEUE HEBRIDEN → **Vanuatu** [H/I, Vanuatu, Ozeanien, engl. *New Hebrides*] Bis 1980 trugen die ca. 80 Inseln und Inselgruppen Vanuatus den aus Kolonialzeiten stammenden Namen New Hebrides (nach den schottischen Hebriden).

NEUENBURGER SEE → **Neuchâtel** [G, Schweiz, Europa] Mit mehr als 200 km^2 ist dieser See der größte, der vollständig in der Schweiz liegt, nämlich in den Kantonen Neuenburg, Freiburg, Waadt und Bern.

NEUFUNDLAND → **Newfoundland** [I, Kanada, Nordamerika] Dies ist einfach der deutsche Name des von Giovanni Caboto NEU GEFUNDENEN LANDES an der heutigen kanadischen Ostküste.

NEUGUINEA [I, Indonesien, Papua-Neuguinea, Asien, engl. *New Guinea*] 1526 landete Don Jorge de Meneses eher zufällig auf diesem Land und entschied sich kurzerhand für den Namen *Papua* (malai. für Kraushaar). Der heutige Name der mit fast 800 000 km^2 zweitgrößten Insel der Erde war eine Wahl des spanischen Forschers Iñigo Ortiz de Retes, der eine hohe Ähnlichkeit mit den Menschen Westafrikas sah. Daher heißt diese heute politisch zwischen Indonesien (ehemals *Irian Jaya*) und Papua-Neuguinea aufgeteilte Insel seit 1546 wie das afrikanische Guinea (also SCHWARZE LEUTE). Die ökologische Vielfalt mit mehr als 11 000 Pflanzenarten, 600 Vogelarten, 400 verschiedenen Schmetterlingen sowie das sprachliche Babel (mit fast 800 Sprachen) sind einzigartig auf unserer Erde.

NEUKALEDONIEN -/-/NCL [I, Frankreich, Ozeanien, engl. *New Caledonia*] Captain Cook ehrte am 4. September 1774 mit diesem Inselnamen den schottischen (lat. CALEDONIA) Teil Großbritanniens. Dieser Name dürfte kelt. *cal* HART enthalten, eine Silbe, die sich im heute vergessenen Volk der Caledones findet.

NEUMÜNSTER NMS [O, Schleswig-Holstein, Deutschland, Europa] Die alte Siedlung *Wipenthorp* (durch einen gewissen Wipo gegründet) wurde 1136 als Augustiner-Chorherrenstift unter dem Namen *Novum monasterium* (dt. NEUES KLOSTER) ausgebaut.

NEUSCHWANSTEIN [X, Bayern, Deutschland, Europa] Das von Ludwig II. im 19. Jh. erbaute Märchenschloss Neuschwanstein (wörtlich NEUER SCHWANENSTEIN). Ludwig ließ sich allerdings weniger vom Mittelalter als vielmehr von der Sagenwelt Richard Wagners und von maurischen Ideen inspirieren.

NEUSEELAND NZ/NZL/NZ [S/I, Ozeanien, oL *maori Aotearoa* engl. *New Zealand*] Der Legende nach erreichte Kupe, ein Maori-Häuptling, in einem Kanu im Jahr 950 das heutige Neuseeland. Er soll das vor ihm liegende Land verklärt mit den Worten »*he ao he aotea he aotearoa*« bezeichnet haben. Die Übersetzung lautet »es ist eine Wolke … eine weiße Wolke … eine lange weiße Wolke.« *Aotearoa* LAND DER LANGEN WEISSEN WOLKE wurde zum bis heute gültigen offiziellen Landesnamen Neuseelands in der Sprache der Maori. Als der Holländer Abel Tasman 1642 dieses Land erblickte, benannte er es wegen der natürlichen Ähnlichkeit mit seiner Heimatprovinz *Zeeland*. Die Briten haben schließlich den Namen zu New Zealand modifiziert. Apropos Heimatgefühle: Neuseeland hat wunderbares, mitteleuropäisches Klima und vermittelt damit tatsächlich so etwas wie eine Europanähe. Kein Wunder, dass diese Welt mit dem Beinamen *God's Own Country* verklärt wird. Ob bei der anhaltenden Zerstörung der Natur diese Bezeichnung auch in hundert Jahren noch gelten darf, bleibt abzuwarten. Ergänzung: Die Cook Islands, Niue Island und Tokelau gehören administrativ ebenfalls zu Neuseeland (s. Kap. Postalische Ausgabegebiete). U: de facto 26. 9. 1907; nominell 11. 12. 1931 (Westminster-Statut)

NEUSIEDLERSEE [G, Österreich, Ungarn, Europa, ung. *Fertö tó*] Der westlichste Steppensee Europas ist fast vollständig von einem Schilfgürtel umgeben und bietet damit einen Lebensraum für eine geradezu einzigarte Tierwelt. Wegen der globalen Erwärmung droht jedoch eine vollständige Austrocknung dieses Gewässers noch in diesem Jahrhundert.

Der deutsche Name bedeutet SEE DER NEUEN SIEDLER, der ungarische dagegen »Schlamm, Sumpf«.

NEUSS NS [O, Nordrhein-Westfalen, Deutschland, Europa] Das mdal. *Nüß* wird in der hochdeutschen Form »Neuss« geschrieben. Sehr unsicher ist die Bedeutung dieses Namens, der auf das lat. *Novaesium* zurückgeht, seinerseits aber präkeltischen Ursprungs sein könnte. Bahlow vermutet, dass diese Bezeichnung mit Morast, Moder zu tun haben könnte. Offensichtlich entstand die moderne Stadt am Platz einer vorrömischen Siedlung.

NEUSTADT an der Weinstraße
NW [O, Rheinland-Pfalz, Deutschland, Europa] Der Name ist an sich sprechend, heißt also NEUE STADT AN DER WEINSTRASSE. Allerdings bezieht sich das »neu« auf das 13. Jahrhundert: damals lat. *Nova Civitas*, später (1376) *Nuwenstad*. Ab dem 18. Jh. war die Stadtbezeichnung *Neustadt an der Haardt* gebräuchlich (mhd. *hart*, ahd. *hard* »Bergwald, Höhenzug, Viehweide«). Während der Jahre des Dritten Reiches sowie ab 1950 wurde der Zusatz Weinstraße geführt. Der Grund: Die Deutsche Weinstraße am Fuße der Haardt war 1936 die erste Touristikstraße des Landes.

NEU-ULM → **Ulm** NU [O, Bayern, Deutschland, Europa] Als Nachbarstadt Ulms entstand diese Siedlung am rechten Donauufer: 1812 hieß es *Ulm diesseits*, 1813 *Neuulm* und im Jahr darauf Neu-Ulm. Zur Namensdeutung siehe Ulm.

NEVADA NV/NEV. [P, USA, Nordamerika] Die Kurzform von *Sierra Nevada* SCHNEEBEDECKTE BERGKETTE passt treffend zu diesem Rocky Mountains Staat. In Verbundenheit mit ihrer spanischen Heimat haben iberische Siedler den Namen des andalusischen Gebirges auf den neuen Kontinent getragen. Wortwörtlich übersetzt heißt span. *sierra* SÄGE, womit die bizarren Gipfelformationen gemeint sind. Beide Beinamen *Sagebrush* (dt. Beifuß, ein Steppengewächs) *State* sowie *Silver* (dt. Silber) *State* sind absolut treffend für diese Region.

NEW BRUNSWICK [P, Kanada, Nordamerika, franz. *Nouveau-Brunswick*, dt. *Neubraunschweig*] Diese Provinz Kanadas wurde 1784 von Loyalisten der Krone nach dem Sohn König Georgs III., Prinz Friedrich August, aus dem HAUS BRAUNSCHWEIG-LÜNEBURG benannt. Der Name Braunschweig seinerseits bedeutet BRUNOS SIEDLUNG (s. d.).

NEW ENGLAND → **England** [R, USA, Nordamerika] Als Tribut an seine alte Heimat gab Kapitän John Smith den Staaten Connecticut, Maine, Massachusetts, New Hampshire und Rhode Island den Sammelnamen New England. Die Namensdeutung findet sich unter dem Stichwort England.

NEW HAMPSHIRE NH/N.H. [P, USA, Nordamerika] Nachdem Charles I. 1629 dieses Gebiet an Captain John Mason übertrug, benannte es dieser in Erinnerung an seine Heimat New Hampshire. Das englische County wiederum ist eine um die Endung *shire* (dt. etwa mit Grafschaft zu übersetzen) erweiterte Form des Siedlungsnamens *Hampton* (alte Form für Southampton). Aus den aengl. Wörtern *hamm* »eingeschlossenes Land« und *tūn* »Farmplatz, Heimstatt« kann die Sinnbedeutung »Heimatdorf« abgelesen werden. Vielleicht sah John Mason in New Hampshire eine NEUE HEIMATLICHE GRAFSCHAFT.

Der Beiname dieses alten Neuenglandstaates ist *Granite State* (dt. Staat aus Granit).

NEW HAVEN [O, Connecticut, USA, Nordamerika] Seit 1716 ist New Haven (dt. NEUER HAFEN) Sitz der prestigeträchtigen Yale University. Der Name wurde im 17. Jh. von puritanischen Immigranten in Erinnerung an die englische Stadt Newhaven gewählt.

NEW JERSEY NJ/N.J. [P, USA, Nordamerika] Einer der großen Grundbesitzer dieses Fleckens Erde, Sir George Carteret, wählte 1664 diesen Namen in Erinnerung an seine Heimatinsel Jersey (s. d.). Die Hauptinsel der Channel Islands hat vermutlich einen skandinavischen Ursprung: *Geirs ey* »Geirs Insel«. Geir ist ein nicht ungebräuchlicher Name, der dem ahd. *Ger* »Speer« entspricht. Wir haben also eine NEUE SPEER-INSEL vor uns. Der Beiname *Garden State* täuscht ein wenig, denn dieser flächenmäßig sehr kleine Staat ist sehr dicht besiedelt.

NEW MEXICO → **Mexiko** NM/N.M./N.MEX. [P, USA, Nordamerika] Der ursprünglich spanische Name *Nuevo México* wurde diesem Territorium im Jahr 1562 vom spanischen Eroberer Francesco de Ibarra in der Hoffnung gegeben, ähnliche Reichtümer wie im südlichen Mexiko zu finden. Der englische Name ist eine simple Übersetzung. Die genaue Wortbedeutung wird beim Stichwort Mexiko (s. d.) dargelegt. Auf Grund seiner überwältigenden Naturschönheiten trägt dieser Staat den Beinamen *Land of Enchantment* (dt. Land der Verzauberung).

NEW ORLEANS [O, Louisiana, USA, Nordamerika] Die Franzosen wählten 1718 den Namen *Nouvelle Orléans*, zu Ehren des französischen Regenten Philippe, Herzog von ORLÉANS (1674–

1723). Knapp hundert Jahre später, im Zuge des Kaufs des Louisiana-Territoriums, entschieden sich die englischsprachigen Amerikaner für eine Umbenennung in New Orleans. Dennoch lebte in dieser bis zur Vollevakuierung und Zerstörung durch den Hurrikan Katrina im Spätsommer 2005 pulsierenden Stadt das leichtlebige Element der frühen französischen Kolonialzeit spürbar weiter.

NEW SOUTH WALES [P, Australien, Ozeanien, dt. *Neusüdwales*] Die schöne Assoziation mit der Küste von Südwales (aengl. *walh* FREMDER, KELTE) bewog James Cook 1770 dazu, den östlichen Teil Australiens (ab dem 135. Längengrad) mit diesem Namen zu belegen. Mit der Unabhängigkeit immer größerer Teile des Kontinents schmolz die Fläche von Neusüdwales mehr und mehr und erreichte schließlich 1915 die heutige Ausdehnung.

NEW YORK [P/O, USA, Nordamerika] Ursprünglich trug diese holländische Stadtgründung den Namen *Neu-Amsterdam.* Nach der Übernahme dieser Region durch die Briten musste ein neuer, englischer Name gefunden werden. Die Entscheidung durch King Charles II. fiel auf seinen Bruder, James, DUKE OF YORK and Albany, dem diese Kolonie geschenkt wurde. Der Name York selbst kennt zahlreiche Interpretationen. Im 2. Jh. hat Ptolemäus in seinen Schriften die Bezeichnung *Eborakon* verwendet, abgeleitet vom Personennamen Eburos EIBENMANN. Gemeint war ein Bauer, auf dessen Grundstück zahlreiche Eiben standen. Jahrhunderte später nahmen die Angelsachsen eine Neuinterpretation vor. Das aengl. *eofor* »Wildschwein« wurde um die Endung *wic* »Wohnstät-

te« erweitert, was frei übersetzt vielleicht WILDSCHWEINFARM bedeuten könnte. Als schließlich auch dieser Teil der Britischen Inseln von den Wikingern überrannt wurde, konnten sie mit dem ersten Teil des Namens wenig anfangen. Das Endungs-k wurde mit dem Rest des Wortes zum heutigen York verschliffen. Ob das anord. *yr* »Eibe« im Sinne einer Waffe, nämlich eines BOGENS AUS EIBENHOLZ mitbestimmend war, ist nicht mehr zu eruieren. Stolz der Beiname dieses berühmten US-Staates: *Empire State*. Das gleichnamige Gebäude mit seinen 381 m Höhe und den 102 Stockwerken war lange Jahre der höchste Wolkenkratzer der Erde. Auch die Stadt New York trägt einen weltbekannten Beinamen: *Big Apple*.

NEWARK [O, New Jersey, USA, Nordamerika] 1666 als *Pesayak Town* gegründet, dann in *New Milford* umbenannt, bekam Newark erst spät den heutigen Namen, vermutlich nach der Heimatstadt des Reverend Abraham Pierson, Newark-on-Trent. Dieser Ort, ehemals *Niweweorce*, enthält die aengl. Begriffe *nīwe* »neu« und *weorc* »Befestigung, Gebäude« – und trägt daher daher die Bedeutung NEUE FESTUNG oder besser übersetzt NEUE ARCHE.

NEWCASTLE UPON TYNE [O, England, Großbritannien, Europa] Wenn hier am Tyne auch bereits von den Römern eine Wehrfestung gegründet wurde, so ist es doch eine normannische Burg aus dem 11. Jahrhundert, die dieser Stadt den Namen gab: aengl. *nīwe* »neu« und *castel* »Festung«, also vielleicht mit NEUBURG ins Deutsche zu übersetzen. Der Tyne trägt einen präkelt. Namen, der vermutlich einfach WASSER bedeutet. Unserem Sprichwort »Eulen nach

Athcn tragen« kann übrigens die Wendung »to carry coals to Newcastle« entgegengestellt werden. Der Reichtum an diesem fossilen Brennstoff dient als Grundlage des englischen Sprichworts.

NEWFOUNDLAND [I, Kanada, Nordamerika, dt. *Neufundland*] Der Entdecker Giovanni Caboto (alias John Cabot) sprach von einem *New founde launde* (dt. NEU GEFUNDENES LAND), eine Bezeichnung, die bis 1502 wortwörtlich in offiziellen Dokumenten zu finden ist. Der *Neufundländer* ist eine Hunderasse mit dunkelbraunem bis tiefschwarzem Fell.

NIAGARAFÄLLE [X, Kanada, USA, Nordamerika, engl. *Niagara Falls*] Die weltberühmten Niagarafälle lassen den Niagara River zwischen dem Lake Ontario und dem Lake Erie 58 m in die Tiefe stürzen, wobei die obere Kante durch die Goat Island (dt. Ziegeninsel) eine Spaltung der Wassermassen bewirkt. Sowohl auf US-amerikanischer als auch auf kanadischer Seite liegen Städte, die sich Niagara Falls nennen. Der Name, vermutlich aus dem Irokesischen, könnte DONNERNDES WASSER oder GETEILTES LAND bedeuten.

NICAEA [H/R, Asien] Die berühmte Konzilstadt Nicaea nennt sich nach der Siegesgöttin Nike (vgl. Nizza). Allerdings war es in diesem Fall nicht die Göttin direkt, sondern die Gattin des makedonischen Generals Lysimachos, NIKAIA, die die Benennung bewirkte.

NICARAGUA NI/NIC/NIC [S, Mittelamerika, oL *Republik Nicaragua*, span. *República de Nicaragua*] Dieser mittelamerikanische Staat wurde 1522 durch den Spanier Gil González nach dem gleichnamigen Volk und einem lokalen HÄUPTLING dieses Namens benannt. Die Bedeutung des Namens Nicaragua könnte

sich von Nahuatl *nican* HIER und *aráhuac* MENSCHEN ableiten, genauso gut jedoch auch HIER, NAHE BEIM SEE bedeuten. Immerhin ist der gleichnamige See eine markante topografische Erscheinung. U: Proklamation 15. 9. 1821 (ehem. span. Kolonie); endgültig 30. 4. 1838 (Austritt aus der Zentralamerikanischen Konföderation)

NIDWALDEN NW [P, Schweiz, Europa franz. *Nidwald*, ital. *Nidvaldo*, rätorom. *Sutsilvania*] Der Halbkanton Nidwalden hat wie das Gegenstück Obwalden (s. d.) alle Kantonsrechte, mit einer Ausnahme: Es wird nur ein einziges Mitglied in den Ständerat entsandt. Auch hier ist der Name selbsterklärend: NIEDRIG GELEGENER WALD.

NIEDERE TAUERN → **Hohe Tauern** [B, Österreich, Europa] Zur Namensdeutung siehe Hohe Tauern. Das Adjektiv gibt einfach die im Vergleich zu den Hohen Tauern deutlich geringere Höhenlage dieser Faltengebirgsketten an.

NIEDERLANDE NL/NLD/NL [S, Westeuropa, engl. *The Netherlands*, oL *Königreich der Niederlande*, holl. *Koninkrijk der Niederlanden, Nederland*] Im 17. Jh. waren die Niederlande unter den größten See- und Wirtschaftsmächten der Erde. Frühere Namen waren *Batavische Republik* (nach dem Stamm der Bataver; 1796 mit französischer Unterstützung gegründet), *Königreich Holland* (1806 unter Napoleon) und ab 1815 *Königreich der Niederlande* (das auch noch das heutige Belgien umfasste). Einen sprechenden Namen tragen die NIEDRIG GELEGENEN LANDE (engl. auch *Low Lands*) jedenfalls, offensichtlich eine direkte Übersetzung aus lat. *inferior terra*. Aber vielleicht sollte die Anmerkung nicht fehlen, dass dieses Gebiet von den Österreichern als Kontrast zum eigenen

»hoch gelegenen Land« so bezeichnet wurde. Der ebenfalls sehr gebräuchliche, wenn auch nicht korrekte Name **Holland** (eigentlich nur die heutigen Provinzen Nord- und Südholland) hat einen unsicheren Ursprung. Aholl. *holtland* »Waldland« oder *holland* »muldenartiges, seichtes Land« scheinen plausible Erklärungen anzubieten. Die letztere Deutung passt natürlich wunderbar auf die heutige Topografie und wird daher auch leicht favorisiert. Interessant ist auch, dass eine Segelbootsklasse, der *Flying Dutchman*, nach dieser Provinz der Niederlande benannt wurde, ebenso wie die *Hollandaise*, eine schmackhafte Soße. Politisch blieben die Inseln Aruba sowie die Niederländischen Antillen als Überrest der früheren Kolonialmacht bei den Niederlanden. U: Proklamation 2. 7. 1581; anerkannt 24. 10. 1648 (Westfälischer Friede)

NIEDERLÄNDISCH-GUYANA → **Suriname, Guyana** [H/L, Suriname, Südamerika] Als ehemaliges Kolonialgebiet der Niederlande ist die Amtssprache Surinames (Etymologie s. d.) bis heute Holländisch. 1975 wurde Suriname nach einer Übergangsphase unabhängig.

NIEDERÖSTERREICH → **Österreich** NÖ/N [P, Österreich, Europa, engl. *Lower Austria*] Wie das Pendant Oberösterreich hat auch dieses Bundesland einen bekannten historischen Namen: *Erzherzogtum Österreich unter der Enns* (das »unter« meint die Lage östlich des Flusses). Zu Österreich siehe dort. Dieses größte Bundesland der Republik wird (inoffiziell) in vier Viertel gegliedert: Waldviertel, Weinviertel, Industrieviertel und Mostviertel. Randbemerkung: Bis 1922 war Wien ein Teil dieses Bundeslandes, bis 1986 sogar Landeshauptstadt Niederösterreichs.

NIEDERSACHSEN → **Sachsen** NI [P, Deutschland, Europa, engl. *Lower Saxony*] Dieses deutsche Bundesland entstand erst nach dem Zweiten Weltkrieg (1946) durch Vereinigung der ehemaligen preußischen Provinz Hannover mit den Nachbarländern Braunschweig, Oldenburg und Schaumburg-Lippe. Ein gemeinsames Bewusstsein, ein durchdringendes politisch-kulturelles Verständnis, musste erst langsam entstehen. Zur Namensetymologie siehe Sachsen.

NIGER NE/NER/RN [S/F, Westafrika, oL *Republik Niger*, franz. *République du Niger*] Der Lebensspender der Oberguineaküste trägt zu Recht den Tuaregnamen *egereou n-igereouen* »Fluss der FLÜSSE«, ist er doch ein Garant für Leben im Übergangsgebiet zwischen Sahara und Regenwaldzone. Der zweite Namensteil führt zu Niger, ein Name, der zuerst in Leo Africanus' Schriften aufgetaucht ist. Vielleicht war Africanus aber auch durch das lateinische Wort *niger* »schwarz« inspiriert, also »Fluss der Schwarzen«. Wenn Sie auf die Einwohner dieses Staates Bezug nehmen, müssen Sie die Bezeichnung *Nigrer* verwenden. U: 3. 8. 1960 (ehem. franz. Kolonie)

NIGERIA NG/NGA/WAN [S, Westafrika, oL *Bundesrepublik Nigeria*, engl. *Federal Republic of Nigeria*] Die Kolonisierung Nigerias durch Großbritannien begann im Jahr 1861. Davor teilten sich zahlreiche »Staaten« dieses Land: die Yoruba-Königreiche Oye und Ifi, das Königreich Benin oder die Emirate der Hausa sind nur einige Beispiele. Für den Namen des heutigen Staates gilt die gleiche Erklärung wie für Niger (s. d.), also »Fluss der FLÜSSE«, wenn auch die lat. Staatenendung *ia* zum Flussnamen hinzugefügt wurde. Allerdings sehen einige Etymologen auch im FLUSS GIR (suah. *NiGir*) den Ursprung dieses Landesnamens. Zur Unterscheidung von den Nigrern (s. Niger) werden die Bewohner dieses riesigen Staates als *Nigerianer* bezeichnet. Das Mündungsdelta des Niger wurde früher als *Oil Rivers Protektorat* bezeichnet, vielleicht eine erste Vorahnung auf das Schwarze Gold? U: 1. 10. 1960 (ehem. brit. Kolonie)

NIKOSIA [O, Zypern, Europa, griech. *Lefkosia*, türk. *Lefkoşa*, engl. *Nicosia*] Der griechische Name der Stadt, *Lefkosia*, könnte von LEFKOS, dem Sohn Ptolemäus I. von Ägypten, abgeleitet sein, der hier im 3. Jh. v. Chr. eine Siedlung gründete. Aber auch der Begriff *lefki*, der die an Flüssen reichlich auftretenden PAPPELN meint, kommt als Namensquelle in Frage. Zuletzt bedeutet griech. *levkos* auch WEISS oder STRAHLEND. Im Altertum war der Name *Ledra* oder *Ledrae* für den wichtigsten Ort Zyperns gebräuchlich. Erst Ende des 12. Jh.s kam *Nicosia* auf, da die damals hier herrschenden Templer Probleme bei der Aussprache der gerade üblichen Ortsbezeichnung *Kallinikisis* hatten, die wiederum auf die Göttin NIKE (dt. Sieg) zurückgeht. Möglicherweise war es aber auch eine bewusste Anspielung auf die Siegesgöttin.

NIL [F, Afrika, engl. *Nile*] Der Nil trägt einen der ältesten überlieferten Namen. Er geht auf die semitische Wortwurzel *nahal* FLUSS zurück. Zwar wird dieser Strom in der Bibel erwähnt, allerdings immer nur indirekt, also nie beim eigentlichen Namen. Jedenfalls wurden das *Nilkrokodil* und das *Nilpferd* nach dem längsten Strom Afrikas benannt.

NÎMES [O, Frankreich, Europa] Der römische Name dieser Stadt, *Nemausos* (dt. HEILIGTUM oder TEMPEL), leitet sich vom kelt. *nemo* »Heiligtum« ab. Und aus dieser Benennung entwickelte sich schließlich der heutige Name. Auch *Denim* (de Nîmes), ein Baumwollstoff, wurde nach dieser Stadt bezeichnet.

NINIVEH [H/O, Irak, Asien] Zum ersten Mal wird Niniveh, eine altmesopotamische Stadt, in Gen 10,11 erwähnt, mit einer Anspielung auf den Gründer Nimrod. Dennoch meinen einige Experten, dass die Hauptstadt Assyriens möglicherweise nach König NINUS benannt wurde, der ebenfalls als Gründer Ninivehs gesehen wird. Hier vermischen sich wohl wieder einmal Geschichte und Geschichten.

NIPPON → **Japan** [S, Japan, Asien] Das LAND DER AUFGEHENDEN SONNE, wie der viertgrößte Inselstaat der Erde auch noch genannt wird, hat auf Grund seiner Wirtschaftsmacht weltweit ein sehr hohes Ansehen. Daher ist der Begriff Nippon weit über die Landesgrenzen hinweg bekannt geworden.

NISCHNI(J) NOWGOROD [O, Russland, Europa, engl. *Nizhnij Novgorod*] Nowgorod, NEUSTADT (russ. *novi* und *gorod*) wurde bereits 1221 gegründet. *Nishni(j)* NIEDRIGER, SÜDLICHER wurde erst im 14. Jh. zur Unterscheidung von einer anderen Stadt gleichen Namens hinzugefügt. Für einige Jahrzehnte (1932–1990) trug diese Stadt den Namen des großen Schriftstellers Maxim **Gorkij** (1868–1936). Offensichtlich wollte Stalin den Meister durch diese Ehrung stärker an die kommunistische Partei binden. Gleichzeitig mit der Umbenennung wurde Nischnij Nowgorod zu einer sogenannten geschlossenen Stadt, in die keine Ausländer zugelassen wurden. Grund dafür waren zweifellos die Rüstungsbetriebe der

Sowjetära. Ende 1990 wurde der alte Name wieder eingeführt, mit gleichzeitig völliger Öffnung dieser viertgrößten Stadt Russlands für alle Besucher.

NIZZA [O, Frankreich, Europa, franz./engl. *Nice*] Diese im 3. oder 2. vorchristlichen Jahrhundert von griechischen Kolonisten als *Nikaïa* (oder *Nicaea*) gegründete Stadt wurde der Siegesgöttin NIKE gewidmet, aus Dankbarkeit für einen Schlachtensieg gegen die Ligurer.

NORDAFRIKA → **Afrika, Norden** [E, Afrika] Gemeint ist mit dieser Bezeichnung der nördlich der Sahara gelegene Teil Afrikas. Der Fischer Weltalmanach führt folgende Staaten unter Nordafrika: Ägypten, Algerien, Libyen, Marokko und Tunesien.

NORDAMERIKA → **Amerika, Norden** [E, Nordamerika] Nordamerika umfasst die Staaten Kanada, USA und Mexiko. Die beiden Erstgenannten werden auch als Angloamerika bezeichnet, Mexiko gehört als spanisch sprechendes Land dagegen zu Lateinamerika.

NORDASIEN → **Asien, Norden** [E, Asien] Nordasien ist ein selten gebrauchter Ausdruck für den riesigen Ostteil Russlands, der auf asiatischem Territorium liegt und heute als eigener Kulturerdteil gesehen wird.

NORDERNEY [I, Deutschland, Europa] NORDLAND INSEL lautet die eingedeutschte Benennung dieser ostfriesischen Insel (fries. *ey* »Insel« sowie die Landschaft Norderland). Norderney ist erst in historisch junger Zeit entstanden. 1362 zerbrach die Marcellusflut das ehemalige *Buise* in zwei Teile, wobei das östliche Stück Land zunächst *Osterende* hieß. 1651 schließlich verschwand nach einer neuerlichen Katastrophe, der Petriflut, das frühere Buise endgültig in der Nord-

see. 1515 lautete die urkundliche Form noch *Norderney Oog*, wobei dieses *oog* nur die niederdeutsche Form von fries. *ey* darstellte. Zumindest im Namen waren also noch »zwei Inseln« enthalten.

NORDERSTEDT [O, Schleswig-Holstein, Deutschland, Europa] Die Lage am NORDRAND Hamburgs ist für den Namen dieser erst 1970 durch Zusammenlegung mehrerer Gemeinden entstandenen Stadt verantwortlich. Das mnd. Grundwort *stede* WOHNSTÄTTE, SIEDLUNG wurde vom alten Stadtteil *Garstedt* übernommen.

NORDEUROPA → Kap. **Europa, Norden** [E, Europa] Diese Region wird in einem Spezialkapitel über Europa näher abgehandelt. Oft setzt man – übrigens nicht ganz zu Recht – Nordeuropa mit Skandinavien gleich.

NORDHORN [O, Niedersachsen, Deutschland, Europa] Nordhorn entstand im 14. Jh. auf einer künstlichen Insel, nachdem die Grafen von Bentheim 1319 mit dem bischöflichen Gericht belehnt wurden. Ahd. *nord*, asächs. *north* NORDEN sowie ahd./asächs. *horn* ECKE, SPITZE bilden den Namen der Siedlung. Vielleicht ist damit die ehemalige Gerichtsstätte gemeint.

NORDIRLAND → **Irland, Ulster** [P, Großbritannien, Europa, ir. *Tuaisceart Éireann*, engl. *Northern Ireland*] Northern Ireland ist der offizielle Name des NORDTEILS der Insel IRLAND (Die Teilung erfolgte 1921). Im landläufigen Sinn wird auch oft der alte Name *Ulster* verwendet. Dies ist allerdings historisch nicht ganz korrekt, da Ulster (s. d.) auch Counties der Republik Irland umfasst.

NORDKOREA → **Korea** [S, oL *Demokratische Volksrepublik Korea*, kor. *Choson Minchuchuui Inmin Konghuaguk*] »Das letzte echte Refugium des Kommunismus«, so hat ein Journalist die Zurückgezogenheit und Rückständigkeit dieses ostasiatischen Staates zu umreißen versucht. Näheres s. Korea.

NÖRDLICHES EISMEER [G, engl. *Polar Sea*] Die GEOGRAFISCHE LAGE um den Nordpol sowie die niedrigen Temperaturen und damit die starke TREIBEISBILDUNG sind die Gründe für diese Meeresbenennung.

NORDOSTAFRIKA → **Afrika, Norden, Osten** [E, Afrika] Fünf Staaten führt der Fischer Weltalmanach unter Nordostafrika: Äthiopien, Dschibuti, Eritrea, Somalia und Sudan.

NORDOSTEUROPA → Kap. **Europa, Norden, Osten** [E, Europa] Das Baltikum, wie dieser Teil Europas auch gerne bezeichnet wird, ist der jüngste Puzzlestein in der politischen Karte dieses Erdteils.

NORDRHEIN-WESTFALEN
→ **Rhein** NW [P, Deutschland, Europa, engl. *Northrhine-Westphalia*] Das bevölkerungsreichste deutsche Bundesland entstand 1946 unter Besatzungsrecht aus dem Zusammenschluss der früheren preußischen Provinz Westfalen mit dem Nordteil der Rheinprovinz. Nordrhein ist eine Kurzform für NORDRHEINPROVINZ (s. Rhein), Westfalen war ein ehemaliges Herzogtum (mlat. *Westfalia*), das einen VOLKSNAMEN eines westgermanischen Stammes trägt. Dessen Entstehung könnte mit dem schwed. *fala* »Ebene, Heide« zusammenhängen, wenngleich diese Deutung nicht belegt ist.

NORDSEE [G, Europa, engl. *North Sea*] In der ersten Ausgabe der Encyclopaedia Britannica 1771 wurde die Nordsee noch als *German Sea* (dt. Deutsches Meer) bezeichnet, ein Name der auf das römische *Oceanus Germanicus* zurückgeht. Zur Unterscheidung von der Zuider Zee (dt. Südsee) verwendeten die Holländer für dieses Gewässer den Namen *Noordzee* (dt. NORDSEE), der schließlich Allgemeingut wurde. Seit den Ölfunden Ende der Siebzigerjahre ist dieser Teil des Atlantiks von ungeheurer wirtschaftlicher Bedeutung für alle Anrainerstaaten, insbesondere für Norwegen.

NORDVIETNAM → **Vietnam** [S, Vietnam, Asien] Von 1954 bis 1976 war Nordvietnam auf Grund der Beschlüsse der Genfer Konferenz ein eigenständiger Staat, der entlang des 17. Breitengrads von seinem südlichen Teil getrennt war. Ungeheuer turbulente und verlustreiche Kriege (Indochina-, Vietnam-) mussten bis zur Vereinigung mit dem Süden durchlebt werden.

NORDWESTAFRIKA → **Afrika, Norden, Westen** [E, Afrika] Nur Mauretanien und die international nicht anerkannte Demokratische Arabische Republik Sahara werden von manchen Almanachen unter Nordwestafrika angeführt.

NORFOLK [O, England, Großbritannien, Europa] Der alte Name der Stadt, *Nordfolc*, lässt noch ganz deutlich die Bedeutung NÖRDLICHES VOLK erkennen.

NORMANDIE [P, Frankreich, Europa, engl. *Normandy*] Offensichtlich nach den NORMANNEN benannt, kommt dieser Region ungeheure geschichtliche Bedeutung zu, da ja von hier die Eroberung Englands (1066 durch William the Conqueror) erfolgte, und in Zusammenhang damit eine gewaltige Einflussnahme auf die heute weltweit dominierende englische Sprache. So finden sich für zahlreiche Begriffe zwei synonyme, allerdings unterschiedlich verwendete Wörter, z. B. beef/cattle, labour/work, etc. Die Normannen (dt. Nordmänner) waren eigentlich Wikinger, die auf diesem Umweg eine ewige Spur in unsere Kulturgeschichte gegraben haben.

NORRKÖPING [O, Schweden, Europa] Schwed. *norr* »nördlich« und *kōping* »Marktplatz« beschreiben deutlich die frühere Funktion dieser Siedlung: Nördlich gelegener Marktort.

NORTH CAROLINA → **Carolina** NC/N.C. [P, USA, Nordamerika, dt. *Nordkarolina*] North Carolina zählt zu den dreizehn Gründerstaaten der Union (Mitglied seit 21. November 1789). Die Etymologie wird für beide Carolinas unter dem betreffenden Stichwort behandelt.

NORTH DAKOTA → **Dakota** ND/N.D. /N.DAK. [P, USA, Nordamerika] North Dakota ist als Grenzland zu Kanada nur dünn besiedelt (an 47. Stelle innerhalb der USA). Der Name ist indianischen Ursprungs (s. Dakota).

NORTH ISLAND [I, Neuseeland, Ozeanien] Beide Hauptinseln Neuseelands wurden 1642 durch den holländischen Seefahrer Abel Tasman entdeckt. Die geografische Lage, Nördliche Insel, ist in diesem Fall ganz offensichtlich der Grund für die Benennung.

NORTHERN IRELAND → **Ulster, Ireland** [P, Großbritannien, Europa, ir. *Tuaisceart Éireann*, dt. *Nordirland*] Nordirland nimmt mit seinen sechs Counties den größten Teil der historischen Provinz Ulster ein. Die Teilung der Insel erfolgte im Jahr 1921 mit der Unabhängigkeit des Südens als selbständiges Dominion.

NORTHERN TERRITORY [P, Australien, Ozeanien] Wenn auch bereits seit 1911 beim Commonwealth of Australia, bekam das Nördliche Territorium erst 1978 den vollen Status der Gleichberechtigung mit den anderen Staaten. Mehrere Versuche, einen besser inspirierten Namen für dieses riesige Gebiet (über 1,3 Mio. km^2) zu finden, sind bislang gescheitert. Die knapp 200 000 Einwohner, davon ein Viertel Aborigines, können mit dem reinen Lagenamen offensichtlich sehr gut leben.

NORWEGEN NO/NOR/N [S, Nordeuropa, engl. *Norway*, oL *Königreich Norwegen*, norw. *Kongeriket Norge*] Der einzige Staat, der der Himmelsrichtung Norden seinen Namen verdankt, ist untrennbar mit dem Seevolk der Wikinger verbunden. Nicht umsonst steht in Oslo ein eigenes Wikinger-Museum, in dem die norwegische Geschichte am Besucher vorbeizieht. Die Nordmänner sind praktisch in ganz Europa eingefallen, wobei der Ausgangspunkt der drei Stoßrichtungen einen *norrevegr* NÖRDLICHEN SEEWEG (anord. *northr* »Norden«, *rike* »Weg«) entlang der Fjordküste Norwegens, einen westlichen Weg in die heutige Nordsee und einen östlichen Weg in das gegenwärtige Baltikum zuließ. Norwegen war spätestens seit der Kalmarer Union 1397 für einige Jahrhunderte eng mit den Nachbarn Dänemark und Schweden zusammengeschweißt, zunächst mit Dänemark als dominierendem Partner, später in einer Union mit Schweden. Die volle Unabhängigkeit wurde erst im 20. Jh. erreicht. U: alte staatliche Tradition; 27. 10. 1905 (Austritt aus der Union mit Schweden)

NORWICH [O, England, Großbritannien, Europa] Früher als *Northwic* in den Dokumenten vermerkt, bedeutet der Name einfach NORDHAFEN(STÄTTE) (aengl. *northr* und *wīc*), eine Lageangabe Bezug nehmend auf die Stadt Ipswich.

NOTTINGHAM [O, England, Großbritannien, Europa] Eigentlich müsste es Snottingham (aengl. *hām* »Heim«, *inga* als Zugehörigkeitsendung) heißen, also HEIMAT DER LEUTE SNOTS, nach einem gewissen Anführer Snot. Da »snotty« im Englischen soviel wie »rotzig« oder »gemein« bedeutet, dürften die Einwohner der Robin-Hood-Stadt sehr glücklich über den Wegfall des ersten Buchstabens sein.

NOUAKCHOTT [O, Mauretanien, Afrika] Oft wird die Namensinterpretation PLATZ DER WINDE gehört, manchmal aber auch PLATZ DER SCHWEBENDEN MUSCHELN (berber *a-n-wākshut*). Wie dem auch sei, Nouakchott, in den Fünfzigerjahren noch ein Fischerdorf, gehört wegen der Dürre und damit erzwungenen Landflucht der Berber zu den schnellst wachsenden Städten Afrikas.

NOVA SCOTIA [Hi, Kanada, Nordamerika, franz. *la Nouvelle-Écosse*] Diese Halbinsel Kanadas trägt den lateinischen Namen für NEU-SCHOTTLAND. Der Grund dafür ist eine Schenkung durch James I. an Sir William Alexander, Earl of Stirling.

NOVAJA SEMLJA [I, Russland, Europa, engl. *Novaya Zemlya*] Dieser russische Name bedeutet schlicht NEUES LAND. Händler und Pelzjäger entschieden sich für diese Wahl, um einen Kontrapunkt zu den alten Handelsstationen zu setzen. Da für Franzosen der russische Name nur schwer auszusprechen ist, findet sich auf historischen Karten oft die Form *Nova Zembla* (aus franz. Nouvelle-Zemble).

NOVI SAD [O, Serbien, Europa, dt. *Neusatz*] Das frühere *Petrovaradin* (dt. *Peterwardein*) bzw. *Petrovaradin Šanac* (dt. Graben) wurde 1748 als »freie königliche Stadt« von Gnaden Maria Theresias in Novi Sad (serb. *novi* »neu«, *sad* »Pflanzung, Siedlung«), also gleichsam in NEUSTADT, umbenannt.

NOWGOROD WELIKI [O, Russland, Europa, engl. *Velikij Novgorod*] Bereits im 9. Jh. gegründet, ist Nowgorod (dt. NEUSTADT, russ. *novi* und *gorod*) eine der ältesten russischen Städte. Bemerkenswert ist, dass Nowgorod neben Konstantinopel die einzige Stadt des Mittelalters war, in der auch das einfache Volk lesen und schreiben konnte. Bis 1990 war der Beiname Weliki (dt. DIE GROSSE) nur inoffiziell in Verwendung. Verwechslungen mit der aus Gorkij rückbenannten Metropole Nischnij Nowgorod (s. d.) machten jedoch den amtlichen Doppelnamen notwendig.

NOWOKUSNEZK [O, Russland, Asien, engl. *Novokuznetsk*] Diese Stadt wurde 1618 von den Kosaken unter dem Namen *Kusnetsky Ostrog* (russ. *kusnets* SCHMIED, *ostrog* »Palisade, Einfriedung«) am Fluss Tom gegründet. Zwischen 1932 und 1961 erlebte dieser Ort – wie zahlreiche andere topografische Begriffe – eine Umbenennung nach dem Diktator Stalin: *Stalinsk*. Mit dem Bau einer Neustadt am anderen Ufer des Tom kam 1957 der Name *Kuznetsk-Sibirsky* in Verwendung und schließlich 1961 zur Unterscheidung von einer anderen Stadt Nowokusnezk (dt. NEU-KUSNEZK).

NOWOROSSIJSK [O, Russland, Asien, engl. *Novorossiysk*] Dieser Handelshafen an der östlichen Schwarzmeerküste war ursprünglich eine griechische Siedlung mit dem Namen *Bata*. Im 12. Jh. übernahmen die Genuesen die Herrschaft, im 18. Jh. die Osmanen. Erst 1838 wurde NEURUSSLAND, so der Name dieser auf den Ruinen der alten Stadt gegründeten Zitadelle, Teil des Zarenreiches.

NOWOSIBIRSK [O, Russland, Asien, engl. *Novosibirsk*] Als Stelle für eine Brücke über den Ob beim Bau der Transsibirischen Eisenbahn vorgesehen, entwickelte sich das ehemalige *Novaya Derevna* (dt. Neudorf) zu einer Stadt beachtlicher Größe (fast eineinhalb Millionen Einwohner). Im Verlauf der Geschichte lösten einander zahlreiche Namen ab: *Novaja Derewnja* (dt. Neudorf), *Alexandrowski* (nach Zar Alexander III.), *Nowonikolajewsk* (dt. Neu-Nikolaus-Stadt; nach Zar Nikolaus II.) und schließlich 1925 NEUSIBIRIEN, die deutsche Form von Nowosibirsk.

NUBIEN [R, Afrika, engl. *Nubia*] Das Gebiet zwischen dem 1. und dem 4. Nilkatarakt hat für Historiker immer noch einen goldenen Klang. Nicht ganz zu Unrecht, wenn man die aägypt. Wurzel *nub* GOLD bedenkt. Allerdings ist auch diese etymologische Herleitung etwas umstritten. Während der damaligen Epoche trug dieses Land nicht den uns so vertrauten Namen, sondern wurde vielmehr als *Kusch* bezeichnet. 1882 erhoben sich die sudanesischen Araber unter Muhammad Ahmad, der sich selbst als Messias (arab. *Mahdi*) sah, gegen die ägyptische Fremdherrschaft. In die Geschichte ging dies als der Mahdi-Aufstand ein.

NUBISCHE WÜSTE → **Nubiend** [Wü, Ägypten, Afrika] Wie schon bei Nubien angeführt, ist die Deutung dieses Wüstennamens (Wurzel *nub* GOLD) umstritten.

NÜRNBERG N [O, Bayern, Deutschland, Europa, engl. *Nuremberg*] Das bei einer königlichen Burg der Salier entstandene Nürnberg hat trotz seiner relativ geringen Einwohnerzahl mehrmals die deutsche Geschichte mitgeschrieben. So fuhr zwischen Nürnberg und Fürth 1835 die erste Eisenbahn in Deutschland, so war diese bayerische Stadt während des Dritten Reiches auch Ort der Reichsparteitage. Traurige Berühmtheit erlangten die desaströsen *Nürnberger Rassengesetze*, die der jüdischen Bevölkerung Deutschlands ein Leben in diesem Staat unmöglich machen sollten. Die ursprüngliche Bedeutung des Namens Nürnberg (ehemals *Nurenberch* oder *Nuorenberc*) kann nur erahnt werden. Vielleicht ist das mhd. *knorre* »hervorstehender Knochen« oder mhd. *knūr* »Fels, Klippe« darin enthalten. Letzteres würde auf Grund der mundartlichen Ausdrücke *Nürn* und *Nörr* auf FELSBERGE schließen lassen. Nichts mit dieser Etymologie zu tun haben die *Nürnberger Lebkuchen* oder der *Nürnberger Trichter*, eine geniale Methode, etwas ohne Mühe zu erlernen.

NYASSALAND → **Malawi** [H/L, Afrika, engl. *Nyasaland*] Vermutlich geht der alte Kolonialname Malawis auf das Dialektwort *nyassa* SEE zurück (s. auch Malawi).

 griech. *omega* Ωω – griech. *omikron* Oo – phöniz. *ayin* »Auge« [Guttural]

OAHU [I, Ozeanien, USA] Diese große Insel Hawaiis, das wichtigste Wirtschaftsgebiet des Landes, trägt den einfachen Namen VERSAMMLUNGSPLATZ.

OB [F, Russland, Asien] Die iranische Wurzel *āb* WASSER könnte den Namen dieses westsibirischen Flusses erklären. Damit wäre eine Parallele zur deutschen Krönungsstadt Aachen gegeben, die ihren Namen ebenfalls der idg. Wurzel *aha verdankt.

OBERER SEE [G, Kanada, USA, Nordamerika, engl. *Lake Superior*] Der französische *Lac Supérieur* ist »höher« im doppelten Sinne des Wortes. Einerseits weist er in Bezug auf den Huronsee eine NÖRDLICHERE GEOGRAFISCHE BREITENLAGE auf, andererseits liegt der durchschnittliche WASSERSPIEGEL mit 160 m ein wenig über dem des Michigan- oder des Huronsees (156 m).

OBERHAUSEN OB [O, Nordrhein-Westfalen, Deutschland, Europa] Der Name *overhuys* (dt. OBERHAUS) ist bereits seit dem 13. Jh. belegt, meint aber ursprünglich eine Wasserburg an der Emscher, die den bedeutenden Flussübergang sichern sollte.

OBERÖSTERREICH → **Österreich** OÖ/O [P, Österreich, Europa, engl. *Upper Austria*] Das frühere *Erzherzogtum Österreich ob der Enns* hat eine bewegte Geschichte mit zeitweiligem Bündnis mit den böhmischen Ländern. Der heutige Name Oberösterreich (s. Österreich) wurde erst mit Ende des Ersten Weltkriegs von der neu entstandenen Republik amtlich festgelegt. Der erste Namensteil »Ober« bezieht sich auf die frühere LAGE zum Fluss Enns.

OBERSTDORF [O, Bayern, Deutschland, Europa] In den letzten hundert Jahren konnte Oberstdorf mehr und mehr den Rang einer ersten Wintersportadresse einnehmen. Unter anderem als Veranstaltungsort der Vierschanzentournee. Der Name geht auf das mhd. *oberst* zurück und bezeichnet das HÖCHSTgelegene DORF im Illertal.

OBERVOLTA → **Burkina Faso** [H/S, Burkina Faso, Afrika, franz. *Haute-Volta*, engl. *Upper Volta*] 1919–1932 und 1947

bis 1960 war Obervolta – benannt nach den VOLTA-FLÜSSEN – eine französische Kolonie in Westafrika.

OBWALDEN OW [P, Schweiz, Europa, franz. *Obwald*, ital. *Obvaldo*, rätorom. *Sursilvania*] Zusammen mit Nidwalden bildete dieser Kanton in der Zentralschweiz die Keimzelle dieses Staates. Hier wurde 1291 der Ewige Bund geschlossen und mit dem legendären Rütlischwur die Eidgenossenschaft besiegelt. Bereits vor Ankunft der Alemannen um 700 wurde diese Gegend von Römern und Kelten besiedelt. Der Name spricht für sich: OBERER WALD.

OCHOTSKISCHES MEER [G, Asien, engl. *Sea of Okhotsk*] Der Name des Meeres zwischen Ostsibirien und der Halbinsel Kamtschatka (ewenk. *okat*) stammt aus der einheimischen Sprache der Ewenken und bedeutet einfach FLUSS. Russ. *okhota* »jagen« wurde lange Zeit fälschlicherweise als Namensursprung angesehen.

ODENSE [O, Dänemark, Europa] Kein Geringerer als der berühmte nordische Kriegs- und Totengott ODIN wurde hier für alle Zeiten unsterblich gemacht. Offensichtlich wurde diese Stadt in alten Zeiten dem höchsten germanischen Gott geweiht (anord. *Odins heri* WOTANS HEER). *Wotan*, der schwedische Name für diesen Gott, hat sich bis zum heutigen Tag im englischen *Wednesday* (dt. Mittwoch) erhalten.

ODER [F, Deutschland, Polen, Tschechien, Europa] Seit 1945 bildet dieser Fluss die polnisch-deutsche Grenze, hat also nebenbei eine hohe geopolitische Bedeutung. Der Name hat eine idg. Wurzel *ad-ro WASSERLAUF, wobei später »ad« zu »od« slawisiert wurde.

ODESSA [O, Ukraine, Europa, ukrain. *Ode-*

sa] Der bekannte Schwarzmeerhafen wurde 1795 auf Anordnung Katharinas der Großen errichtet. Zu dieser Zeit waren in Russland griechische Ortsnamen en vogue. Daher diente eine griechische Kolonie (ein historisches griechisches Fischerdorf), die einst unter dem Namen ODESSOS diese Küstengegend besiedelte, als Vorbild. Allerdings entschied sich die Zarin für eine weibliche Endung – fast ein Zeichen einer vorweggenommenen Emanzipation. Eine oft geknüpfte Verbindung zum Held Odysseus kann dagegen keinesfalls nachgewiesen werden.

OFFENBACH AM MAIN OF [O, Hessen, Deutschland, Europa] In Offenbach befindet sich das deutsche Ledermuseum. Der Name ist eine Genitivbildung der alten Personennamen OVO oder OFFO, deren Familien sich vermutlich hier am FLUSS ansiedelten.

OFFENBURG OG [O, Baden-Württemberg, Deutschland, Europa] Am Rand des Schwarzwaldes gelegen, war eine im 12. Jh. erbaute Burg der Ausgangspunkt für die Siedlungsgründung. Zweimal in der Geschichte, 1550 und 1771 fiel diese Stadt nach Verpfändungen an Österreich. Wie oft bei frühen Ortsbildungen enthält Offenburg einen Personennamen: (Offo). Wir haben es also mit der BURG DES OFFO zu tun.

OHIO [P/F, USA, Nordamerika] Der Name des Ohio ist indianischen Ursprungs und bedeutet so viel wie SCHÖN. Ursprünglich war damit der Ohio River gemeint. Auch die ersten französischen Siedler verwendeten für diesen Fluss die gleiche Bezeichnung: *La Belle Rivière*. Der Beiname des US-Staates Ohio ist *Buckeye State* (dt. Staat des Kastanienbaums).

OIMJAKON [O, Russland, Asien] Mit unglaublichen –74,0 °C (offiziell gemessen 1972) gilt Oimjakon als der Kältepol aller bewohnten Gebiete der Erde. Wie bei Jakutien kann die ewenk. Silbe *jekot* FREMDE in diesem Namen entdeckt werden.

OKA [F, Russland, Europa] Der Nebenfluss der Wolga könnte vom got. *aha* WASSER, FLUSS abgeleitet sein, eine parallele Bildung zu finn. *joki* oder slaw. *oko*.

OKEFENOKEE [R, Georgia, USA, Nordamerika] Das schwankende, teilweise schimmernde Sumpfland (dt. ZITTERNDE ERDE) an der Grenze zu Florida war für die hier lebenden Indianer ein scheinbar unangreifbares Siedlungsgebiet – bis endlich die Weißen mit ihrer ungehemmten Expansionslust kamen und den Roten Mann auch von diesem Platz vertrieben.

OKINAWA [I, Japan, Asien, ryukyu *Uchinâ*] Die jap. Wörter *oki* OFFENE SEE und *nawa* KETTE, BAND bilden eine Beschreibung dieser im Zweiten Weltkrieg heftig umkämpften Inselkette südwestlich von Japan. Die Schlacht um Okinawa kurz vor Kriegsende kostete geschätzte 120 000 Menschen das Leben.

OKLAHOMA OK/OKLA. [P, USA, Nordamerika] 1866 schlug Reverend Allen Wright, Häuptling der Choctaws, den Namen *Oklahoma* für das bis dahin einfach als »Indian Territory« bezeichnete Gebiet vor. Choctaw *okla* steht für »Menschen«, *homma* für »Rot«. Dieses Land sollte also den ROTEN MENSCHEN gehören. Viel von den Träumen der Choctaws ist aber auch in Oklahoma nicht übrig geblieben. Der Beiname *Sooner State* ist nur schwer ins Deutsche zu übertragen: Vielleicht »Staat des ersten Besitznehmers«.

ÖLBERG [II/B, Israel, Asien] Als stummer Zeuge der Gefangennahme Jesu hat der Ölberg seinen Platz in der Religionsgeschichte sicher. Hier liegt nach biblischen Berichten auch der Garten **Gethsemane** (dt. ÖLPRESSE), nach aram. *gat* »Presse« und *ŝemana* »Öl«. Vermutlich war es Olivenöl, das an diesem Ort verarbeitet wurde.

OLDENBURG OL [O, Niedersachsen, Deutschland, Europa] Von den Grafen des friesischen Ammerlandes im 11. Jh. erbaut, hieß diese Festung ursprünglich *Ammersche Burg*. Später gewann der sächsische Name *Altimburg* (dt. ZUR ALTEN BURG) die Oberhand. Der heutige Name geht auf eine mnd. Stadtrechtsurkunde, die *Ōldenborch* erwähnt, zurück. Eine Warmblutpferderasse, der *Oldenburger*, stammt aus dieser Region.

OLYMP, OLÝMPOS [B, Griechenland, Europa, griech. *Óros Ólimbos,* engl. *Mount Olympus*] Der Name könnte durch die idg. Wurzel **ulu* BIEGEN, KRÜMMEN erklärt werden. Vielleicht ist hier die Gipfelregion gemeint. Immerhin sahen die Griechen im Gipfel des Olymps den Sitz ihrer Götter. Daher hat auch kaum ein Berg der Erde unsere Kulturgeschichte stärker beeinflusst als dieser höchste Gipfel Griechenlands (2719 m, nach neuesten Messungen). Aber jede Deutung kommt hier letztlich einer Ausmalung gleich. Die seit 1896 wieder ausgetragenen *Olympischen Spiele* – den Wettkämpfen des alten Griechenlands nachempfunden – finden im Zeitraum von vier Jahren (einer *Olympiade*) statt.

OMAN OM/OMN/OM [S, Südwestasien, oL *Sultanat Oman,* arab. *Saltanat 'Umān*] Bereits im 1. nachchr. Jh. hat Plinius in seinen Schriften den Namen *Omana* erwähnt, in Anspielung auf den Gründer des Staates, OMAN Ben Ibrahim al-Khalil. Manche Etymologen sehen auch eine Ableitung von der sumerische Bezeichnung *Magan*, womit ein SEEFAHRENDES VOLK gemeint gewesen sein könnte, bzw. von einer Stadt UMAN im heutigen Jemen, die als Auswanderungsgebiet früher Stämme gilt. Klimatische Anmerkung: Ein Phänomen der Küstenebenen sind die geringen Schwankungen zwischen Tages- und Nachttemperatur. So kann es hier ohne weiteres vorkommen, dass die Tageshöchstwerte bereits um 8 Uhr morgens gemessen werden. U: 1744; bis 1970 Sultanat Maskat und Oman

OMSK [O, Russland, Asien] Immerhin trägt ein Asteroid, Nr. 3406, entdeckt von einer gewissen A. Burmashova, den Namen Omsk. Die Stadt liegt am Zusammenfluss des Om mit dem Irtysch. Ersterer, vermutlich mit der Bedeutung WASSER, gibt dieser Stadt den Namen. Die Endung *sk* ist nur als Zugehörigkeitssuffix zu verstehen. Mit dem Bau der Transsibirischen Eisenbahn kam ein ungeheurer Aufschwung für diese sibirische Metropole.

ONEGASEE [G, Russland, Europa, engl. *Lake Onega*] Ohne letzte etymologische Sicherheit wird das finn. *Enojoki* HAUPTFLUSS als namengebend für diesen zweitgrößten See Europas gesehen. *Enin* bedeutet eigentlich »das meiste«, *joki* »Fluss«. Ursprünglich war damit ein Fluss nordwestlich des Onegasees gemeint.

ONTARIO → **Ontariosee** [P, Kanada, Nordamerika] Fast 40 Prozent der Kanadier leben in diesem ehemals von Algonkin (Anishinabe, Cree, Algonkin) und Irokesen (Irokesen, Wyabdot) bewohnten Land.

ONTARIOSEE [G, Kanada, USA, Nordamerika, franz. *Lac Ontario*, engl. *Lake Ontario*] SCHÖNER SEE (Irokes. *oniatariio*) ist der wunderbar passende Namensursprung für den östlichsten der Großen Seen. Auch der Name der kanadischen Provinz Ontario leitet sich vom historisch früher benannten Gewässer ab.

OPATIJA [O, Kroatien, Europa] Heute ist Opatija (kroat. für ABTEI) ein beliebtes Touristenzentrum. Aber bereits zu Zeiten der Österreichisch-Ungarischen Monarchie erfreute sich dieser Winterkurort regen Zuspruchs des Adels.

ORANJE → Oranje-Freistaat [F, Lesotho, Namibia, Südafrika, Afrika, engl. *Orange River*] Gemeinsam mit dem Vaal bildete der Oranje die Außengrenze der für knapp 50 Jahre (1852–1910) unabhängigen Burenrepublik. Ein Phänomen am Rande: Der Oranje transportiert Unmengen an Sand zum Mündungsgebiet. Dieser treibt durch den Benguela-Strom Richtung Namibia, wo er zum Ausgangspunkt der Dünenbildung wird. Daher der für einen Fluss paradoxe Beiname: »Vater der Namib«.

ORANJE-FREISTAAT [P, Südafrika, Afrika, engl. *Orange Free State*] Das holländische Herrscherhaus ORANJE, Mitbegründer der Niederlande, wurde vom Forscher R. J. Gordon 1777 durch Benennung des Flusses **Oranje** (engl. *Orange*) geehrt. Der gleichnamige Freistaat, zwischen den Flüssen Oranje und Vaal gelegen, suggeriert Unabhängigkeit, gehörte aber tatsächlich zur Republik Südafrika. Nur zwischen 1842 und 1910, zur großen Zeit der großen Burentrecks, blieb dieses Gebiet unter eigener Kontrolle. Der Provinzname selbst bedeutete ursprünglich nicht Orange, was die Nationalfarbe der Holländer auszudrücken scheint, sondern geht auf die südostfranzösische Stadt ORANGE zurück, die zu römischen Zeiten *Arausio* hieß, wahrscheinlich aus einem präidg. Element *ar* BERG und dem Suffix *aus* gebildet.

OREGON OR/OR./OREG. [P, USA, Nordamerika] Sehr unsicher ist die Deutung dieses aus der Sprache der Schoschonen entliehenen Namens. Vielleicht ist mit *ogwa* der FLUSS gemeint, mit *pe-on* der WESTEN. Dies war zumindest der frühere Name des gewaltigen Columbia River. Der Beiname Oregons ist dem Tierreich entlehnt: *Beaver State* (dt. Biber-Staat).

ORENBURG [O/P, Russland, Europa] FESTUNG AM FLUSS OR ist der sinnvolle Name dieser südlichen Grenzstadt Russlands zu Asien. Zwischen 1938 und 1957 war der Name *Chkalow* in Gebrauch (nach dem Flieger Valery Chkalow, der in Orenburg geboren wurde).

ORINOCO [F, Venezuela, Südamerika] In der Sprache der Guarani heißt *ori-noko* PLATZ DES PADDELNS. Dieser Fluss war wahrscheinlich schon vor langen Zeiten eine Lebensader der ansässigen Bevölkerung.

ORKNEY ISLANDS [I, Schottland, Großbritannien, Europa] Anord. *ey* INSEL ist deutlich im Namen dieser nördlich von Großbritannien gelegenen Inselgruppe erkennbar. Der zweite Namensteil bleibt unklar in seinem Ursprung, wenn auch eine Herleitung aus lat. *orca* WAL reizvoll erscheint.

ORLÉANS [O, Frankreich, Europa] Im 3. Jh. n. Chr. errichtet, trug diese Stadt lange den Namen *Aurelianum*, zu Ehren des Kaisers AURELIAN (214–275). Es scheint, dass das heutige Orléans einfach eine lautliche Weiterentwicklung dieses Herrschernamens darstellt.

In die Weltgeschichte eingegangen ist Orléans durch Jeanne d'Arc, die im Hundertjährigen Krieg das Schicksal der Franzosen lenkte. Später als Ketzerin verbrannt, lieferte die Jungfrau von Orléans Stoff für zahlreiche literarische Werke und Verfilmungen. Kaum eine Frau des Mittelalters übte mehr Faszination aus als diese unschuldige französische Nationalheldin.

OSAKA [O, Japan, Asien] GROSSER HÜGEL (jap. $\bar{o}$ »groß«, *saka* »Hügel«) nennt sich diese wichtige Hafenstadt. Vielleicht mag die Bezeichnung schlecht gewählt scheinen, doch die hohen Bergländer links und rechts der Flussmündung rechtfertigen diesen Siedlungsnamen allemal.

OSLO [O, Norwegen, Europa] Anord. *os* FLUSSMÜNDUNG, TRICHTERMÜNDUNG ist die wahrscheinlichste Namensherleitung Oslos. Manche Forschungen sehen aber eine Zusammensetzung aus dem Götternamen *As* sowie dem Fluss *Lo*. Nach einem vernichtenden Feuer (1624) wurde die alte Stadt unter dem Namen **Christiania** (ab 1877 Kristiania) zu Ehren König Christians IV. neu errichtet. Exakt 300 Jahre später, 1924, besann man sich wieder des alten Namens. Der *Kristiana*, ein Schwung im Skilauf, wurde um 1890 von deutschen Schipionieren kreiert.

OSNABRÜCK OS [O, Niedersachsen, Deutschland, Europa] Osnabrück wurde bereits von Karl dem Großen zum Bischofssitz erhoben. Zwischen 1643 und 1648 wurde hier der Westfälische Friede ausgehandelt und in der Folgezeit bis zur Säkularisierung eine religiöse Sonderregelung getroffen: Katholische und evangelische Erzbischöfe lösten einander ab. Die früheste Siedlung entstand als FURT MIT KNÜPPELDAMM (mhd. *brü-*

cke, brucke, ahd. *brucca*), wobei der Namensteil »Osna« ungeklärt bleibt. Vielleicht entspricht dieses germ. Wurzelwort dem ahd. *hasan* »grau, glänzend«.

OSTAFRIKA → **Afrika, Osten** [E, Afrika] Die »Wiege der Menschheit« ist heute gleichzeitig das Armenhaus unseres Planeten. Hunger, Krieg und Krankheit plagen die Festlandsstaaten dieser Region: **Burundi, Kenia, Ruanda, Tansania** und **Uganda.** Zu Ostafrika zählen aber auch die Inselstaaten Komoren und Seychellen.

OSTASIEN → **Asien, Osten** [E, Asien] Das wirtschaftlich boomende Ostasien wird allgemein als Gigant des 21. Jh.s gesehen. Zu Ostasien gehören gemäß dem Fischer Weltalmanach folgende Staaten: China, Japan, Nordkorea, Südkorea und Taiwan.

OSTCHINESISCHES MEER → **China** [G, chin. *Tung-hai*, engl. *East China Sea*] Dieses flache Becken zwischen den südlichen Inselausläufern Japans, Taiwans und Festlandchinas hat wegen umfangreicher Erdöllager große wirtschaftliche Bedeutung. Im Norden schließt das Gelbe Meer (zwischen Japan und Korea) an.

OSTENDE [O, Belgien, Europa, holl. *Oostende*, engl. *Ostend*] Der flämische Name dieses beliebten Fährhafens setzt sich aus fläm. *oosten* und *einde* zusammen und kann sehr direkt mit OSTENDE ins Deutsche übertragen werden. Der Grund für die Benennung liegt in der Lage dieser Stadt am östlichen Ende des Küstenabschnitts.

OSTEUROPA → Kap. **Europa, Osten** [E, Europa] Einige Teile der ehemaligen Sowjetunion werden heute geografisch zu Osteuropa gezählt, vor allem die Riesenstaaten Russland, Ukraine und Weißrussland.

OSTERINSEL [I, Chile, Südamerika, chil. *Isla de Pascua*, polyn. *Rapa-nui*, engl. *Easter Island*] Die 80 bis 100 t schweren Moai, bis zu zwanzig Meter hohe Tuffsteinfiguren, gehören zu den rätselhaftesten Skulpturen der Menschheitsgeschichte. Ihr Geheimnis ist bis heute, trotz intensivster Forschungen, nicht restlos geklärt, wenngleich es sich um Schutzgötter handeln dürfte. Europäer bekamen diese Riesenstatuen erstmals am OSTERSONNTAG des Jahres 1722 zu Gesicht, daher auch der Name dieser völlig abgelegenen polynesischen Insel im östlichen Pazifik.

ÖSTERREICH AT/AUT/A [S, Mitteleuropa, engl. *Austria*, oL *Republik Österreich*] Das ÖSTLICHE REICH, also *Ostarrichi*, ist bereits in zwei der Urkunden Ottos III. von 996 und 998 historisch belegt. Österreich ist aber in den meisten Weltsprachen unter dem lateinischen Namen **Austria** bekannt, zurückzuführen auf eine Urkunde des deutschen Königs Konrad III. für das Stift Klosterneuburg bei Wien aus dem 12. Jahrhundert. Dieser Name wird nicht zu Unrecht oft mit Australien verwechselt, da die gleiche Wortwurzel vorgetäuscht wird. Aber nicht »südliches Land«, sondern lat. *austar* ÖSTLICH, erweitert um die latinisierte Endung *ia*, ist gemeint. »Austria« ist also wahrlich ein germanisch-lateinisches Mischprodukt. Als ehemaliges Kernland der Habsburgermonarchie (1867–1918 *Österreich-Ungarn;* auch *Donaumonrachie* genannt) hat Österreich bis heute einen international hohen Bekanntheitsgrad, weit über die Größe des heutigen Staates hinausgehend. Gemeinsames Staatsoberhaupt war der Kaiser von Österreich und Apostolische König von Ungarn. Randnotizen: Sprachliche Eigentümlichkeiten, die Österreich von Deutschland unterscheiden, werden mit dem Begriff *Austriazismus* erfasst. Ein paar Beispiele gefällig (Q: Sedlaczek): Erdapfel – Kartoffel (Ö-D), Greißler – Krämer, Marille – Aprikose, Orange – Apfelsine, Ribisel – Johannisbeere, Sackerl – Tüte, Semmel – Brötchen, Trafik – Tabakladen. U: alte staatliche Tradition; ab 1282 (Habsburger); 1804 (Kaisertum); 1806 (Auflösung des Heiligen Römischen Reiches Deutscher Nation); 1866 (Ausscheiden aus dem Deutschen Bund); 1918 (Republik); 27. 4. 1945 (Wiederherstellung der Unabhängigkeit); Souveränität 15. 5. 1955 (Staatsvertrag mit den vier Alliierten)

OSTIA [O, Italien, Europa] Diese zur Hochblüte im Altertum mehr als 100 000 Einwohner zählende Stadt an der Mündung des Tiber (lat. *os* MUND, *ora* KÜSTE), führt heute ein kümmerliches Dasein. Vermutlich war die Malaria der Grund für die fast vollständige Entvölkerung.

OSTMARK [H/P, Österreich, Europa] Die wortwörtliche Übersetzung aus *marchia orientalis* stammt aus dem 19. Jahrhundert. Wahrscheinlich wäre dieser Begriff längst vergessen, hätten nicht die Nationalsozialisten nach dem Anschluss ÖSTERREICHS diesen alten Namen neu aufleben lassen. 1942 schließlich wurde dieser Ausdruck ganz offiziell durch *Alpen- und Donaugaue* ersetzt. Nach dem Zweiten Weltkrieg entstand aus dem Schutt und den Trümmern des Dritten Reichs langsam wieder eine neue Republik. Die Ostmark war endgültig Geschichte.

OSTRAVA [O, Tschechien, Europa, dt. *Ostrau*] Die größte Stadt Mährens ist nach dem gleichnamigen Fluss OSTRAVA (später OSTRAVICE, eine Verkleinerungsform) benannt, der seinerseits die

Wurzel *ostry, ostra* SCHNELL FLIESSEND enthält. Diese Stadt entstand 1945 durch Zusammenschluss von *Mährisch-Ostrau* (tschech. *Moravská Ostrava*) und *Schlesisch-Ostrau* (auch *Polnisch-Ostrau* genannt).

OSTSEE [G, Dänemark, Deutschland, Estland, Finnland, Lettland, Litauen, Polen, Schweden, Europa, engl. *Baltic Sea*] Der deutsche Name weist auf die LAGE dieses Gewässers im NORDOSTEN Europas hin. Keine sichere Erklärung gibt es für den englischen Namen **Baltic Sea** (dt. Baltischer Meerbusen). Vielleicht ist das litauische oder lettische Wort für »weiß« gemeint (idg. Wurzel **bhel*), vielleicht aber auch das slawische Wort für »Sumpf«, am wahrscheinlichsten jedoch der dän. Begriff *bælt* »Gürtel«. Jedenfalls hält die Ostsee einen Weltrekord, was den Salzgehalt anbelangt, der hier geringer ist als in allen anderen offenen Meeren.

OSTTIMOR → **Timor-Leste** [S, Timor-Leste, Asien] Der alte deutsche Name für das seit 2002 unabhängige Timor-Leste (s. d.) trägt die gleiche semantische Bedeutung wie der junge Staat.

OTRANTO, STRASSE VON [G, Mittelmeer, Albanien, Italien, Europa, engl. *Strait of Otranto*] Der gleichnamige italienische Hafen, die östlichste Stadt Italiens, gibt dieser Meeresstraße ihren Namen. Otranto, röm. *Hydruntum* WASSERSTADT (griech. *hudōr* »Wasser«), ist der Schauplatz einer berühmten »Gothic novel« von Horace Walpole: »The Castle of Otranto«.

OTTAWA [O, Kanada, Nordamerika] In der Sprache der Algonkin bedeutet *adaw* GROSSER FLUSS, gleichzeitig aber auch HÄNDLER. Letzteres ist die Bezeichnung eines in dieser Gegend geschäftigen Indianerstamms. 1827 durch einen Offizier der Royal Engineers namens John By als *Bytown* gegründet, wurde bei Übernahme der Hauptstadtfunktion 1854 der heutige indianische Name Ottawa übernommen.

OUAGADOUGOU [O, Burkina Faso, Afrika] Bei der Hauptstadt Burkina Fasos sind wir wieder auf Spekulationen angewiesen. Möglich ist es sogar, dass zwei Bantusprachen diesen für Europäer ungewöhnlichen Siedlungsnamen bilden: *ouga* KOMMEN und *dougou* DORF.

OXFORD [O, England, Großbritannien, Europa] Der Name einer der berühmtesten Universitätsstädte der Erde darf wortwörtlich ausgelegt werden: OCHSENFURT (asächs. *Oxanforda*). Vor Jahrhunderten war diese Stelle offensichtlich die optimale Kreuzung über die Themse. Matthew Arnold prägte in seiner Verzückung über die harmonische Silhouette der Universitätsgebäude den Beinamen »City of dreaming spires«. Für akademisch geadelte Abgänger dieser Prestigeuniversität ist ein kleiner Titelzusatz zum Ph.D. erlaubt – ein in Klammer gesetztes *oxon.* (kurz für lat. *Oxonian*). »That's rather posh«, würden die Briten sagen.

OZEANIEN [E, engl. *Oceania*] Die meisten Nationen dieses »Kulturerdteils« haben erst sehr spät, in der zweiten Hälfte des 20. Jh.s, ihre Unabhängigkeit erlangt. Der Name Ozeanien für die zahlreichen mittel- und südpazifischen Inseln wurde jedoch bereits 1812 vom dänischen Kartographen Conrad Malte-Brun vergeben, entweder nach dem Begriff für Ozean, oder, was wahrscheinlicher scheint, nach dem griechischen Titanen OKEANÓS (lat. OZEANUS), der als Personifikation des Weltstroms gilt. Gemeint ist in der griechischen Mythologie der Fluss, der im Hades entspringt und die bewohnte Erde als Wasserschlangengottheit ringförmig umfließt, dabei den Schwanz im Maul haltend. Der Fischer Weltalmanach führt folgende Staaten unter dem Begriff Ozeanien: Australien, Fidschi, Kiribati, Marshallinseln, Mikronesien, Nauru, Neusseland, Palau, Papua-Neuguinea, Salomonen, Samoa, Tonga, Tuvalu und Vanuatu.

 griech. *pi* Ππ – phöniz. *pē* »Mund« – proto-semitisch *pit* »Ecke«

PADANG [O, Indonesien, Asien] Der malai. Name dieser Hafenstadt, *padang*, bedeutet einfach FELD oder EBENE.

PADERBORN PB [O, Nordrhein-Westfalen, Deutschland, Europa] Die mehr als zweihundert Quellen der Pader (Nebenfluss der Lippe) sind für diesen Siedlungsnamen verantwortlich. Der Name des mit nur 4 km kürzesten Flusses Deutschlands ist nicht mehr sicher zu deuten. Der zweite Teil steht für ahd. *brunno* QUELLE (mnd. *born*).

PADUA [O, Italien, Europa, ital. *Padova*] Die etymologische Wurzel dieser altehrwürdigen Stadt ist unsicher. Entweder kelt. *padi* PINIE (in Anspielung auf die lokalen Wälder) oder idg. *pat* FLACH, EBEN stecken in diesem Siedlungsnamen.

PAKISTAN PA/PAK/PK [S, Südasien, oL *Islamische Republik Pakistan*, pandschabi *Islāmī Ğamhūriyah Pākistan*] Pakistan ist der einzige Staat der Erde, dessen Name ein Akronym, d.h. eine ZUSAMMENSETZUNG aus den Anfangs- und Endbuchstaben (der folgenden moslemischen Gebiete) darstellt: P͟unjab, A͟fghanistan, K͟aschmir, S͟ind und Belutschi͟s͟t͟a͟n. Die Kreation dieses Staatennamens erfolgte durch moslemische Studenten in Cambridge, was vielleicht auch eine gewollte Anspielung auf das iranische Wort *pak* »rein« erklärt. Die Endung *stan*, die im Persischen »Land« bedeutet, erlaubt daher eine Übersetzung des vollen Namens mit LAND DER REINEN. Das *-i-* wurde erst später hinzugefügt, um die Aussprache zu erleichtern. Als Initialbuchstabe des Islam ist damit jedoch auch eine gewisse Identitätsstiftung für die erste islamische Republik der Erde verbunden. Die Menschen dieser Region heißen korrekt *Pakistaner*. Interessanterweise wurde 1947 der östliche Landesteil, das heutige Bangladesch, bei der Namenbildung nicht berücksichtigt. War dies bereits ein erstes Zeichen für die ewige Unausgewogenheit, die schließlich zu einer Teilung des Landes führte? U: nominell 15. 8. 1947 (ehem. Britisch-Indien); bis 17. 12. 1971 West- und Ostpakistan (heutiges Bangladesch)

PALÄSTINA [R, Israel, Asien, arab. *Filastīn*, hebr. *Eretz Jisra'el*, engl. *Palestine*] Diese biblische Stätte, die sich geografisch in etwa mit Kanaan deckt, wurde von den Griechen als LAND DER PHILISTER bezeichnet. Dieses Volk hat eine unsichere Namensdeutung, wenn auch möglicherweise die hebr. Wurzel *p-l-sh* EINDRINGLINGE in der Benennung steckt (daraus entstand *Paléseth* oder *P(e)léshet*). Auch der ägyptische Name *Peleset* scheint diese Theorie zu bestätigen. Im Heiligen Buch selbst kommt diese Bezeichnung allerdings nicht vor, sondern scheint erstmals durch Kaiser Hadrian im 2. Jh. verwendet worden zu sein. Die Juden wählten den Namen *Eretz Jisra'el* »Land Israel« oder (frei ausgedrückt)

»Gelobtes Land«. Bis in die jüngste Vergangenheit war Palästina niemals in der Geschichte ein eigener Staat oder eine geschlossene autonome Region. Dennoch bestehen seit dem 7. Jh. arabische Ansprüche, seit 1922 vom Völkerbund anerkannt, die territorial mit denen des modernen Israel korrelieren. Der daraus resultierende Konflikt hält die Welt seit Jahrzehnten in Atem. Randnotiz: Heute wird der Ausdruck *Philister* im übertragenen Sinn manchmal für einen kulturfeindlichen, engstirnigen Menschen verwendet.

PALAU, BELAU PW/PLW/PAL [S/I, Ozeanien, oL *Republik Palau*, palauisch *Belu'u era Belau*, engl. *Republic of Palau*] Die Palauinseln (auch Belau), lange Zeit Treuhandgebiet der USA, tragen einen etymologisch nicht belegbaren Namen. Vielleicht handelt es sich um eine andere Schreibweise für die PALAUER, wobei auch in diesem Fall die korrekte Deutung offen bleibt. Jedenfalls schmückt sich dieses Land mit einem goldenen Wahlspruch: »Rainbow's End.« Die andere Form Belau (Betonung auf der zweiten Silbe) könnte jedoch auf eine keltische Gottheit zurückzuführen sein. Dies scheint allerdings ebenso spekulativ wie die Erklärung mithilfe einer Legende, die das Belau National Museum anbietet. Die Halbgöttin Chuab wuchs zu ungeahnter Größe, sodass die verzweifelten Menschen sich entschließen mussten, das Mädchen zu verbrennen, da ein Ernähren unmöglich wurde. Auf Chuabs Frage, warum sie so viel Holz sammelten, kam die Antwort *aibebelau* UM ESSEN ZU MACHEN. Vom Feuer verzehrt, formte schließlich der Körper des Mädchens die Insel im Ozean. Vielleicht ahnte Chuab sogar ihr Schicksal, wollte jedoch großherzig den Menschen durch ihr Opfer ein Weiterleben ermöglichen. U: 1. 10. 1994; (1947–1994 US-Treuhandgebiet)

PALERMO [O, Italien, Europa] Obwohl niemals unter griechischer Kontrolle, trägt die sizilianische Hauptstadt Palermo einen Namen, der sich aus griech. *pan* »all« (hier: »sicher«) und *ormos* »Kette« (hier: von Booten) zusammensetzt. Gemeint ist also ein SICHERER HAFEN. Im 8. Jh. v. Chr. von den Phöniziern gegründet, fiel dieser Hafen später in die Hände der Karthager und wurde schließlich von den Römern eingenommen. 1860 zog Giuseppe Garibaldi im Triumph in Palermo ein, und ein Jahr später wurde Sizilien ein Teil des neu gegründeten Königreichs Italien.

PALM BEACH [O, Florida, USA, Nordamerika] Das Herz der »amerikanischen Riviera« wurde 1873 als Palm City gegründet, bald jedoch zum Erholungsparadies ausgebaut und mit dem attraktiven Namen PALMENSTRAND belegt.

PALM SPRINGS [O, Kalifornien, USA, Nordamerika] Die Erholungsstätte der amerikanischen High Society wurde von den Indianern »Die Handfläche Gottes« genannt. Der frühere spanische Name *Agua Caliente* (dt. heiße Quellen) musste 1884 den verlockenden PALMENQUELLEN weichen.

PALMA (DE MALLORCA) [O, Spanien, Europa, span. *Palma de Mallorca*] Der beliebte Touristenort auf den Balearen bedeutet auf Spanisch PALME. Eigentlich ist dies nur eine Übersetzung des phöniz. Wortes *tamar*. Der russische Mädchenname Tamara leitet sich übrigens von der gleichen Wurzel ab.

PALO ALTO [O, Kalifornien, USA, Nordamerika] Der spanische Name HOHER BAUM für diese nahe San Francisco gelegene Stadt dürfte wegen der hier früher mächtigen Redwoods gewählt worden sein. Am Nordende des Silicon Valleys gelegen, ist Palo Alto die Heimat weltweit bedeutender Industriekonzerne. Daneben findet sich die berühmte Forschungsstätte Stanford University.

PALOMAR, Mount [B, Kalifornien, USA, Nordamerika] Berühmt für sein gigantisches Observatorium, trägt dieser Berg den span. Namen *palomar* TAUBENSCHLAG, was auf ein häufiges Auftreten dieser Vögel hinweist.

PAMIR [B, Afghanistan, China, Kirgisistan, Pakistan, Tadschikistan, Asien, engl. *Pamirs*] Eine mythologische Erklärung drängt sich bei diesem Gebirge auf: ind. *pāye-mihr* oder pers. *paimir* bedeuten AM FUSS DES MITHRA (also des SONNENGOTTES). Allerdings meinen manche Etymologen, dass vielleicht auch die türkische Herleitung KALTE STEPPE für dieses »Dach der Welt« in Frage kommt. Nun, immerhin laufen hier die Gebirgsmassive Tien Shan, Kunlun, Altai, Karakorum und Hindukusch in einem gewaltigen Knoten zusammen. Bei uns in Europa kennt man unter diesem Namen vor allem das *Pamirschaf.*

PAMPAS, PAMPA [R, Argentinien, Brasilien, Uruguay, Südamerika] Die Grassteppen Südamerikas tragen einen indianischen Namen, der am besten mit EBENE OBERFLÄCHE ins Deutsche zu übertragen ist. Wenn wir in Europa den Ausdruck *Pampa* verwenden, meinen wir oft eine öde oder einsame Gegend (Beispiel: »Er wohnt in der Pampa«).

PAMPLONA [O, Spanien, Europa, bask. *Iruñea, Iruña*] Eine korrumpierte Form des lat. *Pompeiopolis* POMPEIUS' STADT gibt dieser nordspanischen Stadt den Namen. Der Grund: Pompeius gründete die Siedlung im Jahr 68 v. Chr.

PANAMA PA/PAN/PA [S, Mittelamerika, oL *Republik Panama*, span. *República de Panamá*] Die Etymologie dieses Brückenstaates Mittelamerikas ist sehr unsicher. Im gebräuchlichen Guarani (Cueva) könnte das Land PLATZ DER VIELEN FISCHE heißen, was zumindest den natürlichen Gegebenheiten entspricht. Eine starke Faszination muss von diesem mittelamerikanischen Staat jedenfalls ausgegangen sein, da in mehreren deutschen Wörtern eine Anlehnung an den Landesnamen zu finden ist: *Panamabindung* (eine Art Fadenverbindung bei Geweben), *Panamahut* (ein breitkrempiger Hut aus den Blättern einer Palmenart; in den Zwanzigerjahren eine außerordentlich populäre Kopfbedeckung für Männer; allerdings in Wahrheit aus Ecuador), *Panamapalme* und *Panamastroh* (trockene Blätter der Panamapalme). Wer die Menschen anspricht, muss das ungewohnte Wort *Panamaer* verwenden. U: 28. 11. 1821 (Unabhängigkeit von Spanien, Beitritt zu Großkolumbien); 3. 11. 1903 (Loslösung von Großkolumbien)

PANAMAKANAL → **Panama** [X, Mittelamerika, span. *Canal de Panamá*, engl. *Panama Canal*] Am 15. August 1914 wurde der 81,6 km lange Durchbruch zwischen dem Pazifischen Ozean und dem Karibischen Meer zum ersten Mal durchfahren. Kurios übrigens die Tatsache, dass die Einfahrt vom Pazifik (also vom Westen) weiter östlich liegt als die Einfahrt von der Ostseite des amerikanischen Doppelkontinents. Überzeugen Sie sich selbst, ein Blick auf die Landkarte genügt! Die Fünf-Meilen-Zone beiderseits des Kanals unter amerikanischer Kontrolle wurde bereits 1979 abgeschafft und schließlich im Jahr 2000 der Panamakanal wieder voll unter die Obhut des mittelamerikanischen Staates gestellt.

PAPUA-NEUGUINEA PG/PNG/PNG [S/I, Ozeanien, engl. *Papua New Guinea*, oL *Unabhängiger Staat Papua-Neuguinea*, pidgin *Papua Niugini*, engl. *Independent State of Papua New Guinea*] Treffend wurden die Ureinwohner dieser Insel mit dem malai. Wort *pua pua* beschrieben, was am besten mit »wirr« übersetzt werden kann. Gemeint ist hier das WIRRE, KRAUSE HAUPTHAAR, das ganz charakteristisch für die Bewohner Neuguineas ist. Der Name der ganzen Insel wurde 1546 von Iñigo Ortez de Retes wegen der vermeintlichen Ähnlichkeit mit den Einwohnern Guineas gewählt, was aber ethnologisch betrachtet keine Rechtfertigung findet. 1884 wurde der Nordosten der Insel Neuguinea unter dem Namen *Kaiser-Wilhelms-Land* deutsches Schutzgebiet, 1899 als *Deutsch-Neuguinea* Kolonie. Ab dem Ersten Weltkrieg war dieses Land australisches Mandatsgebiet und nach dem Zweiten Weltkrieg UN-Treuhandgebiet. U: 16. 9. 1975 (1949–1975 UN-Treuhandgebiet unter austral. Verwaltung)

PARAGUAY PY/PRY/PY [S/F, Südamerika, oL *Republik Paraguay*, span. *República del Paraguay*, guarani *Tetã Paraguay*] Der gleichnamige Fluss trägt den wunderschönen Namen DURCH WASSER GEBOREN, da das Guaraniwort *para* »Wasser, Fluss« und die Silbe *guay* »geboren« heißt. Paraguay war übrigens auch der Name des Häuptlings, der einen »einseitigen« Vertrag mit den Spaniern unterzeichnete, mit dem er letztlich die Macht verspielte. Auch die Währungseinheit des Landes, der *Guarani*, ist nach dem Indianerstamm benannt, wohingegen sich die Einwohner als *Paraguayer* bezeich-

nen. Dieses lateinamerikanische Binnenland war für zwei Jahrhunderte Teil des *Vizekönigreichs Peru* und gehörte zwischen 1776 und 1811 zum *Vizekönigreich Río de la Plata*. U: 14. 5. 1811 (ehem. span. Kolonie)

PARAMARIBO [O, Suriname, Südamerika, kurz *Par'bo*] Die Hauptstadt von Suriname bedeutet herkunftsmäßig WASSERBEWOHNER (guarani *para* »Wasser«, *maribo* »Menschen«). Durchaus passend, da diese Stadt zwar fünfzehn Kilometer vom Atlantik landeinwärts, jedoch direkt am Fluss Suriname liegt.

PARANÁ [F, Brasilien, Paraguay, Südamerika] Guarani *para* WASSER und *aná* VEREINIGUNG deuten auf den Zusammenfluss des Río Grande mit dem Paranaíba hin. Der Paraná ist der zweitgrößte Strom Lateinamerikas und speist das größte Wasserkraftwerk des Kontinents.

PARIS [O, Frankreich, Europa] Das römische *Lutetia Parisorium* (lat. *lutum* »Sumpf«) wurde Mitte des 1. Jh.s v. Chr. auf altem Siedlungsboden neu errichtet. Hier, auf der Île de la Cité, einer Seine-Insel, lebten ursprünglich die PARISII, ein eher unbedeutender Stamm. Daher darf der römische Name (lat. *lutum* »Sumpf«) mit SUMPFLAND DER PARISII übersetzt werden. Wo der Volksname herkommt, bleibt äußerst spekulativ: In der Literatur findet man kelt. *par* BOOT und *gwys* MÄNNER, griech. *baris* BOOT und lat. *bar* Ísis SOHN DER Isis. Zuletzt sei auch noch eine »sagenhafte« Erklärung für den Namen der französischen Metropole erwähnt: Ys, eine wunderbare, unvergleichlich schöne Stadt in der Bretagne, soll Modell gestanden haben – daher die Ableitung *Par-Ys* (dt. gleich Ys). Zur Hauptstadt Frankreichs wurde Paris erst verhältnismäßig spät, ca. 1190. Der *Pariser* (Kondom) und die *Parisienne* (ein mit Metallfäden durchwirktes Seidengewebe) tragen den Namen der französischen Metropole. Auch ein chemisches Element, das *Lutetium*, erinnert an den römischen Namen. Berühmt wurde der Ausspruch Heinrichs IV. von Frankreich »Paris ist eine Messe wert«, mit dem er zum Katholizismus übertrat und sein von Religionskriegen gebeuteltes Land wiederaufrichtete.

PARMA [O, Italien, Europa] Die Stadt Parma trägt entweder einen Flussnamen, oder sie geht auf das etrusk. Wort für Kreisschild zurück, was möglicherweise die Anlage der frühen Siedlung beschreibt. In der kulinarischen Welt sind insbesondere der *Parmesan-Käse* und der *Parmaschinken* berühmt.

PARNASS [B,   Griechenland,   Europa, lat./engl. *Parnassus*] Am Fuß des Parnass, der Heimat der Musen, der Göttinnen der Dichtkunst, liegt der berühmte Orakelort Delphi. Vermutlich entstand der Name Parnass aus dem hethitischen Wort *parna* Zufluchtsort. Im übertragenen Sinn sieht man im Begriff *Parnass* ein Sinnbild der Lyrik. Das berühmte Pariser Viertel Montparnasse wurde ebenfalls nach diesem den Göttern heiligen Berg benannt.

PASADENA [O, Kalifornien, USA, Nordamerika] Diese 1874 von Thomas B. Elliott gegründete Stadt trug zunächst den indianerfreundlichen Namen *Indiana Colony*, der allerdings vom Postmaster General abgelehnt wurde. Ein zu Rate gezogener Missionar für den Stamm der Chippewas schlug daraufhin vier sprechende indianische Namen vor, die alle auf *pasadena* vom Tal endeten: »Ende des Tals«, »Krone des Tals«, »Schlüssel des Tals« und »Hügel des

Tals«. Da die indianischen Äquivalente *Gish kadenapasadena, Weoquanpasadena, Doegunpasadena* und *Pequadenpasadena* jedoch nicht wirklich aussprechbar schienen, entschied man sich für die phonetisch gut klingende Endung.

PASSAU PA [O, Bayern, Deutschland, Europa] Der Name Passau geht auf die Römer zurück, die bereits im 2. Jh. auf dem Hügel zwischen den Flüssen Inn und Donau ein Kastell errichteten. Der Name *Batavis*, aus der sich über sprachliche Umwege Passau herauskristallisierte, bedeutet eigentlich bei den Batavern. Es handelte sich hier um eine aus germanischen Truppen, Batavern, zusammengesetzte römische Kohorte. Ursprünglich stammten die Bataver aus dem Rheindelta.

PATAGONIEN [R, Argentinien, Chile, Südamerika, engl. *Patagonia*] Diese nicht ganz scharf umrissene Region, die in West- (Chile) und Ostpatagonien (Argentinien) zerfällt, wurde vermutlich von Ferdinand Magellan getauft, der das dicke Fellschuhwerk an den Füßen der Eingeborenen missdeutete und diese Menschen *patagones* Grossfüsse nannte (span. *pata* »Fuß, Pfote«). Zwei von den Eingeborenen wollte er als lebende Schaustücke nach Spanien überführen. Leider verstarben beide auf der beschwerlichen Reise. Manche Geografen zählen übrigens auch Feuerland zu dieser Region.

PAZIFISCHER OZEAN [G, engl. *Pacific Ocean*] Der größte und tiefste Ozean der Welt wurde vom ersten Weltumsegler Magellan im Jahr 1520 *Mar Pacifico* (dt. Stilles Meer; heute Stiller Ozean) benannt. Dies weist darauf hin, dass Magellan bei seiner Überfahrt zu den Philippinen keine Stürme zu ertragen hatte. Wer jedoch die heftigen Wind- und Wasserbewegungen dieses Welt- meeres erlebt hat, weiß, dass Magellan kaum eine weniger passende Bezeich- nung für diesen Ozean hätte einfallen können.

PEARL HARBOR [O, Hawaii, USA, Ozeanien] Der Ort des vernichtenden ja- panischen Angriffs im Jahr 1941 auf ei- nen US-Militärstützpunkt machte Pearl Harbor über Nacht weltbekannt. Die Auswirkungen waren immens, tra- ten doch die Vereinigten Staaten als stärkste Kraft in den Zweiten Weltkrieg ein. Eigentlich ist PERLENHAFEN (we- gen der zahllosen Austern) eine Über- setzung des hawaiianischen *Wai Momi* »Perlengewässer«.

PÈCS [O, Ungarn, Europa] Übersetzt be- deutet der Name dieser südwestungari- schen Stadt HÖHLE (lat. *specus*). Der alte deutsche Name *Fünfkirchen* dage- gen ist heute fast vergessen.

PEKING → **Beijing** [O, China, Asien] Die NÖRDLICHE HAUPTSTADT Chinas (so der Name, s. Beijing) hat eine mehr als dreitausendjährige Geschichte. Trotz der modernen Pinyin-Umschrift (seit 1958) bleibt die alte Schreibweise – Pe- king statt Beijing – für viele Europäer die Norm.

PELOPONNES [Hi, Griechenland, Euro- pa, griech. *Pelopónnisos*, engl. *Peloponnese*] INSEL DES PELOPS (griech. *Pelopos*, Gen. von *Pelops*; *nēsos* »Insel«). Pelops, der Sohn des Tantalus, wurde von sei- nem Vater in Stücke geschnitten, ge- kocht und den Göttern als Speise vor- gesetzt. Tantalus wollte mit diesem Opfer die Allwissenheit der Götter tes- ten. Diese merkten jedoch den Betrug, und so schenkte Zeus dem Jüngling ein zweites Leben. Zudem wurde Pelops Herrscher über das nach ihm benannte

Land. Pelops' Name wird aus griech. *peliós* »dunkel« und *óps* »Auge« gebil- det. Zurück zu Tantalus: Seine Strafe war eine Verbannung in die Unterwelt, wo er die sprichwörtlich gewordenen Tantalusqualen litt. Von Durst und Hunger geplagt, war es ihm unmöglich, von den Früchten, die vor seiner Nase baumelten, zu kosten. Griff er danach, wichen die Kostbarkeiten zurück. Nun, die Götter sind eben hart, aber ge- recht!

PENNSYLVANIA PA/PA. [P, USA, Nord- amerika] Nicht der Quäker William Penn, wie oft behauptet wird, verlieh diesem Staat seinen Namen, sondern dessen Vater, Admiral Sir William PENN, der für seine Erfolge in den eng- lisch-holländischen Auseinanderset- zungen ausgezeichnet werden sollte. Die Namenswahl wurde von Karl II. persönlich getroffen, gegen den aus- drücklichen Wunsch von William Penn (Sohn), der fürchtete, sich dem Vor- wurf der Eitelkeit aussetzen zu müssen. Das walisische Wort *penn* bedeutet »Hügel« oder »hoch«, der lateinische Zusatz *sylvania* bezieht sich auf »Wäl- der« (*silva* »Wald«, *silvanus* »Wald- gott«). Frei übersetzt trägt dieser Staat also den Namen HOCH GELEGENE WÄLDER. Als Herzstück Amerikas – in Philadelphia wurde die Verfassung un- terzeichnet – trägt Pennsylvania völlig zu Recht den stolzen Beinamen *Keysto- ne State* (dt. Grundpfeiler-Staat).

PENTAGON [X, Washington, USA, Nord- amerika] Das Hauptquartier des ameri- kanischen Verteidigungsministeriums hat die Form eines Pentagons, (griech. *pentagon* FÜNFECK), daher der Name. Meist ist heute jedoch mit dem Begriff *Pentagon* nicht nur dieses eine Gebäu- de – mit 280 Meter langen Außenwänden eines der sehr beeindruckenden Bürogebäude der Welt – sondern das gesamte Ministerium gemeint.

PENZA [O/P, Russland, Europa] Der Außenposten im Südosten des damaligen Russlands (Penza wurde 1683 gegründet) ist nach dem gleichnamigen Fluss benannt, der vermutlich die Bedeutung Sumpfwasser trägt.

PERGAMON [H/O, Türkei, Asien, türk. *Bergama*, engl. *Pergamum*] In der Antike war Pergamon ein Zentrum griechischer Kunst und Kultur. Möglicherweise leitet sich der Name von griech. *purgos* Turm oder Festung ab. Wie dem auch sei, heute lebt der Name dieser Stadt im *Pergament*, das dort erfunden wurde, weiter. Fein bearbeitete Schreibbögen aus Ziegen- und Schafhäuten wurden als »charta Pergamena« (dt. Papier aus Pergamon) verkauft. Auch unser Wasser und Fett abstoßendes *Pergamentpapier* trägt diesen klangvollen Namen.

PERM [O/P, Russland, Europa] Kupfererzfunde waren 1568 für die Siedlungsgründung entscheidend. Überraschenderweise trägt Perm einen finnischen Namen: *perya* »hinter«, *maa* »Land«, also ein Hinterland für finnische Siedler. Der Grund sind die frühen Wanderungen finnischer Stämme in die Gegend des südlichen Ural. Zwischen 1940 und 1958 wurde dieses Industriezentrum von Stalin kurzerhand in *Molotow* umbenannt (zu Ehren des Außenministers Wjatscheslaw Molotow). Randnotiz 1: Der *Molotowcocktail* (auch Brandflasche genannt) wurde eine berüchtigte Waffe, selbst außerhalb Russlands. Randnotiz 2: Die jüngste erdgeschichtliche Epoche des Paläozoikums, das *Perm*, benennt sich nach der historischen Region Permia.

PERSEPOLIS [H/O, Iran, Asien, pers. *Takht-e Djamshid*, apers. *Parseh*] Die Hauptstadt des antiken Persien trägt den einfachen griech. Namen Perserstadt (griech. *Persēs, polis*). Der pers. Name *Takht-e Djamshid* »Thron des Dschamshid« erinnert an einen sagenumwobenen König der frühen Epoche. Die große Zeit dieser Stadt fiel in die Herrschaft Darius' I. um 520 v. Chr.

PERSIEN → **Iran** [H/L, Iran, Asien, engl. *Persia*] In der Antike war Persien eine Griechenland und dem Römischen Reich durchaus ebenbürtige Großmacht. Heute ist dieser alterwürdige Name durch die Bezeichnung Iran völlig verdrängt.

PERSISCHER GOLF → **Iran** [G, Bahrain, Irak, Iran, Katar, Kuwait, Oman, Saudi-Arabien, Vereinigte Arabische Emirate, Asien, arab. *al-chalīdsch al-fārisī*, engl. *Persian Gulf*] Diese ca. 1000 km lange und 200 bis 300 km breite Meeresbucht zwischen der Arabischen Halbinsel und dem Iran enthält die größten Erdölreserven der Welt. Wahrscheinlich ist dies ein Mitgrund für die ständigen Unruhen in dieser Region. Auf alten europäischen Karten aus dem 17. Jahrhundert findet man noch den Namen *Golf von Bassorah* (nach der inzwischen verlandeten Stadt Basra benannt).

PERTH [O, Australien, Ozeanien] Der damalige Kriegs- und Kolonialminister Sir George Murray (nach dem auch der große australische Fluss benannt wurde, s. d.) bekam 1829 seinen Wunsch erfüllt, das ehemalige *Swan River Settlement* nach seinem Heimat- und Parlamentswahlkreis Perthshire zu benennen. In dieser Bezeichnung steckt das pikt. Wort *perta* Dickicht, Unterholz.

PERU PE/PER/PE [S, Südamerika, *Republik*

Peru, span. *República del Perú*, Quechua *Piruw*] Guarani *píru* oder *bíru* steht für FLUSS oder WASSER (es gibt in diesem Land Flüsse mit diesen Namen) und wurde von den spanischen Konquistadoren direkt übernommen. Fast darf man diese Tatsache als außergewöhnlich einstufen, wo doch üblicherweise die Lokalnamen einfach ignoriert wurden. Es gibt aber zu diesem Landesnamen auch zwei andere Theorien: Entweder der indian. VOLKSSTAMM *Pyru* (Bedeutung »Quelle, Ursprung«) oder ein legendäres GOLDLAND *Piru* kommen als Schlüssel zu dieser Benennung infrage. Zwischen 1543 und 1824 gehörte der heutige Staat zum mächtigen *Vizekönigreich Peru*. U: Proklamation 28. 7. 1821 (ehem. span. Kolonie)

PETRA [H/O, Jordanien, Asien, arab. *al-Bitrâ*] Wegen der Felsmonumente weltberühmt, trägt diese historische Stadt den treffenden griechischen Namen Petra (dt. FELS oder STEIN). Wunderbar auch die Zeile »rose-red city … half as old as time«, aus John William Burgons Gedicht, mit einer Anspielung auf die Farbschattierung des Sandsteins.

PETROGRAD → **Sankt Petersburg** [H/O, Russland, Europa] Die russifizierte Namensform für Sankt Petersburg galt nur für kurze Zeit (1914–1924), danach kam es zur Umbenennung in *Leningrad* (zu Ehren des sowjetischen Staatsgründers).

PETROPAWLOWSK (-KAMTSCHATSKI) [O, Russland, Asien, engl. *Petropavlovsk-Kamchatskiy*] Die PETER-PAUL-STADT IN KAMTSCHATKA, so die wörtliche Übersetzung, wurde 1740 vom dänischen Seefahrer Vitus Bering als Hafen gegründet und nach seinen beiden SCHIFFEN »PETER« und »PAUL« benannt. Während der sowjetischen

Epoche hängte man (seit 1924) zur Unterscheidung von ähnlichen Ortsnamen die Endung »Kamtschatski« an, die heute allerdings nur noch inoffiziellen Charakter hat (s. Kamtschatka).

PETROPOLIS [O, Brasilien, Südamerika] Der ungewöhnliche Name Petrópolis (dt. PETERSTADT; griech. *polis* »Stadt«) bekam ab 1843 als Sommerresidenz des damaligen Kaisers PEDRO II. (1825–1891) von Brasilien eminente Bedeutung. Auf kaiserlichen Erlass wurden hier hauptsächlich Deutsche und Österreicher (vor allem Tiroler) angesiedelt. Seiner Zeit weit voraus, erlebte Brasilien unter Dom Pedro II. einen ungeheuren wirtschaftlichen Aufschwung, vor allem wegen des Kaffees, Kautschuks und Zuckerrohrs. Dies hinderte jedoch die aufgebrachte Oligarchie nicht, Pedro II. kurz nach Abschaffung der Sklaverei selbst vom Thron zu stürzen. Randnotiz: In Petrópolis wählte der große österreichische Dichter Stefan Zweig am 22. April 1942 aus Schwermut über die geistige Zerstörung der Heimat Europa den Freitod.

PFALZ → **Rheinland-Pfalz** [R, Deutschland, Europa, engl. *Palatine*] Der Name Pfalz trägt die Bedeutung HOFBURG mit Gerichtsstatus (mhd. *phalz(e)*, ahd. *p(h)analza*, lat. *palâtium* »fürstliche Wohnung, Palast«). Damit ist, wie schon an anderer Stelle angeführt, die Pfalz als einzige deutsche Region weder nach einem geografischen noch nach einem dynastischen Begriff benannt worden, sondern nach einem dem König unterstehenden Amtsgebäude. Als kulinarische Spezialität kennen wir den *Pfälzer Saumagen*. Der englische Name wiederum sich im Begriff *Palatine*, eine Umrandung aus Pelz oder Stoff.

PFORZHEIM PF [O, Baden-Württemberg, Deutschland, Europa] Wahrscheinlich steckt in diesem Namen lat. *portus* HAFEN, das sich später auch auf ÜBERFAHRTSSTELLE, ZOLLSTATION bezog. Die Nachsilbe *heim* weist auf die Siedlungsgründung hin.

PHILADELPHIA [O, Pennsylvania, USA, Nordamerika] Die STADT DER BRÜDERLICHEN LIEBE (griech. *phileō* »ich liebe«, *adelphos* »Bruder«) wurde 1682 vom streng gläubigen Quäker William Penn nach dem biblischen Namen der alten Stadt Lydia in Kleinasien, *Philadelphus*, benannt (Off 1,11). Dieser biblische Stadtname geht jedoch auf den Beinamen des Gründers Attalus II. PHILADELPHUS, König von Pergamon, zurück. Frei übersetzt bedeutet dies: »Er liebt seine Brüder«. Philadelphia hat seine große Zeit hinter sich, besitzt aber viele Heiligtümer der amerikanischen Freiheitsgeschichte, wie etwa die Glocke »Liberty Bell«, die allerdings seit einem Sprung im Jahr 1846 stumm bleiben musste. Ob diese Metropole heute noch ihrem Ruf gerecht werden kann, muss der Besucher für sich selbst entscheiden.

PHILIPPINEN PH/PHL/RP [S/I, Südostasien, engl. *Philippines*, oL *Republik der Philippinen*, pilipino *Republika ng Pilipinas*] König PHILIPP II., auch König von Spanien (1556–1598) und Portugal (1580–1598), der Sohn Karls V., regierte ein schier unglaublich ausgedehntes Reich. Daher benannte Ruy López de Villalobos ihm zu Ehren den einzig mehrheitlich katholischen Staat Asiens Philippinen (der eigentliche spanische Name für die neu entdeckte Inselgruppe war *Islas Filipinas*). Auf dem Höhepunkt der spanischen Herrschaft musste Philipp jedoch die Zerschlagung seiner als unbezwingbar geltenden Armada im Jahre 1588 miterleben, was von vielen Historikern als der Wendepunkt in der Kolonialgeschichte bezeichnet wird. Von nun an war der Aufstieg Großbritanniens für ein Vierteljahrtausend nicht mehr aufzuhalten. Der alte Name *St.-Lazarus-Inseln* war eine Danksagung Magellans an den hl. Lazarus, der ihm an seinem Ehrentag, dem 17. Dezember, die Entdeckung der heutigen Philippinen ermöglichte (1521). Die griechischen Namensteile *phílos* »Freund, Liebhaber« und *híppos* »Pferd, Ross« lassen sich einfach erklären. In der christlichen Welt verbreitete sich dieser Name seit dem 12. Jh. als Name des Apostels *Philippus*. Im Deutschen gilt *Philippiner* neben *Filipinos* als korrekte Bezeichnung für die Einwohner dieses Inselstaates. U: 4. 7. 1946 (ehem. amerik. Dominion; bis 1898 span. Kolonie)

PHNOM PENH [O, Kambodscha, Asien] Eine lokale Legende erzählt von einer reichen, älteren Dame namens Daun Penh, die vier Statuen des Buddha fand, diese auf einen Hügel schleppte und dort damit eine Gedenkstätte errichtete. Phnom Penh würde damit am besten mit PENHS HÜGEL übersetzt (kambod. *phnom* »Hügel«). Die wahre Bedeutung des Namens dieser im 14. Jh. gegründeten Stadt ist jedoch HÜGEL DES REICHTUMS (kambod. *penh* »Reichtum«), eine Kurzform von Wat Phnom Daun Penh (kambod. *wat* »Tempel«). Früher war diese Stadt auch unter dem Namen *Krong Chaktomuk* bekannt, auf Deutsch »Stadt der vier Gesichter«. Dies ist eine Anspielung auf die Lage an der Gabelung der Flüsse Mekong und Tonle Sap.

PHOENIX [O, Arizona, USA, Nordamerika] Prähistorische Hohokam-Indianer haben an der Stelle der heutigen Stadt bereits 300 v. Chr. Bewässerungswirtschaft betrieben. Allerdings ist diese Kultur im 15. Jh. völlig verschwunden. Sozusagen auf den Ruinen dieser alten Zivilisation stieg Phoenix 1867, von den geschichtsbewussten Siedlern Jack Swilling und Darrell Duppa neu gegründet, wie der LEGENDÄRE, gleichnamige VOGEL, der sich selbst verbrannte, aus der Asche. Die Legende spricht dieser Verkörperung des ägyptischen Sonnengottes 972 Menschenalter zu, bei den Griechen war er Sinnbild des ewigen Lebens. Möglicherweise hat auch der Name der *Phönizier* (s. d.) den gleichen Ursprung. Phoenix hatte ein Vierteljahrhundert nach der Gründung kaum 300 Seelen, zur Zeit der Wirtschaftskrise 1929 stand Phoenix an 98. Stelle unter den amerikanischen Städten. Aber der Aufstieg zur Weltmetropole war phänomenal. Momentan liegt der »legendäre Vogel« mit 1,2 Mio. Einwohnern bereits an 7. Stelle, in Reichweite des alten Herzstücks Philadelphia. Phoenix macht seinem Namen alle Ehre.

PHÖNIZIEN [H/L, heute Israel, Libanon, Syrien, Asien, engl. *Phoenicia*] Der griechischen Mythologie zufolge leitet sich der Name von PHOENIX, Sohn des Agenor und der Telephassa, ab. Allerdings ist ein Zusammenhang mit griech. *phoȋnix* DATTELPALME oder griech. *phoíonikes* DUNKELROT wesentlich wahrscheinlicher. Die lokale Vegetation wie die Spezialisierung der Phönizier auf die Herstellung und den Export der Farbe Purpur (aus einer Schneckenart) sprechen für diese Deutungen. Immerhin jedoch erscheinen auch »die Flammen des Phoenix« in dunkelroter Farbe. Letztlich bleibt die Sinngebung dieses klingenden historischen Namens des vor ca. 5000 Jahren eingewanderten Volkes wohl für immer ein Geheimnis.

PICADILLY [X, London, Großbritannien, Europa] Im 17. Jh. stand am Platz der heutigen Straße die sogenannte PICADILLY HALL. Ein gewisser Robert Baker machte damals mit dem Verkauf der *pickadills* WEITE HOCHKRAGEN sein Vermögen. An der Kreuzung Picadilly Street und Regent Street entstand 1819 der berühmte Picadilly Circus. Randnotiz: 1906 eröffnete die bis dahin längste Untergrundlinie Londons, die Picadilly Line, ihren Betrieb.

PIEMONT [P, Italien, Europa, ital. *Piemonte*, engl. *Piedmont*] Geografisch korrekt nennt sich diese nordwestitalienische Region (am Alpensüdrand gelegen) AM FUSSE DES BERGES (aital. *pie di monte*).

PILATUS [B, Schweiz, Europa] Das Bergmassiv der Berner Alpen wurde nach dem durch die Kreuzigung Christi bekannten römischen Statthalter in Judäa, Pontius PILATUS, benannt. Der Grund dafür: Eine Legende berichtet, dass seine Leiche in einem heute ausgetrockneten See dieses Berglandes ruht. Die im Deutschen übliche Redensart »von Pontius zu Pilatus«, d. h. von einem zum anderen gehen, ist irgendwie paradox, handelt es sich doch hier um eine einzige Person mit dem Familiennamen Pontius und dem Beinamen Pilatus. Etymologisch gesehen bedeutet der Beiname »der mit dem Speer (Wurfspieß, lat. *pilum*) Bewaffnete«.

PILSEN [O, Tschechien, Europa, tschech. *Plseň*] Das weltberühmte *Pilsner Bier* stammt aus der gleichnamigen tschechischen Stadt, die wiederum auf das atschech. Wort *plz* FEUCHT zurückgeht.

PINZGAU [R, Österreich, Europa] Diese für eine Rinderrasse, das *Pinzgauer-*

rind, bekannte Region in Salzburg sollte etymologisch korrekt eigentlich BINSENGAU (ahd. *binuz*) heißen. Übrigens geht auch die Hunderasse *Pinscher* auf diese Wurzel zurück. Zuletzt trägt auch ein in Österreich für hügeliges Gelände gebautes Schwerfahrzeug den Namen *Pinzgauer*.

PIRÄUS [O, Griechenland, Europa, griech. *Peiraiás, Pireás*, engl. *Piraeus*] Der Hafen von Athen wurde im 5. Jh. vor unserer Zeitrechnung gegründet. Der Name ist vom Begriff *beran* JENSEITS abgeleitet und bezieht sich auf eine damals vom Hauptland abgetrennte sumpfige Landschaft.

PISA [O, Italien, Europa] Kaum eine Sehenswürdigkeit ist weltweit bekannter als der »Schiefe Turm von Pisa«. Der Ursprung dieser toskanischen Stadt liegt im Dunkeln, wenn auch Spekulationen bestehen, dass der Name MÜNDUNG oder BEWÄSSERTER ORT bedeuten könnte. Bekannt, wenn auch unrichtig, ist die von Galileis Biograph Vincenti Viviani erzählte Geschichte von Fallversuchen des großen Gelehrten am »Schiefen Turm von Pisa«. In Galileo Galileis Schriften findet sich kein einziger Hinweis darauf. Richtig ist vielmehr, dass Galilei diese Fallgesetze in Gedankenexperimenten zu ergründen suchte.

PITCAIRN ISLAND [I, Großbritannien, Ozeanien] Der Seemann Robert PITCAIRN (1747–1770) erblickte als Erster dieses Eiland vom Mastkorb des Schiffes HMS Swallow. Kurioserweise ist der Name wunderbar treffend für diese Insel mit den zahlreichen »pits« (dt. Löcher, Gruben) und »cairns« (dt. Steinhaufen). Weltberühmt wurden die Meuterer des britischen Schiffes HMS Bounty. Neun Männer, verstärkt durch neunzehn Polynesier, darunter dreizehn Frauen, ließen sich 1790 auf diesem einsamen Eiland nieder und gründeten eine bis heute bestehende Kolonie. Die Pitcairn Islands sind auch ein eigenes postalisches Ausgabegebiet (s. d.).

PITLOCHRY [O, Schottland, Großbritannien, Europa] Dieser schottische Tourismusort, bekannt für seine Festivals, trägt einen piktischen Namen: *pett, cloichreach* STELLE DES STEINIGEN ORTES. Vermutlich sind damit die felsigen Flussübergänge gemeint.

PITTSBURGH [O, Pennsylvania, USA, Nordamerika] Die Romanschriftstellerin Marcia Davenport hat Pittsburgh als das »Tal der Entscheidung« bezeichnet. Und tatsächlich spiegelt sich in dieser Stadt das Hin und Her der frühen Kolonialgeschichte Amerikas wider. Pittsburgh erfuhr eine zweimalige Umbenennung. Truppen aus Virginia errichteten an dieser Stelle 1754 das *Fort Prince George*. Nach Einnahme durch die Franzosen wurde es nach Ange de Menneville, Marquis de Duquesne, dem Gouverneur von »Neu-Frankreich« (dem heutigen Kanada) *Fort Duquesne* genannt. Die Rückeroberung durch die Briten ergab den heutigen Namen Pittsburgh, zu Ehren des Staatsmannes William PITT der Ältere (1708–1778).

PJÖNGJANG [O, Nordkorea, Asien, engl. *P'yôngyang*] Die Lage Pjöngjangs am Fluss Taedong erklärt den Namen der Hauptstadt Nordkoreas: *p'yông* FLACH, *yang* LAND.

PLAINS → **Great Plains** [R, Kanada, USA, Nordamerika] Plains ist die im Deutschen übliche Kurzform für die Trockengebiete Nordamerikas. Unter Präsident Franklin D. Roosevelt wur-

den die Great Plains (dt. GROSSE EBE-
NEN), die im Westen an die Rocky
Mountains anschließen, offiziell mit
dem 100. östlichen Längengrad begrenzt.

PLATTE RIVER [F, USA, Nordamerika]
Das franz. Wort *plat* FLACH beschreibt
das seichte Flussbett des durch Colorado, Nebraska, Missouri und Wyoming
fließenden Stroms.

PLATTENSEE [G, Ungarn, Europa, ung.
Balaton] Vermutlich bildet das slaw.
Wort *blatno*, verwandt mit russ. *boloto*
SUMPFLAND, den Namen dieses ungari-
schen Steppensees.

PLAUEN PL [O, Sachsen, Deutschland, Eu-
ropa] Bereits im 12. Jh. bei einem sorbischen Dorf entstanden, erhielt Plauen
im Jahr 1224 das Stadtrecht. Das asorb.
plav SCHWEMME bzw. *plaviti* SCHWEM-
MEN, FLÖSSEN deutet auf die Flusslage
der Stadt hin. Nicht vergessen darf man
die edlen Stickereien, die unter dem
Namen *Plauener Spitzen* Weltgeltung
erlangt haben.

PLOVDIV [O, Bulgarien, Europa] Kaum
zu glauben, dass Plovdiv den Namen
PHILIPP II. von Makedonien (382–336
v. Chr.), Vater Alexanders des Großen,
trägt. Eigentlich war es eine alte thraki-
sche Siedlung, die in *Philippopolis* umbenannt wurde. Die später daraus entstandene bulgarische Form *Pulpudava*
(bulg. *Pulp* PHILIPP, *dava* STADT) führte zum heutigen Namen. Immerhin ist
Plovdiv seit 1885 bulgarisches Territorium. Während der römischen Herrschaft über dieses Gebiet war die Bezeichnung *Trimontium* (dt. drei Hügel)
gültig, in der türkischen Epoche wiederum *Philibe*.

PLYMOUTH [H/L, Massachusetts, USA,
Nordamerika] Plymouth wurde 1620 als
erste permanente Siedlung auf nord-

amerikanischem Boden gegründet. Der
englische Hafen, von dem die Reise ins
Ungewisse auf der berühmten *Mayflo-
wer* startete, wurde von den »Pilgervä-
tern« (engl. Pilgrim Fathers) im Namen
Colony of New Plymouth verewigt.
Der Namenshintergrund: MÜNDUNG
(engl. *mouth*) des (Flusses) PLYM.

PO [O, Italien, Europa] Der Po trägt einen
Pflanzennamen, *padi* PINIEN, der rö-
misch-gallischen Ursprung ist. Zur Zeit
der Benennung dieses Gewässers war
der Mündungsbereich ein dichtes
Waldgebiet, kaum vorstellbar bei der
heutigen Waldarmut Italiens.

PODGORICA [O, Montenegro, Europa]
Frühere Namen der Hauptstadt Mon-
tenegros waren bis zum 13. Jh. *Ribnica*
(nach dem lokalen Fluss) und für einige
Jahrzehnte bis 1992 *Titograd* (nach
Marschall Josip Broz Tito). Seit dem
14. Jh. ist der Name Podgorica (*pod*
»unter«, *gora* »Berg«) gebräuchlich:
also AM FUSS DES BERGES GELEGEN.

POLEN PL/POL/PL [S, Mitteleuropa, engl. *Pol-
and*, oL *Republik Polen*, pol. *Rzeczpospolita
Polska*] Wie die Geschichte nur allzu
deutlich bewies, hat Polen eine extrem
ungünstige geopolitische Lage. Eingebettet zwischen die (ehemaligen) Großmächte Deutsches Reich, Russland und
Österreich-Ungarn, kaum geschützt
durch unwegsames Gelände, wurde
Polen mehrfach völlig von der Landkarte gelöscht. Und tatsächlich nennen
sich die Polen BEWOHNER DER EBENE,
vom slaw. *polje* »Feld, Ebene« abgeleitet. Einige »polnische« Randbemerkungen: Marie Curie entdeckte 1898
ein silberweißes, glänzendes Halbme-
tall und nannte es nach ihrer Heimat
Polonium. Eine heute abwertende Bezeichnung für einen Polen, *Polack*, war
ursprünglich sogar ein Familienname

(seit dem 14. Jh. belegt). Auch frühe polnische Emigranten nach Amerika bezeichneten sich als Polacks. Zwei Tänze, die *Polka* und die *Polonäse*, sind ebenfalls nach diesem Land benannt, wenn auch Ersterer in Prag entstand. Die dramatische Geschichte des Landes hat Thaddäus Kosciuszko 1794 zum geflügelten Wort »noch ist Polen nicht verloren« bewogen. Wenige Jahre später wurde mit dieser Wendung der Dombrowski-Marsch eingeleitet. Heute meint man mit diesem Ausspruch eine Sache, die trotz allem noch eine Zukunft hat. U: alte staatliche Tradition; Proklamation 7. 10. 1918; 11. 11. 1918 (Piłsudski wird Regentschaftsrat)

POLYNESIEN [I, Ozeanien, engl. *Polynesia*] Der französische Historiker und Archäologe Charles de Brosses wählte in seiner »Histoire des navigations aux terres australes« (1756 veröffentlicht) den passenden Namen Polynesia, VIELE INSELN (griech. *poly* und *nesoi*), für die endlosen Archipele des Pazifischen Ozeans. Dieser Name diente später als Modell für die beiden Neubenennungen Melanesien und Mikronesien. Das ungeheuer ausgedehnte Dreieck mit den Eckpunkten Neuseeland, Hawaii und Osterinsel umfasst tausende mehr oder weniger unbedeutende Eilande. Weltberühmt und zum norwegischen Nationalhelden wurde Thor Heyerdahl, der 1947 mit seinem (nach dem Vorbild der Inkas) erbauten Floß »Kon-Tiki« zu beweisen versuchte, dass die Polynesier aus dem heutigen Peru ihre Eroberung des Ozeans gestartet haben mussten. Die meisten Theorien sehen aber eher Südostasien, vor allem Indonesien und die Philippinen, als Ausgangspunkt der Besiedlung. In sehr dramatischer Form wird die Eroberung des Pazifiks in James Micheners Roman »Hawaii« nachgezeichnet.

POMPEJI [H/O, Italien, Europa, ital. *Pompei*, engl. *Pompeii*] Die im Jahr 79 n. Chr. durch einen Ausbruch des Vesuvs völlig zerstörte Stadt gehört heute zum UNESCO-Weltkulturerbe. Der Name kommt vom etrusk. Wort *pompe*, dieses seinerseits vom idg. *penke*, beide mit der Bedeutung FÜNF. Vielleicht sind damit die ursprünglich fünf Siedlungen gemeint, aus denen sich diese Stadt bildete. Der 1835 von Edward Bullwer-Lytton verfasste Roman »Die letzten Tage von Pompeji« gehört zu den meistgelesenen Büchern der Literaturgeschichte. Auch Robert Harris' 2003 herausgebrachter Bestseller »Pompeji« beschreibt in meisterhafter Form das dramatische Ende dieser Stadt.

POPOCATÉPETL [B, Mexiko, Mittelamerika] Schon vor den Entdeckungsfahrten des Kolumbus fanden Nahuatl-Indianer für diesen Vulkan den sprechenden Namen RAUCHENDER BERG (indian. *popokani* »rauchen«, *tépetl* »Berg«). Wahrscheinlich schwang einige Ehrfurcht mit bei der Benennung dieses fast fünfeinhalbtausend Meter hohen Riesen.

PORT ARTHUR [O, China, Asien, chin. *Lùshun*] Dieser historisch immer wieder umkämpfte nordchinesische Hafen trägt heute den Namen *Lùshun* (chin. *lù* Reisender, *shun* entlang). 1860 wurde dieser Platz nach Lieutenant ARTHUR, einem Erkundungsoffizier, benannt, der günstige Stellen für eine Militärbasis suchte. Mit der Einnahme durch Japan 1904 erfolgte eine zwischenzeitliche Umbenennung in *Ryojun*.

PORT ROYAL [H/O, Jamaika, Karibik, Mittelamerika] Die frühere Hauptstadt

Jamaikas war einst eine der reichsten Städte der Erde und trug so mehr als passend den Namen KÖNIGLICHER HAFEN. 1692 jedoch versank die nach einem Erdbeben mit nachfolgendem Tsunami völlig zerstörte Stadt Port Royal in den Fluten der Karibik.

PORT SAID [O, Ägypten, Afrika] Mit dem Bau des Suezkanals kam es 1859 auch zur Gründung dieser Stadt. Zu Ehren des Vizekönigs von Ägypten, SAID Pasha (1822–1863), der dem französischen Architekten Lesseps einen Bauauftrag erteilt hatte, nannte man diesen Hafen Port Said. Das arab. *sa'id* bedeutet übrigens GLÜCKLICH – vielleicht ein Omen für diesen Kanal.

PORTLAND [O, Oregon, USA, Nordamerika] Der Name dieser Stadt am Willamette wurde durch einen Münzwurf zwischen den Gründern Amos Lovejoy aus Massachusetts und Francis Pettygrove aus Maine entschieden. Pettygrove war der Glückliche und benannte Portland nach seiner Heimatstadt an der Ostküste. (Im anderen Fall hätten wir ein zweites Boston gesehen.) Der Name spricht für sich selbst: HAFENLAND. Allerdings ist es interessant, dass der zweitgrößte amerikanische Pazifikhafen fast hundert Kilometer vom Meer entfernt liegt.

PORTO [O, Portugal, Europa, engl. *Oporto*] Eine simple Übersetzung aus dem port. *o porto* DER HAFEN gibt uns diesen Namen, der sich im Englischen mit dem Artikel erhalten hat. Das frühere römische Lager hieß *Cale*, und das Anhängen des lat. *portus* (dt. Hafen) führte schließlich sogar zum Landesnamen (s. d.). Bekannt und beliebt ist der *Portwein*, ein süßer, alkoholreicher Dessertwein.

PÔRTO ALEGRE [O, Brasilien, Südamerika] Der FRÖHLICHE HAFEN (port. *porto* »Hafen«, *alegre* »fröhlich«), Hauptort der brasilianischen Provinz Rio Grande do Sul, wurde 1742 von portugiesischen Immigranten der Azoren gegründet. Der erste Name *Porto dos Casais* (dt. Hafen der Paare) deutet darauf hin, dass die Auswanderer fast durchwegs verheiratete Siedlerfamilien waren.

PORTOROŽ [O, Kroatien, Europa] Zeitweise von Italien besetzt, hieß diese Stadt früher *Porto Rosa* ROSENHAFEN. Um die politische Zugehörigkeit zu Kroatien zu untermauern, wurde schließlich eine pseudo-slawische Endung (erinnert an *rúža* »Rose«) gebildet. Im Windschutz des Gebirges gelegen, erfreut sich Portoro einer reichen Vegetation, die diesen Namen letztlich voll rechtfertigt.

PORTUGAL PT/PRT/P [S, Südwesteuropa, oL *Portugiesische Republik*, port. *República Portuguesa*] Das alte Suebenreich Portu-Cale lag in der Gegend der heutigen Stadt Porto. Von dort breitete sich der Name schließlich über die gesamte westliche Iberische Halbinsel aus. Lat. *portus cale* bedeutet WARMER HAFEN, womit die günstigen klimatischen Verhältnisse dieses Landstrichs umschrieben sind. Diese Namenserklärung muss allerdings als sehr unsicher eingeschätzt werden, so schlüssig sie auch klingen mag. Der alte römische Provinzname *Lusitania* hat sich in manchen Sprachen für diese Südwestecke Europas erhalten. Entsprechend versteht man unter *Lusitanistik* die Lehre von der portugiesischen und brasilianischen Sprache und Kultur. Randnotiz: Die Heimat der beliebten Rotweinrebe *Portugieser* ist nicht unbedingt in Südwesteuropa zu suchen, so meinen zumindest viele

Weinexperten. U: alte staatliche Tradition; Königreich seit 1143 (1580–1640 Personalunion mit Spanien)

POSEN [H/O, Polen, Europa, pol. *Poznań*] Die Benennung Poznań ist vermutlich eine Zusammensetzung eines LANDBESITZERNAMENS mit dem Titel *pan* HERR. Im Zuge der Zweiten Polnischen Teilung 1793 besetzten preußische Truppen die Stadt. Erst durch dem Versailler Vertrag nach dem Ersten Weltkrieg wurde *Posen*, so der deutsche Name, wieder ein Teil Polens.

POTOMAC [F, USA, Nordamerika] Der Gründer der ersten festen Siedlung auf nordamerikanischem Boden, Captain John Smith, identifiziert das indian. *Patawomeck*, *Patawomeke* oder *Patowmack* (PLATZ) WO WAREN HINGEBRACHT WERDEN als Flussbezeichnung. Offensichtlich haben wir es hier mit einem alten Handelsplatz der einheimischen Bevölkerung zu tun. Andere Quellen übersetzen den indianischen Namen (aus dem Algonkin) mit FLUSS DER SCHWÄNE. Jedenfalls wurde Potomac 1931 vom »Board of Geographic Names« als offizielle Flussbezeichnung festgesetzt.

POTSDAM P [O, Brandenburg, Deutschland, Europa] Friedrich der Große (1712–1786), der Alte Fritz, wie sein volkstümlicher Name lautet, ließ hier das berühmte Schloss Sanssouci (dt. sorgenfrei) erbauen. Im ersten Namensteil dieser ursprünglich slawischen Siedlung steckt noch die Silbe *po* »bei«, ergänzt um das ahd. *stampf* (dt. Stampfe; also ein Stoßgerät). Frei übertragen könnte man von BEI DER STAMPFE sprechen. Vielleicht ist damit ein funktionaler Arbeitsplatz gemeint. Der früheste Beleg, *Poztupimi*, stammt bereits aus dem Jahr 993.

PRAG [O, Tschechien, Europa, tschech. *Praha*, engl. *Prague*] Die übliche Herleitung des Namens von tschech. *práh* SCHWELLE, FURT ist sehr umstritten, geht sie doch auf eine Weissagung der sagenumwobenen Gründerin Prags, Libuše, der Gemahlin des ersten Fürsten, zurück. Poetisch verklärt sprach sie von einer Stadt, »deren Ruhm die Sterne berühren wird«. Nun, die Hradschin-Stadt wurde tatsächlich eine europäische Metropole. Im Namen scheint aber vielmehr im Wort *pra iti* RODUNGSLAND zu stecken. Der schmackhafte *Prager Schinken* kommt aus dieser Region Tschechiens. 1968 wurde nach dem Einmarsch der Sowjettruppen die politische Bezeichnung *Prager Frühling* geboren. Ebenso zum Thema Politik gehört der Begriff *Prager Fenstersturz*, mit dem allerdings sogar drei Ereignisse der böhmischen Geschichte gemeint sind.

PRESTON [O, England, Großbritannien, Europa] Aengl. *prēosta tūn* DORF DER PRIESTER lässt auf den ersten Blick besondere Religiosität dieser Stadt in Lancashire vermuten. Dies war jedoch keinesfalls Voraussetzung für die Namensgebung. Vielmehr könnte gemeint sein, dass dieses Land Priestern, die der Kirche dienten, als Wohnstätte zur Verfügung gestellt wurde. Randnotiz: Der lokale Fußballklub Preston North End gewann übrigens 1888/89 die weltweit erste Fußballmeisterschaft, noch dazu, ohne auch nur ein Match zu verlieren.

PRESSBURG → **Bratislava** [O, Slowakei, Europa] Der deutsche Name Pressburg, der bis zum Ende des Ersten Weltkriegs ganz offiziell für Bratislava verwendet wurde, hat seinen Ursprung in einem Ort namens BREZLAUSPURG, wo im

Jahr 907 Ungarn gegen Mähren einen Schlachtensieg erringen konnte. Vermutlich ist der erste Teil auf einen PERSONENNAMEN zurückzuführen.

PRETORIA [O, Südafrika, Afrika, zulu *Tshwane*] Marthinus PRETORIUS (1819–1901) der erste Präsident der Republik Südafrika, und sein Vater Andries PRETORIUS (1798–1853), ein Bure und als Voortrekker Sieger der Schlacht am Blood River (heute Ncome), wurden mit diesem Stadtnamen geehrt. Seit dem Jahr 2000 wird die Region Greater Pretoria nach dem früheren Häuptling Tshwana benannt, und seit 2005 gibt es auch einen Beschluss des lokalen Stadtrats, dass **Tshwane** WIR SIND ALLE GLEICH (oder SCHWARZE KUH, hier sind sich die Etymologen unsicher) auch der Name dieser Stadt sein soll. Wenn auch noch immer nicht ganz unumstritten, dürfte diese die historischen Gegebenheiten unterstützende Änderung letztlich doch über die alte Bezeichnung siegen.

PREUSSEN [H/S, Deutschland, Europa, engl. *Prussia*] 1701 als Königreich entstanden (Friedrich III. nahm als Friedrich I. den Titel »König in Preußen« an), war Preußen bis 1945 ein Land des Deutschen Reiches, noch dazu ein militärisch und politisch eminent bedeutendes. Der Name (1335 *Pruzinlant*) kommt von den heidnischen PRUZZEN, die schließlich von den Deutschen Templern im 13. Jh. zum Christentum bekehrt wurden. Die Farbe *Preußischblau* wurde nach diesem Land bezeichnet. Auch das lateinische *Borussia* (Beispiel: Borussia Dortmund) hält diesen historischen Namen in Erinnerung.

PRINCE EDWARD ISLAND [P/I, Kanada, Nordamerika, franz. *l'Île-du-Prince-Édouard*, auch *P.E.I.*] Die kleinste der kanadischen Provinzen, im St. Lawrence Golf gelegen, hieß bis 1799 *Île Saint-Jean*, wurde dann jedoch zu Ehren PRINCE EDWARD Augustus' (1767–1820), des Duke of Kent und zukünftigen Vaters Königin Victorias, umbenannt.

PRINCETON [O, New Jersey, USA, Nordamerika] Unter den zahlreichen Siedlungen dieses Namens (frei übersetzt PRINZENSTADT) ragt die berühmte Universitätsstadt in New Jersey wie eine Ikone heraus. 1696 von Quäkern unter dem Namen *Stony Brook* gegründet, erfolgte 1723 zu Ehren des englischen Königs William III., Fürst (PRINCE) von Oranien-Nassau (1650–1702), eine Neubenennung. Bis 1896 trug diese Universität den Namen *College of New Jersey*.

PROVENCE [H/R, Frankreich, Europa] Der Name dieser historischen Region bedeutet einfach PROVINZ (lat. *provincia*). Der Grund liegt darin, dass dieses Land die erste römische Provinz jenseits der Alpen war. Allerdings umfasste Gallia Transalpina, so der volle Name, den gesamten südlichen Teil des heutigen Frankreichs. In den Sechzigerjahren wurde die Provence Teil der Region Provence-Alpes-Côtes d'Azur.

PROVIDENCE [O, Rhode Island, USA, Nordamerika] Wegen seines religiösen Glaubens aus Plymouth vertrieben, gründete Roger Williams 1636 eine neue Siedlung in Rhode Island. Er benannte diesen Ort nach »Gottes gnädiger VORSEHUNG« (eng. »*God's merciful providence to me in my distress*«).

PUERTO RICO [I, USA, Karibik, Mittelamerika] Span. REICHER HAFEN ist ein weiterer Name, der von Christoph Kolumbus persönlich gewählt wurde, als er 1493 diese Inselgruppe entdeckte. Allerdings meinte er damit nur die Landebucht, nicht die gesamte Inselwelt. Diese trug zunächst nach dem Tag der Entdeckung (24. Juni) den Namen der modernen Hauptstadt, *San Juan Bautista de Puerto Rico*, heute einfach San Juan. Im Laufe der Zeit ging der Name der Bucht auf die ganze Inselgruppe über. Der Name San Juan ist dem »Größten unter den vom Weibe Geborenen« (Mt 11,11) gewidmet. Johannes der Täufer, der als Prophet auftrat und dem Volk den Messias verkündete, wird bis auf den heutigen Tag in der Kirche ganz besonders verehrt. Seit 1952 ist Puerto Rico mit den USA assoziiert. Relativer Wohlstand und die amerikanische Staatsbürgerschaft sind damit verbunden, wenngleich bis heute bei US-Wahlen kein Stimmrecht besteht.

PULA [O, Kroatien, Europa, slow. *Pulj*] Die Geschichte dieser größten Stadt Istriens reicht mehr als 3000 Jahre zurück. Die Legende erzählt, dass der Name aus griech. *polai* VERFOLGTE abgeleitet ist. Gemeint sind griechische Flüchtlinge aus Kolchis am Schwarzen Meer. Julius Cäsar benannte diese damalige Militärkolonie *Pietas Julia*, wobei der erste Namensteil soviel wie »Dankbarkeit« bedeutet.

PULHEIM [O, Nordrhein-Westfalen, Deutschland, Europa] Erst 1981 wurde dieser Siedlung das Stadtrecht verliehen, wenn es auch bereits in römischer Zeit zahlreiche Gutshöfe und Landsitze auf heutigem Stadtgebiet gab. Der Name ist kelt. Ursprungs: *pol, pul* »Sumpf«. Wir haben es hier also mit einer SUMPFIGEN WOHNSTÄTTE zu tun.

PUNE [O, Indien, Asien] Kupferplatten aus dem Jahr 758 bezeugen eine frühe Siedlung unter dem Namen *Punnaka*. Dieser Name leitet sich vermutlich von *Punya Nagari* STADT DER GROSSEN TATEN ab. Zumindest würde dies wunderbar für das »Oxford Indiens« passen, das berühmt für seine exzellenten Colleges und Universitäten ist.

PUNIEN → **Karthago** [H/O, Tunesien, Afrika] Der bei den Römern gebräuchliche Name für Karthago bedeutet LAND DES SONNENUNTERGANGS (phöniz. *pun* »untergehen«). Bis heute sind die Punischen Kriege fast jedem Schulkind ein Begriff.

PUNJAB [P, Indien, Pakistan, Asien] Punjab bedeutet (DAS LAND DER) FÜNF FLÜSSE oder FÜNFSTROMLAND (hindi *panch* »fünf«, *âb* »Wasser«). Gemeint sind damit die Induszuflüsse Beas, Chenab, Jhelum, Ravi und Sutley. Heute liegen nur der Beas und der Sutley auf indischem Territorium. Das Punjab ist mit mehr als 100 000 km^2 das größte geschlossene Bewässerungsgebiet der Erde, mit allerdings bereits spürbaren ökologischen Problemen.

PUNTA ARENAS [O, Chile, Südamerika] Die südlichste Großstadt der Welt (jenseits des 52. Breitengrades) liegt knapp an der Magellanstraße im äußersten Süden Chiles. Der frühere englische Name SANDY POINT wurde einfach ins Spanische übertragen, *Punta Arenosa*, und dann auf die heutige Form verkürzt. Punta Arenas hält auch einen für Großstädte traurigen Rekord. Wegen Ozongefahr musste bereits mehrmals eine völlige Ausgangssperre verhängt werden.

PUSAN, BUSAN [O, Südkorea, Asien] In der koreanischen Sprache bedeutet dieser Name KESSELBERG (*pu* »Kessel«, *san* »Berg«), was wohl eine Anspielung auf die Bergumrahmung dieser Stadt ist. Während des Koreakrieges (1950–1953) war Pusan die temporäre Hauptstadt des Landes.

PUSZTA [R, Ungarn, Europa] Diese ungarische Steppenregion trägt einen Namen, der sinngemäß die Vorstellung von ÖDE oder LEERE ausdrückt. Wegen Überweidung taugte diese brettebene, durch Flugsand bedeckte Landschaft zeitweise nicht einmal für die Weidewirtschaft. Im 20. Jh. wurden weite Teile jedoch rekultiviert. Malerisch sind die typischen Ziehbrunnen, die wegen des hohen Grundwasserspiegels allerorts zu sehen sind. Vielleicht hängt der Landschaftsbegriff auch mit dem ung. Wort *pusztulás* VERNICHTUNG zusammen, was besonders auf die verbrannte Erde nach dem Ansturm der Türken passt.

PYRENÄEN [B, Frankreich, Spanien, Europa, engl. *Pyrenees*] Die griechische Nymphe PYRENE (GRIECH. *pur* »Feuer«, *eneon* »geheim«), die Geliebte des Zeus, soll im Bergland zwischen Frankreich und Spanien begraben sein. Das ist die verbreitete volksetymologische Auslegung dieses Gebirgsnamens.

PYRENÄEN-HALBINSEL → **Pyrenäen** [Hi, Portugal, Spanien, Europa] Neben der älteren Bezeichnung Iberische Halbinsel (s. d.) wird heute dieser geografische Name – nach dem im Norden abriegelnden Gebirge – immer populärer.

etrusk. Q [ausgespr. ku:] – griech. *qoppa* [nicht verwendet] – phöniz. *qōph* »Affe«

QATAR → **Katar** [S, Südwestasien, arab./engl. *Qatar*] In den meisten Sprachen wird der Landesname mit der arabischen Schreibweise -Q- für die Wurzel *qar* AUSSTOSSEN, ABSONDERN verwendet (s. Katar).

QUÉBEC [P/O, Kanada, Nordamerika] Der immer enger zusammenlaufende St. Lawrence Channel dürfte die Algonkin zur Namensgebung dieser heutigen kanadischen Provinz veranlasst haben: PLATZ WO DIE WASSER ENG WERDEN (indian. *quilibek*). Unter den Frankokanadiern, die im 17. Jh. die gleichnamige Stadt gründeten, gilt die franz. Schreibweise *Quebéc* [ausgespr. Kebek]. Wegen der phonetischen Unverwechselbarkeit wurde dieser Name in das internationale NATO-Alphabet aufgenommen (für den Buchstaben -Q-).

QUEEN MAUD LAND [R, Antarktis] Dieses riesige Territorium der Antarktis wurde 1939 von Norwegen beansprucht. Dennoch unterzeichnete dieser Staat gemeinsam mit elf weiteren am 1. Dezember 1959 den Antarktisvertrag, der die politische Unabhängigkeit des gesamten Eiskontinents vorsieht. Norwegen gehört wie auch Argentinien, Australien, Chile, Frankreich, Großbritannien und Neuseeland zu den Ländern, die Gebietsansprüche in der Antarktis erhoben. Der Name des norwegischen Sektors ehrt QUEEN MAUD (1869–1938), Gattin König Haakons VII.

QUEENS [X, New York, USA, Nordamerika] Deutlich zu erkennen, selbst für völlige Laien, ist der Name des New Yorker Stadtteil Queens vom englischen Wort für KÖNIGIN abgeleitet. Gemeint ist damit die Gemahlin Charles' II., Katharina von Braganza (1638–1705). Ehedem war auch dieses Gebiet Indianerterritorium. 1639 erwarben die Niederländer diesen Boden, 1664 schließlich die an der Ostküste Nordamerikas immer stärker dominierenden Briten.

QUEENSLAND [P, Australien, Ozeanien] Der nördliche Teil von New South Wales wurde 1859 zu Ehren von Königin Victoria in QUEENSLAND umbenannt, passend zum acht Jahre zuvor geschaffenen Bundesstaat Victoria. Der ursprüngliche Plan, James Cook zu ehren, musste angesichts der dominierenden Rolle Victorias Mitte des 19. Jh.s. fallen gelassen werden. Queensland ist immerhin fast fünfmal so groß wie Deutschland und hat von allen australischen Territorien den größten Anteil an Aborigines.

QUEZON CITY [O, Philippinen, Asien] Der erste Präsident des Landes, Manuel Luis QUEZÓN y Molín (1878–1944), gab dieser 1948 gegründeten, ehemaligen Hauptstadt der Philippinen seinen Namen.

QUITO [O, Ecuador, Südamerika] Die QUITU [ausgespr. Kitu], ein bereits ausgestorbener Indianerstamm, geben der Hauptstadt Ecuadors den Namen. Knapp südlich des Äquators gelegen, wurde die fast 3000 m hoch gelegene Altstadt bereits 1978 in die Liste des UNESCO-Weltkulturerbes aufgenommen.

QUMRAN [X, Israel, Asien, auch: *Khirbet Qumran*] Durch den unglaublichen Fund der mehr als zweitausend Jahre alten Schriftrollen im Jahr 1947 durch einen Beduinenjungen wurde Qumran mit einem Schlag weltberühmt. Auf der Suche nach einer entlaufenen Ziege stieß der junge Bursche auf Tonkrüge, die hebräische, aramäische, nabatäische und griechische Fragmente alttestamentarischer Schriften enthielten. *Khirbet Qumran*, wie der volle Name lautet, bedeutet RUINEN VON QUMRAN (hebr. *horba* »Ruine«, *Qumran* ist ein FLUSSNAME).

 griech. *rho* Pρ – phöniz. *rēš* »Kopf«

RABAT [O, Marokko, Afrika, arab. *Ar-Ribāt*] Die marokkanische Haupt- und Königsstadt trägt den Namen DAS BEFESTIGTE KLOSTER (arab. *ar-ribāt*). Offensichtlich stand bei der Stadtgründung der Schutzgedanke im Vordergrund.

RADSCHASTAN [P, Indien, Asien, engl. *Rajasthan*] Hindi LAND DER KÖNIGE ist der stolze Name dieses nordwestindischen Staates. Aind. *rāja* »König« und *sthāna* »Land« (vgl. pers. *ostān*) bilden die Namensteile.

RAMSAU [R, Österreich, Europa] Ahd. *hraban* RABE sowie die Wurzel *aue* für FEUCHTLAND erklären den Namen dieser steirischen Landschaft.

RANDSTAD [R, Niederlande, Europa] Die ausgedehnten Siedlungen dieses gigantischen Ballungsraums (immerhin zwei Drittel der Niederlande) bilden miteinander annähernd einen großen Ring (nl. *rand* KANTE, RAND, SAUM). Die wichtigsten Städte sind: Amsterdam, Haarlem, Leiden, Den Haag, Delft, Rotterdam, Dordrecht, Gouda, Utrecht und Hilversum. Kurios erscheint die Namensgebung: Der Direktor der Fluggesellschaft KLM prägte bereits in den Fünfzigerjahren den Begriff Randstad (heute auch: *Randstad Holland*), als er aus der Vogelperspektive betrachtet sein Land sah und den überwältigenden Eindruck einer riesigen Kreissiedlung hatte.

RANGUN [O, Myanmar, Asien, burm. *Yangon*, engl. *Rangoon*] Bis 1989 galt der in Europa bekannte Name Rangun/Rangoon, seither gilt offiziell das mehr traditionelle **Yangon**, das burm. FRIED-

VOLL bedeutet. Die Botschaft hören wir gerne, da gerade dieses Land seit Jahrzehnten von Militärdiktaturen gebeutelt wird. Bis 1755 nannte sich diese zentrale Stadt des Reiches der Mon *Dagon* (burm. *takun* »Baumstamm«).

RAS AL-KHAYMAH [P, Vereinigte Arabische Emirate, Asien] Einer der sieben Staaten der VAR trägt im ersten Teil des Namens den semitischen Buchstaben -R- (phöniz. *rēš* »Kopf«). Zwischen dem zweiten und ersten Jahrtausend vor Christus hatten sämtliche Buchstaben zur leichteren Assoziation Namen, die jeweils mit dem entsprechenden Laut begannen. Erst die Griechen gaben dem Alphabet nichtssagende Bezeichnungen. Voll übersetzt bedeutet Ras al-Khaymah KOPF DES ZELTES (arab. *al* »Artikel«, *khaymah* »Zelt«), wobei mit letzterem eine Navigationshilfe gemeint gewesen sein könnte.

RÄTIKON [B, Liechtenstein, Österreich, Schweiz, Europa] Die RÄTER, nach denen dieses Grenzgebirge benannt ist, waren ein Volk mit keltischem und etruskischem Erbe. Die Namensetymologie verliert sich im Dunkel der Geschichte.

RATINGEN [O, Nordrhein-Westfalen, Deutschland, Europa] Am Kreuzungspunkt zweier alter Straßen entstanden, erhielt Ratingen bereits im 13. Jh. das Stadtrecht. Die deutsche Endung des Namens täuscht. Die Wortwurzel ist ein slawischer Personenname: RATEN oder RATNA.

RAVENNA [O, Italien, Europa] Wenn auch im Deutschen mit RABEN interpretiert, ist der Name Ravennas wie der vieler anderer etruskischer Siedlungen nicht sicher zu deuten. Vielleicht denken wir auch zu sehr entlang den Pfaden der germanischen Heldensage, wird doch hier der Kampf um Ravenna

(bekannt unter dem Begriff »Rabenschlacht«) zwischen dem Ostgotenkönig Theoderich dem Großen und dem germanischen Heerführer Odoaker in leuchtenden Farben geschildert.

RAVENSBURG RV [O, Baden-Württemberg, Deutschland, Europa] Diese durch den größten deutschen Spielehersteller sehr bekannte Stadt entstand im 11. Jh. am Fuß einer Burg der Welfen. Der alte Personenname *Hraban* bildet den ersten Teil des Namens RABENBURG.

RAWALPINDI [O, Pakistan, Asien] Ein altes, asketisch lebendes Volk, die Ravals, finden sich im Namen der früheren Hauptstadt Pakistans wieder. *Rāvalpindī* bedeutet in der Urdusprache DORF DER RAVAL.

RECIFE [O, Brasilien, Südamerika] Ursprünglich als *Cidade de Recife* RIFFSTADT bezeichnet (1535), ist der alte Kern Recifes auf Inseln gebaut. Korallen- und Muschelriffe schützten die Siedlung gegen die heranbrechenden Wellen, daher diese Bezeichnung für die größte Stadt des Bundesstaates *Pernambuco*. Zeitweise trug Recife sogar letzteren Namen.

RECKLINGHAUSEN RE [O, Nordrhein-Westfalen, Deutschland, Europa] Heute ist Recklinghausen vor allem wegen seiner Ruhrfestspiele bekannt. Der Name *Ricoldinchuson* (11. Jh.) dürfte vom Personennamen RIKOLD oder RICHOLD hergeleitet sein, ergänzt um das Siedlungsnamengrundwort *hausen*.

RED RIVER [F, USA, Nordamerika] Wie nicht unschwer zu erraten, sind beim Red River die RÖTLICHEN Gesteinsablagerungen, die er mit sich führt, namengebend.

REGENSBURG R [O, Bayern, Deutschland, Europa] Ein römisches Kohortenlager aus der Zeit Kaiser Vespasians bildete die Grundlage für das im 3. Jh. zu einer Festung ausgebaute *Castra Regina*, also KASTELL AM FLUSS REGEN. Dieses Lager lag schon damals an der Einmündung des Regens in die Donau. Dem Gewässernamen liegt die idg. Wurzel *reg̑* FEUCHT zugrunde. Der heutige Name Regensburg ist eine direkte Übersetzung des lat. *Castra Regina*. Vermutlich bestand aber in der Nähe dieser römischen Festung eine jahrhundertealte Keltensiedlung, die jedoch erst seit dem 8. Jh. belegt ist: *Radaspona*. Die Deutung dieses Namens liegt im Dunkel der Geschichte.

REGENT'S PARK [X, London, Großbritannien, Europa] 1812 für den PRINZREGENTEN, den späteren Georg IV., angelegt, gehört dieser Park mit dem Sommertheater heute zu den besonderen Attraktionen Londons. Wegen der geistigen Umnachtung seines Vaters musste der Prince of Wales die Amtsgeschäfte führen. Der Kunst-, Literatur- und Architekturstil der Periode zwischen 1811 und 1820 wird auch als *Regency* bezeichnet.

REIMS [O, Frankreich, Europa] Die BEHERRSCHER nannte sich das Volk der REMER, das sich auch im Namen Remigius wiederfindet. Der hl. Remigius konnte als Bischof im 6. Jh. den heidnischen König Galliens bekehren. Damit war die Achse zu Rom gebildet, und Reims bekam (ab 1179) für viele Jahrhunderte das alleinige Recht, die Monarchen Frankreichs zu krönen. Die Kathedrale Notre-Dame de Reims gehört zu den gotischen Bauwerken von Weltruf.

REMSCHEID RS [O, Nordrhein-Westfalen, Deutschland, Europa] Wahrscheinlich wurde mit diesem Namen ursprünglich eine BERGKUPPE bezeichnet (mhd.

scheiden, ahd. *sceidan* »scheiden, trennen«). Der erste Namensteil könnte auf eine Personenbezeichnung zurückgehen.

RENNES [O, Frankreich, Europa, lat. *Condate*] Das gallische Volk der REDONES hatte hier in Nordfrankreich seinen Hauptort. Das Volk selbst könnte sich nach den zwei Wasseradern, an denen es entlangwanderte, benannt haben, doch ist hier Vorsicht geboten.

RENO [O, Nevada, USA, Nordamerika] Eine äußerst liberale Gesetzgebung hat Reno weit über die Grenzen Amerikas hinaus bekannt werden lassen. 1860 besiedelt, erinnert die Stadt an den im Bürgerkrieg gefallenen Unionsgeneral Jesse Lee RENO (1823–1862).

RÉUNION [I, Frankreich, Afrika, Indischer Ozean, franz. *Île de la Réunion*] 1513 vom Portugiesen Pedro de Mascarenhas entdeckt, hieß diese Insel lange Zeit *Île Mascareigne*. 1649, wenige Jahre nach der Übernahme durch die Franzosen, erfolgte zu Ehren des Herrscherhauses eine Umbenennung in *Île Bourbon*. Der heutige Name, auf Deutsch ZUSAMMENSCHLUSS, ist ein Kind der Französischen Revolution. Er sollte an die Zusammenführung der Marseiller Revolutionäre mit der Nationalgarde in Paris am 19. August 1792 erinnern. Napoleon war eitel genug, für wenige Jahre seinen eigenen Namen durchzusetzen: *Île Bonaparte*. Sobald jedoch 1815 der Weg zurück zur Monarchie gesichert war, fand sich auch wieder *Île Bourbon* in den französischen Kartenwerken. Dies blieb bis zum Revolutionsjahr 1848 der gängige Name. Seit damals jedoch – ein kleiner Tribut an die Revolutionskämpfer – sprechen wir von Réunion.

REUTLINGEN RT [O, Baden-Württemberg, Deutschland, Europa] Bereits im 13. Jh. wurde Reutlingen Reichsstadt. Der Personenname RIUTILO, ergänzt um die Endung *ingen*, führte bereits im 11. Jh. zur Bezeichnung *Rutelingin*.

REVAL → **Tallinn** [H/O, Estland, Europa] Die Aktivitäten des Deutschen Ritterordens im Baltikum waren entscheidend für den über Jahrhunderte üblichen Namen Reval für die estnische Hauptstadt. (Etymologie: s. Tallinn.)

REYKJAVÍK [O, Europa, Island] Wunderbar bildhaft wird die isländische Hauptstadt als RAUCHBUCHT bezeichnet (isl. *reykja* »rauchen« und *vik* »Bucht«). Die heißen Quellen in der Umgebung dieser fast am Polarkreis gelegenen Stadt dürften den ersten Siedler Ingólfur Arnarson entsprechend inspiriert haben.

RHEIN [F, Deutschland u. a., Europa, franz. *Rhin*, nl. *Rijn*, engl. *Rhine*] Hochinteressant, weil in zwei Strängen, entwickelte sich der Name dieses wichtigen europäischen Flusses. Er dürfte sich aus der illyr. Wurzel **reinos* ableiten. Dabei wurde entsprechend der Lautverschiebung aus dem *-ei-* im Germanischen ein *-ī-*, im Gallischen (Keltischen) jedoch ein *-ē-*: daher mhd./ahd. *rīn*, daraus Rhein; lat. dagegen *rhēnus*, griech. *rhē-nos*, heute franz. Rhin, engl. Rhine. Das Hauchzeichen *-h-* (Spiritus asper), wurde der lateinischen Schreibweise entnommen. Das illyr. **reinos* bedeutet sinngemäß WASSER, STROM. Die Grundlage für dieses Wort dürfte in der idg. Wurzel **-erei-* »fließen« zu finden sein. Der Rhein wurde auch in der Chemie verewigt, denn das Element *Rhenium* trägt den Namen dieses Flusses. Eine kuriose Bemerkung am Rande: Zusammen mit Main, Inn, Neckar, Lech, Kocher, Regen und Rhin ist der Rhein einer von nur acht Flüssen Deutschlands mit mehr als 100 km Länge, die männlichen Geschlechts sind.

RHEINE [O, Nordrhein-Westfalen, Deutschland, Europa] Diese seit dem 14. Jh. zum Bistum Münster gehörige Stadt hat einen ungeklärten Namen: *Hreni, Hreini*.

RHEINLAND-PFALZ RP [P, Deutschland, Europa, engl. *Rhineland-Palatinate*] Dieses Land entstand 1946 als Teilgebiet der französischen Besatzungszone. Die Namenswahl entsprach den historischen Gegebenheiten und sollte das Mittelrheingebiet und die ehemalige Kurpfalz (am Oberrhein) verbinden. Rheinland bedeutet LAND AM STROM (s. Rhein), Pfalz dagegen HOFBURG mit Gerichtsstatus (mhd. *phalz(e)*, ahd. *p(h)anlaza*, lat. *palātium* »fürstliche Wohnung, Palast«). Als einziger deutscher Landesname ist die Pfalz weder nach einem geografischen noch nach einem dynastischen Begriff benannt worden, sondern nach einem dem König unterstehenden Amtsgebäude.

RHEIN-RUHR → **Rhein, Ruhr** [R, Nordrhein-Westfalen, Deutschland] Im Großraum Rhein-Ruhr leben heute mehr als 10 Mio. Menschen. Damit ist diese Region eines der größten Ballungsgebiete Europas. Zur Namenserklärung s. Rhein und Ruhr.

RHEYDT [H/O, Nordrhein-Westfalen, Deutschland, Europa] Seit 1975 ist Rheydt, das einst mehr als hunderttausend Einwohner hatte, ein Stadtteil von Mönchengladbach. Der Name hängt mit dem mnd. *rēt, reit* »Schilfrohr, Ried« zusammen und bedeutet in etwa (SIEDLUNG IM) SCHILFGELÄNDE.

RHODE ISLAND RI/R.I. [P, USA, Nordamerika] Es gibt zwei Erklärungen für den Namensursprung dieses kleinsten aller amerikanischen Staaten. 1524 vom Italiener Giovanni da Verrazano entdeckt, bekam Rhode Island auf Grund einer eingebildeten oder tatsächlichen Ähnlichkeit mit der Ägäischen Insel RHODOS diesen Namen (s. *Rhodos*). Wahrscheinlicher ist die zweite Deutung: Der Holländer Adriaen Block wählte wegen der Farbe der Erde die Bezeichnung *Roodt Eylandt* ROTE INSEL. Später haben daraus englische Siedler Rhode Island gemacht, vielleicht getäuscht durch die Schreibungsähnlichkeit mit Rhodes (Rhodos). Welche Etymologie auch immer für diesen Staat zutrifft, der Name trügt, denn Rhode Island ist keine Insel, sondern Festland. Der Staat liegt aber direkt am Atlantik, was im Beinamen *The Ocean State* zum Ausdruck kommt.

RHODESIEN → **Sambia, Simbabwe** [H/S, Afrika, engl. *Rhodesia*] Der englische Politiker Sir Cecil RHODES (1853–1902) startete seine Laufbahn als Geschäftsmann im heutigen Südafrika – er war auch Gründer der ungeheuer einflussreichen »Diamond company« de Beers. Auf seiner Suche nach Rohstoffen kolonisierte er schließlich das nach ihm benannte Territorium Rhodesien (später Nord- und Südrhodesien). Verbürgt ist sein Ausspruch: »… if I could, I would annex other planets« (dt. »… wenn ich könnte, würde ich andere Planeten annektieren«).

RHODOPEN [B, Bulgarien, Griechenland, Europa, engl. *Rhodope*] In Ovids Metamorphosen wird die mythologische Eifersuchtsgeschichte der RHODOPE, der Gattin des Haemus, erzählt. Als Strafe dafür, dass sie sich für schöner hielt als Juno selbst, wurde Rhodope, die ROSENGESICHTIGE (griech. *rhódon* »Rose«, *ōps* »Gesicht«) in ein Gebirge verwandelt.

RHODOS [I, Griechenland, Europa, engl. *Rhodes*] ROSE oder GRANATAPFEL? Beide Möglichkeiten sind denkbar, wenn man griech. *rhódon* oder *rhoia* zugrunde legt. Einerseits war die Rose bei den frühen Einwanderern das Emblem ihres Sonnengottes, andererseits war diese Insel reich an Granatapfelbäumen. Dennoch wird heute meist von der »Roseninsel« gesprochen. Es gibt aber daneben noch eine mythologische Erklärung für den Namen der Insel. Von Poseidon aus dem Meer erschaffen, wurde sie in seiner Abwesenheit von seiner Tochter, der Nymphe Rhode, behütet. Zeus wollte seine Götter mit Land belohnen, vergaß aber Helios, den Sonnengott, der als seinen freien Gebietswunsch Rhodos auserkor. Um die Geschichte perfekt zu machen, verliebte er sich noch dazu in Rhode und zeugte mit ihr sieben Söhne, die Helianden. Daher darf es auch nicht erstaunen, dass eines der sieben Weltwunder, der Koloss von Rhodos, bis zu seiner Zerstörung durch ein Erdbeben im Jahr 227 v. Chr. die wichtigste Hafeneinfahrt der Insel bewachte. Der Koloss war das Denkmal des Sonnengottes Helios. Im gehobenen Sprachgebrauch kann man ab und zu die einer Äsop-Fabel entnommene Redewendung »Hic Rhodus, hic salta« (dt. »Hier ist Rhodos, hier springe!«) hören. Gemeint ist damit, dass man sich an Ort und Stelle beweisen muss.

RHONDDA [O/F, Wales, Großbritannien, Europa] Der Rhondda-Fluss wird auch der LÄRMENDE (wal. *rhoddni*) genannt, vermutlich wegen der tosenden Wassermassen. Durch Transposition der mittleren Konsonanten bildete sich der Name der gleichnamigen walisischen Stadt, die ihren wirtschaftlichen Höhepunkt als Kohleregion am Ende des 19. Jh.s erlebte.

RHÔNE [F, Frankreich, Schweiz, Europa] Ebenso wie beim Rhein steckt in der Rhône die idg. Wurzel *re oder *ri FLIESSEN, STRÖMEN. Interessanterweise ist das grammatische Geschlecht sowohl im lat. *Rodanus* als auch im franz. *le Rhône* oder im schweizerischen *der Rotten* männlich.

RIAD [O, Saudi-Arabien, Asien, arab. *Er-Riyād*, engl. *Rijadh*] Diese schnell wachsende Metropole inmitten der Wüste lebt heute vom Ölreichtum des Landes. Daher darf der Name DIE GÄRTEN ausnahmsweise auch unter klimatischen Ungunstbedingungen sehr wörtlich verstanden werden.

RIALTO [X, Venedig, Italien, Europa] Der alte Name Venedigs, *Rivoalto*, mit der Bedeutung HOHES UFER, steckt in diesem Wort. Vom Mittelalter bis zur Renaissance war Rialto als Handelszentrum berühmt. Heute bleibt die gleichnamige Brücke eine große Touristenattraktion.

RIESENGEBIRGE [B, Polen, Tschechien, Europa, pol. *Karkonosze*, tschech. *Krkonoše*] In diesem Grenzland der Westsudeten soll einst der RIESE RÜBEZAHL gehaust haben, so zumindest berichtet die Sage. Der Name hat nichts mit Rüben oder dergleichen zu tun, sondern geht auf die falsch verstandene Mischung der mhd. Wörter *rîbe* »Hure« und *zagel* »Schwanz« zurück. Offensichtlich war dieser Naturdämon nicht frei von unzüchtigem Treiben.

RIGA [O, Europa, Lettland, lett. *Riga*] Lett. *ringa* KURVE oder lit. *rîdzina* STROM könnten für den Namen verantwortlich sein. Gemeint ist die Lage der Stadt in der Krümmung der Nördlichen Dvina oder einer der Strömungsarme des Flusses.

RIJEKA [O, Kroatien, Europa, ital. *Fiume*] Diese Hafenstadt wechselte mehrmals in der Geschichte das Land, stellten doch sowohl Italien als auch Jugoslawien ihre Ansprüche. Das kroatische Wort bedeutet ebenso wie die italienische Form FLUSS (lat. *flumen*).

RIO DE JANEIRO [O, Brasilien, Südamerika] Der Name der früheren Hauptstadt Brasiliens bedeutet JANUAR-FLUSS, da Amerigo Vespucci (oder vielleicht doch André Gonçalves?), der die Bucht am 1. Januar 1502 ansteuerte, im Glauben war, eine Flussmündung entdeckt zu haben. Klassischer Fehlalarm, würde man heute sagen: Hier gibt es überhaupt keinen Fluss. Die Cariocas (guarani für »Hütte des Weißen Mannes«), die Einwohner Rio de Janeiros, machten mit dem alljährlichen Karneval diese Stadt weltberühmt. Ein Schmankerl am Rande: In der chinesischen Transkription, wo jedes Bedeutungselement der Sprache (Morphem) einer Silbe entspricht, würde Rio »Dorf-zustimmen-heiß-drinnen-Kohlenpfanne« heißen (Q: C. Gutknecht). Ein wahrlich unverständliches Gebrabbel!

RIO DE LA PLATA [F, Argentinien, Uruguay, Südamerika] Der fast 300 km lange Mündungstrichter der Ströme Paraná und Uruguay, morphologisch eigentlich eine riesige Bucht, wurde wegen der Edelmetalltransporte aus Bolivien als SILBERFLUSS bezeichnet. Mit Montevideo und Buenos Aires sind zwei Weltmetropolen in dieser Region angesiedelt.

RIO GRANDE [F, Mexiko, USA, Nordamerika] Der portugiesische Name dieses Grenzflusses zwischen den USA und Mexiko heißt einfach GROSSER FLUSS. Mit gewisser Ehrfurcht bezeichnen ihn die Mexikaner auch als *Rio Bravo* (dt. wilder Fluss). Beide Namen finden sich für zahlreiche Gewässer der Neuen Welt.

RIO NEGRO [F, Brasilien, Kolumbien, Südamerika] Mit mehr als 2200 km Länge ist der SCHWARZE FLUSS einer der gewaltigsten Nebenflüsse des Amazonas. Knapp unterhalb von Manáus schwemmt der Rio Negro seine schlammigen Ablagerungen auf einer unglaublichen Breite von mehr als 30 km in den größten Strom der Erde, den Amazonas.

RIO TINTO [F, Spanien, Europa] Dieses durch Kupfererzbeimengungen ziemlich lebensfeindliche Gewässer trägt den bezeichnenden Namen GEFÄRBTER FLUSS. In der Sierra Morena entspringend, mündet der Rio Tinto (vgl. dt. Tinte) in die Bucht von Cádiz.

RIVIERA [R, Frankreich, Italien, Europa] Ital. KÜSTE, STRAND ist die wenig klanghafte Übersetzung dieses wunderbaren Landschaftsabschnitts zwischen dem französischen Cannes und dem italienischen La Spezia. Der französische Teil ist unter *Côte d'Azur* weltberühmt. Da mit diesem Namen Erholung, Lebensfreude, Reichtum, rundum ausschließlich positive Gefühle assoziiert werden, darf es nicht erstaunen, dass es heute auch eine Türkische Riviera, eine albanische, eine Waadtländer und sogar eine Cornish Riviera gibt.

RJAZAN [O/P, Russland, Europa, engl. *Ryazan*] Rjazan wurde bereits 1095 unter dem Namen *Pereyaslavl-Rjazansky* gegründet (aruss. *pereyat* »erreichen«, *slava* »Ruhm«) und 1778 auf die heutige Kurzform gebracht. Möglicherweise haben wir es hier mit einem VOLKSNAMEN zu tun.

ROCKY MOUNTAINS [B, Kanada, USA, Nordamerika] Wenn auch unter dem Namen FELSENGEBIRGE weltweit ein Begriff, sind die *Rockies*, wie sie liebevoll genannt werden, nicht wirklich felsig. Der Name geht auf das Volk der Assiniboine zurück, die als »Felsenbewohner« bezeichnet wurden.

ROM [O, Italien, Europa, ital. *Roma*, engl. *Rome*] Der legendäre Gründer Romulus soll der »ewigen Stadt« den Namen geschenkt haben, so die gängige, wenn auch inkorrekte Interpretation. Romulus selbst ist nach der Stadt benannt, nicht umgekehrt. Wahrscheinlicher steckt in diesem Namen das etrusk. *ruma* oder *roma* (dt FLIESSEN), eine frühere Bezeichnung für den Tiber. Die Bedeutung Roms kann man vielleicht auch an den geflügelten Worten »Alle (Viele) Wege führen nach Rom«, »Rom ist (auch) nicht an einem Tag erbaut worden« oder »in Rom gewesen sein und den Papst nicht gesehen haben« ablesen. Auch der Name *Romeo* oder die Begriffe *Roman, Romanze, Romanik* und *Romantik* sind untrennbar mit Rom verbunden. Die *Romanistik* schließlich ist die Wissenschaft von den romanischen Sprachen und Kulturen.

ROSENHEIM ro [O, Bayern, Deutschland, Europa] Zuerst war eine Burg da (1234 belegt), dann das Marktrecht (1328) und schließlich die Stadtfunktion (1864). Der Name Rosenheims wurde von der Burg übernommen, genauer gesagt vom Wappen der Grafen von Wasserburg, die DREI ROSEN im Schilde führten.

ROSS ISLAND → **Rossmeer** [I, Antarktis] Auf dieser unwirtlichen Insel der Antarktis befindet sich der südlichste Vulkan unserer Erde. Er ist überdies ein ständig aktiver Feuerspender.

ROSSMEER [G, Antarktis, engl. *Ross Sea*] Der Name geht auf James Clark Ross (1800–1862) zurück, der nach seinen erfolgreichen Expeditionen in das antarktische Randmeer schließlich von Königin Victoria geadelt wurde. Der Name des Forschers leitet sich von schott. *ros* »Sumpfland« ab.

ROSTOCK HRO [O, Mecklenburg-Vorpommern, Deutschland, Europa] Dänische Kaufleute haben diese Ostseestadt im 12. Jh. gegründet, und bereits im folgenden Jahrhundert konnte Rostock den Status einer Hansestadt erringen. Der Name kommt von apolab. *rostok* ORT, WO DAS WASSER SICH SPALTET.

ROSTOW [O, Russland, Europa, russ. *Rostov-na-Donu*, engl. *Rostov*] Die Stadt am Don wurde 1761 nach dem Vorbild einer früheren Siedlung Rostow nahe Jaroslawl benannt. Genau genommen war es die Kirche, die dem hl. Dimitrius von Rostow geweiht wurde. Möglicherweise handelt es sich beim ursprünglichen Rostow um einen PERSONENNAMEN.

ROTES MEER [G, Asien, Afrika, arab. *al-Bahr al-ahmar*, engl. *Red Sea*] Fünf sehr unterschiedliche Theorien versuchen den Namen dieses Afrika und die Arabische Halbinsel trennenden Meeres zu erklären. Zum einen könnten ALGEN oder SEEGRAS, die wegen der Lichtreflexion eine rötliche Färbung verursachen, namengebend sein. Aber auch der rötlich schimmernde SANDSTEIN ist sehr charakteristisch für die Uferzone dieses Meeres. Vielleicht aber könnte auch ein Völkername, der der HIMARITEN (Bedeutung: »Rote«), die Quelle des Namens sein. Oder die Benennung erfolgte analog der des Schwarzen sowie des Weißen Meeres nach einer Haupthimmelsrichtung (hier: SÜDEN; s. auch Schwarzes Meer). Da das hebr. *yam sūf* SCHILFROHR, RIEDGRAS im Englischen die Entsprechung *Reed Sea* hat (allerdings mit völlig anderer Wortwurzel), ist auch ein Übertragungsfehler denkbar. Allerdings steht dem die Verwendung der Farbe Rot in allen alten Sprachen entgegen. Die Römer nannten das Rote Meer *Mare rubrum*, die Griechen *Eruthra thalassa* oder *Eruthros pontos*. Der arabische Name lautet *al-bahr al-ahmar* (wortwörtlich »das Meer das Rote«). Dieses Meer ist Teil des ostafrikanischen Grabenbruchsystems, erweitert sich also bis zum heutigen Tag, allerdings gemessen in geologischen Zeiträumen.

ROTHENBURG OB DER TAUBER

[O, Bayern, Deutschland, Europa] Rothenburg ob der Tauber ist mit seinem mittelalterlichen Altstadtkern und den wunderbaren Fachwerkbauten eine Touristenattraktion weit über die Landesgrenzen hinaus. Der Name *castrum Rotenburch* bezeichnete im 12. Jh. eine heute verschwundene GRAFENBURG, die durch die ROTEN Mauern weithin sichtbar war. Im 14. Jh. wurde zur deutlichen Unterscheidung zu anderen Siedlungen das »ob der Tauber« hinzugefügt, im 19. Jh. schließlich die heutige Schreibung mit -th- fixiert. Das *ob* (für OBERHALB) deutet auf die Lage der Stadt ca. 60 m über dem Fluss hin. Die kelt. Wurzel **dubro* WASSER des letzten Namensteils steht in Verwandtschaft mit der englischen Stadt Dover (s. d.).

RUANDA, RWANDA RW/RWA/RWA [S, Ostafrika, oL *Republik Ruanda*, kinyarwanda *Republika y'u Rwanda*, franz. *République rwandaise*, engl. *Republic of Rwanda*] Die *Ruanda* sind eigentlich eine Gruppe von VOLKSSTÄMMEN: Tutsi, Hutu und Twa (besser bekannt unter dem Namen Pygmäen). Die ersteren beiden Gruppen haben sich in den Neunzigerjahren des 20. Jh.s blutigste Kämpfe um die Vorherrschaft geliefert, was Ruanda, das »Land der tausend Hügel«, zu einem der ärmsten Staaten der Erde werden ließ. Jedenfalls ist die Bedeutung des Landesnamens nicht klar zu belegen, wenn auch manche Quellen einen Zusammenhang mit dem Volk der VANYARWANDA sehen (Q: Oxford Dictionary of World Place Names). Zwischen 1880 und 1916 war das damalige Ruanda-Urundi Teil *Deutsch-Ostafrikas* (s. d.), danach – im Auftrag des Völkerbunds – belgisches Mandatsgebiet (s. Kap. Postalische Ausgabegebiete). Erst 1961 entschied man sich nach blutigen Unruhen für eine Aufhebung der Union *Ruanda-Urundi* und die Bildung von zwei unabhängigen Staaten. U: 1. 7. 1962 (ehem. belg. Treuhandgebiet)

RUB AL-KHALI [Wü, Saudi-Arabien, Asien] VIERTEL DER WÜSTE ist der klingende Name der Rub al-Khali (auch *Große Arabische Wüste*), die in ihrer Form bei den Wüstenbewohnern eine Assoziation mit dem ersten Viertel des neuen Mondes hervorruft. Arab. *rub* »Viertel«, *al* »des« und *hāli* »Wüste« (frei übersetzt: Leeres Viertel) bilden die drei Teile des bildhaften Namens dieser größten Sandwüste der Erde.

RUBIKON [F, Italien, Europa, ital. *Rubicon, Rubico*, engl. *Rubicon*] Zu römischen Zeiten formte der Rubikon die Grenze zwischen dem Kernland des Reiches und Gallia Cisalpina. Cäsar machte den Fluss sprichwörtlich, als er im Jahr 49 v. Chr. mit den Worten »Alea iacta est« (dt. »Die Würfel sind gefallen«; korrekt »Der Würfel ist gefallen«) den Rubikon überschritt, um in Rom seine Rechte geltend zu machen. Der Überlieferung nach verwendete Cäsar ein Zitat des griechischen Komödiendichters Menander. Lat. *rubicundus* RÖTLICH dürfte sich auf die Farbe des Schwemmmaterials des Rubikons beziehen.

RUDOLFSEE → **Turkana-See** [G, Kenia, Afrika] Zu Ehren eines Habsburgers, des Thronfolgers Erzherzog RUDOLF (1858–1889), wurde dieser ostafrikanische Grabensee mit einem europäischen Namen belegt. Heute ist die einheimische Form *Turkana-See* (s. d.) üblich.

RUGBY [O, England, Großbritannien, Europa] Die weltbekannte Public School Rugbys gab dem in der angelsächsischen Welt überaus beliebten Mannschaftsspiel *Rugby* seinen Namen. Ursprünglich hieß diese Siedlung *Rockbury*, also HROCAS FESTUNG. Während der dänischen Einflussnahme wurde die aengl. Endung *burh* in *by* abgeändert.

RÜGEN RÜG [I, Deutschland, Europa] Die RUGIER, ein germanischer Stamm, gaben möglicherweise der größten deutschen Insel den Namen, als sie im 2. Jh. v. Chr. hier einwanderten. Eine andere Erklärung könnte der Name des slawischen Fürsten RUGARD sein, der auf dieser Insel seinen Sitz hatte.

RUHR [F, Deutschland, Europa] Der Name des Flusses, der auf die Region übertragen wurde, hat mit dem ahd. *ruora* HEFTIGE BEWEGUNG oder dem idg. **reul/*ru* AUFREISSEN zu tun.

RUHRGEBIET → **Ruhr** [R, Deutschland, Europa] Dieses Kohlebergbaugebiet entwickelte sich zu einem Herzstück Deutschlands und gleichzeitig zum größten Industriegebiet Europas. Die Ruhr wurde Lebensraum für folgende Großstädte: Dortmund, Essen, Bochum, Duisburg, Gelsenkirchen und Oberhausen. (Name s. Ruhr)

RUMÄNIEN RO/ROU/RO [S, Südosteuropa, engl. *Romania*, oL *Rumänien*, rumän. *Rumânia*] Die *Romani* sind eine Mischung aus Römern und ansässiger Bevölkerungsgruppen. Der Grund liegt in einer bereits unter Kaiser Trajan im 2. Jh. n. Chr. erfolgten Verlegung römischer Truppen in den heutigen Nordteil des Landes. Diese mischten sich in der Folge mit der einheimischen Bevölkerung. Es ist daher denkbar, dass sich der Name von der »ewigen« Stadt ROM ableitet, vielleicht direkt vom legendären Gründer Romulus. Wahrscheinlicher ist aber die Verbindung mit dem alten Namen für den Tiber, RUMA oder ROMA, mit der Bedeutung »fließen« (vgl. Rom). Der Zusammenschluss zum modernen Staat Rumänien aus den ehemals unabhängigen Territorien *Walachei* und *Moldau* erfolgte in der zweiten Hälfte des 19. Jh.s, nachdem beide Fürstentümer den gleichen Mann, Prinz Alexandru Ion Cuza, zum Herrscher bestimmt hatten – ein wahrlich einzigartiger Beginn eines Staatswesens. U: alte staatliche Tradition; 13. 7. 1878 (Berliner Kongress; Anerkennung der Unabhängigkeit durch das Osmanische Reich)

RÜSSELSHEIM [O, Hessen, Deutschland, Europa] Heute ist Rüsselsheim als Sitz der 1862 gegründeten Firma Adam Opel (die Autoproduktion begann 1898) fast jedem Deutschen ein Begriff. Im alten Namen dieser Siedlung aus dem 9. Jh. (*Rucilesheim*) steckt der Personenname RUCILO, der vermutlich eine Kurzform aus germ. *hrod* »Ruhm« darstellt.

RUSSLAND, RUSSISCHE FÖDERATION RU/RUS/RUS [S, Osteuropa/Nordasien, engl. *Russia*, oL *Russische Föderation*, russ. *Rossijskaja Federacija*] Die afinn. Bezeichnung für das Stammvolk der Russen, *Ruotsi*, (gemeint sind die Wikinger), das sich im 9. Jh. aus Schweden kommend in der Nähe des heutigen Nowgorod ansiedelte, sollte am besten mit FREMDE übersetzt werden. Eigentlich waren es ja Waräger oder Wikinger, die in ihrem Expansionsdrang Russland ebenso heimsuchten wie praktisch jede Ecke Europas. Eine andere Interpretation führt den Namen Russland auf *ruotsi* RUDERER zurück. Gemeint sind die Ruderer auf den Drachenschiffen der Wikinger. Die von 1922 bis 1991 zur Weltmacht aufgestiegene **Sowjetunion** war, wie allgemein bekannt, eine »Ratsunion«. Damit war dieser Staat auch der einzige bedeutendere, dessen Namensbildung weder ein geografisches noch ein ethnisches Element enthielt. Genau genommen hieß diese Nation mit vollem Namen: **Union der sozialistischen Sowjetrepubliken** (UdSSR). Dennoch war Russland der alles dominierende Teil dieses Riesenstaates, und die Politik der *Russifizierung* (also des »Russisch-Machens« der diversen Landesteile) wurde mit Konsequenz umgesetzt. Heute bietet dieser flächenmäßig größte Staat der Erde zahlreichen autonomen Republiken Platz: Adygien, Altai, Baschkortostan, Burjatien, Chakassien, Dagestan, Inguschetien, Kabardinien-Balkarien, Kalmückien, Karatschai-Tscherkessien, Karelien, Komi, Mari El, Mordwinien, Nord-Ossetien, Sacha, Tatarstan, Tschetschenien, Tschuwaschien, Tuwa und Udmurtien. Weitere Randnotizen: Ein kittelartiges Ärmelhemd, die *Russenbluse*, wird heute nur mehr selten getragen. Wenig bekannt ist auch das chemische Element *Ruthenium* (nlat. *Ruthenia* für

Russland), das zuerst in Platinerzen des Ural gefunden wurde. *Russische Eier* (hartgekocht und mit diversen Spezialitäten gefüllt), *Russen-Mafia* (politischer Terminus), sowie der Begriff *russisches Roulette* haben dafür Eingang in unsere Alltagssprache gefunden. U: alte staatliche Tradition; 1918 (Proklamation der Russischen Sozialistischen Föderativen Sowjetunion; RSFSR); 30. 12. 1922 (Zusammenschluss mit anderen Sowjet-Republiken zur UdSSR); 12. 6. 1990 (Souveränitätserklärung)

RUWENZORI [B, Rep. Kongo, Uganda, Afrika] 1994 zum Weltnaturerbe erklärt, bedeutet der Name dieser einzigartigen Gebirgslandschaft Ostafrikas so viel wie HERR DER WOLKEN oder, freier übersetzt, REGENMACHER.

RWANDA → **Ruanda** [S, Afrika] In der einheimischen Schreibweise, wie auch in den Romanischen Sprachen, wird für das deutsche Ruanda die Form Rwanda verwendet. Daher findet sich auch bei uns in den Kartenwerken wechselseitig mal dieser, mal jener Staaten- und Volksgruppenname.

 griech. *sigma* Σσς – phöniz. *šin* »Zahn« – proto-semitisch *šimš* »Sonne«

SAALE [F, Deutschland, Europa] Strabo hat im 2. Jh. n. Chr. diesen Fluss zum ersten Mal als *Sálas potamós* bezeugt. Aus der idg. Wurzel **sal* FLIESSENDES WASSER wurde die alteuropäische Bildung *sala*, daraus dann der heutige Name. Es scheint eine enge Verwandtschaft mit den österreichischen Flüssen Saalach und Salzach (s. d.) zu bestehen.

SAAR → **Saarland** [F, Deutschland, Frankreich, Europa, franz. *Sarre*] Wie viele Fluss-

namen trägt auch die Saar eine idg. Wurzel **sar*, **sor*, die FLIESSEN, STRÖMEN bedeutet.

SAARBRÜCKEN → **Saarland** SB [O, Saarland, Deutschland, Europa] Nach der BRÜCKE, die noch im 13. Jh. die alten Handels- und Heeresstraßen verband, sowie dem gleichnamigen FLUSS wurde auch die heutige Hauptstadt des Saarlandes benannt.

SAARLAND SL [P, Deutschland, Europa] Die wertvolle Saarkohle beschied diesem kleinen deutschen Bundesland ein äußerst wechselvolles 20. Jahrhundert. Um den Annexionsbestrebungen Frankreichs entgegenzuwirken, wurde dieses Gebiet nach dem Ersten Weltkrieg dem Völkerbund unterstellt. Als Saarland kam es 1935 zum Deutschen Reich, um nach verlorenem Krieg wieder für einige Jahre einen Sonderstatus einzunehmen. Erst 1957 erfolgte die postalische Eingliederung in die Bundesrepublik Deutschland (s. Kap. Postalische Ausgabegebiete). Die idg. Wurzel **sar* oder **sor* FLIESSEN, STRÖMEN steckt im lat. Flussnamen *Sarāvus*, aus dem schließlich im 6. Jh. die *Sara*, später der heutige Name (franz. *Sarre*) entstand.

SAARLOUIS SLS [O, Saarland, Deutschland, Europa, franz. *Sarrelouis*] Unverkennbar französisch ist der Name dieser Stadt im heutigen Saarland. Und in der Tat wurde die in einem Sumpfgelände errichtete französische Festung nach König LOUIS XIV. (1638–1715) benannt. Der Flussname dürfte sich aus der idg. Wurzel **ser/*sor* FLIESSEN, STRÖMEN entwickelt haben (lat. *Sarāvus*; s. Saarland).

SABA, SHEBA [H/L, heute Jemen, Asien] Die Königin von Saba/Sheba (1 Kön 10,1-13) führte ein reiches Handelsimperium im Südwesten der Arabischen Halbinsel, im heutigen Jemen. Der hebr. Name bedeutet SIEBEN oder EID (s. Beersheba).

SACHALIN [I, Russland, Asien, engl. *Sakhalin*] Der mandschurische Name für den Amur, *Sahalin-Ula* SCHWARZER FLUSS, steckt im Namen dieser pazifischen Insel, die eine in der Geschichte lange strittige Zugehörigkeit zu Japan und Russland erfuhr. Im 19. Jh. wurde Sachalin als russische Strafkolonie genutzt, die heutige Bevölkerung setzt sich vorwiegend aus Nachkommen dieser ehemals Gefangenen zusammen.

SACHSEN SN [P, Deutschland, Europa, engl. *Saxony*] Seit dem späten Mittelalter gilt der Name Sachsen ausschließlich für das mitteldeutsche Gebiet. Der Name des westgermanischen Stammes der Sachsen (ahd./asächs. *Sahsun*, griech./lat. *Sáxones*) leitet sich von ahd./asächs. *sahs*, aisl. *sax* EINSCHNEIDIGES SCHWERT ab. Ursprünglich muss es sich um ein Steinschwert gehandelt haben, was auch aus der Verwandtschaft mit lat. *saxum* »Stein, Fels« erkennbar ist (Q: Duden). Interessant ist es auch, dass das *Sächseln*, ein stark lokal gefärbter Dialekt, weit über die Landesgrenzen hinaus erkennbar ist.

SACHSEN-ANHALT → **Sachsen** ST [P, Deutschland, Europa] Der zweite Namensteil spricht von einer Stelle, an der man ANHÄLT (spmhd. *anhalt* »Haltepunkt«). Dies war ursprünglich auf die Stammburg bezogen, die im 12. Jh. von Albrecht dem Bären gebaut wurde. Folgerichtig sollten die Bewohner dieser Region Anhalter heißen (vgl. Anhalter Bahnhof in Berlin). Auf die Mitglieder der Fürstenfamilie beschränkt, existiert jedoch schon lange die Ableitung Anhaltiner, die heute ohne Bedeu-

tungsunterschied verwendet werden darf (Q: Sick).

SACRAMENTO [O, Kalifornien, USA, Nordamerika] Die Hauptstadt Kaliforniens entstand als Folge der Goldfunde im gleichnamigen Fluss. Dieser wiederum wurde von streng katholischen spanischen Siedlern zu Ehren des HEILIGEN SAKRAMENTS so benannt.

SACRÉ-CŒUR [X, Paris, Frankreich, Europa] Dem HEILIGEN HERZEN Jesu geweiht, wurde diese berühmte Kirche im Zentrum von Paris erst 1919 fertig gebaut, nachdem 1873 zur Verhinderung des moralischen und geistigen Verfalls die Nationalversammlung den Auftrag zum Bau dieses Gotteshaus gegeben hatte. Der volle Name lautet »Basilique du Voeu de la Nation au Sacré Cœur« (dt. Basilika des Nationalen Schwurs auf das Heilige Herz).

SAGARMATHA → **Mount Everest** [B, China, Nepal, Asien] Mystisch und klangvoll ist sie wohl, die tibetische Bezeichnung des höchsten Berges der Welt: HIMMELSGÖTTIN. Was sonst konnten die Menschen in ihrer Ehrfurcht in alten Zeiten gesehen haben, als sie zum Gipfel dieses Achttausenders blickten?

SAHARA [Wü, Afrika] Der Name der größten Wüste der Erde, die sich immer weiter ausdehnt, wurde zum Terminus technicus: WÜSTE. Eigentlich ist jedoch mit dem arab. *es-sahrâ* eine gelb-rote Farbtönung gemeint, selbstverständlich auf die endlosen Sandflächen gemünzt. Mehr als 90% der Sonnenstrahlen der Erde heizen diesen Boden auf, da hier auf Grund der Luftdruckverhältnisse kaum schützende Wolken aufziehen. Dennoch war die Sahara einst eine lebensfreundliche Zone, wie Felsbilder von Giraffen, Flusspferden oder Büffel beweisen. Der gleichnamige Staat **Sahara** im Nordwesten des Kontinents Afrika wird bis heute nur von wenigen afrikanischen Staaten anerkannt und ist daher noch nicht offiziell in die Staatengemeinschaft aufgenommen worden.

SAHARA → Sahara EH/ESH [S, Nordwestafrika, UN-Bezeichnung: *Westsahara*, oL *Arabische Saharauische Demokratische Republik*, arab. *al-Ǧumhūriyya as-Saḥrāwiyya ad-Dîmuqrâtiyya al-'Arabiyya*] Diese Republik ist einer der Flecken der Erde, die zwar in diversen Almanachen als Staat geführt werden, de facto jedoch keine internationale Anerkennung gefunden haben. Politisch bleibt das Gebiet also im wahrsten Sinne des Wortes eine WÜSTE. U: Proklamation 27. 2. 1976; 1979 von Marokko annektiert; Referendum über Unabhängigkeit auf unbestimmte Zeit verschoben

SAHEL [R, Afrika] Diese heute von gewaltigen Hungersnöten gepeinigte Region trägt den schönen arab. Namen UFER (arab. *sāhil*), womit ursprünglich wohl die schützende Uferzone des Wüstenmeeres der Sahara gemeint war.

SAIGON → **Ho Chi Minh City** [H/O, Vietnam, Asien] Bis heute wird diese Stadt auch im Vietnamesischen mit dem zu Kolonialzeiten verwendeten Namen *Sài Gón* (vielleicht STECKEN AUS HOLZ) bezeichnet, wenn damit korrekterweise in unseren Tagen nur der erste Bezirk von Ho Chi Minh City gemeint ist.

SAINT ANDREWS [O, Schottland, Großbritannien, Europa] Im 8. Jh. wurden die vermutlichen Reliquien des Apostels ANDREAS an diesen Ort an der Ostküste Schottlands gebracht. Auf diesen Heiligen geht auch das Andreaskreuz der Flagge (weißes Kreuz auf blauem Grund) zurück (s. Kap. Flaggen und Flaggenfamilien). In der Welt des Sports gilt St. An-

drews als das Mekka des Golfs. Der Royal and Ancient Golf Club of St. Andrews schreibt bis heute die Regeln dieses elitären Sports fest.

SAINT CHRISTOPHER → **St. Kitts und Nevis** [H/I, St. Kitts und Nevis, Karibik] Der HL. CHRISTOPHORUS, der »Christusträger«, wurde von Kolumbus 1493 als Namenspatron dieser Karibikinsel ausgewählt. Schon knapp 130 Jahre später entschieden sich neue Siedler für die im Englischen gängige Kurzform *St. Kitts*.

SAINT HELENA [I, Großbritannien, Afrika, amtl. *The Crown Colonies of Saint Helena and Dependencies*] Napoleons Verbannungsort (1815–1821) ist eine Vulkaninsel im Südostatlantik. Sie wurde vom portugiesischen Seefahrer João da Nova am Sonntag, den 22. Mai 1502 entdeckt und zu Ehren der HL. HELENA (um 255–329), der Mutter Konstantins des Großen, benannt. Der griechische Name bedeutet so viel wie »die Strahlende«. Die Legende berichtet auch, dass Helena während ihres Aufenthalts im Heiligen Land das alte Kreuz Christi suchte und auch fand. Heute gehört diese Insel zum British Overseas Territory.

SAINT KITTS and NEVIS KN/KAN/KAN [S/I, Karibik, Mittelamerika, oL *Föderation St. Kitts und Nevis*, engl. *Federation of Saint Kitts and Nevis*] Interessant, dass Kolumbus die Insel **St. Christopher**, die ursprünglich *Liamuiga* (dt. fruchtbares Land) hieß, 1493 nach seinem Namenspatron benannte, dem HL. CHISTOPHORUS, dem »Christusträger«, der um 250 n. Chr. in Kleinasien wirkte. Ob aus Eitelkeit oder zu Ehren des Schutzheiligen der Reisenden, Pilger und Seeleute lässt sich heute nicht mehr wirklich sagen. Jedenfalls heißt es im Brauchtum, dass eine Betrachtung des Christophorusbildes den ganzen Tag Schutz vor einem plötzlichen Tod gewährt. Wer die unsäglichen Qualen und Ängste, die Ungewissheit der Seeleute auf ihren wahren Irrfahrten bedenkt, darf die Namensgebung als durchaus religiös motiviert interpretieren. Immerhin wird Christophorus auf vielen Heiligenbildern als Hüne dargestellt, der das Jesuskind auf den Schultern durch das Wasser trägt. St. Christopher wurde später durch britische Siedler auf die angelsächsische Koseform *St. Kitts* gekürzt. Der zweite Teil des Landesnamens, Nevis, stammt vom spanischen Wort für SCHNEE, *nieve*, ab. Auch hier war Kolumbus beteiligt, aber er unterlag einem Irrtum, da er den Wolken- und Nebelmantel des Nevis Peak für Schnee hielt. Erstaunlich, dass einem Seemann diese Fehleinschätzung unterlief, wenn man die Breitenlage der Insel, ca. 17° Nord, vor Augen hat. Der karibische Name *Liamuiga* war offensichtlich ein Hinweis auf den vulkanischen Boden dieser Insel. U: 19. 9. 1983 (ehem. brit. Kolonie)

SAINT LOUIS [O, Missouri, USA, Nordamerika] Der große Inlandhafen am Mississippi wurde von einem Pelzhändler nach dem später heilig gesprochenen französischen König LOUIS IX. (1215–1270) benannt, der gleichzeitig Schutzpatron Louis' XIV. war. St. Louis war die erste Stadt Amerikas, die den Flugverkehr einführte. Auch die ersten fünf Piloten der amerikanischen Luftwaffe kamen aus dieser Stadt. Jahre später hat Charles Lindbergh ihnen zu Ehren den Eindecker, mit dem er den Atlantik überquerte, »Spirit of Saint Louis« genannt.

SAINT LUCIA LC/LCA/WL [S/I, Karibik, Mittelamerika, oL *St. Lucia*] Unsicher bleibt, ob Kolumbus auf seiner vierten Reise 1502 St. Lucia betreten hat. Wenn ja, so wäre der 13. Dezember Grund für die Namensgebung nach der HL. LUCIA, da der Märtyrerin aus Syrakus, der »Lichtträgerin«, oder auch »der bei Tagesanbruch Geborenen«, dieser Kalendertag geweiht ist. Er leitet die heiligen zwölf Nächte ein, in denen die Geister der Finsternis vertrieben werden. Lucia, vom eigenen Gatten als Christin angezeigt und zur Strafe in ein »öffentliches Haus« gebracht, wurde durch die Kraft und Gnade des Heiligen Geistes so schwer, dass man sie, einem überschweren Felsbrocken gleich, nicht mehr von der Stelle bewegen konnte. In Italien kennt jedes Kind Melodie und Text des der Märtyrerin geweihten Volksliedes »Santa Lucia«. Manche Chronisten meinen aber, dass schiffbrüchige französische Seeleute diese Insel nach dem Märtyrer von Syrakus, Sainte Alous, benannten. Erst später könnte eine irreführende Änderung eine Frau zur Trägerin eines Landesnamens gemacht haben. St. Lucia wäre damit übrigens der einzige aller fast zweihundert unabhängigen Staaten, die auf diese Weise eine weibliche Person ehren. Ergänzung: Der alte einheimische Name *Iouanalao* bedeutete sinngemäß »Platz, wo man Iguanas findet«. U: 22. 2. 1979 (ehem. franz. Kolonie)

SAINT-MALO [O, Frankreich, Europa] Ähnlich wie die Falkland-Inseln (s. d.) verdankt auch diese Siedlung an der Smaragdküste (Côte d'Émeraude) einem walisischen Mönch namens MACLOVIUS (franz. Maclou) ihren Namen. Er war es, der die keltischen Bewohner dieses Küstenstreifens zum Christentum bekehrte. Heute ist St. Malo vor allem wegen des in Europa einzigartig gewaltigen Tidenhubs (bis zu 12 m) bekannt.

SAINT PAUL [O, Minnesota, USA, Nordamerika] Die »Twin City« (dt. Zwillingsstadt) von Minneapolis liegt am anderen Ufer des Mississippi. 1838 von Pierre Parrant unter seinem Spitznamen *Pig's Eye* (dt. Schweinsauge) gegründet, erfuhr die Stadt bereits drei Jahre später eine Umbenennung zu Ehren des Apostels PAULUS.

SAINT PIERRE ET MIQUELON → **Miquelon** [I, Frankreich, Nordamerika] Entweder ST. PETER oder ein Kapitän desselben Namens (vermutlich ein Portugiese) ist für die erste dieser beiden zum Französischen Territorium gehörigen Inseln maßgebend. (Miquelon s. d.)

SAINT TROPEZ [O, Frankreich, Europa] Dieser kleine, durch Brigitte Bardots Filmzeit sowie die Schaffensperioden berühmter Künstler wie Liszt oder Matisse jedoch sehr bekannte Badeort an der Côte d'Azur ist nach dem bereits im 1. Jh. enthaupteten HL TORPEZ benannt. Der Grund: Hier fand man die Gebeine dieses Heiligen.

SAINT VINCENT und die GRENA-DINEN VC/VCT/WV [S/I, Karibik, Mittelamerika, oL engl. *Saint Vincent and the Grenadines*] Belegt ist, dass die Insel St. Vincent am 22. Januar 1498, dem Tag des HL. VINCENT, angesteuert wurde. Als einer der Erzmärtyrer, dessen Wirken von seiner Geburt bis zu seinem Tod in Spanien lag, darf auch sein Patronat für Seeleute als passendes Steinchen im Mosaik der Namensfindung gelten. Vincent, »der Sieger«, trotzte um 300 n. Chr. dem Christenverfolger Kaiser Diokletian trotz grausamster Folter mit den Worten: »Du irrst, wenn du mich zu quälen vermeinst, weil du meine Glieder, die sowieso einmal verfaulen, verstümmelst. In mir lebt einer, dem du nichts anhaben kannst.« Ob die Grenadinen den Namen GRANADAS übernommen haben, was klanglich durchaus denkbar wäre, muss leider im Reich der Vermutung bleiben. Staatsangehörige dieses winzigen Landes nennen sich übrigens *Vincenter*. Nachzutragen ist der präkolumbianische Name *Youlou*, was mit »Heim der Götter« übersetzt werden kann. U: 27. 10. 1979 (ehem. franz. Kolonie)

SALAMANCA [O, Spanien, Europa] Die Namensdeutung der prärömischen Stadt *Helmantiké* ist ungeklärt. Die Römer entschieden sich für das wohlklingende *Salamantica*; später wurde der Name auf die heutige Form verkürzt.

SALAMIS [I, Griechenland, Europa] Phöniz. *salām* FRIEDE ist der vielleicht aus historischer Sicht nicht ganz passende Name für diese griechische Insel, erlebte dieses Eiland am Saronischen Golf doch während der Perserkriege die berühmte Seeschlacht.

SALEM [O, Massachusetts, USA, Nordamerika] Diese durch Hexenverbrennungen berüchtigte puritanische Stadt ist nach dem biblischen SALEM (Gen 14,18) benannt. Der Name selbst steht für das Wort FRIEDEN (hebr. *Šalōm*).

SALISBURY [O, England, Großbritannien, Europa] Die Römer nannten diese berühmte Kathedralenstadt, die allerdings auf höherem Land als das heutige Salisbury gelegen war, *Sorviodunum*. Der zweite Namensteil bedeutet FORT, der erste dagegen dürfte keltischen Ursprungs sein, allerdings mit unklarer Wurzel. Durch falsche Assoziation mit dem angelsächsischen Begriff *searu* KUNST, GESCHICKLICHKEIT sowie eine

Übertragung der Endung *dunum* zu *burh* ins Englische entstand der aus dem Doomsday-Buch bekannte Name *Sarisberie*. Unter normannischem Einfluss schließlich wurde das -r- zu einem -l-. Im 13. Jh. wurde die Lage der alten Stadt für einen begünstigten Platz am Zusammenfluss mehrerer Flüsse aufgegeben. Edward Rutherfords Roman *Sarum: The Novel of England* spielt im mittelalterlichen Salisbury. Old Sarum ist auch der Name der 5000 Jahre alten, ersten Siedlung auf diesem Boden. Empfehlenswert!

SALOMONEN SB/SLB/SOL [S/I, Ozeanien, engl. *Solomon Islands*, oL *Salomoneninseln*] Alvaro de Mendaña de Neyra glaubte im Jahr 1568 das sagenhafte Goldland des biblischen Königs Salomo entdeckt zu haben. So schien ihm die Bezeichnung Salomonen nur allzu passend, um wagemutige Siedler anzulocken. Eigentlich ist der Vorname aber auf das hebr. *Šalōm* »Friede« zurückzuführen, und nicht auf den schnöden Mammon. König SALOMO(N) soll ja in seiner grenzenlosen Weisheit den Streit zweier Mütter um ein Kind damit gelöst haben, dass er empfahl, das Kind in der Mitte zu teilen. Die Zustimmung der falschen Mutter zu diesem Urteil entschied diesen Fall auf der Stelle. Die Salomonen sind eine Erinnerung an diese biblische Weisheit (1 Kön 3,16-28), die auch zum weithin verbreiteten Ausdruck *Salomonisches Urteil* führte. Auch das *Salomonssiegel*, eine Weizwurzart mit siegelähnlichen Narben, trägt diesen Namen, da der Legende nach König Salomo beim Tempelbau in Jerusalem mit dieser Pflanze Felsen gespalten haben soll. Geopolitisch bemerkenswert ist, dass die Inseln Bougainville und Buka zwar geografisch zu den Solomon Islands zählen, politisch jedoch ein Teil Papua-Neuguineas sind. Die nördlichen Inseln waren Ende des 19. Jh.s (ab 1885) zudem deutsches Protektorat (s. Kap. Postalische Ausgabegebiete). U: 7. 7. 1978 (ehem. brit. Protektorat)

SALONIKI [O, Griechenland, Europa, engl. *Thessaloníki*] Der mazedonische König Kassandros benannte 316 v. Chr. diese Neugründung nach seiner Frau THESSALONÍKĒ, der Schwester Alexanders des Großen. Der weibliche Name bedeutet »Sieg in Thessalien« und erinnert an die glorreichen Eroberungszüge der Mazedonier.

SALT LAKE CITY [O, Utah, USA, Nordamerika] Die Welthauptstadt der Mormonen wurde 1847 am SALZSEE in Utah gegründet.

SALVADOR [O, Brasilien, Südamerika] Die 1549 von Portugiesen gegründete Hafenstadt hieß ursprünglich *São Salvador* HEILIGER ERLÖSER. Bis 1763 war die drittgrößte Stadt Brasiliens auch Hauptstadt des Landes. Der volle Name der in der Allerheiligenbucht Bahias gelegenen Stadt lautet: *São Salvador da Baía de Todos os Santos* (dt. Heiliger Retter der Bucht Aller Heiligen).

SALZACH [F, Österreich, Europa] *Salzaha*, eine Zusammensetzung der ahd. Wörter *salz* SALZ und *aha* FLIESSENDES WASSER, ist der treffende Name für diesen in den Kitzbühler Alpen entspringenden Fluss, der ein für zahlreiche Salzlagerstätten berühmtes Land durchfließt. Dies war zumindest lange Zeit die gängige Auslegung. Möglicherweise leitet sich der erste Teil des Namens aber auch vom idg. *sal* (was ebenfalls »fließendes Wasser« bedeutet) ab. In diesem Fall würde die Bedeutung als Flussname doppelt unterstrichen.

SALZBURG s [O/P, Österreich, Europa] Die »Mozartstadt«, ein weltweit bekannter Beiname, setzt sich aus den selbsterklärenden Wörtern SALZ und BURG zusammen. Wegen der reichhaltigen Salinen wurde bereits sehr früh die gesamte Provinz als Salzburg bezeichnet. Schon 739 war Salzburg Bischofssitz, 798 erfolgte durch Karl den Großen die Erhebung zum Erzbistum. Heute ist Salzburg – nicht zuletzt wegen der Festspiele – neben Wien die meistbesuchte Stadt Österreichs. Eine im doppelten Sinn (Herstellung und Geschmack) delikate Nachspeise sind die in Österreich überaus beliebten *Salzburger Nockerln*.

SALZGITTER SZ [O, Niedersachsen, Deutschland, Europa] Seit dem 14. Jh. kennt man heilende SOLQUELLEN (mnd. *solt* »Salz«) im Gebiet des heutigen Salzgitter. Das Stadtrecht wurde daher bereits 1450 verliehen. Die Quellen wurden nach dem benachbarten Dorf Gitter benannt, wahrscheinlich mit der Bedeutung GEISS oder ZIEGE (ahd. *geiss*, asächs. *gēt*).

SAMARA [O, Russland, Europa] Das ehemalige *Kujbyschew* (1935–1990) dürfte nach dem in die Wolga mündenden gleichnamigen Fluss benannt sein (tatar. für STEPPENFLUSS). Andere Sprachforscher sehen eine Zusammensetzung aus griech. *samar* KAUFMANN und *Ra*, dem uralten Namen für die WOLGA.

SAMARIA [H/P, heute Israel, Asien] Diese biblische Landschaft (Gleichnis vom barmherzigen *Samariter*) bezieht sich wohl auf die Fruchtbarkeit des Bodens: hebr. *šēmer* ABLAGERUNG. Der Personenname Schemer ist davon abgeleitet (1 Kön 16,24). Die Bibel erzählt, dass König Omri für zwei Talente Silber von Schemer den Berg Samaria kaufte und die Stadt nach ihm benannte.

SAMARQAND, SAMARKAND [O, Usbekistan, Asien] Diese Karawanenstation ist nach der griechischen Stadt Marakanda, die Alexander der Große eroberte, benannt. Deren apers. Name *asmara* bedeutet STEIN oder FELS, ergänzt um die Endung *kand* FESTUNG, STADT. Unter Kennern gilt der *Samarkand* als ein qualitativ hochwertiger Teppich.

SAMBESI [F, Mosambik, Sambia, Simbabwe, Afrika, engl. *Zambezi*] Wie beim ehemaligen Staatsnamen *Zaïre* (heute *Kongo*) ist das Wurzelwort *za* »Fluss« namengebend für den vierten großen Strom Afrikas. Unsicher ist der Rest dieser Bezeichnung, wenn auch die Bedeutung GROSSER FLUSS vermutet wird. Im Englischen wird der Name korrekt mit -Z- geschrieben.

SAMBIA ZM/ZMB/Z [S, Südafrika, oL *Republik Sambia*, engl. *Republic of Zambia*] Der südafrikanische Strom Sambesi hat, wie einige andere große Gewässer, eine Entsprechung in einem Landesnamen gefunden. Dieser dürfte von der Wurzel *za* abgeleitet sein, was einfach »Fluss« bedeutet. Sambia ist also DAS LAND DES (GROSSEN) FLUSSES. Der alte Landesname **Nord-Rhodesien** dagegen ist auf den englischen Politiker Cecil RHODES zurückzuführen. Er war überzeugt, in diesem Teil Afrikas ein wundervolles Kolonialgebiet gefunden zu haben, was er mit den Worten unterstrich: »Your hinterland is there.« U: 24. 10. 1964 (ehem. brit. Protektorat Nordrhodesien)

SAMOA WS/WSM/WS [S/I, Ozeanien, oL *Unabhängiger Staat Samoa*, samoanisch *Mālō Tuto'atasi o Sāmoa-i-Sisifo*, engl. *Independent State of Samoa*] Der Moa ist ein großer, ausgestorbener Vogel, der in der Bedeutung *samoa* PLATZ DER MOA dieser

Pazifikinsel den Namen gegeben haben dürfte. Vielleicht sollte erwähnt werden, dass sich auch ein lokaler Häuptling so nannte. Eine weitere Namenserklärung spricht von einer HEILIGEN MITTE, da hier der Legende nach Tagaloalagi am Anfang des Seins die Welt gründete. Bis 1996 war die offizielle Bezeichnung *Westsamoa* – ein Hinweis auf die Teilung der Inselgruppe, da ja die östlichen Inseln bis heute als American Samoa (dt. Amerikanisch-Samoa, s. d.) ein Außengebiet der USA darstellen. Die Teilung des Archipels erfolgte bereits im Jahr 1900 entlang des 171. Längengrades. Der heute unabhängige Inselstaat wurde damals deutsches Kolonialgebiet (s. Kap. Postalische Ausgabegebiete). U: 1. 1. 1962 (ehem. Treuhandgebiet unter neuseeländ. Verwaltung)

SAMOS [I, Griechenland, Europa] Samos ist in gewissen Sinn eine Ausnahme unter den griechischen Inseln, da sie relativ reich an Wasser ist. Der Name KÜSTENHÜGEL deutet auch bereits auf die Möglichkeit des Weinbaus hin. Und in der Tat ist der *Samos* das größte Kulturgut dieser Insel.

SAN ANTONIO [O, Texas, USA, Nordamerika] Als ein Franziskanermönch 1691 den Ort der heutigen Großstadt am Namenstag des HL. ANTONIUS zum ersten Mal betrat, wählte er den Namen *San Antonio de Padua*. Der hl. Antonius war ein begnadeter Prediger und seine Erfolge in öffentlichen Streitgesprächen brachten ihm den Beinamen »Hammer der Ketzer« ein. Später errichteten die Spanier an dieser Stelle eine Missionsstation, *San Antonio de Valero*, die dann in das legendäre Alamo (s. d. und Texas) umbenannt wurde.

SAN DIEGO [O, Kalifornien, USA, Nordamerika] Im Jahre 1602 kam Don Sebastian de Viscaíno am Namenstag des Franziskanermönchs HL. DIDACUS von Alcalá (span. hl. Diego, dt. hl. Jakobus, hebr. *ja'aqob*) im ehemaligen *San Miguel* an Land. Da zufällig auch sein Flaggschiff San Diego hieß, benannte er die Siedlung nach diesem Heiligen um. Der bibl. Name Jakob bedeutet so viel wie »Fersenhalter« (Gen 25,26).

SAN FRANCISCO [O, Kalifornien, USA, Nordamerika] Diese einzigartige Stadt wurde von einem Franziskanermönch nach dem hl. FRANZ von Assisi, dem Gründer des Franziskanerordens, benannt. Allerdings trug die gleichnamige Bucht, die der britische Seefahrer Sir Francis Drake als Erster besuchte, bereits den Namen *Port St. Francis*. Von der Natur reich beschenkt, scheint San Francisco einen ewigen Frühling zu kennen (Monatsmittel im Januar 11 °C, im Juli 16 °C). Am Rand zweier tektonischer Platten gelegen, war San Francisco 1906 Opfer eines der bestdokumentierten Erdbeben der Geschichte.

SAN JOSÉ [O, Kalifornien, USA, Nordamerika] Die älteste Stadt Kaliforniens (gegründet am 29. November 1777) hieß nach dem HL. JOSEPH und dem Fluss Guadalupe ursprünglich *Pueblo de San José de Guadalupe*. Drei Jahre lang war San José Hauptstadt des Territoriums California. Der Name Joseph steht für »Er (Gott) fügt hinzu«. 1873 wurde die eigentlich in Nordchina beheimatete *San José-Schildlaus* in Kalifornien entdeckt.

SAN JUAN → Puerto Rico [O, Puerto Rico, USA, Karibik] Kolumbus belegte im Entdeckungsjahr 1493 zunächst die Landebucht mit dem Namen *San Juan Bautista de Puerto Rico* (dt. HL. JOHAN-

NES der Täufer der Reichen Küste). Später wurde der letzte Namensteil für die ganze Inselgruppe, der erste für die Hauptstadt verwendet.

SAN MARINO SM/SMR/RSM [S, Südeuropa, oL *Republik San Marino*, ital. *Repubblica di San Marino*] Der hl. MARINUS, ein vor der Christenverfolgung des Kaisers Diokletian an die Apenninenflanke geflüchteter Steinmetz aus Dalmatien, gründete hier am Ende des 3. Jh.s eine Einsiedelei. Sowohl Papst Urban VIII. als auch Napoleon und der Wiener Kongress bestätigten die Unabhängigkeit dieses Zwergstaates (inoffizieller Beiname: *Briefmarkenrepublik*), der sich bis heute wirtschaftlich eng an Italien anlehnt. Die Bewohner heißen – für unser Ohr ungewohnt – *San Marinesen*. San Marino hält einen Rekord, der den Beinamen *La Serenissima* (dt. die Erhabenste) absolut rechtfertigt: Es ist die älteste Republik der Welt. U: erste urkundliche Erwähnung 20. 2. 885; 3. 9. 301 (legendäre Gründung durch den Eremiten Marino)

SAN REMO [O, Italien, Europa] Ursprünglich hieß dieser heute mondäne Ort an der italienischen Riviera nach dem bischöflichen Gründer (6. Jh.) *St. Romulo*. Im 15. Jh. kam es wegen einer Kontraktion des lateinischen Namens SANCTI ROMULI IN EREMO (dt. Kirche des hl. Romulus in der Eremitage) zur Umbenennung. Auch eine Vertauschung mit dem französischen Heiligennamen Rémy (dt. Remigius) ist denkbar. Keine Beziehung dagegen konnte zu den Stadtgründern Roms, Romulus und Remus, hergestellt werden.

SAN SALVADOR → El Salvador [O, El Salvador, Mittelamerika] Spanische Kolonisten, gottesfürchtig wie fast alle da-

maligen Siedler, gründeten am 6. August 1526 die spätere Hauptstadt des gleichnamigen Staates: dt. HEILIGER ERLÖSER.

SAN SEBASTIÁN [O, Spanien, Europa] Der baskische Hafen wurde 1603 nach dem HL. SEBASTIAN benannt, der schon seit dem 7. Jh. als Schutzpatron gegen die Pest verehrt wird. In der Lokalsprache nennt sich diese Stadt *Donostia*.

SANDHURST [X, England, Großbritannien, Europa] Die Royal Military Academy steht auf den SANDIGEN HÜGELN (eng. *hurst*) Berkshires.

SANDWICH-INSELN → Hawaii [H/I, USA, Ozeanien, engl. *Sandwich Islands*] James Cook landete am 18. Januar 1778 auf seiner Suche nach einer Passage zwischen Alaska und Sibirien (in den Atlantik) auf Kauai, einer Insel des heutigen Hawaii. Er nannte diese Inselgruppe Sandwich Islands, zu Ehren von Lord Montagu, fourth EARL OF SANDWICH (1718–1792). Dessen Name wiederum geht auf einen heute kleinen, südostenglischen Hafen namens Sandwich zurück (dt. Sandort, aengl. *wic* »Ort, Platz«). Noch stärker in Erinnerung rufen konnte sich besagter Earl durch die belegten Brote, heute allgemein als *Sandwiches* bezeichnet.

SANKT AUGUSTIN [O, Nordrhein-Westfalen, Deutschland, Europa] Erst 1969 entstand diese Großgemeinde durch Zusammenschluss von acht Gemeinden im Raum Köln-Bonn. Die Pfarrkirche SANKT AUGUSTIN in Menden, eine der frühesten ihrer Art, wurde namengebend. Randbemerkung: Lat. *augustus* trägt die Bedeutung »heilig, erhaben, ehrwürdig«.

SANKT-BERNHARD-PASS [B, Schweiz, Europa] Eigentlich gibt es zwei Pässe dieses Namens, den *Großen St. Bernhard* zwischen Schweiz und Italien und den *Kleinen St. Bernhard* zwischen Italien und Frankreich. Beide sind nach dem HL. BERNHARD von Aosta (Menthon; 923–1008) benannt. Papst Pius XI. ernannte Bernhard 1923 zum Patron der Alpenbewohner und der Bergsteiger.

SANKT GALLEN SG [O/P, Schweiz, Europa] Ein irischer Mönch namens GALLUS (dt. Kelte) errichtete in dieser Ostschweizer Region ein Waldkloster, um von hier aus seine Missionstätigkeit zu erfüllen. Sowohl die Stadt wie auch der Kanton tragen daher heute seinen Namen.

SANKT-GOTTHARD-PASS [B, Schweiz, Europa] Die im 11. Jh. errichtete Kapelle war dem HL. GOTTHARD (GODEHARD), Bischof von Hildesheim (960–1038) geweiht. Der Gotthard-Basistunnel ist mit 57 km der längste Eisenbahntunnel der Welt.

SANKT MORITZ [O, Schweiz, Europa] Heute zählt St. Moritz, benannt nach dem in Ägypten geborenen und in der Schweiz verstorbenen Märtyrer MAURITIUS (dt. Mohr), zu den berühmtesten und teuersten Winterkurorten der Welt. Klimatisch begünstigt (die Sonne scheint an mehr als 320 Tagen im Jahr), ist St. Moritz die Heimat des Bobsports. Immerhin wurde hier bereits 1892 das erste Rennen veranstaltet.

SANKT PETERSBURG [O, Russland, Europa] Die nördlichste Millionenstadt der Erde wurde von Peter dem Großen (1672–1725) im Jahr 1703 buchstäblich in die Schlamm- und Sumpfflächen der baltischen Küstenlandschaft hineingepflanzt. Es sollte ein Bollwerk der Macht Russlands gegen die europäischen Gegenspieler werden. Von 1712 bis 1914 war das »Venedig des Nordens« Hauptstadt Russlands. Der

Name ist allerdings nicht Peter dem Großen, sondern vielmehr seinem Schutzheiligen, dem Apostel SIMON PETRUS, geweiht. Als Moskau diese Funktion übernahm, entschied man sich für die Russifizierung des Namens zu **Petrograd**. Die kommunistische Machtübernahme bei der Oktoberrevolution verlangte nach einer neuerlichen Umbenennung (1924) zu Ehren des Gründers der Sowjetunion in **Leningrad** (nach Wladimir Iljitsch Uljánow, genannt Lenin, 1870–1924). 1991 schließlich, mit dem Zusammenbruch des Ostblocks – und damit auch des Sowjetreichs – wurde der alte Name St. Petersburg wieder neu etabliert.

SANKT PÖLTEN [O, Österreich, Europa] Die Hauptstadt Niederösterreichs entwickelte sich aus einem mittelalterlichen Benediktinerkloster. Etwas unerwartet ist die Namensherleitung, die auf den Märtyrer HYPPOLIT (griech. *hippos* »Pferd«, *lytér* »Befreier«) zurückgeht.

SANKT VEIT an der GLAN [O, Österreich, Europa] Die erste urkundliche Erwähnung im Jahr 1131 bezog sich auf die St. Veit-Kirche. Diese ist dem frühchristlichen Märtyrer, dem HL. VITUS (oder HL. VEIT) geweiht. Meist wird dieser mit einem Kessel aus siedendem Pech dargestellt, als Zeichen seiner Leiden. St. Veit an der Glan war als Herzogstadt sogar Hauptstadt des Bundeslandes Kärnten. Der Flussname Glan dürfte eine Variante des kelt. Wortes *glen* SCHLAMM sein.

SANSIBAR → Tansania [I/L, Tansania, Afrika] SCHWARZE KÜSTENBEWOHNER ist der von arabischen Händlern im 8. Jahrhundert gewählte Name für diese Ostafrika vorgelagerte Inselgruppe. Nachhaltigen Einfluss hatte der Handel auch auf die Sprache in diesem Teil Afrikas, denn das Suaheli (arab. *sâhil* »Küste«) darf als Mischung von afrikanischen Sprachstrukturen mit arabischen, später englischen Lehnwörtern verstanden werden.

SANTA CRUZ [O, Bolivien, Südamerika] Das Fest des HEILIGEN KREUZES war für spanische Missionare Grund genug, diese Stadt 1560 mit diesem religiösen Namen zu versehen.

SANTA FÉ [O, New Mexiko, USA, Nordamerika] Tiefgläubige Missionare wählten 1610 die Benennung VILLA REAL DE LA SANTA FÉ DE SAN FRANCISCO DE ASIS dt. königliche Stadt des heiligen Glaubens des heiligen Franz von Assisi) für die älteste Hauptstadt aller US-Bundesstaaten.

SANTANDER [O, Spanien, Europa] Nicht ganz leicht zu erkennen ist die Tatsache, dass diese Stadt der HL. IRENE (Santa Irena) geweiht ist (s. Santorin). Die griechische Wurzel steht für ein erstrebenswertes Ziel: den Frieden (griech. *irene* »Friede«).

SANTIAGO DE CHILE → **Chile** [O, Chile, Südamerika] Ein in Spanien verehrter Heiliger, SANTO IAGO (dt. Jakob), findet sich in zahlreichen lateinamerikanischen Siedlungsnamen wieder. So auch in der 1541 vom spanischen Soldaten Pedro de Valdivia gegründeten Hauptstadt Chiles.

SANTIAGO DE COMPOSTELA [O, Spanien, Europa] Die durch den Jakobsweg weltberühmte Pilgerstadt Nordspaniens ist bereits seit dem 9. Jh. das Ziel der Gläubigen. Der Grund dafür: Hier wurde der Legende nach der Schrein des Apostels JAKOBUS gefunden. Die spanische Form bildet folgerichtig auch den ersten Wortteil (*Santo Iago*). Compostela könnte aus dem lat.

Campus Stellae FELD DER STERNE gebildet worden sein, was der Legende nach einen Stern meint, der zum Grab des Apostels geführt haben soll. Wahrscheinlicher ist lat. *compos stellae* BESITZERIN DES STERNS – womit wieder der Schrein Jakobs gemeint ist.

SANTO DOMINGO [O, Dominikanische Republik, Karibik, Mittelamerika] Der Name der Hauptstadt der Dominikanischen Republik bedeutet so viel wie HEILIGER SONNTAG (span. *santo* und *domingo*). Santo Domingo ist übrigens die älteste Stadt in Amerika (1496 gegründet), und in ihrer Kathedrale wurden Kolumbus' sterbliche Überreste beigesetzt.

SANTORIN [I, Griechenland, Europa] Das Andenken an die HL. IRENE der orthodoxen Kirche (ehedem hieß es *Santa Irene*) wird im Namen dieser Insel bewahrt. Wenn man auch kaum etwas über diese Märtyrerin weiß, so besagt die Legende, dass Irene von ihrem erzürnten Vater in einen Turm gesperrt wurde. Dort jedoch bekam das glaubensstarke Mädchen Unterricht von Engeln und wurde schließlich auch noch getauft. **Thira**, wie es in der Antike hieß, ist der Rest eines Vulkankegels, der bei einem ungeheuer wuchtigen Ausbruch um das Jahr 1525 v. Chr. fast vollständig zerbrach. Eine der vielen Theorien, die sich um diesen größten Vulkanausbruch der letzten 5000 Jahre rankt, meint, auch den Untergang der minoischen Kultur mit dem Ende Thiras in Zusammenhang bringen zu können. Neueste Forschungen zeigen aber, dass hier Vorsicht geboten scheint.

SANTOS [O, Brasilien, Südamerika] Der Name bedeutet die HEILIGEN, ebenso wie der deutsche Ort Xanten (s. d.). Jedenfalls ist Santos, das zur Hälfte auf der Insel São Vicente (dt. hl. Vinzenz) liegt, schon von der natürlichen Lage zum größten Hafen Brasiliens prädestiniert.

SÃO PAULO [O, Brasilien, Südamerika] Dem HL. PAULUS gewidmet (port. Form), straft diese mit enormem Tempo wachsende Megastadt (mehr als 20 Mio. Einwohner) der etymologischen Bedeutung des Namens Lügen. Paulus bedeutet nämlich »der Kleine«. Als Religionsstifter und Schriftgelehrter war Paulus von Tarsus von epochaler Bedeutung für das Christentum, gelang es ihm doch, die neue Lehre des Jesus von Nazareth zu einer greifbaren Religion zu formen.

SÃO TOMÉ UND PRÍNCIPE

ST/STP/STP [S/I, Zentralafrika, oL *Demokratische Republik São Tomé und Príncipe*, port. *República Democrática de São Tomé e Príncipe*] Am Tag des HL. THOMAS entdeckt (21. Dezember 1471), benannten portugiesische Seefahrer die fast am Äquator liegende Hauptinsel als Dank für ihre erfolgreiche Reise nach diesem Heiligen. Man sieht ganz deutlich Parallelen zu Christoph Kolumbus' Benennung der Karibikinseln St. Vincent, St. Lucia und St. Kitts. Der zweite Teil des Staatsnamens bedeutet im Portugiesischen PRINZ oder FÜRST. Vor Ankunft der Portugiesen dürften die Inseln unbewohnt gewesen sein. Völlig ungewohnt ist auch die Bezeichnung für die Einwohner dieses Staates: *Santomeer* (auch *São Tomeer*). U: 12. 7. 1975 (ehem. port. Kolonie)

SAPORISCHJA [O/P, Ukraine, Europa, russ. *Saporoshije*, engl. *Zaporizhia*] 1770 bei der Gründung hieß diese Stadt noch *Aleksandrowsk* (ukrain. *Oleksandriwsk*), nach Feldmarschall Prinz Alexander Golitsyn, dem Befehlshaber der

Ersten russischen Armee. 1921 kam es dann zur Umbenennung in den heutigen Namen, der auf den Dnjepr bezogen ist und HINTER DEN STROMSCHNELLEN (russ. *za* und *porog*) bedeutet. Hier wird offensichtlich auf einen Zufluchtsort der Landarbeiter vor den polnischen Behörden angespielt. Diese Flüchtlinge bekamen bald die tatar. Bezeichnung *kozak* »Geächteter, Gesetzloser, Abenteurer«, die sich auch im heutigen Begriff Kosake wiederfindet.

SAPPORO [O, Japan, Asien] Als Zentrum der Handelsentwicklung der nördlichsten Insel Hokkaido im Jahr 1869 (andere Quellen sagen 1871) gegründet, trägt Sapporo auch gleich einen angemessenen Namen: HAUS DER BANKNOTEN (jap. *satsu* »Papiergeld«, *horo* »Zelt«). So steht es zumindest bei Adrian Room. Das Oxford Dictionary of Place Names vermutet dagegen eine Ableitung von *ainu satu-poro-betsu* FLUSSBETT MIT SCHILFROHR oder *sachi-poro-kotan* GRASBEDECKTE EBENE. Wie auch immer die Deutung lauten mag, war diese Stadt letztlich nicht nur für Hokkaido, sondern gleich für ganz Asien eine Art Schrittmacher, fanden hier doch 1972 die ersten Olympischen Winterspiele dieses Kontinents statt.

SARAGOSSA [O, Spanien, Europa, span. *Zaragoza*] Diese nordostspanische Stadt wurde 27 v. Chr. unter Kaiser Augustus als römische Veteranenkolonie *Caesarea Augusta* benannt. Über arabische Einflüsse entstand daraus im Laufe der Zeit das stark entstellte spanische Zaragoza (eigentlich KAISER AUGUSTUS).

SARAJEVO [O, Bosnien und Herzegowina, Europa] Die Hauptstadt Bosniens hat einen türkischen Ursprung, wurde diese Stadt doch im 15. Jh. von den Türken gegründet: *saray* PALAST. Von der gleichen Wurzel leitet sich auch der Serail ab. Sarajevo hat am 28. Juli 1914, einem der schwarzen Tage des 20. Jahrhunderts, Geschichte geschrieben. Der habsburgische Thronfolger Franz Ferdinand wurde in Sarajevo von einem gewissen Gavrilo Princip durch zwei Pistolenschüsse ermordet. Das damals rigide Bündnissystem der Großmächte führte in der Folge zum Ausbruch des Ersten Weltkriegs.

SARATOW [O/P, Russland, Europa, engl. *Saratov*] Diese Wolgastadt wurde als Schutzsiedlung für die Handelsroute entlang des Stroms gegründet. Der tatar. Name bedeutet GELBER BERG (*sary* »gelb«, *tau* »Berg«). Am gegenüberliegenden Ufer liegt Engels, die ehemalige Hauptstadt der Wolgadeutschen Autonomen Republik.

SARDINIEN [I, Italien, Europa, ital. *Sardegna*, sard. *Sardigna, Sardinna*, engl. *Sardinia*] Die SARDEN, ein iberischer Volksstamm, der aus Nordafrika eingewandert sein dürfte, oder eine lokale GOTTHEIT sind für diesen Namen verantwortlich. Eine punische Stele aus dem 7. Jh. v. Chr. trägt die Inschrift *Sardan*, eine offensichtlich von den Phöniziern verwendete Bezeichnung. Nicht unwahrscheinlich scheint, dass die *Sardine*, ein heute beliebter Speisefisch, nach dieser Insel benannt wurde.

SARGASSOSEE [G, Atlantik, engl. *Sargasso Sea*] Der Seetang SARGASSUM ist für dieses ruhige Meeresgebiet des Nordatlantiks namengebend. Der lat. Pflanzenname seinerseits könnte WEIDE bedeuten (port. *sargaço*). Vermutlich wäre das eine Anspielung auf die Biegsamkeit dieser »Meeresschlingpflanzen«. Die Sargassosee ist übrigens auch das Laichgebiet des Flussaals.

SASKATCHEWAN [P/F, Kanada, Nordamerika] SCHNELL FLIESSENDES WASSER (indian. *Kisiskatchewani Sipi*; Sprache der Cree) beschreibt den großen Strom, der letztlich auch den Namen einer kanadischen Provinz bildet. Zudem fließt der beinahe 2000 km lange Saskatchewan auch noch durch die Provinzen Alberta und Manitoba.

SAUDI-ARABIEN SA/SAU/KSA [S, Südwestasien, engl. *Saudi-Arabia*, oL *Königreich Saudi-Arabien*, arab. *al-Mamlaka al-'Arabiyya as Saʿūdiyya*] Abd al-Asis Ibn ar-Rahman IBN SAUD (1880–1953) ist der einzige Herrscher des 20. Jahrhunderts, der sich in einem Staatsnamen verewigen konnte. Nach einem Vierteljahrhundert voll erbitterter Kämpfe eroberte er 1924/25 den Hedschas mit den heiligen Stätten Mekka und Medina zurück, ernannte sich bereits im folgenden Jahr zum König und vereinigte schließlich bis zum Jahr 1932 sein Herrschaftsgebiet zum heutigen Saudi-Arabien. Der zweite Teil des Namens richtet sich nach dem Volk der *Araber*, wobei die Bedeutung traditionellerweise mit ZELTBEWOHNER interpretiert wird. Das hebräische Wort *aravi* könnte allerdings auch für nicht-nomadisierende Bevölkerungsgruppen stehen, also einfach »Leute« oder »Bewohner« bedeuten. In diesem konkreten Fall handelt es sich beim Namensteil »Arabien« in erster Linie um eine Lagebezeichnung. U: 23. 9. 1932 (Staatsgründung)

SAVOYEN [P, Frankreich, Europa, franz. *Savoie*, ital. *Savoia*, engl. *Savoy*] Das röm. *Sapaudia* (aus dem Kelt. für WALDLAND) ist leider bis heute nicht mit letzter Sicherheit zu deuten.

SCHAFFHAUSEN SH [P/O, Schweiz, Europa, franz. *Schaffhouse*, ital. *Sciaffusa*] Wenn auch meist mit Schaffhausen assoziiert, gehört der Rheinfall, der größte Wasserfall Europas, zur Nachbargemeinde Neuhausen. Der Name Schaffhausens dürfte eine Zusammensetzung aus einem kelt. Wort für SUMPF und ahd. *hūs* HAUS, WOHNSTÄTTE sein. Randnotiz: Schaffhausen hatte bereits im Mittelalter das Prägerecht für Münzen.

SCHLESIEN [H/R, Deutschland, Polen, Tschechien, Europa, engl. *Silesia*] Zwei Erklärungen für diesen Landschaftsnamen drängen sich auf: (1) nach dem Fluss *Sleza* (dt. Bedeutung FEUCHT) oder (2) nach dem Berg *Slez* (germ. *Siling* »Schlesierberg«), der ein religiöses Zentrum der SILINGER, eines Vandalenvolkes, war.

SCHLESWIG-HOLSTEIN SH [P, Deutschland, Europa] Gebietsmäßig unverändert entstand 1946 aus einer ehemaligen preußischen Provinz das Bundesland Schleswig-Holstein. Die Holsten hießen vormals Holzsassen, nach den WÄLDERN, die ihnen Schutz und Siedlungsraum gaben. Aus der Form *Holzsaten* entwickelte sich schließlich in Verbindung mit dem nhd. *Stein* der heutige Landesname. Schleswig war der HANDELSPLATZ AN DER SCHLEI (asächs. *wīk*; mhd. *slīm* »schlammiges Gewässer«). Achtung: Das *Holsteinschnitzel* geht nicht auf das Bundesland, sondern auf den Geheimrat Friedrich von Holstein zurück.

SCHÖNEBERG [H/O, Berlin, Deutschland, Europa] Diese ehemalige Großstadt mit dem sprechenden Namen SCHÖNER BERG ist heute Stadtteil der Bundeshauptstadt Berlin.

SCHOTTLAND [P, Großbritannien, Europa, engl. *Scotland*] Die SCOTS, ein wildes, stolzes Volk, sind für dieses LAND namengebend. Ihr Weg führte sie im 5. und 6. Jh. von Irland aus in das damals

nach einem weiteren Volk **Caledonia** benannte Land (kelt. *cal* »hart«; gemeint sind wohl »harte Männer«). Bereits im 9. Jh. findet sich in lateinischen Texten ein Hinweis auf *Scotia*, das heutige Schottland. Der nächste Schritt der Namensdeutung der Scots allerdings ist rein spekulativ. Vielleicht ist das wal. Wort *ysgthru* (dt. SCHNEIDEN) damit verwandt. Immerhin pflegten die Scots den Brauch des Ritzens der Haut zu religiösen wie martialischen Zwecken. Nicht auf den ersten Blick erkennbar, ist *Jockei* (eng. *jockey*, berufsmäßiger Rennreiter) eine Verkleinerungsform des Spitznamens für Schotten (Jock). Dagegen dürfte der *Scotch Whiskey* wohl praktisch jedem Leser ein Begriff sein. Spielkartensammler verwenden den Begriff *Schottenmuster* für die schottischen Kiltpatterns ähnlichen Rückseiten von Kartensätzen.

SCHWABEN [P, Deutschland, Europa] Das Schwabenland im Südwesten Deutschlands war ein altes deutsches Stammesherzogtum, das seine goldenen Jahre im 12. und 13. Jh. unter den Stauferkaisern erlebte. Mhd. *Swābin* ist der Dativ Pl. des Volksnamens. Die Wurzel ist das germ. **swēba*, idg. **suēbho* FREI(E). Dem entspricht die lat. Form *Suēbi*. In Cäsars »Gallischem Krieg« wird die historische Niederlage der Sueben detailreich geschildert. Ein zweiter Name ist in diesem Gebiet sehr gebräuchlich, nämlich der der *Alemannen*. Ein neues Volk drang im 3. Jh. in den Südwesten des heutigen Deutschlands vor und nahm bereits drei Jahrhunderte später das Christentum an. Die französische Bezeichnung *Les Allemands* »die Deutschen« wurde einfach auf dieses Volk übertragen.

SCHWÄBISCH GMÜND → **Schwa-**

ben [O, Baden-Württemberg, Deutschland, Europa] Der erste Namensteil (s. Schwaben) kam zur Unterscheidung ähnlicher Ortsnamen erst 1934 in Verwendung. Gmünd dürfte sich von ahd. *gimundi, mund* FLUSSMÜNDUNG ableiten, ist also ein typischer Gewässername.

SCHWÄBISCHE ALB → **Schwaben, Alpen** [B, Baden-Württemberg, Bayern, Deutschland, Europa] Ehemals wurde auch dieses Hochland als Jura (ligur. *jurom* »Bergweide, Wald«) bezeichnet, wie etwa bei Caesars »De Bello Gallico« belegt). Auch das präidg. *alb Berg (s. auch Alpen) trägt die gleiche Grundidee. Zur Herleitung des ersten Namensteils s. Schwaben.

SCHWARZES MEER [G, Europa, engl. *Black Sea*] Das Meer, auf dem Jason mit seinen Argonauten auf der Suche nach dem Goldenen Vlies segelte, hieß bei den Griechen *Pontos Axeinos* UNWIRTLICHES MEER. Das alte persische Wort *ahsaēna* DUNKEL liegt dieser Benennung zugrunde, wurde jedoch später mit »unwirtlich« übersetzt. Rein optisch ist das Wasser dieses Binnensees in stürmischen Zeiten tatsächlich sehr dunkel, so dass der Name durchaus seine Berechtigung hat. Es gibt aber daneben noch eine weitere Theorie. Da in einigen asiatischen Sprachen Farben zur Bezeichnung der vier Himmelsrichtungen verwendet werden, könnte mit »Schwarz« auch der NORDEN gemeint sein. Das Rote Meer wäre demgemäß die »Südsee« und das Weiße Meer das »Westliche«. Bis zum 5. Jh. war dieses Gewässer auch als *Amazonenmeer* bekannt (Q: Suetons Schriften), da diese »Reiterinnen« (sie waren der Sage nach die Ersten, die Pferde verwendeten) der Legende nach einen großen Teil Asiens und Nordafrikas beherrschten.

SCHWARZWALD [B, Deutschland, Europa] Augenscheinlich geht der heutige Name dieses oberrheinischen Gebirges auf die dichten, SCHWARZ anmutenden Fichtenwälder oberhalb 1000 Meter zurück (ahd. *Swarzwald*, mhd. *Swarzwalt*). Randbemerkung: Die exzellente *Schwarzwälder Kirschtorte* hat Weltruf erlangt.

SCHWEDEN SE/SWE/S [S, Nordeuropa, engl. *Sweden*, oL *Königreich Schweden*, schwed. *Konungariket Sverige*] Das Volk der *Sueben* trägt einen stolzen Namen, abgeleitet von ahd. *sweba* FREI. Eine zweite Möglichkeit ist das Wort *geswion*, was mit LANDSMANN übersetzt werden kann. Und die dritte Theorie sieht im anord. *sve* SEE die Quelle des heutigen Staatsnamens. Der schwedische Bezeichnung Sverige kommt von *Svea Rike* (dt. Reich von Svea). *Scania* (lat. für Schonen, eine in Südschweden gelegene Landschaft) ist eine früher häufiger verwendete Bezeichnung für dieses Land. Wer sich mit der Geschichte Europas näher auseinandersetzt, stellt fast mit Erstaunen fest, welch ungeheuren Einfluss Schweden auf seine Nachbarn genommen hat, insbesondere auf die nordischen. Bekannt sind auch die nach diesem Volk benannten Ausdrücke *Schwedische Gymnastik* (Gesundheitsturnen), *Schwedenplatte* (reich garnierte Platte mit Geräuchertem und Meeresfrüchten) und *Schwedische Gardinen* (Gefängnis). Heute fast in Vergessenheit geraten ist dagegen der Ausdruck *Schwedentrunk*, eine Foltermethode aus dem Dreißigjährigen Krieg – durch Einflößen von Jauche. U: Königreich seit 1523; davor mit Dänemark und Norwegen vereint (Kalmarer Union)

SCHWEINFURT sw [O, Bayern, Deutschland, Europa] Vermutlich deuten die ahd.

Wörter *swīn* und *furt* auf eine FÜR SCHWEINE GANGBARE FLUSSÜBERQUE-RUNG (am Main) hin oder aber auch auf EINE STELLE, WO SICH WILDSCHWEINE AUFHIELTEN. Eine erste Siedlung unter dem Namen *Suinuurde* gab es bereits um das Jahr 720.

SCHWEIZ CH/CHE/CH [S, Mitteleuropa, engl. *Switzerland*, oL *Schweizerische Eidgenossenschaft*, franz. *Confédération suisse*, ital. *Confederazione svizzera*, rätorom. *Confederaziun Svizra*] Der Landesname ist sichtlich vom Kanton SCHWYZ abgeleitet, der 1291 zusammen mit Uri und Unterwalden die Schweiz begründete. Schwyz selbst dürfte sich nach dem Dorf *Suittes* benennen, das seinerseits auf das ahd. *sueden* BRENNEN zurückgeht. Gemeint ist eine Waldgegend, die durch Brandrodung urbar gemacht wurde. Deutsch heißt es *Schweiz*, französisch *Suisse*, italienisch *Svizzera* und rätoromanisch *Svizra*. Um nicht eine der vier Landessprachen zu bevorzugen, wird auf Briefmarken der lateinische Name **Helvetia** aufgedruckt, der auf das Volk der Helveti (kelt. *helu-etii* LAND-REICHE), die von den Römern auf dem heutigen Territorium besiegt wurden, zurückgeht. Auch das internationale Autokennzeichen, CH (*Confoederatio Helvetica*) trägt die Initiale »H«. Die *Helvetica*, eine populäre und elegante Schriftart, hat ebenfalls diese Bezeichnung. Die Schweiz mag nur ein kleiner Staat sein, aber als Hort der Banken und ewig neutrales Land hat diese Alpenrepublik eine enorme Bedeutung innerhalb der Staatengemeinschaft gewonnen. Daher darf auch die große Zahl von Ausdrücken, die sich von der Schweiz herleiten, nicht erstaunen. Einige Beispiele: *Schweizer Strümpfe* (Strümpfe mit Löchern),

Schweizerdegen (Zweihandschwert), *Schweizerdeutsch* (Mundart), *Schweizerei* (Meierei), *Schweizergarde* (Leibgarde des Papstes), *Schweizerhaus* (Westalpenhaus) und schließlich *Schweizer Käse* (Emmentaler). Die letzte Modekreation aus diesem Land ist die jugendorientierte *Swatch-Uhr* (Kontraktion aus *Swiss watch*). Letzte Notiz: Besonders schöne Landschaften werden oft nach der Schweiz bezeichnet (Holsteinische, Fränkische etc.). U: 1291 (Ewiger Bund der drei Urkantone); de facto 22. 9. 1499 (Basler Friede); anerkannt 24. 10. 1648 (Westfälischer Friede)

SCHWERIN SN [O, Mecklenburg-Vorpommern, Deutschland, Europa] Slaw. *zvěrin* WILDGEHEGE, GESTÜT leitet sich von *zvěr* (dt. Tier) ab. Das ehemalige Bistum Schwerin ist heute Hauptstadt von Mecklenburg-Vorpommern.

SCHWYZ SZ [P, Schweiz, Europa, franz. *Schwytz*] Dieser Urkanton der Schweiz geht auf ein Dorf namens *Suittes* (ahd. *suedan* BRENNEN zurück. Offensichtlich wurde in alten Zeiten hier die Wirtschaftsform des Brandrodens gepflegt. Aus Schwyz entstand auch der Landesname der Eidgenossenschaft.

SCILLY ISLES [I, England, Großbritannien, Europa, amt. *Isles of Scilly*, dt. *Scilly-Inseln*] Die Scilly Isles sind der Küste Cornwalls vorgelagert. Über ihren Namensursprung können nur Vermutungen angestellt werden. Vielleicht ist es der römische Gott SULIS, von dem zumindest ein Schrein gefunden wurde, der dem ersten Teil der Insel den Namen gab. Das End-*y* entspricht dem nord. *ey* (»Insel«), das -*c*- wurde erst im 16. oder 17. Jh. eingefügt, womöglich um das hässliche Wort »silly« (dt. dumm) zu entschärfen.

SEATTLE [O, Washington, USA, Nordamerika] Seattle ist eine der ganz wenigen größeren Städte, die nach einem INDIANERHÄUPTLING benannt wurden, einem gewissen *Seatlh* (die Schreibung ist ziemlich frei gewählt). Die Bedeutung dieses Namens ist unklar. Dafür gilt Seattle als die Heimat der Luftfahrtgesellschaft Boeing. Als 1950 während des Kalten Krieges wegen der Nähe zur Sowjetunion eine Verlegung dieser Firma nach Kansas erwogen wurde, kam es zu einem ungeheuren Aufschrei der Empörung bei der Bevölkerung. Die düsteren Wolken sollten sich jedoch bald wieder verflüchtigen.

SEBASTOPOL → **Sewastopol** [O, Ukraine, Europa] *Sebastópolis* (griech. *sébastos* und *pólis*) ist am besten mit STADT DES ERHABENEN oderMAJESTÄTSSTADT zu übersetzen. Auf Grund ihres griechischen Ursprungs ist neben der heute korrekten Schreibung mit -w- auch noch die mit -b- zu finden.

SEE GENEZARETH [G, Israel, Asien, engl. *Lake Gennesaret, Sea of Galilee,* hebr. *Jam Kinneret,* arab. *Bahr Tubariyya*] Dieser Name wird bereits in der Bibel erwähnt und ist aus hebr. *gē* TAL und *nétser* ZWEIG oder *natsor* BEOBACHTEN gebildet. Dieser See ist für die wüstenhaften Landstriche Israels überlebensnotwendig. Daher wurde hier bereits 1964 der National Water Carrier, eines der ausgedehntesten Wasserverteilungssysteme unserer Erde, errichtet.

SEGOVIA [O, Spanien, Europa] Bedeutungsschwanger ist der Name dieser kastilischen Stadt schon: STARK, MÄCHTIG (kelt. *sego*). Und in der Tat wurde von der maurischen Befestigungsanlage des Alcázar (arab. *al-qasr* »das Schloss«) zwei Jahrhunderte lang (13. bis 15.) Spanien beherrscht. 1474 wurde hier Isabel-la zur Königin von Kastilien ausgerufen. Indirekt stand damit Segovia am Beginn der neuzeitlichen Entdeckungen.

SEINE [F, Frankreich, Europa] An der Mündung der Seine wurde eine Vase mit 830 Münzen der namengebenden keltischen Flussgöttin SEQUANA gefunden. Vielleicht ist der Göttinnenname von kelt. *soghan* »ruhig« oder präkelt. *sec* »rauschen« abgeleitet.

SELTERS [X, Deutschland, Europa] Die bekannte Mineralquelle ist zur allgemeinen Bezeichnung für Mineralwasser geworden. Lat. *sal* SALZ, das wichtigste Mineral, steckt in diesem Begriff.

SENEGAL SN/SEN/SN [S/F, Westafrika, oL *Republik Senegal,* wolof *Sounougal,* franz. *République du Sénégal*] Eine exakte Etymologie des Sénégal-Flusses ist leider nicht möglich, aber die sinngemäße Übersetzung mit SCHIFFBAR (arab. *as-singhal*) oder UNSER BOOT (arab. *sunu gaal*) scheint ziemlich genau treffend, da der Sénégal die Nordgrenze des Landes zu Mauretanien bildet. Hier im Mündungsbereich errichteten französische Sklavenhändler bereits 1659 bei St. Louis eine Anlaufstelle für ihre schreckliche Fracht. Vor der Unabhängigkeit im Jahr 1960 war der heutige Senegal Teil von *Französisch Sudan* sowie (für ein Jahr) der ebenfalls neu gegründeten *Föderation Mali.* U: 4. 4. 1960 (ehem. franz. Kolonie)

SEOUL [O, Südkorea, Asien, kor. *Soul*] Ganz im Gegensatz zu den meisten koreanischen Ortsnamen kommt Seoul nicht aus dem Chinesischen. Vielleicht liegen die Wörter *seobeol* oder *seorabeo* zugrunde, beide mit der Bedeutung HAUPTSTADT. Und in der Tat war die bis zum Koreakrieg (offiziell) *Hanyang* genannte Metropole mehr als 550 Jahre lang (von 1394 bis 1948) die Hauptstadt dieses damals ungeteilten ostasiatischen Staates.

SERBIEN und MONTENEGRO

CS/SCG/SCG [S, Südosteuropa, engl. *Serbia and Montenegro*, oL *Serbien und Montenegro*, serb. *Srbija i Crna Gora*] Die ursprüngliche, am Balkan ansässige Bevölkerung die Serben gibt dem ersten Teil dieses Staates seinen Namen. Die kaukasische Wurzel *ser* bedeutet so viel wie MANN, MENSCH. **Montenegro** dagegen (s. d.) – seit einer Abstimmung im Mai 2006 praktisch unabhängig – ist italienischen Ursprungs und kann mit SCHWARZER BERG übersetzt werden, eine Übertragung des serbischen Namens *Crna Gora*. Angespielt wird auf die düstere Farbgebung dieser Region mit einer stark bewaldeten Bergwelt. Serbien (und bis 2006 auch Montenegro) sind die Nachfolgestaaten des ehemaligen **Jugoslawien**, ein Name, der so viel wie SÜDLICHE SLAWEN bedeutet. Er leitet sich, frei übersetzt, vom serb. *jug* »Süden« und dem Volk der *Slawen* ab und sollte ganz bewusst einen Gegenpol zu den Ost- und Westslawen Europas bilden. Bis 1929 hieß dieser Staat übrigens *Königreich der Serben, Kroaten und Slowenen* nach den drei dominierenden Völkern (s. Kap. Postalische Ausgabegebiete). Als Vielvölkerstaat war er aber damals bereits ähnlich inhomogen wie zu Zeiten des Zerfalls am Ende des 20. Jahrhunderts. Umstritten ist die politische Zukunft des Kosovo, eines Kernlandes Serbiens (s. d.). U: 4. 2. 2003 (Rechtsnachfolge der Bundesrepublik Jugoslawien)

SERTÃO [R, Brasilien, Südamerika] Die tropischen, halbwüstenartigen Landstriche Brasiliens werden wegen ihrer Dürre und entsprechend lebensfeindlichen Vegetation als WILDNIS bezeichnet. Nur wenige Tiere, wie etwa der Ameisenbär oder das Gürteltier, können sich mit diesen Lebensbedingungen anfreunden.

SEVILLA [O, Spanien, Europa, engl. *Seville*] Das phöniz. *sefala* EBENE oder TAL gibt dieser Stadt am Guadalquivir ihren Namen. Sevilla hält den Rekord als heißeste Großstadt Europas. Die *Semana Santa* (dt. heilige Woche), gemeint ist die Karwoche, wird in Sevilla mit ausgiebigen Prozessionen gefeiert, die weit über die Grenzen dieser Stadt Beachtung finden. Diese Perle Andalusiens hat auch in der Opernwelt ihre Spuren hinterlassen: »Carmen«, »Don Giovanni«, »Fidelio« oder »Der Barbier von Sevilla« haben hier ihren Schauplatz.

SEWASTOPOL, SEBASTOPOL [O, Ukraine, Europa] *Sebastópolis* bedeutet frei übersetzt STADT DES ERHABENEN oder MAJESTÄTSSTADT (griech. *sébastos* »Ehrfurcht«, *pólis* »Stadt«). Seit dem 5. Jh. v. Chr. ist dieser Flecken Erde am Schwarzen Meer ein heiß umkämpftes Gebiet. Griechen, Römer, Byzantiner, Genuesen, Tataren, Russen und schließlich Ukrainer haben hier ihre militärischen Stützpunkte errichtet. Sewastopol ist selbst heute noch eine wichtige Militärbasis am Schwarzen Meer.

SEYCHELLEN SC/SYC/SY [S/I, Ostafrika, oL *Republik Seychellen*, kreol. *Repiblik Sesel*, franz. *République des Seychelles*, engl. *Republic of Seychelles*] Die ehemaligen *Seven Sisters* (eigentlich eine Bezeichnung für die 1501 von den Portugiesen gesichtete größte Insel) tragen heute den Namen des früheren Finanzministers Ludwig XV., Jean Moreau de SÉCHELLES. Die Schreibung wurde später vom Erzfeind Britannien »irrtümlicherweise« ins Englische übertragen. Dieser Staat ist jedenfalls der einzig historisch belegte, der in seinem Namen einen Finanzminister ehrt. Die Seychellen gehören im Übrigen zu den ältesten Inseln der Erde und sind Überreste des urzeitlichen Gondwanalandes. U: 28. 6. 1976 (ehem. brit. Kolonie)

SHANGHAI [O, China, Asien] Die boomende chinesische Hafenmetropole trägt den einst treffenden Namen ÜBER DEM MEER (chin. *shang* »am, über« und *hai* »Meer«). Schwemmablagerungen des Jangtsekiang haben das Herz der Altstadt allerdings weit ins Landesinnere gerückt, sodass die Schifffahrt zum Shanghaier Hafen sehr behindert wird. Nach der Öffnung Chinas entwickelte sich diese Megastadt noch mehr zum internationalen Umschlagplatz mit mondänen Geschäften, einer unglaublichen Bauwirtschaft sowie weltoffenen, dem Kapitalismus alle Ehre machenden Finanzgesetzen. Kaum zu glauben, dass Shanghai zwischen dem Gründungstag im 11. Jh. bis zur Konzessionsverleihung an europäische Handelsgesellschaften im 19. Jh. nicht mehr als ein unbedeutendes Fischerdorf war. Ein kleiner sprachlicher Exkurs: Der Ausdruck »jemanden shanghaien« kommt aus der Seemannssprache und bedeutet, einen Matrosen mit List oder Gewalt anheuern. Die lange und entbehrungsreiche Fahrt in den Fernen Osten machte früher diese illegalen Praktiken notwendig. Im Englischen gibt es noch die Wendung »ship him to Shanghai« (dt. »schick ihn auf eine lange Reise«), wieder mit Bezugnahme auf die riesige Distanz Europa-China.

SHANNON [F, Irland, Europa] Der mythologische Hintergrund erklärt den Namen OLD MAN RIVER des größten Flusses Irlands (vgl. ir. *sean* »alt«). In diesem Gewässer muss den alten Sagen und Legenden zufolge ein Leben spendender Wassergott gehaust haben.

SHANTOU [O, China, Asien] Diese südchinesische Stadt umfasst einen Ballungsraum von über 4 Millionen Menschen. Der erste Namensteil bedeutet einfach BERG (chin. *shān*). Der volle Name ist eine Verkürzung aus *Shashan Toupaotai* (17. Jh.), mit unklarer Etymologie.

SHANXI [P, China, Asien] Der heilige Berg Tai Shan ist für diese Region im Norden Chinas bestimmend: So darf man chin. *shān* »Berg«, *xī* »Westen« mit WESTLICH DES BERGES übersetzen.

SHATT-EL-ARAB [F, Irak, Asien] Der Mündungsarm der beiden mesopotamischen Flüsse Euphrat und Tigris ist für die arabische Welt von außerordentlicher Bedeutung, was sich im Namen spiegelt: FLUSS DER ARABER (arab. *śatt* »Flussufer«, *el* »der«, *arab* »Araber«).

SHEFFIELD [O, England, Großbritannien, Europa] Sheffield ist das OFFENE LAND AM SHEAF, einem Flüsschen, dass diese Yorkshire-Stadt durchzieht. Der Flussname wieder kann treffend als TEILER abgeleitet werden (aengl. *scēath*). Das ebenfalls aengl. *feld* ist früher für ausgedehnte, offene Landstriche verwendet worden. Eine sportliche Notiz zur Ergänzung: Der 1867 gegründete Club Sheffield Wednesday (die Gründungsmitglieder spielten an den Nachmittagen dieses Wochentages) ist der älteste Fußballverein der Welt.

SHENYANG [O, China, Asien] Diese berühmte, von einer prachtvollen Mauer umgebene mandschurische Stadt enthält das Symbol *yang* (SONNE; MÄNNLICH) sowie einen lokalen FLUSSNAMEN (*shen*). Ehemals hieß diese nordchinesische Metropole **Mukden**, was mit »Göttlicher Wind« übersetzt werden kann. Nach dem Zweiten Weltkrieg (1948), mit dem Wiedererwachen des starken chinesischen Nationalbewusstseins, erfolgte eine Umbenennung von der mandschurischen in die heutige, chinesische Form.

SHERWOOD FOREST [X, England, Großbritannien, Europa] Die Heimat von Robin Hood und seinen fröhlichen Gesellen bedeutet im Englischen »Shire Wood« (dt. WÄLDER DER GRAFSCHAFT). Mit dieser Bezeichnung wird Kommunalbesitz angezeigt, der entweder als Jagdgrund oder Weideland diente. Hier waren es wohl Futterstellen für Schweine, die sich von Eicheln, den Früchten der dominierenden Baumart, ernährten.

SHETLAND ISLANDS [I, Schottland, Großbritannien, Europa] Das anord. *hjalt* »Scheide« und *land* »Land« sprechen vielleicht von einem LAND, GEFORMT WIE EINE SCHWERTSCHEIDE. Sehr deskriptiv wäre diese Bezeichnung der nördlichsten der Inseln Großbritanniens allemal. Sowohl vom Meeresniveau aus als auch auf einer Atlaskarte kann diese Form »erkannt« werden, zumindest mit einiger Fantasie. Das bei Kindern ungemein beliebte *Shetlandpony* wird auf diesen Inseln gezüchtet. Auch der grobe Wollstoff der hiesigen Schafe (*Shetland wool*) ist ein wichtiges Exportgut.

SHIKOKU [I, Japan, Asien] Die kleinste der vier zentralen Inseln Japans nennt sich VIER PROVINZEN (jap. *shi* »vier«, *koku* »Provinz«). Damit wird einfach die Gliederung der Insel in vier Präfekturen ausgedrückt.

SHIRAZ [O, Iran, Asien] Dieses Zentrum muslimischer Kultur führt seinen Namen auf die mehr als 170 Traubenarten, die hier wachsen, zurück (pers. *šer* und *raz* GUTE TRAUBEN). Möglicherweise hat die rote Traubensorte *Syrah* (in Australien *Shiraz*) hier ihren Ursprung.

SHQIPËRIA → **Albanien** [S, Albanien, Europa] Trotz der für uns nur schwer memorierbaren Buchstabenfolge ist der albanische Name *Shqipëria* weit über die Grenzen des Landes bekannt. LAND DER ADLER ist jedenfalls eine stolze Staatsbezeichnung.

SIAM → **Thailand** [H/L, Thailand, Asien] Auf einem Relief im Angkor Wat aus dem 12. Jahrhundert wird zum ersten Mal der Name Siam erwähnt. Vermutlich steckt darin die Bedeutung BRAUNHÄUTIGE MENSCHEN, womit wohl ein Bezug auf die Ureinwohner des heutigen Thailands gemacht wird. Am 24. Juni 1939 wurde auf Anordnung des Diktators Pibun Songkhram eine Umbenennung vorgenommen, um den »von Ausländern« benutzten – und damit verunreinigten – Namen zu löschen und damit dem Land durch dem Namen Thailand (dt. Land der Freien) eine neue Identität zu geben.

SIAN → **Xi'an** [O, China, Asien] Die in europäischen Atlanten verwendete Schreibweise von *Xi'an* (dt. FRIEDLICHER WESTEN) drückt nur die Probleme mit der Transkription chinesischer Schriftzeichen aus.

SIBIRIEN [R, Russland, Asien, engl. *Siberia*] Trotz intensiver Forschungen bleibt der Name dieser ungeheuer ausgedehnten Weiten Russlands – Sibirien ist mit 9,6 Mio. km^2 sogar größer als die USA – umstritten. In absteigender Wahrscheinlichkeit finden sich in der Literatur vier Theorien: (1) SIBIR, der Name eines Tatarenvolkes; (2) mong.

ŝiver SUMPF; (3) EIN LEGENDÄRER HUND, SIBER, der aus den Tiefen des Baikalsees auftauchte; (4) russ. *sever* NORDEN. Die politische Geschichte Russlands, mit den Verbannungen und Ausweisungen in die endlosen Weiten dieser Kältesteppe, hat den fast schon sprichwörtlichen Ausdruck »jemanden nach Sibirien schicken«, das heißt jemanden aus dem Verkehr ziehen, in den allgemeinen Sprachgebrauch gebracht.

SIBIU [O, Rumänien, Europa, ung. *Nagyszeben*, dt. *Hermannstadt*] Diese Stadt in Siebenbürgen trägt den Gewässernamen CIBIN (dt. Sibiu) und ist schon als Römersiedlung bezeugt (lat. *Cibinium*). Ein Zusammenhang mit der Kornelkirsche wird von manchen Etymologen nicht ausgeschlossen. Später wurde Sibiu als Zentrum der Siebenbürgener Sachsen in *Hermannstadt* umbenannt (nach Hermann I., 1156–1217).

SICHUAN [P, China, Asien] Die vier Quellflüsse des Jangtsekiang (der Jangtse selbst, sowie Minho, To und Kialing) durchströmen diese südwestliche chinesische Provinz. Daher kommt auch der Name: VIER FLÜSSE (chin. *si* »vier«, *chuān* »Fluss«). Bekannt wurde diese Provinz vor allem durch Bertolt Brechts Parabel »Der gute Mensch von Sezuan«).

SIEBENBÜRGEN [R, Rumänien, Europa] Im 13. und 14. Jh. wurde *Transsilvanien* (so der lat. Landesname, dt. »Jenseits der Wälder«) von Siebenbürger Sachsen kolonisiert. Korrekterweise muss erwähnt werden, dass Sachsen nur der Kollektivname für deutschsprachige Einwanderer war, denn eigentlich waren es Franken aus dem Rheinland, die hier eine neue Heimat suchten. Die SIEBEN ersten STÄDTEBILDUNGEN im Karpatenbogen (Kronstadt, Schäßburg, Mediasch, Herrmannstadt, Mühlbach, Bistritz und Klausenburg) könnten für den Namen verantwortlich sein. Jedenfalls findet sich bereits in Dokumenten aus dem 13. Jh. ein *Septem urbium* oder ein *Terra septem castrorum*. Der *Silvaner* ist eine bekannte Weißweinrebe aus dieser Region.

SIEGEN SI [O, Nordrhein-Westfalen, Deutschland, Europa] Das präkelt. *Segina oder *Segana führt zum heutigen Namen dieser Bergbaustadt im Siegerland, die erst 1975 durch Umgemeindungen zur Großstadt (über 100 000 Einwohner) wurde. Die Deutung des Namens bleibt völlig unklar.

SIERRA LEONE SL/SLE/WAL [S, Westafrika, oL *Republik Sierra Leone*, engl. *Republic of Sierra Leone*] Sierra Leone ist einer der drei unabhängigen Staaten, die den Löwen im Namen führen. Und wie auch in den beiden anderen Fällen nicht ganz zu Recht, da die LÖWENBERGE (span. *sierra* »Bergkette«, *léon* »Löwe«) nur deshalb nach dem König der Tiere bezeichnet wurden (1457 durch den Italiener Alvise da Mosto und nochmals 1462 durch den Spanier Pedro de Sinta), da das Donnergrollen über den Bergen mit dem Furcht erregenden Brüllen des Löwen verglichen wurde (so zumindest im 1457 verfassten Bericht des venezianischen Seemanns da Mosto). Zusätzlich geehrt wurde dieses edle Tier 1964 durch die Bezeichnung der Landeswährung: *Leone*. Kurznotiz: Ein Staatsangehöriger wird als *Sierra-Leoner* bezeichnet. U: 27. 4. 1961 (ehem. brit. Kolonie)

SIERRA MADRE [B, Mexiko, Mittelamerika] BERGKETTE DER MUTTER (span. *sierra* »Säge«; übertragen »Bergkette«

und *madre* »Mutter«) ist die wörtliche, dennoch angemessene Bezeichnung des zentralen Gebirgssystems Mexikos.

SIERRA MORENA [B, Spanien, Europa] Die immergrüne, dunkel und düster wirkende Vegetation dürfte für den Namen SCHWARZBRAUNE BERGE (span. *morena* »dunkelbraun«) verantwortlich sein.

SIERRA NEVADA [B, Spanien, Europa] Wenn es auch geografisch sehr weit südlich gelegen ist, so passt der Name SCHNEEBERGE (span. *nevado/a* »verschneit…«) dennoch wunderbar zu diesem südostspanischen Gebirge. Randbemerkung: *Sierra* ist einer der Buchstaben des NATO-Alphabets.

SIKKIM [P, Indien, Asien] Diese in der Geschichte sehr umkämpfte Provinz im Nordwesten Indiens trägt den aind. Namen *sikhin* GIPFEL. Kein Einwand nötig, wenn man die Höhenlage des Landes bedenkt.

SILICON VALLEY [R, Kalifornien, USA, Nordamerika] In diesem Trockental Kaliforniens schlägt das Herz der Computer- und Elektronikwelt. Der Grundstoff der Halbleiterindustrie, Silizium, heißt im Englischen SILICON (lat. *silex* KIESEL). Geprägt wurde dieser Ausdruck im Jahre 1971 durch den Journalisten Don C. Hoefler. Eigentlich ist das Santa Clara VALLEY (dt. Tal) südlich von San Francisco gemeint. Ein warnender Finger sollte nicht übersehen werden (Q: Pellow/Park): »Obwohl das Silicon-Valley üblicherweise als Motor der globalen High-Tech-Ökonomie und als Erzeuger des Wohlstands für Millionen gepriesen wird, ist das Valley auch der Sitz einer der giftigsten Industrien des Landes und vielleicht der Welt. Gleich nach der Nuklearindustrie verschmutzt die Produktion von elektronischen Bau-teilen und Computerkomponenten die Luft, das Land, das Wasser und menschliche Körper mit einer Intensität, an die sonst nahezu nichts heranreicht.«

SILVERSTONE [O, England, Großbritannien, Europa] Mit »Silber« und »Stein« hat dieser durch den Motorsport weit über die Grenzen des Landes berühmte Ort absolut nichts zu tun. Vielmehr versteckt sich in der Endung das aengl. *tūn* DORF, der erste Teil dagegen wird durch den angelsächsischen Personennamen SÆWULF oder SIGEWULF gebildet.

SIMBABWE ZW/ZWE/ZW [S, Südafrika, oL *Republik Simbabwe*, engl. *Republic of Zimbabwe*] Die Ruinen Simbabwes sind Zeugen der ehemaligen Macht und des Ansehens der Herrscher der alten Schona. Das geheimnisvolle, für den Namen Pate stehende Königreich dürfte um 800 entstanden sein, wenngleich es nicht nur ein, sondern fast 200 »simbabwes« in dieser Region gibt. In der Sprache der Shona heißt *simbabwe* HOCH GEACHTETE HÄUSER oder HÄUSER AUS STEINEN, von *zimba*, Pl. von »Haus« (*imba*) und *bahwe* »Steine«. Solche Häuser konnten sich natürlich nur die hochrangigsten Stammesmitglieder leisten, sodass hier im Landesnamen auch eine soziale Schichtung durchklingt. Die früheren Namen **Süd-Rhodesien** (1911–1964) bzw. **Rhodesien** (1964–1979) gehen auf *Cecil John Rhodes* zurück, der überzeugt war, das beste Kolonialgebiet für die britischen Siedler gefunden zu haben. Er ermutigte sie daher mit den Worten »your hinterland is there« nach Rhodesien zu kommen, um auf diesem afrikanischen Flecken Erde ihr Glück zu versuchen. U: 18. 4. 1980 (ehem. brit. Kolonie Süd-Rhodesien)

SIMBIRSK [O, Russland, Europa] Das 1648 gegründete Simbirsk wurde zwischen 1924 und 2005 zu Ehren Lenins (Wladimir Iljitsch Uljanow) *Uljanowsk* genannt. Heute gilt die alte Bezeichnung, die vermutlich vom Personennamen SIMBIR abgeleitet ist, erweitert um das Zugehörigkeitssuffix *sk*.

SIMPSON DESERT [Wü, Australien, Ozeanien, dt. *Simpson Wüste*] Erst 1929 hat ein gewisser Cecil Thomas Madigan während eines Überflugs eine Benennung für diesen trockenen Landstrich gefunden. Dies zu Ehren des Präsidenten der Royal Geographical Society of Australia, Alfred Allen SIMPSON (1875–1939). Obwohl Charles Sturt, der Namengeber der Flüsse Darling und Murray (s. d.) bereits 1845 in diese Wüste vordrang, blieb das Gebiet bis ins 20. Jh. völlig namenlos.

SINAI, BERG → Sinai-Halbinsel [B, Ägypten, Asien, engl. *Mount Sinai*] Hier soll Moses laut der Bibel (Exo 19,20) von Gott die Gesetzestafeln empfangen haben. Der bei uns gebräuchliche Name geht vielleicht auf eine sumerische oder akkadische Gottheit (s. Sinai-Halbinsel) zurück, wenn auch in Psalm 68,9 Gott mit Sinai gleichgesetzt wird (hebr. *zä Sinai* DER VOM SINAI). In der arabischen Welt meint man mit *Djebel Musa* »Berg des Moses« einen ganz bestimmten Gipfel dieses Gebirgszuges. Allerdings gilt diese Benennung erst ab dem 4. Jh. Als Berg der Gottesoffenbarung wird er manchmal auch *Horeb* genannt, was mit Sinai identisch zu sein scheint.

SINAI-HALBINSEL [Hi, Ägypten, Afrika, Asien, arab. *Sînâ'*] Vermutlich ist es der Gott SIN, ein von den Sumerern und Akkadern verehrter Mondgott, an den sowohl der Berg, an dem Moses die Gesetzestafeln empfing (Exo 19,20), als auch die Afrika und Asien trennende Halbinsel erinnert.

SINDELFINGEN [O, Baden-Württemberg, Deutschland, Europa] Wenn auch bereits frühere Siedlungen auf dem Boden dieser Stadt bestanden, so erfolgte die Neugründung von Sindelfingen doch erst in der zweiten Hälfte des 13. Jh.s durch Graf Rudolf den Scherer. Vermutlich steckt der Personenname SINDOLF, erweitert um das Suffix *ingen*, im alten Namen *Sindolvingin*.

SINGAPUR SG/SGP/SGP [S/I, Südostasien, oL *Republik Singapur*, malai. *Republik Singapura*, chin. *Xinjiapo Gongheguo*, tamil. *Singapur Kutiyaraœu*, engl. *Republic of Singapore*] Das aind. Wort *simhapura* heißt LÖWENSTADT, von *simha* »Löwe« und *pur* »Haus, Stadt« hergeleitet. Der Hinweis auf das in Europa und Nordamerika sehr geläufige Wort »Simba« für einen Löwen drängt sich hier geradezu auf. Zuletzt wurde dies im erfolgreichsten Zeichentrickfilm aller Zeiten, »König der Löwen«, wieder bestätigt. Und doch ist der Name nicht treffend, da einer malaiischen Legende zufolge ein Prinz ein Tier irrtümlicherweise für einen Löwen hielt und daher diese Bezeichnung wählte. Löwen sind in Singapur jedoch gänzlich unbekannt. Der viele Jahrhunderte alte, früher verwendete Name *Tumasik* oder *Temasek* wird am besten mit »Seestadt« übersetzt. U: 9. 8. 1965 (ehem. brit. Kronkolonie); 1963–1965 Teil der Föderation von Malaysia

SION [O, Schweiz, Europa, dt. *Sitten*] Die römische Diözese von Sitten ist die älteste in der Schweiz. Vielleicht ist auch dies ein Indiz dafür, dass mit Sion das »himmlische« ZION gemeint sein könnte. Dieses leitet sich vom lat. *sinus* »Golf« ab und spielt hier wohl auf den im Altertum führenden Golf von Neapel an. Die Unterstadt, die CITÉ (daher der deutsche Name Sitten), wird von einer Oberstadt auf zwei Hügeln überragt. Der lat. Name war *Sidunum*.

SITTEN → **Sion** [O, Schweiz, Europa] Wie im Stichwort Sion angeführt, dürfte der deutsche Name auf *Cité*, einen LAGENAMEN für die Unterstadt, zurückzuführen sein.

SIZILIEN [I, Italien, Europa, ital. *Sicilia*, engl. *Sicily*] Mit gewisser Unsicherheit kann das Volk der SIKULER (lat. *sicula* »kleiner Dolch«) als namengebend bezeichnet werden. Nun, bei der späteren Bedeutung der Mafia in diesem Teil des Mezzogiorno wäre der Dolch mehr als nur ein symbolisches Element. Da mythologischen Erzählungen nach Poseidon mit seinem Dreizack Sizilien vom Rest des Stiefels abtrennte, war im Altertum auch der Name *Trinacria* (dt. Dreispitzige) gebräuchlich. Jedenfalls lag diese Insel exponiert genug (sie kam erst 1861 zu Italien), um wieder und wieder unter die kulturelle wie militärische Herrschaft fremder Völker zu geraten, ob nun Griechen, Römer, Araber, Normannen, Deutsche, Spanier oder schließlich Italiener.

SKAGERRAK [G, Dänemark, Norwegen, Europa] Dieser Nordseearm zwischen Dänemark und Norwegen ist quasi zweisprachig: Dän. SKAGEN (eine kleine Hafenstadt) und norw. RAK »rasen« (gemeint ist die Wasserströmung) bilden den Namen.

SKANDINAVIEN [Hi, Europa, engl. *Scandinavia*] Der Sammelname für Norwegen, Schweden, Finnland und Dänemark geht auf das alte SCANIA zurück. Die Endung dürfte dem germanischen Element INSEL entsprechen.

SKOPJE [O, Mazedonien, Europa] Der alte illyrische oder mazedonische Name, der zu Römerzeiten *Skupi* lautete, hat einen unklaren Ursprung. Im 6. Jh. wurde diese Stadt unter Kaiser Justinian I., der hier geboren wurde, nach einem vernichtenden Erdbeben neu errichtet, unter einem dem Erbauer schmeichelnden Namen: *Prima Justiniana* (dt. erste (Stadt) Justinians).

SKYE [I, Schottland, Großbritannien, Europa] Gäl. *skiath* FLÜGEL beschreibt das Bild, das sich einem Festlandbewohner eröffnet, der die beiden Gebirgsmassen links und rechts des zentralen Tieflandes erblickt.

SLIGO [O/P, Irland, Europa, ir. *Sligeach*] Der ungewöhnliche Name MUSCHELFLUSS, (ir. *slige* »Muschelschale«) beschreibt das steinige Flussbett des Garavogue. Sligo gilt heute als Touristenstadt.

SLOWAKEI SK/SVK/SK [S, Mitteleuropa, engl. *Slovakia*, oL *Slowakische Republik*, slow. *Slovenská republika, Slovensko*] Das westslawische Volk der *Slowaken* gibt diesem kleinen Staat, der erst 1993 unabhängig wurde, den Namen. Vielleicht liegt die Bedeutung RUHM (slawisch *slava*) oder SPRACHE bzw. WORT (aslaw. *slovo*) im Namen verborgen, eine genaue Ableitung steht jedenfalls noch aus. Neuere Forschungen meinen auch im slaw. *slo, sla* für WASSER eine Erklärung zu finden. Interessant jedoch, dass das englische Wort *slave* (dt. Sklave) von der gleichen Wurzel stammt. Hoffentlich ist dies kein verborgener Rassendünkel! Am 1. Januar 1993 hat sich die Slowakei vom »großen Bruder« Tschechien getrennt, seit 1. Mai 2004 ist dieses Land – genauso wie Tschechien – Mitglied der Europäischen Union. U: Souveränitätserklärung 17. 7. 1992; 1. 1. 1993 (Staatsgründung)

SLOWENIEN SI/SVN/SLO [S, Mitteleuropa, engl. *Slovenia*, oL *Republik Slowenien*, slow. *Republika Slovenija*] Das Volk der SLOWENEN, dessen Namensursprung unklar ist, wanderte im 6. Jh. in diese Gegend ein. Vielleicht leitet sich der Landesname jedoch ebenso wie der der Slowakei von aslaw. *slovo* WORT ab. Dies wäre eine etymologische Unterstreichung der Tatsache, dass Slowenien als Teil des ehemaligen Jugoslawiens auch im 20. Jh. seine eigene Landessprache, das Slowenische, pflegte. Aber auch die Wurzel *slo, sla* für WASSER wäre eine mögliche Deutung. Als Staatsbezeichnung taucht »Slowenien« erst 1918 auf und zwar als Namensteil des *Königreichs der Serben, Kroaten und Slowenen* (s. Kap. Postalische Ausgabegebiete). Auf den Volksstamm der Slawonier (Slowenen), die als gerissene Hausierer oft weit umherzogen, geht der umgangssprachliche Ausdruck *Schlawiner* zurück. U: Proklamation 25. 6. 1991; formell 8. 10. 1991

SMYRNA → **Izmir** [H/O, Türkei, Asien] Bis 1922 war allgemein die griechische Bezeichnung für diese Stadt gebräuchlich, vor allem, da hier hauptsächlich Griechen lebten. Daher auch der türkische Spottname: *Gavur Izmir* (dt. ungläubiges Smyrna). Traditionell wird der Ortsname mit MYRTE erklärt, wenn hinter dieser Deutung auch ein großes Fragezeichen steht.

SNAKE RIVER [F, USA, Nordamerika] Der Grenzfluss zwischen Idaho und Oregon ist nicht nach dem gewundenen Flusslauf, der einer Schlangenbewegung nachempfunden zu sein scheint, benannt, sondern nach einem Stamm der Shoshone (früher Schoschonen), den SNAKE Indians.

SNOWDON [B, Wales, Großbritannien, Europa] Der berühmte SCHNEEHÜGEL in Wales (aengl. *snāw, dūn*) trägt zumindest während einiger Monate eine Schneekappe. Die Briten bezeichnen die Landschaft um diesen Berg als Snowdonia.

SODOM [X, Asien] Diese berüchtigte biblische Stätte wurde zusammen mit Gomorrha (s. d.) wegen des äußerst verwerflichen Lebenswandels durch den Zorn Gottes in einem Feuer- und Schwefelregen völlig zerstört (Gen 18,19). Das hebr. *sedoma* ist nicht klar zu deuten. Sprichwörtlich wurde die auch heute häufig gebrauchte Wendung *Sodom und Gomorrha* (für besonders üble Dinge). Die *Sodomie*, eine abartige sexuelle Praktik mit Tieren, leitet sich ebenfalls von diesem Ort ab.

SOFIA [O, Bulgarien, Europa] Als die Türken im 14. Jh. die Kirche der heiligen SOPHIA in eine Moschee umwandelten, gaben sie dieser Stadt gleichzeitig den heutigen Namen. *Sophía* bedeutet auf Griechisch Weisheit. In diesem speziellen Fall ist mit der heiligen Sophia die in der orthodoxen Kirche in Christus innewohnende HEILIGE WEISHEIT gemeint, nicht aber eine historische Märtyrergestalt.

SOHO [X, London, Großbritannien, Europa] Der traditionelle Jagdruf SO-HO! ist ganz typisch für die Hasenjagd, im Gegensatz zum »Tally-ho« der Fuchstreiberei. Heute wird hier im Herzen Londons anderen Vergnügungen nachgejagt. Soho hat daher einen weltweit bekannten Klang!

SOLFERINO [O, Italien, Europa] Dieser Ort ist zusammen mit Magenta der einzige Kriegsschauplatz, an dem Kaiser Franz Josef persönlich die Regimenter führte (1859). Möglicherweise leitet sich der Name von einem Dialektausdruck für SCHWEFEL ab.

SOLINGEN SG [O, Nordrhein-Westfalen, Deutschland, Europa] Eine Ableitung vom ahd. *solag* SCHWEINESUHLE erklärt den Namen des deutschen Zentrums der Klingen-, Messer- und Schneidindustrie. »Solingen« als Qualitätsetikett ist seit 1994 sogar gesetzlich geschützt.

SOLOMON ISLANDS → **Salomonen** [I/S, Salomonen, Ozeanien] Fast tausend kleinere vulkanische Inseln und Atolle, deren größte Guadalcanal ist, bilden diesen heute unabhängigen Staat. Zur Etymologie s. Salomonen.

SOLOTHURN SO [P/O, Schweiz, Europa] Dieser Kanton ist seit 1803 Teil der Schweizer Eidgenossenschaft. Ursprünglich trug die gleichnamige Stadt einen lat. Namen: *Salodurum*, vielleicht mit der Bedeutung SALOS FESTUNG (kelt. *duro* »befestigtes Lager«).

SOMALIA SO/SOM/SP [S, Nordostafrika, oL *Republik Somalia*, somali *Jamhuuriyadda Dimoqraadiya Soomaaliya*] Das Volk der Somal, dessen Sprache das Somali ist, hat einen sehr umstrittenen Namensursprung. Mehrere Theorien konkurrieren miteinander. Vielleicht ist das kuschitische Wort für DUNKEL, SCHWARZ namengebend, oder das somalische GEH UND MELKE (ein Hinweis auf die ländliche Lebensform), vielleicht aber war es auch ein Häuptling SOMA oder SAMALE, der sich in diesem Namen verewigte. Zuletzt könnte das arab. Wort *zamla* VIEH im Landesnamen stecken. *Northern Somaliland* wurde 1886 ein britisches Protektorat, der Süden 1905 als *Italienisch-Somaliland* Kolonie des Apenninenstaates. U: 26. 6. 1960 (ehem. Britisch-Somaliland); 1. 7. 1960 (ehem. Italienisch-Somaliland; Vereinigung)

SOMERSET [P, England, Großbritannien, Europa] SIEDLER VON SOMERTON, könn-te man frei übertragen sagen. Der zweite Teil leitet sich aus aengl. *sæte* »Siedler« ab. Somerton dagegen hat mit dem Begriff »Sommersitz« zu tun, meint also Weidegründe, die nur in der schönen Jahreszeit benutzbar sind, da der Winter den Boden feucht und sumpfig macht. Heute ist die ganze Region trocken gelegt, daher kommt dem Namen nur historische Bedeutung zu.

SONORA-WÜSTE [Wü, Mexiko, USA, Nordamerika, engl. *Sonora Desert*] Die extrem trockene Wüstenregion Mexikos und der südwestlichen USA trägt den Namen DIE HALLENDE, DIE TÖNENDE, vermutlich wegen des weithin vernehmbaren Echos. Besonders erwähnenswert sind die Saguaros, bei uns auch als Kandelaber- oder Riesenkakteen bekannt.

SORBONNE [X, Paris, Frankreich, Europa] Bereits 1253 vom Kleriker Robert de SORBON (1201–1274) als theologisches Kolleg gegründet, ist die Sorbonne heute weit über Frankreich hinaus eine der prestigeträchtigsten Universitäten der Welt.

SOTSCHI [O, Russland, Europa, russ. *Shache*, engl. *Sochi*] Während der Sowjetära wurde die 1838 unter dem Namen *Alexandria* gegründete Schwarzmeerstadt zum Erholungs- und Touristenzentrum Russlands ausgebaut. Einer der Gründe dürfte Josef Stalins Vorliebe für diesen Platz gewesen sein. Hier hatte der Diktator seine Datscha stehen. Seit 1896 gilt der heutige, vom Volk der SHACHA abgeleitete Name.

SOUTH ALPS → **Alpen** [B, Neuseeland, Ozeanien] Wegen der klimatischen ÄHNLICHKEITEN mit den ALPEN (s. d.), wurde der auf der SÜDINSEL Neuseelands gelegene Gebirgszug analog dem großen Vorbild benannt.

SOUTH AUSTRALIA → **Australien**
[P, Australien, Ozeanien] 1836 gegründet, ist dieser Staat trotz des suggestiven Namens nicht der südlichste des Kontinents.

SOUTH CAROLINA → **Carolina**
SC/S.C. [P, USA, Nordamerika, dt. *Südkarolina*] South Carolina (nach CHARLES I. oder CHARLES II. benannt) gab mit seiner Sezession von der Union am 20. Dezember 1860 den Anstoß zur Gründung der Konföderation und damit in Folge zum Amerikanischen Bürgerkrieg.

SOUTH DAKOTA → **Dakota** SD/S.D./ S.DAK. [P, USA, Nordamerika, dt. *Süddakota*] South Dakota (der Name leitet sich von dem Indianerstamm der DAKOTA ab) hat nach Alaska den zweithöchsten indianischen Bevölkerungsanteil der Vereinigten Staaten.

SOUTH ISLAND [I, Neuseeland, Ozeanien] Wie die Nordinsel, so ist auch dieser Teil Neuseelands nach der Himmelsrichtung (hier SÜDEN) benannt.

SOUTHAMPTON [O, England, Großbritannien, Europa] Diese Küstenstadt Englands, SÜDLICHES HAMPTON, war im Mittelalter mit dem sogenannten nördlichen Hampton (Northampton) durch eine Nord-Süd-Route verbunden. Aengl. *hām* »Heim« und *tūn* »Farm« bezeichnen eine FARMHEIMSTÄTTE.

SOWETO [O, Südafrika, Afrika] Die schwarzen Siedlungen um Johannesburg sind ein Akronym, gebildet aus SOUTH WESTERN TOWNSHIPS. Die insgesamt 29 Townships waren das sichtbare Ergebnis einer jahrzehntelangen Apartheidspolitik.

SOWJETUNION → **Russland** [H/S, Rechtsnachfolger Russland u. a., Europa, Asien, amtl. Union der sozialistischen Sowjetrepubliken, engl. *Soviet Union*] Die Sowjetunion (russ. *sowjet* »Rat«) darf aus der Sicht der Nachwelt als das »große kommunistische Experiment« des 20. Jahrhunderts bezeichnet werden. Trotz zeitweiliger Weltmachtstellung mit zahlreichen Satellitenstaaten konnte die Sowjetunion letztlich ökonomisch mit dem westlichen, kapitalistischen System nicht mithalten. Eine Implosion nach Gobatschows Perestroika-Bestrebungen war die fast zwangsläufige Folge. Randnotiz: In keinem Magazin der Welt war beim Jahresausblick 1989 von einem unmittelbaren Zusammenbruch dieses Systems die Rede. Die rasante politische Realentwicklung hat wieder einmal alle politischen Auguren alt aussehen lassen.

SPA [O, Belgien, Europa] Könige und Herrscher, darunter Victoria von England und Peter der Große, schätzten die Mineralquellen und Heilbäder dieser belgischen Stadt. Daher wurde Spa im englischen Sprachraum zum Inbegriff des Kur- und Badeorts. Einige Sprachforscher sehen im Akronym SANUS PER AQUAM (dt. Gesundheit durch Wasser) die Wurzel dieser Namensbildung.

SPANIEN ES/ESP/E [S, Südwesteuropa, engl. *Spain*, oL *Königreich Spanien*, span. *Reino de España, España*] Kein Ländername in Europa hat einen unklareren Ursprung als der Spaniens. Vielleicht ist das karthagische Wort *span, tsepan* KANINCHEN gemeint, oder aus der gleichen Sprache *sphan* NORDEN, ebenso gut aber der baskische Begriff *españa* für KÜSTENLAGE oder RANDGEBIET. Sogar die Ableitung von lat. *hesperus* LAND DER UNTERGEHENDEN SONNE wird nicht ausgeschlossen. Dennoch hat Spanien eine historisch einmalige Stellung unter den Staaten Europas. Daher auch die Unzahl von Ausdrücken, die sich von Spanien ableiten: *Spanischer Pfeffer* (Paprika), *Spanischer Kragen* (Paraphimose), *Spanische Fliege* (Blasenkäferart, Aphrodisiakum), *Spanischer Reiter* (bewegliches Drahthindernis), *Spanische Krankheit* (Grippe), *Spanisches Rohr* (Rattan), *Spanischer Schritt* (Hohe Schule bei Pferden), *Spanischer Klee* (Luzerne), *Spanischer Stiefel* (Foltergerät), *Spanische Trompeten* (Orgel-Register aus waagrechten Metallpfeifen), *Spanische Wand* (Klappwand, Paravent) und die Redewendung »Das kommt mir spanisch vor«. Ein Begriff aus neuerer Zeit: Die spanisch sprechenden Immigranten in die USA, die *Hispanics*, bilden eine immer stärker werdende Wählerschicht des Landes. Zuletzt sei auch die besonders in England populäre Hunderasse *Spaniel* erwähnt, die den gleichen Wortstamm trägt. U: alte staatliche Tradition; 1479 Gründung des spanischen Reiches durch Zusammenschluss von Kastilien-León und Aragón-Kastilien

SPARTA [O, Griechenland, Europa] Die militärische Disziplin der Spartaner brachte diese Stadt auf dem Peloponnes auf Augenhöhe mit dem feinsinnigeren Athen. Griech. *spartē* (eine Art) SEIL aus einem gleichnamigen Busch dürfte der Ursprung der Bezeichnung sein. Bei der Gründung Spartas wurde dieses Seil der Legende nach ausgelegt, um die Ausdehnung der Siedlung zu markieren. Ob unser deutsches Wort *Sparte* davon abgeleitet ist, bleibt trotz intensiver Forschung höchst unsicher. Die Spartaner der Frühantike pflegten eine ungemein strenge und harte Erziehung. Davon kommt der Begriff *spartanisch* für eine einfache, genügsame Einrichtung oder Lebensweise.

SPESSART [B, Bayern, Hessen, Deutschland, Europa] Bis heute ist der Spessart ein Wald- und Jagdgebiet. Der Name bedeutet SPECHTSWALD (ahd. *speht* »Specht« und *hard* »Bergwald«).

SPEYER SP [O, Rheinland-Pfalz, Deutschland, Europa] Der Lageplatz der heutigen Stadt am linken Ufer des Oberrheins wurde bereits von keltischen Stämmen (*Noviomagus*, dt. Neufeld), später von einfallenden Germanen und schließlich von den Römern als attraktive Siedlungsstätte gesehen (*Civitas Nemetum*, dt. Stadt der Nemeter). Im 5. Jh. wurde die römische Stadt jedoch vollständig zerstört, doch bald darauf am Speyerbach durch fränkische Neusiedler eine dritte Gründung vorgenommen. Ob sich der Name von ahd. *spîwan* SPEIEN ableitet, ist allerdings mit einem großen Fragezeichen zu versehen.

SPITZBERGEN [I, Norwegen, Europa, norw./engl. *Spitsbergen*] Die holländische Benennung *spits* PUNKT, SPITZE und *bergen* BERGE war eine Idee des Seefahrers Willem Barentsz, der 1596 diesen arktischen Archipel sichtete. Der alternative norwegische Name *Svalbård* bedeutet »kalte Küste«.

SPLIT [O, Kroatien, Europa, ital. *Spalato*] Die zweifellos wichtigste Stadt Dalmatiens war dennoch nie in der langen Geschichte Hauptstadt dieser Provinz. Eine erste Siedlung namens *Aspalathos* entstand bereits in illyrisch-griechischer Zeit. Die Namensdeutung bleibt allerdings bis heute ein Rätsel. Aspalathos wurde schließlich zu *Spalatum* latinisiert, vermutlich mit Anklang an *palatium* »Palast«. Venedig kontrollierte diese Region vom Spätmittelalter bis zur frühen Neuzeit und formte den Ortsnamen neuerlich um: *Spalato*. Heute ziert die kroatische Schreibform die Landkarten.

SPORADEN [I, Griechenland, Europa, engl. *Sporades*] Eigentlich bedeutet griech. *spóros*, Gen. *sporádes* »Samen, Korn«. Wie Samenkörner scheinen diese Inseln in der Weite der Ägäis VERSTREUT zu sein. Zu den nördl. Sporaden zählen Skyros, Skopelos und Skíatos, zu den südlichen, auch Dodekanes genannt, Chios, Samos, Ikaria, Patmos, Kos und Rhodos. Die gleiche Wortwurzel steckt übrigens in den Wörtern »Sporen« und »sporadisch«.

SPREE [F, Deutschland, Europa] Wahrscheinlich geht der Name dieses Berliner Flusses auf das mhd. *spræwen*, *spræjen* SPRITZEN, STIEBEN zurück. Die idg. Wurzel lautet *spreu* »sprühen, ausbreiten«.

SQUAW VALLEY [O, USA, Nordamerika] TAL DER INDIANERFRAUEN ist die heute nur mehr historisch korrekte Bezeichnung für diesen fast 2000 m hoch gelegenen Wintersportort in Nevada. Seit 1950 wird in lokalen Gazetten auch der inoffizielle Beiname »Olympic Valley« gepflegt.

SRI LANKA LK/LKA/CL [S/I, Südasien, oL *Demokratische Sozialistische Republik Sri Lanka*, singhalesisch *Srī Lankā Prajātāntrika Samājavādī Janarajaya*] Ein Kleinod Asiens ist diese INSEL DER GESEGNETEN, die nach dem Hinduepos *Rāmāyana* das legendäre *Lanka* darstellt. Historische Beweise dafür gibt es allerdings keine. Aind. *sri* »Glück« und »Heiligkeit« sowie *lanka* »Insel« verbinden sich wohltuend zu obigem Namen. Vielleicht sollte an dieser Stelle auch angemerkt werden, dass sich Sri Lanka als das Land der Lehre Buddhas versteht. Der Legende nach fiel im Jahr 483 v. Chr. der Todestag Buddhas mit der Ankunft des indischen Prinzen Vijaya zusammen. Und dieser Prinz wurde zum Stammvater aller Singhalesen. Der alte Name **Ceylon** leitet sich über Umwege des Portugiesischen (*Ceilão, Cilao*) und Holländischen (*Zeilan, Ceilan*) von aind. *simha* »Löwe« ab (aind. *simhaladvīpa* »Insel der Höhle des Löwen«). Daher könnte man die Einwohner als die »Löwenähnlichen« bezeichnen. Wie auch in einigen anderen Fällen, in denen der König der Tiere namenbildend ist, bleibt die widersprüchliche Tatsache, dass es in Ceylon zu keiner Zeit Löwen gab. Umso verständlicher, dass dieses Land nach der Unabhängigkeit den geschichtlich wesentlich treffenderen Namen Sri Lanka wählte. Wegen seiner Lage am Südrand Indiens wie auch seiner Tropfengestalt hat sich in der angelsächsischen Welt der Beiname *India's teardrop* (dt. Träne Indiens) eingebürgert. U: 4. 2. 1948 (ehem. brit. Kolonie); bis 1972 Ceylon

STALINGRAD → **Wolgograd** [H/O, Russland, Europa] Stalingrad (dt. Stalinstadt), das frühere *Zarizyn* bzw. heutige *Wolgograd* (s. d.), benannte sich zu Ehren des georgisch-stämmigen Diktators STALIN (1878–1953). Heute ist dieser Name fast ausschließlich wegen der ungemein erbittert geführten Kesselschlacht im Zweiten Weltkrieg in unserer Erinnerung. Stalingrad wurde zum Sinnbild für die Grauen des Krieges, mit einer Million toter, verwundeter oder vermisster deutscher Soldaten.

STAVANGER [O, Norwegen, Europa] Anord. *Stafangr* bedeutet einfach STAFF FJORD, womit die eiszeitliche Ausformung dieses wichtigen norwegischen Hafens angesprochen wird. Hier hat auch das größte heimische Unternehmen, Statoil, seinen Sitz.

STEIERMARK ST [P, Österreich, Europa, engl. *Styria*] 976 wurden drei Marken dem Herzogtum Kärnten zugeschlagen. Die mittlere (*marchia Carentana*) bildete das Herzstück der Steiermark. 1050 übernahm Graf Otokar, dessen Stammburg in STEYR stand, die Herrschaft über dieses Grenzland. Daher auch der bis heute gültige Name, der zunächst urkundlich noch lat. *marchia Styriae* lautete, wenn auch umgangssprachlich sofort die Begriffe »Steier« und »Steierland« üblich wurden.

STEINERNES MEER [B, Österreich, Europa] Da sie mehr als 2000 m über dem Meeresspiegel liegt, ist der Name dieser Salzburger Karsthochfläche sehr täuschend. STEINIG ist diese Gebirgslandschaft zweifellos, das Meer ist jedoch nur als Metapher zu verstehen.

STETTIN [O, Polen, Europa, pol. *Szczecin*] Pol. *Sczcotka* BUSCHLAND könnte sich auf das dichte Grasland, das hier einst die prägende Vegetationsform darstellte, beziehen. Da die Region um Stettin lange Zeit unter deutscher Herrschaft stand, ist auch der deutsche Name weithin bekannt.

STILLER OZEAN → **Pazifischer Ozean** [G] Stiller Ozean! Eine Überfahrt OHNE GROSSE WIND- UND WELLENBEWEGUNG veranlasste Magellan zu dieser klassischen Fehlbenennung. Der Pazifik, wie dieser größte Ozean der Erde (fast 180 Mio. km^2) heute allgemein bezeichnet wird, ist ganz im Gegenteil ein überaus turbulentes Gewässer, das der Schifffahrt der Frühzeit gewaltige Probleme machte.

STOCKHOLM [O, Schweden, Europa] Im Jahr 1252 wird Stockholm erstmals urkundlich erwähnt. Ob der Name aus *stāk* »Bucht« oder aus *stock* »Baumstamm, Stock« und *holm* »Insel« zusammengesetzt ist, kann nur schwer beurteilt werden. Jedenfalls haben wir

es – wörtlich ausgedrückt – mit einer INSEL AN DER BUCHT oder einer INSEL AUF BAUMSTÄMMEN zu tun, eingebettet zwischen Mälarsee und Ostsee. Ob mit diesen »Baumstämmen« auf eine ältere Siedlungsbildung angespielt wird? Immerhin ist ca. 30 Prozent des heutigen Stadtgebietes Wasserfläche. Randnotiz: Das chemische Element *Holmium* geht auf den nlat. Namen Stockholms (*Holmia*) zurück, da es in der Nähe dieser Stadt gefunden wurde.

STOCKPORT [O, England, Großbritannien, Europa] Diese angelsächsische Stadt trägt die Wurzeln *stock* »Lager« und *port* (hier) »Wald« in sich, dürfte also LAGERPLATZ IM WALD bedeuten.

STOKE-ON-TRENT [O, England, Großbritannien, Europa] Aengl. *stoc* bedeutet einfach PLATZ. Gemeint ist ein günstiger Siedlungsplatz am Fluss Trent. Dieser wiederum geht auf die kelt. Wurzel *sento* PFAD zurück. Wie erklärt sich dieser unübliche Flussname? Vermutlich wich der Trent, besonders in seinem Mündungsgebiet, wegen der häufig auftretenden Springfluten immer wieder von seinem normalen Lauf ab. Er musste sich gleichsam verschlungene Pfade suchen.

STOLBERG (RHEINLAND) [O, Nordrhein-Westfalen, Deutschland, Europa] Eine BURG auf einem kahlen Kalkfelsen bildete das Kernstück dieser im 14. Jh. entstandenen Stadt. Der Name dürfte aus mhd. *stahel, stāl,* ahd. *stahal* STAHL gebildet worden sein, vermutlich eine Anspielung auf die Trutzigkeit der Ritterburg.

STONEHENGE [X, England, Großbritannien, Europa] Das berühmte Rätsel der HÄNGENDEN STEINE (aengl. *stanhen gist*) der Salisbury Plain ist bis heute nicht zufriedenstellend gelöst, wenn auch die Vermutung nahe liegt, dass es sich um eine alte Kultstätte handelt. Der Name hängt auf mit den an den senkrechten Säulen »hängenden« Quersteinen zusammen, die diesen monumentalen Steinkreis so unvergesslich machen. *Henge* wird heute ganz allgemein für jungsteinzeitliche Bauwerke mit einer kreisförmigen, erhöhten Einfriedung verwendet. Eine weniger neutrale, spekulative Auslegung vermeint sogar einen Bezug zu einem STEINORT DES HÄNGENS (oder einem Galgenplatz) erkennen zu können. Lateinisch hieß es *Circea Gigantum*, frei übersetzt »Der Ring des Riesen« – auch das ein beeindruckender Name!

STRALSUND HST [O, Mecklenburg-Vorpommern, Deutschland, Europa] Diese Ostseestadt ist vom Namen her eine Mischbildung aus slawisch-deutschen Elementen. Das apolab. *strěla* FLUSSARM und das mnd. *sunt* MEERENGE beschreiben den Wasserweg zwischen der Insel Rügen und dem Festland.

STRASSBURG [O, Frankreich, Europa, franz./engl. *Strasbourg*] Wenn auch heute französisch, so trägt die Hauptstadt des Elsaß einen alten deutschen Namen: STRASSE BEI DER BURG (ahd. *straza*, *burg*). An der Route vom Rhein westwärts über die Vogesen gelegen, ist Straßburg als Sitz des Europäischen Gerichtshofs für Menschenrechte auch heute wieder eine der Kernstädte Europas.

STRASSE VON GIBRALTAR → **Gibraltar** [G, Großbritannien, Europa, arab. *Bâb el-Zaka*] Im Altertum hieß diese Meerenge zwischen Afrika und Europa *Fretum Herculeum*. Man glaubte damals, dass an beiden Seiten dieser Meeresstraße die »Säulen des Herakles« ständen und das »Tor zum engen Eingang (in die Welt)«, so die arabische

Name *Bâb el-Zaka* bewachten. Gibraltar (s. d.) entstand aus der Wortbildung *Jabal Tāriq* BERG TĀRIQS. Eine Erklärung zu diesem Personennamen findet sich unter dem Stichwort Gibraltar.

STRATFORD-UPON-AVON [O, England, Großbritannien, Europa] Wie bei fast allen Ortschaften, die das FORD im Namen tragen, wird auf einen Flussübergang ehemaliger römischer Straßen angespielt. Das aengl. *stræt* STRASSE ist dem Lat. *via strata* (dt. gepflasterter Weg) entliehen. Der Avon ist kelt. Ursprungs (*abonā* FLUSS). Da es für die frühen Bewohner klar war, dass sie einen bestimmten Fluss entlangwanderten, sahen sie vermutlich keinen Grund für eine differenziertere Benennung. Stratford-upon-Avon ist als Geburtsort des großen Dramatikers William Shakespeare weit über die Grenzen des Landes hinaus ein Begriff. Millionen Besucher ehren jedes Jahr dieses Genie der Dichtkunst.

STROMBOLI [I/B, Italien, Europa] Die fast vollkommene Form ihres Vulkankegels ist im Fall dieser berühmten Insel im Tyrrhenischen Meer namengebend (griech. *strongulos* RUND).

STUTTGART s [O, Baden-Württemberg, Deutschland, Europa] Die Hauptstadt Baden-Württembergs entstand bei einem von Herzog Hermann I. angelegten Gestüt, das durch eine Wasserburg gesichert wurde (mhd. *stuotgarte* GESTÜTHOF; aus *stuot* »Herde von Zuchtpferden« und *garte* »umzäunter Platz«). Der heutige Stadtteil Cannstatt an der Römerstraße war bereits im 1. Jh. n. Chr. ein römisches Kastell.

SUCRE [O, Bolivien, Südamerika] Wenn auch der Name der verfassungsmäßigen Hauptstadt Boliviens »Zucker« bedeutet, so ist Sucre nicht von diesem

Wort abgeleitet. Sie ehrt vielmehr den Freiheitskämpfer Antonio José de Su-CRE (1795–1830), der auch Boliviens erster Präsident war. Dennoch will es die Laune des Zufalls, dass gerade diese Stadt für ihre Schokoladespezialitäten bekannt wurde. Nomen est omen, auch in Lateinamerika.

SÜDAFRIKA ZA/ZAF/ZA [S, Südafrika, oL *Republik Südafrika*, afrikaans *Republiek van Suid-Afrika*, xhosa *IRiphabliki yaseMzantsi Afrika*, zulu *IRiphabliki yaseNingizimu Afrika*, engl. *Republic of South Africa*] Auf Grund der rivalisierenden niederländisch-britischen Provinzen Oranje, Transvaal, Kapstadt und Natal sowie der ewig ungeklärten Spannungen zwischen weißer und schwarzer Bevölkerung wollte man im Jahr 1910 wohl einen möglichst neutralen Namen für den reichsten Staat Afrikas wählen. Wenn man die LAGE AUF DEM GLOBUS sieht, muss man bestätigen, dass sich kaum jemand eine geografisch klarere Bezeichnung hätte erdenken können. Süadafrika war wegen seiner strikten Apartheids-Politik für Jahrzehnte aus der internationalen Staatengemeinschaft ausgeschlossen. Zur Etymologie des zweiten Namensteils s. Afrika. U: de facto 31. 5. 1910; nominell 11. 12. 1931 (Westminster-Statut)

SÜDAFRIKA → **Afrika, Süden** [E, Afrika] Unter dieser Bezeichnung wird heute im Fischer Weltalmanach nicht nur der gleichnamige Staat Südafrika geführt, sondern auch die folgenden ehemaligen Kolonialgebiete: Botsuana, Lesotho, Sambia und Simbabwe.

SÜDAMERIKA → **Amerika, Süden** [E, Südamerika] Südamerika war der Erdteil, der als erster die Fesseln der Kolonialherrschaft abstreifen konnte. Heute umfasst Südamerika genau zwölf unab-

hängige Staaten: Argentinien, Bolivien, Brasilien, Chile, Ecuador, Guyana, Kolumbien, Paraguay, Peru, Suriname, Uruguay und Venezuela.

SUDAN SD/SDN/SUD [S, Nordostafrika, oL *Republik Sudan*, arab. *Ǧumhūriyya as-Sūdān*] Das arab. *balad as-sūdān* LAND DER SCHWARZEN bezeichnet die Bewohner »hinter« der Großen Wüste. Abgeleitet wird dies von *balad* »Land«, *as* (eigentlich heißt der Artikel *al*, allerdings *as* vor Wörtern die mit -s- beginnen) und *sūdān* (Pl. von *aswad* »schwarz«). Zwischen 1899 und 1956 war dieses Land auf den Kartenwerken unter *Anglo-Ägyptischer Sudan* zu finden. Historische Randnotiz: Das antike Nubien lag im heutigen Nordteil des Landes. U: 1. 1. 1956 (ehem. brit.-ägypt. Kondominium)

SÜDASIEN → **Asien, Süden** [E, Asien] Der Riese Indien sowie Bangladesch, Bhutan, die Inseln der Malediven, Nepal, Pakistan und Sri Lanka werden als Südasien bezeichnet. Der Kolonialausdruck Vorderindien ist heute völlig obsolet.

SÜDCHINESISCHES MEER → **China** [G, Brunei, China, Indonesien, Kambodscha, Malaysia, Philippinen, Singapur, Taiwan, Thailand, Vietnam, engl. *South China Sea*] Als Teil des Chinesischen Meeres umfasst dieses Gewässer auch den Golf von Thailand und den Golf von Tonking, mit einer Reihe von sehr unterschiedlichen Anrainerstaaten (s. oben). Der chin. Name *Nǎn Hǎi* bedeutet SÜDMEER, der viet. *Bién Dông* dagegen OSTMEER, ganz der geografischen Sichtweise entsprechend.

SUDETEN [B, Polen, Tschechien, Europa, pol./tschech. *Sudety*] Das Grenzgebiet zwischen Polen und Tschechien bedeutet so viel wie WILDSCHWEINBERGE (mhd. *sū* »Sau«). Genau genommen handelt es sich hier um ein Nachahmen des Schweinegrunzens, wird doch im Germanischen und Slawischen »suk« als Lockruf für Wildsäue verwendet. Der bekannteste Abschnitt der Sudeten ist das Riesengebirge (s. d.). Wie kaum ein anderes Volk mussten die Sudetendeutschen für die Gräueltaten der Nationalsozialisten büßen, indem sie brutal aus ihrer Heimat vertrieben wurden.

SUDETENLAND → **Sudeten** [H/R, Tschechien, Europa] Seit dem 19. Jahrhundert wurde für das Grenzgebiet zwischen Böhmen, Mähren und Schlesien immer wieder die typografische Bezeichnung »Sudetenland« (s. Sudeten) verwendet, anstelle der älteren Begriffe *Deutschböhmen* und *Deutschmähren*. Dies geschah wahrscheinlich vor allem wegen der dort ausgeprägten deutschen Sprache und Kultur. Üblich wurde auch die Volksgruppenbezeichnung Sudetendeutsche.

SÜDEUROPA → Kap. **Europa, Süden** [E, Europa] Auch diese historisch für Europa ungeheuer wichtige Region wird in einem Spezialkapitel (s. d.) näher abgehandelt.

SÜDKOREA → **Korea** [S, oL *Republik Korea*, kor. *Taehan Min'guk*] Die Teilung des Landes während des Kalten Krieges wurde mit dem Koreakrieg Anfang der Fünfzigerjahre endgültig zementiert. Seitdem orientierte sich Südkorea zunehmend prowestlich, Nordkorea dagegen blieb ein bis heute verschlossenes, kommunistisch geführtes Land.

SÜDOSSETIEN [R, Georgien, Asien, georg. *Samchret Osseti*, engl. *South Ossetia*] Diese Republik innerhalb der Grenzen Georgiens (Proklamation 1991) ist international nicht anerkannt. Der ossetische Name bedeutet frei übersetzt LE-HENSGUT. Heute strebt Südossetien eine Vereinigung mit Nordossetien innerhalb des Staates Russland an.

SÜDOSTAFRIKA → **Afrika, Osten, Süden** [E, Afrika] Die größte Insel Afrikas, Madagaskar, sowie Mosambik, die Insel Mauritius und Swasiland bilden diese vom Fischer Weltalmanach speziell ausgewiesene Region.

SÜDOSTASIEN → **Asien, Osten, Süden** [E, Asien] Die dichtestbesiedelte Inselwelt der Erde, wie auch das nördlich davon gelegene, ehemalige Hinterindien werden heute unter dem Begriff Südostasien subsumiert. Folgende Staaten führt der Fischer Weltalmanach als südostasiatisch: Brunei, Indonesien, Kambodscha, Laos, Malaysia, Myanmar, Philippinen, Singapur, Thailand, Timor-Leste und Vietnam.

SÜDOSTEUROPA → Kap. **Europa, Osten, Süden** [E, Europa] Diese geschichtlich turbulente Halbinsel bildet den Brückenkopf zu Asien. Für eine genaue Abgrenzung s. Spezialkapitel Europa.

SÜDVIETNAM → **Vietnam** [R, Vietnam, Asien] Mit der französischen Niederlage im Indochinakrieg wurde Vietnam im Jahr 1954 in einen Nord- und einen Südteil getrennt (Letzterer auch Republik Vietnam oder Südvietnam genannt). Zur Namensdeutung s. Vietnam. Die antikommunistische Politik dieser südlichen Landeshälfte führte, unterstützt durch die USA, zum schmerzlichen, weil bis zuletzt mit äußerster Erbitterung geführten Vietnamkrieg.

SÜDWESTAFRIKA → **Afrika, Süden, Westen** [E, Afrika] Nur zwei Staaten, Angola und Namibia, werden heute als Region Südwestafrika bezeichnet.

SÜDWESTASIEN → **Asien, Süden,**

Westen [E, Asien] Die Staaten dieser Region werden von manchen Geografen (wie etwa den Autoren des Fischer Weltalmanachs) unter dem Begriff **Vorderasien** geführt. Dies entspricht der europäischen Sichtweise, die ja diesen Teil des größten Kontinents als unserem Kulturkreis näher empfindet als andere Regionen Asiens. Folgende Staaten, die meisten davon durch islamische Religion geprägt, gehören zu Südwestasien: Afghanistan, Armenien, Aserbaidschan, Bahrain, Georgien, Irak, Iran, Israel, Jemen, Jordanien, Katar, Kuwait, Libanon, Oman, Saudi-Arabien, Syrien und Vereinigte Arabische Emirate. Die Türkei wird von vielen Geografen bereits Südosteuropa zugeordnet. Im Zuge der Diskussionen um einen Beitritt zur Europäischen Union ist diese Sichtweise nachvollziehbar.

SUEZ, SUES → Suez-Kanal [O, Ägypten, Afrika, arab. *as-Suwais*] Diese Stadt am Nordende des Roten Meeres (arab. *as-Suwais* heißt DER ANFANG) war bereits vor Jahrhunderten ein wichtiger Umschlagplatz für europäische und indische Waren. Heute sind zwei Schreibweisen, mit -z- und mit -s-, gebräuchlich.

SUEZ-KANAL [X, Ägypten, Afrika] Arab. *as-suwais* DER ANFANG beschreibt die Lage der Stadt Suez am Nordende des Roten Meeres. Zwischen Suez und Port Said liegt auch der neben dem Panamakanal berühmteste künstliche Landdurchbruch der Welt. Durch Ferdinand de Lesseps nach Plänen des Österreichers Alois Negrelli erbaut, wurde der 163 km lange Suez-Kanal (arab. *Qanāt as-Suwais*) im Jahr 1869 für die Schifffahrt freigegeben. Giuseppe Verdis grandiose Oper »Aida« wurde zu Ehren dieser technischen Meisterleistung komponiert und in Kairo uraufgeführt.

SULAWESI [I, Indonesien, Asien] Das ehemalige **Celebes**, eine der großen Inseln Indonesiens, bekam nach der Kolonialepoche den malaiischen Namen *sula* SPEER und *besi* EISEN. Die Namengeber bezogen sich dabei auf die von den Einheimischen bevorzugte Waffe. Die Bedeutung des alten holländischen Kolonialnamens ist dagegen unklar, wenngleich vermutlich das nl. *bes* »Beere« im zweiten Wortteil steckt.

SUMATRA [I, Indonesien, Asien] Wahrscheinlich war es die Lage dieser gigantischen Insel (fast 500 000 km²), die Menschen vor vielen Jahrtausenden zum Namen *samudradvipa* (aind.) OZEANINSEL inspirierte. Dennoch setzte sich für lange Zeit die Bezeichnung *Swarna Dvipa* (dt. Insel des Goldes) durch. Eine prachtvolle Barbenart, die *Sumatrabarbe*, kommt ebenfalls aus diesen südostasiatischen Gewässern.

SUNDAINSELN [I, Brunei, Indonesien, Malaysia, Timor-Leste, Asien, engl. *Sunda Islands*] Der enorm ausgedehnte Inselarchipel Südostasiens teilt sich in Große (Sumatra, Java, Borneo, Sulawesi) und Kleine Sundainseln (Bali, Lombok, Sumbawa, Flores, Timor und die Molukken). Die Namensdeutung ist nicht mit Sicherheit dokumentiert, hat aber vielleicht mit einem SUND, d. h. einer Meerenge, zu tun.

SUNDERLAND [O, England, Großbritannien, Europa] GETRENNTES LAND lautet die buchstäbliche Übersetzung dieses Namens. Vermutlich ist dies so zu verstehen, dass in längst vergangenen Zeiten private Adelsgüter vom Land der »Commoners« (dt. Gemeinen) abgesondert waren.

SUOMI → Finnland [S, Finnland, Europa] Der finnische Name für diesen nordeuropäischen Staat (finn. *suo* SUMPF, *maa* LAND) beschreibt mehr als treffend die Topografie dieses »Landes der tausend Seen« (s. auch Finnland).

SURABAYA [O, Indonesien, Asien] Malai. *sura* »Held« und *baya* »Gefahr« fordern fast zu einer pathetisch anmutenden Namensinterpretation heraus: TAPFER (HELDENHAFT) BEIM ANBLICK DER GEFAHR. Womöglich ist hier der entschlossene Widerstand der einheimischen Bevölkerung gegen Invasionsversuche durch Feinde zu verstehen.

SURAT [O, Indien, Asien] Die zweitgrößte Stadt der Provinz Gujarāt hat heute bereits über 4 Mio. Einwohner. Der Name bedeutet möglicherweise ORT DER VIELEN MENSCHEN.

SURINAME SR/SUR/SME [S, Südamerika, oL *Republik Suriname*, nl. *Republiek van Suriname*] Bis heute kann nicht mit Sicherheit gesagt werden, ob Suriname (ehem. **Niederländisch-Guyana,** 1667–1948) nach dem gleichnamigen FLUSS oder den ersten Siedlern, den SURINEN-INDIANERN, benannt wurde. Diese wurden bereits im 16. Jh. von anderen Stämmen vertrieben. Historisch interessant ist die Tatsache, dass dieses Territorium 1667 von den Briten gegen die Region Neu-Amsterdam (heutiges New York) im Tausch erworben wurde. U: 25. 11. 1975 (ehem. Niederländisch-Guyana)

SURREY [P, England, Großbritannien, Europa] Die simple Lagebeschreibung SÜDLICHER BEZIRK (aengl. *sūther* »südlich«, *gē* »Bezirk«) bildet den Namen dieser südenglischen Grafschaft.

SUSSEX [P, England, Großbritannien, Europa] Der Name der administrativ in East und West Sussex unterteilten Region bedeutet einfach SOUTHERN SAXONS (dt. südliche Sachsen; vgl. Essex). Hier findet sich wie in einigen anderen topografischen Namen das germ. *sahsa* DOLCH, SCHWERT wieder.

SUZHOU [O, China, Asien] Mit seinen prachtvollen Pagoden und stimmungsvollen Kanälen wird Suzhou oft als »Venedig des Ostens« bezeichnet. Zusammen mit Hangzhou wurde diese Stadt fast sprichwörtlich beschrieben: »Im Himmel gibt es das Paradies, auf Erden Suzhou und Hangzhou«. Die alte Schreibung lautete *Soochow*; der frühere Name nach dem Herrscher Wu, der im 6. Jh. die Stadtbefestigungen erneuern ließ, war *Wumen* (chin. *mén* »Tore«). Parallel zu Suzhou (nach dem alten KÖNIGREICH SU sowie chin. *zhou* STADT) war auch für viele Jahrhunderte der Name *Pingjiang* (chin. *píng* »friedvoll«, *jiāng* »Fluss«) in Verwendung.

SWASILAND SZ/SWZ/SD [S, Südostafrika, engl. *Swaziland*, siswati *Umbuso wakaNgwane, kaNgwane*] Das Volk der Swazi führt seinen Namen auf den König MSWATI zurück. Von den Zulus vertrieben, unterwarf sich dieses Bantuvolk auf dem heutigen Territorium den Sothos. Der Name Swazi wurde aber durch die Zulus geprägt, da in deren Sprache aus dem -t- ein -z- wurde. Das Wort *mswati* könnte vielleicht »Pfahl« oder »Stock« bedeuten, eventuell um nach Wasser zu graben. Aber hier stehen Interpretation und Namensforschung in engem Kampf miteinander. U: 6. 9. 1968 (ehem. brit. Protektorat)

SYDNEY [O, Australien, Ozeanien] Die erste britische Siedlung auf dem 5. Kontinent wurde 1788 als Sträflingskolonie gegründet und nach dem Innenminister Thomas Townshend, first Viscount SYDNEY (1733–1800) benannt.

Mit 736 Sträflingen, darunter ca. ein Drittel Frauen, war man im Mai 1887 mit dem Ziel Botany Bay in See gestochen. Trotz schrecklicher Überfüllung an Bord erreichte man mit fast 700 Gefangenen das neue Land. Da die Botany Bay mit ihren steinigen Böden als Siedlungsplatz völlig ungeeignet war, entschied man sich für eine attraktivere Bucht, den nun neu benannten Hafen Sydney.

SYLT [I, Schleswig-Holstein, Deutschland, Europa, dän. *Sild*] Der Name der größten der nordfriesischen Inseln, die mehrmals zwischen Dänemark und Deutschland den Besitzer wechselten, dürfte sich vom nd. Wort *süll* oder *söll* SCHWELLE herleiten. Das *-d(t)* (alte Schreibung *Sild*) ist eine lokale Benennungserweiterung. Vielleicht war die langgestreckte Form eine Art Brandungsdamm für hereinbrechende Wellen? Da diese die Erosion verursachenden Wassermassen für die Insel eine gewaltige Bedrohung darstellen, begann bereits im 19. Jahrhundert ein fast verzweifelter Kampf, die Küstenlinie zu schützen. In den letzten drei Jahrzehnten versucht man vor allem durch Sandvorspülungen und Stranddrainagen die Erosion zu verlangsamen. Wie lautete eine jounalistisch prägnante Schlagzeile: »Das Meer frisst Sylt auf!«

SYR DARYA [F, Kasachstan, Asien] Der MYSTERIÖSE FLUSS (usbek. *sir* »mysterios, geheim«, *dario* »Fluss«), eine einsame Wasserader in dieser kargen Steppengegend Kasachstans, wurde wohl fast ehrfurchtsvoll als göttliches Lebewesen personifiziert.

SYRIEN SY/SYR/SYR [S, Südwestasien, engl. *Syria*, oL *Arabische Republik Syrien*, arab. *al-Ǧumhūriyya al-'Arabiyya as-Sūriyya*] Dieser Name wird gerne mit Assyrien in Zu-

sammenhang gebracht, wenn auch vermutlich zu Unrecht. Die Bedeutung bleibt trotz intensiver Forschung unklar. Bereits 4000 v. Chr. sind jedenfalls in babylonischen Hieroglyphen die SURI zu finden, wenn auch nirgends eine Erklärung für diesen Namen aufscheint. Von *Suri* dürfte sich mit großer Wahrscheinlichkeit der heutige Landesname Syrien, der erst in der zweiten Hälfte des 19. Jh.s in allgemeinen Gebrauch kam, herleiten. Syrien wird im arabischen Raum auch als *al-Shām* oder *as-Shām* »der Norden« bezeichnet. Dies deshalb, da die Gläubigen der Arabischen Halbinsel bei der Hinwendung zum Osten Syrien zu ihrer Linken, also im Norden, sahen. In historischen Werken ist diese Region auch unter *Bilad al-Sham* »Land des Nordens« bekannt, jedoch im Vergleich zum heutigen Syrien mit wesentlich ausgedehnteren Grenzen. U: nominell 28. 9. 1941; de facto 17. 4. 1946

SYRISCHE WÜSTE → **Syrien** [Wü, Irak, Jordanien, Syrien, engl. *Syrian Desert*] Dieses manchmal mit der (Großen) Arabischen Wüste (Rub al-Khali) verwechselte Trockengebiet liegt auf dem Boden der Staaten Irak, Jordanien und Syrien. In manchen Atlanten findet sich jedoch tatsächlich der Name Arabische Wüste für dieses kleinräumigere Trockengebiet. Zur Etymologie s. Syrien.

SZEGED [O, Ungarn, Europa] Ung. *szeg* ECKE könnte sich auf die Krümmung der Theiß, an der diese Industriestadt liegt, beziehen. Weit über die Grenzen beliebt ist das schmackhafte *Szegediner Gulasch* (ung. *gulya* »Rinderherde«, *gulyás* »Rinderhirt«).

SZÉKESFEHÉRVÁR [O, Ungarn, Europa] WEISSE KÖNIGLICHE FESTUNGSRESIDENZ wäre die Übertragung aus dem

Ungarischen (*szék* »Sitz« bzw. *székes* »königliche Residenz«, *fehér* »weiß« und *vár* »Festung«). Offensichtlich handelt es sich um eine einfache Übernahme des lat. Namens *Alba regalis*. Auch die offizielle deutsche Bezeichnung spiegelt diese Bedeutung wider: *Stuhlweißenburg*. Die königliche Zeit dieser Stadt lag bereits im 10. Jahrhundert, als Stefan I. von hier aus seine Herrschaft ausübte.

SZOMBATHELY [O, Ungarn, Europa] Ung. *szombat* SAMSTAG (eigentlich Sabbath) und *hely* PLATZ bilden diesen außergewöhnlichen Namen, der [sombatäj] ausgesprochen wird. Der Grund war ein allwöchentlich abgehaltener Markt am Sabbath, also am jüdischen Tag des Herrn. Die im Deutschen *Steinamanger* genannte Stadt war übrigens die einzige römische Gründung (lat. *Colonia Claudia Savaria*) auf heute ungarischem Staatsgebiet.

 griech. *tau* Tτ – phöniz. *tāw* »Signatur«

TADSCHIKISTAN TJ/TJK/TJ [S, Zentralasien, engl. *Tajikistan*, oL *Republik Tadschikistan*, tadschikisch *Çumhurii Toçikiston*] Die Tadschiken sind die sesshaften Ureinwohner Zentralasiens. Wie bei anderen von Völkern abgeleiteten Benennungen ist es die iranische Endung *stan* »Land«, die dem Namen angehängt wurde: also nennt sich dieser Staat einfach LAND DER TADSCHIKEN. Vermutlich leitet sich *tajik* von einem arabischen Stammesnamen her, vielleicht mit der Bedeutung SIEDLER. Jedenfalls sind die Tadschiken in sprachlicher Hinsicht vor allem mit den Persern verwandt

und gehören damit der indogermanischen Sprachfamilie an, im Gegensatz zu allen anderen zentralasiatischen Völkern. U: Souveränitätserklärung 24. 8. 1990; Proklamation 9. 9. 1991

TAFELBERG [B, Südafrika, Afrika, engl. *Table Mountain*] Die portugiesische Bezeichnung *a meza* DER TISCH bezieht sich auf die fast ebene Schichtung des Sandsteins und die damit einzigartige Gipfelfläche dieses Wahrzeichens von Kapstadt. Mit dem größten Sandsteinhöhlensystem der Welt und einer ungemein reichhaltigen Flora (ca. 1400 Arten) ist dieses alte Bergland ein überaus faszinierendes Naturobjekt.

TAHITI [I, Frankreich, Ozeanien] Vielleicht ist es der Rivalität zwischen den Portugiesen (Fernandez de Queiros bereits 1606), Engländern und Franzosen zuzuschreiben, dass sich letztlich doch ein eingeborener Name für dieses mitten im Pazifik gelegene Eiland durchsetzte. Benennungen wie *Sagittaria* (dt. Schütze), *King George III Island* und *Nouvelle-Cythère* sind nur für den Spezialisten in den Annalen zu entdecken. Das polyn. *iti* KLEIN bildet einen Namensteil, der Meergott TANE könnte in die ersten beiden Buchstaben hineininterpretiert werden. Aber hier sind wir im hochspekulativen Bereich. Jedenfalls hat die Freundlichkeit und Lebensfreude der Eingeborenen den Maler Paul Gauguin dazu bewogen, sich hier niederzulassen und seine mit deftig-schwungvollem Strich gemalten Meisterwerke zu schaffen.

TAINAN [O, Taiwan, Asien] Die ehemalige Hauptstadt (bis 1885) des Verwaltungszentrums Taiwan nennt sich GRÖSSTE STADT DES SÜDENS (chin. *tái* »größte (Stadt)« und *nán* »Süden«).

TAIPEH, TAIBEI [O, Taiwan, Asien, engl.

Taipei] Die Hauptstadt Nationalchinas ist, im Gegensatz zu Tainan (s. d.), die GRÖSSTE STADT IM NORDEN (chin. *tái* »größte Terrassen(-Stadt)« und *bei* »Norden«).

TAIWAN TW/TWN/RC [S/I, Ostasien, iL *Republik China*, chin. *Zhōnghúa Minguó*] Ein überwältigender Anblick muss sich den Seefahrern geboten haben, als sie erstmals die Insel Taiwan ansteuerten. Sonst wäre wohl kaum zu erklären, dass sie dieses Eiland TERRASSENBUCHT nannten (chin. *tái* »Terrasse«, *wan* »Bucht«). Der alte Name **Formosa** ist ähnlich formvollendet, bedeutet doch das port. *ilha formosa* so viel wie »schöne Insel«. Ob wohl wieder eine Anspielung auf die wundervoll geschwungenen Terrassen gemeint war? Die Bewohner werden im Deutschen korrekt als *Taiwaner* bezeichnet. In Almanachen wird wird dieser Staat heute meist unter **Republik China** geführt (s. d.).

TAKLA MAKAN [Wü, China, Asien, engl. *Taklamakan Desert*] Die Chinesen nennen diese Wüstengegend ORT OHNE WIEDERKEHR, die Uighuren sprechen vom LAND DER VERGANGENHEIT. Nun, die weniger poetische, direkte Bedeutung des Namens ist LEERER PLATZ.

TALLAHASSEE [O, Florida, USA, Nordamerika] Während des 16. Jh.s von den Spaniern ausgebaut, trägt diese Stadt einen griechischen Namen und nicht, wie oft angenommen, einen indianischen. Die »griechische« Siedlung hieß einfach ALTSTADT (griech. *talla* »Stadt« und *hasi* »alt«).

TALLINN [O, Estland, Europa] Verwirrend wie die Besitzverhältnisse ist auch die Namensgeschichte der estnischen Hauptstadt. Als DÄNISCHES FORT (estn. *taani linna*) oder WINTERBURG (estn. *tali linna*) von Valdemar II. im 13. Jh. ausgebaut, wurde diese Stadt mit dem Kauf durch den Deutschen Ritterorden (1346) in **Reval** umbenannt, ein Name, der in deutschen Atlanten auch heute noch zu finden ist. Wahrscheinlich war der alte Küstenbezirk Rävala (dän. *refwall* »Felsenkreis« oder *rev* »Sandbank«) für diese Benennung entscheidend. Mit der Unabhängigkeit Estlands nach dem Ersten Weltkrieg wurde jedoch der alte Name Tallinn wieder eingeführt und auch während der Einverleibung des Baltikums durch die Sowjetunion beibehalten.

TAMPERE [O, Finnland, Europa, schwed. *Tammerfors*] 1775 von den Schweden an den Stromschnellen des TAMMER (*Tammerkoski*, finn. *koski* »Stromschnellen«) gegründet, bekam diese Stadt zunächst den Namen *Tammerfors* (schwed. *fors* STROMSCHNELLEN). Der erste Teil der Bezeichnung könnte ein Personenname sein. Allerdings fehlen die entsprechenden Belege. Finnland war zwischen 1634 und 1809 Teil des westlichen Nachbarn, daher die Doppelsprachigkeit bei sämtlichen topografischen Namen. Tampere wird wegen seiner vielseitigen Industrie auch gerne als »Manchester des Nordens« (finn. *Manse*) bezeichnet.

TANGANJIKA → **Tansania** [H/L, Tansania, Afrika, engl. *Tanganyika*] Das Festlandsgebiet des heutigen Tansania (ohne Sansibar und Pemba) war ehemaliges deutsches Kolonialgebiet, das allerdings nach dem Ersten Weltkrieg als Mandatsgebiet an Großbritannien übertragen wurde. 1962 wurde die Republik Tansania gegründet und 1964 mit Sansibar zu Tansania vereinigt. Zur Etymologie s. Tansania.

TANGANJIKASEE → **Tansania** [G, Burundi, Dem. Rep. Kongo, Sambia, Tansania,

Afrika] 95 % aller Fischarten dieses Gewässers sind endemisch. Wie beim Malawisee dominieren die Buntbarsche. Der Tanganjikasee besitzt zudem das zweitgrößte Süßwasservorkommen weltweit. Als Sir Henry Morton Stanley diesen See 1871 erblickte und das Wort *nika* »flach« mit der Angewohnheit der Eingeborenen verband, Gewässer mit einem bildhaften Wort als EBENE INSEL-SEEN zu bezeichnen (*tonga* »Insel«), war der Name für diesen fast 700 km langen See geboren. Zur weiteren Etymologie s. Tansania.

TANSANIA TZ/TZA/EAT [S, Ostafrika, engl. *Tanzania*, oL *Vereinigte Republik Tansania*, kisuaheli *Jamhuri ya Muungano wa Tanzania*, engl. *United Republic of Tanzania*] Wie Pakistan ist auch dieser Staatenname ein KUNSTWORT, gebildet 1964 aus T̲a̲n̲ganjika, S̲ansibar und der lateinischen Endung i̲a̲. Deutschland kontrollierte das Festlandgebiet Tanganjika, Großbritannien die Insel Sansibar. Im Tausch mit Großbritannien gegen deutsche Rechte in Ostafrika wurde schließlich Helgoland 1890 dem Deutschen Reich eingegliedert und damit die spätere Staatsgründung »Tansania« erst möglich gemacht. **Tanganjika** könnte von *tonga* INSEL, und *nika* »flach« abgeleitet sein oder aber auch von *kou tanganjika* »zusammenführen«. Hier wird auf die beiden Flussläufe angespielt, die sich in diesem Staatsgebiet vereinigen. Die Endung *-ia-* wurde als typisch für Staatsnamen angehängt. **Sansibar** leitet sich von *Zengi* (Name eines lokalen Volkes, die Wortbedeutung ist »schwarz«) und dem arab. *barr* »Küste« ab. Daher könnten die Einwohner (*Sansibarer*) als SCHWARZE KÜSTENBEWOHNER bezeichnet werden. Die politische Entstehungsgeschichte dieses Staates lässt sich ganz gut beim Studium der Postalischen Ausgabegebiete (s. d.) erkennen. U: Tanganjika 9. 12. 1961 (1884–1918 dt. Kolonie; ab 1918 brit. Treuhandgebiet); Sansibar 10. 12. 1963 (ab 1890 brit. Protektorat); 26. 4. 1964 (Inkrafttreten der Union)

TAORMINA [O, Italien, Europa] In der Antike hieß diese sizilianische Stadt *Tauromenion* (griech.) bzw. *Tauromenium* (lat.). An den Hängen des Monte TAURO gelegen, bietet sich ein hinreißender Blick auf den Ätna, sodass bereits Goethe verzückt von der schönsten Landschaft der Welt sprach. Wahrscheinlich leitet sich der Name vom Berg ab, der seinerseits nach dem STIER (griech. *taûros) benannt wurde, mit dem, so die griechische Mythologie, Pasiphane ihren Gemahl Minos betrog. Das Wahrzeichen der Stadt, der Minotaurus, dürfte durch Silbenumstellung zum heutigen Namen geführt haben.*

TASCHKENT [O, Usbekistan, Asien, engl. *Tashkent*] Die STADT AUS STEIN (türk. *tash* »Stein«, *kand* »befestigte Siedlung«) wurde bereits mehr als hundert Jahre vor Christi Geburt gegründet, hat jedoch erst mit den Arabern im 8. Jh. große Bedeutung als Karawanenstation erhalten. Der gegenwärtige Name stammt aus dem 11. Jh.

TASMANIEN [I, Australien, Ozeanien, engl. *Tasmania*] Der kleinste Staat Australiens ehrt den holländischen Navigator Abel Janszoon TASMAN (1603–1659), der hier 1643 landete. Er selbst wählte die Bezeichnung *Van Diemens Land*, da der damalige Generalgouverneur der Holländischen Ostindien-Kompanie ein gewisser Anthony van Diemen war.

TATABÁNYA [O, Ungarn, Europa] Das Braunkohlerevier Ungarns ist für den

Namen dieses Ortes verantwortlich. In der Nähe der alten Stadt TATA entstand eine neue Siedlung, wobei ung. *bánya* so viel wie BERGWERK bedeutet.

TAUBERBISCHOFSHEIM TBB [O, Baden-Württemberg, Deutschland, Europa] Ein Geschenk ehemaliger Merowingersiedlungen (durch Karl Martell) an den hl. Bonifatius (ca. 730) dürfte den zweiten Namensteil BISCHOFSHEIM erklären. Später ging dieses Kloster an das Stift Mainz über. Zur Unterscheidung von ähnlichen Siedlungsnamen wurde zunächst *uff der Duber*, später *an der Thauber* (kelt. *dubro* WASSER) nachgestellt. Erst im frühen 19. Jh. entstand der klangvolle heutige Name dieser Fechterhochburg.

TAUMATAWHAKATANGIHANG-AKOAUAUOTAMATEATURIPUK-AKAPIKIMAUNGAHORONUKU-POKAIWHENUAKITANATAHU
[O, Neuseeland, Ozeanien] Das »Guinness Book of Records« deutet den längsten, für uns fast unaussprechlichen geografischen Namen der Welt (85 Buchstaben) auf einem Hügel auf der Nordinsel Neuseelands folgendermaßen: DER PLATZ, WO TAMATEA, DER MANN MIT DEM GROSSEN KNIE, BEKANNT ALS DER REISENDE, DER BERGE DURCHTRENNTE, SIE ERKLETTERTE UND AUCH VERSCHLUCKTE, SEINER GELIEBTEN AUF DER FLÖTE VORSPIELTE. Die Maori in Neuseeland sind bekannt für ihre geradezu unglaublich epischen Benennungen von Naturobjekten.

TAUNUS [B, Hessen, Deutschland, Europa] Erst im 18. Jh. kam diese Bezeichnung auf, und zwar als Wiederbelebung eines alten lateinischen Namens: *Castellum in monte Tauno* »Burg auf dem Berg Taunus«. Das germ. *taunus* wiederum dürfte aus kelt. *dunum* »Burg« entstanden sein. Der Taunus ist also der BURGBERG.

TAURUS [B, Türkei, Asien] Vermutlich ist mit dem Namen dieses südanatolischen Berglandes nicht der im Griechischen gleich klingende »Stier« gemeint, sondern das kelt. *tauro* BERG, HÜGEL.

TBILISSI → **Tiflis** [O, Georgien, Asien] Der georg. Name WARME QUELLEN (*tbilisi* »warm«, *issi* »Quelle«) wird in kontinentaleuropäischen Atlanten gern mit *Tiflis* transkribiert (s. d.).

Tegernsee [G, Bayern, Deutschland, Europa] Möglicherweise steckt das ahd. Adj. **tegar* GROSS, WEIT in diesem bayerischen Gewässernamen, findet es sich doch auch in einer Reihe weiterer Siedlungsbezeichnungen im alemannischen Raum.

TEGUCIGALPA [O, Honduras, Mittelamerika] 1578 als Zentrum des Silberbergbaus gegründet, bedeutet dieser indianische Name einfach SILBERBERG. Die eigentlichen Fundstellen waren am Hausberg Picacho.

TEHERAN [O, Iran, Asien, engl. *Tehran*] An den flachen Ausläufern des Elburs-Gebirges gelegen, trägt die Hauptstadt des Iran einen sprechenden Namen: pers. *tah* »Grund, Tiefe«, *ran* »Platz«, also frei ausgedrückt TIEF GELEGENE WOHNSTÄTTE. Auf Grund der Mongoleneinfälle im 13. Jh. wurden die Einwohner nämlich wiederholt gezwungen, in Untergrundhöhlen Schutz zu suchen.

TEJO, TAJO [F, Portugal, Spanien, Europa, span. *Tajo*, port. *Tejo*, engl. *Tagus*] Wahrscheinlich hat dieser Flussname mit dem phöniz. *dag* FISCH zu tun, wenn auch manche Forscher einen Bezug zum biblischen Kriegsgott Dāgōn erkennen wollen, dessen Name jedoch ebenfalls die hebr. Bedeutung KLEINER

Fisch trägt. In alten Zeiten dürfte der Fischreichtum dieses spanisch-portugiesischen Gewässers außerordentlich groß gewesen sein.

TEL AVIV-JAFFA → **Jaffa** [O, Israel, Asien, engl. *Tel Aviv-Yafo*] Der Doppelname ist eine Verschmelzung des alten arabischen Hafennamens Jaffa mit dem Vorort Tel Aviv. Letzterer wurde 1909 als jüdische Siedlung *Ahuzat Bayit* gegründet. Tel Aviv bedeutet HÜGEL DES FRÜHLINGS (hebr. *tel* »(Ruinen-)Hügel«, *aviv* »Frühlingszeit«). Bereits in der Bibel (Ez 3,15) wird ein Ort *Tel-abib* erwähnt, ein Namensvorläufer dieser modernen Stadt. Angeblich wurde die Bezeichnung Tel Aviv von Nahum Sokolow für seine Übersetzung von Theodor Herzls Buch »Altneuland« verwendet. Mit dem »Frühling« sollte wohl der Wunsch nach einer Erneuerung eines jüdischen Staates symbolisiert werden. Und in der Tat wurde dieses Ziel knapp nach dem 2. Weltkrieg erreicht und Tel Aviv für kurze Zeit sogar Hauptstadt des Landes. (Zu Jaffa siehe das betreffende Stichwort.)

TEMPELHOF [X, Deutschland, Europa] Dieser Stadtteil Berlins ist heute vor allem als Flughafen bekannt. Tempelhof wurde bereits im 13. Jh. vom TEMPLERORDEN gegründet. Im Mittelalter war dieser geistliche Ritterorden, dem einst vom König auf den Grundmauern des salomonischen Tempels Quartier gegeben wurde (daher der Name), eine überaus mächtige Gemeinschaft.

TENERIFFA [I/B, Spanien, Afrika, engl. *Tenerife*] Die größte der Kanarischen Inseln ist nach dem Vulkan, dem heutigen Pico de Teide (3718 m) benannt. Der Vulkan trägt einen frühen Eingeborenennamen, der vielleicht WEISSER BERG bedeutet haben mag.

TENNESSEE TN/TENN. [P, USA, Nordamerika] Dieser US-Staat nennt sich einfach FLUSS, abgeleitet vom Cherokeewort *Tanasi*. Die Schreibung des indianischen Ausdrucks war sehr unregelmäßig, so darf es nicht verwundern, dass Tennessee einen eher unorthodoxen Namen trägt. Eine historische Zäsur brachte die Errichtung eines Staudamms durch die Tennessee Valley Authority in den frühen Dreißigerjahren, da doch die Energiegewinnung am Tennessee das erste staatliche Eingreifen (im Fachjargon: New Deal) in die kapitalismusgläubige amerikanische Gesellschaft darstellte. Der Beiname ist *Volunteer State* (dt. Staat der Freiwilligen). Für den Genießer: Der berühmte Jack Daniel's Whiskey (amerikanischirische Schreibung mit -ey-) kommt aus diesem Staat.

TESSIN TI [P/F, Schweiz, Europa, franz./rätorom. *Tessin*, ital./engl. *Ticino*] Dieser Schweizer Kanton ist nach dem gleichnamigen FLUSS benannt, der einen vorlateinischen Namen unsicherer Deutung trägt. Amtssprache ist Italienisch und zudem bekennen sich – ganz untypisch für die Schweiz – 75 Prozent der Bevölkerung zum römisch-katholischen Glauben.

TEUTOBURGER WALD [X, Niedersachsen, Nordrhein-Westfalen, Deutschland, Europa] Tacitus berichtet in seinen Annalen (1,60) vom großartigen Sieg des Arminius über das römische Heer des Varus. Das lat. Adj. *teutoburgiensis* ist von einem allerdings nur rekonstruierten Wort *Teutoburgium* VOLKSBURG abgeleitet, dessen erstes Glied dem ahd. *thiota* »Volk, Menschen« entspricht.

TEXAS TX/TX./TEX. [P, USA, Nordamerika] Indianischen Ursprungs ist auch der Name dieses berühmten amerikanischen Staates: *Techas* bedeutet soviel wie FREUNDE, VERBÜNDETE. Die Geschichte erzählt, dass der spanische Mönch Damian 1690 bei seiner Ankunft von herbeilaufenden Indianern freudig mit dem Ruf »techas! techas!« begrüßt wurde. Eine andere Geschichte hat mit Freunden wenig zu tun. Denn am Anfang von Texas stand das fast legendäre Alamo. Hier leistete im Jahr 1836 das hoffnungslos unterlegene Häufchen von 187 Texanern im Kloster San Antonio (in Alamo) dreizehn Tage erbitterten Widerstand gegen 5000 reguläre mexikanische Soldaten. Die letzten sechs wurde in bereits wehrlosem Zustand füsiliert. Der Beiname *Lone Star State* (dt. Einsamer Stern) spiegelt die historische Eigenständigkeit dieses Staates (symbolisiert durch den einzelnen Stern in der Flagge) wider. Für kurze Zeit war Texas unter Samuel Houston unabhängig.

THAILAND   TH/THA/THA [S, Südostasien, oL *Königreich Thailand*, thai. *Ratcha Anachak Thai, Prathet Thai, Muang Thai*] Das LAND DER FREIEN, *Prathet Thai*, wurde 1939 aus dem früheren Siam umbenannt. Dies scheint einerseits widersprüchlich, da zu jener Zeit eine Militärregierung herrschte und daher die Bevölkerung (im Deutschen *Thailänder*) alles andere als frei war, andererseits hat Thailand seine Unabhängigkeit im Laufe der Geschichte mit kurzen Unterbrechungen (etwa im 2. Weltkrieg) bis heute erhalten können. Das vielleicht noch bekanntere **Siam** stammt vom Thaiwort *sayam* oder vom aind. *s(h)yama* ab und bedeutet so viel wie »goldbraun«. Gemeint dürfte die Hautfarbe der Ureinwohner sein. Der volle Name lautet eigentlich *Sayam Muang Yim*, das heißt »Braunes Land des Lächelns«. Franz Lehar ließ sich 1923 zu

einer Operette inspirieren, allerdings mit dem geografisch falschen Hintergrund China. Bekannt wurde der Name Siam auch durch die beiden am Rumpf zusammengewachsenen Thais Chang und Eng und dem fast sprichwörtlichen Begriff *Siamesische Zwillinge*. U: alte staatliche Tradition; Königreich seit 1782

THAMES [F, England, Großbritannien, Europa] Ein kelt. Wurzelwort **tam* DUNKEL gibt der Themse über die römisch-britischen Formen *Tamesis* und *Tamesa* den Namen. Gemeint war mit ziemlicher Sicherheit das dunkel gefärbte, schlammige Wasser.

THAR [Wü, Indien, Pakistan, Asien, engl. *Thar Desert*] Die Thar wird auch *Große Indische Wüste* genannt. Der Name dürfte mit dem hindi *t'har* DÜNENRÜCKEN zu tun haben, was durchaus dem Charakter dieser Sandwüste angemessen ist. Immerhin können die Sanddünen eine beachtliche Höhe bis 150 m erreichen.

THE WASH [R/G, England, Großbritannien, Europa] Dieser wegen des einzigartigen salzigen Marschlandes von der Europäischen Union zur speziellen Schutzzone erklärte Küstenabschnitt im Osten Englands geht auf den aengl. Begriff *wæsc* DURCH DIE SEE AUSGEWASCHENE SANDBANK zurück.

THEBEN → Luxor [H/O, Ägypten, Afrika, engl. *Thebes*] Berühmt ist der von Amenophis III. zu Ehren des Gottes Amun errichtete Tempel von Theben. Zur Zeit der Pharaonen hieß diese Stadt *Waset*. Die Griechen entschieden sich für den Namen *Thebai* (später zu Theben korrumpiert), der die Bedeutung *Ta-ope* oder *Tapet* HAUPTSTADT trug.

THERESIENSTADT [O, Tschechien, Europa, tschech. *Terezin*] Kaiser Joseph II. entschied sich 1780, als er diese Festung errichtete, sie zu Ehren seiner Mutter MARIA THERESIA (1717–1780) mit dem Namen Theresienstadt zu versehen. Faszinierend waren hier die endlosen unterirdischen Gänge, insgesamt fast dreißig Kilometer. Während des Zweiten Weltkriegs erlangte Theresienstadt nochmals traurige Berühmtheit, als in Propagandafilmen Szenen aus diesem Ghetto für Juden als Bilder eines »gemütlichen« KZs in den Äther gestrahlt wurde. Am Ende des Krieges fand man an die 30 000 Leichen auf dem Friedhof von Theresienstadt. Ein Mahnmal für menschliche Verblendung!

THERMOPYLEN [B, Griechenland, Europa, griech. *Thermopylai,* engl. *Thermopylae*] Die WARMEN TORE, wie es wortwörtlich aus dem Griechischen übersetzt heißt (griech. *thermos* »warm«, *pylai* »Tore«), sind ein Küstenengpass, an dem heiße Schwefelquellen austreten. Hier verteidigte 480 v. Chr. der Spartaner Leonidas mit 300 Mann in einem heldenhaften, wenn auch ungleichen Kampf sein Land gegen die Invasionsarmee des Perserkönigs Xerxes.

THESSALONIKI → **Saloniki** [O, Griechenland, Europa] Die ehemalige Hauptstadt der römischen Provinz Mazedonien ist nach *Thessaloníkē,* der Schwester Alexander des Großen, benannt (s. Saloniki) und bedeutet einfach SIEG IN THESSALIEN (griech. *nikē* »Sieg«).

THIRA → **Santorin** [H/I, Griechenland, Europa, engl. *Thera*] Der heute übliche Name Santorins dürfte von THERAS, einem spartanischen Stammesführer abgeleitet sein.

THUN [O, Schweiz, Europa, franz. *Thoune*] Das kelt. Wort *dunum* kann mit PALISADE, BEFESTIGTER ORT interpretiert werden. Vermutlich leitet sich der Siedlungsname vom gleichnamigen Bach

oder See ab, die bereits deutlich früher benannt wurden.

THURGAU TG [P, Schweiz, Europa, franz. *Thurgovie,* ital. *Turgovia*] Der Name dieses Kantons ist vom Fluss Thur (kelt./ligur. *dur, tur,* idg. *dur* WASSER, SUMPF-, MODERWASSER) abgeleitet, ergänzt um das Stammwort Gau (ahd. *gouwi,* mhd. *gou, geu* GEGEND, LANDSCHAFT).

THÜRINGEN TH [P, Deutschland, Europa, engl. *Thuringia*] 1920 aus den vier ehemaligen sächsischen Herzogtümern (Sachsen-Altenburg, Sachsen-Coburg-Gotha, Sachsen-Meiningen und Sachsen-Weimar-Eisenach) gebildet, trägt dieses deutsche Bundesland einen altehrwürdigen Namen. Die historische Landgrafschaft Thüringen war die bedeutendste Territorialmacht des Spätmittelalters, mit der beherrschenden Wartburg als Zentrum. Letztlich geht der Name auf den Stamm der THÜRINGER zurück. Die lat. Form *T(h)uringia* hat sich in der englischen Bezeichnung erhalten. Die Thüringer ihrerseits könnten ihren Namen vom aisl. *đori* MENGE, MASSE ableiten. Allerdings ist hinter diese Etymologie ein großes Fragezeichen zu setzen. Ein besonderer Rekord wurde diesem Bundesland im Jahr 1989 attestiert. Der geografische Mittelpunkt Deutschlands liegt ungefähr 500 m nördl. des Ortes Niederdorla mit den exakten geografischen Koordinaten 51°10' n.Br. und 10°27' ö.L. Randnotiz: Dieses Bundesland ist auch für die *Thüringer Rostbratwurst* bekannt.

TIANJIN [O, China, Asien] Die am Haiho (dt. Meeresfluss) gelegene, drittgrößte Stadt Chinas trägt den schönen Namen HIMMLISCHE FURT (chin. *tiàn* »Himmel«, *jin* »Furt«). Die alte Schreibweise **Tientsin** hat dieselbe Bedeutung.

TIBER [F, Italien, Europa, ital. *Tevere*]
Wahrscheinlich liegt die »Ewige Stadt«
Rom an einem Fluss, der auf das kelt.
Wort *dubr* WASSER zurückgeht. Daneben erzählt die Legende jedoch auch
von einem mythischen TIBERINUS, König von Alba Longa, der angeblich in
diesem Fluss ertrank.

TIBET [P/R, China, Asien, tibet. *Bod*, chin.
Xīzàng] Die meisten europäischen Sprachen verwenden eine Ableitung des
türk. Wortes *töbäd* DIE HÖHEN, was
mehr als treffend die über 4500 m hoch
gelegene Landmasse, die höchste der
Erde, beschreibt. Im Süden Tibets bildet das Faltengebirge des Himalaya die
Abgrenzung zu Nepal, Bhutan und Indien. Das tibetische *Bod* könnte eine
ähnliche Bedeutung haben. Ganz anders die chinesische Etymologie. Hier
spricht man von einem LAGERPLATZ IM
WESTEN (*zàng* »Lager«, *xī* »Westen«).
Neben dieser Regionsbezeichnung
wird heute in China unter Tibet immer
die »Autonome Region Tibet« verstanden, nicht das historische Hochland.
Bis heute verkörpert dieses alte Tibet
viel von der Mystik und Sehnsucht
nach dem tieferen Sinn des Lebens. Die
Menschen dieses Hochlandes werden
als *Tibeter* oder *Tibetaner* bezeichnet.

TIEN SHAN [B, China, Asien] Das chinesische Pendant zu den Rocky Mountains ist das fast 2000 km lange HIMMLI-
SCHE GEBIRGSMASSIV (chin. *tien* »Himmel«, *shan* »Berg, Gebirge«).

TIENTSIN → **Tianjin** [O, China, Asien]
Wie der moderne chinesische Name
trägt auch das frühere Tientsin die Bedeutung HIMMLISCHE FURT.

TIERRA DEL FUEGO → **Feuerland**
[I, Chile, Argentinien, Südamerika] Wie unter dem Stichwort »Feuerland« beschrieben, war es eine falsche Assozia-

tion Magellans, die zu diesem Namen
führte (s. d.).

TIFLIS [O, Georgien, Asien, georgisch *Tbilisi*] Der Name dieser alten Stadt, **Tbilisi**,
bedeutet WARME QUELLE (georg. *tbili*
»warm«, *issi* »Quelle«). Wegen der
Nähe der heißen Schwefelquellen des
Mt. Tabori eine verständliche Benennung. Der Legende nach hat hier ein
König bei der Jagd ein Rotwild schwer
verwundet. Dieses fiel jedoch in eine
der heißen Quellen und wurde dabei
wunderbarerweise geheilt. Der König
deutete dies als gutes Omen und verlegte die Hauptstadt an diese Stelle. Angeblich geschah dieses Wunder um das
Jahr 458. Nun, auch die Georgier lieben
gut erzählte Geschichten.

TIGRIS [F, Irak, Syrien, Türkei, Asien]
Ebenso wie der Euphrat wird der zweite große Strom Mesopotamiens bereits
in der Bibel als Fluss Edens erwähnt
(Gen 2,14). Das apers. *Tigrā* SPEER,
PFEIL zielt auf die schnellen Strömungen dieses Gewässers hin. Auch der sumerische Name *Tigrusu* (*tig* »Speer«, *ru*
»erobern«, *usu* »laufen, fangen«)
spricht die aktiven Strömungen des Tigris an. Vermutlich leitet sich der heute
geläufige griech. Name *tígris* TIGER aus
dem assyr. *diglat* ab, mit Anspielung
auf die reißende Schnelligkeit des
Stroms, die an ein jagendes Raubtier erinnert.

TIJUANA [O, Mexiko, Mittelamerika] Offiziell wurde der alte indian. Name *Ti-
Wan* NAHE DEM TAL (Sprache der Yu-
mano) für die Hauptstadt der Provinz
Baja California erst 1929 als Stadtname
angenommen. Eine Siedlung an der
Grenze Mexiko/USA bestand aber bereits seit mehreren Jahrhunderten. So
erklärt sich vielleicht auch der inoffizielle Beiname »Tor nach Mexiko«. Es

gibt daneben noch eine mehr als Geschichtchen zu verstehende Namensdeutung, derzufolge eine gut gehende Ranch, *Tia Juana* »Tante Jane« für den Namen Tijuana [ausgespr. Ti'xwana] verantwortlich ist.

TILBURG [O, Niederlande, Europa] Dieser Siedlungsname entstand im Gedenken an den hl. THEODULUS von Kreta, der 309 in Palästina zusammen mit seinen neun Gefährten den Märtyrertod starb. *Til* ist einfach eine Koseform, *burg* steht hier für BEFESTIGTE SIEDLUNG.

TIMBUKTU [O, Mali, Afrika] Der Sprache der Tuareg verdankt diese in den Weiten der Halbwüsten und Wüsten gelegene Oasenstadt ihren Namen: *tum buktu* BRUNNENWASSER. Andere Erklärungen deuten die Wurzeln dieser Siedlung im Sinne von »altehrwürdig« oder als »Lager am Fluss«. Letztere Bezeichnung entspricht allerdings nicht mehr der heutigen Realität, fließt doch der Niger einige Kilometer entfernt an Timbuktu vorbei.

TIMIŞOARA [O, Rumänien, Europa, ung. *Temesvár*, dt. *Temeschburg*] FESTUNG BEIM FLUSS TIMIŞ (ung. *vár* »Festung«) lautet die Deutung dieses Ortsnamens. In römischen Zeiten lag hier das *Castrum Temesiensis*, das in der Folge lange Zeit unter ungarischer Herrschaft stand. 1716 wurde die Stadt von Österreich eingenommen und durch Ansiedlung von Schwaben deutsch eingefärbt – auch der Name *Temeschburg* zeigt dies deutlich. Am Ende des Ersten Weltkriegs besetzten für ein Jahr die Serben diese Stadt, bis der Friede von Paris Timişoara endgültig Rumänien zusprach.

TIMOR-LESTE TL/TLE/TL [S, Südostasien, oL *Demokratische Republik Timor-Leste*,

Osttimor, tetum *Repúblika Demokrátika Timor Loro Sa'e*, port. *República Democrática de Timor-Leste*] Kurios die Namensgebung des letzten neu gegründeten Staates des 20. Jahrhunderts, Timor-Leste. Das malaiische *timur* »Osten« steht für die Inseln östlich von Java und Sumatra, das port. *leste* bedeutet »Orient« (lat. für Osten). Die ehemalige portugiesische Provinz (nur ein Teil der Insel Timor) nennt sich im Indonesischen auch *Timor Timur*. Beide Namen zusammen genommen könnten frei mit ÖSTLICHER OSTEN übersetzt werden. U: 20. 5. 2002 (ehem. Teil von Indonesien)

TIPPERARY [O/P, Irland, Europa, ir. *Thiobraid Árann*] Tipperary wurde bereits im 13. Jh. geschaffen und ist damit das älteste County Irlands. Der Name kann als englische Form des irischen *Thiobraid Árann* QUELLE DES ARAS (eines lokalen Flusses) verstanden werden. Vermutlich beschreibt die Flussbezeichnung die »nierenförmige« Gestalt des Landes (s. Aran Islands). Berühmt wurden im Ersten Weltkrieg die Verszeilen »It's a long way to Tipperary, it's a long way to go.«

TIRANA, TIRANË [O, Albanien, Europa, alb. *Tiranë*] 1614 durch Sulejman Pasha gegründet, wurde Tirana 1920 die Hauptstadt Albaniens. Über den etymologischen Ursprung gibt es einige sehr widersprüchliche Theorien. Entweder bezieht sich der Name auf die nahe gelegene Burg TIRKAN, oder er ist vom griech. *tyros* MILCH abgeleitet, oder es liegt gar ein Missverständnis vor: auf eine Frage an eine lokale Bewohnerin kam die Antwort *po tir an* ICH SPINNE SEIDE. Manche Forscher sehen auch die Verballhornung des griech. Wortes *theranda* SCHUTTMATERIAL (von den nahe gelegenen Bergen) oder eine Neuverwendung des Namens der persischen Stadt TEHERAN, die Sulejman Pasha ebenfalls erobern konnte, als möglich an. Letztere Erklärung wird zwar oft gehört, dürfte aber auf Grund älterer Dokumente, die eine unter Kaiser Justinian errichtete Festung mit dem Namen Tirana in dieser Gegend erwähnen, falsch sein.

TIROL T [P, Österreich, Europa, engl. *Tyrol*] Der Name Tirol ist vom Stammschloss der Grafen von Tirol bei Meran hergeleitet. Das frühmittelalterliche »Land im Gebirge« charakterisiert ein inneralpines Passland. Möglicherweise steckt das kelt. Wort *tir* LAND in diesem Besitznamen. Ergänzungen: Ein französischer Rundtanz, der *Tirolienne* (auch *Tyrolienne*) trägt den Namen dieser Region. Auch eine kulinarische Spezialität, der *Tiroler Knödel*, darf nicht vergessen werden.

TITICACA-SEE [G, Bolivien, Peru, Südamerika, span. *Lago Titicaca*, engl. *Lake Titicaca*] Die Namensdeutung für diesen Grenzsee ist umstritten. Entweder die Quechuawörter *titi* BLEI (nach dem Metallvorkommen) und *kaka* BERGKETTE oder indian. (Aymara) *titi* »Große Katze« und *kak* »Felsen«, also FELSEN DES JAGUARS, mit Bezug auf die Form des Gewässers, finden sich hier reflektiert. Mit mehr als 3800 m Seehöhe ist der Titicaca-See das höchste schiffbare Gewässer der Erde.

TJUMEN [O, Russland, Europa, engl. *Tyumen*] 1586 auf dem Boden einer *Chingi-Tura* genannten Siedlung (dt. Stadt des Dschingis Khan) entstanden, trägt der heutige Name die Bedeutung ZEHNTAUSEND (tatar. *tyu* »zehn«, *men* »tausend«). Ob damit vielleicht eine Anspielung auf Dschingis Khans starke Streitmacht gemeint ist?

TOBRUK [O, Libyen, Afrika] Tobruk ist eine Kurzform aus dem ursprünglich griech. Namen *Antipurgos* JENSEITS DES TURMES. Die Hafenbucht lag hinter einer Insel, auf der sich ein weithin sichtbarer Turm erhob. Im Zweiten Weltkrieg war Tobruk heiß umkämpft. Nach der Einnahme der Festung am 21. Juni 1942 und der Gefangennahme von mehr als 30 000 alliierten Soldaten wurde Erwin Rommel, der »Wüstenfuchs«, zum Generalfeldmarschall ernannt.

TOGO TG/TGO/RT [S, Westafrika, oL *Republik Togo*, franz. *République togolaise*] Der deutsche Arzt und Afrikareisende Gustav Nachtigal benannte dieses ehemalige Protektorat, das als eines der wenigen Gebiete Afrikas unter deutsche Kolonialverwaltung kam, *Togoland*, nach dem gleichnamigen Lagunendorf nahe der Hauptstadt Lomé. *To* bedeutet in der einheimischen Ewe-Sprache »Gewässer«, *go* »Ufer«, womit Togo als UFERLAND bezeichnet werden könnte. *Togoer* oder *Togolesen* heißen übrigens die Bewohner dieses westafrikanischen Staates. U: 27. 4. 1960 (ehem. franz. Treuhandgebiet)

TOKAJ [R, Ungarn, Europa, ung. *Tokaji*] Slavonisch *tok* STRÖMUNG bezieht sich auf die beiden an dieser Stelle zusammenkommenden Flüsse. Der süße Weißwein dieser Gegend, der *Tokajer*, ist weltbekannt. Jedenfalls dürfen nur ganz bestimmte Produkte aus dieser Region diesen ehrenvollen Namen tragen.

TOKIO [O, Japan, Asien, engl. *Tokyo*] Der Name ÖSTLICHE HAUPTSTADT (jap. *tō* »östlich« und *kyō* »Hauptstadt«) wurde 1868 als Gegenpol zur früheren Metropole Kyoto (s. d.) gewählt. Der alte Name **Edo** leitet sich von jap. *e* »Bucht« und *to* »Tor« ab. Gemeint ist damit die

Lage dieser Stadt im Mündungsbereich des Flusses Sumida. Tokio ist heute keine Verwaltungseinheit im herkömmlichen Sinn, sondern mit mehr als 30 Millionen Menschen der größte Ballungsraum der Erde. Der Elektronikkonzern *Toshiba* erinnert mit den ersten beiden Buchstaben an die japanische Mutterstadt.

TOLEDO [O, Spanien, Europa] Die Lage auf einem Hügel war namengebend für diese berühmte Stadt. Kelt. *tol* bedeutet ERHEBUNG oder HÜGEL. Heute zählt die Altstadt mit seinen Kathedralen und der Schlossfestung Alcázar zum Weltkulturerbe. Auch die Handschrift des herausragenden Malers El Greco gibt dieser kastilischen Stadt ihre Unverwechselbarkeit.

TOLJATTI, TOGLIATTI [O, Russland, Europa] Toljatti an der Wolgamündung trägt den Beinamen »die Perle Russlands«. Gegründet wurde diese Stadt 1737 durch ein Dekret von Zarin Anna – und zwar als Niederlassungsgebiet für christianisierte Kalmücken. Der frühere Name war *Stawropol-na-Wolge* (griech. *stavros* »Kreuz«, *polis* »Stadt«). Zu Ehren des italienischen Politikers Palmiro TOGLIATTI (1893–1964), eines in Russland lebenden Kommunistenführers, erfolgte jedoch 1964 eine Umbenennung in diesen für russische Ohren untypischen Ortsnamen.

TOMSK [O/P, Russland, Asien] Zar Boris Godunow ließ diese Siedlung im Jahr 1604 als Militärstützpunkt am Fluss Tom errichten. Entweder das jakut. *toom* FLUSS oder russ. *tëmnij* DUNKEL bilden den Stamm des Stadt- und Provinznamens. Die Endung *sk* ist typisch für viele russische Städte.

TONGA TO/TON/TON [S/I, Ozeanien, oL *Königreich Tonga*, polynes. *Pule'anga Fakatu'i' o'Tonga*] Dieses ozeanische Land nennt sich nach den heiligen Herrschern von Tonga, den *Tu'i Tonga*, wobei *tonga* entweder INSEL oder HEILIG bedeutet. Beide Möglichkeiten treffen wunderbar die tatsächlichen Fakten. Die drei Hauptinselgruppen *Tongatapu* sowie *Vava'u* und *Ha'apai* wurden erst 1845 zu einem Königreich vereinigt, der Legende nach von einem direkten Nachfahren der Tu'i Tonga. Der veraltete Name *Freundschaftsinseln* (so genannt von James Cook 1773) wird heute wie ein anerkennender Beiname für Tonga gebraucht. U: 4. 6. 1970 (ehem. brit. Protektorat)

TONKING, TONKIN → **Hanoi** [O/G/ P, Vietnam, Asien] Tonking, der chinesische Name für Hanoi (s. d.), wurde zwischen 1883 und 1954 auch für das französische Protektorat in Nordvietnam verwendet. Bis heute findet man die Bezeichnung *Golf von Tonkin* auf den Landkarten. Etymologisch ist letztere Benennung freilich irreführend: ÖSTLICHE HAUPTSTADT ist kein typischer Gewässername.

TONLE SAP [G/F, Kambodscha, Asien] Khmer *tonle* GROSSER SEE und *sab* FRISCHWASSER erklären den Namen dieses Sees, der jedes Jahr im Juni ein in der Welt einzigartiges Naturschauspiel bietet. Der durch den Monsun und die Himalayaschmelzwässer auf ungeheure Wassermengen angeschwollene Mekong drängt im Flachland Kambodschas in den von Süden kommenden Tonle Sap und zwingt diesen, seine Flussrichtung zu ändern. Im November, wenn der Wasserspiegel wieder dramatisch sinkt, richtet sich auch der Tonle Sap Fluss erneut in die Gegenrichtung (den Norden) aus.

TORONTO [O, Kanada, Nordamerika] Als Handelsposten gegründet, wurde Toronto zwischenzeitlich als *York* bezeichnet (nach dem Duke of York), trägt allerdings seit 1834 wieder den alten indianischen Namen. Ob dieser nun auf die Sprache der Huronen (Wyandot, wie sie sich selbst bezeichnen) oder die der Mohawk zurückgeht, also VERSAMMLUNGSPLATZ (huron *tarantua*) oder PFÄHLE IM WASSER bedeutet, kann nur vermutet werden. Letzteres wäre eine Bezugnahme auf reiche Fischfanggründe. Toronto, dessen Südgrenze der Lake Ontario bildet, ist heute mit mehr als fünf Millionen Einwohnern die größte Stadt Kanadas.

TORRES-STRASSE [G, Asien, engl. *Torres Strait*] Die Meeresstraße zwischen Queensland, Australien, und Neuguinea ist nach dem brit. Colonel Robert TORRES (1780–1846) benannt, der neben seiner soldatischen Karriere auch erfolgreicher Ökonom und Politiker war.

TÓRSHAVN [O, Färöer-Inseln, Dänemark, Europa] THORS HAFEN nennt sich die größte Stadt der Schafsinseln (wie die Färöer auch noch heißen). Thor war der nordische Gott des DONNERS – und genau dies ist auch die Bedeutung des Ortsnamens. Dass dieser Gott aus unserem täglichen Wortschatz nicht wegzudenken ist, wird klar, wenn man weiß, dass der Donnerstag nach Thor bezeichnet wurde.

TOSKANA [P, Italien, Europa] Die Toskana geht auf die röm. Bezeichnung für die TYRRHENER (*Tusci*) zurück, hat also die gleiche Wurzel wie das Tyrrhenische Meer (s. d.). Auch in diesem Namen ist der Königssohn Tyrrhénos verewigt. Berühmt sind die Weine dieser Region, allen voran der oft besungene *Chianti*, und die wahrlich bezaubernde Kulturlandschaft.

TOTES MEER [G, Asien, hebr. *Yam Ha-Melach*, arab. *Bahr al-Mayyit, Bahr Lūt*, engl. *Dead Sea*] Dieser vom Jordan gespeiste See, inmitten eines Wüstengebiets gelegen, ist mit –393 m Seehöhe der tiefste Punkt der Erde. Schon in biblischen Zeiten war der Name **Salzmeer** (hebr. *yam hammélah*) gebräuchlich, da hier wegen der extremen Verdunstung die höchste Salzkonzentration aller Gewässer unserer Erde zu finden ist. Leben wird dadurch fast unmöglich. Bis zum Mittelalter glaubten Reisende, die Luft über dem See wäre giftig, da sie keine Vögel erblicken konnten. Allerdings weiß man heute, dass den Vögeln einfach die Nahrungsquellen fehlten. Im Griechischen wurde ehemals treffend die Bezeichnung *nekrē thalassa* (dt. TOTES MEER) verwendet, im Lateinischen hieß es *Mare mortuum*. Auch das arab. *al-bahr al-mayyit* (dt. Totes Meer) spricht die Unwirtlichkeit an. Daneben ist noch die Bezeichnung *Bahr Lūt* (dt. Lots Meer) gebräuchlich, womit an die bekannte Bibelgeschichte von Lots Frau, die am Ufer des Sees in eine Salzsäule verwandelt wurde, als sie verbotenerweise einen letzten Blick auf die Zwillingsstädte Sodom und Gomorrha werfen wollte, erinnert wird (Gen 19,26). Der größte Ruhm dieses Sees hängt mit den 1947 von einem Beduinenjungen in einer Höhle nahe Jericho gefundenen Papyrusrollen von Qumran zusammen, die die ältesten hebräisch und aramäisch verfassten Bibelfragmente darstellen. Bis zum heutigen Tag wird in akribischer Kleinarbeit an einer Entzifferung gearbeitet.

TOTTENHAM [X, England, Großbritannien, Europa] Der bekannte Londoner

Stadtteil trägt den Namen TOTTAS DORF. Wer dieser Totta gewesen sein mag, verschließt sich heute unseren Quellen.

TOULON [O, Frankreich, Europa] Entweder kelt. *tol* ERHEBUNG oder ligur. *tol* QUELLE bilden die Wurzel des Namens dieser Hafenstadt. Während der Französischen Revolution nannte man Toulon *Port-de-la-Montagne* »Berghafen«.

TOULOUSE [O, Frankreich, Europa] Im röm. *Tolosa* wie auch im heutigen Siedlungsnamen findet sich das kelt. *tol* ERHEBUNG, was auf die Nähe dieser Stadt zu den Pyrenäen hinweisen mag.

TOURAINE → **Tours** [P, Frankreich, Europa] Diese historische Provinz ist wie die gleichnamige Stadt nach dem gallischen Stamm der TURONEN benannt.

TOURS [O, Frankreich, Europa] Ehemals von den gallischen TURONEN bewohnt, war *Caesars Festung* (wie diese Stadt zeitweilig benannt wurde), vom 15. bis zum 17. Jh. Residenzstadt der französischen Könige. Den Einwohnern von Tours (den Tourangeaux) sagt man nach, die reinste Form der französischen Sprache zu pflegen, frei von jedem Akzent. Wegen der unglaublich prächtigen Gärten wird Tours auch als »Le Jardin de la France« (dt. der Garten Frankreichs) bezeichnet.

TRAFALGAR SQUARE [X, London, Großbritannien, Europa] Dieser berühmte Platz in London entstand in der ersten Hälfte des 19. Jh.s. namengebend ist Nelsons glorreicher Sieg in der BATTLE OF TRAFALGAR (1805), in der die Briten gegen Spanier und Franzosen siegten und sich damit für mehr als einhundert Jahre die Vorherrschaft zur See sicherten. Das ursprünglich arab. *taraf* ENDE und *gharb* WESTEN erinnert zweifellos

daran, dass an diesem südwestspanischen Kap vor der Entdeckung Amerikas das Ende der Welt zu finden war.

TRALEE [O, Irland, Europa, ir. *Trá Lí*] Sehr deskriptiv ist die englische Übertragung des irischen *Trá(igh) Lí*, AM UFER DES LEE. Gemeint ist der Fluss Lee, der im Süden der Stadt in die Tralee Bay mündet. Berühmt wurde das verklärte Lied »The Rose of Tralee« des William Mulchinock an seine geliebte Dienerin Mary. Im 19. Jh. durfte niemand »unter seinem Stand« heiraten. So wurde Mulchinock von seinen Eltern gezwungen, Jahre in der Ferne zu verbringen. Bei seiner späten Rückkehr konnte der entsetzte Schwärmer nur noch dem Trauerzug seiner Mary beiwohnen. Heute ist dieses Lied die inoffizielle Hymne des County Kerry.

TRANSJORDANIEN [H/R, Jordanien, Asien, engl. *Transjordan*] Der Name spricht von einem Palästina-Ost JENSEITS DES JORDAN (lat. *trans*), das zwischen 1921 und 1946 als Emirat, dann bis 1949 als Königreich auf Landkarten zu finden war. Zum zweiten Namensteil siehe Jordanien.

TRANSKEI [P, Südafrika, Afrika] In die Eastern Cape Provinz integriert, war Transkei (dt. JENSEITS DES FLUSSES KEI) von 1976–1994 ein Homeland der Xhosa, das allerdings international nie anerkannt wurde.

TRANS(S)ILVANIEN → **Siebenbürgen** [R, Rumänien, Europa, engl. *Transylvania*] Der lat. Name *terra transsilvania* LAND JENSEITS DER WÄLDER ist bereits in mittelalterlichen Dokumenten zu finden. Im deutschsprachigen Raum ist allerdings die Bezeichnung *Siebenbürgen* (s. d.) wesentlich gebräuchlicher. Literarische Randnotiz: Graf Dracula soll hier sein Unwesen getrieben haben – so erzählt es zumindest der irische Autor Bram Stoker.

TRANSVAAL [H/P, Südafrika, Afrika] Das Territorium JENSEITS DES FLUSSES VAAL (lat. *trans* »jenseits«) war bereits im 19. Jh. eine unabhängige Burenrepublik, wurde jedoch nach dem Burenkrieg als Kronkolonie der Südafrikanischen Union einverleibt. 1994 verschwand Transvaal als eigenständige Region völlig von der Landkarte, denn dieses Gebiet wurde aus verwaltungstechnischen Gründen in vier Provinzen (Nord-West, Limpopo, Mpumalanga und Gauteng) aufgeteilt.

TRAVEMÜNDE [O, Schleswig-Holstein, Deutschland, Europa] Travemünde war das große norddeutsche Seebad des 19. Jahrhunderts, könnte man sagen. Kein Geringerer als Thomas Mann hat in seinen »Buddenbrooks« das Treiben dieses Lübecker Vororts festgehalten. Der Name setzt sich nach gängiger Auslegung aus apolab. **trava* GRAS und mnd. *munde, münde* FLUSSMÜNDUNG zusammen. Vielleicht ist aber auch eine Verwandtschaft mit idg. **drouos*, FLUSSLAUF oder **dravati* FLIESSEN (s. Drau) gegeben.

TRIENT [O, Italien, Europa, ital. *Trento*] Die STADT DER DREI ZACKEN (kelt.-röm. *Tridentum; tres* »drei«, *dens* »Zahn«) liegt an der historisch eminent wichtigen Brennerroute von Österreich nach Italien. Entsprechend umkämpft war diese »Festung« in den Jahrhunderten der Eroberungsfeldzüge der Römer, Ostgoten, Langobarden, Franken und Deutschen. Die drei Zacken beschreiben das nahe gelegene, durch bizarre Formen geprägte Gebirgsmassiv der Dolomiten. Ein bedeutendes Konzil, das *Tridentinum* (nlat. Form der Stadt) wurde zwischen 1545 und 1563 hier abgehalten.

TRIER TR [O, Rheinland-Pfalz, Deutschland, Europa] Diese keltisch-germanische Siedlung der Treverer hat eine große historische Vergangenheit. Bereits im 3. und 4. Jh. diente Trier als Kaiserresidenz, und seit dem 3. Jh. ist es Bischofssitz. Trier stellte einen der drei geistlichen Kurfürsten des Heiligen Römischen Reiches. Der Name geht auf das lat. *in Treviris* oder *ad Treveros* BEI DEN TREVERERN zurück, was eine Kurzform des römischen Stadtnamens darstellt: *Colonia Augusta in Treveris.*

TRIEST [O, Italien, Europa, ital./engl. *Trieste,* slow. *Trst*] Bis zum Ersten Weltkrieg zur Österreichisch-Ungarischen Monarchie gehörig, ist Triest heute die einzige italienische Hafenstadt in Istrien. Die Siedlungsgründung im 2. Jh. v. Chr. durch die Römer (*Tergeste*) hat seine Wurzel im illyr. Wort *terga* MARKT oder HANDELSPLATZ. Der Triester Pegel (Meereshöhe) war auch die Vermessungsgrundlage des Habsburgerimperiums.

TRINIDAD und TOBAGO TT/TTO/TT [S/I, Karibik, Mittelamerika, oL *Republik Trinidad und Tobago,* engl. *Republic of Trinidad and Tobago*] Nicht ganz eindeutig lässt sich sagen, ob Kolumbus am Dreifaltigkeitssonntag auf Trinidad (dt. DREIFALTIGKEIT) landete oder in den drei Berggipfeln einfach ein Symbol für die Heilige Dreifaltigkeit sah. Die kleinere Insel Tobago verdankt ihren Namen dem haitischen Wort für PFEIFE (*tambaku*). Kolumbus hat in seinem Erstaunen über die Angewohnheit der Einheimischen, getrocknete, glimmende Blätter der *Tabakpflanze* zu inhalieren, dem sprechenden Namen den Vorzug über einen weiteren kirchlich motivierten gegeben. Von hier aus also ist eines der größten Laster unserer Zeit ausgegangen, der Tabakkonsum, noch dazu verewigt im Landesnamen eines unabhängigen Staates. U: 31. 8. 1932 (ehem. brit. Kronkolonie)

TROISDORF [O, Nordrhein-Westfalen, Deutschland, Europa] Das Grundwort DORF hat schon seine Berechtigung, denn erst vor knapp mehr als einem halben Jahrhundert wurde dieser Industrieort in den Rang einer Stadt erhoben. Im alten Namen (1076 *Truhtesdorf*) wird das ahd. *truht* SCHAR, GEFOLGE sichtbar, das dem Personennamen Druht zugrunde liegt.

TROJA [H/O, heute Türkei, Asien, engl. *Troy*] Eine der berühmtesten Ausgrabungsstätten der Erde, die Heinrich Schliemann zu Weltruhm verhalf, verdankt seinen Namen dem legendären phrygischen König TROS. Dieser Herrschername geht seinerseits auf idg. *treu* oder *trou* zurück, was mit STARK, MÄCHTIG SEIN übersetzt werden muss. Im Altertum war auch der Name *Ilium* (bei Homer *Ilion*) gebräuchlich, nach dem Sohn des Stadtgründers, Ilus. Völlig überraschend wurden von Schliemann neun Siedlungen in Schichten freigelegt. Nummer 7 war der Schauplatz des von Homer beschriebenen Trojanischen Krieges. Bis heute jedem Kind ein Begriff ist das sogenannte *Trojanische Pferd*, mit dem die listigen Belagerer letztlich die Stadt einnehmen konnten. Davon dürfte sich auch der Name *Trojaner* für einen äußerst gefährlichen Computervirus ableiten.

TRONDHEIM [O, Norwegen, Europa] Bis zum 14. Jh. war dieser Hafen die Hauptstadt des Landes. Der Trondheim Fjord war namengebend (anord. *Throndr* und *heimr* HEIM). Möglich scheint es durchaus, dass der Fjord

nach dem Donnergott THOR benannt oder direkt vom anord. *thôrr* DONNERN gebildet wurde.

TSCHAD TD/TCD/TCD [S, Zentralafrika, engl. *Chad*, oL *Republik Tschad*, arab. $\bar{G}umh\bar{u}r\bar{\imath}yya$ $Tash\bar{a}d$, franz. *République du Tchad*] Dieser Staat, ehemals Teil von *Französisch Äquatorialafrika*, scheint keine Wassernot zu kennen, wenn man das arabische Wort *tšad* GROSSE WASSERANSAMMLUNG als Landesname begreift. Eigentlich heißt dieses Land einfach SEE, wenn auch der eigentliche Tschadsee ungeheuren Wasserschwankungen unterworfen ist und gegenwärtig ähnlich wie der Aralsee seine Flächenausdehnung ständig verringert. Hoffentlich bleibt in diesem lebensfeindlichen Gebiet letztlich nicht nur der Landesname Zeuge einer einst stolzen Wasseransammlung. U: 11. 8. 1960 (ehem. franz. Kolonie)

TSCHADSEE → Tschad [G, Kamerun, Niger, Nigeria, Tschad, Afrika, engl. *Lake Chad*] Ein dramatisches Absinken des Wasserspiegels dieses abflusslosen Sees am Südrand der Sahara in den letzten zwanzig Jahren wurde durch Satellitenaufnahmen bestätigt. Hier kündigt sich für alle Anrainer eine Katastrophe unvorstellbaren Ausmaßes an. Die GROSSE WASSERANSAMMLUNG droht ins Reich der Erzählungen abzusinken.

TSCHECHIEN, TSCHECHISCHE REPUBLIK CZ/CZE/CZ [S, Mitteleuropa, engl. *Czech Republic*, oL *Tschechische Republik*, tschech. *Česká Republika, Česko*] Mit endgültiger Sicherheit lässt sich dieser Staatsname nicht erklären. Jedenfalls könnte das tschechische Wort für ARMEE, KRIEGER *četa* der Grund für diese Bezeichnung sein. Nicht sehr schmeichelhaft im heute doch sehr pazifistischen Europa. Möglicherweise gab es

aber auch einen längst verschollenen
Stammesführer ČECH, dessen Name
sich in der Staatsbezeichnung nieder-
schlug. *Tschechien* als Kurzform ist erst
mit der Entstehung der **Tschechoslowakei** 1918 entstanden, und zwar aus
Kontraktion des langen Landesnamens.
U: Proklamation 28. 10. 1918; 1. 1. 1993
(Trennung von der Slowakei)

TSCHECHOSLOWAKEI → **Slowakei, Tschechien** [H/S, Slowakei, Tschechien, Europa, engl. *Czechoslovakia*] Zwischen 1918 und 1992 lag dieser »künst-
lich« geschaffene Staat aus der ehemaligen Habsburgermonarchie im Herzen
Europas. Nach dem Zweiten Weltkrieg
wurde die Tschechoslowakei Teil des
Ostblocks. Mit dessen Zerfall trennten
sich auch die beiden Landeshälften
Tschechien (Böhmen und Mähren) und
die Slowakei und bildeten zwei unabhängige Staaten (s. d.).

TSCHELJABINSK [O, Russland, Asien,
russ. *Čeljabinsk*, engl. *Chelyabinsk*] Tatar.
chelyabi bedeutet ALT und *karagay*
FÖHRENWALD. Und genau dies ist auch
der Name der erst 1736 gegründeten
Stadt im westsibirischen Tiefland. Die
ungemein starke Panzerproduktion
während des Zweiten Weltkriegs
brachte dieser Stadt den informellen
Beinamen »Tankograd« (dt. Panzerstadt).

TSCHERNOBYL [O, Ukraine, Europa]
Das russ. *tschórny* »dunkel, schwarz«
sowie *byl* »wahres Geschehen« bilden
den seit dem Atomreaktorunfall 1986
nur allzu schicksalhaften Namen:
DUNKLES GESCHEHEN. Nomen est
omen! Gibt es doch so etwas wie eine
Vorahnung?

TSCHUKTSCHEN-HALBINSEL
[Hi, Russland, Asien] Nach einem Volksstamm benannt (den Tschuktschen),

bedeutet diese ostsibirische Bezeichnung soviel wie MENSCHEN-Halbinsel.
Vielleicht wird mancher Leser sofort an
die Bantu, Inuit oder Kanaken erinnert,
die sich ebenso bezeichnen.

TSHWANE → **Pretoria** [O, Südafrika,
Afrika] Andries Pretorius (1798–1853)
ist der Namensvater dieser Stadt, die al-
lerdings 2005 nach einem lokalen
HÄUPTLING in Tshwane umbenannt
wurde. Die Namensdeutung: Entweder
WIR SIND ALLE GLEICH oder wahr-
scheinlicher SCHWARZE KUH. Nach
Protesten wird weiter um den wahren
Namen dieser Stadt gestritten.

TSUSHIMA [I, Japan, Asien] Diese Inselgruppe in der Straße von Korea trägt
den ungewöhnlichen Namen EIN PAAR
(d. h. zwei) PFERDE (jap. *tsui* »Paar«, *ma*
»Pferd«). Ob die visuelle Umrissähn-
lichkeit zweier Inseln mit Pferden gemeint war, bleibt dahingestellt. Aber
auch die Herleitung des Namens aus
jap. *tsu* HAFEN und *shimá* INSEL ist
denkbar.

TÜBINGEN TÜ [O, Baden-Württemberg,
Deutschland, Europa] Bereits 1477 gründete Graf Eberhard hier eine Universität, die bis heute ihren guten Ruf bewahren konnte. Spannend lesen sich die
historischen Belege für diese Stadt, die
wegen der Ähnlichkeit von *u* und *w*
sehr vielfältig sind: 1078 lat. *Tuingi*,
1139 *comes Hugo de Duingen*, 1152 *pa-
latinus de Twingen*, 1231 *infra civita-
tem Tuwingen*, 1360 (zum ersten Mal)
Tübingen, mit dem Zugehörigkeitssuffix *ingen*. Ursprünglich scheint eine
Ableitung eines Personennamens
*TUWO vorgelegen zu haben.

TUNESIEN TN/TUN/TN [S, Nordafrika,
engl. *Tunisia*, oL *Tunesische Republik*, arab. *al-
Ǧumhūriyya al-Tūnisiyya, Tūnis*] Sicher ist,
dass sich der Landesname von der

Hauptstadt TUNIS ableitet (s. d.). Mehr als unklar dagegen, ob die phönizische Göttin *Tanith* Pate gestanden hat oder das Wort *tunus* NACHT bzw. die Wurzel **e-n-s* ANHALTEN, RASTEN, LAGERN den Lautklang brachte. Vielleicht sollte auch erwähnt werden, dass mit dem römischen Namen *Afrika* ursprünglich nur der Raum des heutigen Tunesien gemeint war. Der Name dürfte vom arab. *afar* »Staub, Erde« abstammen, womit dieser wüstenhafte Teil Afrikas auch bestens beschrieben ist. Das Wort *afar* bezog sich wohl auf die Bewohner dieses »staubigen« Landes. Wäre der Name nicht von hier ausgehend für den ganzen Kontinent verwendet worden, gäbe es möglicherweise heute statt Tunesien einen Staat »Afrika«. U: 20. 3. 1956 (ehem. franz. Protektorat)

TUNIS [O, Tunesien, Afrika] Im 9. Jh. v. Chr. als phönizische Siedlung gegründet, stand Tunis lange im Schatten Karthagos. Erst die Araber machten aus Tunis eine fast uneinnehmbare Festungsstadt. Der Ursprung des Namens ist unsicher, könnte jedoch mit der arab. Wurzel **e-n-s* ANHALTEN, RASTEN zu tun haben oder mit dem Wort *tunus* NACHT. Aber auch die phöniz. Göttin TANITH wird von einigen Etymologen als Namenspenderin gesehen.

TURIN [O, Italien, Europa, engl. *Torino*] Die TAURINI sind ein ligurisches Volk, das seinen Namen vielleicht auf die alte kelt. Wurzel **tauro* »Berge« zurückführt, sich also als BERGBEWOHNER bezeichnete. Zu römischen Zeiten hieß diese Stadt am Fuß der Alpen *Taurisia*, dann *Julia Taurinorum* (nach Cäsar) bzw. *Augusta Taurinorum* (nach Augustus). Zwischen 1861 und 1864 war Turin sogar für kurze Zeit die Hauptstadt Italiens. Da der heutige italieni-

sche Name mit »kleiner Bulle« übersetzt werden kann, findet sich dieses Tier auch im Wappen der Stadt. 1899 wurde hier *Fiat* gegründet, 1906 *Lancia*. Seither ist Turin das unbestrittene Zentrum der Automobilindustrie Italiens. Die zehnstufige *Turin-Skala*, auf der die Gefährlichkeit erdnaher Objekte gemessen wird, wurde 1999 auf einer Astronomentagung beschlossen.

TURKANA-SEE [G, Kenia, Afrika] Der unter **Rudolfsee** (eng. Lake Rudolf) bekannte ostafrikanische Grabensee wurde 1888 vom ungarischen Grafen Teleki sowie dem österreichischen Leutnant von Höhnel zu Ehren des habsburgischen Thronfolgers Erzherzog RUDOLF (1858–1889) so benannt. Dessen tragischer Selbstmord in Mayerling zusammen mit seiner Mätresse im darauf folgenden Jahr machte internationale Schlagzeilen. Heute ist in Afrika eher der eingeborene Name (nach dem Volk der TURKANA) üblich. In der Nähe dieses Sees liegt die erste Fundstelle des *Homo rudolfensis*, ein fast vollständiges Skelett eines Jungen, des »Turkana Boy«, das 1984 hier ausgegraben werden konnte.

TÜRKEI TR/TUR/TR [S, Südwestasien, Südosteuropa, engl. *Turkey*, oL *Republik Türkei*, türk. *Türkiye Cumhuriyeti*] Nur allzu leidvoll mussten Nachbarvölker anerkennen, dass die Türken ihrem Namen alle Ehre zu machen verstanden. Sinngemäß kann man *türk* (»stark, mächtig«) und *iye* (»Land, Heimat«) mit STARKES, HEIMATVERBUNDENES VOLK übersetzen. Allerdings darf nicht vergessen werden, dass das ehemalige *Kleinasien* (engl. *Asia Minor*) erst im 12. Jh. von Europäern mit diesem Namen belegt wurde und die Türken selbst ihr Land als *Anatolien* bezeichneten. Erst mit der Ausrufung der Republik 1923 kam der Name Türkei verstärkt in Gebrauch. Mit Blick auf ihre islamische Geschichte wird die Türkei auch oft als *Dar ul Islam* (dt. Haus des Islams) beschrieben – ein wahrlich stolzer Beiname. Übrigens ist das in der englischen Sprache für Truthahn gebräuchliche Wort *turkey* eine irrtümliche Bezeichnung, da der Truthahn eigentlich aus Guinea stammt. Die umgangssprachliche Wendung »etwas türken« bedeutet so viel wie etwas fälschen. Der Ausdruck geht auf den von Baron von Kempelen gebauten ersten Schachautomaten zurück. Ähnlich steht es mit dem Ausdruck *einen Türken bauen*, also etwas vorspiegeln. Weitere Anmerkung: Auch die *Türkenbundlilie*, eine reizvolle Blume, sowie der Farbton *türkis* sind nach diesem Land benannt. U: alte staatliche Tradition; 29. 10. 1923 (Ausrufung der Republik)

TURKMENISTAN TN/TKM/TM [S, Zentralasien, oL *Republik Turkmenistan*, turk. *Türkmenistan Respublikasy*] Wie bei einigen zentralasiatischen Landesnamen wird das Volk der TURKMENEN um die iranische Endung *stan* LAND erweitert. Das Wort *türkmen* (dt. Turkmene) heißt so viel wie DER WAHRE TÜRKE irak. *tork* »Türke« und *mandan* »gleich sein«. U: Souveränitätserklärung 22. 8. 1990; Proklamation 27. 10. 1991

TURKS und CAICOSINSELN [I, Großbritannien, Karibik, Mittelamerika] Eine KAKTUSART gibt der ersten Inselgruppe den Namen, das lokale *caya hico* INSELKETTE beschreibt die Caicosinseln.

TURKU [O, Finnland, Europa, schwed. *Åbo*] Beide Namen, der schwedische wie der finnische, sind schwedischen Ursprungs. Bis 1812 war Turku (schwed. *torg* MARKTPLATZ) die Hauptstadt des Landes. Wegen der zu großen Nähe zu Schweden entschied man sich aus geopolitischen Gründen zu einer Verlagerung dieser Funktion nach Helsinki. *Åbo,* der zweite offizielle Stadtname, bedeutet »Flussbewohner« (*å* »Fluss« und *bo* »bewohnen«).

TUVALU TV/TUV/TUV [S/I, Ozeanien, oL engl. *The Tuvalu Isalnds*] Einen kuriosen Namen trägt dieser sehr junge Staat: DIE ACHT, DIE ZUSAMMEN STEHEN (von polynes. *tu* »beisammen stehen« und *valu* »acht«). Gemeint sind die insgesamt neun Inseln, von denen allerdings Niukakita außer zu Zeiten der Kopraernte unbewohnt ist. Anders als im Landesnamen sind die neun Inseln in der Flagge in korrekter geografischer Lage wiedergegeben. Früher war Tuvalu ein Teil der **Gilbert und Ellis Inseln**, die nach *Thomas Gilbert* und *Alexander Ellis* benannt wurden. Ersterer findet sich bis heute im Namen Kiribati verewigt. Alexander Ellis war Eigentümer des Schiffs, mit dem 1819 die Insel Funafuti (heute gleichnamige Hauptstadt Tuvalus) angesteuert wurde. U: 1. 10. 1978 (ehem. brit. Protektorat)

TYRONE [P, Irland, Europa, ir. *Tír Eoghain*] Das Name des nordirischen Counties Tirone kann mit LAND DES EOGHAN (ir. *tír* »Land, Besitz«) ins Deutsche übertragen werden.

TYRRHENISCHES MEER [G, Europa, engl. *Tyrrhenian Sea*] Der legendäre lydische Königssohn TYRRHÉNOS hat laut Herodot die Etrusker aus Kleinasien nach Italien geführt. Ihm zu Ehren nahm man nun den Namen Tyrrhener an. Die Römer wählten für diesen Abschnitt des Mittelmeers den sprechenden Namen *Mare Inferum* (dt. Unteres Meer), im Vergleich zum *Mare Supe-*

rum (dt. Oberes Meer; gemeint ist die Adria). Die Etrusker selbst sprachen vom »Meer der Etrusker«.

 lat. [statt V] – griech. *upsilon* Υυ – phöniz. *wāw* »Haken«

UBANGI-SHARI → **Zentralafrikanische Republik** [H/L, Afrika] Wie beim Stichwort »Zentralafrikanische Republik« angeführt, war ursprünglich das WASSER namengebend, nicht die Lage dieses Staates (*u* »Land«, *bangi* »schnell«; bezogen auf einen Fluss).

UDSSR → **Russland** [H/S, Europa] Knapp siebzig Jahre lang war die UNION DER SOZIALISTISCHEN SOWJETREPUBLIKEN eine zuerst aufkeimende, dann reale Weltmacht und mit seinem kommunistischen System gleichsam die Hoffnung und der Gegenpol zur westlich-kapitalistischen Hemisphäre. Mit Gorbatschows berühmtem Ausspruch »Wer zu spät kommt, den bestraft das Leben« begann jedoch Ende der Achtziger-, Anfang der Neunzigerjahre der Umbau zur Gemeinschaft Unabhängiger Staaten (GUS).

UFA [O, Russland, Europa] Ufa wurde 1574 als Festungsstadt gegründet, um baschkirische Stämme vor Übergriffen von Nomaden zu schützen. Damals war diese Stadt – der türkische Name bedeutet KLEIN – die östlichste im gesamten Russischen Reich. Der mehr als 440 m lange Eichenholzwall gab Ufa den Spitznamen »Eichenstadt«.

UGANDA UG/UGA/EAU [S, Ostafrika, oL *Republik Uganda*, kisuaheli *Jamhuri ya Uganda*, engl. *Republic of Uganda*] Das historische Bugandareich ist für diesen Namen verantwortlich, mit dem Haupt-

volk der *Ganda* (dt. Leute) als Namenträger. Im modernen Staatsnamen wurde dem Volk das Swahiliwort *u* LAND vorgestellt, so dass man »Uganda« vielleicht am besten mit LAND DER MENSCHEN übersetzen darf. Der alte Beiname dieses einst stolzen Reiches, zwischen 1894 und 1962 britisches Protektorat, war »Perle Afrikas«. U: 9. 10. 1962 (ehem. brit. Protektorat)

UKRAINE UA/UKR/UA [S, Osteuropa, engl. *Ukraine*, oL *Ukraine*, ukrain. *Ukraina*] Obwohl das aruss. *oukrainia* mit GRENZLAND übersetzt werden kann (*ou* »bei«, *kray* »Region«), ist dieser Name eher unpassend. Er stammt aus der Zeit des Mongoleneinfalls im 13. Jahrhundert. Tatsächlich war nämlich die Ukraine nicht Grenzgebiet, sondern Schauplatz der ersten ostslawischen Staatenbildung, also das Herzstück des späteren Russischen Reiches. Und in der Tat hat das Wort *Ukrajina*, das bereits 1187 in einer Chronik erwähnt wird, in historischen Liedern und volkstümlichen Balladen meist die Bedeutung LAND, ERDE, steht also keinesfalls »am Rande« oder außerhalb des Heimatgedankens. Bis zum 19. Jh. wurden die Ukrainer meist als Ruthenier und das Land als *Malorossija* (dt. Kleinrussland) bezeichnet. U: Souveränitätserklärung 16. 7. 1990; Proklamation 24. 8. 1991

ULAN BATOR [O, Mongolei, Asien] DIE STADT DES ROTEN HELDEN (mongol. *ulaan* »rot«, *baatar* »Held«) ist der fast martialisch klingende Name der mongolischen Hauptstadt. Die Benennung erfolgte 1924 zu Ehren von Sukhe BATOR, einem kommunistischen Revolutionär des frühen 20. Jh.s, der die chinesische Oberherrschaft abschüttelte und die Mongolische Volksrepublik ausrief. Bis dahin trug die 1639 gegründete

Stadt den Namen *Urga* (mongol. *Orgoo*), mit der Bedeutung »Palast« oder »Hauptquartier«.

ULM UL [O, Baden-Württemberg, Deutschland, Europa] Seit mehr als tausend Jahren ist der Name dieser Stadt, deren rechtes Donauufer als Neu-Ulm zu Bayern gehört, praktisch unverändert, wenn man von der Endung absieht. Überraschenderweise hat Ulm nichts mit der heute fast verschwundenen Baumart zu tun, sondern muss als Gewässername verstanden werden. Zwei etymologische Ursprünge sind denkbar: Entweder die idg. Wurzel **yel* »drehen, wälzen« oder **el* bzw. **ol* »fließen, strömen«. Gemeint ist damit also der WASSERSCHWALL bei der Einmündung der Blau in die Donau, oder eben der ZUFLUSS der Blau zum zweitgrößten europäischen Fluss.

ULSTER, NORTHERN IRELAND [P, Nordirland, Großbritannien, Europa, dt. *Nordirland*, ir. *Ulaids tír*] Das alte Königreich Ulster steht heute für ganz Nordirland, umfasst jedoch korrekterweise auch einige Counties der Republik Irland. Der erste Namensteil bedeutet PLATZ DER ULAIDH. Gemeint ist ein altes Volk, dessen düsterer Namenshintergrund mit »Grabmal« zu übersetzen ist. Angehängt an diesen Volksnamen ist das anord. Gen. *-s* sowie die Endung *tír* BEZIRK, TERRITORIUM.

ULURU → **Ayers Rock** [X, Australien, Ozeanien] Als Zufluchtsstätte der Ahnen und Väter wurde der Uluru (dt. SCHATTIGER PLATZ) von den Aborigines schon immer verehrt. Heute kommt dieser Name auch ganz offiziell wieder in Verwendung, nachdem für lange Zeit auf allen Kartenwerken der Name Ayers Rock zu finden war.

UNGARN HU/HUN/H [S, Mitteleuropa, engl. *Hungary*, oL *Republik Ungarn*, ung. *Magyar Köztársaság*] Die Ungarn waren ein Reitervolk aus dem Gebiet der oberen Wolga. Da sie beim Fluss Ugra lebten, wird ihr Name bisweilen damit erklärt. Aber auch eine etymologische Brücke zu den Hunnen könnte zum heutigen Landesnamen führen. Jedenfalls würde, wenn man die ungarische Sprache analysiert, einiges die letztgenannte Theorie unterstützen. So sehen manche Etymologen den ausladenden Namen VOLK DER ZEHN PFEILE (STÄMME) in dieser Wurzel (*on ogur*). Die Ungarn selbst bezeichnen sich, völlig unterschiedlich dazu, als *Magyaren*, was auf das stärkste dieser ehemals nördlich des Schwarzen Meeres lebenden Völker, die Megyers (oder Magy) hindeutet. Dieser Name steht schlicht für MENSCHEN oder LEUTE, eine bei alten Völkern häufig auftretende Bezeichnung. Politische Randnotiz: Unter *Magyarisierung* versteht man eine Änderung der Kultur zum Ungarischen hin. Zwischen 1867 und 1918 war dieses Land Teil der Doppelmonarchie *Österreich-Ungarn*. Bitter die Entscheidungen in den Friedensverträgen nach dem Ersten Weltkrieg: Ungarn verlor mehr als zwei Drittel seines Staatsgebiets an die umliegenden Länder, und mehr als drei Millionen Ungarn mussten von nun an als Minderheit um ihre politischen Rechte kämpfen. Dieser Prozess ist bis heute nicht wirklich abgeschlossen. U: 1000 (Staatsgründung durch Krönung von Stefan I.); seit 1867 gleichberechtigte Reichshälfte der k.u.k. Monarchie Österreich-Ungarn; 16. 11. 1918 (Gründung der Republik)

UNITED KINGDOM → **Großbritannien** [S, Westeuropa, dt. *Vereinigtes Königreich*] »UK« ist die Kurzform von UNI-

TED KINGDOM OF GREAT BRITAIN AND NORTHERN IRELAND, dem offiziellen Landesnamen Großbritanniens.

UNITED STATES → **Vereinigte Staaten von Amerika** [S, Nordamerika, dt. *Vereinigte Staaten*] Wahlweise werden im Journalismus die Kurzformen Amerika oder United States (dt. VEREINIGTE STAATEN) für die USA verwendet. Der offizielle Landesname ist einfach zu sperrig für den täglichen Bedarf.

UNNA UN [O, Nordrhein-Westfalen, Deutschland, Europa] 1278 mit dem Stadtrecht versehen, war Unna lange Jahre sogar Hansestadt. Der Name, auch als *Unha* oder *Unneha* belegt, ist bis jetzt ungeklärt. Bahlow vermutet jedoch, dass in diesem Begriff das idg. Wurzelwort *pu* FAULEN, STINKEN steckt.

UPPSALA [O, Schweden, Europa] Schwed. *upp* »auf, oben« und *sal* »Palast« bilden den Namen dieser Universitätsstadt: OBERER PALAST. Uppsala war bereits im 12. Jh. als Zentrum des Svear-Reichs Bischofssitz und besitzt mit der 1477 gegründeten Universität die zweitälteste Nordeuropas. Im 16. und 17. Jh. machte diese Stadt als Residenz des Königshauses ihrem Namen alle Ehre.

UR [H/O, heutiger Irak, Asien] Vor mehr als 7000 Jahren in Mesopotamien am Ufer des Euphrat gegründet, ist Ur zweifellos eine der ERSTEN festen Siedlungen der Menschheit. Als Ausgrabungsstätte steht diese sumerische Stadtgründung seit langer Zeit im Brennpunkt des Interesses. Dies darf nicht verwundern, ist doch von hier gemäß den Berichten der Genesis der Stammvater Abraham, der in Ur geboren wurde (Gen 11,27), nach Palästina aufgebrochen. Die deutsche Vorsilbe *ur/Ur* steht für »anfangs« oder »ursprünglich«. Kulturgeschichtliche

Randnotiz: Das älteste Würfelbrettspiel der Welt entstand vor mehr als 4600 Jahren in dieser Region: *The Royal Game of Ur* (dt. Das königliche Spiel von Ur). Für dieses ehrwürdige Brettspiel, das vom berühmten Archäologen Sir Leonard Woolley gefunden und auch so benannt wurde, konnte eine vollständig spielbare Regel rekonstruiert werden (Q: Kastner, Würfelenzyklopädie).

URAL [B/F, Russland, Asien, Europa, engl. *Urals*] Bis zum Ende des 17. Jh.s war der russ. Name *Kamen* »Stein, Fels« gebräuchlich. Heute steckt die Vorstellung einer BERGKETTE im Bild dieses Namens (jakut. *ural* »Gürtel«). Bis ins 20. Jh. wurden das Uralgebirge und der fälschlich ebenso benannte Fluss als die Grenze zwischen Europa und Asien gesehen. Mit der Bildung neuer supernationaler Einheiten verschwimmt jedoch die alte Bedeutung dieser Abgrenzung.

URI UR [P, Schweiz, Europa] Uri ist einer der drei Gründungskantone der Eidgenossenschaft (die anderen sind Schwyz und Unterwalden, s. d.). Am 1. August 1291 wurde die ewige Unabhängigkeit beschlossen und schließlich in der Schlacht am Morgarten 1315 (gegen die Habsburger) bestätigt. Aus dieser Zeit stammt auch die Sage von Wilhelm Tell, die bis heute jedem Kind geläufig ist. Passend zu diesem kraftvollen Drang nach Freiheit ist jedenfalls der Name des Kantons: lat. *urus* AUEROCHS.

URUGUAY UY/URY/ROU [S, Südamerika, oL *Republik Östlich des Uruguay*, span. *República Oriental del Uruguay*] Der Landesname ist direkt vom Fluss *Río da Uruguay* abgeleitet, wobei sich dieser Staat offiziell der geografischen Lage entsprechend *Republik Östlich des Uruguay* (span.

República Oriental del Uruguay) nennt. Vielleicht entlehnen sich die Wörter *uru* »Vogel« und *guay* »schwarz« (oder »Schwanz«) von einem früheren Stamm, also SCHWARZER VOGEL oder LANGSCHWÄNZIGER VOGEL. Andere Quellen sehen im -*y*- die Bedeutung »Wasser« (also WASSERVOGEL). Weiters kommt guarani *uruguá* MUSCHELFLUSS als Namenshintergrund in Betracht. Hier sind wir jedenfalls wieder einmal im Reich der gefälligen Spekulation. Ehemals Teil des spanischen *Vizekönigreichs Río de la Plata*, wurde Uruguay in den Wirren der Jahre des Unabhängigkeitsstrebens als Pufferstaat zwischen den Riesen Argentinien und Brasilien etabliert. Ein stolzer Moment der Geschichte dieses Landes soll diesen Beitrag abrunden: Uruguay wurde 1930 durch ein 4:2 gegen Argentinien zum ersten Fußballweltmeister gekürt. Bis heute sind die Namen der Mittelfeldspieler – Andrade, Fernandez, Gestido – jedem Kind des Landes ein Begriff. U: 4. 10. 1828 (ehem. span. Kolonie)

USA → **Vereinigte Staaten von Amerika** [S, Nordamerika] Das wohl meist verwendete Staatenkürzel des 20. Jahrhunderts stellt eine Kurzform des offiziellen Landesnamens dar: U̲nited S̲tates of A̲merica. Zur Namenserklärung s. Vereinigte Staaten von Amerika.

USBEKISTAN UZ/UZB/UZ [S, Zentralasien, engl. *Uzbekistan*, oL *Republik Usbekistan*, usbek. *Ūzbekiston umhurijati*] USBEK (oder Osbek) war im 14. Jh. Khan der Goldenen Horde. Sein Name bedeutet vielleicht EIGENER HERR, wenn auch mit einiger Unsicherheit behaftet. Nach ihm bezeichnete sich das Volk der Usbeken, wobei der Stammesname, wie bei einigen Staaten Zentral- und Süd-

westasiens, um das iranische *stan* »Land« erweitert wurde. Ursprünglich wurde der Begriff Usbeke weitläufiger verwendet, nämlich für alle turksprachigen Völker Zentralasiens. Zwischen 1924 und 1991 war Usbekistan (ungewollt) Teil der Sowjetunion. U: Souveränitätserklärung 20. 6. 1990; Proklamation 31. 8. 1991

USEDOM [O/I, Mecklenburg-Vorpommern, Deutschland, Europa] Die größte Stadt der gleichnamigen Ostseeinsel war ursprünglich eine slawische Burgwallsiedlung. Der Name ist bis heute nicht sicher geklärt, könnte aber von slaw. *uznam* MÜNDUNG stammen.

UTAH UT/UT. [P, USA, Nordamerika] Der indianische Name des Stammes der Ute bedeutet in etwa HOCH OBEN oder BERGBEWOHNER, sehr treffend für den Rocky Mountain Staat. Der von Mormonen im 19. Jh. in ihrem religiösen Eifer vorgeschlagene Name *Deseret* (dt. Land der Honigbienen) lebt im heutigen Beinamen *Beehive State* (dt. Bienenkorb) weiter. Phonetisch (eng. *desert* bedeutet dt. Wüste) hätten die Mormonen wohl eine sehr starke Assoziation zu diesem regenarmen Gebiet geschaffen.

UTRECHT [O, Niederlande, Europa] Der röm. Name *Trajectum castrum* (dt. Fort bei der Furt) sowie das ahd. *ūt*, nl. *uit* »draußen, außerhalb«, führen zum Namen AUSSERHALB DES FLUSSÜBERGANGS. Gemeint ist damit der Oude Rijn, der in den Lek mündet.

UTTAR PRADESH [P, Indien, Asien] Der Hindiname bedeutet NÖRDLICHER STAAT (*uttar* »Norden«, *pradeś* »Staat«). Uttar Pradesh ist der bevölkerungsreichste, gleichzeitig aber auch der ärmste Bundesstaat Indiens.

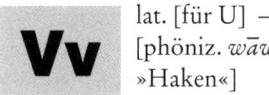

lat. [für U] –
[phöniz. *wāw*
»Haken«]

VADUZ [O, Liechtenstein, Europa] Eine kurios anmutende lat.-ahd. Mischung, *vallis* TAL und *diutisk* DEUTSCH, führt zu *Valdutsch* und bildet die Namensgrundlage dieses rheinischen Hochtals, in dem die gleichnamige Hauptstadt Liechtensteins liegt.

VALENCIA [O, Spanien, Europa] Diese stolze spanische Stadt trug zu Römerzeiten den Namen *Valentia Edetanorum* FORT DER EDETANI. Das splat. *valentia* »Stärke«, von *valere* »stark sein« abgeleitet, liegt dem Siedlungsnamen zugrunde.

VALENCIENNES [O, Frankreich, Europa] Der römische Kaiser VALENTINIAN I (321–375) dürfte dieser Stadt seinen Namen geliehen haben. Andererseits zeigt das alte Stadtwappen Schwäne, die auch eine Herleitung von franz. *val de cygnes* TAL DER SCHWÄNE denkbar machen. Eine Klöppelspitze, die *Valenciennesspitze*, wurde in dieser Stadt entworfen.

VALLADOLID [O, Spanien, Europa] Wahrscheinlich sind die bis hierher vordringenden Araber namengebend gewesen, ist doch eine Verwandtschaft zu arab. *balad ûlid* STADT DES ULID unverkennbar. Wer dieser Mann war, ist allerdings nicht mehr eruierbar. Daneben hat aber auch der mittelalterliche lat. Name *Vallisoletum* TAL DER OLIVENBÄUME seinen Reiz.

VALLETTA [O, Malta, Europa] Der Malteserorden gab dieser Stadt einst den an BESCHEIDENHEIT (lat. *humilitas*) gemahnenden Namen *Humilissima Civita Valletta*. Heute erinnert der Name an Jean Parisot de la VALLETTE (1494–

1568), den französischen Großmeister des Johanniterordens, der hier 1566 nach der Belagerung durch die Türken den Grundstein zu dieser später prachtvollen Stadt legte, die auch *Il-Belt* (dt. die Stadt) genannt wird.

VALPARAISO [O, Chile, Südamerika] TAL DES PARADIESES (span. *valle* und *paraíso*) nannte der verzückte spanische Konquistador Juan de Saavedra (gestorben 1554) diese wunderbare Hanglage über einer breiten Bucht Mittelchiles.

VALPOLICELLA [R, Italien, Europa] Das TAL DER VIELEN (KLOSTER)ZELLEN (ital. *val, poli, cella*) liefert einen weit über die Grenzen der Lombardei hinaus berühmten Rotwein.

VANCOUVER [O, Kanada, Nordamerika] Neben Wien und Zürich wurde diese Stadt an der Pazifikküste Kanadas in den letzten Jahren regelmäßig zu den Städten mit der weltweit besten Lebensqualität gewählt. Der englische Seefahrer George VANCOUVER (1757–1798) erforschte diesen Küstenabschnitt im Auftrag der Royal Navy.

VANUATU VU/VUT/VU [S/I, Ozeanien, oL *Republik Vanuatu*, bislama *Ripablik blong Vanuatu*, engl. *Republic of Vanuatu*] Das polynes. Wort *vanuatu* bedeutet DAS LAND, (DAS SICH) AUS DEM MEER (ERHEBT), eine wunderbare Beschreibung für die cirka achtzig vulkanischen Inseln und Felseilande im Südpazifik, die von Korallenbänken umgeben sind. Dennoch leitet sich der Staatsname unmittelbar von der politischen Partei *Vanua'aku Pati* (dt. UNSER EWIGES LAND) ab, die die englischsprachige Bevölkerung repräsentiert. Eine wahrlich kuriose Bezeichnung. Der Kolonialname **Neue Hebriden** dagegen wurde von James Cook zu Ehren der Hebrideninseln

(s. d.) an der Westküste Schottlands gewählt, die eine entfernte Ähnlichkeit aufweisen. Der erste Europäer, der hier landete und die Hauptinsel *Espiritu Santo* (dt. Heiliger Geist) nannte, war jedoch der Portugiese Pedro Fernández de Quirós. U: 30. 7. 1980 (ehem. brit.-franz. Kondominium Neue Hebriden)

VARNA, WARNA [O, Bulgarien, Europa] Das slaw. *vran* oder *vrana* SCHWARZ (WIE DIE KRÄHE) bildet die Wurzel dieses Städtenamens. Vielleicht ist darin aber auch eine Anspielung auf die Lage am Schwarzen Meer zu sehen. Eine zweite etymologische Deutung sieht das idg. *vara* »Wasser« als Namensursprung. Zwischen 1949 und 1956 trug Varna den Namen *Stalin*, zu Ehren des sowjetischen Diktators.

VATIKANSTADT VA/VAT/V [S, Südeuropa, engl. *Vatican City*, oL *Staat der Vatikanstadt*, lat. *Civitatis Vaticanae*, ital. *Stato della Città del Vaticano*] An dieser Stelle, benannt nach dem Hügel *Vaticano* am rechten Tiberufer, wurde nach der Überlieferung der Apostel Paulus nach seinem Märtyrertod beerdigt. Das lat. *mons Vaticanus* bedeutet, und hier liegt ein Schuss Aberglaube im Namen, HÜGEL DER PROPHEZEIUNGEN. Dennoch ist dies auch nach zweitausend Jahren Christentum ein mehr als passender Name für den Kirchenstaat. U: alte staatliche Tradition; 7. 6. 1929 (Inkrafttreten der am 11. 2. 1929 mit Italien geschlossenen Lateranverträge)

VELBERT [O, Nordrhein-Westfalen, Deutschland, Europa] Diese Siedlung entstand bereits im 9. Jh. unter dem Namen *Feldbrathi* (ahd. *feld* FELD, FLÄCHE und *brahti* ABGEGRENZT; gemeint ist damit wohl ein Rodungsgebiet).

VENEDIG [O, Italien, Europa, ital. *Venezia*, engl. *Venice*] Die historischen Bewohner dieser Region, die VENETER (der Name bedeutet »weiß«) gaben der berühmten Lagunenstadt den Namen. Allerdings erfolgte die Umbenennung von *Rivoalto* (dt. erhöhtes Ufer) erst im 13. Jh. Donna Leons eigenwilliger Kommissar Brunetti macht seine akribischen Nachforschungen in dieser ungemein lebendigen Adriastadt. Hier wird der Leser durch die Kriminalliteratur erstaunlich detailliert in das Leben und Treiben dieser Stadt eingeführt.

VENEZIEN [P, Italien, Europa, ital./engl. *Veneto*] Auch diese Region geht auf das Volk der VENETER zurück (s. Venedig).

VENEZUELA VE/VEN/YV [S, Südamerika, oL *Bolivarische Republik Venezuela*, span. *República Bolivariana de Venezuela*] Die Entdecker *Amerigo Vespucci* und *Alonso de Ojeda* fanden im See von Maracaibo Pfahlbauten der Indios, die sie stark an die Lagunenstadt Venedig erinnerten. Daher wählten sie den Namen KLEIN-VENEDIG und schufen damit die einzige Staatenbenennung nach einer europäischen Stadt. Die Einwohner heißen in deutscher Sprache *Venezolaner*. Vor der Unabhängigkeit gehörte das Territorium Venezuelas zum *Vizekönigreich Neu-Granada* (1717–1821), danach für einige Jahre (1821–30) zu *Großkolumbien*. U: Proklamation 5. 7. 1811 (ehem. span. Kolonie); endgültig 24. 6. 1821 (Schlacht von Carabobo); 6. 5. 1830 (Loslösung von Großkolumbien)

VERACRUZ [O, Mexiko, Nordamerika] Der span. Name WAHRES KREUZ deutet auf den Todestag Jesu Christi hin. Diese Stadt wurde in der Osterwoche des Jahres 1519 durch den spanischen Konquistador Hernán Cortés gegründet, ursprünglich unter dem Namen *Villa Rica de la Vera Cruz* (dt. Reiche Stadt des wahren Kreuzes).

VEREINIGTE ARABISCHE EMIRATE

AE/ARE/UAE [S, Südwestasien, engl. *United Arab Emirates*, oL *Vereinigte Arabische Emirate*, arab. *Dawlat al-Imārāt al-'Arabiyya al-Muttahida*] Die FÖDERATION DER SIEBEN SCHEICHTÜMER (Abu Dhabi, Dubai, Schardscha, Adschman, Umm al-Qaiwain, Ra's al-Chaima und Fudschaira) verdankt seine Existenz, wie einige andere Staaten Südwestasiens, dem Erdöl im Persischen Golf. Bis zur Proklamation der Föderation 1971 waren diese von den Briten kontrollierten Scheichtümer als *Trucial States* (dt. Waffenstillstands-Staaten) bekannt. Das wichtigste Emirat, **Abu Dhabi**, kann mit dem poetischen Ausdruck VATER DER GAZELLE übersetzt werden, da *zab* arabisch »Gazelle« heißt. Das Wort Emir ist etymologisch mit unserem Begriff Admiral (arab. *amīr*) verwandt, kann also als »Befehlshaber« verstanden werden. Die ersten Fürsten, die diesen hohen Titel trugen, waren die Omaijaden von Córdoba. Später trat in den meisten arabischen Staaten der Sultan an die Stelle des Emirs. U: Proklamation der Föderation durch sechs Emirate 2. 12. 1971; 1972 (Beitritt eines siebenten Emirats)

VEREINIGTE STAATEN VON AMERIKA

US/USA/USA [S, Nordamerika, oL *Vereinigte Staaten von Amerika*, engl. *The United States of America, America*] Kein Irrtum bei einer Namensgebung hat derart nachhaltigen Effekt gehabt wie die 1507 erschienene Weltkarte des deutschen Kartografen Waldseemüller. Statt den früheren (ersten) Entdecker Christoph Kolumbus mit der Namensgebung dieses Erdteils zu ehren, war es der italienische Seefahrer AMERIGO Vespucci (1451–1512), der im spanischen Auftrag die Nordostküste Südamerikas bereiste und unter portugiesischer Flagge die brasilianische Küste erkundete, der im Namen Amerika verewigt wurde. Vespucci brachte wohl im Gegensatz zu Kolumbus seine Überzeugung zum Ausdruck, einen neuen Kontinent entdeckt zu haben, dennoch scheint ihm mit der Namensgebung der gesamten »Neuen Welt« zu viel der Ehre getan. *Amerika* ist, wie damals für Länder üblich, als weibliche Form zum lat. *Americus* gebildet worden. Auch ein chemisches Element, das *Americum*, ist diesem mächtigen Staat gewidmet. Ebenso steht die berühmte Segeljachtregatta, der *America Cup*, die älteste Trophäe des Sports, immer wieder in den Schlagzeilen. Zwischen 1851 und 1983 gab es die längste Siegesserie der Sportgeschichte, mit durchweg amerikanischen Triumphen. Manche Sprachforscher glauben auch den Kollektivspitznamen für die USA, *Uncle Sam*, auf eine scherzhafte Umdeutung der ehemals amtlichen Abkürzung U.S.Am. zurückführen zu können. Eine andere Erklärung sieht den Armeelieferanten Samuel Wilson, der im Englisch-Amerikanischen Krieg seine Fleischlieferungen mit einem abgekürzten Namensstempel versah, für diesen Beinamen verantwortlich. Ein weltweit verwendeter, eher umgangssprachlicher Kurzname für die USA lautet *The States*. Sehr modern ist der Begriff *Amerikanisierung*, womit man ein Überschwappen der amerikanischen Kultur wie der amerikanischen Politik in weite Teile der Welt meint. Dieser Ausdruck darf nicht mit der *Amerikanistik*, der Lehre von der amerikanischen Sprache, Geschichte und Kultur verwechselt werden. Randnotiz: Die kulinarische Welt verwöhnt uns mit einem Gebäck aus Weizenmehl mit Zuckerguss, dem sogenannten *Amerikaner*. Ein Blick in die Almanache verlangt auch noch nach einer politischen Ergänzung: Bis heute gehören die Nördlichen Marianen und Puerto Rico als Territories zu den USA, die Amerikanischen Jungferninseln, Amerikanisch-Samoa und Guam sind sogenannte Außengebiete. Weitere US-dominierte Territorien: Baker Island, Howard Island, Jarvis Island, Johnston Atoll, Kingman Reef, Midway Islands, Palmyra, Wake Island (alle Pazifik), Navassa Island (Karibik) und Guantánamo Bay Naval Station (Kuba). U: 4. 7. 1776 (Inkraftsetzung der Unabhängigkeitserklärung durch den 2. Kontinentalkongress)

VEREINIGTES KÖNIGREICH VON GROSSBRITANNIEN UND NORDIRLAND → **Großbritannien, Irland** [S, Westeuropa] Der offizielle deutsche Name Großbritanniens wird praktisch nur in amtlichen Dokumenten verwendet. Der Grund: Es handelt sich um eine sichtlich sperrige Zusammensetzung politischer wie territorialer Begriffe.

VERMONT VT/VT. [P, USA, Nordamerika] Das ursprüngliche französische *Mont Vert* (dt. GRÜNER BERG) muss absichtlich oder aus Unkenntnis von einem englischsprachigen Siedler umgedreht worden sein. Die angesprochenen »Grünen Berge« liegen östlich vom Lake Champlain und sind dicht mit Nadelbäumen bewachsen, daher das ganze Jahr über grün. Der passende Beiname Vermonts ist *Green Mountain State*.

VERONA [O, Italien, Europa] Überraschenderweise leitet sich diese Stadt von einem kelt. Namen, *Vernomago*, ab (*verno* HOLUNDER, *mago* FELD). Berühmt wurde Verona durch das Shakespearedrama »Romeo und Julia«.

VERSAILLES [O, Frankreich, Europa] Bis heute umstritten ist der Namensursprung dieser französischen Residenzstadt. Fünf Vorschläge werden diskutiert: (1) lat. *versus* ABHANG mit dem Suffix *-alia*.; (2) lat. *versare* UMDREHEN; vielleicht ein Hinweis auf die beim Pflügen umgedrehte Erde; (3) lat. *versum* »drehend« und *alea* »Flügel«, in Anspielung auf früher hier in Verwendung stehende Windmühlen; (4) splat. *versagium* (ein Ausdruck für eine »Waldsteuer«); (5) afranz. *val de Gallie* (dt. Tal der Gallier). Am relativ wahrscheinlichsten sind die ersten beiden Varianten. Am Ende des 17. Jh.s beschloss Ludwig XIV., seinen Regierungssitz nach Versailles zu verlegen. Auf sumpfigem und waldigem Gebiet entstanden in den folgenden dreißig Jahren ein pompöses Schloss und Parkanlagen, die bis heute einen uneingeschränkten Publikumsmagneten darstellen. Auch im 20. Jh. stand Versailles kurzfristig im Brennpunkt der Politik: Mit dem *Frieden von Versailles* wurde der Erste Weltkrieg formell beendet.

VESUV [B, Italien, Europa, engl. *Vesuvius*] Durch den Untergang von Pompeji und Herculaneum am 24. August 79 ist der Vesuv wohl der literarisch und filmisch am häufigsten in Szene gesetzte Vulkan der Erde. In einem Umkreis von 12 km wurde alles unter einer Staub- und Aschemasse begraben. Die präkelt. Wurzel *ves* könnte einfach BERG bedeuten.

VICENZA [O, Italien, Europa] Die Stadt der Schmuckwaren gehört zu den reichsten Orten Italiens. Der Name geht auf das röm. VICETIA (oder Vicentia) zurück, mit sehr unsicherer Deutung. Vielleicht besteht ein Zusammenhang mit lat. *vicus* SIEDLUNG.

VICHY [O, Frankreich, Europa] Lat. *vicus callidus* WARME SIEDLUNG ist der passende Name für diesen Bade- und Kurort in der Auverne.

VICTORIA [P, Australien, Ozeanien] 1851 wurde dieser Staat Südostaustraliens von New South Wales abgetrennt. Der Name erinnert an die große Königin VICTORIA (1819–1901), die in zahllosen weiteren geografischen Bezeichnungen geehrt wurde. Der Mädchenname bedeutet »die Siegreiche«. Nun, in diesem Fall darf man sagen »nomen est omen«, entstand doch während der enorm langen Regierungszeit Victorias (1837–1901) das ausgedehnte British Empire.

VICTORIA → Victoria [O, China, Asien] Die Hauptstadt Hongkongs ist ebenfalls nach Queen VICTORIA benannt. Immerhin war dieses Welthandelszentrum hundert Jahre lang, bis 1. Juli 1997, eine britische Kronkolonie.

VICTORIA → Victoria [O, Kanada, Nordamerika] Die Hauptstadt der kanadischen Provinz British Columbia ist – historisch leicht begründbar – wie viele andere Orte nach der großen Queen VICTORIA benannt.

VICTORIA ISLAND → Victoria [I, Kanada, Nordamerika, dt. *Victoria-Insel*] Die zehntgrößte Insel der Welt wurde bereits zwei Jahre nach Beginn der Regierungszeit Queen VICTORIAS (1839) nach der Monarchin benannt.

VICTORIAFÄLLE → Victoria [G, Sambia, Simbabwe, Afrika, engl. *Victoria Falls*] Die bekanntesten Wasserfälle Afrikas am Sambesi spiegeln die koloniale Vergangenheit dieses Kontinents wider. Als erster Weißer sah David Livingstone diese gewaltigen Wassermassen,

die von den Eingeborenen *Mosi-oa-Tunya* »Donnernder Rauch« genannt werden. Dieser Name beschreibt mehr als treffend die bis zu 300 Meter aufsteigenden Sprühnebel, die noch in 30 km Entfernung zu sehen sind. Die Viktoriafälle sind mit einer Breite von 1600 Metern weltweit ohne Beispiel.

VICTORIASEE → Victoria [G, Afrika, engl. *Lake Victoria*] Der ausgedehnteste See Afrikas zwischen Uganda, Kenia und Tansania ehrt die englische Königin Victoria. Mit fast 70 000 km^2 (etwa der Größe Irlands) ist der Victoriasee das drittgrößte Binnengewässer unserer Erde, nach dem Kaspischen Meer und dem Oberen See.

VIERSEN VIE [O, Nordrhein-Westfalen, Deutschland, Europa] Der Name dieses ehemaligen Gerichtssitzes geht vermutlich auf einen Bachnamen *VERSINA zurück, der seinerseits von ahd. *frisc* FRISCH, KÜHL gebildet wurde.

VIERWALDSTÄTTER SEE, LUZERNER SEE [G, Schweiz, Europa, franz. *Lac des Quatre Cantons*, ital. *Lago dei Quattro Cantoni/Lago di Lucerna*, rätorom. *Lag Lucerna*, engl. *Lake Lucerne*] Ein zweiter Name für dieses alpine Gewässer ist *Luzerner See*. Eigentlich wäre der Name »See der vier Waldkantone« treffender, da URI, SCHWYZ, UNTERWALDEN und LUZERN Kernkantone der Eidgenossenschaft darstellen.

VIETNAM VN/VNM/VN [S, Südostasien, oL *Sozialistische Republik Vietnam*, viet. *Công-hòa xã-hôi chú-nghĩa Viêt-Nam*] *Viet*, ein ehemaliges Fürstentum (Land) in Südchina (eigentlich ist dieses *viet* nur die lokale Aussprache eines chinesischen Zeichens), und das annamesische *nam* »Süden« sollten namengebend für die Ostflanke Indochinas werden. Da aber Vietnam, das LAND DES SÜDENS, geteilt war, zeigten die

Landkarten für einige Jahrzehnte sowohl ein »Nordland des Südens« wie auch ein »Südland des Südens«, für das Abertausende amerikanische Soldaten und noch viel mehr Vietnamesen im blutigen Vietnamkrieg ihr Leben lassen sollten. Filmisch wurde diese amerikanische Nemesis eindrucksvoll in mehreren Meisterwerken, wie »Platoon«, »Good Morning, Vietnam«, »The Deer Hunter« oder »Apocalypse Now« umgesetzt. U: alte staatliche Tradition; 2. 9. 1945 (Ausrufung der Unabhängigkeit durch Ho Chi Minh); 4. 6. 1954 (franz. Unabhängigkeitsvertrag mit Gegenregierung); 2. 7. 1996 (Wiedervereinigung von Nord- und Südvietnam)

VIGO [O, Spanien, Europa] Im südwestspanischen Hafen steckt das röm. *vicus* SIEDLUNG, DORF. Die gleiche idg. Wurzel findet sich in englischen Ortsnamen wie Greenwich oder Norwich.

VILA NOVA DE GAIA [O, Portugal, Europa] Das Zentrum der Portweinproduktion wurde bereits 1255 erstmals urkundlich erwähnt (*Vila Nova de Rei*, dt. Königliche NEUSTADT). Ursprünglich handelte es sich um zwei Orte, *Vila Nova* und *Gaia*, die sich schließlich 1824 zusammentaten. Gaia, das in römischer Zeit als *Cale* bekannt war, könnte sich aus dem Wurzelwort für KELTEN ableiten. Allerdings steht hinter dieser Deutung ein großes Fragezeichen.

VILLACH [O, Österreich, Europa] Dieser alpine Verkehrsknotenpunkt trägt im zweiten Namensteil ganz zu Recht das ahd. Wort *aha* WASSER, liegt diese Stadt doch inmitten eines ausgedehnten Seengebietes. Ob der erste Teil des Siedlungsnamens aus der idg. Wurzel *pela BREIT UND FLACH entlehnt ist, kann dagegen nicht mit Sicherheit festgestellt werden.

VILLINGEN-SCHWENNINGEN VS [O, Baden-Württemberg, Deutschland, Europa] Die Doppelstadt am Schwarzwaldrand entstand erst 1972 durch Vereinigung zweier selbstständiger Städte. In beiden Fällen sind frühe Gründernamen erhalten geblieben, jeweils erweitert um das Zugehörigkeitssuffix *ingen*. Villingen heißt frei gedeutet BEI DEN LEUTEN DES FILO (Kurzform des Personennamens *Vilmar*), Schwenningen BEI DEN LEUTEN DES SWANO (Kurzform von *Swanagēr*) – eine Parallelität über mehr als ein Millennium hinweg!

VILNIUS [O, Litauen, Europa, dt. *Wilna*] Die Stadt führt ihre Bezeichnung auf den Fluss Vilija zurück, in dem seinerseits das lit. *vilnis* WELLE steckt. Die gleiche idg. Wurzel findet sich im lat. *volvere* »rollen« (z. B. in der Autotype Volvo verwendet).

VIRGIN ISLANDS [I, Großbritannien, USA, Karibik, Mittelamerika] Wie zahlreiche Eilande der Neuen Welt wurden auch die JUNGFERNINSELN (lat. *Virgo*) bereits von Christoph Kolumbus benannt. Auf seiner zweiten Reise im Jahr 1493 dachte der Genuese an den Tod der hl. Ursula (21. Oktober), einer britischen Königstochter, durch das Schwert der Hunnen. Auch im angehenden 21. Jh. ziert die heilige Ursula das Wappen der Virgin Islands, umgeben von elf Öllampen, die symbolisch für Gefährtinnen, Opfer dieser rauen Zeit der Völkerwanderung, stehen. In einem Traum wird Ursula das Martyrium verkündet. Kolumbus mag in seiner durch tiefen Glauben inspirierten Phantasie in der Form der Inselketten den Prozessionszug der jungfräulichen Nonnen wiedererblickt haben. Politisch teilen sich heute Großbritannien und die USA diese Inseln.

VIRGINIA VA/VA. [P, USA, Nordamerika] Die allererste Dauersiedlung in Nordamerika, Jamestown, entstand 1607 in Virginia. Daher wurde dieser Staat zu Ehren von Queen Elizabeth I., der Virgin Queen, *Virginia* benannt. Angeblich war zur Zeit des ersten, gescheiterten Siedlungsversuchs in Roanoke Island (1584; heute in North Carolina liegend) Elizabeth selbst die Namengeberin. Allerdings gibt es dafür keine schriftlichen Belege. Vielleicht hat sie mit dieser Besitznahme weniger ihre angebliche Enthaltsamkeit preisen wollen als die unendlichen Möglichkeiten in diesem JUNGFRÄULICHEN LAND. Belegt ist, dass das erste, auf amerikanischem Boden in eine englische Familie geborene Kind, eine gewisse Virginia Dale, diesen klingenden Vornamen bekam. Virginia ist die weibliche Form des römischen Familiennamens *Virginius* (auch *Verginius).* Der Legende nach wurde die erste Trägerin von ihrem eigenen Vater ermordet, der damit eine zu stürmische Annäherung durch einen Freier verhindern und die Unschuld seiner Tochter retten wollte. *The Old Dominion* ist der edle, in Amerika sehr bekannte Beiname Virginias. Sechs der ersten zehn Präsidenten (Washington, Jefferson, Madison, Monroe, Harrison, Tyler) stammen aus diesem Staat. Noch eine »genüssliche« Erwähnung zum Abrunden: Dieser Staat ist die Heimat des bekannten *Virginia*-Tabaks.

VOGESEN [B, Europa, franz. *les Vosges*, engl. *Vosges*] Die alten Namen des französischen Mittelgebirges, *Wasgenwald* oder *Wasgau*, kommen aus dem kelt. *ves, vis* WASSER, SUMPF. Damit ist eine direkte Namensähnlichkeit mit der amerikanischen Hauptstadt Washington gegeben.

VOLTA [F, Ghana, Afrika] Ursprünglich nannten die portugiesischen Seefahrer den Hauptfluss Ghanas *Rio da Volta*, also FLUSS DER UMKEHR. Ob der Name den Wendepunkt ihrer Expedition oder die vielen Biegungen und Verschlingungen widerspiegelt, bleibt offen. Bis 1984 nannte sich auch der unabhängige Staat Burkina Faso »Obervolta«.

VORARLBERG V [P, Österreich, Europa] Der Name des westlichsten österreichischen Bundeslandes geht auf die ARLENBÜSCHE (auch Latschen genannt) zurück. Aus Schweizer Sicht liegt das Land Vorarlberg eben VOR dem Gebirgsmassiv an der Grenze zu Tirol. Vielleicht, so einige ältere Überlieferungen, stand auf Tiroler Seite am Fuß des Passes einst die Arlenburg, die ebenfalls zur Namensfindung beigetragen haben könnte.

VORDERASIEN → **Südwestasien** [E, Asien] Die Bezeichnungen Vorderasien und Südwestasien werden nach Gutdünken des jeweiligen Autors völlig austauschbar verwendet. Vielleicht darf jedoch eine ergänzende Bemerkung angebracht werden: Beim Begriff Vorderasien kommt der europäische Blickwinkel stärker zum Ausdruck.

VORDERINDIEN → **Südasien** [E, Asien] Besonders zu Kolonialzeiten wurde dieser Begriff für den Subkontinent Indien (heute auch Pakistan, Bangladesch und Sri Lanka) im Gegensatz zu Hinterindien (heute Kambodscha, Laos, Malaysia, Myanmar, Thailand) verwendet. Das moderne Südasien hat als Kulturerdteilsbezeichnung diesen Terminus jedoch weitgehend verdrängt.

 aengl. *wyn* [w-Laut] – [phöniz. *wāw* »Haken«]

WAADT VD [P, Schweiz, Europa, franz./ital./ engl. *Vaud*, rätorom. *Vad*] Der erst 1803 entstandene Kanton trägt einen etymologisch ungeklärten Namen. Vielleicht leitet er sich von *walho* FREMDER ab, da die Bewohner dieser Gegend von ihren Nachbarn als solche empfunden wurden.

WAGRAM [R,   Österreich,   Europa] Deutsch-Wagram, ein kleiner Ort nahe von Wien, hat historische Bedeutung, da hier 1809 Napoleon die Österreicher besiegte. Der Name geht auf das mhd. *wâch-rein* STEILER ABHANG zurück. Offensichtlich handelte es sich um den äußersten Rand der weit verzweigten (damals unregulierten) Donauarme.

WAIBLINGEN [O, Baden-Württemberg, Deutschland, Europa] Zwei Theorien gibt es über die Herkunft dieses Ortsnamens. Entweder bildet die von *weibōn* »sich hin und her bewegen« abgeleitete Amtsbezeichnung   GERICHTSBOTE (ahd. *weibil*) oder der Personenname WEIBILO die Stammform dieses Namens, erweitert um das Zugehörigkeitssuffix *ingen*.

WALACHEI [P, Rumänien, Europa, engl. *Wallachia*, rumän. *Tara Românească* (dt. *Rumänisches Land*)] Die namengebenden Vlachs (oder WALACHEN) behaupten, die Abkömmlinge der alten Römer zu sein. Zumindest sprachlich ist dies nicht von der Hand zu weisen, ist doch das Rumänische die einzige romanische Sprache in Ostmitteleuropa und Osteuropa. Die slawischen Nachbarn sahen in den Vlachs Eindringlinge und benannten sie daher mit der slawischen Form des ahd. Wortes *walho* FREMDE.

Cornwall, Wales, Gallien oder der Familienname Wallace haben denselben sprachlichen Ursprung. Der berühmteste Bewohner dieses Landes ist zweifellos der historische Dracula, Vlad III: Dr. Drăculea, der hier im 15. Jahrhundert sein überaus blutiges Unwesen trieb. Er diente als Vorbild für Bram Stokers Romanfigur Count Dracula, die schon zu Zeiten des Stummfilms erstmals verfilmt wurde.

WALES [P, Großbritannien, Europa, wal. *Cymru*] Der westliche Teil des Vereinigten Königreichs wurde von den angelsächsischen Siedlern mit dem aengl. Namen *walh* (FREMDER, KELTE: Pl. *walas*) bezeichnet. Die ansässige Bevölkerung war für die Neuankömmlinge tatsächlich in vielen Bereichen fremdartig, sowohl in Sprache, Tradition wie auch in der Gesellschaftsordnung. Cornwall, die Walachei oder der Familienname Wallace tragen die gleiche Wortwurzel. Sogar in der Pflanzenwelt gibt es ein Beispiel für den Import einer fremdartigen Frucht. Die *Walnuss* stammt ursächlich aus Asien. Die Waliser selbst nennen ihr Land *Cymru*, abgeleitet aus *Cymry*, was »Landsleute, Mitbürger« heißt. Daher auch der Beiname *Cambria* (lat. Form). Der britische Thronfolger trägt übrigens den formalen Titel *Prince of Wales*.

WALL STREET [X, USA, Nordamerika] Holländische Siedler haben 1673 eine MAUER am Platz der heutigen Finanzstraße in Manhattan, New York, gebaut, um Schutz gegen einfallende Indianer zu finden. Die *Wall Street* hat jedenfalls einen sehr festen Klang in der Finanzwelt – sie steht wie ein wahres Bollwerk!

WALLIS VS [P, Schweiz, Europa, franz./rätorom./engl. *Vallais*, ital. *Vallese*] In diesem

Schweizer Kantonsnamen scheint das Wort *Welsch* zu stecken, eine deutsche Bezeichnung für alles ROMANISCHE. Dennoch leitet sich der Name anders her, nämlich vom lat. *vallis* TAL. Gemeint ist damit sicherlich die Rhône (schweizerisch: Rhone, Rotten), das Herzstück dieses Kantons.

WALLIS und FUTUNA [I, Ozeanien, franz. *Territoire des Iles Wallis et Futuna*, engl. *Wallis and Futuna Islands*] Diese Inselnamen mögen einen klanglich homogenen Eindruck machen. Tatsächlich jedoch leitet sich der erste Name vom englischen Seefahrer Samuel WALLIS (1728–1795) ab, der zweite dagegen ist eine Bezeichnung der Eingeborenen für eine der Inseln dieser Gruppe, mit nicht feststellbarer Bedeutung.

WALSALL [O, England, Großbritannien, Europa] Bereits 1002 als *Walesho* dokumentiert, könnte dieser Ortsname die Entwicklung zu *Walh halh* TAL DER FREMDEN genommen haben. Doch auch ein Personenname WALH ist durchaus denkbar.

WANNE-EICKEL [H/O, Nordrhein-Westfalen, Deutschland, Europa] Seit 1975 ist Wanne-Eickel ein Teil von Herne. Nicht einmal für ein halbes Jahrhundert konnte diese ehemalige Großstadt ihre Eigenständigkeit bewahren. Der Name ist eine Verbindung aus mhd. *eclo* EICHEL und dem Flurnamen WANNE (eine Geländesenke).

WARSCHAU [O, Polen, Europa, pol. *Warszawa*, engl. *Warsaw*] Möglicherweise war dieses Gebiet ursprünglich Eigentum eines gewissen WARSZ. Die Altstadt der polnischen Hauptstadt wurde mit dem UNESCO-Weltkulturerbe ausgezeichnet.

WARTBURG [X, Thüringen, Deutschland, Europa] Bereits im 11. Jh. gegründet, gehört die Wartburg seit 1999 zum Weltkulturerbe. 1521/22 übersetzte auf der Wartburg kein Geringerer als Martin Luther unter dem Decknamen »Junker Jörg« das Neue Testament ins Deutsche. Auch der Name dieser Burg kennt einen eher humorvollen Mythos: Als der Begründer den Hügel, auf dem das Schloss heute steht, zum ersten Mal sah, war er von diesem Ort derart entzückt, dass er, so die Legende, ein Gelöbnis tat: »WARTE nur, Berg – du sollst meine BURG werden!«

WASHINGTON WA/WASH. [P/O, USA, Nordamerika] Als einziger Präsident der Vereinigten Staaten wurde George WASHINGTON (1732–1799) durch die Benennung eines Staates geehrt. Zusätzlich tragen auch die Hauptstadt (**Washington DC**) sowie mehr als dreißig Counties und eine große Zahl von Communities seinen Namen. Washingtons Vorfahren hatten einen alten Herkunftsnamen. Ursprünglich war mit aengl. *wasetune* (*wase* »Morast, Sumpf«; *tūn* »Farm«) eine Siedlungsstätte angesprochen. *Evergreen State* (dt. Immergrüner Staat) und *Chinook State* (der Chinook ist ein warmer Meereswind, der gegen die Küste weht) sind die beiden Beinamen dieses Pazifikstaates.

WASHINGTON, District of Columbia → **Washington, Kolumbien** [P, Washington D.C., USA, Nordamerika] Die Hauptstadt Washington, zu Ehren von George WASHINGTON (1732–1799) benannt, gehört keinem amerikanischen Bundesstaat an, sondern hat als *District of Columbia* (D.C.) einen Sonderstatus. Letzteres war auch der ursprünglich geplante Name, der die Verdienste des Christoph KOLUMBUS würdigen sollte. 1792 war Baubeginn, und bereits

1800 wurde Washington zur ständigen Hauptstadt der Vereinigten Staaten von Amerika.

WATERFORD [P/O, Irland, Europa] Vermutlich leitet sich der Name dieses irischen Hafens nicht vom augenscheinlichen »Wasser« ab, sondern vom anord. *vethr* WIDDER und *fjorthr* FJORD. Gemeint war damit eine günstige Verladestelle für Widder. Randnotiz: *Waterford* ist Irlands erste Adresse für die Glaswarenerzeugung.

WATERLOO [O, Belgien, Europa] 1815 fand nahe diesem kleinen belgischen Dorf die entscheidende Schlacht zwischen Napoleon und seinen englisch-preußischen Gegnern Wellington und Blücher statt. »Ein Waterloo erleben« als Ausdruck für eine vernichtende Niederlage wurde sprichwörtlich. Der Name selbst leitet sich vom fläm. *water* WASSER und *loo* HEILIGER WALD (ahd. *loh* »Gebüsch, Gehölz«) ab.

WEICHSEL [F, Polen, Europa, pol. *Wisła*, engl. *Vistula*] Idg. *veik* FLIESSEN oder *viso* WASSER bilden die Wurzel des polnischen Hauptflusses. Die deutsche Bezeichnung hängt möglicherweise mit einer Assoziation mit dem gleichnamigen Kernobst zusammen.

WEIMAR WE [O, Thüringen, Deutschland, Europa] Viel Spekulation gibt es um den Namen der Goethestadt. Ahd. *wîh* »heilig« und *mari, meri* »stehendes Gewässer, See« oder »sumpfiges Gelände« könnten auf die Bedeutung HEILIGER SEE oder HEILIGE QUELLE hinweisen.

WEISSES MEER [G, engl. *White Sea*] Die arktische Nordwestpforte Russlands könnte nach der ungemein beeindruckenden SCHNEE- UND EISLANDSCHAFT benannt sein, aber auch nach der Farbe des WASSERS, in dem sich die Natur spiegelt. Auch eine in asiatischen Sprachen verwendete Farbbenennung der Himmelsrichtungen, hier des WESTENS, ist denkbar (s. Schwarzes Meer).

WEISSRUSSLAND, BELARUS BY/BLR/BY [S, Osteuropa, engl. *Belarus*, oL Rep. *Weißrussland, Republik Belarus*, belarus *Respublíka Belarus'*] Auch der in den meisten Sprachen übliche Name **Belarus** bedeutet einfach WEISSES RUSSLAND. Unklar ist nur der Ursprung dieser Bezeichnung, die in Europa zum ersten Mal Ende des 16. Jahrhunderts von Sir Jerome Horsey verwendet wurde. Daher erstaunt es kaum, dass sich im Laufe der Zeit mehrere Theorien herauskristallisiert haben. Vielleicht handelt es sich um HELLHÄUTIGE UND BLONDE LEUTE mit WEISSER NATIONALTRACHT, oder es sind die HELLEN SANDFLÄCHEN des Landes gemeint. »Weiß« könnte auch symbolisch interpretiert werden und FREI bedeuten. Zuletzt ist noch denkbar, dass, ebenso wie beim Weißen Meer, die HIMMELSRICHTUNG WESTEN in diesem Namen steckt, da dieser Staat westlich von Russland liegt. Eine historische Randnotiz darf nicht fehlen: Zar Nikolaus I. bannte 1839 kurzerhand den Namen Belarus und bestand auf der Bezeichnung *Nordwest-Territorium*. Nun, auch monarchische Edikte gelten nicht immer für die Ewigkeit. U: Souveränitätserklärung 27. 7. 1990; Proklamation 25. 8. 1991

WELLINGTON [O, Neuseeland, Ozeanien] Der Duke of WELLINGTON (1769–1852) gab der neuseeländischen Hauptstadt 1840 seinen Namen. Nicht sein Sieg bei Waterloo 1815 jedoch brachte dem späteren Premierminister (1828–1830) ihm diese Ehre, sondern vielmehr seine großzügige Unterstützung der New Zealand Company, die einen geeigneten Platz für die neue Hauptstadt suchte. Die alte Metropole Auckland wurde damit aus dieser Funktion gedrängt. Wellington ist, so nebenbei bemerkt, die südlichste Hauptstadt unserer Erde.

WELS [O, Österreich, Europa] Schwerter- und Münzfunde aus keltischer Zeit lassen darauf schließen, dass diese Messestadt in Oberösterreich einen keltischen Namen trägt, der möglicherweise SIEDLUNG AM FLUSS (gemeint ist die Traun) bedeutet. Letzterer Flussname ist mit Sicherheit keltischen Ursprungs und trägt die Wurzel *trun* »Moderwasser« (Q: Bahlow).

WEMBLEY [X, London, Großbritannien, Europa] Der Name des berühmten Fußballstadions im Nordwesten Londons hat nichts mit Sport zu tun. Ein gewisser *Wemba* hat in altenglischer Zeit diese Stelle urbar gemacht (aengl. *lēah* »Lichtung«). Daher darf Wembley frei übersetzt werden: WEMBAS LICHTUNG.

WERCHOJANSK [O, Russland, Asien, engl. *Verkhoyansk*] Die am Zusammenfluss zweier kleinerer Flüsse zur Jana gelegene, etwas höher gebaute Stadt, bekam einen ihre Lage beschreibenden Namen: *werkh* HÖHE und *jansk* AN DER JANA. Der Flussname ist etymologisch unklar. 1898 wurde in Ostsibirien mit −67,8 °C die tiefste je in bewohnten Gebieten erreichte Temperatur gemessen. Heute streitet sich Werchojansk mit Oimjakon (s. d.) um den Kältepol-Rekordwert.

WERRA [F, Deutschland, Europa] Erstaunlicherweise ist die Bedeutung dieses Flussnamens (früher *Werr-aha*) mit dem der Weser identisch. Mhd. *werre* FLIESSEN, STRÖMEN und *aha* WASSER bilden die Wortteile.

WESEL [O, Nordrhein-Westfalen, Deutsch-land, Europa] Bereits seit 1407 war Wesel eine bedeutende Hansestadt. Der Name dürfte germanischen Ursprungs sein (ahd. *wisa*, mhd. *wise* WIESE, FEUCHTLAND) und eine typische Flurbezeichnung andeuten.

WESER [F, Deutschland, Europa] An die idg. Wurzeln **weis*, **uis* FLIESSEN wurde *aha* WASSER angehängt. Im Ahd. finden sich nebeneinander die Flussnamen *Wesera, Wisara, Wisura* oder *Wiseraha*.

WESSEX [R, England, Großbritannien, Europa] Dieses in der Geschichte ungemein mächtige Königreich im Süden und Südwesten Englands war das Land der WESTLICHEN SACHSEN. Damit unterschied man sich von den »südlichen« (Sussex) und »östlichen« (Essex) Sachsen (s. d.). Als County konnte sich dieses zu ausgedehnte Gebiet im Gegensatz zu den beiden anderen »Sachsen« allerdings nicht halten. Thomas Hardy hat mit seinem Roman »Far From the Madding Crowd« zumindest in unserer Vorstellung eine Art Wiedergeburt des alten Namens bewirkt.

WEST POINT [X, USA, Nordamerika] Das Hauptquartier der United States Military Academy (1802 gegründet) trägt einen typischen Lagenamen: WESTUFER des Hudson River. Ein älterer militärischer Vorposten bestand bereits seit 1778, kurz nach der Unabhängigkeitserklärung.

WEST VIRGINIA → **Virginia** WV/W.VA. [P, USA, Nordamerika] Die Namensetymologie entspricht der der berühmteren Schwester Virginia. Der Beiname des gebirgigeren westlichen Landes lautet treffend *Mountain State*.

WESTAFRIKA → **Afrika, Westen** [E, Afrika] Dieses Gebiet diente als Nachschubquelle des Sklavenhandels und beheimatet heute folgende Staaten (nach Fischer Weltalmanach): Benin, Burkina Faso, Côte d'Ivoire, Gambia, Ghana, Guinea, Kap Verde, Liberia, Mali, Niger, Nigeria, Senegal, Sierra Leone und Togo.

WESTBANK [P, Israel, Asien] Nur zwei Jahre nach Gründung Israels (1948) wurde das palästinensische Gebiet am WESTUFER des Jordans dem neuen Staat Jordanien einverleibt (1. Nahostkrieg). Während des Sechstagekrieges 1967 fiel schließlich dieses biblische Kernland (alte Namen *Samaria* und *Judäa*) an den Staat Israel. Heute macht es den Großteil des palästinensischen Autonomiegebietes aus. Der englische Name weist auf das frühere Völkerbundmandat Palästina hin.

WESTEUROPA → Kap. **Europa, Westen** [E, Europa] Die exakte Begriffsdefinition dieser LAGEBEZEICHNUNG wird im Spezialkapitel über Europa abgehandelt.

WESTFALEN → **Nordrhein-Westfalen** [P, Deutschland, Europa, engl. *Westphalia*] Das frühere Herzogtum, das auf einen VOLKSNAMEN eines westgermanischen Stammes zurückgeht, ist heute Teil des größten deutschen Bundeslandes.

WESTINDIEN → **Indien** [R, Karibik, Mittelamerika, engl. *West Indies*] 1492 von Kolumbus entdeckt, verdanken die Karibikinseln einem Irrtum den Namen. Kolumbus vermeinte, auf einer WESTLICHEN Route INDIEN (s. d.) entdeckt zu haben. Als schließlich im 16. Jh. das echte »östliche« Indien bestätigt wurde, bürgerte sich dieser Kolumbus-Name endgültig ein. Die berühmte Handelsgesellschaft, die ihre Wurzeln in Indien hatte, trug folgerichtig den Namen *East India Company*.

WETZLAR [O, Hessen, Deutschland, Euro-pa] Vermutlich steckt in diesem Namen die Bedeutung WEIDEPLATZ AN DER WETTISA (heute Wetzbach; ahd. **(h)lâr* »neigen, lehnen«; damit dürfte ein Gestell oder Gerüst gemeint gewesen sein).

WICKLOW (MOUNTAINS) [B/P, Irland, Europa] Die frühe Invasion der Wikinger schlägt sich im Gebirgsnamen Wicklow, der gleichzeitig einem irischen County entspricht, nieder: WIKINGER WIESE (anord. *viking* und *ló* »Grasland«).

WIEN W [O, Österreich, Europa, engl. *Vienna*] Der Name der früheren Habsburgerhauptstadt geht auf das keltische Wort *vedunia* zurück, was so viel wie WALDBACH bedeutet. Gemeint war damit der kleine Wienfluss, der aus dem Wienerwald kommend in die Donau (heute Donaukanal) mündet. 883 wurde das ahd. *wennia* (aus *vedunia* über *venia* abgeleitet) erstmals urkundlich erwähnt, nachdem hier ein Kampf mit einfallenden Magyaren stattfand. Der Name des römischen Lagers **Vindobona** (dt. Gut eines Mannes namens Vindos) am Übergang der Alpen zum Wiener Becken hat mit dem heutigen Namen der Stadt nichts zu tun. Kelt. *vindos* heißt »weiß« und *bona* »Gründung« oder »Befestigung«. Die Stadt hat auch dem berühmten *Wiener Schnitzel* den Namen gegeben. Dafür ist das sogenannte *Wienern* (Putzen mit Schlämmkreide) mehr oder weniger in Vergessenheit geraten. Der vielleicht weltweit bekannteste Kulturbeitrag dieser Stadt, oft mit Johann Strauss assoziiert, ist der schwungvolle *Wiener Walzer*.

WIESBADEN WI [O, Hessen, Deutschland, Europa] Die warmen Quellen im Gebiet der Altstadt des heutigen Wiesbaden wurden bereits von der Kastellbesatzung zu römischen Zeiten genutzt. Und diese Quellen geben der Stadt auch ihren Namen: IN DEN WIESENBÄDERN.

WILHELMSHAVEN WHV [O, Niedersachsen, Deutschland, Europa] Der heute größte Ölhafen Deutschlands entstand Mitte des 19. Jh.s durch den Bau eines preußischen Kriegshafens in dafür abgetretenem oldenburgischem Gebiet. Zu Ehren WILHELMS I. von Preußen (1797–1888) benannte man die Neugründung Wilhelmshaven. Die endgültige Vereinigung mit der Nachbarstadt Rüstingen zur bedeutenden Güterhandelsstadt erfolgte erst im Dritten Reich (1937).

WILLICH [O, Nordrhein-Westfalen, Deutschland, Europa] HOF DES WILIKO (letzterer ein alter deutscher Personenname) ist die wahrscheinlichste Deutung dieses Ortsnamens. Aber daneben gibt es noch weitere Thesen: Vielleicht geht der Name auf ein präidg. Wort *wil* »Sumpf« zurück, vielleicht ist er auch von *villa* »Hof«, Landgut« oder *vilici* »Hofbewohner« abgeleitet. Urkundlich wird diese Siedlung jedenfalls erstmals 1137 als *Wylike* erwähnt.

WILMERSDORF [H/O, Berlin, Deutschland, Europa] Der im Südwesten Berlins gelegene Stadtteil Wilmersdorf fristete nur eine kurze Selbstständigkeit als eigenständige Großstadt: knappe dreizehn Jahre (1907–1920), davon ab 1912 mit dem Namen *Berlin-Wilmersdorf*. Kurios dabei, dass nur ein einziger Bürgermeister je dieser Großstadt vorstand. Ein ahd. PERSONENNAME, erweitert um die Siedlungsbezeichnung DORF, steckt in der Ortsbezeichnung.

WIMBLEDON [X, England, Großbritannien, Europa] Im Mekka des Tennis, das wie kaum ein anderes Event englischen Sportsgeist und Tradition verkörpert, versteckt sich ein normannischer Name: WYNNMANNS HÜGEL. Für Briten schwer auszusprechen, wurde im Laufe der Jahrhunderte einfach eine leichtere Schreibform gewählt. Die aengl. Endung *dūn* heißt nichts anderes als »Hügel«. Boris Becker, der jüngste Wimbledonsieger der Geschichte, hat aus seiner Liebe zu diesem Ort kein Hehl gemacht und den Centre Court wiederholt als sein »Wohnzimmer« bezeichnet.

WINDHOEK [O, Namibia, Afrika] Wortwörtlich übersetzt bedeutet dieser Name aus der Sprache Afrikaans »Windecke«. Das muss jedoch einigermaßen erstaunen, sind Windbewegungen doch gerade in dieser Gegend eher rar. Der Hottentottenhäuptling Jonker Afrikaner dürfte sich vielmehr an das südafrikanische Dorf Winterhoek erinnert haben, wo er seine Kindheit verbrachte. Dieser Name wiederum bedeutet WINTERECKE, was auf die nahe gelegenen, schneebedeckten Winterhoek Mountains zurückzuführen ist.

WINDSOR [X, England, Großbritannien, Europa] Die königliche Residenz der Queen steht in einer Stadt, die den ungewöhnlichen Namen UFER DER ANKERWINDE trägt. aengl. *windels* (moderne Sprache: windlass) »Ankerwinde« und *ōra* (engl. shore) »Ufer, Strand« weisen auf ein in früheren Zeiten übliches Hochziehen der Karren und Kisten über die steilen und schlammigen Uferböschungen der Thames hin. Auch ein Dorf namens Broadwindsor, an einer unnavigierbaren Stelle des Flusses gelegen, musste sich dieses System zunutze machen und untermauert damit diese Namensetymologie. 1917 nahm die heutige königliche Familie den Namen Windsor an, der an den deutschen Ortsnamen Wettin erinnert. Auf Grund des innenpolitischen Drucks während des 1. Weltkriegs musste George V. den alten Namen Haus Sachsen-Coburg und Gotha gegen seinen Willen aufgeben. Überlebt hat dafür etwas anderes, nämlich eine ganz spezifische Art des Krawattenbindens: Der *Windsorknoten* hat in der Herrenmode seinen festen Platz gefunden.

WINDWARD ISLANDS [I, Karibik, Mittelamerika, dt. *Inseln über dem Winde*] Der Weg des Nordostpassats (wörtlich WINDWÄRTS) drückt sich im Namen dieser Inselkette der Karibik aus, die eine Reihe sehr kleiner unabhängiger Staaten umfasst: Barbados, Dominica, Grenada, St. Lucia, St. Vincent und die Grenadinen sowie Trinidad und Tobago. Wie auch die Leeward Islands (s. d.) gehören die **Inseln über dem Winde** zu den Kleinen Antillen.

WINNIPEG [O/G, Kanada, Nordamerika] Das indian. Wort *win-nipee* SCHLAMMIGES WASSER aus der Sprache der Cree wurde zunächst für den See, später für die Hauptstadt der Provinz Manitoba verwendet. Diese wurde bereits 1738 gegründet und hieß zunächst *Fort Rouge*, *Fort Douglas* und *Fort Garry*. Winnipeg hat auf Grund seiner Lage extreme Jahresamplituden der Temperatur. Im Winter liegt der Tagesdurchschnittswert unter dem Gefrierpunkt, die Sommer sind dagegen sehr heiß. Daher wird Sport im Freien in der »Hauptstadt der Moskitos«, wie man scherzhaft sagt, während der Sommermonate tunlichst vermieden.

WINTERTHUR [O, Schweiz, Europa, franz. *Winterthour*] Auf den ersten Blick lässt sich nur schwer ahnen, dass diese Benennung (klingt wie »Wintertür«) fälschlicherweise auf das röm. *Vitudurum* zurückgeht, das seinerseits aus dem kelt. Personennamen VITU und die Endung *duru* BEFESTIGUNG gebildet wurde.

WISCONSIN WI/WIS. [P, USA, Nordamerika] Einer der Quellflüsse des Mississippi gibt diesem Staat seinen indianischen Namen. Die Bedeutung ist unklar, aber sinngemäß darf vom LANGEN FLUSS oder, in der poetischen Sprache der Ojibwa, von der SAMMELSTELLE DER WASSER gesprochen werden. Die Bewohner Wisconsins werden mit dem umgangssprachlichen Spitznamen »Badgers« bezeichnet, angelehnt an den traditionellen Namen *Badger State* (dt. Dachs).

WISMAR HWI [O, Bl Mecklenburg-Vorpommern, Deutschland, Europa] Das eineinhalb Jahrhunderte zu Schweden gehörende Wismar zeigt in seiner Etymologie das eher unübliche lateinische Feminin: *Wismarie, Wissmaria, Wyssemaria*. Die Deutung des Namens ist unsicher, wenn auch eine Zusammensetzung aus germ. *wisu* oder *wisi* GUT und *mari* MEER feststeht.

WITTEN [O, Nordrhein-Westfalen, Deutschland, Europa] Wie auch Wittenberg (s. d.) leitet sich dieser Ortsname von mnd. *wit* WEISS ab. Unklar ist allerdings die Deutung dieser Namensetymologie.

WITTENBERG WB [O, Sachsen-Anhalt, Deutschland, Europa, amtlich: *Lutherstadt Wittenberg*] Von Wittenberg aus wurde die kirchliche Welt des Mittelalters wahrlich aus den Angeln gehoben. Der Augustinermönch Martin Luther (1483–1546) leitete 1517 mit dem Anschlagen seiner 95 Thesen an der Tür der Schlosskirche zu Wittenberg die Reformation ein, die das Bild Europas und später der Welt nachhaltig verändern sollte. Luther selbst trug eigentlich den Namen Luder, den er jedoch, angelehnt an das griech. *eleutheros* »Befreiter«, als äußeres Zeichen seiner Wandlung änderte. Der Name Wittenbergs leitet sich vom mnd. *wit* WEISS, LEUCHTEND ab und bezeichnet wohl die »Burg auf dem hell erleuchteten Berg«. Angesichts der Lutherschen »Erleuchtung« ein fast prophetischer Name.

WITWATERSRAND [B, Südafrika, Afrika] HÜGELKETTE DER WEISSEN WASSER ist die Übersetzung der Afrikaansausdrücke *wit* »weiß«, *water* »Wasser« und *rand* »Hügel, Kamm«. Angesprochen wird dabei die Wasserscheide zwischen den Flusseinzugsgebieten des Vaal und des Limpopo. Berühmt wurde diese Region für ihre unermesslichen Goldfunde. So darf es nicht verwundern, dass seit 1961 der umgangssprachliche Kurzname *The Rand* sogar der südafrikanischen Währung den Namen gab. Damit sollten wohl endgültig die alten Kolonialerinnerungen an das Pfund abgeschüttelt werden.

WLADIWOSTOK [O, Russland, Asien, engl. *Vladivostok*] BEHERRSCHER DES OSTENS (russ. *wladjét* »gebieten«, *wastók* »Osten«) ist die treffende Bezeichnung für den Haupthafen Russlands am Pazifik. Wladiwostok entstand erst im Jahr 1860 als militärischer Außenstützpunkt in Ostasien. Heute ist diese Stadt am Japanischen Meer als Endpunkt der Transsibirischen Eisenbahn bekannt, der mit mehr als 9000 km längsten Zugstrecke der Erde. Die lokale Fußballmannschaft hat bei ihren Auswärtsspielen Guinness-verdächtige Anreisen von mehreren tausend Kilometern.

WOLFENBÜTTEL WF [O, Niedersachsen, Deutschland, Europa] Ein Siedler namens WULFERI (Wolfher) dürfte den Grundstein dieser später durch Widekind von Wolfenbüttel zu einer Festung (Wasserburg) ausgebauten Stadt gelegt haben. Der Name im 11. Jh. lautete *Wulferesbutle*, mit einer alten Form der Endung *büttel* HAUS, WOHNSITZ. Diese dürfte aus der germ. Wurzel **bhu* »bauen, wohnen« entstanden sein.

WOLFSBURG WOB [O, Niedersachsen, Deutschland, Europa] Der alte Name Wolfsburg bezeichnete ursprünglich eine WASSERBURG an der Aller, der ihrerseits das mhd. *wulf* WOLF zugrunde liegt. Heute gilt Wolfsburg, seit 1938 Sitz des damals gegründeten KdF-Wagens (heute Volkswagenwerk), als eine der großen Autostädte Deutschlands, ja ganz Europas. Die Organisation KdF (»Kraft durch Freude«) entstand während der Zeit der nationalsozialistischen Herrschaft. Der Sinn, der sich hinter dem Kürzel verbirgt, entspricht ganz dem Zeitgeist dieser unglückseligen Epoche.

WOLGA [F, Russland, Europa, engl. *Volga*] Bis heute ungeklärt ist der Namensursprung dieses größten europäischen Flusses. Aber es ist durchaus wahrscheinlich, dass die Wurzelsilbe NASS oder FEUCHT bedeutet, wovon sich das heutige russ. *vlaga* (dt. Feuchtigkeit) abgeleitet haben mag. Das russische Volkslied »Wolgaschlepper« hat diesen Strom musikalisch verewigt. Auch in der Operette »Der Zarewitsch« erinnert eine Arie an diesen Strom: »... Es steht ein Soldat am Wolgastrand, ...«.

WOLGOGRAD [O, Russland, Europa] Der alte Name dieser Stadt lautet *Zarizyn* (russ. *sari tschin* »gelber Sand«). 1925 erfolgte zu Ehren des späteren

Diktators eine Umbenennung in **Stalingrad** (russ. *grad* »Stadt«). Dieser Name ist durch die denkwürdige »Schlacht von Stalingrad«, die im Winter 1942/43 mit der Einkesselung der 6. Armee den Wendepunkt des Zweiten Weltkriegs darstellte, in die Geschichtsbücher eingegangen. Der Begriff *Stalingrad* wurde fast zu einem geflügelten Wort. Unzählige Werke berichten in dramatischer Sprache über diese Wochen des Desasters und der Verzweiflung, über das Elend der 150 000 Soldaten, die hier am Ostufer der Wolga ihr Leben lassen mussten. Wilhelm Borchert spielt in dem 1985 in Deutschland produzierten Kriegsfilm »Hunde wollt ihr ewig leben« den unglückseligen General Paulus. Mit der Entstalinisierung Anfang der Sechzigerjahre kehrte man 1961 zur rein topografischen Bezeichnung WOLGASTADT zurück.

WOLVERHAMPTON [O, England, Großbritannien, Europa] Der ungewöhnliche Mädchenname WULFRŪN (ahd. *wolf* »Wolf«, *rūna* »Geheimnis, geheime Beratung«) erinnert an eine adelige Dame aus dem 10. Jahrhundert. Dieser wurde das Land geschenkt, auf dem diese mittelenglische Stadt entstand. Der zweite Namensteil geht auf aengl. *hēan* HOCH (Dat.) und *tūn* FARM zurück.

WORMS WO [O, Rheinland-Pfalz, Deutschland, Europa] Ein geschichtsträchtiges Stück Erde ist es zweifellos, auf dem die stolze Stadt Worms steht. Immerhin erlebte die »älteste Stadt Deutschlands« die ungeheure Dramatik des Nibelungenepos direkt mit, so erzählt es die Sage. Zumindest wird diese Stadt (mhd. *Wormes*) im Nibelungenlied erwähnt. Außerdem steht hier einer der drei ro

manischen Kaiserdome; die beiden anderen finden sich in Mainz und in Speyer. Das lat. *Wormacia* geht auf einen kelt.-röm. Namen, *Bormetomagus*, zurück (kelt. *magus* »Feld«). Ob damit ein FELD AM BACH BORMITA gemeint sein kann? Ganz sicher lässt sich die Evolution dieses Namens leider nicht mehr nachvollziehen.

WORONESCH [O/P, Russland, Europa, russ. *Voronež*, engl. *Voronesh*] 1586 gegründet, trägt diese Stadt einen Flussnamen: VORONEZH. Dieser enthält die Silbe SCHWARZ (russ. *voron* »Krähe«; betont auf der Endsilbe), womit wohl die Farbe des Wassers gemeint gewesen sein dürfte. Geheimtipp: Als Schatztruhe der Architektur ist Woronesch allemal eine Reise wert.

WÖRTHERSEE [G, Österreich, Europa] Der größte Kärntner See verdankt seinen Namen der lokalen Form für Werder, die ihrerseits auf das mhd. *werder*, *wert*, anord. *wær* FLUSSINSEL zurückgeht.

WOSTOK-STATION [X, Russland, Antarktis] Die Station liegt 3488 m über NN, ca. 1250 km vom Südpol entfernt, jedoch nahe dem magnetischen Südpol. Wostok (russ. *wastók* OSTEN) gilt als der absolute Kältepol der Erde. Mit − 89,2 °C wurde am 21. Juli 1983 die bis heute tiefste Temperatur der Erde gemessen. Daneben steht ein offiziell nicht bestätigter Wert von −91,5 °C (1997). Die Normaltemperatur dieser russischen Forschungsstation liegt zwischen −30 °C und −60 °C. Mit Hilfe modernster Eiskernbohrungen können hier die Klimabedingungen der letzten 420 000 Jahre untersucht werden.

WOUNDED KNEE [X, USA, Nordamerika] Ein historisches Datum der amerikanischen Geschichte ist der 29. De zember 1890. An diesem Tag massakrierte die Siebente US-Kavallerie beim Wounded Knee über 350 Männer, Frauen und Kinder der Minekonjou-Lakota-Sioux-Indianer unter Häuptling Big Foot. Damit war der letzte Widerstand der Indianer gebrochen. Der Ortsname geht auf den *Wounded Knee Creek* zurück. Dieser erinnert vielleicht an eine KNIEVERLETZUNG eines Sioux-Kriegers.

WROCŁAW [O, Polen, Europa, dt. *Breslau*] Zwischen 1919 und 1945 war Breslau die Hauptstadt der preußischen Provinz Niederschlesien. In Thietmars Chronik wird bereits um das Jahr 1000 ein Johannes Wrotizlaensis, Bischof von *Wrotizla*, erwähnt. Vermutlich meint dieser Name einfach WRO-CISŁAWS (oder Vratislaws) STADT. Im Laufe der Zeit wurde dies zu *Wrotsław*, schließlich zu *Wrocław* simplifiziert. Die mhd. Form davon, *Prezla*, führte über *Preßlau* zum späteren deutschen Breslau. Insgesamt sind urkundlich mehr als 50 Namensformen für diese Stadt dokumentiert.

WUHAN [O, China, Asien] Erst 1950, ein Jahr nach der Ausrufung der Volksrepublik China, entstand aus dem Zusammenschluss der drei Städte WUCHANG, HANYANG und HANKOU dieser akronymische Kunstname. Ob auch die chin. Wörter *wu* »Militär« und *hàn* (gleichnamige Herrscherdynastie, 206 v. Chr.–220 n. Chr.) mitschwingen, ist nicht mit letzter Sicherheit zu beweisen.

WUPPERTAL W [O, Nordrhein-Westfalen, Deutschland, Europa] Im Tal der Wupper gelegen, erklärt sich der Name dieser 1930 aus einem Zusammenschluss mehrerer Orte entstandenen Stadt von selbst. Der Fluss dürfte auf eine idg.

Wurzel **wip* »sich schwingend bewegen« zurückzuführen sein. Durch Dialektfärbung kam es irgendwann zur Vokaländerung. Die Wupper ist, so das Duden Taschenbuch der Geographischen Namen, das HÜPFENDE WASSER. Interessant ist der Hintergrund zum Sprichwort *Er geht über die Wupper:* Früher musste man beim Gang vom Gefängnis zum Todestrakt den Fluss überqueren.

WÜRTTEMBERG → **Baden-Württemberg** [P, Deutschland, Europa] Württemberg, das in einer Volksabstimmung 1951 Teil eines größeren Bundeslandes wurde, war Sitz einer wichtigen deutschen Dynastie. Entweder steckt der nur erschlossene Personenname **WIRTINO* in diesem Namen oder der keltische Berg- und Burgname VIRO-DUNUM. Zur Etymologie s. Baden-Württemberg.

WÜRZBURG WÜ [O, Bayern, Deutschland, Europa] Ahd. *wirz* »Würze, Würzkraut« bezieht sich wahrscheinlich auf den BERG oder die BURG DER WURZEL-KRÄUTER. Es ist denkbar, dass damit ursprünglich gar nicht die Siedlung, sondern der links des Mains gelegene Marienberg gemeint war.

WYOMING WY/WYO. [P, USA, Nordamerika] Der Name dieses US-Staates ist aus der Sprache der Delaware entlehnt. *Maugh-wau-wame* bedeutet frei übersetzt WEITE WIESEN. Der schöne Beiname *Equality State* verspricht ein »Land der Gleichheit«. Dies ist absolut passend, war doch Wyoming 1869 der erste US-Staat, der das Frauenwahlrecht einführte. Später entsandte dieser Staat auch die erste weibliche Abgeordnete ins Parlament und wählte schließlich früher als jeder andere US-Staat eine Frau als Gouverneurin.

 griech. *chi* Χχ *xi* Ξξ – phöniz. *sâmekh* »Säule« – proto-semitisch *samek* »Fisch«

 griech. *ypsilon* Υυ – phöniz. *wāw* »Haken« – proto-semitisch *zen* »Waffe«

XANTEN [O, Nordrhein-Westfalen, Deutschland, Europa] Auf der Suche nach den Gräbern des hl. Viktor und seiner Genossen, Opfer der Diokletianischen Christenverfolgung, stieß man auf mehrere Steinsärge, die allerdings auf Merowinger zurückgingen, wie sich später herausstellte. Die im 4. Jh. erbaute Kirche und das Stift erhielten daher den Namen *Ad Sanctos* (dt. BEI DEN HEILIGEN). Sprachforscher erklären die Veränderung des Anlauts (10. Jh. *Xanctum* neben *Ad Sanctos*) mit dem Bemühen, das im Deutschen stimmlose S [s] durch stimmhaftes [ks] wiederzugeben. Allerdings ist der letzte Nachweis hierfür nicht gesichert.

XI'An [O, China, Asien] FRIEDVOLLER WESTEN ist die Übertragung der chin. Zeichen *xi* »Westen« und *an* »Friede«. Die heutige Hauptstadt der Provinz Shanxi war in seiner 3000-jährigen Geschichte immerhin der Sitz von dreizehn Dynastien. In Atlanten findet man auch häufig die Schreibweisen **Sian** und *Hsian*. Als chinesisches Weltwunder muss die 1975 entdeckte, ca. 2000 Jahre alte Terracotta Armee bezeichnet werden. Unfassbar, dass die generalstabsmäßig aufgestellten Soldaten und Pferde Unikate darstellen. Offensichtlich muss eine ganze Armee Modell gestanden haben. Vielleicht war Xi'an nicht immer so friedvoll, wie der Name vermuten lässt?

XIJIANG [F, China, Asien] Auch in diesem Flussnamen stecken die Zeichen *xi* WESTEN und *jiang* FLUSS. Der Xijiang bildet die Grenze zwischen den Provinzen Guangxi und Guangdong.

Yangon → **Rangun** [O, Myanmar, Asien] Seit 1989 wird das traditionelle *Rangun* mit dem einheimischen burmesischen Namen Yangon (dt. FRIEDVOLL) bezeichnet. Ein Zeichen mehr für das Abschütteln der kolonialen Fesseln!

YANKEE [X, USA, Nordamerika] Vermutlich stammt dieser abwertende Ausdruck für einen weißen Amerikaner aus einer Korrumpierung der Begriffe ENGLISCH oder ANGLAIS durch die endemische Indianerbevölkerung. Zunächst wurde er von Einwanderern auf die Engländer gemünzt, später dann auf die Nordstaatler und schließlich auf alle Amerikaner ausgedehnt.

YELLOWSTONE NATIONAL PARK [X, Wyomng, USA, Nordamerika] Der älteste und zugleich größte Nationalpark der Vereinigten Staaten ist nach dem *Yellowstone River* benannt. Diese Bezeichnung ist eine Übertragung aus dem französischen *Roche Jaune*. Letztere geht auf das indian. *mi tze -a-da-zi* FLUSS DER GELBEN STEINE zurück. Bis heute schneidet der wenig regulierte Yellowstone River ungehemmt sein Bett in die Rocky Mountains.

YELLOWSTONE RIVER → **Yellowstone National Park** [F, USA, Nordamerika] Französische Trapper übersetzten den indianischen Namen dieses Flusses mit *Rivière des Roches Jaunes*, und der kanadische Forschungsreisende David Thompson entschied sich für eine direkte Übertragung ins Englische: also FLUSS DER GELBEN STEINE.

YOKOHAMA [O, Japan, Asien] Eine reine Lagebezeichnung steckt in diesem größten Hafen Japans, nämlich jap.

yoko KÜSTE und *hama* STRAND. In der Edo-Bucht, unweit dieser heutigen Metropole, landete 1853 der US-Admiral Matthew Perry mit seinen neun Kriegsschiffen und erzwang damit die endgültige Öffnung des bis dahin fast vollständig isolierten Japans.

YORK → New York [P, England, Großbritannien, Europa] Mit gewisser Wahrscheinlichkeit ist es die EIBE, die dieser Grafschaft den Namen gab (s. New York). Aber auch andere Interpretationen sind denkbar: Ptolemäus verwendete in seinen Werken die Bezeichnung *Eborakon* (nach dem Personennamen Eburos, EIBENMANN). Viel später sahen die Angelsachsen in aengl. *eofor* »Wildschwein«, erweitert um die Endung *wic* »Wohnstätte«, die Erklärung für diesen Siedlungsnamen: frei übersetzt also WILDSCHWEINFARM. Die Wikinger schließlich dürften das anord. *yr* »Eibe« (vielleicht ein BOGEN AUS EIBENHOLZ) mit dem Endungs-*k* zum heutigen York verschmolzen haben. Was die Motivation für diesen Schritt war, bleibt allerdings Spekulation.

YOSEMITE NATIONAL PARK [X, Kalifornien, USA, Nordamerika] Der Name des Stammes der *Yosemite* bedeutet so viel wie GRIZZLY BÄR. Interessant ist die indianische Aussprache dieses kalifornischen Nationalparks: sie geht über vier Silben [jo-se-mi-ti].

YPRES [O, Belgien, Europa] Im Ersten Weltkrieg erreichte diese westbelgische Stadt durch die ungemein blutigen Schlachten zwischen Deutschen und Alliierten eine traurige Berühmtheit. Der gall. Name *ivo* EIBE wandelte sich im fläm. zu *Ieper* und schließlich zu Ypres.

YUCATÁN [P, Mexiko, Mittelamerika] Zwei Theorien versuchen eine Erklärung für den Namen dieser mexikanischen Halbinsel zu geben. Eine davon ist sehr blutrünstig, die andere völlig harmlos. Entweder stecken die lokalen Wurzeln *yuka* TÖTEN und *yetá* VIELE in diesem Namen, was auf ein Massaker in alten Zeiten hindeuten würde. Und in der Tat meinen einige Forscher, dass auf dieser Halbinsel die Maya ausgerottet wurden. Oder die ersten spanischen Entdecker bekamen auf die Frage nach der Bezeichnung dieser Region die Antwort *yucatán*, was frei übersetzt ICH VERSTEHE NICHT bedeutet.

YUCON [F, Kanada, USA, Nordamerika] GROSSER FLUSS (indian. *yu-kun-ah*) war der ehrfurchtsvolle Name für den Strom, der das gleichnamige heutige kanadische **Territorium** sowie ganz Alaska durchzieht.

YUCON TERRITORY → Yukon [P, Kanada, Nordamerika, dt. *Yukon-Territorium*] Der Goldrausch am Klondike-River (1896–1898) mit seinen schier unkontrollierbaren Begleiterscheinungen war es, der die kanadische Regierung zur Schaffung einer neuen, riesigen, wenn auch fast menschenleeren Verwaltungseinheit veranlasste. Kanadier sehen in diesem Gebiet oft »the true Canada« (dt. das wahre Kanada).

YÜNNAN [P, China, Asien] SÜDLICH DES WOLKENGEBIRGES ist die Übersetzung des chin. *yün-ling-nan*. Im Regenschatten der Bergketten des Himalaya liegend, ist diese Provinz ein trockenes, verkarstetes Hochland.

 griech. *zeta* Zζ – phöniz. *zayin* »Fessel« – proto-semitisch *zen* »Waffe«

ZABRZE → **Hindenburg** [O, Polen, Europa] Diese schlesische Großstadt war in Deutschland unter dem Namen Hindenburg (s. d.) wesentlich bekannter. Zabrze dürfte ein Gewässername sein und BEIM FLUSS bedeuten.

ZAGREB [O, Kroatien, Europa, dt. *Agram*] Den Namen der kroatischen Hauptstadt könnte man gut mit dem Ausdruck JENSEITS DES GRABENS (kroat. *za* »jenseits«, *greb* »Grabenrand«) umschreiben. Daraus entstand durch Verballhornung das deutsche **Agram**. Gemeint ist mit Grabenrand der Fluss Save, der diese Stadt durchzieht.

ZAÏRE → **Demokratische Republik Kongo** [H/S, Afrika] Ein Bantuwort für WASSER wurde zeitweilig für die Demokratische Republik Kongo (s. d.) als Staatsname gewählt. Daneben wurde der *Zaïre* auch zur Währung dieses Landes bestimmt.

ZAKOPANE [O, Polen, Europa] Die Beinamen »Winterhauptstadt Polens« und »Hauptstadt der Tatra« drücken den enormen Stellenwert dieser höchstgelegenen Stadt Polens aus. Im 17. Jh. wurde die Tatrastadt erstmals unter dem Namen *Zakopisko* erwähnt. Der Name könnte etwa mit VOM SCHNEE BEGRABEN übersetzt werden. Unklar ist die exakte Deutung, ob etwa ein Schatz oder dergleichen gemeint ist.

ZENTRALAFRIKA → **Afrika** [E, Afrika] Von Armut und Unruhen gebeutelt sehen die zentralafrikanischen Staaten einer unsicheren Zukunft entgegen: Äquatorialguinea, Gabun, Kamerun, Dem. Rep. Kongo, Rep. Kongo, São Tomé und Principe, Tschad und schließlich Zentralafrikanische Republik.

ZENTRALAFRIKANISCHE REPUBLIK CF/CAF/RCA [S, Zentralafrika, engl. *Central African Republic*, oL *Zentralafrikanische Republik*, sango *Ködrö tî Bê-Afrîka*, franz. *République centrafricaine*] Der Name spricht für sich, wenn man einen Blick auf die Karte wirft und die GEOGRAFISCHE LAGE betrachtet. Dennoch ist es sehr interessant festzustellen, dass ausnahmsweise der Kolonialname, **Ubangi-Shari** (franz. *Oubangui-Chari*), afrikanischen Ursprungs ist, der heutige Name dagegen europäisch. Dafür findet sich in Afrika kein weiteres Beispiel. Bantu *(o)u* heißt eigentlich »Land«, *bangi* »schnell«, womit wahrscheinlich die schnelle Strömung des Flusses Oubangui in diesem Land gemeint war. Vor der Unabhängigkeit 1960 gehörte dieses Gebiet zu *Französisch Zentralafrika*, wie auch der Geschichte der Postalischen Ausgabegebiete (s. Spezialkapitel) zu entnehmen ist. U: 13. 8. 1960 (ehem. franz. Kolonie)

ZENTRALASIEN → **Asien** [E, Asien] Entsprechend ihrer Lage werden folgende ehemalige Sowjetrepubliken unter dem Begriff Zentralasien geführt (laut Fischer Weltalmanach): Kasachstan, Kirgisistan, Tadschikistan, Turkmenistan und Usbekistan. Dazu kommt noch die im Herzen Asiens gelegene Mongolei. Manche Geografen rechnen Kasachstan seit dem Zusammenbruch der Sowjetunion und der damit verbundenen Annäherung an Europa allerdings bereits zu Osteuropa.

ZERMATT [O, Schweiz, Europa, franz. *Praborgne*] Matten, also Bergweiden, verstecken sich in diesem Schweizer Nobelwintersportort. Frei ausgedrückt: ZUR MATTE (vgl. Matterhorn).

ZHENJIANG [O, China, Asien] Die Metropole am unteren Jangtsekiang kann am besten mit WÄCHTER DES STROMS übersetzt werden.

ZION [H/X, Asien] Ursprünglich war mit Zion eine alte vorisraelische Stadt auf dem südöstlichen Hügel von Jerusalem gemeint. Später wurde der Name auf Jerusalem als die Stadt Gottes bezogen, dann auf Israel, und schließlich als ein allgemeiner Name für die CHRISTENHEIT JUDÄISCHER PRÄGUNG verwendet. Die Bedeutung erfuhr also eine ständige Erweiterung. Das hebr. *tsīyón* dürfte die Namensbasis sein, allerdings mit sehr unklarer Deutung.

ZUG → **Zuger See** ZG [P/O, Schweiz, Europa, franz. *Zoug*, lat. *Tugium*] Der kleinste Ganzkanton der Schweiz besitzt eine Fläche von nur 239 km². Dennoch ist dieser Kanton altehrwürdig, erfolgte der Beitritt zur Eidgenossenschaft doch bereits 1352. Der Name ist identisch mit dem des Sees, an dessen Ufer Zug liegt.

ZUGER SEE [G, Schweiz, Europa] Der hoch gelegene Zuger See (über 417 m) dürfte seinen Namen dem kelt. Wort *tug* DACH verdanken. Der gleichnamige Kanton hat diese Benennung einfach übernommen.

ZUGSPITZE [B, Bayern, Deutschland, Europa] Die zahlreichen LAWINENZÜGE (auch Lawinenstriche) am Nordfuß der Steilhänge des Wettersteingebirges geben diesem mit 2962 m höchsten Berg Deutschlands seinen Namen. Das Zugspitzplateau ist auch das einzige deutsche Gletscherskigebiet. Zudem liegt in der Gipfelregion die höchstgelegene Postfiliale Deutschlands.

ZUIDERSEE [H/G, Niederlande, Europa, holl. *Zuider Zee*] Als SÜDSEE bezeichnet, im Gegensatz zu Nord- und Ostsee, ist diese Wasserfläche Hollands seit 1932 durch einen Deich abgeriegelt. Sprachlicher Hinweis: nl. »See« bedeutet auf Deutsch »Meer«, nl. »Meer« dagegen »See«. Der heutige Name lautet **IJsselmeer** (s. d.).

ZÜRICH ZH [O/P, Schweiz, Europa, *Zurigo, Züri, Turitg, Turicum*, engl./franz. *Zurich*] Zürich liegt am Nordende des gleichnamigen Sees. Dies wird auch durch das kelt. Wurzelwort *dur* für WASSER ausgedrückt. Davon dürfte sich vermutlich der lat. Name *Turicum* abgeleitet haben. Im Jahr 2005 wurde Zürich bereits zum vierten Mal hintereinander als die Stadt mit der weltweit höchsten Lebensqualität ausgezeichnet. Im Gegensatz zu Deutschland ist *Zürich* offiziell auch das letzte Wort der österreichischen Buchstabiertafeln – analog zur Schweiz selbst.

ZÜRICHSEE → **Zürich** [G, Schweiz, Europa] Der Zürichsee entstand nach der letzten Eiszeit, als die Linth, der Zufluss, durch die Gletscherendmoräne gestaut wurde. Randnotiz: Dieser bananenförmige See hat nahezu Trinkwasserqualität.

ZWICKAU Z [O, Sachsen, Deutschland, Europa] Möglicherweise ist ein asorb. Ortsname eingedeutscht worden, wobei das mhd. *zwic* NAGEL, BOLZEN mit dem ahd. *aha* WASSER verschmolzen wurde. Die Deutung dieses Stadtnamens ist sehr unsicher.

ZYPERN CY/CYP/CY [S/I, Südosteuropa, engl. *Cyprus*, oL *Republik Zypern*, griech. *Kypriaki Dimokratía*] Lat. *cyprum* beziehungsweise griech. *kupros* KUPFER geben diesem Staat als einzigem neben Argentinien den Namen eines chemischen Elements. Der Ursprung liegt wahrscheinlich bereits beim sumerischen Wort für Kupfer, *kabar* oder *gabar*, da ja dieses Halbedelmetall auf Zypern bereits 3000 v. Chr. abgebaut wurde. Auch die Kartendarstellung des

Landes auf der Flagge ist in Gelb gehalten, symbolisch für den Kupferreichtum. Der schöne Beiname Zyperns lautet *Insel der Aphrodite*, da nach der griechischen Mythologie die Liebesgöttin Aphrodite an der Küste dieses Landes dem Meeresschaum entstiegen sein soll. Auch der schlanke Mittelmeerbaum *Zypresse* ist nach dieser Insel benannt, so wird zumindest oft geglaubt. Wahr ist vielmehr, dass dieser Friedhofs- und Gräberbaum den Jüngling Kyparissos ehrt, der, so die griechische Mythologie, von Apollo in eine Zypresse verwandelt wurde. Ob nun für die Bewohner des Landes die Bezeichnung *Zyprer* oder das veraltete *Zyprioten* verwendet wird, bleibt Geschmacksache. Heute stellt Zypern ein gewaltiges politisches Problem in Europa dar, da diese Insel seit 1974 in ein türkisches *Nordzypern* (türk. *Kuzey Kibris Türk Çumhuriyeti*) und einen griechischen Südteil (de jure der rechtmäßig, international anerkannte Staat) geteilt ist. (Siehe dazu auch das Spezialkapitel Europa.) U: 16. 8. 1960 (ehem. brit. Kolonie); 1974 Teilung in einen griechischen und einen (nicht anerkannten) türkischen Teil Nordzypern.

ALLGEMEINE GEOGRAFISCHE BEGRIFFE

Geografische Etymologie ist keinesfalls auf Länder, Städte, Flüsse, Seen, Meere und Berge beschränkt. Um dieses Thema professionell abzuhandeln, dürfen auch die vielen Fachausdrücke aus den Bereichen Erde und Natur, Klima und Atmosphäre, Mensch und Wirtschaft sowie Völker und Rassen nicht vergessen werden. Auf den folgenden Seiten folgt daher ein im alphabetischen Stil gehaltenes Stichwortverzeichnis zu den obigen Themen, soweit diese Begriffsdefinitionen als ergänzende Information zum Lexikonteil notwendig erscheinen. Auch dieser Anhang soll eine ausgewogene Mischung aus etymologischer Ableitung, physischgeografischer Betrachtung und kulturhistorischen Randnotizen sein. Der Sinn hinter dem Wort ist auch hier eine unendliche Quelle der Spannung und Überraschung.

ABORIGINES – Die Ureinwohner Australiens sind kein einheitliches Volk, sondern bestehen aus mehreren Völkern und Stämmen, die insgesamt 150 Sprachen sprechen. Bei der Entdeckung Australiens waren es sogar noch 250! Sie selbst nennen sich *Yolngu* (in Nordaustralien), *Murri* (in Ostaustralien), *Koori* (Südosten), *Nanga* (Süden), *Nyungar* (Südwesten) und *Wonghi* (Westaustralien). Der Name wurde 1770 erstmals von den weißen Entdeckern eingeführt und ist aus dem Lateinischen entlehnt: *ab origine* VON BEGINN AN. Verbreitet ist bei fast allen Stämmen eine Religion, die sich um die Traumzeit entwickelt hat, ein durch Meditation einsehbares Totenreich, in dem viele mystische Kreaturen der Vorzeit und die alten Vorfahren leben. Die Wesen dieser Traumzeit wurden und werden durch zahlreiche Höhlenmalereien und Schnitzkunstwerke dargestellt.

ALEMANNEN – Teile der Sueben bezeichneten sich in männlicher Stärkedemonstration als ALLE MÄNNER. Diese Zuversicht mag auch notwendig gewesen sein, waren die Alemannen doch die ersten Germanen, die sich in bis dahin keltisch beherrschten Gebieten niederließen. Ausgangspunkt war im 3. Jh. die Gegend des Schwarzwalds. Für die westlicher lebenden Franken wurden alle germanischen Stämme als alemannisch empfunden; daher auch der bis heute für die Deutschen verwendete franz. (*Allemands*) bzw. span. Name (*Alemanes*).

ALLMENDE – Unter Allmende versteht man einen GEMEINSAMEN GRUND, der der gesamten Dorfgemeinschaft gehört. Das mhd. *almende, al(ge)meinde*, ahd. *(ala-)gimeinida* geht auf die idg. Wurzel **ala* »all« zurück.

ALM, ALP(E) – Mhd. *albe*, ahd. *alba*, daneben *alm* (seit dem 14. Jh.) ist nach Kluge nicht etymologisierbar, geht aber vermutlich auf ein präidg. Wort zurück, zu dem auch der Name der Alpen sowie der Allgäu (s. d.) gehören. Eine ursprüngliche Bedeutung BERG, HÖHE wird vermutet, wobei in der späteren

Geschichte auch eine Anlehnung an lat. *albus* WEISS (gemeint ist der Schnee) eine Rolle gespielt haben mag. Heute denkt man in Österreich beim Begriff Alm zuallererst an eine Viehweide.

ÄQUATOR – Lat. *aequare* GLEICHMACHEN (vgl. engl. *equal*) ist ein wunderbar treffender Begriff für den mit mehr als 40 000 km längsten Breitenkreis, der die Erde in zwei Halbkugeln teilt und 90° von den Polen entfernt ist.

ARCHIPEL – Das griech. *archipélagos*, eine DAS MEER BEHERRSCHENDE INSEL-GRUPPE, führte zu diesem besonders in der Ägäis gebräuchlichen Ausdruck.

ARID – Lat. *aridus* heißt DÜRR, WÜSTENHAFT. In Klimadiagrammen werden aride Zonen durch Gelbfärbung sichtbar gemacht: Das Rot der Verdunstung ist dabei höher als das Blau der Niederschläge. Möglicherweise steckt dieser lateinische Name auch im Namen des US-Bundesstaats Arizona (s. d.).

ARTESISCHER BRUNNEN – Diese für Oasen lebensnotwendigen Brunnen gehen überraschenderweise auf die französische Stadt ARTOIS (s. d.) zurück. Bereits im 12. Jh. wurden hier zum ersten Mal Brunnen gebaut, die den Wasserdruck entsprechend dem artesischen Prinzip ausnutzen.

ATOLL – Sehnsüchtig träumt der Europäer von diesen ringförmig angelegten Koralleninseln. Tamil. *adal* VERBINDEND oder singhal. *étula* DRINNEN sind zwei mögliche Namensquellen. In der Tat haben die Korallenbänke eine »verbindende« Wirkung, und gleichzeitig entsteht auch eine nutzbare Lagune inmitten des Atolls.

AVALON – Bekannt aus der Legende um König Artus, die dieses Inselparadies als seinen Sterbeort bezeichnet, in den der König himmlisch entrückt, nimmt Avalon seinen Namen von einem kelt. Wort für APFEL (ir. *abhall*, wal. *afal*). Eine andere Erklärung deutet auf einen Herrscher AVALLOC hin, der dieses Land gemeinsam mit seinen Töchtern regierte. Marion Zimmer Bradley hat in ihrem romantisch verklärten Romanepos »Die Nebel von Avalon« die Geschichte von König Arthus meisterhaft nacherzählt.

AZTEKEN – In der Volkssprache Nahuatl bezeichneten sich die Azteken gerne als NORDMÄNNER (*aztecatl;* eigentlich steht dieses Wort für »weiß«, mit der Bedeutung Norden).

BANTU – Diese Bezeichnung, im 19. Jh. durch den deutschen Sprachwissenschaftler Wilhelm Bleek kreiert, hat keinerlei kulturelle oder ethnische Implikationen. Die Wörter *mu-ntu* und *ba-ntu* standen in den im subäquatorialen Afrika überraschenderweise überall sehr ähnlichen Dialekten für »Mensch« und MENSCHEN. Damit war für Sprachforscher auch klar, dass die verschiedenen Bantusprachen einen gemeinsamen Ursprung haben. Auf Grund der traditionell mündlichen Überlieferung der Geschichte ist die Ursprache Afrikas allerdings schwer zu rekonstruieren.

BASALT – Das auch auf den anderen terrestrischen Planeten (Merkur, Venus, Mars) wie dem Mond zu findende Gestein geht etymologisch auf eine nordpalästinensische Landschaft namens BASAN zurück. Das dort gefundene schwarze Vulkangestein (griech. *basanítes*) diente im Altertum wegen seiner Härte als

TESTSTEIN für die Echtheit des Goldes. Später wurde der Name von den Römern in *basaltes* verändert.

BASAR – Der persische *bazar* MARKT wurde im Orient zum Lebenszentrum des Handels und umfasste ursprünglich das gesamte Altstadtviertel. Geschlossen blieb dieser Tausch- und Handelsplatz allein während der Nacht, wo schwere Tore die Waren sicherten.

BAYOU – Im Mississippidelta werden die trägen, fast stehenden sumpfigen Wasser mit dem Wort Bayou bezeichnet, das aus der Sprache der Indianer (indian. *bayuk* KLEINER BACH) geborgt ist.

BEDUINE – Die ursprünglichen Bewohner der Sahara (»Sandwüste«) nannten sich folgerichtig SANDBEWOHNER (arab. *badawin*).

BERNSTEIN – Wegen der elektrischen Aufladbarkeit durch Reibung wurde dieses Gestein von den Griechen als *élektron* bezeichnet. Das mhd. *bernen* BRENNEN schlägt sich im heute üblichen Namen des versteinerten Harzes nieder.

BLIZZARD – Die seltenen Schneestürme der Great Plains könnten auf das dt. BLITZARTIG zurückzuführen sein. Möglicherweise eine Anspielung auf das abrupte Hereinbrechen dieser Stürme. Der sibirische *Buran* ist eine Entsprechung für dieses Schneegestöber.

BORA – Dieser trockene Fallwind aus den Bergen Istriens trägt den ital. Namen *bòrea* NORDEN. Eine Verwandtschaft mit dem dt. Fremdwort *boreal* (nördlich) ist unverkennbar.

BÖRSE – Wahrscheinlich leitet sich der Name von der flämischen Kaufmannsfamilie VAN DER BEURSE ab, die im 16. Jh. in Brügge den ersten (Waren)-Börsenplatz der Welt schuf. Anlass für die Namenwahl mögen auch die drei Geldbeutel gewesen sein, die diese Familie im Wappen führte. Aber auch eine Verschmelzung mit lat. *bursa* (dt. Börse) ist denkbar.

BOULEVARD – Die breiten Pracht- oder Ringstraßen gehen auf den dt. Ausdruck BOLLWERK zurück. Nach Kluge bedeutet das nhd. *bolwerk*, mnl. *bolwerc* einfach SCHUTZBAU AUS BOHLEN.

BURE [nl. *boer*] – Ahd. *bur* Haus findet sich in zahlreichen Wortbildungen, unter anderem auch in der Berufsbezeichnung sowie im späteren Volksnamen der holländischen Siedler in Südafrika. Auch unser *Bauer* geht auf die gleiche Wurzel zurück.

CANYON – Die tiefen Flusseinschnitte Nordamerikas leiten sich vom plakativen griech. Wort *kánna* ROHR ab. Unsere Alltagsvokabeln *Kanal(isation)*, *Kanne, Kanone* oder *Kanüle* tragen die gleiche Wurzel.

CHINOOK – Der Fallwind der Rocky Mountains entspricht in etwa unserem Föhn. Der Name geht auf einen INDIANERSTAMM (die »Flatheads«) zurück.

COWBOY – Eigentlich war ein Cowboy (dt. KUHJUNGE) nichts anderes als ein Viehhirte. Durch die romantisch-nostalgische Welle ab den Dreißigerjahren des 20. Jahrhunderts wurde der Cowboy, mit Hut, Stiefel, Pferd und Waffe ausgestattet, zum Symbol des harten und wilden Mannes. Countrymusic, Comics und vor allem der Film trugen zu diesem Image das ihrige bei.

DEICH – Nach Kluge ist dieses Wort eine Entlehnung aus mnl. *dijc* (dieses aus asächs. *dīc* mit der Bedeutung ERDWALL oder GRABEN. Gemeint ist ein beim Graben eines Wasserlaufs seitlich aufgeworfener Erdwall – eine in Holland typische Landschaftsform zum Schutz gegen das Meer.

DELTA – Die DREIECKSFORM der Mündungsgebiete von Flüssen in Binnenmeere wird durch den griechischen Buchstaben Delta wunderbar beschrieben. Ursprünglich war damit das in der Form exakt dem Buchstaben entsprechende Nildelta gemeint.

DEPRESSION – Gebiete der Erde, die unter dem Meeresniveau liegen, werden mit lat. *de* HINAB und *premere* DRÜCKEN, PRESSEN gut beschrieben. Das bekannteste Beispiel ist das Tote Meer (s. d.).

DESERTIFIKATION – Fortschreitende Wüstenbildung in ariden Gebieten wird mit dem Begriff Desertifikation (lat. *desertus facere* WÜST MACHEN, VERWÜSTEN) beschrieben.

DOLINE – Diese typische Form der Karsterscheinungen bedeutet im Slowenischen einfach TAL – ein beschreibender Terminus.

DRITTE WELT – Der Begriff Dritte Welt (franz. *tiers-monde*) wurde 1952 vom französischen Demografen Alfred Sauvy in einem Artikel im L'Observateur geprägt. 1961 setzte Frantz Fanon die kolonialisierte, unterentwickelte Welt in seiner Schrift »Die Verdammten der Erde« mit diesem zehn Jahre alten Ausdruck gleich. Wenn auch früher mit Dritter Welt die blockfreien Staaten (im Gegensatz zum Ost-West-Konflikt) gemeint waren, so wurde der Ausdruck im Laufe der Jahre immer mehr zum Synonym für ENTWICKLUNGSLAND.

DSCHUNGEL – Das aind. *jangal* kann am besten mit URWALD oder UNDURCHDRINGLICHES DICKICHT übersetzt werden. Heute werden damit hauptsächlich die subtropischen Gebiete in Hindustan und im Gangesdelta bezeichnet.

DÜNE – Das mittelalterliche nordische Wort *dun* HÜGEL steckt in diesem physisch-geografischen Begriff. Parallelen zu zahlreichen topografischen Namen sind leicht erkennbar.

EL DORADO – Das sagenhafte Goldland in Lateinamerika (*El Dorado* DER GOLDENE) bezeichnete ursprünglich einen mit Goldstaub bedeckten lokalen Kaziken (Häuptling), dann eine Stadt und schließlich das ganze Land. Heute ist dieser Begriff sprichwörtlich zu verstehen.

EL NIÑO – Da der *El Niño* um die Weihnachtszeit auftritt, wurde er quasi als CHRISTKIND (span. für KLEINER JUNGE) bezeichnet. Bei diesem in Abständen von ein paar Jahren auftretenden atmosphärischen Phänomen des Ostpazifikraums verdrängt warmes Oberflächenwasser die üblichen reichen Fischgründe. Die Auswirkungen des *El Niño* sind weltweit zu spüren, vor allem in der von der Landwirtschaft abhängigen Dritten Welt. Ein Gegenstück bildet die kleine Schwester *La Niña* (span. »kleines Mädchen«), die allerdings weniger bedrohliche Folgen hat.

EROSION – Wind- und Wasserabtragungen, die für die Oberflächenform unseres Planeten ganz entscheidend sind, leiten sich von der lat. Partizipialform *rosus* GENAGT ab. Letztlich liegt in der Erosion eine ungeheure Kraft, die im Laufe von Jahrmillionen sogar die höchsten Gebirge »dem Erdboden gleich« macht.

ERUPTION – Da schon in der Antike im heutigen Italien beobachtbar, werden vulkanische Aktivitätsphasen mit dem lat. Begriff *ex rumpere* (Partizip *ruptus*) AUSBRUCH bezeichnet.

ESKIMO → **Inuit** – Wenn auch noch immer häufig zu hören, so ist der Begriff Eskimo (ROHFLEISCHESSER) politisch nicht korrekt.

ESSENER – Diese religiöse Gruppierung innerhalb des Judentums könnte seinen Namen vom Volk der Ossé (die Leute von Qumran) ableiten. Allerdings ist diese etymologische Deutung in der derzeitigen Forschung nach wie vor umstritten.

ETESIEN – Griech. *etos* JÄHRLICH steckt im Namen des Etesienklimas, das mit Windzirkulationen für den östlichen Mittelmeerraum ganz charakteristisch ist. Heute wird dieser Wind der Sommermonate in der Türkei *Meltemi* genannt.

FATA MORGANA – Der durch verschieden warme Luftschichten hervorgerufene Effekt der Luftspiegelung wird mit dem ital. Volksmundbegriff *Fata Morgana* (dt. FEE MORGANA) bezeichnet. Gemeint ist Morgana, die Halbschwester des Königs Artus. Morgana ist eine Figur aus dem Schattenreich der keltischen Mythologie, die der Sage nach die Insel Avalon bewohnt haben soll.

FAUNA – Der wissenschaftliche Sammelbegriff für die Tierwelt erinnert an FAUNA, die römische Schutzgöttin der Tiere und der Fruchtbarkeit. Der geile, bocksfüßige Waldgott Faunus war ihr Gemahl. Daher wird in der Poesie ein lüsterner Mensch gerne als *Faun* bezeichnet.

FIRMAMENT – Das Himmelsgewölbe stellte man sich ursprünglich als eine fest über unserer Erde ruhende Halbkugel vor, daher der lat. Name *firmamentum* STÜTZE (*firmus* »stark«). *Firma, Firmung, Farm* und *Fermate* sind deutsche Wörter mit der gleichen Wurzel.

FJORD – Die weit ins Land hinein schneidenden Meeresarme, durch Talgletscher entstanden, wurden anord. *fjorôr* EINLASS genannt. Heute gelten besonders die Landschaften Norwegens als reizvolle Tourismusgebiete.

FLAGGEN – Das sächs. oder germ. *flaken* und *fleogan* bedeutet IM WINDE WEHEN. Treffender lassen sich die ursprünglich auf Tuch abgebildeten Wappen auch gar nicht beschreiben (s. Kap. Flaggenfamilien).

FLORA – Die gesamte Pflanzenwelt wurde nach der altrömischen Frühlingsgöttin FLORA (lat. *flos, floris* »Blume, Knospe«) bezeichnet. Die Wörter *Floristik* (Blumenbinderei), *florieren* (blühen, gedeihen) und *Floskel* (blumige Redewendung) leiten sich von dieser Wurzel her.

FÖDERATION – Bündnis oder auch Staatenbund sind die heute üblichen Eindeutschungen von lat. *foedus* VERTRAG, ÜBEREINKUNFT. Damit zusammen hängen Begriffe wie Föderalismus oder Föderativstaaten.

FÖHN – Dieser warme, trockene und meist böige Fallwind trägt in den Alpen einen Namen, der sich vom lat. *favonius* LAUER WESTWIND ableitet. In anderen Regionen der Erde wird er mit lokalen Ausdrücken beschrieben. International bekannt sind etwa die Namen *Chinook* oder *Bora* (s. d.).

FURT – Ein flacher, leicht zu überquerender FLUSS- ODER BACHÜBERGANG wird in verschiedensten Sprachen als Furt bezeichnet (z. B. engl. *ford*). Häufig findet sich dieser Begriff auch als Teil von Ortsnamen (s. Oxford, Frankfurt, etc.).

GEOGRAFIE – Wörtlich bedeutet Geografie ERDBESCHREIBUNG (griech. *ge* »Erde«, *gráphein* »beschreiben«). Die Griechen waren auch die Ersten, die versuchten, die räumlichen Strukturen auf der Erdoberfläche und ihre Auswirkungen auf den Menschen zu erfassen und zu erklären.

GEOLOGIE – Jean-André Deluc und Horace Bénédict de Saussure führten 1779 den bis dahin fehlenden Begriff in die Wissenschaft ein. Der Name Geologie, die Wissenschaft vom Aufbau, der Struktur und den physikalischen Eigenschaften der Erde, setzt sich aus griech. *ge* ERDE und *logos* WORT zusammen.

GEYSIR – Geysire sind heiße Quellen (isl. *geysa* WIRBELN, STRÖMEN). Namengebend war der Große Geysir, der älteste noch bekannte, zumindest manchmal aktive Geysir in Island, mit einer Ausbruchhöhe von über zehn Metern.

GLOBALISIERUNG – 1961 tauchte dieser Begriff zum ersten Mal in einem englischsprachigen Lexikon auf. Heute versteht man darunter die ZUNEHMENDEN INTERNATIONALEN VERFLECHTUNGEN IN BEREICHEN WIE POLITIK, WIRTSCHAFT, GESELLSCHAFT, UMWELT UND KOMMUNIKATION. Als Ursache werden der technische Fortschritt und die weitgreifende Liberalisierung des Welthandels gesehen. Wie wir heute leidvoll erfahren müssen, ist diese Entwicklung nicht für alle nur von Vorteil.

GOLF – Ital. *golfo* MEERBUSEN geht auf griech. *kólpos, kolphos* zurück, mit der eigentlichen Bedeutung »Wölbung, Schoß«. Der im Deutschen gebräuchliche Begriff Meerbusen ist eine Lehnübersetzung von lat. *sinus maritimus*, die erstmals 1605 im Wörterbuch des Hulsius zu finden ist.

GOLFSTROM → **Golf** – Von Journalisten als die »Warmwasserheizung« Europas tituliert, ist der Golfstrom in der Tat der Grund für das Wachstum atypischer Planzen, wie etwa Palmen in Irland oder Frankreich.

GURKHA – Wenn auch die frühe Geschichte der Gurkha sagenumwoben und weitgehend unbekannt ist, so dürfte die Namenserklärung doch eindeutig sein: Der Krieger-Heilige Guru GORAKHNATH (8. Jh.) wurde zu einer Art Stammvater dieses in der britischen und indischen Armee auffallend tapferen nepalesischen Volkes.

HAFF – Ein Haff ist eine vom offenen Wasser abgeschnürte Bucht. Der Name ist aus anord. *haf* HAFEN bzw. dän *hav* MEER, SEE entlehnt.

HAZIENDA – Grosse LANDGÜTER – vor allem in Lateinamerika – werden span. als *hacienda* bezeichnet. Wir haben diesen Namen als Lehnwort übernommen.

HEMISPHÄRE – Dieser Begriff ist eine wortwörtliche Übersetzung aus griech. *hémisys* HALB, ZUR HÄLFTE und *spháira* KUGEL, BALL und bezeichnet eine imaginäre Linie, wo Himmel und Erde scheinbar zusammenstoßen.

HORIZONT – Der Gesichtskreis, auch als Begrenzungslinie zu verstehen, leitet sich von griech. *horizein* BEGRENZEN ab. Auch die Begriffe *horizontal* oder *Aphorismus* (treffende Äußerung; sinngemäß: scharf begrenzt) gehen auf das gleiche griechische Wort zurück.

HUMBOLDTSTROM – Aufgrund der kalten Meeresströmung an der Westflanke der Anden liegen die Wassertemperaturen vor der südamerikanischen Küste um 7–8 °C unter denen des offenen Ozeans. Gewaltiger Fischreichtum ist die Folge. Benannt wurde die Meeresströmung nach dem Entdecker und Naturforscher Alexander von HUMBOLDT (1769–1859). Der Name dieses berühmten Geografen bedeutet so viel wie »kühner Geist« (ahd. *hugu* »Gedanke, Verstand«, *bald* »kühn«).

HUMID – Der Begriff humides Klima leitet sich von lat. *humidus* FEUCHT ab. Aber Achtung: Der Humus hat damit nichts zu tun, denn dieser geht auf *homo* »Mensch« (»der aus der Erde Geschaffene«) zurück.

Hurrikan – Die ungemein gefährlichen tropischen Wirbelstürme (engl. *hurricanes*) – in den Vereinigten Staaten werden sie Jahr für Jahr mit alphabetischen Vornamen bezeichnet – wurden indianisch als GOTT DES WINDES bezeichnet. Kein Wunder, dass dieses Naturphänomen als göttlich angesehen wurde, schien doch eine natürliche Erklärung für die Wucht und Zerstörungskraft der Wirbelstürme in alten Zeiten völlig undenkbar.

INKA – Diese Hochkultur Südamerikas war zwischen dem 13. und dem 16. Jh. durch einen hohen Organisationsgrad geprägt. Sie trägt einen Namen, der gleichzeitig ein HERRSCHERTITEL war.

INUIT [dt. *Eskimo*] – Die Bewohner der arktischen Küstenregionen (Kanada, Grönland, Alaska, Sibirien) haben eine auffallend ähnliche Kultur und Lebensform. Der Name Inuit steht einfach für Menschen. Die außerhalb Kanadas weit verbreitete Bezeichnung **Eskimo** dagegen, von den Inuit selbst als abwertend abgelehnt, könnte »Rohfleischesser« bedeuten.

ISTHMUS – Der Isthmos von Korinth (griech. *isthmós* SCHMALER LANDSTREIFEN) wurde weltweit zum Typenbegriff für Landengen.

KAI – Ein durch MAUERN BEFESTIGTER UFERDAMM wird im Allgemeinen als Kai bezeichnet. Das Wort stammt vom nl. *kaai*; dieses wiederum ist aus franz. *quai* entlehnt.

KANAKEN – Leider wird der Name der Eingeborenen der Hawaii-Inseln, Kanaken (polyn. *kanaka* MENSCH), im Deutschen immer wieder in diskriminierender Form verwendet. Tatsächlich ist Kanake historisch gesehen eine ganz allgemeine Bezeichnung für Südseeinsulaner.

KAP – Auch das moderne Wort für VORGEBIRGE ist eine Entlehnung aus dem Holländischen: mnl. *kaap*. Im 17. Jh. wurde dieser Begriff in die Hochsprache übernommen (Q: Kluge).

KARST → **Karst** (s. Lex.) – Der in der Geologie verwendete Begriff Karstland-

schaften bezeichnet durch Lösungsverwitterung bewirkte KALKERSCHEINUN-
GEN.

KATARAKT – Wenn wir mit Katarakt heute auch oft STROMSCHNELLEN meinen, so bedeutete dieses Wort ursprünglich Wasserfall (lat. *cataractes*, griech.
katarrháktēs).

KELTEN – Es ist mehr als fraglich, ob die Kelten (engl. *Celts*) eine Ethnie, das
heißt ein geschlossenes Volk, bildeten. Lat. *celtae, galli*, griech. *keltoi, galatai*
bedeutet so viel wie DIE TAPFEREN, DIE EDLEN. Jedenfalls wird das Keltische als
eigene Sprachgruppe innerhalb der indogermanischen Sprachen angesehen.

KLIMA – Wie viele wissenschaftliche Begriffe stammt auch dieser aus dem
Griechischen. Die ursprüngliche Bedeutung von griech. *klíma* ist HIMMELSGE-
GEND oder ZONE (von griech. *klíno* »ich neige«). Hervorgerufen durch die
Schrägstellung der Erdachse zur Umlaufbahn um die Sonne ergeben sich Land-
gürtel (oder Zonen) mit sehr unterschiedlicher Sonneneinstrahlung. Die Ge-
samtheit der meteorologischen Erscheinungen, die den durchschnittlichen Zustand der Atmosphäre an einem bestimmten Ort charakterisieren, bezeichnet
man heute als dessen Klima.

KONTINENT – Nicht ganz eindeutig ist die Zahl der Kontinente (aus lat. *con-
tinere* ZUSAMMENHÄNGEN), die unsere Erde bilden. Soll Eurasien (Europa und
Asien) als ein »zusammenhängendes« Ganzes betrachtet werden? Ist die Eiswüste der Antarktis ein Kontinent, vergleichbar mit denen der Alten Welt? Sollen die beiden Amerika getrennt gezählt werden, obwohl sie durch die Brücke
Mittelamerika miteinander verbunden sind? Alle diese Fragen sind wohl letztlich Definitionssache. Jedenfalls haben wir sehr unterschiedliche Erdteile vor
uns, um den zweiten gängigen Begriff in die Diskussion zu werfen.

KORALLENRIFF – Riff kommt aus dem Nordischen, mit der Bedeutung
RIPPE. Damit werden anschaulich die »Hindernisse« aus Korallen (griech.
korállion), Steinen oder dergleichen angesprochen. Das berühmteste Korallenriff der Welt dürfte das Große Barriere-Riff entlang der Nordküste Australiens
sein (s. d.).

KORDILLERE → **Kordillere** (s. Lex.) – Der spanische Name für GEBIRGSKET-
TE wurde einerseits zu einem Gattungsbegriff, wird andererseits aber auch für
die Faltengebirge im Westen des amerikanischen Doppelkontinents verwendet.

KURO SHIO – Die auffallend blaue, salzreiche und warme Meeresströmung
Ostasiens wird im Japanischen als BLAUES SALZ bezeichnet (jap. *kurói* »blau«,
shió »Salz«).

LABRADORSTROM → **Labrador** (s. Lex.) – Diese kalte, nach Süden gerich-
tete Meeresströmung ist mitverantwortlich für das milde Klima an der europäischen Westflanke. Durch das Zusammentreffen mit dem aus Südwesten kommenden Golfstrom wird dessen salzreicheres Wasser zum Absinken
gezwungen und damit der »Motor« für den ewigen Kreislauf, der im Golf von
Mexiko beginnt, in Gang gehalten.

LAGUNE – Lagunen sind seichte Gewässer, die durch Sandablagerungen oder Riffe vom Meer abgetrennt werden. Diese Bezeichnung (lat. *lacuna* LEERER PLATZ, LACHE) dürfte sich wegen der berühmten Lagune von Venedig durchgesetzt haben. An der Ostsee spricht man von *Haff* oder *Bodden*, andernorts von *Bucht* oder *Sound*.

LIDO – Im Italienischen bezeichnet man eine langgestreckte Nehrung, die eine Lagune vom offenen Meer trennt, als Lido (lat. *litus* KÜSTE, STRAND). Die wohl bekannteste Lagune der Welt ist der Lido di Venezia, der von Chioggia bis Jesolo reicht und jährlich Hunderttausende von Menschen anzieht.

LÖSS [früher *Löß*] – Chinas Zivilisation ist seit jeher vom Löss abhängig, der eine außergewöhnliche Fruchtbarkeit garantiert. Die feinporigen Ablagerungssedimente in manchen Provinzen des Landes, besonders entlang des Gelben Flusses, sind immerhin mehr als 300 Meter dick. Die Wortherkunft bleibt bis heute unklar. Randnotiz: Auch unser Weinbau bringt auf Lössuntergrund ganz außergewöhnliche Erträge höchster Qualität.

MACCHIE [ital. *macchia*, franz. *maquis*] – Die immergrüne Hartlaubvegetation des Mittelmeerraumes (ital. *macchia*, franz. *maquis* DICKICHT, GEBÜSCH) ist durch Jahrtausende übermäßiger Nutzung durch den Menschen (Beweidung, Holzentnahme, Blitzschlag, Abbrennen) entstanden. Die Macchie ist zwar extrem durch Waldbrände gefährdet, allerdings wächst auf der gleichen Fläche innerhalb weniger Jahre wieder genau die gleiche Pflanzengesellschaft heran.

MANDARIN – Das heute als inkorrekt geltende Wort für die hochchinesische Sprache ist aus port. *mandarim* MINISTER abgeleitet. Dieser Begriff ist seinerseits eine Mischung aus malai. *menteri* und aind. *mantrin*. Diese Wörter wiederum übersetzen eigentlich nur das chin. *Guânhuá* (»Sprache der Mandarine«, d. h. der kaiserlichen Beamten), das selbst im Mutterland als archaisch empfunden wird.

MANGROVE – Das Ökosystem tropischer Gezeitenwälder dürfte einen indianischen Namen tragen, mit allerdings unklarer Herkunft.

MAORI – *Māori* bedeutet wörtlich NORMAL, GEWÖHNLICH und sollte damit vermutlich die Menschen von den Geistern und Göttern unterscheiden. Mehr als eine halbe Million Maori leben heute noch in Neuseeland und auf den Cook Inseln.

MARKT – Der Ort, wo Waren gehandelt und getauscht werden, geht auf lat. *mercatus* HANDEL zurück. Lehrbuchgemäß spricht man vom Ort, an dem Angebot und Nachfrage zusammentreffen.

MARSCHLAND – Das Schwemmland nordwestdeutscher Küsten und Flüsse trägt die nd. Bezeichnung *marsch, mersch* (aengl. *mersc* Eine germ. Wurzel **mariska* »zum Meer gehörig« wird vermutet.

MASSAI – Dieses indigene Hirtenvolk Ostafrikas ist sehr berühmt, wahrscheinlich auch wegen seiner KRIEGERISCHEN Fähigkeiten; (*moran* bedeutet in der lokalen Sprache *Maa* »Krieger«). Dem Glauben nach hat der Regengott Ngai, der auf dem Gipfel des Mount Kenia thront, den Massai alle Rinderherden der Erde geschenkt. Daher hat dieses Volk auch das Recht, sich gewaltsam zu nehmen, was andere ihm vorenthalten.

MAYA – *Maya* ist ein übergreifender Begriff für die indigenen Völker Mittelamerikas. Mehr als sechs Millionen Maya leben bis heute auf der Halbinsel Yucatán in den Staaten Guatemala, Belize, Honduras und El Salvador. Der Namensursprung ist unklar.

MERIDIAN – Orte auf demselben Meridian haben um zwölf Uhr mittags exakt dieselbe Zeit. Und in der Tat bedeutet lat. *meridies* so viel wie MITTAG (aus *medi dies* »Mitte des Tages«). In den englischen Abkürzungen *a.m.* (lat. *ante meridiem* »vormittags«) und *p.m.* (lat. *post meridiem* »nachmittags«) ist dieser etymologische Ursprung noch sichtbar.

METEOROLOGIE – Die Lehre vom Klima und Wetter hat ihre Namenswurzel im griech. *metéoros* IN DER LUFT SCHWEBEND. Auch der Begriff *Meteorit* sowie das engl. Wort *air* (dt. Luft) werden davon abgeleitet.

METROPOLE – Wortwörtlich sprechen wir bei den riesigen Ballungsgebieten der Erde von MUTTERSTÄDTEN (griech. *méter* »Mutter«, *polis* »Stadt«); ein sprachlicher Gegensatz zum oft strapazierten Begriff des Vaterlandes.

MISTRAL – Der kalte, trockene Nord- bis Nordwestwind, der von Frankreich in den Mittelmeerraum weht, wurde mit dem provenz. Wort *Maestral* HAUPTWIND benannt.

MONOPOL – Das Recht ALLEIN ZU VERKAUFEN (griech. *mónos* »allein« und *poleîn* »verkaufen«) wird im modernen Wirtschaftsleben als unethisch empfunden und durch gesetzliche Maßnahmen so weit wie möglich unterbunden.

MONSUN – Arab. *mausim* JAHRESZEIT, SAISON ist die passende Bezeichnung für die halbjährlich die Richtung wechselnden Luftströmungen in Süd-, Südost- und Ostasien. Über port. *monção* kam dieser Begriff durch Alexander von Humboldt auch in die deutsche Sprache.

MOOR – Nach ihrer Topografie werden diese feuchten Lebensräume in Hochmoore und Niedermoore unterteilt. Ahd. *muor*, aengl. *môr*, anord. *mœrr* bedeutet jeweils SUMPFLAND.

MORÄNE – Dieses Wort für Schuttablagerungen von Gletschern ist aus einem franz. Dialekt entlehnt (nach Kluge): *moraine* GERÖLL.

NEGER – Die lange Geschichte der Unterdrückung und Beleidigung der dunkelhäutigen Menschen lässt bei Verwendung des Begriffs Neger (franz. *nègre*, span. *negro* SCHWARZ) rassistische und eurozentristische Stereotypisierungen mitschwingen. Daher ist diese Bezeichnung heute als politisch nicht korrekt anzusehen. Immanuel Kant, der den Rassenbegriff in die deutsche Sprache einbrachte, meinte: »Die Neger von Afrika [hätten] von Natur kein Gefühl, welches über das Läppische stiege.« Dies war wohl ein Vorgeschmack auf den Rassendünkel des 20. Jahrhunderts!

NEHRUNG – Die meist sandigen Landstreifen, die einen flachen Meeresteil vom offenen Wasser abtrennen, könnten vom lit. *neringa* EINTAUCHEN, HIN-

EINSTECKEN gebildet worden sein. Die Volksetymologie sieht dagegen einen Zusammenhang mit NÄHERN.

NOMADE – Menschen, die nicht sesshaft leben, aus ökonomischen, kulturellen oder weltanschaulichen Gründen, werden im Allgemeinen als Nomaden bezeichnet (griech. *nomás* WEIDEPLATZ). Am Beginn des 21. Jh.s wird moderner Nomadismus vielfach als gleichberechtigte Gesellschaftsform zur Sesshaftigkeit empfunden.

NORDEN, NORD – Mhd. *norden*, ahd. *nord*, asächs. *north* dürfte aus der germ. Wurzel **norþa-* entstanden sein. Ursprünglich war die Bedeutung UNTEN oder LINKS (vgl. griech. *éneroi* »die Unteren, die Unterirdischen« und griech. *nérteros* »unterer, unterirdisch«, bzw. umbr. *nertru* »links«). Der Grund für diese Semantik liegt darin, dass die Sonne bei ihrem Höchststand im »Mittag« oder Süden steht. Das Gegenstück ist entsprechend die »dunkle« Mitternacht, also der Norden. Im Süden war die Sonne im Bild unserer Vorfahren daher »oben«, im Norden »unten«. Genauso liegt der Norden für den Seefahrer oder den Opfer bringenden Menschen »links«, wenn er sich dem Morgenlicht im Osten zuwendet.

NUMIDER – Die Numider sind ein Berbervolk, das den Namen der historischen Landschaft NUMIDIEN trägt. Deren Bedeutung ist allerdings nicht restlos geklärt.

OASE – Die Griechen bezeichneten mit *óasis* einen BEWOHNTEN ORT, das heißt eine »fruchtbare Wasserstelle in der Wüste«. Voraussetzung war in jedem Fall eine Quelle, ein artesischer Brunnen oder ein Wadi. Die griechische Bezeichnung ihrerseits leitet sich aus ägypt. *owahe* »Kessel« ab.

ÖKOLOGIE – Die Ökologie beschreibt die Wechselwirkungen zwischen Organismen und ihrer belebten Umwelt. Griech. *oikos* HAUS, HAUSHALT und *logos* LEHRE bilden die beiden Namensteile.

ÖKONOMIE – Die Wirtschaftswissenschaft geht auf griech. *oikos* HAUSHALT und *nomos* GESETZ zurück. Ökonomische Prinzipien stehen mehr und mehr im Wettstreit mit ökologischen Notwendigkeiten – so meinen zumindest Kritiker am rasanten Wachstum unseres Verbrauchs.

ÖKUMENE – Im geografischen Sinn ist die Ökumene (griech. *oikos* HAUS) der ständig besiedelte Teil der Erdoberfläche. Im Gegensatz dazu sind in der *Anökumene* Trocken-, Höhe- und Kältegrenzen gesetzt.

OKZIDENT – Ursprünglich waren mit Okzident die Gegenden westlich von Rom gemeint. Der Begriff hat sich bis heute für das ABENDLAND erhalten (lat. *occidere* »fallen, untergehen«).

ORIENT – Der alternative, poetische Name Morgenland entspricht der vom lat. *oriens* AUFGEHEND gebildeten Bezeichnung, die heute weniger im politisch-geografischen, sondern mehr im religiös-kulturellen Sinn verwendet wird. Im Laufe der Geschichte hat der Begriff Orient zudem eine Bedeutungswandlung erfahren. Waren es einst die Länder Persien, Indien und China, für die der Name zutraf, so ist heute meist der Nahe Osten, also die arabisch-islamische

Welt gemeint, vielleicht erweitert um den Iran, Pakistan, die Türkei und Nordafrika.

ORKAN – Winde mit mindestens 117,7 km/h (das entspricht 64 Knoten) werden als Orkane bezeichnet. Der Begriff wurde im 16. Jh. aus dem nl. *orkaan* entlehnt, der seinerseits wieder vom span. *huracán* abgeleitet ist. Also wird auch bei diesem Wort indirekt der GOTT DES WINDES beschworen.

OSTEN, OST – Die einfache Form »Ost« dieses Stammworts ist im Deutschen erst spmhd. bezeugt. Ahd. *ostana*, asächs. *ōstana*, aengl. *ēastan* sollte mit VON OSTEN übersetzt werden. Der zugrunde liegende germ. Stamm **austa* hängt mit idg. **ausos* MORGENRÖTE zusammen.

OZEAN → **Ozeanien** – Vermutlich geht der Name des Ozeans auf den griechischen Titanen OKEANÓS (lat. OZEANUS) zurück, der als Personifikation des Weltstroms gilt (s. Lex.).

PASS – Die Bezeichnung für einen Gebirgsübergang wurde aus dem franz. *pas* SCHRITT, GANG entlehnt, ein Wort, das seinerseits auf lat. *passus* zurückgeht.

PASSAT – Die ständig von Nordosten und Südosten Richtung Äquator wehenden Winde tragen einen portugiesischen Namen: *passar* VORBEIGEHEN, VORBEIZIEHEN. Zur Zeit der Segelschifffahrt waren sie lebensnotwendig, was auch die englische Bezeichnung *trade winds* »Handelswinde« erklärt. Die alte Bedeutung von *trade* war allerdings »Spur«. Vielleicht hat der Passat den Seglern einfach die passende Richtung gegeben?

PLANTAGE – Der Fachausdruck für landwirtschaftliche Großbetriebe wurde aus dem Französischen entlehnt: *planter* PFLANZEN (lat. *plantāre*).

PLATEAU – Das Wort *plateau* HOCHEBENE ist eine Entlehnung aus dem Französischen. Diesem Begriff wiederum liegt griech. *plátys* »eben, weit, flach« zugrunde.

POLARKREIS – Dieses Lehnwort heißt lat. *polus*, griech. *pólos* mit der Bedeutung DREHPUNKT, ACHSE. Der Polarkreis in 66° 34' Breite trennt die gemäßigten Breiten von der Polarregion, die zumindest einen Tag lang keine Sonne sieht. Die sogenannte Polarnacht dauert am Extrempunkt Pol sogar bis zu einem halben Jahr.

POLDER – Ein eingedeichtes Land wird mit diesem aus dem Niederländischen stammenden Wort bezeichnet. Dieses ist allerdings unklarer Herkunft, wenn auch die Bedeutung »Hühnerstall« im exakt gleich lautenden Wort steckt. Eine Bedeutungsbrücke ist jedoch nicht zu sehen (so Kluge). Der alternative norddeutsche Begriff ist Koog.

POLJE – Die flachen, wannenförmigen Senken in Karstgebieten tragen den kroat.-slow. Namen für FELD.

PRÄRIE – Das aus dem Französischen stammende Wort für die nordamerikanischen Steppen im Windschatten der Rocky Mountains (eng./franz. *Prairie*) bedeutet einfach WIESE.

PUEBLO – Die aus Filmen berühmten indianischen Wohnstätten im Südwesten der USA tragen einen kastilischen Namen, der einfach DORF bedeutet.

PYGMÄE – Dieser Sammelbegriff für eine Vielzahl kulturell eigenständiger afrikanischer Stämme ist ethnologisch unhaltbar und sollte, so viele Kritiker, ersatzlos gestrichen werden. Ursprünglich bezog man sich bei der Benennung der Menschen auf deren geringe Körpergröße. Und in der Tat bedeutet griech. *pygmaios* einfach EINE FAUST GROSS.

REGENWALD – Ein naturbelassener Wald in feucht-heißem Klima mit MEHR ALS 2000 MM NIEDERSCHLAG PRO JAHR wird als Regenwald bezeichnet. Im Falle des tropischen Regenwaldes (immergrüner Regenwald) sind die Niederschläge auf mehr als neuneinhalb Monate aufgeteilt. Der größte Artenreichtum aller Vegetationszonen unserer Erde ist die Folge. Liegen die Wälder über 800 m Seehöhe im Bereich der Passatwinde, spricht man auch von *Nebelwald*.

REPUBLIK – Lat. *res publica* bedeutet soviel wie ÖFFENTLICHE SACHE, also GEMEINWESEN oder STAATSGEWALT. Wörter wie *Pöbel, Popularität, Publikum* oder *publizieren* gehen ebenfalls auf diese lateinische Wurzel zurück. Am Beginn des 21. Jahrhunderts bekennt sich übrigens die Mehrzahl der Staaten zu dieser Regierungsform.

RIFF – Riffe, an Steilküsten als gefährliche Klippen, an Flachküsten als Sandbänke auftretend, werden etymologisch (durch einen alten nordischen Begriff) mit RIPPEN verglichen. Die eigentliche Benennung erfolgte jedoch aus dem Holländischen. In den Tropen und Subtropen spricht man von *Korallenriffen*, in Schweden von *Schären* (schw. *Skär* »Fels, Klippe«). Letzterer Begriff fand als Lehnwort (*shore*, dt. Strand, Küste) Eingang in die englische Sprache.

SAMEN – Die Samen (dt. SUMPFLEUTE) sind ein indigenes Volk in Norwegen, Schweden, Finnland und Russland (Halbinsel Kola). Bei uns in Mitteleuropa sind sie eher unter dem Begriff *Lappen* (schwed. *Lappar* »Lumpen, Flicken«) bekannt.

SAMUM – Der trockenheiße Wüstenwind wird im Arabischen als GIFTWIND bezeichnet (arab. *summ* »Gift«, davon *samūm*). Der Grund liegt darin, dass früher häufig Todesfälle durch starke Austrocknung wie durch das Verdunsten des Trinkwassers in den Schläuchen auftraten.

SAN, BUSCHMANN – Die San gehören zu den ältesten Jäger und Sammler-Kulturen in Afrika. Die nahe Verwandtschaft wie auch Rivalität zu den Khoikhoi (dt. »wahre Menschen«) führte zur Namengebung. San bedeutet in der Sprache Nama so viel wie AUSSENSEITER, eine Bezeichnung, die mit der Sichtweise der Khoikhoi erklärt werden kann.

SAVANNE – Die Bedeutung WEITE EBENE trifft exakt die ausgedehnten Gras- und Buschländer der Tropen und Subtropen, die von weit auseinander stehenden Bäumen durchsetzt sind.

SCIROCCO [ägypt. *khamsin*, kroat. *jugo*, libysch *ghibli*] – Der heiße Wind, der von der Sahara Richtung Mittelmeer weht, schenkte unter anderem einem Automodell den Namen: VW-*Scirocco*. Die Herkunft ist unklar.

SEDIMENT – Die für die Oberflächenbeschaffenheit unserer Erde ganz entscheidenden Ablagerungen von Gesteinen werden mit diesem von lat. *sedere* SITZEN abgeleiteten Begriff bezeichnet.

SORBEN – Die Sorben oder Wenden, ein westslawisches Volk, sind eine anerkannte nationale Minderheit in Deutschland. Ihr Siedlungsraum sind die Ober- und Niederlausitz in Sachsen und Brandenburg. Sich selbst bezeichnet dieses Volk als Serbja oder Serby, was (laut Ptolemäus) so viel wie DIE WANDERNDEN bedeutet. Die Wenden dagegen scheinen sich vom Gotischen abzuleiten: DIE WEIDENDEN.

STEPPE [russ. *step*] – Die baumlosen Landschaften der gemäßigten wie der subpolaren und polaren Zonen werden meist Steppe benannt, einem aus dem Russischen (*step*) entlehnten Wort unklarer Herkunft.

SUBTROPEN → **Tropen** – Die Klimazonen der Subtropen befinden sich ungefähr zwischen 23,5° und 40° geografischer Breite zwischen Tropen und gemäßigten Breiten. Typisch sind die tropischen Sommer wie die nichttropischen Winter. Eine exakte Abgrenzung ist allerdings nicht möglich.

SÜDEN, SÜD – Das mhd. Stammwort *sunt, sūd, sunden, sūden*, ahd. *sund, sundan* weist eine sehr umstrittene Herkunft auf. Da Osten als »Morgenröte«, Westen wohl als »Abend« oder »Sonnenuntergang« zu erklären ist, leuchtet am ehesten eine Verbindung mit dem Wort für Sonne ein (ZUR SONNE HIN oder VON DER SONNE HER). Wohl kaum jedoch kann der Süden als Gegensatz zum Norden (s. d.) verstanden werden, da die abstrakte Bezeichnung für Norden eher davon kommt, dass »Mitternacht« nicht nach einem konkreten Sonnenstand benannt werden konnte.

SUMPF – Die Feuchtgebiete in Flussniederungen und im Bereich von Seeufern gehen nach Kluge auf ein Wurzelwort **swump* zurück, das allerdings unklare Herkunft hat. Vielleicht hat es mit der Idee des AUF- UND NIEDERGEHENS zu tun.

SUND – Dieser Begriff für Meerenge bedeutet wörtlich ENGER ZUGANG (mnd. *sunt*, aengl./anord. *sund*).

TAIFUN – Die tropischen Wirbelstürme des nordwestlichen Pazifiks werden in anderen Gegenden *Hurrikan* oder *Zyklon* genannt. Der Name könnte chinesischen (*tai fung* STARKER WIND) oder griechischen Ursprungs sein (*typhôn* STARKER STURM).

TAIGA – Diese durch ausgedehnte Nadelwälder gekennzeichnete Vegetationszone tragt den russ. Namen fur WALD.

TEKTONIK – Griech. *tékton* HANDWERKER, BAUMEISTER steckt in diesem Begriff, der sich mit dem Aufbau und den inneren Bewegungen der Erdkruste beschäftigt. Auch unser deutsches Wort *Architekt* geht auf das Griechische zurück.

TIDENHUB – Das nd. Wort *Tide* (mnd. *getide, tide*) wurde in hochdeutscher Form zu GEZEITEN umgebildet.

TIERRA CALIENTE – In Lateinamerika werden die Vegetationsstufen bis 800 m mit dem spanischen Begriff für HEISSES LAND bezeichnet. In dieser Zone des tropischen Regenwalds können Kakao, Bananen und Zuckerrohr angebaut werden.

TIERRA FRÍA – In Lateinamerika beginnt die Zone des KÜHLEN LANDES (span.) jenseits der 2000 m Höhengrenze. In dieser Zone des Höhen- und Nebelwaldes gedeihen Weizen, Gerste und Kartoffeln.

TIERRA HELADA – Jenseits der Baumgrenze (ca. 3500 m) beginnt in den südamerikanischen Anden das KALTE LAND, das Weidegebiet für Schafe und Lamas.

TIERRA TEMPLADA – Das GEMÄSSIGTE LAND ist in Südamerika der Vegetationsbereich zwischen 8000 m und 2000 m. Kaffee, Mais und Tabak können hier geerntet werden.

TOPOGRAFIE – Die LAGEBESCHREIBUNG geografischer Örtlichkeiten trägt die griech. Namensteile *tópos* »Ort, Gebiet« und *gráphein* »beschreiben«.

TORF – Dieses Wort hat eine lange Geschichte: asächs./aengl./afranz. *turf*, anord. *torf* RASEN, TORF. Die ahd. Entsprechung *zurb* ist laut Kluge wieder völlig untergegangen.

TORNADO – Die kleinräumigen Luftwirbel, im Deutschen auch als Wind- oder Wasserhose bezeichnet, haben eine ziemlich senkrechte Drehachse, wobei der Wirbel vom Boden bis zur Wolkenunterkante reicht. Die Partizipialform von span. *tomear* WIRBELN, DRECHSELN bildet den Namen dieser atmosphärischen Störung.

Tropen – Die Region um den Äquator, die durch die beiden Wendekreise (in 23,5° geografischer Breite) begrenzt wird, trägt einen griechischen Namen: *tropai heliou* SONNENWENDEGEBIETE

TSUNAMI – Diese sich schnell fortpflanzenden Meereswogen werden vorwiegend durch unterseeische Erdbeben hervorgerufen. Der Name leitet sich von jap. *tsu* HAFEN und *nami* WELLE ab. Um Weihnachten 2005 machte ein ungemein starker Tsunami in Südostasien weltweit Schlagzeilen und forderte unzählige Todesopfer.

TUAREG [franz. *Touareg*] – Der Name dieses Berbervolkes ist umstritten. Vielleicht handelt es sich um eine Herkunftsbezeichnung: EINWOHNER VON TARGA (eine Region im heutigen Libyen). In der Sprache der Berber trägt *targa* die Bedeutung (DRAINAGE)-KANAL.

TUNDRA – Die durch Permafrost gekennzeichnete Vegetationszone der Subpolargebiete geht auf ein samisches Wort mit der Bedeutung BAUMLOS zurück.

VULKAN – Der Name führt zum Berg Vulcano, der sich auf der gleichnamigen Insel nördlich von Sizilien befindet. Der röm. Gott des Feuers, des Blitzes und der Schmiedekunst, VOLCANUS (oder Vulkanus), soll hier, so die Mythologie, seinen Sitz gehabt haben. Die Redewendung »auf einem Vulkan tanzen« spricht Handlungen an, die in größter Gefahr verübt werden.

WADI – Der pers. Ausdruck *Wadi* bezeichnet ein TROCKENGELEGTES FLUSSBETT. Ursprünglich wurde dies auf die Regionen Nordafrika und Vorderasien bezogen. Wadis sind auch häufig Plätze für Oasen und Dattelpalmpflanzungen.

WALLONE – Das germ. *walhon* bedeutet FREMDER. Und auf diesen Namen bezieht sich die Benennung der französisch sprechenden Menschen im südlichen Belgien wie in Nordostfrankreich (vgl. Wales, Walachei).

WATT – Der bei Ebbe trockenlaufende Teil des Meerbodens wird gern mit dem ahd./mhd. Wort *wat*, anord. *vaǧ* FURT, DURCHWATBARE STELLE bezeichnet.

WEILER – Seit dem frühen Mittelalter (7. bis 9. Jh.) findet sich dieser Begriff für Streusiedlungen im deutschen Sprachraum. Zwei mögliche etymologische Herleitungen konkurrieren miteinander: (1) lat. *villa, villarium* WOHNPLATZ und (2) ahd. *hwilan* VERWEILEN. Letztere Deutung ist insofern attraktiv, da viele Siedlungen mit den Endungen *will, wiler, wyh* und *viller* in Gebieten zu finden sind, die niemals unter römischer Besiedlung standen.

WENDEKREIS – Die SONNENWENDE am 23. September (Winterbeginn) sowie am 21. Juni (Sommerbeginn) gibt diesen Breitenkreisen den Namen. Es handelt sich um eine freie Übersetzung des lat. Namens *circulus tropicus* (dt. Tropischer Kreis). Immerhin ranken sich Legenden um den Wendekreis des Krebses (engl. tropic of cancer) und den Wendekreis des Steinbocks (engl. tropic of capricorn).

WESTEN, WEST – Mhd. *westen*, ahd. *westan* war ursprünglich ein Richtungsadverb, wie aengl./asächs. *westan*. Die Kurzform »West« taucht in den älteren Sprachen allerdings nur in Zusammensetzungen auf. Da Wörter für »Abend« in nichtgermanischen Sprachen nur im ersten Bestandteil übereinstimmen (griech. *hésperos*, lat. *vesper*), ist die Bedeutung des Wortes Westen als Richtung des SONNENUNTERGANGS unklar. Vielleicht steckt in der idg. Wurzel **hwes* »sein, weilen, leben« die Sonderbedeutung »ruhen«.

WÜSTE – Das »Etymologische Wörterbuch des Deutschen« beschreibt eine Wüste folgendermaßen: »unbebauter, unbewohnter, vegetationsloser Landstrich, verheertes Gebiet«. Gemeint sind bereits im bibelsprachlichen Gebrauch die seit dem 18. Jh. als Stein- oder Sandwüsten bezeichneten Trockengebiete. Ahd. *wuostī*, mhd. *wüeste, wuoste* bedeutet wortwörtlich ÖDE GEGEND, WILDNIS.

ZENIT – Der höchste Punkt direkt über dem Betrachter verdankt seinen Namen einem Druckfehler. Beim Setzen des arab. *zemt ar-ra's* PFAD ÜBER DEM KOPF wurden statt des Buchstabens -m- ein -n- und ein -i- verwendet.

ZEPHIR – Ein Zephir ist ein sanfter Westwind, der auf eine »Figur« der griechischen Mythologie zurückgeht. Als Windgeist schwängert der ZEPHIR Frauen und weibliche Tiere.

ZULU – Manche Sprachforscher erkennen im Volk wie in der Sprache der Zulu die Bedeutung HIMMEL. Allerdings ist hinter diese Interpretation doch ein deutliches Fragezeichen zu setzen. Unter ihrem großen Häuptling Shaka und seinen Nachfolgern stemmte sich dieses Bantuvolk im 19. Jh. lange Zeit mit Erfolg gegen die holländischen und britischen Siedler. Heute findet sich *Zulu* als letztes Wort im internationalen NATO-Alphabet.

ZYKLON – Tropische Wirbelstürme, die durch wandernde Tiefdruckgebiete hervorgerufen werden, wurden im 19. Jh. mit dem engl. Wort *cyclone* (griech. *cýclos* RING, KREIS) bezeichnet.

TEIL 2

SPEZIALKAPITEL

DEUTSCHLAND – NAMENSFAMILIEN

Auch unter den geografischen Städte- und Ländernamen Deutschlands gibt es eine große Zahl von »Gewässerbezeichnungen«. Das darf nicht weiter verwundern, da bei der frühen Besiedlung meist die Wasserstelle die grundlegende Entscheidung zum Verbleiben überhaupt darstellte. Aber auch Personen- und Volksbezeichnungen haben ihren Anteil an der deutschen Namensetymologie, besonders bei den Bundesländern und Regionen (z. B. Franken, Hessen, Schwaben etc.). Eine etwas kleinere Gruppe bilden die von Tier- und Pflanzennamen abgeleiteten sowie die religiös inspirierten Siedlungen. Die letzte Mischgruppe enthält topografische Bezeichnungen, die mit besonderen Rechten (z. B. Freiburg), Bergbau (z. B. Eisenhüttenstadt, Halle), der Lage einer Siedlung (z. B. Oberstdorf) oder anderen Benennungsgründen zu tun hat. Dem Einfallsreichtum der ersten Siedler waren ja keine Grenzen gesetzt.

A. Gewässernamen

Alle Städte über 50 000 Einwohner und ausgewählte Beispiele: **Aachen** (Heilquellen), **Aalen** (Gewässer), **Aschaffenburg** (Bach), **Baden-Baden** (Heilbäder), **Baden-Württemberg** (1.T. Heilbäder), **Bergkamen** (1.T. Wasser), **Berlin** (Sumpf), **Chemnitz** (Steinbach), **Cuxhaven** (Hafen), **Dachau** (Auland), **Dinslaken** (ausgedehnte Pfütze), **Düren** (Wasser), **Düsseldorf** (Wasser), **Eisenach** (eisenoxydhaltiges Gewässer), **Emden** (Mündung der Ehe), **Erftstadt** (1.T. Wasser), **Erfurt** (1.T. dunkles Wasser), **Flensburg** (1.T. Flussname), **Fulda** (Wasser), **Gera** (gurgeln), **Gießen** (Wasserlauf), **Gladbeck** (Bach), **Goslar** (1.T. sprudeln), **Göttingen** (Wasserrinne), **Grevenbroich** (2.T. Sumpf, Morast), **Hamborn** (2.T. Quelle), **Hanau am Main** (2.T. Fluss), **Harburg-Wilhelmsburg** (1.T. Moorburg), **Heilbronn** (2.T. Quelle), **Herten** (Sumpf-, Moorwasser), **Kaiserslautern** (2.T. Gewässer), **Kiel** (schmale Bucht), **Lausitz** (Sumpfland), **Lübeck** (2.T. Bach), **Moers** (Moor), **Mönchengladbach** (2.T. Bach), **Neu-Ulm** (2.T. Wasserschwall), **Paderborn** (2.T. Quelle), **Plauen** (schwemmen), **Pulheim** (Sumpf), **Regensburg** (1.T. feucht), **Rheinland-Pfalz** (1.T. Strom), **Rostock** (Flussgabelung), **Rothenburg ob der Tauber** (2.T. Wasser), **Saarbrücken** (Brücke am Fluss), **Saarlouis** (1.T. Wasser), **Schleswig-Holstein** (1.T. schlammig), **Schwäbisch-Gmünd** (2.T. Flussmündung), **Speyer** (vielleicht von speien), **Stralsund** (Flussarm), **Tauberbischofsheim** (1.T. Wasser), **Travemünde** (Flussmündung), **Ulm** (Wasserschwall), **Unna** (faulendes, stinkendes Wasser), **Usedom** (Mündung), **Viersen** (Bachname), **Wetzlar** (Weideplatz am Fluss), **Wiesbaden** (Wiesenbäder), **Wismar** (2.T. Meer), **Wuppertal** (hüpfende Wasser), **Zwickau** (2.T. Wasser)

B. Personen-/Volksnamen

Alle Städte über 50 000 Einwohner und ausgewählte Beispiele: **Ansbach** (PN *Onold), **Arnsberg** (PN Arn), **Augsburg** (Kaiser Augustus), **Baden-Württemberg** (2.T. PN *Wirtino), **Bamberg** (PN Pabo, Babo), **Bayreuth** (1.T. Bayern), **Berchtesgaden** (PN Perchter), **Bottrop** (Stamm der Brukterer), **Charlottenburg** (Sophie Charlotte), **Cottbus** (PN Chotěbud), **Darmstadt** (PN Darmund), **Dessau** (PN Dyš, Deš), **Dormagen** (kelt. PN Turnus), **Elberfeld** (PN *Albiro), **Esslingen am Neckar** (PN Azzilo), **Euskirchen** (1.T. PN Awi), **Franken** (Volk der Franken), **Frankfurt** (1.T. Volk der Franken), **Friedrichshafen** (König Friedrich I. von Württemberg), **Garmisch-Partenkirchen** (1.T. PN Germar, 2.T. Volk der Parther), **Göppingen** (PN Geppo), **Gummersbach** (1.T. PN Gummār), **Gütersloh** (1.T. PN Guther), **Hamborn** (1.T. PN Habo), **Harburg-Wilhelmsburg** (2.T. Georg Wilhelm von Braunschweig-Lüneburg-Celle), **Hessen** (Volksgruppe der Hessen), **Hildesheim** (PN Hildin), **Hindenburg** (Paul von Hindenburg), **Ibbenbüren** (1.T PN Ibbo), **Ingolstadt** (1.T. PN Ingold), **Karlsruhe** (Markgraf Karl Wilhelm), **Köln** (Agrippina, Gattin Kaiser Claudius'), **Konstanz** (Kaiser Constantius Chlorus), **Lausitz** (Stammesname der Lusizi), **Leverkusen** (Karl Leverkus), **Lübeck** (1.T PN L'Ub), **Lüdenscheid** (1.T. PN Ludolf), **Ludwigsburg** (Ludwig von Württemberg), **Ludwigshafen** (König Ludwig I. von Bayern), **Mainz** (PN Mogontios), **Mannheim** (PN Manno), **Niedersachsen** (2.T. Stamm der Sachsen), **Nordrhein-Westfalen** (2.T. Stamm der Westfalen), **Offenbach** (PN Ovo, Offo), **Offenburg** (PN Offo), **Passau** (Kohorte der Bataver), **Ratingen** (PN Raten, Ratna), **Recklinghausen** (PN Rikold, Richold), **Rüsselsheim** (PN Rucilo), **Saarlouis** (2.T. Louis XIV.), **Sachsen** (Stamm der Sachsen), **Schleswig-Holstein** (2.T. Volk, Holsten), **Schwaben** (Stamm der Schwaben), **Schwäbisch-Gmünd** (1.T. Stamm der Schwaben), **Sindelfingen** (PN Sindolf), **Trier** (Stamm der Treverer), **Troisdorf** (PN Druht), **Tübingen** (PN Tuwo), **Villingen-Schwenningen** (PN Filo, PN Swano), **Waiblingen** (PN Weibilo), **Wilhelmshaven** (Wilhelm I. von Preußen), **Willich** (PN Williko), **Wilmersdorf** (PN Wilmer), **Wolfenbüttel** (PN Wulferi), **Worms** (PN Bormita, unsicher)

C. Tier-/Pflanzennamen

Alle Städte über 50 000 Einwohner und ausgewählte Beispiele: **Aschaffenburg** (Esche), **Bocholt** (Buche), **Bochum** (Buche), **Buxtehude** (Buche), **Erlangen** (Erle), **Eschweiler** (Esche), **Greifswald** (1.T. Greif, Fabeltier, 2.T. Wald), **Hagen** (Dornstrauch), **Heidelberg** (Heidelbeere), **Jena** (gemähtes Gras), **Kerpen** (Hainbuche), **Krefeld** (Krähe), **Leipzig** (Linde), **Marl** (Stute), **Rheydt** (Schilfrohr, Ried), **Rosenheim** (Rose), **Salzgitter** (2.T. Ziege, Geiß), **Schweinfurt** (Schweine, Wildschweine), **Schwerin** (Gestüt), **Stuttgart** (Gestüt), **Wanne-Eickel** (2.T. Eichel)

D. Religiöse/Mythologische Namen

Alle Städte über 50 000 Einwohner und ausgewählte Beispiele: **Euskirchen** (2.T. Kirche), **Gelsenkirchen** (Kirche aus gelben Steinen), **Heilbronn** (1.T. heilig), **Minden** (Wassergeist), **Mönchengladbach** (1.T. Mönche), **München** (Mönche), **Münster** (Klosterkirche), **Neumünster** (Kloster), **Sankt Augustin** (Kirche), **Tauberbischofsheim** (2.T. Bischof), **Xanten** (Heilige)

E. Lagebezeichnungen

Alle Städte über 50 000 Einwohner und ausgewählte Beispiele: **Bad Salzuflen** (Gehölz, Wald), **Barmen** (Deichrand), **Bergheim** (Hügellage), **Bergkamen** (2.T. Steinweg), **Bielefeld** (steiler Fels), **Brandenburg an der Havel** (2.T. Bucht), **Bremen** (Randlage), **Bremerhaven** (Randlage, Hafen), **Cuxhaven** (eingedeichtes Land), **Delmenhorst** (Buschwald), **Dresden** (Sumpfbewohner), **Erfurt** (2.T. Furt), **Flensburg** (2.T. Burg), **Frankfurt/Main** (2.T. Furt), **Frankfurt/Oder** (2.T. Furt), **Fürth** (Furt), **Gummersbach** (2.T. Waldstück), **Hamburg** (Flusskrümmung), **Hameln** (Steillage), **Hamm** (Flusskrümmung), **Hanau am Main** (1.T. Einfriedung), **Hannover** (Uferlage), **Hattingen** (Höhenrücken), **Herford** (Furt für das Heer), **Herne** (Anhöhe), **Hilden** (Hanglage), **Iserlohn** (Wald), **Kempten** (Flusskrümmung), **Langenfeld** (Flurname), **Langenhagen** (Form der Stadt), **Lingen** (Kanal), **Lünen** (geschützte Lage), **Marburg** (Grenze), **Mecklenburg-Vorpommern** (2.T. Küstenland), **Meerbusch** (Waldgebiet), **Meißen** (Ort), **Menden** (Tallage, unsicher), **Mühlheim an der Ruhr** (Wassermühle), **Neustadt an der Weinstraße** (Lage an der Deutschen Weinstraße), **Neuwied** (Wald), **Norderstedt** (Randlage im Norden), **Nordhorn** (Lage), **Nürnberg** (Felsberge), **Oberhausen** (Oberhaus), **Oberstdorf** (höchste Lage), **Osnabrück** (Furt), **Pforzheim** (Hafen) **Potsdam** (Stampfe), **Remscheid** (Bergkuppe), **Schöneberg** (Berglage), **Wesel** (Wiese)

F. Andere Namen

Alle Städte über 50 000 Einwohner und ausgewählte Beispiele: **Aalen** (unsicher), **Ahlen** (unsicher), **Altenburg** (Burgname), **Altona** (allzu nahe), **Bad Homburg vor der Höhe** (Burg Hohenberg), **Bad Reichenhall** (Saline), **Bonn** (Burg), **Brandenburg** (Brandrodung), **Brandenburg an der Havel** (1.T., Brandrodung), **Buer** (Haus), **Castrop-Rauxel** (1.T. Dorf, 2.T. Gebäude), **Celle** (Schöpflöffel), **Coburg** (Wallburg), **Detmold** (Volksgerichtsstätte), **Dorsten** (unsicher), **Duisburg** (unsicher), **Eisenhüttenstadt** (Kombinat), **Essen** (Schmiedeöfen), **Freiburg** (freie Burg), **Garbsen** (unsicher), **Görlitz** (Brandrodung), **Goslar** (2.T. Gestell, Gerüst), **Grevenbroich** (1.T. Graf), **Halle** (Saline oder Säulenbau), **Kaiserslau-**

tern (1.T. Kaiser), **Landshut** (Schutz), **Lichtenberg** (hell), **Lippstadt** (Ortsgründung), **Lüneburg** (Schutzburg), **Magdeburg** (Mädchen, Burg), **Neuss, Neubrandenburg** (Brandrodung), **Pfalz** (Hofburg), **Regensburg** (1.T. Kastell), **Rheine** (unsicher), **Rothenburg ob der Tauber** (1.T. Farbe), **Sachsen** (Schwert), **Sachsen-Anhalt** (1.T. Schwert, 2.T. Haltepunkt), **Stolberg** (Stahlburg), **Velbert** (gerodetes Feld), **Wismar** (1.T. Gut), **Witten** (weiß), **Wittenberg** (weiß), **Zwickau** (1.T. Nagel, Bolzen)

GLOSSAR DEUTSCHER NAMEN

Bei den deutschen Präfixen und Suffixen, deren Bedeutung sich meist unmittelbar erschließt, soll der etymologische Hintergrund einen besseren Einblick in die Motive der Verwendung geben. Erklärbar sind diese Ähnlichkeiten, da die meisten germanischen Stämme bei ihren Wanderungen ihre typischen Endungen für die Namensgebung neuer topografischer Punkte verwendeten.

-ach (mhd. *ach, ahd aha* »fließendes Wasser«; ahd. *ahi, ah* »Baum- und Pflanzenbezeichnungen«)

-amt (ahd. *ambathi*, österr. Streusiedlung)

-ang, -lang, -wang (ahd. *wang* »Feld«)

-ate, -te, -nit, -net (kelt. Kollektivsuffix)

-au, -aue (mhd. *ouwe* ahd. *auwa*, germ. *awjō* »feuchte Wiese«)

-bach (ahd *bah*, germ. **baki* »fließendes Wasser«)

-bauer, -bauern (mhd. *gebūr(e)*, ahd. *gibūr, būari, būre* »freier Bauer«)

-berg, -bergen, -barg -bargen (ahd. *berg*, asächs. *berg* »Anhöhe, Hügel«)

-beuern, -beuren, -beuron, -bur (ahd. *būr* »Haus, Gehöft, Wohnstätte«)

-born (mnd. *born* »Quelle«)

-breuch (mnd. *brōk* »Sumpfland«)

-bruck, -brück, -brücken (mnd. *brucke, brücke*, ahd. *brucca*, asächs. *bruggia* »Brücke, Knüppeldamm, Bohlenweg«)

-bühl, -büll (mhd. *bühel*, ahd. *buhil* »Hügel, Anhöhe«)

-burg (mnd. *borch* »Burg«)

-by (anord. *bý*, dän. *by* »Siedlung, Dorf, Stadt«)

-dorf (ahd./mhd. *dorf*, asächs./engl. *thorp*, mnd. *dorp* »bäuerliche Siedlung, Einzelhof«)

-eck, -egg (mhd. *ecke, egge*, ahd. *ekke, egge* »Schneide, Ecke«)

-ede (ahd. *idi*, asächs. *ithi* »dt. Endung für Kollektivnamen«)

-erns, -ens (fries. Zugehörigkeitsendung)

-feld, -felde (mhd. *veld*, asächs. *feld*, nl. *veld*, engl. *field* »Feld«)

-furt, -furth, -ford, -fort, -vörde (mhd. *vurt*, ahd. *furt*, asächs. *vord*, aengl. *ford* »Furt«)

-graben (mhd. *graben*, ahd. *graban*, asächs. *gravan* »Graben«)

-groden, -grode (mnd. *grode, grude* »neu angeschwemmtes Land«, insbesondere zur Seeseite des Deichs)

-grün (mhd. *grüene*, ahd. *gruoni*, asächs. *gröni* »wachsen, grünen«)

-hagen, -hag (mhd. *hagen* ahd. *hagan* »Einfriedung, eingefriedeter Ort«)

-hain, -han (mhd. *hagen*, ahd. *hagan* »Einfriedung, eingefriedeter Ort«)

-hal (mhd. *hal* »Saline«)

-hall (*ahd./asächs. halla* »Halle, Salz, Heller«)

-ham *(aengl. hām* »Heim«, mnd. *hamme* »*umfriedetes Weideland*«*)*

-haus, -hausen (ahd./asächs *hūs* »bei den Häusern«)

-haven (nl. *have(n)*, mnd. *havene* »Hafen«)

-heim (mhd./ahd. *heim* got. *heims* »Haus, Wohnort«)

-hof, -hofen, -höfen (mhd./ahd./asächs. *hof* »Gehöft, Gebäude auf der Anhöhe«)

-holm (nsächs. *holm* »Insel, Halbinsel«)

-holz (mhd./ahd. *holz* asächs. *holt* »Gehölz, Wald«)

-horn (mhd./ahd./asächs. *horn* »Landspitze«)

-horst (mhd./ahd./asächs. *hurst* »Gebüsch, Buschwald im Moor«)

-ikon (schweiz. geografische Einheit)

-in (Eindeutschungssuffix slaw. Siedlungsnamen)

-ing, -ingen, -ungen (dt. Zugehörigkeitsendung)

-inghausen, -ingheim, -inghoven (Siedlungsnamen u. Zugehörigkeitsnamen)

-itsch (Eindeutschungssuffix slow. Siedlungsnamen)

-itz, -nitz, -witz (Eindeutschungssuffix slaw. Ortsnamen)

-kirch, -kirchen, -kapelle, -zell (mhd. *kirche* ahd. *kirihha*, asächs. *kirika* »Kirche, Kapelle, Zelle«)

-laken (mhd. *lache*, ahd. *lahha* »Lache, stehendes Altwasser«)

-lar (ahd. *(h)lār* »neigen, lehnen«, »Gerüst, Gestell zur Viehhaltung«)

-leben, -legen (ahd. *leiba*, asächs. *leta, levo* »*erbliches Gut, Grundeigentum*«*)*

-leiten, -leithen (mhd. *lite*, ahd. *lita* »Berghang«)

-loh, -loch (mhd. *lō(ch)*, ahd. *lōh* »Hain, Lichtung«)

-magen (kelt. *magos* »Feld, Ebene«)

-mar (Siedlung des …)

-moor (mnl. *moor*, asächs. *mōr* »Moor, Gelände mit sumpfigem Boden«)

-moos (mhd./ahd. *mos* mnl. *mose* »Sumpf, Moor«)

-mund, -münde (mhd. *munt*, ahd. *mund*, asächs. *mūth* »Flussmündung«)

-münster (mhd. *münster, munster,* ahd. *munistri, munster, monster* »Klosterkirche, Dom«)

-ow, -zow (slaw. Zugehörigkeitsendung)

-rade, -rath, reut, -ried, -rod(e), -rodt, -ruit (mhd. *riuten, roten*, ndt. *roden, raden* »urbar machen, Rodung«)

-rotte (md. *roten* »zusammenrotten«)

-scheid (mhd. *scheiden*, ahd. *sceidan* »scheiden, trennen«)

-schlag (mhd. *slac*, ahd. *slag* »schlagen, roden«)

-schwand (mhd. *swende* »gebranntes, gerodetes Land«)

-see (mhd. *sē*, ahd. *sē(o)*, asächs. *sēo, sēu* »Ort am See«)

-siefen, -seifen, -siepen (mhd. *seife*, ahd. *seiffa* »enges, feuchtes Bachtal«)

-siel (westfäl. feuchtes Gelände, Deichschleuse)

-stadt, -stedt, -stede, -stade (mhd./ahd. *stat*, asächs. *stedi* »Wohnstätte, Siedlung«)

-steig (mhd. *stic, stig*, ahd. *stig* »Pfad«)

-stein (mhd./ahd. *stein*, asächs. *stēn* »Fels, Stein«)

-stift (mhd. *stift* »Gründung, Kloster«)

-stock (mhd./ahd. *stoc*, asächs. *stokk* »Baumstumpf, Stamm«)

-tal, -thal (mhd./ahd. *tal*, got. *dal* »Tal«)

-terp, -trop (ahd./mhd. *dorf*, asächs./engl. *thorp*, mnd. *dorp* »bäuerliche Siedlung, Einzelhof«)

-um (fries. »Heim«)

-wald, -walde (mhd. *walt*, ahd./asächs. *wald* »Wald«)

-wang, -wangen (asächs. *wang* »Feld, Wiese, Weide«)

-weiler, -weier, -viller, -will, -wihl (mhd. *wiler*, ahd. *wilāri*, mlat. *villare*, afranz. *viller* »Einzelgehöft, Landgut«)

-werda, -werder (mnd. *werde* »Flussinsel, Halbinsel«)

-wik, -wig (asächs. *wīk*, afries. *wīc* »Wohnstätte, Siedlung«)

-zell (**mhd.** *zelle, celle*, ahd. *cella,* mlat. *cella* »Klosterzelle«)

EUROPA – EIN VIELSCHICHTIGER BEGRIFF

Was ist »Europa«? Diese Frage scheint auf den ersten Blick leicht zu beantworten, gibt aber bei genauer Betrachtung doch einige Rätsel auf. Die traditionelle Grenzziehung zu Asien mit dem Uralgebirge wird dem modernen europäischen Gedanken in keiner Weise gerecht. Ist es doch vielmehr eine europäische Kultur, eine europäische Zivilisation, die sich den Grundzügen der Aufklärung, der Demokratie und den Menschenrechten verpflichtet fühlt, die dem Begriff Europa den Stempel aufdrückt. Europa sollte offen für alle Menschen sein, sobald sie sich im alten Erdteil ansiedeln, unabhängig vom Geburtsort. Vielleicht kann man diesen Gedanken auf eine einfache Formel bringen: Im politischen Denken und Handeln sollten die Gemeinsamkeiten groß geschrieben, die Gegensätze dagegen klein gehalten werden. Leider aber spaltet auch die Europäische Union den alten Kontinent in zwei Lager, wie es ehedem der »Eiserne Vorhang« tat, wenn auch statt auf politisch-ideologischem jetzt auf ökonomischem Gebiet. Weitere Facetten des Europa-Begriffs ergeben ganz unterschiedliche Mosaike: Fußball-Europa etwa reicht bis Israel und Kasachstan, Börsen-Europa umfasst auch Nicht-EU-Länder wie die Schweiz. Der Euro ist selbst in einigen Staaten Westafrikas Zahlungsmittel. Mit der NATO ist ein Teil des europäischen Erdteils nach Nordamerika orientiert. Die zahlreichen postalischen Hoheitsgebiete wiederum reflektieren eine turbulente Geschichte des Kontinents. Wie man Europa auch betrachtet, ein präzises Erfassen, was gemeint ist, ist ohne genauere Zielsetzung gar nicht so einfach. Im Folgenden sollen einige Aspekte dieses mehrdimensionalen Puzzles dargestellt werden.

A. Europäische Staaten – Lage

Genau genommen ist Europa gar kein eigenständiger Erdteil, sondern eine Halbinsel des größten Kontinents, Eurasien. Bereits der Namensursprung dieser beiden verschmolzenen Kontinente zeigt, dass dieses Einssein schon den frühen Hochkulturen sehr bewusst war. Auch in manchen geografischen Werken kommt dies durch den Namen Eurasien zum Ausdruck, der gleichsam die physisch-geografische Seite betrachtet, nicht jedoch die politisch-historischen Gegebenheiten, die Europa seit vielen Jahrhunderten in den Brennpunkt des Weltinteresses stellen. Die Trennlinie Uralgebirge – Uralfluss – Kaspisches Meer – Kaukasus – Schwarzes Meer – Bosporus – Marmara-Meer – Dardanellen ist eine konventionelle, durchaus praktikable Lösung der Abgrenzungsfrage, kann aber nicht die Verzahnung der beiden Kontinente leugnen. So bleibt die Zuordnung der Staaten Russland, Türkei oder Zypern ebenso umstritten wie etwa die zeitweilige Integration Grönlands in die EU, als Teil Dänemarks.

Auch die bis in die Achtzigerjahre des 20. Jahrhunderts in Lehrbüchern übliche Einteilung der Alten Welt in **Nord-, Nordost- Südwest-, Süd-, Südost-, West-, Ost-** und **Mitteleuropa,** mit einer jeweils vom Blickwinkel des Betrachters abhängigen Staatenzuordnung, verliert in unserer schnelllebigen Zeit der Globalisierung und Öffnung immer mehr an Bedeutung. Wohl spricht man etwa vom Nordeuropäer, wenn man einen Schweden, Finnen, Norweger, Dänen oder Isländer meint, aber durch die EU werden die bilateralen Bindungen zwischen diesen Staaten eher schwächer, die ökonomische Gesamtintegration dafür deutlich gefördert. Dennoch wird im Gedanken der Menschen die oben angesprochene Gliederung noch lange Bestand haben, wird doch durch die Himmelsrichtungen eine leicht nachvollziehbare Lageorientierung ermöglicht.

Welche Staaten werden nun heute zu den einzelnen Teilen gerechnet? Wenn diese Frage auch nicht eindeutig zu beantworten ist, so darf man doch den weitest verbreiteten Almanachen folgen und eine physisch-geografisch logische Gliederung der 45 unabhängigen Staaten Europas vornehmen:

NORDEUROPA: Island, Norwegen, Schweden, Finnland und **Dänemark.** Die historische Verbundenheit dieses Blocks zeigt sich auch in den ähnlichen Flaggen (s. Kap. Flaggen und Flaggenfamilien) und darf als stärker bezeichnet werden als alle anderen Teile des »Puzzles Europa«.

NORDOSTEUROPA: Hierzu gehören die jungen baltischen Staaten **Estland, Lettland** und **Litauen.** Wieder ist es eine gemeinsame Geschichte, die diese Gliederung rechtfertigt, wenn auch Estland, der nördlichste dieser drei Staaten, sprachlich ein Zwilling Finnlands ist.

WESTEUROPA: Großbritannien, Irland, Niederlande, Belgien, Luxemburg, Frankreich und **Monaco.** Von einem homogenen Block kann in diesem Fall kaum gesprochen werden. Im Gegenteil, jahrhundertelang waren die beiden dominierenden Staaten Großbritannien und Frankreich Rivalen im Kampf um die Vorherrschaft, was sich auch in der ungeheuren Ausdehnung ihrer Kolonialreiche zeigt. Irland hat mit Monaco nicht mehr gemein als etwa mit Norwegen oder Polen. »Westeuropa« ist daher tatsächlich ein rein geografischer Begriff. Und doch darf nicht übersehen werden, dass die heute in fast allen Belangen dominierende »westliche Kultur« untrennbar mit dem Erfolg dieser Länder zusammenhängt und von Westeuropa aus ihren Siegeszug angetreten hat.

SÜDWESTEUROPA: Die Staaten **Spanien, Portugal** und **Andorra** werden oft geografisch zusammengefasst. Aber auch im Lebensgefühl sowie der gemeinsamen Geschichte sind große Parallelen vorhanden.

SÜDEUROPA: Italien, Vatikanstadt, Malta und **San Marino** gehören der geografischen Lage nach zusammen, wobei die beiden Enklaven Vatikanstadt und San Marino ohnehin de facto an Italien gekettet sind. Dies gilt nicht nur in der Außenvertretung, sondern zeigt sich auch seit vielen Jahrzehnten in einer gemeinsamen Währung.

SÜDOSTEUROPA: Kroatien, Bosnien-Herzegowina, Mazedonien, Montenegro, Serbien, Albanien, Griechenland, Bulgarien, Rumänien, Moldawien und Zypern. Die **Türkei** kann wegen der beidseitigen Lage am Brückenkopf Istanbul sowohl zu Südosteuropa als auch zu Vorder-Asien gerechnet werden (Q: Fischer-Weltalmanach). Bei Südosteuropa handelt es sicherlich um das Pulverfass des Kontinents. Die verschiedenen Nachfolgestaaten Jugoslawiens sind aus dem zeitweiligen Zusammenschluss aller Südslawen hervorgegangen, haben aber in dieser Zeit keine gemeinsame Kultur aufbauen können. Der Kosovokrieg am Ende des 20. Jahrhunderts bestätigte die warnenden Stimmen der Beobachter, die ein Auseinanderbrechen Jugoslawiens nach dem Tod Titos vorausgesagt hatten. Rumänien gehört sprachlich überhaupt nicht zu diesem Teil Europas, die Türkei als de facto moslemischer Staat bildet, wie oben erwähnt, einen Übergang zu Vorder-Asien. Auch Bulgarien (zusammen mit Rumänien seit 1. Januar 2007 bei der Europäischen Union) nimmt mit fast zehn Prozent türkischer Bevölkerung eine Sonderstellung ein. Politisch völlig abgesondert, war Albanien lange mehr am kommunistischen China Maos orientiert als an europäischen Werten. Der einzige Staat Südosteuropas, der sich wirklich nach dem Westen hin öffnete, ist Griechenland. In manchen Gliederungen wird daher dieser alte Kulturstaat mit einiger Berechtigung Südeuropa zugerechnet.

OSTEUROPA: Russland, Weißrussland und die **Ukraine** sind als Nachfolgestaaten der Sowjetunion in ihrer Bevölkerungszusammensetzung stark durchmischt. Auf vielen Gebieten ist auch mehr als zehn Jahre nach dem Zusammenbruch des Ostblocks eine starke Kooperation vorhanden. Der Ausdruck Osteuropa kann daher ohne große Vorbehalte akzeptiert werden, wenngleich die Ukraine seit der letzten Wahl einen klaren Schwenk nach Westen hin angedeutet hat.

MITTELEUROPA: Schweiz, Liechtenstein, Österreich, Deutschland, Ungarn, Tschechien, Slowakei, Polen und **Slowenien.** Vor dem Jahr 1989 wurde in West- und Ostmitteleuropa gegliedert, was nun, mit der Osterweiterung der Europäischen Union, obsolet wurde. Dennoch verkörpern die Schweiz, Liechtenstein, Österreich und Deutschland »die reichen Brüder« in dieser mitteleuropäischen Staatenfamilie. Ungarn, Tschechien, die Slowakei, Polen und Slowenien sind zumindest Hoffnungsgebiete, wie die jüngst erfolgte Aufnahme (Osterweiterung) in die Europäische Union zeigt.

Wie gesagt, die Gliederung nach der Lage der einzelnen Staaten hat einen eher traditionellen Charakter. Aber als Grundlage unseres Denkens ist die Zusammensetzung dieses Staatenpuzzles »Europa« von allergrößter Bedeutung. In den folgenden Kapiteln wird der Versuch unternommen, Abweichungen von diesem Schema zur Diskussion zu stellen.

B. Der Weg zur europäischen Union

1951: Europäische Gemeinschaft für Kohle und Stahl (EGKS)/»Montanunion« – Frankreich, Deutschland, Italien, Belgien, Niederlande, Luxemburg: Die ersten konkreten Schritte zur Vision eines vereinten Europas erfolgten bereits sechs Jahre nach dem 2. Weltkrieg im Jahre 1951 mit der Schaffung der Europäischen Gemeinschaft für Kohle und Stahl (EGKS). Dies ist umso bemerkenswerter, als die beiden tragenden Staaten, Frankreich und Deutschland, nur wenige Jahre zuvor erbitterte Kriegsgegner waren. Aber die ökonomische Überlegung, deutsche Kohle und französisches Eisenerz gemeinsam zur enorm wichtigen Stahlproduktion zu fördern, sollte alle emotionalen Schranken überwinden helfen. Gemeinsam mit den Beneluxstaaten und Italien wurde die Geburtsstunde der europäischen Integration gefeiert.

1957: Europäische Wirtschaftsgemeinschaft (EWG) – Frankreich, Deutschland, Italien, Belgien, Niederlande, Luxemburg: In der zweiten Hälfte der Fünfzigerjahre erfolgte mit der Unterzeichnung der »Römischen Verträge« am 25. März 1957 durch die Mitglieder der Montanunion die Gründung der Europäischen Wirtschaftsgemeinschaft (EWG). Ab 1. 1. 1958 wurde in Brüssel die Arbeit an einem neuen Europa aufgenommen, und zwar neben Kohle und Stahl in den Bereichen Landwirtschaft, Fischerei, Verkehrswesen, Wettbewerbsrecht und Außenhandel. Zeitgleich entstand mit der Europäischen Atomgemeinschaft (EURATOM) ein durch die gleichen sechs Mitglieder besiegelter Zusammenschluss auf diesem politisch heiklen Gebiet.
1967 schließlich sollten EGKS, EURATOM und EWG zur sogenannten EUROPÄISCHEN GEMEINSCHAFT (EG) fusionieren.

1972: »Norderweiterung« – Dänemark, Irland und das Vereinigte Königreich: Eigentlich wäre der Ausdruck NW-Erweiterung geografisch korrekt, wenn auch etwas schwerfällig. Bereits Anfang der Sechzigerjahre kam von Seiten der neuen Beitrittsländer, wie auch Norwegens, ein erstes Ansuchen um Aufnahme in die damalige EWG. Die Motive waren unterschiedlich. Dänemark hoffte auf einen größeren Agrarmarkt, Irland auf Förderungen, Großbritannien auf eine neue Ausrichtung zum europäischen Kontinent. Frankreichs Veto und die nicht unbeachtlichen Verpflichtungen Großbritanniens im Commonwealth verhinderten eine schnelle Erweiterung. Als es schließlich Anfang der Siebzigerjahre so weit war, votierte die norwegische Bevölkerung gegen einen Beitritt zu »Europa«, um nicht die Sonderstellung bei der Ausbeutung der Meere zu gefährden.

1981/1986: »Süderweiterung« – Griechenland, Portugal und Spanien: Mit dem Ende der Militärdiktaturen in Griechenland und Portugal sowie dem Tod des Langzeitdiktators Franco in Spanien war der Weg zu einer Ausdehnung in den ärmeren Süden des Kontinents geebnet. Die Hoffnung auf Modernisierung und wirtschaftliche Impulse führten zu starkem Zuspruch zu »Europa« in den neuen Kandidatenländern. 1981 wurde Griechenland aufgenommen, 1986 folgten die iberischen Staaten Portugal und Spanien.

1985: Schengener Abkommen (nach einer Stadt in Luxemburg benannt): Ziel ist der vollständige Abbau von Personenkontrollen an den gemeinsamen Binnengrenzen der Mitgliedsstaaten, Voraussetzung dafür eine verstärkte Kontrolle an den Außengrenzen. Dem Schengener Abkommen gehören heute die fünf Gründerstaaten **Belgien, Deutschland, Frankreich, Luxemburg** und die **Niederlande,** sowie die EU-Staaten **Dänemark, Finnland, Griechenland, Italien, Österreich, Portugal, Schweden** und **Spanien** an. Dazu kommen seit 1996 die Nicht-EU-Länder **Island** und **Norwegen** (als Teil der Nordischen Passunion) sowie die zu Dänemark gehörigen Gebiete **Grönland** und die **Färöer.** Die fünf skandinavischen Länder sowie Griechenland sind aber bislang keine Anwenderstaaten, sondern nur Unterzeichner des Abkommens. Großbritannien und Irland haben das Schengener Abkommen überhaupt nicht unterzeichnet und sind damit auch keine Verpflichtungen in Bezug auf Visum, Asyl und Einwanderung eingegangen. Die Zwergstaaten **Andorra, Liechtenstein, Monaco, San Marino** und **Vatikanstadt** haben nie explizit diesen Vertrag unterzeichnet, führen jedoch zu ihren Nachbarstaaten keine Grenzkontrollen durch. Ab 2008 werden einige der neuen EU-Staaten die Grenzkontrollen ein weiteres Stück nach Osten verschieben. Möglicherweise wird auch die Schweiz diesem Grenzkontrollabkommen beitreten.
1992 wird mit dem Vertrag von Maastricht aus der EG die Europäische Union (EU), und damit wird gleichzeitig ein weiterer Schritt zu einem auch im Weltvergleich starken Binnenmarkt gesetzt.

1994: Europäischer Wirtschaftsraum (EWR): Seit 1994 gelten für die heute fünfzehn Staaten der Europäischen Union sowie die EFTA-Staaten Island, Liechtenstein und **Norwegen** die vier Regeln für den Binnenmarkt (freier Verkehr von Waren, Personen, Dienstleistungen und Kapital). Technische Handelsbarrieren werden in den EFTA-Staaten im Gleichschritt mit den EU-Ländern abgeschafft. Die Agrarpolitik der EU dagegen wird nicht auf die drei weiteren Mitglieder ausgedehnt, wenn auch bilaterale Abkommen die Handelsbeziehungen erleichtern.

1995: »Neutrale«: Finnland, Schweden und Österreich: Als letzte Staaten im 20. Jh. wurden diese neutralen Länder zur nunmehr 15 Staaten umfassenden Gemeinschaft aufgenommen.
1997 wurde mit dem Vertrag von Amsterdam eine Ausdehnung des Maastricht-Vertrages auf Innen- und Rechtspolitik sowie Sozial- und Beschäftigungspolitik unterzeichnet. Großes Ziel war die Reduzierung der Arbeitslosigkeit und eine innovative Beschäftigungslage innerhalb der Gemeinschaft.

2004: Osterweiterung: Estland, Lettland, Litauen, Malta, Polen, Slowakei, Slowenien, Tschechien, Ungarn und Zypern. Am 1. Mai 2004 erfolgte die bisher größte Erweiterung der EU. Die hochentwickelten mittel- und osteuropäischen Staaten hinter dem ehemaligen Eisernen Vorhang sowie Slowenien, Malta und Zypern erfüllten die geforderten Standards in den Bereichen Menschenrechts-, Wirtschafts- und Sozialpolitik.

2007: Bulgarien und **Rumänien** traten mit dem 1. Januar 2007 der EU bei, der Kandidat Türkei hat sowohl in wirtschaftlichen, als auch in politischen Bereichen aufzuholen, wenn auch bereits seit Oktober 2005 erste Gesprächsrunden stattfinden. Mit einem Beitritt ist jedoch kaum vor 2012 bis 2015 zu rechnen. Ein brennendes Problem ist die sogenannte Zypernfrage.

C. Euro-Zone, Börsen-Europa

Wohl kaum eine Entscheidung zum gemeinsamen Weg wurde in Europa emotionaler abgehandelt als die Einführung des Euro. Bereits in der ersten Hälfte der Neunzigerjahre konnten mit der Vollendung des Binnenmarktes, dem Vertrag von Maastricht und der Gründung des Europäischen Währungsinstituts (EWI) die Voraussetzungen für eine Währungsunion geschaffen werden. Seit 1998 gibt es auch einen EWU-Aktienindex, der die Kursentwicklung innerhalb der Länder der Währungsunion abbilden soll. Die gemeinsame Währung, der Euro, schafft eine Art Klein-Europa aus nur wenigen Staaten, die nicht einmal ein vollständiges Bild der Europäischen Union widerspiegeln. Die Ökonomie kennt keine Nationalstaaten, sie unterliegt gänzlich anderen Gesetzen, die leider nur allzu oft ihre sozialpolitische Verpflichtung vergessen. Die »Freiheit zu« etwas, die liberalen Grundrechte, stehen immer im dynamischen Wettstreit mit der »Freiheit von« etwas, also den sozialen Grundrechten. Hier liegt eine wahrlich große Gefahr der Spaltung Europas in Arm und Reich.

Euro: Seit 1. Januar 1999 ist der Euro die gemeinsame Währung von zunächst elf Ländern der Europäischen Union: **Belgien, Deutschland, Finnland, Frankreich, Irland, Italien, Luxemburg, Niederlande, Österreich, Portugal** und **Spanien.** Die nationalen Währungen haben an diesem Tag aufgehört, selbstständige Währungen zu sein, sie sind nur mehr rechnerischer Ausdruck der Gemeinschaftswährung Euro. Für die Stabilität ist die Europäische Zentralbank in Frankfurt zuständig. DM, Franc, Schilling, Lira etc. stehen seit dem 31. Dezember 1998 in einem festen, unwiderruflichen Verhältnis zueinander. Dies gilt auch für alle Wertpapiergeschäfte an den Euro-Börsen von Amsterdam bis Wien. Eine D-Mark etwa wird mit 1,95583 Euro umgerechnet, ein Schilling mit 13,7603 Euro. Nachdem auch **Griechenland** etwas verspätet die Beitrittsbedingungen erfüllt hat, besteht der Euroraum seit 1. Januar 2001 aus zwölf der fünfzehn

EU-Staaten. Das bislang letzte Mitglied in dieser Währungsunion ist **Slowenien**, das seit 1. Januar 2007 den Euro als offizielles Zahlungsmittel hat. Vermutlich werden in einem Jahr viele der neuen EU-Staaten ebenfalls zu dieser Währung wechseln.

Die Jahre 1999 bis 2002 stellten eine Art Übergangzeit dar, in der zwar im täglichen Leben noch die gewohnten nationalen Währungen verwendet wurden, der Euro aber als internationale Recheneinheit auf den Kapitalmärkten seine Stellung gegenüber Dollar oder Yen zu behaupten hatte. In der ersten Hälfte des Jahres 2002 waren sowohl alte Währungen als auch Euromünzen und Eurobanknoten im Umlauf, danach wurde die Umstellung vollends abgeschlossen. Die Umtauschbarkeit der alten Währungen wird aber noch mindestens zwanzig Jahre garantiert.

Der Weg zu dieser gemeinsamen Währung war ein überaus dorniger. Mehr als bei allen anderen grenzübergreifenden Themen – Atomkraft vielleicht ausgenommen – war die Einführung des Euro nicht nur von technischen Fragen der Sicherheitsstandards, des Umstelltempos oder der berühmt-berüchtigten Konvergenzkriterien geprägt, sondern sie wurde in praktisch allen Teilnehmerländern von heftigen, oft emotional geführten Diskussionen überschattet. Bürgernähe und Aufklärung waren gefragt, Zeitungen wurden zu Bannerträgern der Für und Wider, schwankende Abstimmungen und Umfragen stützten immer wieder Eurobefürworter oder Eurogegner. Zuletzt sind immerhin elf Staaten bereit gewesen, die Fesseln des zu engen »Binnenmarktes« zu sprengen und der Währungsunion beizutreten. In Schweden, Dänemark und Großbritannien konnte trotz intensiver Bemühungen keine Mehrheit für einen sofortigen Beitritt gewonnen werden, Griechenland erfüllte 1999 als einziges der fünfzehn Länder der Union die Konvergenzkriterien nicht in ausreichendem Maße, hat aber inzwischen den Sprung in die Eurozone geschafft. Letztlich versetzte das negative Votum der Dänen zum Euro am 28. September 2000 der gemeinsamen Währung einen weiteren kleinen Schock, dessen Auswirkungen immer noch nicht genau abgeschätzt werden können.

Die Realität des Geldgeschäftes zeigt aber, dass die Einführung des Euro bei weitem nicht nur auf die oben genannten zwölf Staaten beschränkt ist. Der Eurozone gehören unterschiedliche Gruppen von Ländern an: (1) Kleinstaaten auf europäischem Festland: **San Marino**, **Monaco**, **Vatikan** und **Andorra**. Die drei erstgenannten Staaten haben auch das Recht, Euro-Münzen mit einer eigenen nationalen Seite zu prägen. (2) Außereuropäische Territorien der EU-Staaten: *Frankreich:* **Saint-Pierre et Miquelon, Mayotte, Guadeloupe, Martinique, Französisch-Guyana** und **Réunion**. *Portugal:* **Azoren** und **Madeira**. *Spanien:* **Kanarische Inseln** und **Balearen**. *Niederlande:* **Aruba, Bonaire** und **Curaçao**. (3) Gebiete in Europa, in denen der Euro offizielles Zahlungsmittel ist: **Estland, Bulgarien, Bosnien-Herzegowina**. Die (damals) jugoslawischen autonomen Gebiete **Montenegro** und **Kosovo** beschlossen einseitig, den Euro zum nationalen Zahlungsmittel zu machen. (4) An den Euro gekoppelt sind auch zahlreiche

Staaten *West- und Zentralafrikas*, die vor dem 1. Januar 2002 der Franc-Zone angehörten: **Elfenbeinküste, Niger, Senegal, Togo, Guinea-Bissau, Kamerun, Zentralafrikanische Republik, Kongo-Brazzaville, Gabun, Äquatorialguinea, Tschad, Komoren** und **Kap Verde.**

Dow Jones Euro Stoxx 50: Im Februar 1998 haben sich die Börsen in Frankfurt, Paris und Zürich mit dem amerikanischen Unternehmen Dow Jones darauf verständigt, die Kursentwicklung innerhalb der Länder der Währungsunion und der Europäischen Union abzubilden. Dazu dienen zwei Indizes, von denen der *DJ Euro Stoxx 50* alle Spitzenwerte der Mitgliedsländer der Währungsunion (also vor allem **Belgien, Deutschland, Finnland, Frankreich, Irland, Italien, Luxemburg, Niederlande, Österreich, Portugal, Spanien** und **Griechenland**) enthält. Diese »Börsenschwergewichte« sind für Aktiensparer von enormer Bedeutung, da sie einen beträchtlichen Teil des Marktes abdecken und relativ starke Umsätze und damit verbunden deutliche Kursbewegungen aufweisen. Die 50 »besten« Unternehmen werden dabei nach Kriterien der Marktkapitalisierung, der Liquidität und der Branchenzugehörigkeit ausgewählt. Mit Einführung dieses Index und der gemeinsamen Währung Euro verlieren selbstverständlich die nationalen Wertpapiermärkte zunehmend an Gewicht.

Dow Jones Stoxx 50: Zum Unterschied vom »Euro Stoxx« sind in diesem Index neben den Ländern der Währungsunion alle größten Unternehmen Europas abgebildet, also vor allem auch Staaten wie **Dänemark, Großbritannien** und **Schweden,** (die restlichen drei Staaten der EU-15) sowie die Branchenriesen der **Schweiz.**

Kritisch muss angemerkt werden, dass gerade die Kapitalströme an den internationalen Börsen den Globalisierungsdruck immer deutlicher werden lassen. Europa wächst zwar zusammen, aber die Angst der Bürger ist damit nicht endgültig verschwunden. Auch die Parität Dollar–Euro gibt Anlass zur Sorge, schwanken doch die europäische und amerikanische Währung sehr stark, mal in diese, mal in jene Richtung. Die Diskussionen werden weitergehen, die Bürger aber erst dann tiefes Vertrauen zur neuen Währung haben, wenn sie fühlbar einen Kaufkraftgewinn beim täglichen Einkauf bemerken.

D. Fußball-Europa

Die Sportart Fußball ist wahrscheinlich Europas populärste Massenbewegung, faszinierend für Jung und Alt zugleich, durch eine leidenschaftliche, im wahrsten Sinne des Wortes grenzüberschreitende Anhängerschar gekennzeichnet. In knapp mehr als einhundert Jahren haben sich 56 Verbände innerhalb der FIFA/UEFA etabliert, von denen allerdings fünf, Deutsches Reich, DDR, Saarland, Tschechoslowakei und Sowjetunion, durch politische Umwälzungen bedingt, heute nicht mehr existieren. Die 52 Verbände »Fußballeuropas«, die alle vier Jahre um die höchste Trophäe des Kontinents, die Europameisterschaft für Nationalmannschaften, spielen, sind jedoch keineswegs identisch mit den unabhängigen Staaten. Eine genaue Analyse soll dem Leser die Hintergründe für die sportliche Gliederung Europas aufzeigen.

England, Schottland, Wales, Nordirland: Die Fußballgeschichte ist stark von den Briten dominiert, was in den frühen Verbandsgründungen in England, Schottland, Wales und Nordirland zum Ausdruck kommt. Bereits 1863, am 26. Oktober, wurde bei einem Treffen von Vertretern von 11 Schulen und Clubs in Cambridge mit der Football Association (FA) die erste Dachorganisation geschaffen, die dann bis zur Gründung der FIFA (Fédération Internationale de Football Association) im Jahre 1904 die Regeln des Weltfußballs bestimmen sollte. Nur zögerlich, zunächst unter Protest, nahm die FA das Aufleben eines internationalen Gremiums zur Kenntnis, konnte aber ihre Sonderstellung bis heute insofern bewahren, als Großbritannien statt mit nur einem Landesverband mit vier Verbänden (England, Schottland, Wales und Nordirland) an den FIFA- und UEFA-Bewerben teilnimmt. Unter den 11 Staaten, die bereits vor 1900 eine eigene Meisterschaft austrugen, sind mit England (1889), Schottland (1891) und Nordirland (1891) drei Vertreter der Britischen Inseln. Dänemark (1890) war das erste kontinentaleuropäische Land mit einer Meisterschaft, gefolgt von Belgien, Schweden und der Tschechoslowakei (jeweils 1896), Italien und der Schweiz (1898) sowie Frankreich und den Niederlanden (1899). In all diesen neuen Fußballländern war die britische Handschrift unverkennbar. So gründeten britische Eisenbahningenieure 1876 in Dänemark einen ersten »Football club«, ein Angestellter einer britischen Handelsfirma rief in Italien den Torino Internationale FC ins Leben, renommierte Schweizer Privatschulen widmeten sich den »English sports«, und sogar im sehr eigenwilligen Frankreich waren es englische Textilarbeiter, die dem späteren Welt- und Europameister dem Fußball den Weg ebneten. Dieser kurze historische Rückblick soll die Existenz der vier britischen Verbände erklären, wenn auch von manchen Kritikern immer wieder die Einhaltung der Regel »ein Land – ein Verband« gefordert wird.

Aserbaidschan, Armenien, Georgien: Diese drei Teilstaaten der ehemaligen Sowjetunion traten Anfang der Neunzigerjahre zunächst der FIFA, dann dem europäischen Dachverband, der UEFA bei, obwohl alle drei Kaukasusstaaten eigentlich auf asiatischem Territorium liegen. Als Teilnehmer am sowjetischen Spielklassensystem war die traditionelle Ausrichtung nach Europa vorgegeben, was besonders für die Spitzenvereine Georgiens zutraf. Der überaus populäre Club Dinamo Tbilisi brach 1964 als zweiter Verein nach Dinamo Kiew in die Phalanx der Moskauer Traditionsmannschaften ein und kam als krasser Außenseiter zu Meisterehren. 1978 konnte dieses Kunststück wiederholt werden, und drei Jahre später wurde mit dem Gewinn des Europapokals der Cupsieger der

Höhepunkt der Vereinsgeschichte erreicht. Georgien gehörte hiermit fußballerisch zum Establishment unseres Kontinents. Vielleicht ist dies ein Mitgrund für
die spätere Orientierung nach Europa.

Israel: Erst seit 1992 ist Israel ein Mitglied der UEFA, dies nach einer bewegten
politischen und sportlichen Geschichte. Im Gegensatz zu den Kaukasusrepubli-
ken ist Israel nicht aus geografischen Gründen bei Europa. Die 1948 gegründete
Israel Football Association war seit jeher das ungeliebte Kind inmitten der arabischen Verbände. 1958 weigerten sich nach der Annexion des Gaza-Streifens und
der Sinai-Halbinsel durch Israel Afghanistan, die Türkei (damals bei Asien), Indonesien, Ägypten und der Sudan, gegen diesen Staat anzutreten. Israel durfte in
der Folge – sozusagen fußballerisch heimatlos – 1962 und 1966 an der europäischen WM-Qualifikation teilnehmen. Trotz großer sportlicher Erfolge, wie dem
dreimaligen Gewinn der asiatischen Vereinsmeisterschaft durch Hapoel Tel Aviv
und Maccabi Tel Aviv (1967, 1969 und – kampflos – 1971), wurde Israel immer
mehr ins politische Abseits gedrängt. Nach weiteren Eklats forderte schließlich
der asiatische Dachverband 1976 kategorisch den Ausschluss Israels, was beinahe
zum Bruch mit der Weltorganisation FIFA geführt hätte. Fortan im sportlichen
Exil, war Israel gezwungen, 1982 (Europa), 1986 und 1990 (Ozeanien) an nicht-
asiatischen Qualifikationen zur Weltmeisterschaft teilzunehmen. Erst Anfang
der Neunzigerjahre fand Israel bei der UEFA eine neue Heimat, was auf Grund
der »Überwinterung« zahlreicher europäischer Clubs am sonnigen Mittelmeer-
strand sogar wirtschaftlichen Sinn hat. Seither wird auch eine Entpolitisierung
der Vereine angestrebt, um eine weitere Öffnung des Landes zu ermöglichen.

Färöer: Die »Schafsinseln« hatten bis zum 12. Oktober 1990 eine fast beschauli-
che Fußball-Tradition. In ihrem ersten Qualifikationsmatch zur Weltmeisterschaft bezwangen sie an diesem denkwürdigen Tag Österreich mit 1:0, was in der
Alpenrepublik zu einem sportlichen Trauma führte, den Färöern aber eine neue
Welt eröffnete. Seither sind die auf halbem Weg zwischen Schottland und Island
gelegenen Inseln, politisch autonomer Teil Dänemarks, aus Fußballeuropa nicht
mehr wegzudenken. Ob irgendwann die staatliche Unabhängigkeit folgen wird?

Kasachstan: Seit 2002 ist Kasachstan das bislang letzte Mitglied der UEFA,
wenngleich nur ein winziger Teil seines Territoriums in Europa liegt. Ob der
enorme Wirtschaftsaufschwung bei dieser Entscheidung der Aufnahme in die
UEFA mitgespielt hat?

Türkei: »Zwischen zwei Welten«, so sah sich die Türkei lange Jahrzehnte. Obwohl 97% des Staatsgebietes auf asiatischem Boden liegen, war die Türkei seit
Kemal Atatürks »Revolution« europäisch ausgerichtet. Im Clubfußball seit
Gründung des Europapokals mit den Spitzenvereinen aus Istanbul vertreten, trat
die Türkei schließlich 1962 der UEFA bei.

(Vatikanstadt): Als einziger unabhängiger Staat Europas ist der Vatikan nicht in
der UEFA und FIFA vertreten. Daraus den Schluss zu ziehen, dass Fußball in

diesem Staat ein Tabu ist, entspricht aber keineswegs den tatsächlichen Verhältnissen. Seit 1973 gibt es eine eigene Landesmeisterschaft, seit 1985 einen Pokalwettbewerb, und das erste inoffizielle Ländermatch wurde bereits 1947 ausgetragen.

(Monaco): Der Zwergstaat an der Côte d'Azur spielt seit jeher in der französischen Liga mit, seit den Sechzigerjahren sogar mit großem Erfolg. AS Monaco wurde seit 1961 immerhin sieben Mal Meister Frankreichs, zuletzt im Jahre 2000.

E. Briefmarken-Europa

Eine unglaubliche Zahl von 60 postalischen Hoheitsgebieten eröffnet sich dem passionierten Sammler europäischer Briefmarken zu Beginn des 21. Jahrhunderts. Für den historisch interessierten Europasammler weitet sich dieses Feld auf hunderte Sammelgebiete aus, deren Beschreibung aber den Rahmen dieses Kapitels sprengen würde. Neben den 45 im Abschnitt »Lage« aufgezählten Staaten sind geografisch und historisch begründete Eigenständigkeiten im postalischen Verkehr für diesen Reichtum an Briefmarkenländern verantwortlich. Im Detail handelt es sich um folgende Sammelgebiete (s. auch Kap. Postalische Ausgabegebiete):

Åland-Inseln (Finnland): Die auf halbem Weg zwischen Schweden und Finnland gelegenen Inseln werden von Schweden bewohnt, gehören aber politisch zu Finnland. Daher auch der Doppelname dieses Staates: Suomi-Finland. Seit 1984 erweitert die autonome Provinz Åland das finnische Sammelgebiet um drucktechnisch und historisch wunderbare Briefmarken.

Alderney (Großbritannien): Wie auch die anderen Kanalinseln Guernsey und Jersey gehört Alderney nicht zur Europäischen Union und auch nicht zu Großbritannien. Genau genommen sind diese Inseln als Crown Dependencies direkt der »Krone« unterstellt. Seit 1983 wird diese Eigenständigkeit durch die Ausgabe eigener, sehr gelungener Briefmarken unterstrichen.

Andorra-französisch und Andorra-spanisch (Andorra): Da dieser Pyrenäenstaat seine Unabhängigkeit einer politisch kuriosen Regelung aus dem 13. Jahrhundert verdankt, der zufolge heute sowohl der französische Staatspräsident als auch der spanische Bischof von Seo de Urgell für die weltliche und geistliche Führung zuständig sind, gibt es auch zwei postalische Hoheitsgebiete: seit 1928 Andorra-Spanische Post und seit 1931 Andorra-Französische Post.

Azoren (Portugal): Die für unser Wetter so relevanten Atlantikinseln Azoren gehören physisch-geografisch zum Kontinent Afrika, politisch jedoch zu Portugal. Seit 1980 werden eigene Briefmarken gedruckt, die sich meist mit landestypischen Motiven beschäftigen.

Färöer (Dänemark): Die seit 1948 innerhalb Dänemarks autonomen Schafsinseln (dies bedeutet Färöer), mit eigenem Parlament und eigener Währung ausgestattet, haben bereits 1918 und während des Zweiten Weltkriegs eigene Briefmarken herausgegeben. Seit 1975 existiert eine selbstständige Postverwaltung, die mit reger Ausgabepolitik am Sammelmarkt mitzumischen versucht. Dänemarkfreunde unter den Philatelisten sollten unbedingt auch Marken der Färöer-Inseln sammeln.

Gibraltar (Großbritannien): Seit 1713 britisch, seit 1830 Kolonie, seit 1969 mit eigener Verfassung, ist der felsige Südzipfel der Iberischen Halbinsel nicht nur den Spaniern ein Dorn im Auge. Wie bei den Kanalinseln dient auch Gibraltar als Steueroase, was von der internationalen Staatengemeinschaft bisher kaum unterbunden werden konnte. Bereits 1886 wurden eigene Briefmarken herausgebracht, die wie üblich bei britischen »Territorien« den Kopf des Monarchen zeigen. Im Gegensatz zu anderen postalischen Hoheitsgebieten wird Gibraltar in den einschlägigen Katalogen nicht im Anhang an das »Mutterland« geführt, sondern als absolut eigenständiges Sammelgebiet betrachtet.

Grönland (Dänemark): Das mit über 2 Mio. km^2 das Mutterland Dänemark um ein Vielfaches überragende Grönland darf sich seit 1953 als gleichberechtigter Teil des Landes betrachten. Seit 1979 wurde sogar innere Autonomie zugestanden. Mit dem »Austritt« aus der EU hat Grönland von seiner Sonderstellung bereits nachhaltig Gebrauch gemacht. Die Königlich Dänisch-Grönländische Post gibt seit 1938 eigene Briefmarken heraus, und zwar mit der Doppelbezeichnung »Grønland« und »Kalaalit Nunaat« (dt. Land der Menschen).

Guernsey (Großbritannien): Zusammen mit Jersey und der Insel Man wird bereits seit 1958 eine eigene postalische Politik verfolgt. Politisch darf Guernsey durchaus mit der bereits weiter oben besprochenen Kanalinsel Alderney verglichen werden.

Isle of Man (Großbritannien): Ein eigenes Parlament, eine eigene Hauptstadt und eine eigene Sprache (Manx, allerdings seit einigen Jahrzehnten ausgestorben) dokumentieren die Sonderstellung dieser Insel inmitten der Irischen See. Seit 1958 wird eine recht üppige Ausgabepolitik im Bereich Briefmarken verfolgt.

Jersey (Großbritannien): Als sogenannter »Off-shore« Staat profitiert Jersey ungeheuerlich vom steuerlichen Sonderstatus innerhalb des Vereinigten Königreiches. Milliardenbeträge von international frei verfügbaren Geldmengen wandern in diese Steueroase, sehr zum Leidwesen der Europäer, aber durchaus zum Wohl der ansässigen Bevölkerung. Zusammen mit der Kanalinsel Guernsey wird seit 1958 eine Flut von Briefmarken auf den Markt gebracht – für manche Großbritannien-Sammler wohl besondere Edelstücke.

Madeira (Portugal): Die auf der Höhe Casablancas gelegene Ferieninsel Madeira gehört wie die Azoren politisch zu Portugal. Und ebenso wie die bekannteren »Wetterinseln« ist auch Madeira seit 1980 ein eigenes Briefmarkenland.

Souveräner Militärischer Malteserorden (Malta): Kurios ist die heutige Eigenständigkeit eines militärischen Verbandes auf dem Gebiet der postalischen Hoheitszeichen. Dankenswerterweise wird aber eine sehr zurückhaltende Ausgabepolitik verfolgt.

Türkisch-Zypern (Zypern): Der nur von der Türkei anerkannte Staat »Türkische Republik Nordzypern« (1983 wurde die Unabhängigkeit proklamiert) wurde zu einem ständigen Zankapfel zwischen den beiden alten Gegnern Griechenland und Türkei. Der knapp mehr als ein Drittel der Insel umfassende Nordteil Zyperns liegt in unerbittlicher Feindschaft zur Republik Zypern, der schon im Altertum wichtigen Kupferinsel im östlichen Mittelmeer. Bereits seit 1974 werden eigene Briefmerken ausgegeben.

Vereinte Nationen/Genf: Mit der steigenden Bedeutung der Vereinten Nationen wurde auch ein eigenes UN-Postamt in Genf im Jahre 1969 eröffnet. Anders als die »unabhängigen Staaten«, die mit der Ausgabe von postalischen Hoheitszeichen ihre Eigenständigkeit unterstreichen, haben die UN-Marken einen stark völkerverbindenden Charakter, was auch durch die große Beliebtheit als Sammelgebiet zum Ausdruck kommt.

Vereinte Nationen/Wien: Zehn Jahre nach Genf zog der zweite europäische UN-Standort Wien mit der Herausgabe eigener internationaler Postwertzeichen nach. Meist werden diese von Sammlern zusammen mit dem Gebiet Österreich subskribiert.

Wie man sieht, ist Europa gerade auf dem Gebiet der Philatelie sehr vom üblichen Staatendenken abgegangen. Dies in manchen Fällen mit Berechtigung, wenn man die geschichtlichen Gegebenheiten näher betrachtet. Bisweilen dürften aber auch kaufmännische Überlegungen bei der Zusammenstellung des postalischen »Puzzles Europa« eine Rolle gespielt haben. Sicher ist, dass auf diesem Gebiet auch in den nächsten Jahrzehnten einige Verschiebungen zu erwarten sind. Gerade die Postwertzeichen waren es auch, die oft eine schnelle Reaktion auf geschichtliche Umwälzungen zum Ausdruck brachten.

F. Außengebiete

Nach dem Zweiten Weltkrieg kam es zum fast implosionsartigen Zusammenbruch der Kolonialimperien. Die politische Landkarte der Welt veränderte sich in nie da gewesenem Tempo, Europa verlor, bis auf wenige Ausnahmen, seinen direkten Einfluss außerhalb des Kontinents. Geblieben sind hauptsächlich kleine Reste der ehemaligen britischen und französischen Kolonien, die quasi immer noch direkt den europäischen Mutterländern unterstehen. Viele der Leser würden wohl Schwierigkeiten haben, diese Landesteile geografisch richtig zuzuordnen.

GROSSBRITANNIEN: Als zentraler Staat im Commonwealth, dem Nachfolger des ungeheuer ausgedehnten Britischen Empires, hält Großbritannien immer noch eine Sonderstellung innerhalb der Staatengemeinde, zumindest was die Zahl der Außengebiete anbelangt.

Crown Dependencies: Diese unterstehen unmittelbar der Krone und sind damit quasi »Privatbesitz« des Königshauses. Die **Kanalinseln** (Channel Islands; Alderney, Guernsey, Jersey, Sark) und die **Insel Man** (Isle of Man) sind daher auch nicht Teile des Vereinigten Königreiches oder der Europäischen Union. Für viele Spekulanten und Kapitalanleger stellen diese Crown Dependencies ein Steuer-Eldorado dar. Dies sehr zum Leidwesen des übrigen Europa, das große Gewinnabzüge aus florierenden Unternehmen hinnehmen muss.

Dependent Territories: Bei diesen Gebieten ist die Abhängigkeit vom Mutterland graduell unterschiedlich, jedenfalls haben sie alle weitgehende Autonomie, damit also innere Selbstverwaltung. London ist für Verteidigung, Außenpolitik und in manchen Fällen für Verfassungsfragen zuständig. Zu den Dependent Territories gehören folgende Gebiete: In der Karibik **Anguilla** (seit 1650), die **Britischen Jungferninseln** (seit 1672), die **Kaimaninseln** (seit 1670), **Montserrat** (seit 1632) sowie die **Turks- und Caicosinseln** (seit 1670). Im Atlantik liegen **Bermuda** (Kolonie seit 1684), die **Falkland-Inseln** (seit 1833) sowie die gemeinsam verwalteten Territorien **Süd-Georgien** und die **Südlichen Sandwichinseln** und **St. Helena** (seit 1673). Aus den früher ausgedehnten ozeanischen Besitzungen blieben allein die **Pitcairninseln** in britischem Besitz (seit 1790). Auf europäischem Boden liegt der Brückenkopf zu Afrika, **Gibraltar** (seit 1713, Kolonie seit 1830). Zuletzt müssen das **Britische Territorium im Indischen Ozean** (mit den Tschagos-Inseln) und das **Britische Territorium in der Antarktis** erwähnt werden. Letzterer Anspruch wurde völkerrechtlich nicht anerkannt, genau so wenig wie die Ansprüche von weiteren sechs Staaten auf das Südpolargebiet (s. auch Lex.).

FRANKREICH: Wie im Falle Großbritanniens sind auch bei Frankreich vereinzelte Reste des ehemaligen Kolonialreiches bis heute mit dem Mutterland verbunden, wieder mit unterschiedlichem Grad von Autonomie.

Départements d'outre-mer/D.O.M: Diese Gebiete gelten als direkt zum Mutterland gehörig. **Französisch-Guyana** (Südamerika), **Guadeloupe** (Karibik), **Martinique** (Karibik), **Réunion** (Afrika).

Collectivités territoriales/C.T: Hier handelt es sich um Gebietskörperschaften mit größerer Distanz zum Mutterland. **Mayotte** (Afrika, seit 1841) sowie **Saint-Pierre und Miquelon** (Nordamerika, seit 1816).

Territoires d'outre-mer/T.O.M: Diese Überseeterritorien haben beschränkte Selbstverwaltung. Gesetze, die in Frankreich gemacht werden, kommen nur zur Anwendung, wenn dies ausdrücklich beschlossen wird. **Französisch-Polyne-**

sien (Tahiti seit 1842, Marquesas-Inseln, Ozeanien), **Neukaledonien** (seit 1853, Ozeanien) und **Wallis und Futuna** (seit 1842, Ozeanien).

Terres australes et antarctique: Entsprechend dem britischen Beispiel stellte auch Frankreich Ansprüche auf Teile der Antarktis (**Adelieland**/Terre Adélie), mit ebenso negativer internationaler Akzeptanz. Die folgenden ozeanischen Inseln gehören aber nach wie vor zu Frankreich: **Ile Amsterdam**, **St. Paul**/Ile St. Paul, **Crozetinseln**/Iles Crozet und die **Kerguelen**/Iles Kerguelen.

DÄNEMARK: Zwei Außengebiete, davon ein wahrer Riese, werden Dänemark zugerechnet. Die **Färöer-Inseln** sind seit 1948 autonom; **Grönland**, in der Sprache der Inuit *Kalaalit Nunaat* genannt (was so viel wie »Land der Menschen« bedeutet), ist seit 1953 ein gleichberechtigter Teil Dänemarks und hat seit 1979 innere Autonomie. Mit mehr als 2 Millionen km wäre dieses Außengebiet einer der flächenmäßig zehn größten Staaten der Erde.

NORWEGEN: Verständlich, dass auch Norwegen, dessen großer Polarforscher Amundsen als Erster den Südpol erreichte, Ansprüche auf die Antarktis erhob. Das **Königin-Maud-Land** umfasst immerhin 2,5 Mio. km^2, ein Vielfaches des Mutterlandes. Aber wie bei den sechs anderen Staaten, die die Antarktis unter sich aufteilen wollten, wurde die internationale Anerkennung verwehrt.

NIEDERLANDE: Mit den Karibikinseln **Aruba** (seit 1636) und den **Niederländischen Antillen** (Curaçao, Bonaire, Sint Maarten und Sint Eustatius) sind auch im Fall Hollands nur Reste des früheren Kolonialreiches übrig geblieben. Die Kolonialreiche sind Vergangenheit, der Einfluss der ehemaligen Mutterländer in Sprache, Wirtschaft und Kultur blieb aber enorm. Europa hat sich wie ein Spinnennetz über den Globus ausgebreitet und wird seine dominante Stellung in vielen Teilen der Welt sicherlich auch in den nächsten Jahrzehnten beibehalten.

G. Europa militärisch

Seit dem Zusammenbruch des Ostblocks und gleichzeitig damit des militärischen Arms der kommunistischen Regime ist die NATO zur zentralen »Weltpolizei« geworden. Ziel der North Atlantic Treaty Organization ist die Stärkung der Sicherheit durch Zusammenarbeit auf politischem, wirtschaftlichem und militärischem Gebiet. In verschiedenen Wellen wurde die Zahl der Mitgliedsstaaten auf insgesamt 26 erhöht. Europa, unser Thema, ist insofern betroffen, als mit wenigen Ausnahmen alle Mitgliedsstaaten auf diesem Erdteil liegen.

1949 – **Belgien, Dänemark, Frankreich, Großbritannien, Island, Italien, Kanada, Luxemburg, Niederlande, Norwegen, Portugal** und die **USA:** Die Gründung erfolgte durch zehn europäische und zwei nordamerikanische Staaten, gedacht als Sicherheitsbündnis zwischen gleichberechtigten Nationen. Völkerrechtlich ist der Artikel 51 der Charta der Vereinten Nationen Grundlage für diesen Zusammenschluss, da hier allen Staaten das Recht auf individuelle und kollektive Selbstverteidigung zugestanden wird. Die NATO unterhält keine eigenen Streitkräfte. Das heißt, dass in Friedenszeiten die Streitkräfte der Mitgliedsstaaten nationalem Oberbefehl unterstehen. Kurios auch, dass Island als einziges Mitglied keine eigenen Streitkräfte besitzt, also nur strategische Bedeutung innerhalb der NATO hat.

1952 – **Griechenland** (allerdings zwischen 1974 und 1979 wegen der Zypernfrage ausgeschieden) und **Türkei:** Die erste Erweiterung war militärstrategisch von außerordentlicher Bedeutung, da gerade die Türkei den Brückenkopf zu Asien darstellt.

1955 – **Bundesrepublik Deutschland:** Mit der starken Polarisierung Europas in zwei Lager und dem dadurch immer bedrohlicher werdenden »Eisernen Vorhang« wurde eine Wiederintegration Deutschlands trotz der lebendigen Erinnerung an den grauenhaften Zweiten Weltkrieg unumgänglich.

1982 – **Spanien:** Bis heute wurde Spanien militärisch nicht integriert, bleibt also papierenes Mitglied.

1999 – **Polen, Tschechien** und **Ungarn:** Eine Schallmauer wurde 1999 mit der Aufnahme der ehemaligen Ostblockstaaten durchbrochen. Geopolitisch hatte Ungarn als einziger NATO-Staat keine direkte Verbindung zu einem seiner Mitverbündeten, eine kuriose und für die NATO unbefriedigende Situation.

2004 – Sieben neue Staaten der erweiterten Europäischen Union wurden 2004 in die NATO aufgenommen: **Estland, Lettland, Litauen, Bulgarien, Rumänien, Slowakei** und **Slowenien.**

Eine noch umfangreichere Erweiterung der NATO ist sicherlich unumgänglich, wenn auch in manchen Staaten dafür erst entsprechende Sonderregelungen geschaffen werden müssen. Interessant jedenfalls, dass gerade dieses Bündnis ein völlig ungewohntes Puzzle auf unserem alten Erdteil ergibt.

FAMILIENNAMEN NACH HERKUNFT

Menschen benannten zu allen Zeiten und an allen Orten topografische Lokalitäten, sobald diese für das gemeinsame gesellschaftliche Wohl eine bestimmte Bedeutung erlangten. Die Gesichtspunkte waren vielfältig und kreativ, wie wir beim Schmökern in diesem Buch erfahren durften. Aber es geht auch in die andere Richtung – die Geografie schenkt uns bisweilen unsere eigenen Namen. Genau dies ist der Inhalt dieses Spezialkapitels.

Historisch betrachtet fällt die Entstehung der Familiennamen eng mit der Entfaltung der Städte im Mittelalter zusammen, wo eine hohe Bevölkerungskonzentration sowie eine zunehmende Verwaltungssystematik mit Urkunden, Bürgerverzeichnissen usw. eine exakte Identifizierung von Personenen notwendig machte. Die einfachen Beinamen reichten hierfür auch im deutschen Raum ab dem 12. Jahrhundert nicht mehr aus, und so wurde das Prinzip der Kombination Rufname-Familienname wie überall in Europa gesetzlich vorgeschrieben, mit leichten lokalen Adaptionen sowie zeitlichen Verschiebungen.

Grundsätzlich unterscheiden Namensforscher fünf Gruppen von Familiennamen, nämlich Patronymika (Vaternamen), Herkunftsnamen, Wohnstättennamen, Berufsnamen und Übernamen. Uns interessiert im Zusammenhang mit den geografischen Namen der Erde die zweite dieser Hauptgruppen. Bevor darauf näher eingegangen wird, soll jedoch auf die generelle Unterscheidung zwischen Namensetymologie und Namensdeutung hingewiesen werden. Erstere ist wissenschaftlich korrekt, allerdings gerade bei diesem Thema nicht immer erschöpfend, da viele Namen von Natur aus mehrdeutig sind. Hier kommt es dann oft auf das Motiv der Benennung an, und dieses ist nur im Einzelfall durch Urkunden zu belegen. Daher sind bei Tausenden von Namen heute nur Deutungsvorschläge möglich, die im Zusammenhang mit der Stammbaumerstellung und der Herkunft einer Person eine entscheidende Richtung bekommen können. Der dtv-Atlas der Namenkunde bringt das illustrative Beispiel des Namens Berner, der als Patronym von Bernher abgeleitet sein kann, als Berufsname einen Ziegelbrenner oder Metallschmelzer bezeichnet, den Übernamen Mordstifter oder Brandstifter verkörpert, als »der an der born« (dt. Quelle) als Wohnstättenname fungiert oder letztlich eben eine Person aus Bern, Berna oder Borna benennt. Man kann vielleicht an diesem kleinen Beispiel die Unsicherheit der konkreten Deutung erahnen.

Im Spätmittelalter bot sich die Kennzeichnung der Bürger nach ihrer Herkunft geradezu an, da die Gemeinden in der Regel noch keine allzu starken Größen erreicht hatten. Auch Volks- oder Stammesnamen (etwa Bayer, Hesse, Unger etc.) fallen in diese Gruppe. Dabei gibt es – als Beispiel sei hier der deutschsprachige Raum genommen – ein beachtliches Gefälle von Familiennamen, die einfach den Ort widerspiegeln (eher Nord- und Mitteldeutschland) und solchen, die durch die

Ableitung auf -er gebildet werden (Süddeutschland, Österreich) oder auf -mann enden (Nordwesten des Landes). Oft ist allerdings bei Herkunftsnamen ursächlich gar nicht der Ort, aus dem jemand stammt, gemeint gewesen, sondern vielmehr Motive wie Handelsbeziehungen, Pilgerfahrten, Reisetätigkeiten usw.

Viele Namen prominenter Persönlichkeiten – egal wo auf der Welt diese Personen zu Ruhm und Ehren gelangten – können als Herkunftsnamen gedeutet werden, wenn auch der Übergang zu Wohnstätten- oder Übernamen ziemlich fließend ist. In diesem Teilkapitel werden alle bekannten Familiennamen nach Herkunft erfasst, egal ob es sich um deutsche oder internationale Herkunftsorte handelt. Eine kurze Angabe zu den biografischen Daten der Person sowie eine etymologische Herleitung (so weit dies möglich ist) runden die Eintragungen ab.

Adenauer, Konrad: dt. Politiker, Adenau **(O, Rheinland-Pfalz, Deutschland)** – germ. **ahwō* »fließendes Wasser«, ahd. *auwa*, mhd. *ouwe*, PN *Ado*

Albee, Edward: amerik. Dramatiker, Alby (O, Norfolk, England) oder Ailby (O, Lincolnshire, England)

Almodóvar, Pedro: span. Filmregisseur: Almodóvar (O, Spanien) – arab. *almudawwar* »der Runde«

Altdorfer, Albrecht: dt. Maler, Altdorf (O, Bayern, Deutschland) – ahd./mhd. *alt*, asächs. *ald* »alt«, ahd./mhd. *dorf*, asächs./engl. *thorp*, mnd. *dorp* »bäuerliche Siedlung, Einzelhof«

Alzheimer, Alois: dt. Neurologe, Alzheim (O, Rheinland-Pfalz, Deutschland) – kelt./air. *alt* »Anhöhe, Klippe«

Appolinaire, Guillaume (Wilhelm Appolinaris de Kostrowitzky-Flugi): franz. Dichter, Kostrzyn (O, Polen) – dt. »Küstrin«

Aragon, Louis: franz. Schriftsteller: Aragón (R, Spanien) – idg. **ar* »Wasser«

Ariosto, Ludovico: ital. Dichter, Riosto di Pianoro (O, Italien) – vielleicht von ital. *arioso* »luftig«

Arnim, Achim von (Ludwig Joachim von Arnim): dt. Dichter, Arnim (O, Sachsen-Anhalt, Deutschland) – mhd. *arnheim* »Adlerheim«

Arrabal, Fernando: franz. Schriftsteller, Arrabal (span. Herkunft) – span. *arrabal* »Vorstadt«

Assissi, Franz von (Giovanni Francesco Barnardone): ital. Ordensgründer, Assissi (O, Italien) – ital. *assidersi* »sich niederlassen«

Astair, Fred (Frederick Austerlitz): amerik. Schauspieler, Austerlitz (O, Tschechien) – tschech. *Nuzedliz* »neues Dorf«

Asturias, Miguel Ángel: guatemal. Schriftsteller, Asturien (R, Spanien) – bask. *asta* »Fels«, *ur* »Wasser«.

Auster, Paul: amerik. Schriftsteller, Austerlitz (O, Tschechien) – tschech. *Nuzedliz* »neues Dorf«

Babel, Isaak: russ. Schriftsteller, Babel (historischer Ort) – hebr. *Bavel* »Babylon«, akkad. *Bāb-ilān, babu* »Tor«, *ilan* »Götter«

Balzac, Honoré de: franz. Dichter, Balzac (O, Frankreich) – vielleicht ital. *balzare* »hüpfen, springen« bzw. *balza* »Absturz«

Basedow, Karl Adoph von: dt. Mediziner, Basedow (O, Mecklenburg-Vorpommern, Deutschland) – slaw. für »Holunderort«

Bassani, Giovanni Battista: ital. Komponist, Bassano del Grappa (O, Italien) – ital. *basso* »Ebene, Tiefland«

Bassano, Iacopo (Iacopo da Ponte): ital. Maler, Bassano del Grappa (O, Italien) – ital. *basso* »Ebene, Tiefland«

Beaufort, Sir Francis: brit. Admiral, Beaufort (O, Frankreich) – franz. *beau* »schön«, *fort* »Festung«

Beckett, Samuel: engl. Schriftsteller, Beckett (P, Berkshire, Devon, England) – afranz. *bec* »Schnabel«; oder Übername

Bergman, Ingrid: schwed. Schauspielerin, Berga (O, Schweden) – anord. *berg* »Berg«; oder Wohnstättenname

Bernauer, Agnes: Gemahlin Herzog Albrechts III. v. Bayern, Bernau (O, Bayern, Deutschland) – mnd. *bāre, bēre* »Bär«, mnd. *ouwe* »Insel, Land im Wasser«

Bismarck, Otto Fürst von: dt. Staatsmann, Bismarck (aus Biscopesmarck; O, Sachsen-Anhalt, Mecklenburg-Vorpommern, Deutschland) – ahd. *biscoftuom* »Bistum«, ahd. *marca*, mhd. *marke*, asächs. *marka* »Grenzgebiet«

Blair, Tony: engl. Politiker, Blair (O, Schottland) – gäl. *blàr* »Feld, Rodungsplatz; Schlachtfeld«

Blücher, Gebhard Leberecht von: dt. Feldherr, Blücher (O, Mecklenburg-Vorpommern, Deutschland) – vermutlich slaw. Ursprungs

Blyton, Enid: engl. Schriftstellerin, Blyton (O, Lincolnshire, Großbritannien) – aengl. *tūn* »Farm«

Bodmer, Johann Jakob: schweiz. Historiker, Bodem (O, Schweiz) – mnd. *bodemen* »den Boden einsetzen«; auch Wohnstättenname oder Berufsname

Boleyn, Anne: engl. Königin, vielleicht: Boulogne (O, Frankreich) – gall. *bona* »Festung«

Bolívar, Simon: Politiker, Bolívar (O, Baskenland, Spanien) – vermutlich span. *bolí* »Kugel«, *varon* »Edelmann«; oder Übername

Borges, Jorge Luis: argent. Schriftsteller, Borges (O, Spanien) – arab. *bordsch* »Turm«

Bosch, Hieronymus (van Aken): nl. Maler, 's-Hertogenbosch (O, Niederlande), Aachen (O, Nordrhein-Westfalen, Deutschland) – »des Herzogs Wald«; ahd. *aha* »Wasser«

Boswell, James: schott. Schriftsteller, Beuzeville-la-Giffard (O, Frankreich) – franz. *villa* »Stadt, Dorf«

Brandauer, Klaus Maria (eigentlich Klaus Steng): österr. Schauspieler, Brandau (O, Bayern, Hessen, Deutschland, Österreich) – ahd./mhd. *brant*, asächs. *brand* »Brand«, ahd. *ouwa*, mhd. *ouwe* »Land am Wasser«

Brentano, Clemens: dt. Dichter, Brenta (F, Italien) – »Gleitkufe«

Britten, Benjamin: brit. Komponist, BRETAGNE (R, Frankreich) – meng. *Brytane, Brittan* »Bretone«

Brodsky, Joseph (Jossif Alexandrowitsch Brodski): russ. Schriftsteller, BRÓDY (O, Galizien, heutige Ukraine) – pol. *bród* »Furt«, ukrain. *bróditi* »waten«, »Mann aus Brody«

Bruegel, Peter (auch Brueghel, Breughel): nl. Maler, BRUEGEL (O, Brabant, Belgien) – mhd. *brüel* »feuchte Wiese, sumpfige Stelle«

Buchanan, James: amerik. Politiker, BUCHANAN (O, Schottland) – gäl. *buth* »Haus«, *chanain* »Kanonen«

Bucharin, Nikolaj Iwanowitsch: russ. Revolutionär, BUCHARA (O, Usbekistan) – aind. *vihára* »Kloster«

Büchner, Georg: dt. Schriftsteller, BUCHEN, BUCHENAU (O, Deutschland) – mhd. *buoche* »Buche«, *buoch* »Buchenwald«, ahd. *ouwa*, mhd. *ouwe* »Land am Wasser«

Bukowski, Charles: amerik. Schriftsteller, BUKOWA, BUKOWNO (O, Polen) – pol. *buk* »Buche«

Bülow, Friedrich Wilhelm: dt. General; **Bülow, Hans Guido:** dt. Dirigent; **Bülow, Bernhard Fürst von:** dt. Staatsmann; **Loriot** (Bernhard Victor von Bülow): BÜLOW (O, Mecklenburg-Vorpommern, Deutschland) – unsichere Deutung

Buñuel, Luis: span. Regisseur, BUÑUEL (O, Navarra, Spanien) – span. *buñuelo* »Ölgebäck«; oder Berufsname, Übername

Burton, Richard (eigentlich Richard Walter Jenkins): BRETONE (V, Frankreich) – griech. *prittanoi* »tätowierte Leute«

Camões, Louis de: port. Dichter, CAMOS (O, Spanien)

Caravaggio, Michelangelo Merisi da (Amerighi Merisi): ital. Maler, CARAVAGGIO (O, Italien)

Carlyle, Thomas: engl. Schriftsteller, CARLISLE (O, England) – lat. *Luguvalium*, »stark wie Lugus«, daraus *lisle*; kelt. *cair* »befestigte Siedlung«

Carnegie, Andrew: engl. Industrieller, CARNEGIE (O, Schottland) – kelt. *cair* »befestigte Siedlung«

Castro, Fidel: kuban. Revolutionär, CASTRO (O, Spanien) – lat. *castrum* »Kastell, Burg«

Cela, Camilo José: span. Schriftsteller, CELA (O, Spanien) – lat. *cella* »Zelle, Kornspeicher«

Celsius, Anders: schwed. Astronom, HÖGEN (O, Schweden) – schwed. *hög* »Anhöhe«, lat. *celsus* »hoch« (latinisierte Form)

Cervantes, Miguel de: span. Dichter, CERVANTES (O, Spanien) – oder span. *sirviente* »Diener« (vielleicht »Knecht Gottes«)

Cézanne, Paul: franz. Maler, CESANA (O, Italien) – piem. *cesa* »Kirche«

Chesterton, Gilbert Keith: engl. Schriftsteller, CHESTERTON (O, Großbritannien) – aengl. *ceaster* »Lager, Burg«, *tūn* »Dorf, Farm«

Chirac, Jacques: franz. Politiker, CHIRAC (O, Frankreich) – kelt. PN *Carius,* *-acum* »dem Carius gehörend«

Chomsky, Noam: amerik. Linguist, CHOMSK (O, Weißrussland) – slaw. *chom* »linkisch«

Churchill, Winston: engl. Politiker, CHURCHILL (O, Großbritannien) – engl. *church, hill* »am Kirchhügel«

Clinton, William (Bill): amerik. Präsident, GLINTON (O, England) – mengl. *glint* »schlüpfrig«, *tūn* »Dorf, Farm«

Coleridge, Samuel Taylor: engl. Dichter, COLERIDGE (O, England)

Correggio (Antonio Alleghri): ital. Maler, CORREGGIO (O, Italien) – ital. *corre-* *gionale* »zum gleichen Gebiet gehörig«

Cortés, Hernán: span. Eroberer, CORTES (O, Spanien) – vlat. *cors, cortis* »Bau-ernhof, Stall«; oder Übername

Cromwell, Oliver: engl. Staatsmann, CROMWELL (O, England) – aengl. *crāwe* »Krähe«, aengl. *well* »Quelle«

Crosby, Bing (Harry Lillis): amerik. Sänger, CROSBY (O, England) – anord. *cros* »Kreuz«, *bý* »Dorf«

Curie, Marie (geb. Marya Sklodowska): franz. Chemikerin und Physikerin, SKLODOWA (O, Polen)

Daguerre, Louis: franz. Maler u. Erfinder, DAGUERRE, AGUERRE (O, Frank-reich) – bask. *aguirre, aguerre* »weithin sichtbar«

Danton, Georges: franz. Revolutionär, ANTHON (O. Frankreich) – franz. *d'Anton* »Sohn des Antoine«

Debussy, Claude: franz. Komponist, BUSSY (O, Frankreich) – franz. *bois* »Wald«, *buisson* »Gebüsch«

Delacroix, Eugène: franz. Maler, ähnlicher Ortsname (Frankreich) – franz. *de la* *croix* »vom Kreuz«; oder Wohnstättenname (»beim Kreuzungspunkt«)

Delaunay, Robert: franz. Maler, ähnlicher Ortsname (Frankreich) – franz. *(planté) d'aulnes* »mit Erlen (bepflanzt)«

Delibes, Léo: franz. Komponist; **Delibes, Miguel:** span. Schriftsteller, CANDELI-BES (O, Frankreich) – dt. »Olivenfeld«

Descartes, René: franz. Philosoph u. Mathematiker, LES CARTES (O, Frank-reich) – dt. »die Karten«

Dior, Christian: franz. Modeschöpfer, DIORS (O, Frankreich) – vielleicht nach der mythologischen Gestalt Diores (griech.)

Disney, Walt(er Elias): amerik. Trickzeichner u. Filmproduzent, ISIGNY (O, Frankreich)

Dönitz, Karl: dt. General, DÖNITZ (O, Sachsen-Anhalt, Deutschland)

Doria, Andrea: ital. Admiral, ORIA (O, Italien) – ital. *d'Oria* »aus Oria«, griech. *ouriá* »günstiger Wind«

Dos Passos, John Roderigo: amerik. Schriftsteller, PAZO, PAZOS (O, Portugal) – lat. *palatium* »großes Landhaus«

Dostojweski, Fjodor Michajlowitsch: russ. Dichter, Dostojewo (O, Weiß-russland) – vielleicht russ. *dostoinstwo* »Wert, Würde«

Eck, Johann: dt. Theologe, Egg (Bayern, Deutschland) – mhd. *egge* »Schneide, Spitze«
El Greco (Domínikos Theotokópoulos): griech.-span. Maler, »der Grieche« (V, Spanien) – span. *greco* »griechisch«
Ellington, Duke (Edward Kennedy Ellington): amerik. Jazzpianist, Ellington (O, Großbritannien) – norm. *Helling*, aengl. *tūn* »Farm«
Epstein, Katja (Karin Witkiewicz): dt. Sängerin, Witkow(o) (O, Polen) – dt. »Witeks Ort«
Eyck, Jan van: nl. Maler, Masseik (O, heute Belgien)

Fahrenheit, Daniel Gabriel: dt. Physiker, Fahrenhaupt (O, Mecklenburg-Vorpommern, Deutschland) – mhd. *var* »Übersetzstelle«
Falla, Manuel de: span. Komponist, Falla (O, Portugal) – port. *faia* »Buche«
Fermi, Enrico: ital. Physiker, Fermo (O, Italien) – ital. *fermo* »still, ruhig«; oder Übername
Fleming, Alexander: brit. Bakteriologe, »der Flame« (R, Belgien) – norm. *fleming* »Flame«
Ford, Henry: amerik. Industrieller, Ford (O, weit verbreitet) – engl. *ford* »Furt«; auch Wohnstättenname
Franco, Francisco: span. General u. Politiker, Franco (O, Spanien) – germ. **franka* »mutig«; auch Patronym
Fuentes, Carlos: mex. Schriftsteller, Fuentes (O, Spanien) – span. *fuente* »Quelle«
Furtwängler, Wilhelm: dt. Dirigent u. Komponist, Furtwangen (O, Baden-Württemberg, Deutschland) – ahd. *furt* »Furt«, *wang* »Wiese, Abhang«

Gainsborough, Thomas: engl. Maler, Gainsborough (O, England) – PN *Geanburh*, aengl. *gaine* »List«, *burh* »Burg, Festung«
Galsworthy, John: engl. Schriftsteller, Galsworthy (O, England) – aengl. *Galeshora*, *gagel* »Sumpfmyrte«, *ora* »Abhang«, *worþ* »umfriedete Wohnstätte«
Gama, Vasco da: port. Seefahrer, Gama (O, Spanien) – span. »Damhirsch«
Giotto di Bondone: ital. Maler, Bondone (O, Italien)
Gordon, Noah: amerik. Schriftsteller, weißruss. Grodno (O, Weißrussland) – russ. *górod* »Stadt«
Grillparzer, Franz: österr. Dichter, Grillparz (O, Österreich) – mhd. *grille* »Grille«, bair-österr. *parze* »kleiner Hügel«
Guevara, Ernesto »Che«: kuban.-argent. Revolutionär, Álava (O, Spanien)

Hahn, Otto: dt. Chemiker, Hahn, Hagen, Hain (O, weit verbreitet, Deutschland) – ahd. *han* »Hahn«; auch Übername

Halley, Edmund: engl. Astronom, vermutlich Ortsname (England) – aengl. *hall* »Halle«, *hæg* »Einfriedung«

Havilland, Geoffrey de: brit. Flugzeugbauer, **Havilland, Olivia de:** amerik. Filmschauspielerin, HAVELLAND (R, Brandenburg, Deutschland) – mnd. *haf* »Meer, Bucht«

Hedin, Sven: schwed. Forscher, HIDINGSTA (O, Schweden)

Heisenberg, Werner: dt. Physiker, HEISENBERG (O, Baden-Württemberg, Deutschland) – ahd. *berg* »Anhöhe, Hügel«

Hepburn, Audrey: amerik. Schauspielerin; **Hepburn, Katherine:** amerik. Schauspielerin, HEPBURN, HEBBURN (O, England) – engl. *hep* »Spitze«, aengl. *burna* »Bach«

Heston, Charlton: amerik. Schauspieler, HESTON (O, England) – aengl. *hecg* »Zaun, Hecke«, *tûn* »Farmstätte«

Horowitz, Wladimir: amerik. Pianist, HOŘOVICE (O, Tschechien) – tschech. *hory* »Gebirge«

Horváth, Ödön von: österr-ung. Schriftsteller, »KROATE« (V, Ungarn)

Huston, John: amerik. Regisseur, HUSTON, HOUSTON (O, England) – ahd. *hugu* »Geist, Verstand«, aengl. *tûn* »Farmstätte«

Huxley, Aldous: engl. Schriftsteller, HUXLEY (O, England) – ahd. *hugu* »Geist, Verstand«, *leah* »Waldlichtung«

Irving, Washington: amerik. Schriftsteller, IRVINE, IRVING (O, Schottland) – kelt. *ir* »grün, frisch«, *abhainn* »Fluss, Wasser«

Kahlo, Frida: mex. Malerin, KAHLAU, KALÓW, CALAU (O, Polen)

Kandinski, Wassily: franz. Maler, KONDA (F, Russland) – ostjak. *kondar, kondinskii* »stark, mächtig«

Kelly, Gene: amerik. Schauspieler; **Kelly, Grace:** amerik. Schauspielerin. u. Fürstin von Monaco, KELLY, KELLIE (O, Irland); oder Patronym (*O'Ceallaigh* »Nachkomme des Ceallach«)

Kerry, John: amerik. Politiker, KERRY (P, Irland) – *Ciarraí* (der Legende nach der Sohn von King Fergus und Queen Maeve)

Kipling, Rudyard: brit. Schriftsteller, KIPLIN, KIPLING COTES (O, England) – meng. *kypre* »Lachs« oder aengl. *cyp* »runder Hügel«

Laughton, Charles: brit.-amerik. Schauspieler, LAUGHTON (O, England) – aengl. *leac* »Lauch«, *tûn* »Farm, Dorf«

Le Corbusier (Charles Édouard Jeanneret-Gris): franz.-schweiz. Architekt, CÓRDOBA (O, Spanien) – span. *cordoan* »feines Ziegenleder«

Lenin (Wladimir Iljitsch Uljanow): russ. Staatsmann, Lena (F, Russland) – ewenk. *Yelyuyon* »Fluss, Wasser«

Lermontow, Michil Jurjewitsch: russ. Schriftsteller, LEARMONTH (O, England) – anord. *leirr* »Sumpf«, *mound* »Hügel«

Lincoln, Abraham: amerik. Präsident, Lincoln (O, England) – kelt. *lindo* »Sumpf«, lat. *Lindum colonia*

London, Jack: amerik. Schriftsteller, London (O, England) – unsichere Deutung, s. Lex.

Longhi, Pietro: ital. Maler, Longhi (O, Italien) – ital. *longo* »lang, groß«

Magalhães, Fernão (Ferdinand Magellan): port. Seefahrer, Magalhães (O, Portugal) – vielleicht von arab. *ma'halla* »Stadtviertel«

Mailer, Norman: amerik. Schriftsteller, Mailer (O, Schottland) – meng. *ameillur*, afranz. *esmailleur* »Emailleur«; auch Berufsname und Patronym

Majakowski, Wladimir: russ. Schriftsteller, Majak, Majaki (O, Weißrussland) – russ. *majk* »Leuchtturm, Leuchtfeuer«

Mansfield, Katherine (Kathleen Mansfield Beauchamp): neuseeländ. Schriftstellerin, Mansfield (O, England) – kelt. *mans* »runder Hügel«, *feld* »Feld«

Mao Tse-tung (Máo Zedong): chin. Politiker, Mao (R, China) – chin. *magw* »Feder, Haar«; auch Übername

Marat, Jean Paul: franz. Revolutionär, Marat (O, Frankreich) – sard. *mara* »Tümpel, Morast«

Marlowe, Christopher: engl. Dramatiker, Marlowe (O, England) – aengl. *mere* »Teich, See«, *lāf* »links liegend«

Maugham, Somerset: engl. Schriftsteller, Machan (O, Schottland), St. Maughan, Machen (O, Wales) – gäl. *machair* »Ebene«

Mauriac, François: franz. Schriftsteller, Mauriac (O, Frankreich) – lat. *Mauriacum* (von lat. *maurus* »der Dunkle, der Maure«)

Melville, Hermann: amerik. Schriftsteller, Melville (O, Schottland) – *Geoffrey de Mallaville* (Adeliger), franz. *mal* »schlecht«, *ville* »Stadt«

Metternich, Klemens Wenzel Nepomuk Lothar Fürst von: österr. Staatsmann, Metternich (O, Nordrhein-Westfalen, Rheinland-Pfalz, Deutschland) – ahd. *Metrich*, lat. *Mat(u)riniacum* »Haus des Maturinius«

Milton, John: engl. Dichter, Milton (O, England) – aengl. *middle* »Mitte«, *tūn* »Siedlung«

Mitchum, Robert: amerik. Schauspieler, Mitcham (ehem. O, England) – aengl. *mycel, micel* »groß«, *ham* »Siedlung, Dorf«

Modigliani, Amedeo: ital. Maler u. Bildhauer, Modigliana (O, Italien) – lat. *medio amnium* »zwischen den Wassern«

Molière, Jean-Baptiste Poquelin: franz. Dichter, Molière (O, Frankreich) – lat. *molis* »weich« oder provenz. *molí* »Mühle«

Mondrian, Piet (Pieter Cornelius Mondriaan): nl. Maler, Mondriaen (O, Niederlande)

Monroe, Marilyn (Norma Jean Baker): amerik. Schauspielerin, **Monroe, James:** amerik. Präsident, Bun Rotha oder Roe (O/F, Nordirland) – ir. *bun Rotha* »Unterlauf des Roe«

Montaigne, Michel Eyquem de: franz. Schriftsteller u. Philosoph, Schloss MONTAIGNE (X, Frankreich) – franz. *montagne* »Gebirge«

Montesquieu, Charles de Secondat, Baron de la Brède et de Montesquieu: franz. Schriftsteller u. Philosoph, MONTESQUIEU (X, Lehen in Frankreich) – franz. *mont* »Berg«, okzit. *esquiu* »feindlich, unwirtlich«

Montessori, Maria: ital. Ärztin u. Pädagogin, MONTESSORI (O, Italien) – ital. *monte* »Berg«, *tesoro* »Schatz«

Montgolfier, Joseph de u. Étienne de: franz. Erfinder, MONT GAULFIER (B, Frankreich) – lat. *mons* »Berg«

Moravia, Alberto (Alberto Pincherle): ital. Schriftsteller, »AUS MÄHREN« (R, Tschechien) – mlat./ital. *Moravia*, s. Lex.

Mountbatton, Philipp: engl. Adeliger, BATTENBERG (O, Hessen, Deutschland) – lat. *beatus* »prächtig«

Murillo, Bartolomé Esteban: span. Maler, MURILLO (O, Spanien) – span. *muro* »Mauer«, lat. *murus* »Mauer«

Newton, Sir Isaac: engl. Mathematiker, Physiker u. Astronom, NEWTON (O, England) – engl. *new* »neu«, aengl. *tūn* »Farm, Gehöft«

Nobel, Alfred: schwed. Chemiker u. Industrieller, NÖBELÖV (O, Schweden) – *Nobelius* (lat. Form des Ortsnamens)

Orwell, George (Eric Arthur Blair): engl. Schriftsteller, ORWELL (O, England) – aengl. *ora* »Küste«, *wella* »fließendes Wasser«

Palestrina, Giovanni Pierluigi da: ital. Komponist, PALESTRINA (O, Italien) – ehem. *Praeneste*, lat. *prae nitere* »überstrahlen«

Pavese, Cesare: ital. Schriftsteller, PAVIA (O, Italien) – ehem. *Papia*, möglicherweise nach einer Adeligen *Papilia* (zu *Papeia, Paveia*)

Pergolesi, Giovanni Batista: ital. Komponist, PERGOLA (O, Italien) – lat. *pergula* »Vor- oder Anbau«

Pilsudski, Józef Klemens: pol. Politiker, PILSUDY (O, Polen) – lit. *Pilsūdai*, vielleicht pol. *pila* »Langweiler«

Pissarro, Camille: franz. Maler u. Grafiker, PIZARRO (O, Spanien) – span. *pizarra* »Schiefer«

Pizzarro, Francisco: span. Konquistador, PIZARRO (O, Spanien) – span. *pizarra* »Schiefer«

Polanski, Roman: pol. Regisseur, POLANY, POLANKA (O, Polen) – pol. *polana* »Waldlichtung«

Pollock, Jackson: amerik. Maler, UPPER POLLOCK (O, Schottland)

Pulitzer, Joseph: amerik. Journalist u. Verleger, PULICE (O, Tschechien)

Rabelais, François: franz. Schriftsteller, Rabelais (O, Frankreich)
Radetzky, Joseph: österr. Feldmarschall, Hradec (O, Tschechien) – tschech. *hrad* »Burg«; auch Patronym
Rafsandschani, Ali Akbar Haschemi (Bahramani): iran. Geistlicher, Rafsanschan (O, Iran)
Rathenau, Walter: dt. Industrieller u. Politiker, Rathenow (O, Brandenburg) – slaw. PN *Ratna*
Ravel, Maurice: franz. Komponist, Ravel (O, Frankreich) – franz. *rave* »Rübe«; auch Übername
Réaumur, René Antoine Ferchault, Seigneur de: franz. Biologe u. Technologe, Réaumur (O, Frankreich)
Ribera, José de: span. Maler, Ribera (O, Spanien) – span. *ribera* »Fluss«; auch Wohnstättenname
Rembrandt van Rijn: nl. Maler, Rhein (F, Schweiz, Liechtenstein, Österreich, Deutschland, Niederlande) – illyr. **reinos*, mhd./ahd. *rîn*, »Wasser, Strom«, s. Lex.
Rimski-Korsakow, Nikolaj Andrejewitsch: russ. Komponist, »Kure« (V, Baltikum) – russ. *Kors*

Saint-Exupéry, Antoine de: franz. Schriftsteller, Saint-Exupéry (O, Frankreich) – dem Märtyrer *Exupère* geweiht
Saint-Saëns, Camille: franz. Komponist, Saint-Saëns (O, Frankreich) – franz. Form für den *hl. Sadonius*
Salinger, Jerome David: amerik. Schriftsteller, Solingen (O, Nordrhein-Westfalen, Deutschland) – ahd. *solag* »Schweinesuhle«; auch Patronym
Sandwich, John Montague, Earl of: brit. Politiker und Erster Lord der Admiralität, Sandwich (O, England) – aengl. *sand* »Sand«, *wic* »Landeplatz, Hafenstelle«
Schweitzer, Albert: dt. Theologe u. Arzt, »Schweizer« (S, Schweiz) – ahd. *sueden* »brennen«
Scott, Sir Walter: schott. Schriftsteller, »Schotten« (V, Schottland) – ausgewanderte irische *Skoten*
Shelley, Percy Bysshe: engl. Dichter, Shelley (O, England) – aengl. *scylk* »kantiger Stein, Fels«, *leah* »Waldrodung«
Spielberg, Steven: amerik. Regisseur u. Filmproduzent, Spielberg (O, verbreitet, Deutschland) – idg. *spi* »Schmutz«
Spinoza, Baruch de: nl. Philosoph, Espinoza de Monte de Rioja (O, Spanien) – span. *espinoso* »dornig, hart«
Stanley, Sir Henry Morton: brit. Journalist u. Afrikaforscher, Stanley (O, England) – aengl. *stan* »Stein«, *leah* »Waldlichtung«
Strawinsky, Igor Fjodorowitsch: russ. Komponist, Strawienniki (O, Polen)
Strindberg, August: schwed. Schriftsteller, Strinne (O, Schweden) – schwed. *berg* »Berg«

Thackeray, William Makepeace: engl. Schriftsteller, THACKRAY (ehem. O, Yorkshire, England) – anord. *þak* »Ried, Schilf«, *vrá* »Ecke, Winkel«

Toscanini, Arturo: ital. Dirigent, »TOSKANER« (R, Italien) – *Tyrrhénos*, mythologische Gestalt

Toulouse-Lautrec, Henri de: franz. Maler, TOULOUSE, LAUTREC (O, Frankreich) – gall. *tol* »Hügel, Erhebung«, *Lautric* »Rufname«

Tucholsky, Kurt: dt. Schriftsteller, TUCHOLA (O, Polen) – *Tuchola*, pol. *sky* (Herkunftsendung)

Utrillo, Maurice: franz. Maler, UTRILLA, UTRILLAS (O, Spanien)

Van Gogh, Vincent: nl. Maler, GOCH (O, Nordrhein-Westfalen, Deutschland) – ahd. *gouh* »Kuckuck«

Vancouver, George: engl. Seefahrer, COEVORDEN (O, Niederlande) – *van* »von«, germ. *kōu* »Kuh«, nl. *forden* »Furt«

Verlaine, Paul: franz. Lyriker, VERLAINE (O, Belgien) – lat. *villana* »kleines Landgut«

Veronese, Paolo Caliari: ital. Maler, VERONA (O, Italien) – kelt. *verno* »Holunder«, *mago* »Feld«

Villon, François: franz. Dichter, YONNE (O, Frankreich)

Vinci, Leonardo da: ital. Maler u. Bildhauer, VINCI (O, Italien)

Virchow, Rudolf: dt. Pathologe, WIERZCHÓW, WIERZCHOWO (O, Polen) – pol. *wierzch* »Gipfel«

Washington, George: amerik. Präsident, Washington (O, England) – aengl. *wasetune* (*wase* »Morast, Sumpf«; *tūn* »Farm«)

Wellington, Arthur Wellesley, Herzog von: brit. Feldmarschall, WELLINGTON (O, England) – aengl. *wēoh* »Heiligtum«, *tūn* »Farm«

Wells, Herbert George: engl. Schriftsteller, WELLS (O, England); auch Wohnstättenname

Zola, Émile: franz. Schriftstller, ANZOLA D'OSSOLA (O, Frankreich); auch Patronym

FLAGGEN UND FLAGGENFAMILIEN

Flaggen dienten der kämpfenden Truppe als Erkennungszeichen und werden, ganz im Gegensatz zu Fahnen, bei Verschleiß einfach weggeworfen. Die Fahne, die immer ein Unikat darstellt, bedarf dagegen einer zeremoniellen »Beerdigung«. Technisch unterscheiden sich Fahne und Flagge dadurch, dass Erstere am Stock befestigt ist, Letztere an einem Flaggenmast mit Leinen hochgezogen und niedergenommen werden kann. Alle Staaten der Erde haben ihre eigenen Hoheitszeichen, wobei bei der Farbwahl für Wappen oder Flagge eines Landes der soziale, politische und kulturelle Hintergrund der jeweiligen historischen Epoche, in der es zur Festlegung dieser »Identifikationssymbole« kommt, entscheidend ist. Farben und Weltanschauung bilden eine unglaublich starke Symbiose. Daher ist es kaum erstaunlich, dass manche Nationen sehr ähnliche Flaggen als Hoheitssymbole hissen, dass aber auch entsprechend der ideologischen Zugehörigkeit das eine oder andere Symbol dem jeweiligen Zeitgeist angepasst wurde. Die angesprochenen Ähnlichkeiten erlauben ein Zusammenfassen in Flaggenfamilien, damit auch ein gemeinsames Identitätsmerkmal, das in gewisser Weise ebenso wie die Namen eines Landes eine eigene Geschichte erzählt. Flaggen, denen diese Einbettung in ein größeres Ganzes fehlt, werden in diesem Kapitel aufgrund der eingeschränkten thematischen Ausrichtung nicht vorgestellt. Hier muss der Hinweis auf spezielle Fachliteratur genügen.

A. FLAGGENFAMILIEN

Französische Trikolore: »Durch Blut geboren« wurde die Trikolore in den Jahren der Französischen Revolution. Und damit erlangte sie weltweit den Status eines ganz besonderen Symbols der Freiheit. Eigentlich heißt »Trikolore« nur dreifarbig, und damit wären zumindest die Niederlande länger als Frankreich berechtigt, diese Bezeichnung zu führen. Aber die Bedeutung einer geschichtlichen Epoche siegt einmal mehr über den zeitlichen Vorrang. Die der Trikolore nachempfundenen Flaggen zeichnen sich allesamt durch drei senkrechte Streifen aus. In einigen Fällen wurden auch die französischen Flaggenfarben Blau, Weiß und Rot in den Entwurf jüngerer Nationalflaggen aufgenommen.

Islam: Grünes oder rotes Tuch, beziehungsweise Halbmond und Stern sind die gemeinsamen Kennzeichen der islamischen Welt. Der Koran beschreibt das Paradies mit fruchtbaren grünen Wiesen. Außerdem soll Mohammed durch einen grünen Mantel gerettet worden sein, den ihm sein Schwiegersohn umlegte, als er von einem Attentatsplan erfuhr. Das rote Tuch geht auf Kalif Omar I., den Schwiegersohn Mohammeds zurück, der Halbmond auf einen gescheiterten Eroberungsversuch der Stadt Byzanz durch Philipp II., Vater Alexander des Großen (339 v. Chr.). Beim Erklimmen der Mauern trat die Mondsichel hinter den Wolken hervor, und die Angreifer wurden im letzten Augenblick entdeckt und zurückgeworfen. Als Dankbarkeit wählte man den Halbmond zum Symbol der Stadt. Nicht alle »islamischen« Flaggen zeigen die drei kennzeichnenden Symbole dieser Welt.

Neu-Granada: Alle drei Staaten gehen aus dem ehemaligen Neugranada hervor. General Francisco de Miranda, ein Freund Simón Bolívars, legte die Farbsymbolik folgendermaßen fest: »Das blaue Meer trennt das goldene Südamerika vom blutigen Spanien.«

Nordisches Kreuz: Gemeinsam zeigen alle nordeuropäischen Staaten das liegende Kreuz, das der Legende nach ein Himmelszeichen in höchster Not darstellt. Sicher ist, dass zu Zeiten der Kreuzzüge die Päpste die Kreuzflagge als Symbol des rechten Glaubens an ihre Heerführer schenkten.

Pan-Afrikanisch: Die panafrikanischen Farben Rot, Gelb, Grün und Schwarz, wie auch der schwarze Freiheitsstern, sind politisch relevant wie kaum eine andere Farbkombination. Sie wurden zu einem wahrlich einigenden Symbol der Unabhängigkeitsbewegung Afrikas. Zurückzuführen sind diese Farben auf den ersten freien Staat des Schwarzen Kontinents, Äthiopien, der unter Kaiser Menelik Ende des 19. Jahrhunderts Grün, Gelb und Rot als Nationalsymbole verwendete. In den Dreißigerjahren des 20. Jahrhunderts sahen jamaikanische Aktivisten in diesen Farben ein politisches und geistiges Signal zum Befreiungskampf. Die Rastafari, wie sich die Bewegung bezeichnete, nahm ihren Namen anlässlich der Krönung des äthiopischen Herrschers Haile Selassi (= Ras Tafari) an. Zusammen mit dem Schwarz der 1806 entworfenen Flagge Markus Garveys, einer Rot-Schwarz-Grün Kombination, sollten die panafrikanischen Farben ab 1960 eine Inspiration für zahlreiche nach Unabhängigkeit strebende afrikanische Staaten werden. Die Deutung der Farben ist zwar nicht immer einheitlich, dennoch hatte Afrika sein Symbol gefunden.

Pan-Arabisch: Die panarabischen Farben sind seit der ägyptischen Revolution und damit der Beendigung der Monarchie Rot, Weiß, Schwarz und Grün. Traditionellerweise steht Schwarz für die dunklen Zeiten, Rot für den blutigen Umsturz und Weiß für eine friedliche Zukunft. Grün wurde zur Farbe des alles bestimmenden Islam. Heute haben aber alle panarabischen Staaten ihre eigene, oft blumige Interpretation dieses Farbklangs.

Panslawisch: Die panslawische Trikolore Weiß-Blau-Rot geht auf Peter den Großen zurück, der in Holland Schiffbau studierte und die damals auf den Weltmeeren dominierende Nation zum Vorbild nahm. Ursprünglich waren Weiß und Blau die Farben des Hauses Oranien. 1848 wurde Weiß-Blau-Rot vom Panslawischen Kongress als einigender Farbdreiklang festgelegt.

Pazifik: Gemeinsam ist allen pazifischen Inselstaaten das Blau des Stillen Ozeans. Außerdem ist auffällig, dass alle Flaggen – mit der Ausnahme von Kiribati – auf moderne Entwürfe zurückgehen, dieser eine Staat aber als einziger der Erde eine sogenannte Wappenflagge führt.

STARS and STRIPES: Die Farben Weiß-Rot-Blau und die Sternensymbolik sind das verbindende Element der von den USA beeinflussten Staaten. Als wahre Nationalflagge macht die »Stars and Stripes« den endgültigen Bruch mit den alten kolonialen Fesseln deutlich.

Union Jack: Alle Staaten dieser Gruppe haben den Union Jack als Erinnerung an das frühere Britische Empire im Obereck. Der Union Jack, die wahrscheinlich bekannteste Flagge der Welt, stellt drei übereinandergelegte Kreuze dar, eines zu Ehren des englischen Schutzpatrons, des hl. Georg, eines dem schottischen hl. Andreas und das dritte dem hl. Patrick gewidmet. Neben den fünf unabhängigen Staaten zeigen Dutzende von Provinzen und Territorien das britische Hoheitssymbol im Obereck ihrer Regionalflaggen.

Zentralamerika: Hellblau-Weiß-Hellblau sind die dominanten Farben der ehemals Vereinten Provinzen von Zentralamerika. Der traditionelle Ton ist himmelblau, im Gegensatz zu den dunkleren Schattierungen der ozeanischen Staaten. Abgeleitet von der Flagge Argentiniens, haben die Farben eine neue Interpretation erfahren. Die ursprüngliche Streifenfarbe kann in verschiedenster Weise gedeutet werden: Als ein von Wolken durchzogener Himmel, ein auf beiden Seiten vom Meer umgebenes Land, oder als Symbol für die Mutter Gottes, Maria, unter deren Schutz man gegen die Engländer kämpfte.

Zufällige Ähnlichkeiten: Manche Ähnlichkeiten der Flaggen sind rein zufälliger Natur, was bei der begrenzten Zahl der Farben und der Anordnung von Streifen nicht weiter verwundern darf. Um dem Leser unnötige Recherchen zu ersparen, sind hier solche Flaggen aufgelistet, die nur »augenscheinlich«, nicht aber in ihrer Entstehungsgeschichte miteinander verwandt sind.
Andorra – Rumänien – Tschad – Moldawien
Monaco – Indonesien – Polen
Österreich – Lettland
Haiti – Liechtenstein
Bolivien – Ghana
Litauen – Benin (Mali, Guinea)

B. FARBSYMBOLIK

Die Heraldik kennt nur eine sehr klar definierte Zahl von Farben, sogenannte Tinkturen, die einer genauen Gesetzmäßigkeit und Regelvorschrift unterliegen. Gerade der in früheren Jahrhunderten entscheidende Signalcharakter von Wappen, Fahnen, Standarten, Bannern oder Flaggen verlangte eine deutlich erkenn-

bare Farbe, mit oft lebensentscheidender Aussage. Daher sind auch Nationalflaggen ohne Farbe nicht denkbar, ja sie würden buchstäblich eine sinnentleerte
Identifikationsform darstellen.

Die heraldischen Farben sind folgende: Gold (Gelb), Silber (Weiß), Rot (in verschiedenen Schattierungen), Blau (Hell- bis Dunkelblau), Grün, Schwarz und
Purpur (in der Vexillologie, der Flaggenkunde, ohne Bedeutung). Nicht streng
den heraldischen Regeln entsprechend haben im letzten Jahrhundert auch Orange und Braun Eingang in die Farbwelt der Fahnen und Flaggen gefunden.

Höchst interessant ist die Tatsache, dass sowohl große Gemeinsamkeiten als
auch enorme Gegensätze bei der assoziativen Interpretation der Farben in den
einzelnen Kulturkreisen festzustellen sind. Als weithin bekanntes Beispiel möge
die Verwendung von Schwarz und Weiß (d. h. ungefärbtes Gewebe) als Trauer-
farben im europäisch-nordamerikanischen sowie ostasiatischen Kulturkreis dienen. Schon der deutsche Dichterfürst Johann Wolfgang von Goethe hat in seiner
»Farbenlehre« versucht, die »sinnlich-sittliche Wirkung der Farbe« zu ergründen. Wenn er auch nicht den theoretischen Stand der heutigen Physik hatte, so
erkannte er doch die physiologische Wirkung der Farbe (blau/kurzwellig = kühl,
rot/langwellig = warm).

Rot: Unbestreitbar ist auch die sehr nachhaltige politische Wirkung der einzelnen heraldischen Farben. Rot kann man weithin erkennen, der Farbstoff Ker-
mesrot war in früherer Zeit als einer der wenigen lichtbeständig, und assoziativ
wird Rot seit alters her mit Blut gleichgesetzt. Daher ist diese Farbe als weitaus
häufigste auf Flaggen zu finden. Die Jakobiner haben die rote Freiheitsfahne
ebenso gewählt wie die Bolschewiken während der Russischen Revolution. Für
den Marxismus-Leninismus ist Rot schon deshalb von ungeheurer Bedeutung,
da das Wort »krasnij« (rot) zur gleichen Wortfamilie gehört wie »kraswij«
(schön, wertvoll). Der Rote Platz ist damit gleichsam der »Schöne Platz«, die
Rote Armee die »Wertvolle Armee«. Im Westen haben sich die linksorientier-
ten Parteien, die ja ursächlich die Arbeiter vertraten, Rot als politisches Symbol
gewählt. Im bürgerlichen Denken schwingt daher bis heute fast zwangsläufig
eine gewisse abwertende Haltung gegenüber der Farbe Rot mit.

Grün ist in der westlichen Welt erst mit der Umweltbewegung in den späten
Siebzigerjahren zur politischen Farbe geworden. Wie stark diese Assoziation
»Grün-ist-gleich-Natur« geworden ist, zeigt ja auch die Namenwahl der Um-
weltorganisation Greenpeace. Grün hat daneben eine alte Tradition als Freiheitsfarbe. So wählte Italien statt des Blaus der französischen Trikolore Grün,
um den Gedanken der Freiheit und Gleichheit auszudrücken. Ganz besondere
Bedeutung hat Grün in Irland, wo der Katholizismus, der sich als die natürliche
Religion des Landes sieht, diese Symbolfarbe verinnerlichte. Politisch noch viel
nachhaltiger wird auch der Islam durch die Farbe Grün symbolisiert, im Falle
Libyens sogar durch die einzige einfarbige Flagge aller unabhängigen Staaten
unserer Erde. Grün war der Mantel Mohammeds, Grün sind die Landschaften

des Paradieses, Grün ist daher die Farbe des Islam. Wenig erstaunen wird es, wenn man Grün als Panafrikanische Farbe wiederfindet. In potenziell vegetationsarmen Savannen- und Trockengebieten verbindet man mit Grün die Hoffnung auf Leben und Überleben.

Blau wurde als »männliche« Farbe zwar ebenso wie Schwarz und Braun vom faschistischen Gedankengut erfasst, hat aber heute als Europafarbe eine sehr prominente Stellung zurückerlangt. Auch die zentralamerikanischen Festlandstaaten sowie die erst jüngst unabhängigen Inseln Ozeaniens danken für den Reichtum der Meere durch die Wahl blauer Tücher in ihren Flaggen.

Gelb hat in Europa nie wirklich politische Bedeutung erlangt. Mit Ausnahme des Vatikans, der in seiner Flagge, allen heraldischen Regeln widersprechend, Gold und Silber (Gelb und Weiß) miteinander verbindet, bleibt Gelb in unserem Kulturkreis eine Randfarbe. Ganz anders sieht die Situation in Asien aus, wo in vielen Staaten politische und religiöse Symbolik ineinander greifen. Der Kaiser wird als Sohn des Himmels betrachtet, Gelb als kaiserliche Farbe repräsentiert sowohl die Staatsgewalt als auch die Religion. Gelb steht damit über allen Parteien. Wir in Europa verbinden bereits seit dem 19. Jahrhundert die Ablehnung des Gelben (Stichwort: »Gelbe Gefahr«) mit einer gewissen unterschwelligen Angst vor dem Fremden. In vielen afrikanischen Ländern wird Gelb mit natürlichen Reichtümern gleichgesetzt. Kein Wunder daher, dass diese Farbe zum panafrikanischen Kanon gehört.

Schwarz wurde in unserem Kulturkreis durch den Faschismus besetzt. Dies zum Teil aus ganz praktischer Überlegung. Die einfachen Landarbeiter hatten in der billigen schwarzen Kleidung, die bei Arbeit wie Kirchgang getragen wurde, eine quasi ideale Grundausstattung für eine Massenbewegung. Außerdem darf der gleichmacherische Effekt, der soziale Unterschiede fast verwischte, nicht übersehen werden. Schwarz wird aber in anderen Kulturkreisen, etwa in Afrika, ganz anders empfunden, als schönste Farbe schlechthin. Daher wurde Schwarz ein Element der Panafrikanischen Farben wie auch der Pan-Arabischen. Schwarz steht für das Volk, für den Boden, für die Fruchtbarkeit. Der schwarze Stern ist das Freiheitssymbol Afrikas schlechthin.

Weiß hat als Farbe des Friedens allergrößte politische Bedeutung. Das Hissen der weißen Fahne wurde seit alters her als Zeichen der Kapitulation angesehen. Weiß steht aber auch für die absolute Monarchie, wie sie etwa im französischen Königshaus zu finden war. In Flaggen wird Weiß auf verschiedenste Art und Weise interpretiert, von der bildlichen Bedeutung für »Schnee« bis zu den abstrakten Begriffen wie »Reinheit«, »Treue« und »Friede«.

C. EINZELNE FLAGGENFAMILIEN

Ein Vergleich der einzelnen Nationalflaggen kann nur den gegenwärtigen Stand berücksichtigen, haben doch diese Hoheitssymbole im Laufe der Geschichte immer wieder neue Ausprägungen erfahren, je nach politischer und weltanschaulicher Orientierung.

FRANZÖSISCHE TRIKOLORE: Belgien, Costa Rica, Frankreich, Guinea, Haiti, Irland, Italien, Kamerun, Mali, Mexiko, Paraguay, Senegal, Tschad, Zentralafrikanische Republik

Belgien: Die schwarz-gelb(gold)-roten senkrechten Streifen der belgischen Flagge verbinden die alten Farben der Provinzen Hennegau, Brabant und Flandern mit dem Freiheitsgedanken der französischen Trikolore. Schwarz gibt die Kraft, Gelb die Reife und Rot den Mut und die Opferbereitschaft.

Costa Rica: [s. Zentralamerika]

Frankreich: Möglicherweise wurden die Farben Blau-Weiß-Rot der niederländischen Flagge nachempfunden, als republikanisches Freiheitssymbol. Ebenso wahrscheinlich ist aber die Zusammenstellung aufgrund dreier historischer Flaggen Frankreichs, des Blaus des »Chape de Martin«, des Weiß der Bourbonen und des Rots der »Oriflamme«. Der Mantel des hl. Martin von Tours gilt allgemein als älteste Standarte der Franzosen, die Oriflamme geht auf keinen Geringeren als Karl den Großen (Kaiserfahne) zurück, und die Bourbonenherrscher haben Frankreich zu Ruhm und Glorie geführt. Außerdem passt der senkrechte Farbdreiklang auch wunderbar zur Losung der Revolution: »Liberté, Egalité, Fraternité«. Und schließlich sind Blau und Rot die Farben der Metropole Paris, des Herzstücks der Revolution. Zunächst stand die Trikolore im Wettstreit mit der gewohnten weißen Flagge. Der Bürgerkönig Louis-Philippe schließlich entschied 1830 per Verfassungsdekret, dass ab nun nur mehr die Trikolore als französische Nationalflagge zu hissen sei.

Guinea: [s. Pan-Afrikanisch]

Haiti: Kurios, wie Haiti seine Flagge erhielt. Als erstes mittelamerikanisches Land rief dieser Inselstaat am 1. Januar 1804 die Unabhängigkeit aus. Ein Sklave namens Jean Jacques Dessalines erkannte zwar in der Trikolore den edlen Gedanken der Freiheit; da aber der weiße Streifen doch zu sehr an die verhassten Herrscher erinnerte, wurde er kurzerhand herausgetrennt und die beiden blauen und roten Streifen quer zusammengenäht. Damit wurden die Farben von Paris, geheimer Traum Dessalines', zum Symbol der neuen Freiheit. Im Zentrum der Flagge zeigt das Wappen eine durch die Phrygische Mütze gekrönte Königspalme.

Irland: Zum ersten Mal 1848 von irischen Nationalisten gehisst, wurde die Nationalflagge in der senkrechten Streifenanordnung der Trikolore nachempfunden. Es dauerte aber bis zum Osteraufstand 1916, um diesen Farbdreiklang allen Iren ins Bewusstsein zu bringen. Damals wurde die Trikolore als die Flagge von Sinn-Féin angesehen. Grün repräsentiert die katholische Mehrheit, Orange die Protestanten (ursprünglich Anhänger Wilhelm von Oraniens) und Weiß steht für die Vereinigung zwischen diesen beiden Glaubensrichtungen.

Italien: Die italienischen Farben wurden von der Trikolore zumindest stark beeinflusst. Während des Feldzugs Napoleons nach Savoyen entstand der italienische Farbdreiklang, wobei Grün die Lieblingsfarbe des Feldherrn war. Die Patrioten des Landes sahen in ihrem Wunsch nach einem bald geeinten Italien in den senkrechten Farbstreifen der Cisalpinen Republik die Tugenden Hoffnung (Grün), Glaube (Weiß) und Wohltätigkeit (Rot).

Kamerun [s. Pan-Afrikanisch]

Mali [s. Pan-Afrikanisch]

Mexiko: Zur Zeit der Entstehung der mexikanischen Flagge – grün-weiß-rot senkrecht gestreift mit dem Adlerwappen von Mexico City im mittleren Feld – war die gleichartige italienische Flagge noch nicht in Gebrauch. Die französische Befreiungsarmee war Quelle der Inspiration im Kampf um die Loslösung von Spanien. Daher wurde auch die Streifenanordnung der Trikolore nachempfunden. Im Plan von Iguala wurden dem Volk »Drei Garantien« gegeben: Einigkeit im katholischen Glauben, Gleichberechtigung und Unabhängigkeit. Damit wurde das nationale Hoheitssymbol zur »Flagge der Drei Garantien«.

Paraguay: Als einziges Land der Welt zeigt Paraguay auf den beiden Seiten der Flagge verschiedene Symbole, auf der Vorderseite das Staatswappen mit dem »Mai-Stern« und auf der Rückseite das Siegel des Finanzministeriums mit dem Löwen, der Jakobinermütze und dem Motto »Paz y Justicia«. Die Farben sind eindeutig der französischen Trikolore entlehnt, wenn auch in waagrechten Streifen und umgekehrter Farbfolge angeordnet. Rot steht für Mut und Gerechtigkeit, Weiß für Friede und Reinheit, Blau für Liebe und Freiheit.

Senegal [s. Pan-Afrikanisch]

Tschad [s. Pan-Afrikanisch]

Zentralafrikanische Republik [s. Pan-Afrikanisch]

ISLAM: Afghanistan, Algerien, Aserbaidschan, Irak, Iran, Jordanien, Komoren, Libyen, Malaysia, Malediven, Marokko, Mauretanien, Pakistan, Saudi-Arabien, Sudan, Tunesien, Türkei, Westsahara

Afghanistan: Die verschiedenen Flaggen Afghanistans haben eine Tradition, die bis ins 9. Jahrhundert zurückgeht. So nimmt es nicht wunder, dass die heute gültige Flagge mit der Farbe Schwarz an die »Flagge des Schattens« und das Banner Abu Muslims erinnern soll. Rot war das Banner Mahmud Ghasnawids, unter dessen Herrschaft die Bekehrung zum Islam erfolgte, und Grün steht traditionellerweise für den Islam, die Fruchtbarkeit und das Glück des afghanischen Volkes. Das Staatswappen im mittleren, roten Feld zeigt eine Moschee mit Bethalle und Kanzel sowie die Schahada, das islamische Glaubensbekenntnis.

Algerien: Die grün-weiß geteilte Flagge Algeriens mit rotem Halbmond und Stern unterstreicht einerseits die Verbindung mit dem Islam, andererseits das starke Nationalbewusstsein der Nordafrikaner, da Weiß die Farbe der Standarte des Nationalhelden Abd el-Kader war. Rot symbolisiert das Proletariat Algeriens. Lange Zeit war die Flagge verboten, wurde aber im Freiheitskampf umso populärer und zum verbindenden Element der Unabhängigkeitsbewegung.

Aserbaidschan: Eine ungewohnte Farbkombination zeigt die von einem Dichter entworfene Flagge Aserbaidschans: Blau-Rot-Grün. Im roten Streifen liegen der islamische Halbmond, der dem der türkischen Flagge nachgeahmt wurde, und ein achtzackiger Stern, der die Hauptvölker des Landes symbolisiert. Blau steht für die Turkvölker, Rot für die Entwicklung der Kultur und Grün schließlich für den islamischen Glauben der Bevölkerung.

Irak: Die rot-weiß-schwarze Farbfolge war eigentlich ein Zeichen der großarabischen Idee, also einer engeren Anbindung an Ägypten, Syrien und Libyen Anfang der Sechzigerjahre. Heute werden die Farben folgendermaßen gedeutet: Rot steht für die Tapferkeit, Weiß für den Edelmut und Schwarz für die zahlreichen muslimischen Siege der Vergangenheit. Die drei grünen Sterne im Mittelstreifen und dazwischen die Inschrift »Allahu akbar« (dt. Gott ist groß) sollen an die panarabische Idee erinnern.

Iran: Die traditionelle Farbfolge Grün-Weiß-Rot geht auf das 18. Jahrhundert zurück. Im mittleren weißen Streifen symbolisieren vier Halbmonde, um ein Schwert gruppiert, den immer stärker werdenden islamischen Glauben. Das Schwert steht für die Tapferkeit des Volkes. Gemeinsam wird durch diese fünf Zeichen an die fünf Grundpflichten des Islam erinnert. Am oberen und unteren weißen Rand steht je elf Mal in stilisierter Kufikschrift »Allahu Akbar« (dt. Gott ist groß).

Jordanien: [s. Pan-Arabisch]

Komoren: Diese Inselgruppe nördlich von Madagaskar zeigt auch in der neuen Flagge im grünen Dreieck am Mast den islamischen weißen Halbmond und vier Sterne. Damit wird die Flagge dem hohen Anteil islamischer Bevölkerung gerecht. Zwischen den Sichel-Enden des Halbmondes finden sich vier senkrecht angeordnete, gleich große Sterne, die die vier Hauptinseln verkörpern. Interessant, dass auch der Anspruch auf das französische Mayotte durch einen der Sterne zum Ausdruck kommt. Die Symbolik der waagrechten Streifen in Gelb, Weiß, Rot und Blau ist noch nicht festgelegt.

Libyen: Seit 1977 wird in Libyen die Revolutionsflagge gehisst, ein einfaches grünes Tuch, die Farbe des Islam, die Lieblingsfarbe Mohammeds. Der Koran schildert den Gläubigen das Paradies als eine Welt der grünen Wiesen und der sprudelnden Quellen. Außerdem besagt die Legende, dass Mohammed durch einen grünen Mantel gerettet wurde, den Ali, sein Schwiegersohn ihm umlegte, als er von einem geplanten Attentat auf den heiligen Mann erfuhr. Als einziger Staat der Erde zeigt die libysche Flagge keine weiteren Symbole.

Malaysia: Auf den ersten Blick erinnert die Flagge Malaysias an das Sternenbanner der USA, dem diese Flagge auch nachempfunden wurde. Dabei wird jedoch gern vergessen, dass Rot und Weiß traditionelle malaiische Farben sind und das blaue Obereck die Verbindung zum Commonwealth herstellt. Der gelbe Halbmond ist aber als Zeichen des Islam aufzufassen. Dagegen repräsentiert der 14-zackige Stern die Einheit der Föderation. Gelb ist die königliche Farbe, ganz typisch für Asien.

Malediven: Die alten muslimischen Seefahrer führten eine traditionell rote, bildlose Flagge. Heute stellt das Rot nur die Umrahmung der islamisch geprägten grünen Innenfläche mit weißem Halbmond dar. Rot steht für das im Freiheitskampf vergossene Blut, Grün für den Frieden, den Fortschritt und die Religion, der Halbmond unterstreicht die Zugehörigkeit zur islamischen Welt.

Marokko: Das rote Tuch Marokkos steht für die Dynastie der Aliden, drückt also ebenso islamische Tradition aus wie das grüne Pentagramm im Zentrum der Flagge. Das Salomonsiegel, wie dieses Zeichen auch genannt wird, war in Nordafrika weit verbreitet und lässt auf langes Leben und gute Gesundheit hoffen. Es hat zweifellos stark okkulten Charakter.

Mauretanien: Der einzige wirkliche Zusammenhalt der Bevölkerung, der Islam sunnitischer Prägung, wird durch das grüne Tuch mit dem gelben Stern und Halbmond symbolisiert. Gelb steht für die Sahara, die den Großteil des Landes einnimmt.

Pakistan: Ganz geprägt durch die Religion, zeigt die pakistanische Flagge einen weißen Streifen am Mast, der die religiösen Minderheiten repräsentiert, sowie das grüne Tuch des Islam mit Halbmond und Stern. Auch die Hymne feiert diese Symbole mit den Worten »Strahle in immerwährendem Ruhm, Seele des Ehrgeizes, unsere Flagge mit Halbmond und Stern, ... Schatten des allgegenwärtigen Gottes.«

Saudi-Arabien: Als Ibn-Saud im Jahre 1932 die Hedschas mit dem Nedschd vereinigte, führte er gleichzeitig die traditionelle Flagge der Wahhabiten ein. Das Grün des Tuches steht für den Mantel Mohammeds und ist gleichzeitig für die Wahhabiten von außerordentlicher Bedeutung, sehen sie sich doch als die Hüter der heiligen Stätten Mekka und Medina. Im Zentrum der Flagge steht in weißer Schrift die Schahada, das islamische Glaubensbekenntnis: »Es gibt keinen Gott außer Allah, und Mohammed ist sein Prophet« (arab. La ilaha Ila Allah Muhammada Rasulu allah). Das darunterliegende Schwert als Symbol der Gerechtigkeit erinnert an die militante Form der islamischen Missionierung. Wegen des heiligen Charakters der Inschrift, die auf beiden Seiten lesbar ist, darf diese Flagge niemals auf Halbmast gesetzt werden.

Sudan: Sehr starken Symbolcharakter hat die in einem Wettbewerb geschaffene Flagge des Sudan. Das grüne Dreieck am Mast steht für den Islam und die Dynastie der Fatimiden, die einst große Teile Nordafrikas beherrschten. Die drei Streifenfarben Rot-Weiß-Schwarz bringen die Verbundenheit mit der arabischen Nation zum Ausdruck. Rot symbolisiert die Revolution und den Sozialismus, Weiß den Frieden und Schwarz die Zugehörigkeit zum Kontinent Afrika. Außerdem erinnert der schwarze Streifen an das Banner des Mahdi, der

Ende des 19. Jahrhunderts gegen die Ägypter und Briten kämpfte und kurzfristig einen eigenen Staat errichtete.

Tunesien: Tunesien war vor der Eroberung durch die Franzosen der westlichste Teil des Osmanischen Reiches und hat damit das Rot der türkischen Flagge zusammen mit Halbmond und Stern übernommen. Diese beiden islamischen Symbole liegen in einem weißen Kreis, der für die Einheit des Landes steht.

Türkei: Halbmond und Stern auf rotem Tuch sind charakteristisch für die Türkei und Tunesien. Die Farbe Rot geht auf den Kalifen Omar I., den Schwiegersohn Mohammeds, zurück. Der Halbmond wurde vielleicht von einem in Anatolien einbrechenden Turkvolk mitgebracht, vielleicht war er aber auch das Resultat eines Traums, in dem das Land von einer riesigen Mondsichel überspannt war. Die wahrscheinlichste Herkunft ist eine Übernahme des Symbols der Diana, der Patronin Konstantinopels, nach der Eroberung der Stadt im Jahr 1453. Bei der Halbmondsymbolik unterscheidet sich die Türkei von den übrigen islamischen Staaten.

(West)Sahara: Die Flagge dieses offiziell nicht voll anerkannten Staates zeigt die panarabischen Farben, wobei ein rotes Dreieck, symbolisch für im Befreiungskampf vergossenes Blut, die Mastseite ziert. Die Streifen Schwarz-Weiß-Grün stehen für den Kolonialismus, die friedliche Zukunft und den Fortschritt. Der rote Halbmond und Stern sind Kennzeichen des Islams sunnitischer Richtung.

NEU-GRANADA: Ecuador, Kolumbien, Venezuela

Ecuador: Abgesehen von den Proportionen ist die Flagge Ecuadors mit dem Tuch Kolumbiens vollkommen identisch. Die Deutung zeigt jedoch kleine Divergenzen: Gold steht für die Sonne und den Getreidereichtum des Landes, Blau für den Himmel und Rot für das Blut der Freiheitskämpfer. Ecuador verwendet das alte Streifenverhältnis von 2 : 1 : 1. Das Wappen, dessen Krone ein Andenkondor ziert, zeigt den Vulkan Chimborasso.

Kolumbien: Die gold-blau-rote Streifenflagge Kolumbiens kann auch modern interpretiert werden. Gold verkörpert Gerechtigkeit und Souveränität, Blau Mut und Treue und Rot das Blut, das für die Freiheit vergossen wurde. Das Größenverhältnis der Streifen ist 2 : 1 : 1.

Venezuela: Wenn auch die Farben der Flagge unverändert Gold-Blau-Rot sind, so hat Venezuela doch um 1830 die Streifenbreite vereinheitlicht. Im blauen Feld stehen sieben halbkreisförmig angeordnete weiße Sterne, die die Provinzen Caracas, Cumaná, Barcelona, Margarita, Trujillo, Batinas und Merida verkörpern.

NORDISCHES KREUZ: Dänemark, Finnland, Island, Norwegen, Schweden

Dänemark: Der Legende nach darf eine Entscheidungsschlacht zwischen dem Dänenkönig Waldemar II. und einem estischen Heerführer im Jahre 1219 als Ursprung des Danebrog, des »roten Tuches« angesehen werden. In höchster Not erbat der Bischof von Dänemark den Beistand Gottes, den dieser durch ein vom Himmel herabfallendes rotes Tuch mit weißem Kreuz auch gewährte. In

der Folge wurde die Schlacht gewonnen und mit dem Danebrog die älteste
Landesflagge der Erde geboren. Wer weniger an Legenden glaubt, darf sich an
die zweite Version halten. So wurde den Dänen als Zeichen des Kreuzzuges gegen Estland vom Papst Honorius III. eine Kreuzflagge geschenkt, die sogenannte Bluts- oder Lehensfahne. Diese darf seit dem 19. Jahrhundert jeder
Däne auch privat hissen, um so seine Verbundenheit mit dem Staat zu dokumentieren.

Finnland: Den Symbolvorstellungen eines Dichters verdankt Finnland seine
Flagge. 1860 wurde von Zakarias Topelius das blaue Kreuz auf weißem Tuch
entworfen, einerseits um die Verbundenheit mit Nordeuropa zu dokumentieren, andererseits um durch die Farben Weiß und Blau den Schnee des Winters
und das Wasser der Seen zu versinnbildlichen.

Island: Die offizielle isländische Flagge wurde erst im Jahre 1913 entworfen. Dabei wählten die sehr geschichtsbewussten Nordländer die norwegischen Farben, allerdings in umgekehrter Reihenfolge. Das Blau des Tuches steht für das
Meer, das Weiß des Kreuzes für die Geysire und das Rot für das Feuer der Vulkane. Blau und Weiß gelten seit alters her als isländische Farben.

Norwegen: Lange Zeit von Dänemark beherrscht, führte auch Norwegen den
Danebrog als Landesflagge. Mit dem starken Nationalbewusstsein wurde langsam auch der Wunsch nach einem eigenen Symbol stärker. 1821 wurde der
Vorschlag des Stortingabgeordneten Frederik Meltzer angenommen, die dänische Flagge um ein eingelegtes blaues Kreuz zu erweitern (Storting – Parlament). Die Farben waren an die französische Trikolore angelehnt, die seit der
Revolution den Gedanken der Freiheit symbolisierte.

Schweden: Die zweitälteste nordische Flagge trägt zum Zeichen der Verbundenheit mit der nordischen Völkerfamilie ebenfalls das liegende Kreuz. Auch hier
rankt sich um die Entstehung eine Legende, der zufolge der König auf einem
Kreuzzug gegen die heidnischen Finnen zum strahlend blauen Himmel aufsah
und ein von der Sonne beleuchtetes, wunderbares Kreuz erblickte. Seine enorme Popularität verdankt die Flagge allerdings dem großen König Gustav I.
Wasa, der zu Beginn des 16. Jahrhunderts zum Widerstand gegen die Dänen
aufrief. Alljährlich feiert man in Schweden den 6. Juni, Gustav Wasas Krö-
nungstag, als »Flaggentag«.

**PAN-AFRIKANISCH: Äthiopien, Benin, Burkina Faso, Ghana, Guinea,
Guinea-Bissau, Kamerun, Kongo (Republik), Mali, São Tomé und Príncipe,
Senegal, Simbabwe, Togo, Tschad, Zentralafrika**

Äthiopien: Die Flagge Äthiopiens mit den Farben Grün, Gelb und Rot darf
gleichsam als die Leitflagge Afrikas angesehen werden. Sie geht auf den Kaiser
Menelik zurück, der im mittleren Streifen sein Monogramm einsticken ließ.
Die Deutung der Farben ist vielschichtig, doch gilt als wichtigste Interpretation
die Symbolisierung der Dreifaltigkeit. Gelb steht für Gottvater, Rot für Gott-
sohn und Grün für den Heiligen Geist. Aber auch das Blut der Märtyrer, die
Liebe zum Vaterland und die Hoffnung auf Fruchtbarkeit der Erde können aus

dem Dreiklang gelesen werden. Wer sich für die geografischen Gegebenheiten des Landes interessiert, darf Rot auch der Landschaft Tigre, Gelb Amhara und Grün Schoa zuordnen. Seit 1987 werden mit den Farben die Begriffe Friede, Gerechtigkeit und Heldentum assoziiert. Seit einigen Jahren wird auch ein blaues Emblem mit dem in gelben Umrissen abgebildeten Stern der Einheit, von dem Sonnenstrahlen ausgehen, in der Flagge geführt. Da Äthiopien mit kurzen Unterbrechungen seit Jahrhunderten als einziger Staat Afrikas unabhängig ist, hat sich Ghana 1957 entschlossen, den alten Farbdreiklang für die eigene Flagge zu verwenden. Damit wurde auch bereits das panafrikanische Farbspektrum geschaffen.

Benin: Das ehemalige Dahomey (s. Lex.) zeigt die drei panafrikanischen Farben Grün, Gelb und Rot, wobei nur der grüne Streifen senkrecht am Flaggenmast steht. Er symbolisiert die für die Wirtschaft lebensnotwendigen Palmenhaine. Rot ist die Erde des Landes, Gelb erinnert an die Savannen im mittleren Teil Benins.

Burkina Faso: Das frühere Obervolta wurde 1984 in das »Land der Aufrechten« umbenannt, und gleichzeitig damit kam es auch zu einer Änderung der Flagge. Die revolutionäre Gesinnung des Landes zeigt sich im roten, die Hoffnung auf ertragreiche Landwirtschaft im grünen Streifen. Der zentrale gelbe Stern versinnbildlicht die Revolution und weist gleichzeitig auf noch nicht erschlossene mineralische Reichtümer dieses Landes hin.

Ghana: Am 6. März 1960 hisste die ehemalige Goldküste unter dem Namen des alten Reiches Ghana zum ersten Mal die sogenannten panafrikanischen Farben. Rot erinnert an die Menschen, die in langem Kampf um die Freiheit ihr Blut gaben, Gelb steht für den Rohstoffreichtum des Landes (was ja auch im Wort »Goldküste« zum Ausdruck kommt) und Grün bezieht sich auf die fruchtbaren Wälder und Äcker Ghanas. Der schwarze Stern im Mittelstreifen wurde zum Leitstern des afrikanischen Freiheitsstrebens.

Guinea: Mit den der französischen Trikolore nachempfundenen senkrechten Streifen wählte Guinea bewusst den panafrikanischen Farbdreiklang Rot-Gelb-Grün. Der Wahlspruch des kleinen westafrikanischen Landes ist »Arbeit, Gerechtigkeit, Solidarität«, und so werden die Farben auch in diesem Sinne interpretiert. Rot repräsentiert die Märtyrer des Freiheitskampfes und den beim Aufbau des Landes vergossenen Schweiß, Gelb symbolisiert die Sonne, den Goldreichtum (die alte englische Goldmünze nennt sich bezeichnenderweise »Guinea«) und die Gerechtigkeit, Grün steht für die Vegetation und die Solidarität unter den Bürgern.

Guinea-Bissau: Die frühere portugiesische Kolonie wurde sehr früh unabhängig und entschied sich sofort für die Annahme der panafrikanischen Farben. Der schwarze Stern Afrikas symbolisiert die Würde und den Freiheitswunsch des Volkes, Rot kennzeichnet die Arbeit, Gelb den Lohn für die Ernte und Grün die Natur und die Hoffnung auf eine große Zukunft.

Kamerun: Die senkrechte Anordnung der Streifen erinnert an die französische Trikolore, die Farbwahl an die panafrikanische Idee. Grün zeigt die Vegetation,

Rot die Staatssouveränität und Gelb den Reichtum des Bodens. Der gelbe Freiheitsstern ziert den mittleren Streifen der Flagge.

Kongo, Republik: Die frühere französische Kolonie Kongo-Brazzaville zeigt die drei Farben Grün, Gelb und Rot in schräger Anordnung. Grün gemahnt an den Frieden, Gelb weist auf die natürlichen Reichtümer hin, Rot schließlich erinnert an die Würde der Menschen, die durch das Blut miteinander verwandt sind, egal welcher Rasse sie auch angehören mögen.

Mali: Die Flagge Malis nimmt farblich Anleihe bei Ghana, drückt also durch die rot-gelb-grüne Farbsymbolik den Geist Afrikas aus. In der senkrechten Anordnung der Streifen wird dagegen der Stil der französischen Trikolore imitiert. Wie üblich steht Rot für den Freiheitskampf, Gelb für die Bodenschätze und Grün für die Natur.

São Tomé und Príncipe: Mit einem roten Dreieck am Mast, einem Symbol für den Kampf um die Freiheit, sowie zwei schwarzen Sternen im mittleren gelben Streifen, die für Afrika und die beiden Hauptinseln stehen, wirkt diese Flagge ein wenig eigenwillig in der Reihe der panafrikanischen Hoheitszeichen. Grün erinnert an die Natur und Gelb an den Kakao, den weitaus wichtigsten Devisenbringer dieser Inseln.

Senegal: Wie bei einigen anderen afrikanischen Staaten ist die Flagge Senegals der französischen Trikolore mit den panafrikanischen Farben Grün, Gelb und Rot nachempfunden. Gelb versinnbildlicht die blühenden Landschaften, Rot den Kampf der »Märtyrer der Freiheit« und Grün die Hoffnung auf Fortschritt. Darüber hinaus symbolisiert Grün auch die drei Religionsgruppen Islam, Christentum und Animismus (als Farbe der Fruchtbarkeit). Der grüne Freiheitsstern im mittleren Feld lässt auf eine glückliche Zukunft hoffen.

Simbabwe: Die Farben der Zimbabwe African National Union (ZANU) entsprechen denen der Panafrika-Bewegung, also Rot, Gelb, Grün und Schwarz. Am Mast wird durch ein weißes, von einem schwarzen Streifen eingefasstes Dreieck der Gedanke des Friedens symbolisiert. Auf dem unterlegten roten Freiheitsstern steht der Zimbabwe-Vogel, das Nationaltier des Landes. Die Flagge zeigt sieben Streifen, zentral einen schwarzen und spiegelbildlich beiderseits einen roten, gelben und grünen. Freiheitskampf, Reichtum an Bodenschätzen und Vegetation sind damit symbolisch erfasst.

Togo: Drei der vier panafrikanischen Farben sind in bemerkenswerter Anordnung auf der Flagge Togos zu finden. Die fünf grün-gelben Streifen kennzeichnen die politischen Regionen dieses Staates, wobei Grün für die Landwirtschaft und Hoffnung auf eine große Zukunft und Gelb für den Bergbau des Landes steht. Das rote Obereck mit dem Freiheitsstern symbolisiert die Treue im Freiheitskampf. Im Gegensatz zu den meisten anderen Staaten ist der Stern in Weiß gehalten, der Farbe der Reinheit.

Tschad: Interessanterweise gehört auch die Blau-Gelb-Rot gestreifte Flagge des Tschads zu den panafrikanischen Vertretern des Kontinents. Aus politischen Gründen musste die Farbe Blau eingeführt werden, da Grün für die Opposition stand und damit untragbar war. Blau deutet auf den Himmel, der sich über dem Tschad wölbt, Gelb auf die Sonne und Rot auf die Opferbereitschaft des Volkes.

Zentralafrikanische Republik: In gewisser Weise ist diese Flagge einzigartig, verbindet sie doch die Farben Afrikas mit denen der früheren Kolonialmacht Frankreich (s. Lex.). Damit soll die gegenseitige Achtung und Freundschaft zwischen Afrikanern und Europäern ausgedrückt werden. Vier waagrechte Streifen, Blau, Weiß, Grün und Gelb, werden durch einen senkrechten roten Balken durchschnitten, der die Blutsverwandtschaft aller Menschen betont. Im Obereck findet sich ein gelber Stern, der als Freiheitssymbol verstanden werden muss.

PAN-ARABISCH: Ägypten, Kuwait, Jemen, Jordanien, Syrien, Vereinigte Arabische Emirate, Westsahara

Ägypten: Die Farben der Revolution Rot-Weiß-Schwarz wurden 1958 in die neue Flagge zu Ehren des Zusammenschlusses mit Syrien (zur Vereinigten Arabischen Republik) angenommen. Dabei drängt sich, zum Unterschied von vielen anderen Flaggen, eine »geschichtliche« Interpretation auf. Schwarz steht für die dunkle Zeit vor der Revolution, Rot symbolisiert den politischen Umsturz und Weiß deutet auf eine friedliche Zukunft hin. Im mittleren weißen Streifen der ägyptischen Flagge ruht der gelbe Saladinadler, dessen Brustschild die Farben für die panarabischen Flaggen vorgab. Dieses Wappentier hat für Ägypten große Tradition, soll es doch einer Skulptur nachgebildet sein, die sich in einer alten Tempelmauer fand und dem großen Sultan Saladin gewidmet war.

Jemen: Aus dem ehemaligen Nordjemen – das Land war ja bis vor wenigen Jahren geteilt (s. Lex.) – stammt die Flagge mit den panarabischen Farben Rot-Weiß-Schwarz. Getreu dem ägyptischen Vorbild versinnbildlichen die Farben die schwere Vergangenheit, die Revolution und das friedliche Miteinander in der Zukunft.

Jordanien: Die schwarz-weiß-grünen Streifen sowie das rote Dreieck am Mast verbinden alle vier Farben der arabischen Welt. Die Deutung ist in Jordanien sehr eigenwillig, stehen doch die Farben für die frühen Kalifenfamilien. Weiß führte der erste Kalif Abu Bakr, der Nachfolger Mohammeds, Rot gehört Omar I., dem zweiten Kalifen, Schwarz geht auf Othman, den dritten Kalifen zurück, und schließlich symbolisiert Grün den vierten Kalifen und Schwiegersohn Mohammeds, Ali, der in der bekannten Geschichte um den grünen Mantel dem Propheten das Leben rettete. Zusätzlich zeigt Jordanien im roten Dreieck einen weißen Stern mit sieben Zacken, die für die sieben Verse des Korans stehen.

Kuwait: Alle vier panarabischen Farben sind in der Flagge Kuwaits enthalten. Folgender Symbolgehalt kann in die Farben interpretiert werden: Weiß entspricht der Reinheit der Taten, Schwarz dem Schlachtfeld auf dem Weg zur Freiheit, Grün steht für die fruchtbaren Weidegebiete und Rot für das Blut der Feinde.

Syrien: 1958 wurde beim Zusammenschluss mit Ägypten zur Vereinigten Arabi-

schen Republik die rot-weiß-schwarz gestreifte Flagge mit den zwei grünen
Sternen im Mittelstreifen zum ersten Mal eingeführt. 1980, nach einigen Jahren
eines geänderten Hoheitssymbols, wurden die panarabischen Farben neuerlich
zur Nationalflagge erhoben. Wieder erinnert Schwarz an die Kolonialzeit, Rot
an die revolutionären Veränderungen und Weiß an die Frieden bringende Zukunft. Das Grün der Sterne repräsentiert den hohen Anteil islamischer Bevölkerung in Syrien.

Vereinigte Arabische Emirate: Wie schon bei Jordanien, können die vier panara-
bischen Farben auch bei den Emiraten vier Kalifendynastien zugeordnet werden:
Weiß den Omajadan, Schwarz den Abbasiden, Rot dem Kalifen Omar I. und
Grün den Aliden. Die breite rote Bahn am Mastende, die an die Flaggen der ein-
zelnen Emirate erinnert – Rot war die Farbe des Sherifen von Mekka – soll den
Zusammenhalt der Föderation versinnbildlichen. Grün steht aber auch für die
Fruchtbarkeit, Weiß für Neutralität und Schwarz für den Ölreichtum.

(West)Sahara: [siehe Islam] In der Farbgebung panarabisch, werden Befreiungs-
kriege (rot), Kolonialismus (schwarz), friedliche Zukunft (weiß) und Fortschritt (grün) symbolisiert. Halbmond und Stern sind Zeichen der Orientierung zum Islam.

**PANSLAWISCH: Bulgarien, Russland, Serbien, Slowakei, Slowenien, Tsche-
chien**

Bulgarien: Als treuer Vasall Russlands wählte Bulgarien nach geglücktem Freiheitskampf gegen die Türken Mitte des 19. Jahrhunderts die umgekehrte Farbfolge der Zarenflagge, wobei Blau durch die grüne Freiheitsfarbe ersetzt wurde.
Weiß symbolisiert den Friedenswillen, Rot die Tapferkeit des bulgarischen
Volkes.

Russland: Noch während des Putsches 1991 führte Russland wieder die alte
Handelsflagge des Zarenreiches ein und machte damit die rote Hammer-und-
Sichel-Flagge des Kommunismus von einem Tag auf den anderen vergessen.
Diese russische Trikolore wurde vom weltaufgeschlossenen Zaren Peter dem
Großen angenommen. Als Incognito-Student des Schiffbaus war er derart von
den holländischen Leistungen beeindruckt, dass er einfach die niederländische
Farbfolge Rot-Weiß-Blau umdrehte. Später wurden dann der blaue und weiße
Streifen, ganz entgegen der heraldischen Regeln, vertauscht. Vielleicht um der
folgenden Interpretation zu genügen: »Weiß für den Zaren, Blau für den Adel
und Rot für das Volk«. Der Herrscher musste wohl ganz oben stehen!

Serbien: Schon 1835 hatte Serbien, der Nachfolger des Balkanstaates Jugoslawien, eine Flagge mit umgekehrten russischen Farben angenommen, 1918 wurde diese dann als Nationalflagge des neuen Staates weiter geführt. Zwischen
1941 und 1992 zierte zusätzlich der bekannte rote, goldumränderte Partisa-
nenstern den mittleren Streifen. Trotz der starken Zuwendung zum Kommunismus wurden alle Bemühungen, der Flagge einen ideologisch festeren
Charakter zu verleihen, abgewehrt. Blau-Weiß-Rot ist das Symbol für den jugoslawischen Befreiungskampf.

Slowakei: Auch die Slowakei trägt nur indirekt den panslawischen Farbdreiklang Weiß-Blau-Rot. Korrekterweise leiten sich diese Farben vom Wappen her, das leicht zum Mast versetzt ist. Dieses ist seinerseits eine Anlehnung an den alten ungarischen Schild mit dem silbernen Patriarchenkreuz auf blauem Dreiberg.

Slowenien: Die Farben Sloweniens gehen eigentlich auf das Wappen des Herzogtums Krain zurück, dessen blauer Adler sich immerhin bis 1195 zurückverfolgen lässt. Die rot-silberne Brustspange führte zum heutigen Farbbild, das gleichzeitig dem panslawischen Ideal entspricht. Im linken Teil der Flagge steht das Wappen mit dem dominierenden Triglav (dt. Drei Spitzen), dem heiligen Berg der Slowenen. Die Wellen symbolisieren die Save und die Drau, die drei Sterne, die vom Wappen der Grafschaft Cilli stammen, nach heutiger Lesart die Schicksalsjahre 1918, 1945 und 1991.

Tschechien: Eigentlich sind Rot und Weiß die tschechischen Landesfarben, stammen sie doch aus dem Wappen Böhmens, das einen weißen Löwen auf rotem Grund zeigt. Das Blau ist ein Tribut an den früheren Landesteil Slowakei. Damit ergab sich fast automatisch der panslawische Farbakkord, der aber heute freier interpretiert wird. Rot symbolisiert das Blut der Märtyrer, Weiß eine friedliche Zukunft und Blau den Himmel und die Berge.

PAZIFIK: Kiribati, Marshall-Inseln, Mikronesien, Nauru, Tuvalu

Kiribati: Als einziges Land der Erde führt Kiribati eine sogenannte Wappenflagge, d. h. die Flagge ist mit dem Wappen identisch. Der Pazifische Ozean wird durch die silbrig-blauen Wellen versinnbildlicht, darüber erhebt sich eine goldene Sonne mit dem gleichfarbenen Fregattvogel, dem Nationaltier dieses Inselstaates. Die Sonne gibt die geographische Lage nahe der Datumsgrenze an.

Marshall-Inseln: Sehr modern mutet die von der Gattin des Regierungschefs entworfene Flagge dieses jungen Staates an. Auf blauem Grund, der den Pazifischen Ozean symbolisiert, strahlt ein vierundzwanzigzackiger weißer Stern, dessen N-S-W-O-Enden für die vier großen Verwaltungseinheiten stehen. Die Anordnung in Kreuzform versinnbildlicht den christlichen Glauben der Inselbewohner. Die beiden zum fliegenden Ende breiter werdenden Diagonalstreifen stehen für Wohlstand (orange) und Helligkeit (weiß), sollen aber auch die parallel liegenden Inselketten darstellen.

Mikronesien: Auch Mikronesien zeigt eine Flagge, die aus einem Wettbewerb hervorgegangen ist. Das blaue Tuch steht für den Pazifischen Ozean und für den Freiheitswillen und die Treue der Inselbewohner, die vier fünfzackigen weißen Sterne für die Verwaltungsbezirke Chuuk, Kosrae, Pohnpei und Yap. Die Farbe Weiß entspricht dem Gedanken des friedlichen Miteinanders der unterschiedlichen Bevölkerungsgruppen.

Nauru: Sehr schön ist der künstlerische Entwurf der stark symbolträchtigen Flagge dieses Inselstaates. Das blaue Tuch, das den Himmel und den Pazifischen Ozean zeigt, wird durch einen gelben Streifen, den Äquator, in eine Nord- und eine Südhälfte geteilt. Der Legende nach ist diese Teilung dadurch entstanden, dass der erste Bewohner der Insel aus zwei Felsen entsprang.

Durch einen zwölfzackigen weißen Stern wird die geografische Lage des Staates festgelegt: knapp südlich des Äquators und wenige Grad westlich der Datumsgrenze. Die zwölf Zacken deuten auf die ursprünglich zwölf Stämme der Koralleninsel hin.

Tuvalu: [siehe Union Jack] Wie bereits in der Einleitung zu diesem Abschnitt erwähnt, ist die Farbgebung ein Tribut an die Lage im Pazifischen Ozean.

STARS and STRIPES: Chile, Kuba, Liberia, Malaysia, Panama, USA

Chile: Die 1817 entworfene Flagge Chiles ist deutlich beeinflusst vom amerikanischen Sternenbanner, wurde sie doch von einem nordamerikanischen Pionieroffizier in chilenischen Diensten entworfen. Die Flagge ist rot-weiß geteilt und zeigt im blauen Obereck einen einsamen weißen Freiheitsstern. Die Farbdeutung ist typisch für den Andenstaat: Rot steht für das im Freiheitskampf vergossene Blut, Weiß für die schneebedeckten Andengipfel und Blau für den Himmel über Chile.

Kuba: Die Geschichte entwickelt sich oft ganz anders als geplant. 1849 wurde die kubanische Flagge vom Dichter Miguel Teubre Tolon entworfen, um die Unabhängigkeit von Spanien zu zeigen und den angestrebten Anschluss an die USA zu symbolisieren. Der Stern im Mastdreieck steht für Kuba, die blauen Streifen für die ehemaligen drei Provinzen, und die weißen Streifen für die Reinheit der revolutionären Bewegung. Durch die Machtübernahme Fidel Castros wurde Kuba aber 1959 zum erbitterten Klassenfeind der Amerikaner. Die Flagge der alten Revolution weht dennoch weiterhin am Mast.

Liberia: Als zweites Land des Schwarzen Kontinents erlangte Liberia bereits in der ersten Hälfte des 19. Jahrhundert die Unabhängigkeit. 1822 von freigelassenen schwarzen Sklaven gegründet, wurde nach amerikanischem Modell eine »Flagge der Freiheit« entworfen. Die elf rot-weißen Streifen stehen für die Unterzeichner der Unabhängigkeit, das blaue Obereck für Afrika und der weiße Stern für das »strahlende Licht, das von der ersten freien schwarzafrikanischen Republik ausgeht«.

Malaysia: [s. Islam]

Panama: Klares Vorbild für die Flagge Panamas ist das Sternenbanner der USA, wenn auch die Farben Rot und Blau den alten Parteien des Landes, den Liberalen und den Konservativen, entsprechen. Die beiden weißen Felder stehen für den Frieden. Der blaue Stern verkörpert die reine Gesinnung der Panamaer, der rote Stern die Autorität des Gesetzes. Die Sterne repräsentieren aber auch die Städte Panama und Colón.

USA: Die insgesamt fast vierzig Mal veränderte Flagge der USA, die »Stars and Stripes«, hat einen stark geografisch gefärbten Symbolcharakter. Die rot-weißen Streifen stehen für die dreizehn Gründerstaaten, die 50 weißen Sterne im blauen Obereck für die Teilstaaten der USA. Entsprechend dem Beitrittsjahr werden dabei am 4. Juli, dem Unabhängigkeitstag, neue Sterne in die Flagge aufgenommen, bislang zum letzten Mal am 4. Juli 1960 (Hawaii). Ursprünglich zeigte das Obereck die alte Verbundenheit mit Großbritannien durch die englisch-schottische Unionsflagge an. Das Sternenbanner ist heute neben der Union Jack die Flagge mit dem weltweit höchsten Bekanntheitsgrad.

UNION JACK: Australien, Fidschi, Großbritannien, Neuseeland, Tuvalu
Australien: Die Flaggen der ehemaligen Landesteile basierten fast ohne Ausnahme auf der britischen Dienstflagge. Als Australien 1901 zu einem Bundesstaat wurde, sollte ein Wettbewerb, zu dem mehr als 30 000 Entwürfe eingesendet wurden, über die neue Nationalflagge entscheiden. Zum ersten Mal am Melbourne Exhibition Building gehisst, zeigte die neue Flagge im Obereck den Union Jack, sowie im blauen Himmelsfeld die fünf Sterne des Sternbildes »Kreuz des Südens« (Gamma, Delta, Epsilon, Beta und Alpha), deren Lage genau in der Flaggenverordnung festgelegt war. Unter dem Union Jack steht ein weiterer, siebenzackiger, großer Unionsstern, der die einzelnen Territorien symbolisiert. Diese Flagge repräsentiert jeden Australier, egal welchen Ursprungs, schließt damit aber auch die bis heute diskriminierten Aborigines ein.

Fidschi: Zur Unterscheidung von Neuseeland wurde ein hellblaues Flaggentuch eingeführt, wieder mit dem traditionellen Union Jack im Obereck. Am fliegenden Ende steht das Staatswappen, ein durch das Georgskreuz geviertelter silberner Schild. In den vier Feldern finden sich die Zuckerrohrpflanze, die Kokospalme, die Banane und, als historische Reminiszenz, die Friedenstaube.

Großbritannien: Als wohl bekannteste Flagge der Welt hat dieses Nationalsymbol zeitweise über allen Kontinenten geweht. Am Beispiel des Union Jack lässt sich die Entstehung des Vereinigten Königreichs von Großbritannien und Nordirland nachvollziehen. England als Kerngebiet wird durch die Georgsflagge repräsentiert, die eine bis in die Kreuzzüge zurückreichende Geschichte hat. Damals wurden zur Unterscheidung auf See den einzelnen Nationen Kreuzflaggen zugeordnet, und zwar den Engländern ein weißes Kreuz, den Franzosen ein rotes. Durch Vertauschung entstand aber die bereits 1277 nachgewiesene Georgsflagge, ein rotes Kreuz auf weißem Grund. Auch Schottland entschied sich für einen Heiligen und steuerte das Andreaskreuz bei. 1801 wurde die Flagge durch die Aufnahme des Patrickskreuzes, zu Ehren des irischen Mönchs und Nationalheiligen, zur heutigen Form verändert. Wo immer auf der Welt gehisst, weckt diese Flagge ungemein starke Assoziationen.

Neuseeland: Die Nationalflagge Neuseelands erinnert sehr stark an die ehemalige Kolonialepoche, mit dem Union Jack im Obereck und den in Rot gehaltenen vier Sternen des »Kreuzes des Südens« am fliegenden Ende (überraschenderweise fehlt der fünfte Stern der australischen Flagge). Entwürfe für eine neue Nationalflagge liegen bereits vor.

Tuvalu: Diese am Zeichenbrett entworfene Flagge soll sowohl die Verbundenheit mit Großbritannien (Union Jack) als auch die volle Unabhängigkeit ausdrücken. Der Name Tuvalu bedeutet »acht Inseln«, die Flagge zeigt jedoch neun gelbe Sterne. Eine Insel wird nämlich nur während der Kopraernte bewohnt. Die Farben stehen für die goldenen Inseln im blauen Ozean, die Anordnung entspricht genau der tatsächlichen geografischen Lage, mit der Mastseite der Flagge gegen Norden und der Oberkante gegen Osten zeigend.

ZENTRALAMERIKA: Costa Rica, El Salvador, Guatemala, Honduras, Nicaragua

Costa Rica: Eigentlich ist die Flagge Costa Ricas eine Mischung aus den zentralamerikanischen Farben Blau und Weiß und dem vom politischen Vorbild Frankreich übernommenen Rot (s. Trikolore). Der Farbdreiklang erinnert an die Parolen der französischen Revolution »Freiheit, Gleichheit, Brüderlichkeit«. Das leicht zum Mast hin versetzte Wappen zeigt die drei höchsten Berge des Landes inmitten der Ozeane.

El Salvador: Die Landbrücke Mittelamerikas, symbolisiert durch den weißen Streifen, wird beiderseits durch das Blau des Pazifiks und der Karibik begrenzt. Das weiße Feld ziert das Staatswappen, mit der Umrahmung »Republica de El Salvador en la America Central«. Der Legende nach wurde die erste Flagge der zentralamerikanischen Föderation von der Präsidentengattin und deren Schwester aus den Seidenstoffen ihrer Kleider genäht. Dies, nachdem ein argentinischer General einen Befreiungsversuch für Panama unternommen hatte, unterstützt durch eine Flotte aus 14 Schiffen unter der hellblau-weiß-hellblauen Flagge Argentiniens. Wenn auch der Befreiungsversuch fehlschlug, so nahm der General doch einige Inseln in Besitz und hisste die blau-weiß-blaue Flagge der argentinischen Heimat. Dies wurde als erstes Zeichen der Unabhängigkeit interpretiert und so dieser Farbdreiklang zum Symbol Mittelamerikas.

Guatemala: Im Gegensatz zu den anderen mittelamerikanischen Staaten ist die blau-weiß-blaue Flagge Guatemalas senkrecht gestreift. Das Blau steht für den Himmel über der Landbrücke, das Weiß für die Reinheit und Redlichkeit des Volkes. Das mittlere Feld zeigt das Staatswappen mit dem guatemaltekischen Nationalvogel, dem Quetzal (nach dem Gott Quetzalcohuatl). Dieser Kolibri gilt als unzähmbar und repräsentiert den Gedanken der ewigen Freiheit. Außerdem erinnert er an das indianische Erbe dieses Staates, sollen doch der Sage nach die ersten Einwohner aus einem Quetzal entstanden sein. Die Schriftrolle mit dem Unabhängigkeitsdatum wird von einem Lorbeerkranz umrankt.

Honduras: Im traditionell zentralamerikanischen Blau-Weiß-Blau gehalten, zeigt die Flagge dieses Landes im weißen Streifen fünf Sterne, die an die fünf ursprünglichen Mitglieder der Vereinten Provinzen von Zentralamerika erinnern und Hoffnung auf eine neue Föderation ausdrucken sollen.

Nicaragua: Als Mitglied der Föderation hat auch Nicaragua seit 1823 die blau-weiß-blaue Farbe in waagrechten Streifen zum Flaggensymbol gewählt. Traditionellerweise wird Blau mit dem Pazifischen Ozean und der Karibik assoziiert. Im weißen Feld steht das Wappen des Landes, umrahmt vom Schriftzug »Republica de Nicaragua – America Central«. Die Phrygische Mütze, das Symbol der Freiheit, und fünf Vulkane, die die ursprünglichen Gründungsmitglieder repräsentieren, werden durch eine strahlende, Zukunft verheißende Sonne beleuchtet.

GEOGRAFISCHE NAMEN IM SPRACHGEBRAUCH

Überraschend groß ist die Zahl der Wörter, die sich von topografischen Namen ableiten, egal ob es nun wissenschaftliche Nomenklatur, volkstümliche Ausdrucksformen, Kulinarisches, Redewendungen oder sprichwörtliche Begriffe sind. In der hier präsentierten Auflistung, die schon aus Gründen der Internationalität vieler Wörter nicht erschöpfend sein kann, wird versucht, die einzelnen Wortbeispiele nach Themenbereichen zu gliedern, um so eine bessere Übersicht zu ermöglichen. Bei genauer Durchsicht fallen auch einige abwertende Bezeichnungen auf, die sich dennoch hartnäckig im Sprachgebrauch halten. Nun, Vorurteile gegenüber anderen Völkern und Ländern sind leider allgegenwärtig. Wie meinte der nach Großbritannien emigrierte polnische Schriftsteller Joseph Conrad: »Jede Nation ist im Ausland hauptsächlich durch ihre Untugenden bekannt.«
Sowohl einzelne Orte wie auch alle anderen denkbaren topografischen Erscheinungen können namengebend werden. Vom Einzelnen ausgehend wird meist ohne viel Bedenken generalisiert. Manchmal sind es emotionale Gründungsaugenblicke, die zu einer Begriffsbesetzung führen, manchmal ehrt man sprachlich den Ort des ersten Fundes oder des ersten Auftretens einer neuer Erkenntnis. Was immer auch die konkreten Motivationen sein mögen, es entsteht letztlich ein unvermutet lebendiges und vielseitiges Bild der Verflechtung zwischen der Geografie unseres Planeten und der sprachlichen Kultur des Menschen.
In Klammer (kursiv) die Herkunftsorte, wenn anders lautend als im ersten Teil; Stichwörter, die nicht im Lexikonteil stehen, werden durch weitere geografische Angaben ergänzt; eine Kurzdefinition rundet die Eintragungen ab.

A. Bibel & Religion

Ausgewählte Beispiele: **Anglikaner** (*England*, V-Angeln, Religion), **Äthiopismus** (religiöse Lehre), **Babel** (Ort der Sünde), **Babylonische Sprachverwirrung** (Strafe Gottes), **Bibel** (*Byblos*, H-Libanon, Buch der Bücher), **Canossagang** (tiefe Demütigung), **Golgatha** (tiefstes Leiden), **Griechisches Kreuz** (Kreuzform), barmherziger **Samariter** (Gleichnis), **Karmeliterorden** (*Karmel*, Orden), **Kartause, Kartäuser** (*Chartreuse*, Einsiedelei), **Kluniazenser** (*Cluny*, Orden), **Ladik** (*Ladik*, O-Anatolien, türk. Gebetsteppich), **Lauretanisch** (*Loreto*, O-Italien, Litaneiform), **Malteser** (Mitglieder des Johanniterordens), **Malteserkreuz** (Kreuzform), **Malteserorden** (Orden), **Prämonstratenser** (*Prémontré* O-Frankreich, Orden), ein einziges **Sodom und Gomorrha** (Stätte der Sünde), **Ta-**

boriten (*Tabor*, O-Böhmen, Orden), **Tridentinum** (*Trient*, Konzil), **Ur** (anfangs, ursprünglich), **Vatikan** (Mons Vaticanus), **Zisterzienser** (*Citeaux*, X-Frankreich, Orden)

B. Chemie & Geologie

Ausgewählte Beispiele: **Alabaster** (*Basra*, Gips), **Amerikum** (Element), **Ammoniak** (*Ammonium*, H/O-Libyen), **Andalusit** (Mineral), **Andesit** (Mineral), **Aragonit** (Mineral), **Astrachanit** (Salzmineral), **Autunit** (*Autun*, O-Frankreich, Uranmineral), **Bauxit** (*Le Baux-de-Provence*, O-Frankreich, Mineral), **Berkelium** (*Berkeley*, O-Kalifornien, Element), **Chalzedon** (*Chalkedon*, O-Türkei, Halbedelstein), **Chilesalpeter** (Natronsalpeter), **Crayon** (*Kreta*, Kreide), **Dolomit** (Gestein), **Emser Salz** (*Bad Ems*, O-Deutschland, Salz), **Erbium, Terbium, Ytterbium, Yttrium** (*Ytterby*, O-Schweden, Element), **Europium** (chem. Element), **Francium** (*Frankreich*, Element), **Galaxit** (*Galax*, O-USA, schwarzes Mineral), **Gallium** (chem. Element), **Jura** (geologische Formation), **Kaledonisches Gebirge** (*Caledonia*, H/L-Schottland, geologische Formation), **Geysir** (*Großer Geysir*, X-Island, heiße Quelle), **Hafnium** (*Kopenhagen*, chem. Element), **Holmium** (*Stockholm*, chem. Element), **Indium** (chem. Element), **Kambrium** (*Cambria*, H/L-Wales, geologische Formation), **Kaolin** (*Kao-ling*, B-China, Tonerde), **Karst** (Kalkerscheinungen), **Kimberlit** (*Kimberley*, O-Südafrika, diamanthältiges Gestein), **Kremser Weiß** (*Krems*, O-Österreich, Farbstoff), **Liparit** (*Liparische Inseln*, Ergussgestein), **Lutetium** (*Paris*, Element), **Magenta** (O-Lombardei, roter Farbstoff), **Magnesium, Magnet** (*Magnesia*, O-Kleinasien, Leichtmetall; Eisen anziehendes Material), **Marihuana** (I-Bahamas, Droge), **Mohavit** (*Mohave*, Wü-Kalifornien, Mineral), **Montmorrilonit** (*Montmorrilon*, O-Frankreich, Mineral), **Muskovit** (*Moskau*, Mineral), **Polonium** (chem. Element), **Preußischblau** (Farbe), **Rhenium** (*Rhein*, chem. Element), **Ruthenium** (*Russland*, chem. Element), **Salmiak** (*Armenien*, Medizin), **Scandium** (*Scandia*, R-Skandinavien, chem. Element), **Strontium** (*Strontian*, O-Schottland, giftiges chem. Element), **Syenit** (*Syene, (heute) Assuan*, H/O-Ägypten, Tiefengestein), **Vulkan** (*Liparische Inseln, Insulae Vulcani*, feuerspeiender Berg)

C. Essen & Trinken

Ausgewählte Beispiele: **Amerikaner** (Gebäck), **Appenzeller** (Käse), **Armagnac** (R-Frankreich, Weinbrand), **Aschantinuss** (*Aschanti*, R-Ghana, Erdnuss), **Assam** (Tee), **Asti** (O-Italien, Schaumwein), **Basler Läckerli** (Lebkuchengebäck), **Béarnaise** (*Béarn*, O-Frankreich, Soße), **Beaujolais** (Wein), **Berliner** (Pfannkuchen), **Bockbier** (*Einbeck*, O-Niedersachsen, Bier), **Bordeaux** (Wein), **Bourbon**

(R-Kentucky, Whiskey), **Brasil** (Kaffee, Tabak, Zigarre), **Brie** (R-Frankreich, Käse), **Budweiser** (Bier), **Burgunder** (Wein), **Calvados** (R-Frankreich, Apfelbranntwein), **Camembert** (O-Frankreich, Käse), **Cayennepfeffer** (Chiligewürz), **Chablis** (O-Frankreich, Weißwein), **Champagner** (Schaumwein), **Chartreuse** (Kräuterlikör), **Cheddar** (O-England, Käse), **Chester** (O-Großbritannien, Käse), **Chianti** (Rotwein), **Chinakohl** (Kohlart), **China-Restaurant (Gaststätte)**, **Cognac** (alkoholisches Getränk), **Curaçao** (Likör), **Darjeeling** (Tee), **Debreziner** (*Debrecen*, Würstchen), **Dijon** (Senf), **Dresdner Stollen** (Weihnachtsgebäck), **Edamer** (*Edam*, O-Niederlande, Käse), **Emmentaler** (O-Schweiz, Käse), **Englisch** (kurz angebratenes Steak), **Frankfurter** (Würstchen), **French fries** (Kartoffeln), **French toast** (einseitig geröstete Toastscheibe), **Gorgonzola** (O-Italien, Käse), **Gouda** (O-Niederlande, Käse), **Gravensteiner** (O-Schlesien, Apfel), **Gruyère** (R-Schweiz, Käse), **Hamburger** (aufgeschnittenes Brötchen), **Havanna** (Zigarre), **Hawaiitoast** (überbackene Weißbrotscheibe), **[Schnitzel] Hawaii** (Schweinsschnitzel mit Ananas), **Hollandaise** (Soße), **Irish Coffee** (Kaffeegetränk), **Irish Stew** (gewürztes Hammelragout), **Jaffa-Orangen** (Frucht), **Kaffee** (*Kaffa*, Genussmittel), **Karlsbader** (Oblaten), **Kilkenny's** (Bier), **Königsberger Klopse** (Fleischstücke), **Korinthen** (Rosinen), **Krimsekt** (Sekt), **Leipziger** (Allerlei), **Limburger** (*Limburg*, R-Belgien, Weichkäse), **Linzer Torte** (Dessert), **Liptauer** (*Liptau*, R-Slowakei, Käse), **Lübecker Marzipan** (Nascherei), **Madeira** (Süßwein), **Malaga** (span. Süßwein), **Manchego** (*La Mancha*, Spanien, Käse), **Marille** (*Armenien*, Obst), **Marsala** (O-Sizilien, Süßwein), **Maschansker** (*Maschau*, O-Böhmen, Apfelsorte), **Mayonnaise** (*Mahón*, O-Spanien, Soße), **Mokka** (Kaffee), **Neapolitaner** (Waffeln), **Nürnberger Lebkuchen** (Lebkuchen), **Ouzo** (*Marseille*, alkoholisches Getränk), **Paranuss** (*Pará*, O-Brasilien, Nussart), **Parmaschinken** (Schinken), **Parmesan** (Käse), **Patnareis** (*Patna*, O-Indien, Reissorte), **Pekingsauce** (Tafelsauce), **Pfälzer Saumagen** (Speise), **Pilsner Bier** (Bier), **Portugieser** (Rebsorte), **Portwein** (Wein), **Prager Schinken** (Schinken), **Rioja** (*Rio Oja*, F-Spanien, Wein), **Roquefort** (O-Frankreich, Käse), **Russische Eier** (gefüllte Eier), **Salami** (*Salamis*, H/O-Zypern, Wurstart), **Salzburger Nockerl** (Nachspeise), **Samos** (Wein), **Sandwich** (O-England, Brötchen), **Sardine** (Fisch), **Satsuma** (*Satsumahalbinsel*, Hi-Japan, Frucht), **Sauternes** (O-Frankreich, Weißwein), **Schwarzwälder Kirschtorte** (Torte), **Schwedenplatte** (reich garnierte Platte), **Scotch Whiskey** (Whiskey), **Selters** (O-Deutschland, Wasser), **Serrano** (*Sierra*, B-Spanien, Schinken), **Sherry** (*Jerez de la Frontera*, Süßwein), **Silvaner** (*Siebenbürgen*, *früher Transsilvanien*, Weißweinrebe), **Soave** (O-Italien, Weißwein), **Steinhäger** (*Steinhagen*, O-Deutschland, Spirituose), **Stilton** (O-England, Weichkäse), **Szegediner** (Gulasch), **Tabak** (*Tobago*, Genussmittel), **Tabascosoße** (P-Mexiko, Soße), **Tarragona** (O-Spanien, Süßwein), **Tequila** (O-Mexiko, Agavenschnaps), **Thüringer Rostbratwurst** (Würstel), **Tilsiter** (*Tilsit, heute Sowjetsk*, H/O-Russland, Käse), **Tiroler Knödel** (Speise), **Tokajer** (*Tokaj*, O-Ungarn, Wein), **Traminer** (O-Italien, Rebsorte), **Valpolicella** (R-Italien, Wein), **Veltliner** (*Velt-*

lin, R-Italien, Rebsorte), **Virginia** (Tabak, Zigarre), **Wiener Schnitzel** (traditionelle Wiener Hauptspeise), **Worcester-Soße** (P-Großbritannien, Soße), **Zwetschge** (*Damaskus*, Obst)

D. Kunst & Kultur

Ausgewählte Beispiele: **Afro-Look** (Frisur), **Akropolis** (Stadtfestung), **Alpenglühen** (Romantischer Ausdruck), **Amazone** (Mythologische Gestalt), **Äolsharfe** (*Äolische Inseln*, Musikinstrument), **Arabeske** (Ornament), **Arazzo** (*Arras*, O-Frankreich, Wandteppich), **Arkadien** (idealisierte landschaftliche Idylle), **Asiatica** (Werke über Asien), **Aubusson** (O-Frankreich, Wandteppich), **Barkarole** (Gondellied), **Boston** (langsamer Walzer), **Carraramarmor** (weißer Marmor), **Charleston** (O-USA, Tanz), **Chinapapier** (Papier aus Bambus), **Chinaware** (Porzellan), **Chinoiserie** (kunstgewerblicher Gegenstand aus China), **Conga** (*Kongo*, Trommel), **Deutsche Schrift** (Sütterlin-Schrift), **Dixieland** (Jazz), **Egyptienne** (Schrift), **Eleusinien** (*Eleusis*, O-Griechenland, agriech. Fest), **Englischhorn** (Oboe), **English Waltz** (langsamer Walzer), **Fayence** (*Faenza*, O-Italien, Tonware), **Flamenco** (*Flämisch*, span. Tanz), **Forlana** (*Friaul*, ital. Volkstanz), **Gablonz** (*Jablonec*, O-Tschechien, Glasmanufaktur), **Habanera** (*Havanna*, Tanz), **Hawaiigitarre** (Gitarre mit Metallsaiten), **Hellenismus** (griech. Kulturepoche), **Indigo** (*Indien*, Farbe), **Italo-Western** (Filmgenre), **Japanpapier** (handgeschöpftes Papier), **Kasatschok** (*Kosaken*, V-Russland, russ. Volkstanz), **Kölnisch Wasser** (Eau de Cologne), **Kordel** (*Kordilleren*, Schnur), **Lambethwalk** (*Lambeth*, X-England, Tanz), **Ländler** (*Oberösterreich*, R-Österreich, Volkstanz), **Limerick** (fünfzeiliges Gedicht), **Majolika** (*Mallorca*, feine Tonwaren), **Mazurka** (*Masurien*, P-Polen, Tanz), **Medina** (arabische Altstadt), **Moreske** (V-Mauren, Flechtornament), **Murano** (O-Italien, Glas), **Neapolitanische Volksmusik** (Musik), **Nürnberger Trichter** (Lernmethode), **Ottoman(e)** (V-Türke, Liegesofa), **Palatine** (*Pfalz*, Umrandung aus Pelz, Stoff), **Parnass** (Inbegriff der Lyrik), **Pekingoper** (chin. Bühnenspiel), **Pergament, Pergamentpapier** (*Pergamon*, Papier), **Philister** (*Palästina*, kulturfeindlicher Mensch), **Polka** (Tanz), **Polonäse** (Tanz), **Roman** (Erzählung), **Romanik** (Kunstepoche), **Romantik** (Epoche der europäischen Literatur, Musik und Malerei), **Schottenmuster** (Karomuster), **Sèvresporzellan** (O-Frankreich, Porzellan), **Spanischer Schritt** (Hohe Schule bei Pferden), **Spanische Trompeten** (Orgel-Register), **Tirolienne** (Rundtanz), **Tivoli** (O-Italien, Vergnügungsstätte), **Türkis** (*Türkei*, Farbe), **Waterford** (Glaserzeugung), **Wiener Walzer** (Tanz), **Windsorknoten** (Krawattenknoten)

E. Mensch & Gesundheit

Ausgewählte Beispiele: **Asiatische Grippe** (Krankheit), **Atlas** (oberster Halswirbel), **Chinarinde** (Heilmittel), **Ebola-Virus** (*Ebola*, F-Kongo, Virus), **Englische Krankheit** (Rachitis), **Englisches Frühstück** (üppiges Frühstück), **French kiss** (Zungenkuss), **Hillbilly** (R-Süden der USA, Hinterwäldler), **Hottentottensteiß** (V-Südafrika, Fettsteiß bei Frauen), **Inkaknochen** (V-Südamerika, Ausprägung des Schädelknochens), **Lassafieber** (*Lassa*, O-Nigeria, tropische Viruserkrankung), **Lesbische Liebe, Lesbe, Lesbierin** (gleichgeschlechtliche Liebe zwischen Frauen), **Lymekrankheit** (*Lyme*, O-USA, Borreliose-Erkrankung), **Medinawurm** (bei Menschen schmarotzender Fadenwurm), **Mongolismus** (Down-Syndrom), **Pariser** (Kondom), **Romanze** (romantisches Liebeserlebnis), **Romeo** (Liebhaber), **Schwedische Gymnastik** (Gesundheitsturnen), **Sklave** (V-*Slawe*, unfreier Mensch), **Sodomie** (Geschlechtsverkehr mit Tieren), **Spanische Krankheit** (Grippe), **Spanischer Kragen** (Paraphimose)

F. Pflanzen & Tiere

Ausgewählte Beispiele: **Aberdeen-Angus-Rind** (Rinderrasse), **Adélie-Pinguin** (Pinguinart), **Afghane** (Hunderasse), **Airedaleterrier** (*Air*, F-Yorkshire, Hunderasse), **Aleppokiefer** (O-Syrien, Baumart), **Alpenbock, Alpengarten, Alpenglöckchen, Alpenrose, Alpenveilchen, Alpinum** (Pflanzen und Tiere), **Alsatian dog** (*Elsaß*, dt. Schäferhund), **Angora** (*Ankara*, Kaninchen, Katze, Ziege), **Apfelsine** (*China*, Orange), **Araber** (Pferderasse), **Badlands** (R-USA, vegetationsarmes Gebiet), **Bologneser** (weißer Zwerghund), **Bougainvillia** (*Bougainville*, I-Ozeanien, Wunderblume), **Chihuahua** (kleiner Hund), **Colorado beetle, Coloradokäfer** (Kartoffelkäfer), **Dalmatiner** (Hunderasse), **Diptam** (*Dikte*, B-Griechenland, Pflanze), **Eskorialschaf** (span. Schafrasse), **Fasan** (*Phasis*, H/O-Kaukasus, Vogel), **Haflinger** (*Hafling*, O-Südtirol, Pferderasse, Schwerfahrzeug), **Hampshireschaf** (schwarzköpfiges Schaf), **Hawaiigans** (Staatssymbol), **Herefordrind** (R-Herefordshire, Rinderart), **Island-Pony** (Pferderasse), **Kanarienvogel** (Haustier), **Karakulschaf** (*Karakul*, G-Tadschikistan, Persianerpelz), **Karragheen** (*Carraghen*, O-Irland, Moos), **Kodiakbär** (I-Alaska, Bär), **Kolinski** (*Kola*, sibir. Nerz), **Koromandelholz** (*Koromandelküste*, Holzart), **Kotchinchinahuhn** (*Cochinchina*, Hühnerart), **Labrador** (Hunderasse), **Ladoga-Ringelrobbe** (Robben), **Leghorn** (*Livorno*, O-Italien, Hühnerart), **Libanonzeder** (Zedernart), **Lipizzaner** (*Lipizza*, O-Slowenien, Warmblutpferd), **Manilahanf** (Hanffaser), **Mauritiuspalme** (Palmenart), **Neufundländer** (Hunderasse), **Nilkrokodil** (Krokodilart), **Nilpferd** (Säugetier), **Oldenburger** (Warmblutpferd), **Osagedorn** (*Osage*, V-USA, Baumart), **Pamirschaf** (Wildschaf), **Panamapalme** (Palmenart), **Panamastroh** (Blätter der Panamapalme), **Pekinese** (Hunderasse), **Pekingente** (chin. Gericht), **Pernambukholz** (*Pernambuco*, O-Brasilien, Brasilholz), **Pfirsich** (*Persien,* Obst), **Pinscher** (*Pinzgau,* R-Österreich, Hunderasse), **Pinzgauer** (Rinderrasse), **Rambouilletschaf** (O-Frankreich, Schafrasse mit feiner Wolle), **Rottweiler** (O-Schwaben, Hunderasse), **Salomonssiegel** (Weißwurz), **San-José-Schildlaus** (Schildlaus), **Schweizer Käse** (Emmentaler), **Shetlandpony** (Pferd), **Sisal** (O-Mexiko, Faser), **Spaniel** (Hunderasse), **Spanische Fliege** (Blasenkäferart, Aphrodisiakum), **Spanischer Klee** (Luzerne), **Spanischer Pfeffer** (Paprika), **Spanisches Rohr** (Rattan), **Strelitzie** (*Strelitz,* O-Mecklenburg-Vorpommern, Blume), **Sumatrabarbe** (Barbenart), **Tampicofaser** (O-Mexiko, Faser der Agave), **Tangerine** (O-Tunesien, Zitrusfrucht), **Tequila** (O-Mexiko, Branntwein), **Türkenbundlilie** (Blume), **Turkey** (*Türkei,* Truthahn), **Usambara** (*Usambara,* B-Tansania, Veilchenart), **Yorkshireterrier** (Hunderasse), **Zypresse** (*Zypern,* Baumart).

G. Politik & Gesellschaft

Ausgewählte Beispiele: **Amerikanisierung** (politisch-kultureller Einfluss), **Bajonett** (*Bayonne,* O-Frankreich, Waffe), **Balkanisierung** (staatliche Zersplitterung), **Bavaria** (*Bayern,* Frauengestalt), **Borussia** (*Preussen,* Frauengestalt), **Brünner Todesmarsch** (Vertreibung der deutschsprechenden Bevölkerung), **Dauphin** (ehem. franz. Thronfolger), [**Orakel von**] **Delphi** (Wahrsagerei), **Dessauer** (Marschmelodie), **Dumdum** (*Dumdum,* O-Bengalen, Geschoss mit Sprengstoffwirkung), **Finnlandisierung** (Einflussnahme auf einen unabhängigen Staat), **Genfer Konvention** (Regelung der Behandlung Kriegsgefangener), **Gotha** (genealogischer Taschenkalender), **Hesperiden** (X-Westen, Italien u. Spanien in der griech. Dichtkunst), **Jamaika-Ampel** (Koalition deutscher Parteien), **Kannibale** (*Karibik,* Menschenfresser), [**Schlacht von**] **Königgrätz** (Beginn des Deutschen Reiches), **Kyoto-Protokoll** (Klimaschutzverträge), [**Vertrag von**] **Maastricht** (europäischer Vertrag), **Marseillaise** (franz. Nationalhymne), **Mogul** (*Mongole,* indischer Herrschertitel), **Mounties** (X-Kanada, berittene Polizei), **Nürnberger Rassengesetze** (Rassengesetzte des Dritten Reichs), [**Jungfrau von**] **Orléans** (O-Frankreich, franz. Nationalheilige), **Pampa** (öde, einsame Gegend), **Pentagon** (US-Verteidigungsministerium), **Prager Fenstersturz** (politisches Ereignis), **Prager Frühling** (politische Bewegung), **Römische Verträge** (europäischer Vertrag), **Russen-Mafia** (kriminelle Randgruppe), **Russifizieren** (russisch machen), **Russisches Roulette** (Hochrisiko), **Rütlischwur** (*Rütli,* X-Bergwiese, Einigungsschwur der Schweizer Urkantone), **Salomonisches Urteil** (gerechtes Urteil), **Samariter** (*Samaria,* H/L-Israel, helfender Mensch), **Samojede** (V, Polarhund), **Scharlatan** (*Cerreto,* O-Italien, Aufschneider), **Schengener Abkommen** (O-Luxemburg, Grenzkontrollabkommen), **Schildbürger** (*Schilda,* O-Sachsen, einfältiger Bürger), **Schlawiner** (*Slowenier, Slawonier,* kleiner Gauner), **Schwedentrunk** (Foltermethode), **Schwedische Gardinen** (Gefängnis), **Schweizerdegen** (Zweihandschwert), **Shanghaien** (jemanden mit List als

Matrosen anheuern), **Sherpa** (V-Nepal, Lastenträger), **Spanischer Reiter** (bewegliches Drahthindernis), **Spanischer Stiefel** (Foltergerät), **Spartanisch** (äußerst einfach), **Stalingrad** (Wendepunkt im übertragenen Sinn), **Uncle Sam** (U.S.Am, Kollektivspitzname für die USA), [**Friede von**] **Versailles** (Ende des 1. Weltkriegs), [**Prince of**] **Wales** (Titel des brit. Thronfolgers), **Yankee** (*Neuengland*, V-USA, weißer US-Bürger), **Zionismus** (*Jerusalem*, jüdische Bewegung)

H. Redewendungen & Sprichwörter

Ausgewählte Beispiele: Eulen nach **Athen** tragen, Ritt über den **Bodensee**, das ist ein **böhmisches** Dorf, der kranke Mann am **Bosporus**, in/aus/nach **Buxtehude**, etwas ist faul im Staate **Dänemark**, jetzt müssen wir mal **deutsch** reden, nicht die feine **englische** Art, Frage an Radio **Eriwan**, leben wie Gott in **Frankreich**, sich auf **Französisch** verabschieden, Liebe auf **französische** Art, ausgehen wie das **Hornberger** Schießen (O-Schwarzwald), über den **Jordan** gehen, **kimmerische** Finsternis (V-Asien, ständige Dunkelheit), Ei des **Kolumbus**, jemand findet sein **Mekka**, **Paris** ist eine Messe wert, von Pontius zu **Pilatus**, noch ist **Polen** nicht verloren, hier ist **Rhodos**, hier springe! (hic Rhodus, hic salta!), alle Wege führen nach **Rom**, auch **Rom** ist (auch) nicht an einem Tag erbaut worden, in **Rom** gewesen sein und den Papst nicht gesehen haben, viele Wege führen nach **Rom**, den **Rubikon** überschreiten, ship him to **Shanghai** (dt. schick ihn auf eine lange Reise), sie sind wie **Siamesische** Zwillinge, jemanden nach **Sibirien** schicken, das kommt mir **spanisch** vor, **Trojanisches** Pferd, etwas **türken**, einen **Türken** bauen, auf einem **Vulkan** tanzen, sein **Waterloo** erleben, er geht über die **Wupper**

I. Sport & Spiel

Ausgewählte Beispiele: **Alpenverein** (Verein zur Förderung des Wanderns), **Alpinist** (Kletterer), **Amerika-Cup** (Segelregatta), **Badminton** (X-Landsitz in England, Federballsport), **Bergamasca** (*Bergamo*, alter Volkstanz), **Boston** (Kartenspiel), **Flying Dutchman** (Segelboot), **Jockei** (*Schottland*, Reiter), **Kanadier** (Sportboot), **Kandahar-Rennen** (Schirennen), **Kanter** (*Canterbury*, leichter Galopp), **Kantersieg** (*Canterbury*, leichter Sieg im Sport), **Krakowiak** (*Krakau*, Tanz), **Kristiania** (*Oslo*, H/O-Norwegen, Schischwung), **Le Mans-Start** (Startform beim Motorsport), **Macao** (Würfelglücksspiel), **Marathon** (Langstreckenlauf), **Olympiade** (eigentlich Zeitraum von vier Jahren, heute auch Olympische Spiele), **Olympische Spiele** (Sportfest), **Rugby** (Ballsportart), **Telemark** (R-Norwegen, Skischwung)

J. Technik & Wissenschaft

Ausgewählte Beispiele: **Algonkium** (*Algonkingebiet,* V-Kanada, Erdzeitalter), **Arabische Zahlen** (Zahlen), **Arktische Kälte** (Klima), **Artesischer Brunnen** (*Artois,* Wasserquelle), **Atlas** (Kartenwerk), **Attika** (Mauerbau), **Azorenhoch** (Klimakunde), **Ballistik** (*Balearen,* Lehre von der Flugbahn), **Bengalisches Feuer** (Festbeleuchtung), **Bermudadreieck** (»Flugzeugloch«), **Devon** (geologische Formation), **Engländer** (Schraubenschlüssel), **Franzose** (Schraubenschlüssel), **Genuafock** (Vorsegel), **Greenwicher Zeit** (Mittlere Sonnenzeit), **Günz** (F-Deutschland, Eiszeit), **Helvetika** (Schriftart), **Hollywoodschaukel** (überdachte Gartenschaukel), **Italienne** (Antiqua-Druckschrift), **Judaistik** (Wissenschaft von der jüdischen Kultur), **Kawasaki** (O-Japan, Motorrad), [**Brücken von**] **Königsberg** (Graphentheorie), **Kutsche** (*Kocs,* O-Ungarn, Verkehrsmittel), **Lambretta** (F-Italien, Motorroller), **Lancaster** (Bomber), **Landauer** (*Landau,* O-Rheinland-Pfalz, Pferdefahrzeug), **Limousine** (*Limoges, Limosin,* Automobil), **Mindel** (F-Deutschland, Eiszeit), **Perm** (geologische Formation), **Pharus** (*Pharos,* I-vor Alexandria, Leuchtturm), **Pinzgauer** (Schwerfahrzeug), **Riß** (F-Deutschland, Eiszeit), **Turin-Skala** (Messung der Gefährlichkeit erdnaher Objekte), **Wienern, Wiener Kalk** (putzen, ursprünglich mit Schlämmkreide), **Würm** (F-Deutschland, Eiszeit)

K. Völker & Sprachen

Ausgewählte Beispiele: **Afrikaans** (Sprache), **Afrikanistik** (Wissenschaft von der afrikanischen Sprache, Geschichte u. Kultur), **Afrikanthropus** (Menschentyp der Altsteinzeit), **Ägyptologie** (Wissenschaft von der ägypt. Kultur und Sprache), **Amerikanistik** (Lehre der amerik. Geschichte, Sprache u. Kultur), **Anglistik** (Lehre der engl. Geschichte, Sprache u. Kultur), **Anglizismus** (Wörter aus dem Englischen), **Arabistik** (Lehre der arab. Geschichte und Kultur), **Assyriologie** (Wissenschaft von der assyr. Geschichte, Sprache u. Kultur), **Aurignacien** (*Aurignac,* X-Frankreich, Kulturperiode der Steinzeit), **Austriazismus** (österr. Spracheigentümlichkeit), **Bosniak** (*Bosnien,* ursprünglich ein Habenichts, Hungerleider), **Cro-Magnon-Mensch** (X-Frankreich, Menschenrasse der Altsteinzeit), **Danebrog** (*Dänemark,* Flagge), **Graecum** (Wissensstoff der altgriechischen Sprache), **Gringo** (S-Griechenland, Nichtromane in Südamerika), **Gypsy** (*Ägypten,* dt. Zigeuner), **Hallstattzeit** (Kulturstufe der Eisenzeit), **Hispanics** (lateinamerikanische Immigranten in die USA), **Homo rudolfensis** (*Rudolfsee,* Unterart des Homo erectus), **Hottentotte** (V-Südafrika, abwertender Ausdruck), **India** (NATO-Alphabet), **Indianer, Indio** (Völker), **Indoeuropäer, Indogermanen** (Völker mit idg. Sprache), **Indogermanistik** (Wissenschaft über die Sprache und Kultur der idg. Völker), **Italienisieren** (italienisch machen), **Japanologie** (Japankunde), **Javamensch** (Homo erectus), **Kalauer** (*Calau,*

O-Deutschland, geistloser alter Witz), **Kanake** (*Hawaii*, abwertende Bezeichnung), **Kopte** (*Ägypten*, Christen), **La-Tène-Zeit** (*La Tène*, O-Schweiz, Kulturstufe der Eisenzeit), **Latinisieren, Latinum** (*Latium*, H/P-Italien, in lat. Sprachform bringen, Wissensstoff der lat. Sprache), **Lengyelkultur** (*Lengyel*, O-Ungarn, Kulturform der Kupferzeit), **Lima** (NATO-Alphabet), **Lupembien** (*Lupemba*, O-Dem. Rep. Kongo, Kultur der subsaharischen Steinzeit), **Lusitanistik** (*Lusitania*, H/L-Portugal, Wissenschaft von der port. u. bras. Sprache u. Literatur), **Mäander** (*Maiandros*, H/F-(*heute*) *Menderes*, gewundener Flusslauf), **Magyarisieren** (ungarisch machen), **Mississippikultur** (indian. Kultur), **Neandertaler** (Seitenzweig des Homo sapiens), **Oldowan** (*Olduwai*, X-Schlucht in Tansania, frühe Periode der menschlichen Entwicklung), **Pekingmensch** (Homo erectus), **Polack** (abwertend für Pole), **Quebec** (NATO-Alphabet), **Romanistik** (Wissenschaft der romanischen Sprache u. Kultur), **Sächseln** (sächsisch gefärbtes Deutsch sprechen), **Schweizerdeutsch** (Mundart), **Sierra** (NATO-Alphabet), **Sinologie** (Wissenschaft von der chin. Sprache u. Literatur), **Slawistik** (V-Osteuropa, Wissenschaft von der slaw. Sprache u. Literatur), **Spanische Dörfer** (unverständliches Zeug), **sporadisch** (*Sporaden*, Verteilung), **Trojaner** (Computervirus), **Zulu** (V-Afrika, NATO-Alphabet), **Zürich** (österr./schweiz. Buchstabiertafeln)

L. Wirtschaft & Geldwesen

Ausgewählte Beispiele: **Afghani** (Münzeinheit), **Angolar** (Währung), **Ballyhoo** (*Ballyhooly*, O-Irland, marktschreierische Werbung), **Bolivar** (Währung), **Börse** (*Brügge*, Van der Beurs), **Dollar** (*Joachimsthal*, Währung), **Euro** (Währung), **Fiat** (*Turin*, <u>F</u>abbrica <u>I</u>taliana <u>A</u>utomobili di <u>T</u>orino, Automobil), **Florin** (*Florenz*, Währung), **Guarani** (V-Amazonas, Währung), **Guinee** (eng. Goldmünze), **Heller** (*Schwäbisch Hall*, O-Schwaben, Münze), **Hitachi** (O-Japan, Elektronikkonzern), **Leone** (*Sierra Leone*, Währung), **Lisenthe** (*Lesotho*, Währung), **Livonese** (*Livland*, H/R-Baltikum, balt. Silbermünze), **Lombard, Lombardzins** (*Lombardei*, kurzfristiges Darlehen), **Manchester Kapitalismus** (wirtschaftlicher Liberalismus), **Nikon** (*Japan*, <u>N</u>ippon <u>K</u>oogaku und angehängt -<u>n</u>-, Kamera), **Rand** (*Witwatersrand*, X-Südafrika, Währung), **Schweizerei** (Meierei), **Solingenstahl** (Qualitätsbezeichnung), **Sparte** (*Sparta*, Teilbereich), **Swatch** (*Schweiz*, <u>S</u>wiss <u>watch</u>, Uhr), **Taler** (*Joachimsthal*, Währung), **Toshiba** (*Tokio*, <u>To</u>kio-<u>Shi</u>baura-Electric, Elektronik), **Troygewicht** (*Troyes*, O-Frankreich, Maß für Edelmetalle und Juwelen), **Wall Street** (Börse), **Zaïre** (*Dem. Rep. Kongo*, Währung)

M. Wohnen & Kleiden

Ausgewählte Beispiele: **Anatol** (*Anatolien*, Teppich), **Angora** (*Ankara*, Wolle), **Ardabil** (O-Iran, Teppich), **Astrachan** (Pelz), **Baldachin** (*Bagdad*, Schutzdach), **Baskenmütze** (Kopfbedeckung), **Belutsch** (Teppich), **Berber** (V-Afrika, Teppich), **Bermudas** (Shorts), **Bikini** (Bademode), **Brüsseler Spitzen** (Spitzenklöppeleierzeugnisse), **Buchara** (O-Usbekistan, Teppich), **Bungalow** (*Bangladesch,* niedriges Wohnhaus), **Chinaseide** (Naturseide), **Dagestan** (*Dagestan,* R-Kaukasus, Teppich), **Damast** (*Damaskus,* feiner Stoff), **Denim** (*Nîmes,* Stoff), **Dufflecoat** (*Duffle,* O-Belgien, Mantel), **Fes, Fez** (O-Marokko, Filzkappe), **Galosche** (aus gallisch, Überschuh), **Gamasche** (*Ghadames,* O-Libyen, Überstrumpf), **Hamadan** (O-Iran, Teppich), **Harras** (*Arras,* O-Frankreich, Kammgarngewebe), **Homburg** (Herrenfilzhut), **Isfahan** (O-Iran, Teppich), **Jeans** (*Genua,* Hose), **Jersey** (Shirt), **Kalabreser** (breitkrempiger Filzhut), **Kalikot** (*Calicut,* H/O-Indien, Baumwollgewebe), **Karaman** (O-Türkei, türk. Teppich), **Kaschmir** (Wolle), **Kayseri** (*Caesarea,* O-Türkei, türk. Teppich), **Korduan** (*Córdoba,* Leder), **Krawatte** (*Kroatien,* Halstuch), **Kum, Qum** (O-Iran, pers. Teppich), **Levantine** (*Levante,* dichtes Gewebe), **Marengo** (O-Italien, Kammgarnstoff), **Maroquinleder** (*Marokko,* Leder), **Mocha** (*Mokka,* Glacéleder), **Mos(s)ul** (Teppich), **Musselin** (Tuch), **Nain** (O-Iran, Teppich), **Nappaleder** (*Napa,* O-Kalifornien, feines Leder), **Ottoman(e)** (V-Türke, Liegesofa), **Palatine** (*Pfalz,* Umrandung aus Pelz, Stoff), **Panamabindung** (Fadenverbindung bei Geweben), **Panamahut** (ein breitkrempiger Hut), **Parisienne** (Seidengewebe), **Persianer** (Fell des Karakulschafs), **Plauener Spitzen** (Stickereien), **Rahdamé** (*Ghadames,* O-Tunesien, Futterstoff), **Russenbluse** (Kleidungsstück), **Samarkand** (Teppich), **Satin** (*Tseutung,* H/O-China, Stoff), **Schal** (?*Schaliat,* O-Indien, Halstuch), **Schiras** (O-Iran, Teppich), **Schweizergarde** (Leibgarde des Papstes), **Schweizerhaus** (Westalpenhaus), **Shetland** (Wollstoff), **Sisalhanf** (*Sisal,* O-Mexiko, Agavenfaser), **Smyrna** (türk. Teppich), **Spanische Wand** (Klappwand, Paravent), **Täbris** (O-Iran, Teppich), **Tricot** (*Tricot,* O-Frankreich, Kleidung), **Tüll** (*Tulle,* O-Frankreich, Gewebe), **Tweed** (F-Schottland, Gewebe), **Ulster** (Herrenmantel), **Valenciennesspitze** (Klöppelspitze), **Windsorknoten** (Krawattenknoten)

HERKUNFTSÄHNLICHKEITEN GEOGRAFISCHER NAMEN

Manchmal scheint es auf den ersten Blick unwahrscheinlich, wie ähnlich Namen ungeachtet der historischen Verhältnisse oder der geografischen Distanz sein können. Ist es Zufall oder menschliche Intelligenz, die sich hinter diesen verblüffenden Parallelen verbirgt? Nun, zweifellos darf die Fähigkeit des Menschen, das Augenscheinliche zu erfassen und zu benennen, nicht unterschätzt werden. Ein Waldland, eine Bergkette, ein Fluss oder ein Sumpfgebiet, oft waren es leicht merkbare Formen und Farbschattierungen, die ein Wiedererkennen erleichterten, und so zu einer spontanen Benennung führten. Aber auch fremde Menschen oder stolze Gefühle wie Freiheit, Mut oder Friede haben immer wieder Eingang in die Namensgeschichte gefunden. In diesem Fall stand wohl die Identifikation mit den eigenen Stammesbrüdern im Vordergrund. Die neue Heimat wurde mit einem eigens gewählten Namen gleichsam in den Herzen der Menschen verankert. Wie auch immer man diese Ähnlichkeiten deuten mag, unbestreitbar spielen tausende Kilometer Entfernung und hunderte Jahre Zeitdistanz keine Rolle beim ewigen Erfindungsgeist des Menschen.
Die sieben hier präsentierten Vergleichskapitel tragen folgende Titel: A. Rund um das Wasser, B. Hinweis auf die Lage, C. Markante Landformen, D. Ähnlichkeiten der Natur, E. Allzu Menschliches, F. Sonstiges, G. Gegensätzliches zieht sich an.

A. Rund um das Wasser

Ausgewählte Beispiele: **Werra – Weser** (fließendes Wasser), **Colorado – Rio Tinto** (gefärbter Fluss), **Lago Maggiore – Michigan** (großer See), **Aberdeen – Bournemouth – Emden – Genf – Gent – Inverness – Kuala Lumpur – Oslo – Ostia – Pisa – Schwäbisch-Gmünd – Travemünde – Usedom** (Mündung), **Beersheba – Beirut – Hamborn – Motherwell – Paderborn – Weimar** (Quelle), **Bosporus – Oxford** (Rinderfurt), **Red River – Rubikon** (roter Fluss), **Belize – Liverpool – Winnipeg** (schlammiges Wasser), **Bahamas – Nebraska – Platte River – Plattensee** (seichtes Gewässer), **Amur – Blackpool – Dublin – Moldau – Rio Negro** (schwarzer Teich, Fluss), **Brooklyn – Brüssel – Bydgoszcz – Dresden – London – Moers – Moskau – Nairobi – Suomi – Vogesen – Washington** (Sumpfland), **Balaton – Mähren** (Sumpfwasser), **Aachen – Aare – Aix-en-Provence – Aragonien – Arno – Ayr – Connecticut – Mekong – Menam – Otranto – Minneapolis – Waterloo** (Wasser), **Iser – Isère – IJssel** (Wasser, schnell bewegt), **Genf – Gent – Koblenz** (Zusammenfluss), **Des Moines – Mesopotamien** (Zwischenstromland)

B. Hinweis auf die Lage

Ausgewählte Beispiele: **Chile – Kintyre – Land's End – Trafalgar** (Ende des Landes), **Füssen – Piemont** (Fuß des Berges), **Frontera – Kent – Krain – Maribor – Marken – Mersey – Ukraine** (Grenzland), **Irland – Island – Tierra fria – Tierra helada** (kaltes Land), **Kanaan – Phönizien – Russland** (Land der Roten), **Lesotho – Sansibar – Sudan** (Land der Schwarzen), **Beijing – Lappland – Norwich – Uttar Pradesh** (Land im Norden), **Anatolien – Asien – Chorassan – Japan – Orient – Tonking** (Land im Osten), **Dekkan – Nanking – Surrey – Sutherland – Annam – Hainan – Negev – Tainan – Vietnam** (Land im Süden), **Irland – Maghreb – Okzident** (Land im Westen), **Mailand – Medina – Midlands** (Mitte), **Hokkaido – Norwegen** (Nordmeerstraße)

C. Markante Landformen

Ausgewählte Beispiele: **Allgäu – Apenninen – Bergen – Burgund – Haiti – Malaya – Massachusetts – Kaukasus – Kongo – Toledo – Toulon – Toulouse – Utah** (Bergland, Hügelland), **Harz – Jura** (Bergwald), **Detroit – Kattegat – Narvik – Quebec** (Engstelle), **Champagne – Kampanien – Las Vegas – Pjöngjang – Plains – Polen** (Feld, Ebene), **Hammerfest – Lillehammer – Little Rock – Petra** (Fels), **Kärnten – Rocky Mountains – Taiga** (Felsengebirge), **Königsberg – Montreal** (königlicher Berg), **Estland – Litauen – Sahel** (Küstenland), **Black Mountains – Karakorum – Montenegro – Schwarzwald – Sierra Morena** (schwarzer Berg), **Chattanooga – Cremona – Le Mans – Lhotse – Machu Picchu – Spitzbergen** (Spitze), **Alföld – Dänemark – Honduras – Niederlande – Sevilla – Teheran** (Tiefland, -ebene), **Alpen – Libanon – Mauna Kea – Montblanc – Mount Kenia – Teneriffa** (weißer Berg)

D. Ähnlichkeiten der Natur

Ausgewählte Beispiele: **Aquilea – Guatemala – Shqiperia** (Adler), **Florenz – Florida** (Blume, Blüte), **Andorra – Mato Grosso – Perth – Stettin** (Buschland), **Iona – Mayo – New York – York – Ypres** (Eibe), **Bochum – Bukowina – Buxtehude** (Buche), **Biarritz – Carcassonne – Derry – Dubrovnik – Eifel – Kildare – Potsdam** (Eiche), **Canterbury – Eger – Erlangen** (Erle), **Baikal – Klondike – Panama – Tejo** (Fischreichtum), **Groningen – Grönland – Guernsey** (grüne Insel), **Bonaire – Buenos Aires – Kalabrien** (gute Lüfte), **Ätna – Budapest – Kalifornien** (Hitze), **Bamako – Kaiman Inseln** (Krokodil), **Hyderabad – Singapur** (Löwenstadt), **Las Palmas – Palm Beach – Palm Springs – Palma de Mallorca – Phönizien** (Palme), **Ravenna – Ravensburg** (Rabe), **Portoro – Rosenheim** (Rose), **Belfast – Chihuahua – Große Sandwüste – Kara-kum – Kyzyl Kum –**

Malmö – Nefud – Punta Arenas – Sandhurst – Sandwich Islands (Sand), Bad Salzuflen – Chesapeake Bay – Halle – Hallein – Hallstatt – Kuro Shio – Salt Lake City – Salzach – Salzburg – Salzgitter – Selters (Salz), Chile – Chimborazo – Himalaya – Nevada – Nevis – Sierra Nevada – Snowdon – Zakopane (Schnee), Holland – Lesbos – Madeira (Waldland), Bormio – Calgary – Kentucky – Madrid – Prärie – Prater – Wicklow – Worms – Wyoming (Wiese, Weide), Arabien – Gobi – Kalahari – Rub al-Khali – Sahara (Wüste, Ödland), Gatwick – Kecskemét (Ziegenort)

E. Allzu Menschliches

Ausgewählte Beispiele: Archangelsk – Los Angeles (Bote, Engel), Colón – Columbus (Entdeckername), Freiburg – Liberia – Libreville – Thailand (Freiheit), Cornwall – Elsaß – Jakutien – Wales – Wallone – Walachei (Fremdling), Bukarest – Daressalam – Jerusalem (Friede), Leiden – Ligurien – London – Lyon (Gott Lug), Santander – Santorin (hl. Irene), San Diego – Santiago (hl. Jakob), Adria – Edirne – Hadrianopel (Kaiser Hadrian), Constanţa – Konstantinopel – Konstanz (Kaiser Konstantin der Große), Bologna – Boulogne (kelt. Stamm), Angola – Ghana – Inka – Málaga (König/in), Cowboy – Gurkha – Numidier (Kuhhirte), Caledonia – Illinois – Myanmar – Reims – Türkei (Land der Starken), Bantu – Inuit – Kanake – Kurilen – Tschuktschen-Halbinsel (Mensch), Abessinien – Bulgarien (Mischling), Frankreich – Karibik – Mongolei (Mut, Tapferkeit), Bengasi – Jakarta – Kairo – Nikosia – Victoria (Sieg), Jersey – Pilatus – Sulawesi – Tigris (Speer), Canberra – Mechelen – Milwaukee – Oahu – Toronto (Versammlungsplatz)

F. Sonstiges

Ausgewählte Beispiele: Marseille – Tel Aviv (Frühling), Bihar – Monastir – Montreuil – Montreux – Münster – Neumünster – Rabat (Kloster), Burgenland – Burgos – Kastilien – Luxor (Land der Burgen), Britannien – Bretagne (»Landesname«), Klagenfurt – Kopenhagen – Triest – Turku (Marktort), Cartagena – Karthago – Neapel – Nishnij Nowgorod – Novi Sad – Nowgorod Weliki (Neustadt), Belgrad – Székesfehérvár (weiße Stadt)

G. Gegensätzliches

Ausgewählte Beispiele: Dnepr – Dnjestr (fern/nah), Québec – Rostock (Flussenge/-erweiterung), Mallorca – Menorca (groß/klein), Taipeh – Tainan (große

Stadt im Norden/große Stadt im Süden), **Japan – Maghreb** (Land der aufgehenden Sonne/Land der untergehenden Sonne), **Lappland – Australien** (Nordland/Südland), **Beijing – Nanking** (nördliche/südliche Stadt), **Anatolien – Marokko** (Sonnenaufgang/Sonnenuntergang)

HISTORISCHE NAMEN UND BEINAMEN

I. BEINAMEN

Wenn auch nicht ohne Ausnahme, so gilt doch die Faustregel, dass ein Staat, eine Stadt oder eine Provinz besonders dann für einen Beinamen prädestiniert ist, wenn diesem Gebiet irgendwann in der Geschichte eine außerordentliche Bedeutung zukam. Ob dabei Anspielungen auf die Form des Landes (»Stiefel«), die Hautfarbe (»Schwarzer Erdteil«), den religiösen Hintergrund (»Heiliges Land«), die Pflanzen- oder Tierwelt (»Land der Adler«) oder irgendeine besondere Charaktereigenschaft (»Freundschaftsinseln«) entstehen, das Ziel bleibt jeweils gleich: Diese eine von Menschen geschaffene Siedlung, dieses von Menschen geführte Land, soll von allen anderen abgehoben, gleichsam durch den Beinamen geadelt werden. Besonders beliebt und damit für alle fünfzig Bundesstaaten gültig ist dieses Prinzip der Individualisierung in den Vereinigten Staaten. Doch ist die unten stehende Zusammenstellung keinesfalls erschöpfend, ja kann gar nicht vollständig sein. Trotz der unvermeidlich subjektiven Auswahl erhebt sie jedoch den Anspruch, über ein durchschnittliches Allgemeinwissen weit hinauszugehen.

A. Staaten & Erdteile

Ausgewählte Beispiele: **Land der Adler** (Albanien), **Schwarzer Erdteil** (Afrika), **Down Under** (Australien), **Drachenreich, Das letzte Shangri-La** (Bhutan), **51**[st] **State** (Kanada), **Land der tausend Seen** (Finnland), **L'Hexagone** (Frankreich), **Hellas** (Griechenland), **Albion** (Großbritannien), **Britannia** (Großbritannien), **Arabia felix** (Jemen), **Emerald Isle Grüne Insel** (Irland), **Kleeblattinsel** (Irland), **The Twenty Six Counties** (Irland), **Heiliges Land** (Israel), **Zion** (Israel), **Der Stiefel, lo Stivale** (dt. das Boot; Italien), **Land der aufgehenden Sonne** (Japan), **Land der Morgenruhe** (Korea), **Zuckerinsel** (Kuba), **God's Own Country** (Neuseeland), **Land der langen weißen Wolke** (Neuseeland), **Lusitania** (Portugal), **Wiege der Menschheit** (Ostafrika), **Land der tausend Hügel** (Ruanda), **LaSerenissima**, **Briefmarkenrepublik** (San Marino), **Eidgenossenschaft** (Schweiz), **Helvetia** (Schweiz), **Träne Indiens** (Sri Lanka), **Freundschaftsinseln** (Tonga), **Haus des Islams** (Türkei), **Perle Afrikas** (Uganda), **The States** (USA), **Uncle Sam** (USA), **Insel der Aphrodite** (Zypern)

B. US-Bundesstaaten

Ausgewählte Beispiele: **Yellowhammer State, Heart of Dixieland** (Alabama), **The Land of the Midnight Sun** (Alaska), **Grand Canyon State** (Arizona), **The Natural State** (Arkansas), **Golden State** (Kalifornien), **Centennial State** (Colorado), **Nutmeg State, Constitution State** (Connecticut), **First State, Diamond State** (Delaware), **Liechtenstein Amerikas** (Delaware), **Sunshine State** (Florida), **Empire State of the South** (Georgia), **Aloha State** (Hawaii), **Gem State** (Idaho), **Prairie State** (Illinois), **Hoosier State** (Indiana), **Hawkeye State** (Iowa), **Sunflower State, Jayhawk State** (Kansas), **Bluegrass State** (Kentucky), **Pine Tree State** (Maine), **Free State** (Maryland), **Bay State, Old Colony State** (Massachusetts), **Wolverine State** (Michigan), **North Star State, Land of 10 000 Lakes** (Minnesota), **Magnolia State** (Mississippi), **Show-me State** (Missouri), **Treasure State** (Montana), **Cornhusker State** (Nebraska), **Sagebrush State** (Nevada), **Granite State** (New Hampshire), **Garden State** (New Jersey), **Land of Enchantment** (New Mexico), **Empire State** (New York), **Tar Heel State** (North Carolina), **Sioux State** (North Dakota), **Buckeye State** (Ohio), **Sooner State** (Oklahoma), **Beaver State** (Oregon), **Keystone State** (Pennsylvania), **The Ocean State** (Rhode Island), **Palmetto State** (South Carolina), **Coyote State, Mount Rushmore State** (South Dakota), **Volunteer State** (Tennessee), **Lone Star State** (Texas), **Beehive State** (Utah), **Green Mountain State** (Vermont), **The Old Dominion** (Virginia), **Evergreen State, Chinook State** (Washington), **Mountain State** (West Virginia), **Badger State** (Wisconsin), **Equality State** (Wyoming)

C. Städte & Provinzen

Ausgewählte Beispiele: **Tibet Russlands** (Altai), **Venedig des Nordens** (Amsterdam), **Insel der Tausend Tempel** (Bali), **Gartenstadt Indiens** (Bangalore), **Paris des Ostens** (Beirut), **Schwarze Tochter des Ätna** (Catania), **Athen des Nordens** (Edinburgh), **Elbflorenz** (Dresden), **Land of hope and glory** (England), **Venedig Amerikas** (Fort Lauderdale), **Wiege der japanischen Zivilisation** (Fukuoka), **Affenfelsen** (Gibraltar), **Second City of the British Empire** (Glasgow), **Tochter Zions** (Jerusalem), **Moederstad, Mother City** (Kapstadt), **Monte Carlo des Ostens** (Macao), **Perle des Südens** (Marrakesch), **Wiege Sachsens** (Meißen), **Böhmisches Meer** (Moldau), **Gewürzinseln** (Molukken), **Big Apple** (New York City), **City of dreaming spires** (Oxford), **Versailles des Nordens** (Potsdam), **Ewige Stadt** (Rom), **Mozartstadt** (Salzburg), **Caledonia** (Schottland), **Venedig des Nordens** (Stralsund), **Venedig des Ostens** (Suzhou), **Manchester des Nordens** (Tampere), **Tor nach Mexiko** (Tijuana), **Perle Russlands** (Toljatti), **der Garten Frankreichs** (Tours), **Panzerstadt** (Tscheljabinsk), **Eichenstadt** (Ufa), **Cambria** (Wales)

II. HISTORISCHE NAMEN

Namen kommen und gehen im Fluss der Zeiten. Sie sind ebenso vergänglich wie alle Reiche, die sie bezeichnen. Wer einen Atlas zur Hand nimmt, der vor fünfzig oder gar hundert Jahren gedruckt wurde, wird sich in vielen Teilen unserer Erde in einer ihm heute fast unbekannten Welt von geografischen Bezeichnungen wieder finden. Auch Europa hat sein Gesicht entscheidend verändert, und selbst Riesen wie die Sowjetunion sind fast von heute auf morgen leise entschlummert. Auch Deutschland ist in seiner langen Geschichte von diesem Kommen und Gehen nicht verschont geblieben. Ehemalige Großstädte wurden zum einen eingemeindet, zum anderen neuen Staaten zugeschlagen. Eine vollständige Auflistung soll dieses historische Kapitel abrunden.

A. Alte & heutige Namen

Ausgewählte Beispiele (in Klammer die heutige Bezeichnung): **Abessinien** (Äthiopien), **Albion** (Großbritannien), **Annam** (Vietnam), **Antiochia** (Antalya), **Babel** (Babylon), **Batavia** (Jakarta), **Belgisch-Kongo** (Dem. Rep. Kongo), **Betschuanaland** (Botswana), **Bombay** (Mumbai), **Borneo** (Kalimantan), **Britannien** (Großbritannien), **British Guiana** (Guyana), **British Honduras** (Belize), **Burma, Birma** (Myanmar), **Byzanz** (Istanbul), **Caledonia** (Schottland), **Celebes** (Sulawesi), **Ceylon** (Sri Lanka), **Cochinchina** (Vietnam), **Dahomey** (Benin), **Deutsch-Neuguinea** (Marschallinseln, Mikronesien, Nauru, Palau, Papua-Neuguinea, Salomonen), **Deutsch-Ostafrika** (Burundi, Ruanda, Tansania), **Deutsch-Südwestafrika** (Namibia), **Edo** (Tokio), **Elfenbeinküste** (Côte d'Ivoire), **Formosa** (Taiwan), **Französisch Somaliland** (Dschibuti), **Gilbert-Inseln** (Kiribati), **Goldküste** (Ghana), **Gorkij** (Nischnij Nowgorod), **Hellas** (Griechenland), **Helvetia** (Schweiz), **Heraklion** (Iraklion), **Hindenburg** (Zabrze), **Hinterindien** (Südostasien), **Jugoslawien** (Serbien), **Kalkutta** (Kolkata), **Königsberg** (Kaliningrad), **Karolinen** (Mikronesien), **Kampuchea** (Kambodscha), **Khmer** (Kambodscha), **Konstantinopel** (Istanbul), **Leningrad** (St. Petersburg), **Lourenço Marques** (Maputo), **Lviv** (Lemberg), **Maskarenen** (Mauritius), **Mukden** (Shenyang), **Natal** (KwaZulu-Natal), **Neue Hebriden** (Vanuatu), **Niederländisch Guyana** (Suriname), **Nyassaland** (Malawi), **Obervolta** (Burkina Faso), **Ostmark** (Österreich), **Peking** (Beijing), **Persien** (Iran), **Petrograd** (St. Petersburg), **Posen** (Posnañ), **Reval** (Tallinn), **Rhodesien** (Simbabwe), **Saint Christopher** (St. Kitts und Nevis), **Saigon** (Ho Chi Min City), **Sandwich Inseln** (Hawaii), **Sansibar/Tanganjika** (Tansania), **Siam** (Thailand), **Smyrna** (Izmir), **Sowjetunion** (Russland), **Stalingrad** (Wolgograd), **Taipeh** (Taiwan), **Tanganjika/Sansibar** (Tansania), **Tenochtitlan** (Mexiko City), **Theben** (Luxor), **Thira** (Santorin), **Transjordanien** (Jordanien), **Tschechoslowakei** (Tschechien und Slowakei), **Ubangi-Shari** (Zentralafrikanische Republik), **Vorderindien** (Südasien), **Zaïre** (Republik Kongo).

B. Ohne moderne Entsprechung

Ausgewählte Beispiele: Aquitanien, Assyrien, Avalon, Batavia, Bengalen, Bessarabien, Çatal Hüyük, Cuzco, DDR, Delphi, Deutsch-Neuguinea, Dixieland, Eleusis, Ephesos, Galiläa, Galizien, Gallien, Hadramaut, Hitachi, Indochina, Jericho, Kaffee, Kalvarienberg, Kanaan, Karthago (Punien), **Magdala**, Nicaea, Niniveh, Pergamon, Persepolis, Petra, Phönizien, Pompeij, Port Royal, Punien, Samaria, Schlesien, Sudetenland, Transvaal, Troja, Ur

D. Ehemalige deutsche Großstädte

Ausgewählte Beispiele: **Altona, Barmen, Beuthen** (Polen), **Breslau** (Polen), **Buer, Charlottenburg, Danzig** (Polen), **Elberfeld, Gleiwitz** (Polen), **Hamborn, Harburg-Wilhelmsburg, Hindenburg** (Polen), **Königsberg** (Russland), **Lahn, Lichtenberg, Mülhausen** (Frankreich), **Posen** (Polen), **Rheydt, Schöneberg, Stettin** (Polen), **Straßburg** (Frankreich), **Wanne-Eickel, Wilmersdorf**

KURIOSE UND IRREFÜHRENDE NAMEN

Rekordverdächtige, abgekürzte und missverständliche Namen haben eine eigene Faszination auf den Betrachter. So kann man sich kaum einem Erstaunen entziehen, wenn man zum ersten Mal einem Ortsnamen wie Llanfairpwllgwyngyllogerychwyrndrobwllllantysiliogogogoch begegnet. Und wer freut sich nicht, eine Weihnachtspostkarte direkt aus Christkindl zu erhalten? L.A. wurde fast zu einem Markenzeichen des Erfolgs im turbulenten 20. Jahrhundert, die USA stehen als Kürzel für die Weltmacht Nummer 1. Vielleicht hat sich schon mancher Leser gefragt, weshalb ausgerechnet die Eiswüste im Nordatlantik Grönland »grünes Land« heißt. Dass Sie »Schmutz« zu sich nehmen, wenn Sie ein Gläschen Cognac genießen, ist auch eine dieser etymologischen Fallen. Die Liste der Beispiele könnte beliebig fortgesetzt werden. Eine hoffentlich faszinierende Auswahl finden Sie weiter unten.

Ein ganz spezielles Thema sind die zweideutigen und ungewöhnlichen Namen, die sich in die topografischen Benennungen eingeschlichen haben. Bisweilen sind diese Kuriosita so ausdrucksstark, dass damit bereits Tourismuswerbung betrieben werden kann. Ein Beispiel gefällig? Siebenmal ist das Ortsschild von Fucking schon gestohlen worden. Kein Wunder, dass inzwischen eine Satellitenüberwachung für die Sicherheit dieser Blechtafel mit magnetischer Anziehungskraft sorgt. Besonders unter angloamerikanischen Bürgern finden T-Shirts mit der Aufschrift »Fucking in Austria is beautiful« reißenden Absatz. Dabei kommen gerade die Amerikaner kaum zu kurz, wenn es um die fantasievolle Namensgebung durch einsame Cowboys und Trapper geht. Zurück zu Fucking. Ursprünglich hieß diese 100-Seelen-Gemeine Vuckingen, nach einem gewissen Adalpert von Vuckingen benannt. Ähnlich verquere Änderungen musste auch das ehemalige Hunnengeschrage (»Besitz der Hunnen«), heute Hühnergeschrei, über sich ergehen lassen. Oder erinnert Hühnergeschrei an diesen alten Namen? Auch Paaren hat nichts mit der Fortpflanzung zu tun. Vielmehr wird dieser Name mit dem polabischen »Ort in sumpfiger Gegend« gedeutet. Die Liste der Kuriosita lässt sich beliebig fortsetzen. Vielleicht entdeckt mancher Leser seine verborgene Forschungslust. Wie schon im Vorwort betont, ist die Etymologie ein weites, ziemlich unerschöpfliches Feld.

Genießen Sie jedenfalls die Vielfalt der menschlichen Kreativität bei der Benennung von geografischen Objekten. Das wär's dann, Goodnight! (Letzterer Ort in Texas erinnert an einen Mister dieses Namens.)

A. Rekordverdächtige Namen

Inoffiziell der längste Ortsname der Welt: **Krungthep mahanakornamornrata-nakosinmahintarautthayamahadilokphopnopparatrajathaniburiromudom-rajaniwesmahasatharnamornphimarnavatarnsathitsakkattiyavisanukamp-rasit** (s. Bangkok)

Offiziell der längste Ortsname der Welt: **Taumatawhakatangihangakoauauo-tamateat uripukakapikimaungahoronukupokaiwhenuakitanatahu** (s. d.)

Offiziell der längste Ortsname Europas: **Llanfairpwllgwyngyllogerychwyrn-drobwllllantysiliogogogoch** (s. d.)

Offiziell der kürzeste Ortsname der Welt: **Å, Ø, O, U, Y** (s. Einbuchstabige Na-men)

Einziges Staatenakronym: **Pakistan** (Punjab, Afghanistan, Kaschmir, Sind, Belu-tschistan)

Größtes Weihnachtspostamt der Welt: **Christkindl** (Österreich)

Einzige Gemeinde weltweit, die offiziell den Beinamen »Schachdorf« führt: **Ströbeck** in Sachsen-Anhalt (seit 1991, da hier seit dem 16. Jh. eine besondere Form des königlichen Spiels gepflegt wird)

Ortsname ohne Buchstaben: **1770** (Queensland, Australien; James Cooks zweite Landung war in diesem Jahr)

Staat, in dem das geografische Zentrum Europas liegt: **Litauen** (s. d.)

Ort, der als geografischer Mittelpunkt der EU gilt: **Meerholz**, Stadtteil von Geln-hausen, liegt im Bundesland Hessen (Q: Französisches geografisches Institut)

Einziger Staat, der nach einer europäischen Stadt benannt wurde: **Venezuela** (nach Venedig)

Einziger Staat des 20. Jahrhunderts, der nach einem Herrscher benannt wurde: **Saudi-Arabien**

B. Abgekürzte Namen

Ausgewählte Beispiele: **E1** (Mount Everest), **K2** (Mount Godwin Austin), **KL** (Kuala Lumpur), **L.A.** (Los Angeles), **Pakistan** (Punjab, Afghanistan, Kaschmir, Sind, Belutschistan), **Soweto** (South-Western Township), **Spa** (Sanus per Aquam), **UK** (United Kingdom), **USA** (United States of America), **UdSSR** (Union der Sozialistischen Sowjetrepubliken), **Wuhan** (Wuchang, Hanyang, Hankou)

C. Missverständliche Namen

Wo immer eine Kurzerklärung unklar wäre, wird mit einem Verweis auf das Stichwort im lexikalischen Teil hingewiesen.

Ausgewählte Beispiele: **Abidjan** (s. d.), **Banjul** (s. d.), **Cognac** (kelt. *con*

»Schmutz« für dieses edle Getränk), **Columbia River** (Schiffsname statt nach Kolumbus), **Côte d'Or** (Gebirgsname, keine Goldküste), **Dakar** (s. d.), **Grönland** (»grünes Land« für diese Eiswüste), **Hebriden** (s. d.), **Hongkong** (chin. »stinkender Hafen«, ursprünglich »duftender Hafen«), **Kanada** (s. d.), **Kanton** (Provinzname für eine Stadtbezeichnung), **Kap der guten Hoffnung** (eigentlich ein »stürmisches Kap«), **Kolumbien** (histor. Fehlbenennung, Kolumbus hat nie diesen Boden betreten), **Labrador** (Land der Bauern), **Lakkadiven** (»100 000 Inseln« für die paar Eilande), **Montecristo** (ehemals Monte Jupiter), **Nikosia** (s. d.), **Nowgorod** (»Neustadt« für diese älteste Stadt Russlands), **Ochotskisches Meer** (s. d.), **Peru** (Flussname für einen Staat), **Regensburg** (Flussname Regen statt *Regina* »königlich«), **Rio de Janeiro** (Flussname für eine Bucht), **Santa Claus** (drei Orte in den USA; ohne besondere Weihnachtsaffinität), **South Alps** (Gebirge Neuseelands) **Steinernes Meer** (Gebirge in Österreich), **Südvietnam** (»südliches Land des Südens«), **Timor-Leste** (»östliches Land des Ostens«), **Yucatán** (s. d.)

D. Zweideutige und ungewöhnliche deutschsprachige Namen

Ausgewählte Beispiele: **Adamshoffnung** (Mecklenburg-Vorpommern, D), **Aebtissinwisch** (Schleswig-Holstein, D), **Affenhausen** (Tirol, Ö), **Aftersteg** (Baden-Württemberg, D), **Altenklitsche** (Brandenburg, D), **Am Teller** (Kärnten, Ö), **Äußere Einöde** (Kärnten, Ö), **Sankt Blasen** (Steiermark, Ö), **Blödesheim** (heute Hochborn, Hessen, D), **Bösgesäß** (Hessen, D), **Branntweinhäuser** (Bayern, D), **Busenberg** (Rheinland-Pfalz, D), **Busenhausen** (Rheinland-Pfalz, D), **Deppenhausen** (Baden-Württemberg, D), **Eichelhardt** (Rheinland-Pfalz, D), **Eiershausen** (Hessen, D), **Eiterfeld** (Hessen, D), **Ellenbogen** (Vorarlberg, Ö), **Feuchtwangen** (Bayern, D), **Fickmühlen** (Niedersachsen, D), **Frauenzimmern** (Baden-Württemberg, D), **Fucking** (Oberösterreich, Ö, *Adalpert von Vucckingen*), **Futsch** (Vorarlberg, Ö), **Gail** (Fluss in Kärnten, Ö), **Gaildorf** (Baden-Württemberg, D), **Geilenkirchen** (Nordrhein-Westfalen, D), **Gossensaß** (Tirol, Ö), **Großeutersdorf** (Thüringen, D), **Großklein** (Steiermark, Ö), **Großvargula** (Thüringen, D, *Rudolf von Vargula*), **Hammelstall** (Brandenburg, D), **Hier** (Niedersachsen, D), **Hodenhagen** (Niedersachsen, D), **Holzmaden** (Baden-Württemberg, D), **Hosenruck** (Thurgau, CH), **Hühnergeschrei** (Oberösterreich, Ö, *Besitz der Hunnen*), **Hundeluft** (Sachsen-Anhalt, D), **Hungriger Wolf** (Hamburg, D), **Hüttengesäß** (Hessen, D), **Jucken** (Rheinland-Pfalz, D, ahd. *jukan* »sprossen, wachsen«), **Katzenbuckel** (Berg in Baden-Württemberg, D), **Katzenhirn** (Bayern, D), **Killer** (Baden-Württemberg, D), **Kleineutersdorf** (Thüringen, D), **Kleinklein** (Steiermark, Ö), **Kleinvargula** (Thüringen, D, *Rudolf von Vargula*), **Kotzen** (Brandenburg, D), **Kuhbier** (Brandenburg, D), **Kuhfraß** (Thüringen, D), **Lederhose** (Thüringen, D), **Linsengericht** (Hessen, D), **Lustdorf** (Thurgau, CH), **Meinkot** (Niedersachsen, D), **Moese** (Nordrhein-

Westfalen, D), **Mösendorf** (Oberösterreich, Ö), **Niedergottsau** (Bayern, D), **Niederorschel** (Thüringen, D), **Oberei** (Bern, CH), **Oberglatt** (Zürich und St. Gallen, CH), **Oberhäslich** (Sachsen, D), **Oberhöslwang** (Bayern, D), **Oberkaka** (Sachsen-Anhalt, D), **Orschweier** (Baden-Württemberg, D), **Paaren** (Brandenburg, D, polab. *Ort in sumpfiger Gegend*), **Petting** (Salzburg, Ö), **Pißdorf** (Sachsen-Anhalt, D), **Pisser** (Fluss in Niedersachsen, D), **Puffthal** (Bayern, D), **Radau** (Oberösterreich, Ö, *Rodungsau*), **Rammelburg** (Sachsen-Anhalt, D), **Ritze** (Sachsen-Anhalt, D), **Schenkelberg** (Rheinland-Pfalz, D), **Schiffrain** (Baden-Württemberg, D), **Schlitz** (Mecklenburg-Vorpommern, D), **Sexau** (Baden-Württemberg, D), **Titisee** (Baden-Württemberg, D, *Dietrichs See*), **Tittenkofen** (Bayern, D), **Tuntenhausen** (Bayern, D), **Unterhöslwang** (Bayern, D), **Unterstinkenbrunn** (Niederösterreich, Ö), **Venusberg** (Sachsen und Nordrhein-Westfalen, D), **Vettelschoß** (Rheinland-Pfalz, D), **Vögelsen** (Niedersachsen, D, ugs. *Haubenlerchen*), **Wassersuppe** (Sachsen-Anhalt, D), **Wastl am Wald** (Niederösterreich, Ö), **Weitengesäß** (Hessen, D), **Wichsenstein** (Bayern, D), **Zizenhausen** (Baden-Württemberg, D)

E. Zweideutige und ungewöhnliche nichtdeutsche Namen

Ausgewählte Beispiele (hist.: nur historische Bedeutung): **Anus** (Philippinen und Indonesien), **Åsbacka** (Schweden), **Brown Willy** (England, cornisch *bron* »Busen«, *guennol* »Schwalben«), **Buddha** (Indiana, USA), **Cheesequake** (New Jersey, USA), **Chicken Thief Flat** (Kalifornien, USA), **Clit** (Rumänien), **Cold Ass Creek** (North Carolina, USA, hist.), **Condom** (Frankreich, Personenname *Condomum* und *magus* »Feld«), **Cripple Creek** (Colorado, USA), **Cum** (Nicaragua), **Cunt** (Türkei), **Cut and Shoot** (Texas, USA), **Da-Da** (Russland), **Dead Bastard Peak** (Wyoming, USA), **Dead Mule** (Kalifornien, USA), **Delirium Tremens** (Kalifornien, USA), **Dikshit** (Indien), **Dildo** (Kanada), **Ding Dong** (Texas, USA), **Drama** (Griechenland), **French Lick** (Indiana, USA), **Gaylord** (Michigan, USA), **Git-Up-And-Git** (Kalifornien, USA), **Goodnight** (Texas, USA), **Guano Hill** (Kalifornien, USA), **Gutvik** (Norwegen), **Harndrip** (Dänemark), **Hell** (Texas, USA), **Hell-out-for-Noon City** (Kalifornien, USA), **Intercourse** (Pennsylvania, USA), **Kakma** (Kroatien), **Kizlar Sivrisi** (Türkei, *Jungfrauenspitze*), **Klopot** (Polen), **Knockemstiff** (Ohio, USA), **Long Loch** (Schottland), **Looneyville** (Texas, USA), **Mafia Island** (Tansania), **Morden** (Großbritannien, aengl. *mór* »Sumpfland«, *dun* »Hügel«), **Murderer's Gulch** (Kalifornien, USA), **OK** (Kentucky, USA), **Onani** (Sardinien, Italien), **One Eye** (Kalifornien, USA), **Pee** (Liberia), **Pee Pee** (Ohio, USA), **Penistone** (England, kelt. *pen* »Hügel«, aengl. *tun* »Anwesen«), **Pig's Eye** (Minnesota, USA, hist., heute St. Paul), **Poker Flat** (Kalifornien, USA), **Popovaça** (Kroatien), **Prostiboř** (Tschechien), **Puke and Shitbritches Creek** (Kalifornien, USA), **Pussy Creak** (Irland), **Rundvik**

(Schweden), **Saint-Louis-du-Ha! Ha!** (Quebec, Kanada), **Sexfontaines** (Frankreich), **Sexmoan** (Philippinen), **Shit** (Äthiopien und Iran), **Shithouse Mountain** (Arizona, USA, hist.), **Shittimgulch** (Washington, USA), **Sugar Tit** (Kentucky, USA), **Superior Bottom** (West Virginia, USA), **Swastika** (Arizona, USA, hist., heute *Brilliant*), **Tampon** (Réunion, Frankreich), **The Bastard** (Großbritannien), **Three Cocks** (Wales, Großbritannien), **Tickle Cunt Branch** (Virginia, USA, hist.), **Toad Suck** (Arkansas, USA), **Todmorden** (Tal in Großbritannien; aengl. *Totta, gemœre, denu* »Tottas Grenztal«), **Tombstone** (Arizona, USA), **Tongue of Gangsta** (Großbritannien), **Two Egg** (Florida, USA), **Two Tits** (Kalifornien, USA, hist.), **Urin** (Papua-Neuguinea), **Vagina** (Russland), **Wankers Corner** (Oregon, USA), **Whiskey Dick Mountain** (Washington, USA), **Whiskey Diggings** (Kalifornien, USA), **Who'd A Thought It** (Alabama, USA), **Wynot** (Nebraska, USA), **You Bet** (Kalifornien, USA), **Zzyx Springs** (Kalifornien, USA)

LANDSCHAFTSFORMEN

*Ein weites Feld der topografischen Benennungen bilden die vielfältigen Land-
schaftsformen, allen voran Berge und Gebirge, Wüsten und Halbwüsten, Gewässer (Flüsse, Seen und Meere), sowie Inseln und Halbinseln. Der Sinnhaftigkeit
entsprechend verlangt jedes dieser Teilkapitel nach einer sehr spezifischen Unter-
gliederung. Die Erläuterungen dazu werden daher den jeweiligen Abschnitten
vorangestellt.*

BERGE UND GEBIRGE

*Berge und Gebirge haben einen stark symbolhaltigen Charakter. Sie erheben sich
in Mythen und Sagen weit über das alltägliche Leben und reichen bisweilen sogar
bis in den ersehnten Himmel. Gipfel, von Wolken verhüllt, die scheinbar im
Nichts verschwinden, haben von alters her die Phantasie des Menschen stark angeregt. Und so ist es nicht erstaunlich, dass viele Berge mit tiefer Ehrfurcht als heilige Stätten betrachtet wurden, ja manche sogar einen Ort der göttlichen Offen-
barung darstellten. Wer kennt sie nicht, die geschichtsträchtigen Berge unseres
Planeten: Fujiyama, Elbrus, Sinai, Karmel oder Olymp. Berühmte Mystiker wie
der Spanier Juan de la Cruz (1542–1591) haben ihren Weg zu Gott mit dem »Aufstieg zum Berge Karmel« verglichen. Die alten Griechen verehrten den Olymp
als heiligen Berg, eine nur allzu passende Wohnstätte für ihre Schicksal bringenden Göttinnen und Götter. Jahr für Jahr pilgern hunderttausende Japaner zum
heiligen Fujiyama, um an seinem Fuß die reinigenden Opfer zu bringen. Und
Moses empfing auf dem Berg Sinai die Tafeln mit den Zehn Geboten.
Berge und Gebirge haben aber auch den Horizont begrenzt und bilden daher einen sehr natürlichen Rahmen für die vielfältigen Gemeinschaften von Menschen.
Damit sind auch die teils sehr alten Bergbezeichnungen, die sich in verschiedenen
Sprachen stark ähneln, zu erklären. Lange bevor es feste Wohnplätze gab, haben
Menschen das Wasser und den Berg »benannt«, also mit einem allgemein ver-
ständlichen Namen belegt. Jedenfalls bieten die Gebirgszüge und Berge ein wei-
tes Feld an Studien für unseren etymologischen Forschertrieb.
Um bei diesem Spezialkapitel einen guten Überblick zu geben, sind die Berge und
Gebirge in drei Themenbereiche gegliedert: Erde & Natur, Lage & Form sowie
Mensch & Götter.* Detaillierte Erklärungen und Differenzierungen finden sich
bei den einzelnen Stichwörtern im Lexikonteil.

A. Erde & Natur

Tiere, Pflanzen und Mineralien sind die drei wichtigsten Benennungsmerkmale dieser Gruppe. Daneben gibt es jedoch auch Gründe wie Nahrungsreichtum oder Naturkatastrophen, die zu einer sehr erdverbundenen Bezeichnung eines Gebirgslandes geführt haben.
Ausgewählte Beispiele: **Abruzzen** (Eu), **Aconcagua** (SA), **Altai-Gebirge** (As), **Annapurna** (As), **Anden** (SA), **Apenninen** (Eu), **Ararat** (As), **Ätna** (Eu), **Blue Mountains** (Oz), **Côte d'Or** (Eu), **Eifel** (Eu), **Erzgebirge** (Eu), **Fichtelgebirge** (Eu), **Hindukusch** (As), **Karakorum** (As), **Karst** (Eu), **Krakatau** (As), **Libanon** (As), **Mont Ventoux** (Eu), **Ölberg** (As), **Palomar** (NA), **Popocatépetl** (Ka), **Schwarzwald** (Eu), **Sierra Morena** (Eu), **Spessart** (Eu), **Sudeten** (Eu), **Teneriffa** (Eu), **Vogesen** (Eu)

B. Lage & Form

Die Höhe, das Farbenspiel (schneebedeckt oder felsgrau, grün oder braun schimmernd), die Bewaldung (Nadel- oder Laubwald), die Konturen (schroff, rund oder kettenartig) und nicht zuletzt die geografische Lage haben bei der Namenwahl Pate gestanden.
Ausgewählte Beispiele: **Alpen** (Eu), **Altai-Gebirge** (As), **Apenninen** (Eu), **Ardennen** (Eu), **Athos** (Eu), **Balkan** (Eu), **Chimborazo** (SA), **Citlaltépetl** (NA), **Dekkan** (As), **Denali** (NA), **Dhaulagiri** (As), **Elbrus** (As), **Ghats** (As), **Großglockner** (Eu), **Harz** (Eu), **(Scottish) Highlands** (Eu), **Himalaya** (As), **Hohe Tauern** (Eu), **Hohenstaufen** (Eu), **Hunsrück** (Eu), **Jura** (Eu), **Kantabrisches Gebirge** (Eu), **Karpaten** (Eu), **Kaukasus** (As), **Kordilleren** (SA), **Lhotse** (As), **Massif Central** (Eu), **Matterhorn** (Eu), **Mauna Kea** (Oz), **Mauna Loa** (Oz), **Mont Pelée** (Ka), **Montblanc** (Eu), **Montserrat** (Ka), **Mount Kenia** (Af), **Mount Rushmore** (NA), **Nanga Parbat** (As), **Niedere Tauern** (Eu), **Olymp** (Eu), **Rocky Mountains** (NA), **Ruwenzori** (Af), **Sierra Nevada** (Eu), **Snowdon** (Eu), **South Alps** (Oz), **Steinernes Meer** (Eu), **Tafelberg** (Af), **Taunus** (Eu), **Taurus** (As), **Thermopylen** (Eu), **Tien Shan** (As), **Ural** (Eu), **Vesuv** (Eu), **Witwatersrand** (Af)

C. Mensch & Götter

Mythen und Legenden ranken sich wie bei allen anderen von der Natur vorgegebenen Objekten auch um die gewaltigen Berge und Gebirgsmassive. Daneben ist es auch einigen wenigen Forschern vergönnt gewesen, sich mit dem eigenen Namen bei diesen Landschaftsformen zu verewigen.
Ausgewählte Beispiele: **Appalachen** (NA), **Atlas** (Af), **Ben Nevis** (Eu), **Böhmer-**

wald (Eu), **Chomolungma** (As), **Dolomiten** (Eu), **Fujiyama** (As), **Großvenediger** (Eu), **K2/Mount Godwin-Austen** (As), **Karmel** (As), **Kilimandscharo** (Af), **Machu Picchu** (SA), **Mount Everest** (As), **Mount McKinley** (NA), **Mount Rushmore** (NA), **Pamir** (As), **Parnass** (Eu), **Pilatus** (Eu), **Pyrenäen** (Eu), **Rätikon** (Eu), **Rhodopen** (Eu), **Riesengebirge** (Eu), **Sagarmatha** (As), **Sankt Bernhard Pass** (Eu), **Sankt Gotthard Pass** (Eu), **Sierra Madre** (NA), **Sinai** (As), **Schwäbische Alb** (Eu), **Wicklow Mountains** (Eu), **Zugspitze** (Eu)

WÜSTEN & HALBWÜSTEN

Die Trockengebiete der Erde, egal ob es sich um die Kältesteppen des Nordens oder die Sand-, Kies- oder Felswüsten der niedrigen geografischen Breiten handelt, tragen vielfach Namen, die sich von den Begriffen »leer, wüst, öd, trocken, sandig usw.« ableiten. Kein Wunder, war der Mangel an Wasser doch schon immer eine der Hauptbedrohungen für den Menschen.
Daneben gibt es jedoch auch Wüstengebiete, die wegen der späten Benennung an Herrscher oder Forscher erinnern oder wegen lokaler Kultureinflüsse einen mythologisch-verklärten Namensursprung haben.
Dieser Abschnitt gliedert sich daher in zwei Teile: Öde & Leere bzw. Mensch & Wüste.

A. Öde & Leere

Ausgewählte Beispiele: **Death Valley** (NA), **Gobi** (As), **Great Sandy Desert** (Oz), **Kalahari** (Af), **Kara-Kum** (As), **Kyzyl Kum** (As), **Namib** (Af), **Nefud** (As), **Negev** (As), **Sahara** (Af), **Sonora-Wüste** (NA), **Takla Makan** (As), **Thar** (As)

B. Mensch & Wüste

Ausgewählte Beispiele: **Arabische Wüste** (Af), **Atacama** (SA), **Dsungarei** (As), **Gibson Desert** (Oz), **Große Victoriawüste** (Oz), **Llano Estacado** (NA), **Mojave-Wüste** (NA), **Nubische Wüste** (Af), **Rub al-Khali** (As), **Simpson Desert** (Oz), **Syrische Wüste** (Af)

GEWÄSSER

Wie kaum anders zu erwarten, gehen die meisten alten Gewässernamen auf Wurzeln zurück, die »Fluss, Wasser, Gewässer« oder Ähnliches bedeuten. Daneben gibt es aber eine Gruppe von Flüssen, Seen und Meeren, die erst durch die Entdeckungen in den Blickpunkt Europas gerieten und dadurch heute unter Personennamen bekannt sind, seien es nun Entdecker, Monarchen oder auch Gestalten aus den verschiedensten Legenden. Die dritte Gruppe umfasst Lagebezeichnungen im weitesten Sinn. Zuletzt gibt es noch Gewässernamen, die einen völlig anderen Ursprung haben oder deren Deutung umstritten ist.

A. Wassernamen

Viele der historisch früh benannten Gewässer fallen in diese Gruppe, so etwa die großen Flüsse Europas und Afrikas: Donau, Wolga, Rhein, Nil, Sambesi oder Niger. Die Wurzeln dieser Namen bedeuten jeweils »Wasser, fließendes Gewässer, Fluss« oder dergleichen.

Ausgewählte Beispiele: **Aare** (Eu), **Adria, Adriatisches Meer** (Eu), **Amazonas** (SA), **Angara** (As), **Arno** (Eu), **Avon** (Eu), **Ayr** (Eu), **Balaton** (Eu), **Chesapeake Bay** (NA), **Clyde** (Eu), **Dnjepr** (Eu), **Dnjestr** (Eu), **Don** (Eu), **Donau** (Eu), **Donez** (Eu), **Drau** (Eu), **Duero, Douro** (Eu), **Ebro** (Eu), **Eger** (Eu), **Elbe** (Eu), **Euphrat** (As), **Gambia** (Af), **Ganges** (As), **Great Salt Lake** (NA), **Große Seen, Great Lakes** (NA), **Iguaçú** (SA), **IJssel** (Eu), **IJsselmeer** (Eu), **Indischer Ozean, Indus** (As), **Inn** (Eu), **Irtysch** (As), **Isar** (Eu), **Isère** (Eu), **Jenissei** (As), **Kama** (Eu), **Ladogasee** (Eu), **Lago Maggiore** (Eu), **Lena** (As), **Limpopo** (Af), **Loch Lomond** (Eu), **Loch Ness** (Eu), **Luganer See** (Eu), **Main** (Eu), **Mekong** (As), **Menam** (As), **Michigansee** (NA), **Mississippi** (NA), **Missouri** (NA), **Niger** (Af), **Nil** (Af), **Ob** (As), **Ochotskisches Meer** (As), **Oder** (Eu), **Oka** (Eu), **Onegasee** (Eu), **Ontariosee** (NA), **Otranto, Straße von** (Eu), **Paraná** (SA), **Plattensee** (Eu), **Rhein** (Eu), **Rhône** (Eu), **Rio Grande** (NA), **Rio Negro** (SA), **Rio Tinto** (Eu), **Saale** (Eu), **Salzach** (Eu), **Sambesi** (Af), **Skagerrak** (Eu), **Spree** (Eu), **Tiber** (Eu), **Tonle Sap** (As), **Tschadsee** (Af), **Weichsel** (Eu), **Werra** (Eu), **Weser** (Eu), **Wolga** (Eu), **Wörthersee** (Eu), **Yucon** (NA), **Zürichsee** (Eu)

B. Personennamen

Einige Entdecker haben die von ihnen gefundenen Gewässer mit dem eigenen Namen oder dem des jeweiligen Herrschers benannt. Alte Bezeichnungen der einheimischen Bevölkerung sind dabei einfach in Vergessenheit geraten oder im Laufe der Zeit völlig ausgestorben.

Ausgewählte Beispiele: **Agäis, Ägäisches Meer** (Eu), **Albertsee** (Af), **Baffin Bay** (NA), **Barentssee** (Polarregion), **Bass Straße** (Oz), **Beaufortmeer** (NA), **(Beringmeer** (NA), **Brahmaputra** (As), **Columbia River** (NA), **Cook Street** (Oz), **Dardanellen** (Eu), **Darling** (Oz), **Hellespont** (Eu), **Hormus, Straße von** (Eu),

Hudson Bay (NA), Hudson River (NA), Humboldt River (NA), Lake Constance (Eu), Mackenzie (NA), Magellanstraaße (SA), Maracaibo (SA), Marianengraben (Oz), Murray (Oz), Rossmeer (Antarktis), Rudolfsee (Af), Seine (Eu), Straße von Gibraltar (Eu), Torres Straße (As), Victoriasee (Af)

C. Lagebezeichnungen

In den meisten Fällen ist in dieser Gruppe die Himmelsrichtung entscheidend für die Gewässerbenennung, manchmal aber auch die Höhenlage oder die Lage an einem gleichnamigen Ort.
Ausgewählte Beispiele: **Bodensee** (Eu), **Chiemsee** (Eu), **English Channel** (Eu), **Indischer Ozean, Japanisches Meer** (As), **Little Bighorn** (NA), **Mersey** (Eu), **Mittelländisches Meer** (Eu), **Nördliches Eismeer, Nordsee** (Eu), **Oberer See** (NA), **Ostchinesisches Meer** (As), **Ostsee** (Eu), **Persischer Golf** (As), **Platte River** (NA), **Südchinesisches Meer** (As), **Tyrrhenisches Meer** (Eu), **Vierwaldstätter See** (Eu), **Xijiang** (As)

D. Andere Gewässerbezeichnungen

Die etymologisch interessantesten Namen bilden die oft sehr kreativen, bisweilen schwer zu interpretierenden Bezeichnungen der vierten Gruppe. Auf allen Kontinenten finden sich Beispiele, wo landschaftliche Elemente, Völkerstämme, Sagen oder Ortsnamen die Quelle der Benennung bilden.
Ausgewählte Beispiele: **Amu Darja** (As), **Amur** (As), **Aralsee** (As), **Asowsches Meer** (As), **Atlantischer Ozean, Bab el Mandeb** (As), **Baikalsee** (As), **Baltischer Meerbusen** (Eu), **Belaja** (Eu), **Beresina** (Eu), **Bosporus** (As), **Bristol Channel** (Eu), **Dee** (Eu), **Eriesee** (NA), **Gardasee** (Eu), **Garonne** (Eu), **Gelbes Meer** (As), **Genfer See** (Eu), **Goldenes Horn** (Eu), **Golf von Biscaya** (Eu), **Golf von Bengalen** (As), **Golf von Mexiko** (Ka), **Golfe du Lion** (Eu), **Great Barrier Reef** (Oz), **Großer Bärensee, Great Bear Lake** (NA), **Großer Sklavensee, Great Slave Lake** (NA), **Guadalquivir** (Eu), **Hallstätter See** (Eu), **Huronsee** (NA), **Hwang Ho** (As), **Irrawadi** (As), **Jangtsekiang** (As), **Jordan** (As), **Karibisches Meer** (Ka), **Kaspisches Meer** (As), **Kongo** (Af), **Ladogasee** (Eu), **Loire** (Eu), **Luzerner See** (Eu), **Mäander** (Eu), **Maas** (Eu), **Malakka, Straße von** (As), **Malawisee** (Af), **Marmarameer** (As), **Marne** (Eu), **Moldau** (Eu), **Mosel** (Eu), **Neckar** (Eu), **Neuenburger See** (Eu), **Neusiedlersee** (Eu), **Oder** (Eu), **Ohio** (NA), **Oranje** (Af), **Orinoco** (SA), **Pazifischer Ozean, Po** (Eu), **Potomac** (NA), **Red River** (NA), **Rio de la Plata** (SA), **Rotes Meer** (As, vielleicht auch eine Lagebezeichnung), **Rubikon** (Eu), **Ruhr** (Eu), **Sargassosee** (Atlantik), **Schatt-el-Arab** (As), **Schwarzes Meer** (As, eventuell eine Lagebezeichnung), **See Genezareth** (As), **Shannon** (Eu), **Snake River** (NA), **Syr Darja** (As), **Tanganjikasee** (Af), **Tegern-**

see (Eu), **Tejo, Tajo** (Eu), **Thames** (Eu), **Tigris** (As), **Titicaca-See** (SA), **Totes Meer** (As), **Turkana-See** (Af), **Volta** (Af), **Weißes Meer** (vielleicht eine Lagebezeichnung), **Yellowstone River** (NA), **Zuger See** (Eu)

INSELN & HALBINSELN

Die hier präsentierte Etymologie der Inselnamen folgt dem Prinzip der thematischen Gruppenbildung des Artikels Staaten der Erde (s. d.), mit kleinen Adaptionen, soweit dies opportun schien. Zudem ist dieses Kapitel zweigeteilt: Teil 1: Inseln, die als unabhängige Staaten der Erde zählen. Teil 2: Alle weiteren Inseln und Archipele, Halbinseln (Hi) sowie Kaps (Kp), die eine größere geopolitische Bedeutung haben. Die sechs Bereiche sind folgende: A. Von Menschen und Mythen. B. Von der Lage auf unserem Globus. C. Vom Wasser des Lebens zum Gipfel des Himmels. D. Vom Reichtum der Fauna und Flora. E. Von Inseln mit »Charakter« und »besonderen Kennzeichen«, bis zu F. Eine Melange von Ideen.

I. Staatennamen

Sechsundvierzig der fast zweihundert Staaten der Erde liegen auf Inseln. Auf den ersten Blick eine erstaunlich große Zahl, da die Fläche der Inseln zusammen genommen nicht einmal fünf Prozent der Landmasse abdeckt. Bei genauer Betrachtung der Eroberungs- und Kriegsgeschichte kann diese politische Isolierung allerdings leicht erklärt werden. Auf einer Insel ist ein Land weniger leicht angreifbar als bei fließenden Grenzen zu den Nachbarn. Besonders die Geschichte Großbritanniens und Japans unterstreicht diese vorteilhafte geopolitische Lage. Seit der Battle of Hastings im Jahre 1066 konnte keine Macht der Erde die Britischen Inseln besetzen. Und mit Ausnahme des letztlich durch den Abwurf der zwei Atombomben bewirkten jähen Endes des Zweiten Weltkriegs blieb auch Japan in seiner langen Geschichte von jeder Invasion verschont. Kleine Inselstaaten im Pazifik, in der Karibik, im Mittelmeer waren bisweilen strategische Stützpunkte für die Supermächte der Erde und verdanken ihre Unabhängigkeit nicht zuletzt dem Bestreben der Großen, ein Gleichgewicht der Kräfte zu erhalten. Die vollständige Liste der Inselstaaten:

A. Von Menschen und Mythen

Kiribati (Oz), **Marschallinseln** (Oz), **Mauritius** (Af), **Philippinen** (As), **St. Kitts und Nevis** (Ka), **Saint Lucia** (Ka), **Saint Vincent und die Grenadinen** (Ka), **Salomonen** (Oz), **São Tomé und Príncipe** (Af), **Seychellen** (Af)

B. Von der Lage auf unserem Globus

Bahrain (As), Bahrain (As), Irland (Eu), Island (Eu), Japan (As), Komoren (Af), Malediven (As), Mikronesien (Oz), Timor-Leste (As), Tuvalu (Oz)

C. Vom Wasser des Lebens zum Gipfel des Himmels

Brunei (auf Borneo, As), Fidschi (Oz), Haiti (auf Hispaniola, Ka), Indonesien (As), Jamaika (Ka), Kuba (Ka), Taiwan (As), Vanuatu (Oz)

D. Vom Reichtum der Fauna und Flora

Barbados (Ka), Grenada (Ka), Kap Verde (Af), Malta (Eu), Samoa (Oz), Singapur (As)

E. Von Inseln mit »Charakter« und »besonderen Kennzeichen«

Großbritannien (Eu), Papua-Neuguinea (auf Neuguinea, Oz)

F. Eine Melange von Ideen

Antigua und Barbuda (Ka), Dominica (Ka), Dominikanische Republik (auf Hispaniola, Ka), Madagaskar (Af), Nauru (Oz), Palau (Oz), Neuseeland (Oz), Sri Lanka (As), Tonga (Oz), Trinidad und Tobago (Ka), Zypern (Eu)

II. Andere Namen

In dieser Gruppe werden alle Inseln zusammengefasst, die zu Beginn des 21. Jh.s keine eigenständige Staatenbildung erreicht haben. Immerhin zählt die größte Insel der Erde, Grönland, dazu, wie auch einige aus dem einen oder anderen Grund sehr berühmte Inseln oder Halbinseln. Man denke nur an das durch Atombombentests verseuchte Eiland Bikini-Atoll oder an die oft besungene Insel Capri im Golf von Neapel. Java beherbergt immerhin mehr als 120 Millionen Menschen, Lesbos wurde durch die Dichterin Sappho sprichwörtlich, über die Schlacht von Salamis lernt man bereits in der Schule, und Jersey, Guernsey wie auch die übrigen Channel-Islands sind ein begehrter Hort für Finanzanlagen.

St. Helena war der letzte Verbannungsort des Kaisers der Franzosen, Napoleon, auf der Krim trafen sich die Alliierten zur entscheidenden Konferenz am Ende des Zweiten Weltkrieges, und Puerto Rico hat vor einigen Jahren eine Abstimmung über einen Beitritt als 51. Staat zur USA mit knappem Votum abgelehnt. Wie man sieht, es lässt sich über jede dieser Inseln eine kleine Geschichte erzählen, geschmückt mit sehr interessanten Aspekten der Namensgebung.

Halbinseln (Hi) und Kaps (Kp) bilden eigentlich eine eigene Gruppe dieser Landschaftsform. Da diese jedoch bei weitem weniger häufig zu charakteristischer Benennung ermutigt hat, scheint es aus praktischen Gründen günstig, eine Einordnung in dieses Schema vorzunehmen. Die exakte geografische Abgrenzung ist allerdings bei weitem nicht so einfach wie bei den Beispielen für die Inseln. Ausgewählte Beispiele:

A. Von Menschen und Mythen

Baffin-Island (NA), **Bali** (As), **Bismarck-Archipel** (As), **Bougainville** (As), **Christmas Island** (As u. Oz), **Christmas Island** (Oz), **Cook Islands** (Oz), **Elba** (Eu), **Ellesmere Island** (NA), **Ellis Island** (NA), **Espíritu Santo** (Oz), **Falkland Island** (SA), **Franz-Josef-Land** (Eu), **Gotland** (Eu), **Hawaii** (Oz), **Jan Mayen** (Eu), **Kerguelen** (As), **Lanzarote** (Eu), **Marianen** (Oz), **Marquesas Inseln** (Oz), (NA), **Montecristo** (Eu), **Mont-Saint-Michel** (Eu), **Pitcairn Island** (Oz), **Prince Edward Island** (NA), **Ross Island** (Oz), **Rügen** (Eu), **Saint Helena** (Af), **Saint Pierre** (NA), **Santorin** (Eu), **Sizilien** (Eu), **Tasmanien** (Oz), **Tristan da Cunha** (Af), **Victoria-Island** (NA), **Wallis and Futuna Islands** (Oz)

B. Von der Lage auf unserem Globus

Große Antillen (Ka), **Hainan** (As), **Hoek van Holland** (Kp, Eu), **Hokkaido** (As), **Horn von Afrika** (Hi), **Ischia** (Eu), **Kleine Antillen** (Ka), **Kykladen** (Eu), **Land's End** (Kp), **Leeward Islands** (Inseln unter dem Winde, Ka), **Midway Islands** (Oz), **Montserrat** (Ka), **Norderney** (Eu), **North Island** (Oz), **Okinawa** (As), **South Island** (Oz), **Sporaden** (Eu) **Sumatra** (As), **Tsushima** (As), **Windward Islands** (Inseln über dem Winde, Ka)

C. Vom Wasser des Lebens zum Gipfel des Himmels

Åland-Inseln (Eu), **Apenninen-Halbinsel** (Hi, Eu), **Bahamas** (Ka), **Balkan-Halbinsel** (Hi, Eu), **Euböa** (Eu), **Guadalcanal** (Oz), **Isle of Man** (Eu), **Mindanao** (As), **Sachalin** (As), **Samos** (Eu), **Spitzbergen** (Eu), **Teneriffa** (Af)

D. Vom Reichtum der Fauna und Flora

Anguilla (Ka), Azoren (Af), Bären-Insel (Eu), Bikini-Atoll (Oz), Borkum (Eu), Capri (Eu), Caiman Island (Ka), Celebes (As), Cocos Islands (Oz), Färöer-Inseln (Eu), Galapagos Inseln (SA), Grönland (NA), Guernsey (Eu), Ibiza (Eu), Iona (Eu), Java (As), Kanarische Inseln (Af), Korsika (Eu), Lesbos (Eu), Liparische Inseln (Eu), Lofoten (Eu), Madeira (Af), Melanesien (Oz), Orkney Islands (Eu), Rhodos (Eu)

E. Von Inseln mit »Charakter« und »besonderen Kennzeichen«

Äolische Inseln (Eu), Aruba (Ka), Bonaire (Ka), Curaçao (Ka), Feuerland (SA), Helgoland (Eu), Neuguinea (Oz), Oahu (Oz), Puerto Rico (Ka), Salamis (Eu), Sansibar (Af), Sulawesi (As)

F. Eine Melange von Ideen

Alderney (Eu), Andamanen (As), Aran Islands (Eu), Ascension Island (Af), Balearen (Eu), Borneo (As), Bornholm (Eu), Chalkidike (Hi, Eu), Dodekanes (Eu), Friesland (Eu), Fuerteventura (Af), Große Sundainseln (As), Guadeloupe (Ka), Guam (Oz), Hebriden (Eu), Hispaniola (Ka), Honshu (As), Iberische Halbinsel (Hi, Eu), Isle of Wight (Eu), Ithaka (Eu), Jersey (Eu), Jütland (Hi, Eu), Kamtschatka (Hi, As), Kap der guten Hoffnung (Kp, Af), Kap Hoorn (Kp, SA), Kleine Sundainseln (Ka), Kola (Hi, Eu), Korfu (Eu), Kreta (Eu), Krim (Hi, Eu), Krk (Eu), Kurilen (As), Kyuschu (As), Lakkadiven (As), Long Island (Hi, NA), Luzon (As), Malacca (As), Mallorca (Eu), Manhattan (NA), Martinique (Ka), Mayotte (Af), Menorca (Eu), Mikronesien (Oz), Molukken (Oz), Naxos (Eu), Neufundland (NA), Neukaledonien (Oz), Nova Scotia (Hi, NA), Novaja Semlja (As), Osterinsel (Oz), Paros (Eu), Peloponnes (Hi, Eu), Polynesien (Oz), Pyrenäen-Halbinsel (Hi, Eu), Réunion (Af), Sardinien (Eu), Scilly Isles (Eu), Shetland Islands (Eu), Shikoku (As), Skandinavien (Hi, Eu), Skye (Eu), Stromboli (Eu), Sylt (Eu), Tahiti (Oz), Tschuktschen-Halbinsel (Hi, As), Turks and Caicos Islands (Ka), Usedom (Eu), Virgin Islands (Ka)

MYTHOLOGIE UND RELIGION

Der Begriff Mythos stammt aus dem Altgriechischen und bedeutet ursprünglich so viel wie »Wort« oder »Rede«. Seit dem 5. Jh. v. Chr., seit den Schriften Herodots über die Perserkriege, sind mit Mythen Erzählungen von historischen Begebenheiten gemeint. Herodot war offensichtlich nicht sonderlich daran interessiert, nur über wahre Begebenheiten zu berichten. Und so spiegeln sich Legende, Phantasie und reale historische Ereignisse in seinen Geschichten in bunter Mischung wider. Die großen Themen der Entstehung der Welt, der Götter und Dämonen sowie der sagenumwobenen Helden und Amazonen haben auch in der Namensgebung unserer Orte und Landschaften ihre tiefen Spuren hinterlassen. Oft wurde der Sitz der Götter in den höchsten Gipfeln der Länder vermutet, oft verband die menschliche Phantasie unerklärliche Phänomene mit sagenhaften Gestalten.

Im Besonderen waren es aber die heiligen Bücher und Schriften der Weltreligionen, die bei der Benennung neu entdeckter Stätten eine Quelle der Inspiration darstellten. Auch Religionsgründer und Glaubensgemeinschaften sind in allen Teilen der Welt immer bereit gewesen, ihre Missionsstätten, ihre Stützpunkte und ihre Siedlungen durch Namen zu weihen, die himmlisches Wohlwollen versprachen. Daher darf es nicht erstaunen, dass die Namen der zahlreichen Heiligen und Märtyrer, deren bei der Benennung topografischer Stätten gedacht wurde, oft und oft einfach aus dem Kirchenkalender entnommen wurden. Entscheidend war ganz einfach der Tag der Entdeckung. Aber auch Kirchen und Klöster, die geistigen Brennpunkte der mittelalterlichen Siedlungen, müssen als Ursprung vieler Ortsnamen erwähnt werden. Zuletzt darf nicht vergessen werden, dass für christliche Gemeinschaften die Bibel, das Buch der Bücher, nicht nur im täglichen Lebensrhythmus, sondern auch bei der Ehrerbietung gegenüber neuen, nie gesehenen Gegenden ungeheuer prägend war. Biblische Namen wurden daher auch in Gebiete weit außerhalb des Heiligen Landes getragen. Und so blieb die Heilige Schrift für viele verstreute Christen wahrlich allgegenwärtig.

Jedenfalls wäre unsere topographische Namenskarte ohne die Quellen von Mythologie und Religion mehr als unvollständig.

A. Götter, Geister, vorchristliche Heiligtümer

Ausgewählte Beispiele: **Ägäis** (König Aigeus), **Ägypten** (Gott Ptah), **Amazonas** (Amazonen), **Andamanen** (König der Affen), **Angara** (sibirische Sagengestalt), **Annapurna** (Hindugöttin), **Äolische Inseln** (Äolus, Gott des Windes), **Ardennen** (kelt. Göttin), **Arkadien** (mythologischer König), **Armagh** (Macha, legendäre Königin), **Aserbaidschan** (Feueranbeter), **Asien** (Land der aufgehenden Sonne), **Assyrien** (Kriegsgott), **Athen** (die Unsterbliche), **Atlas, Atlantischer**

Ozean (Riese Atlas), **Babylon** (leuchtendes Tor), **Bagdad** (Gottesgeschenk), **Biel-Bienne** (Belenos, kelt. Gott), **Bregenz** (kelt. Siegesgöttin), **Chomolungma** (Mutter des Universums), **Chorassan** (Sonnenaufgang), **Connacht** (mythologischer Gründer eines Königreichs), **Cuzco** (Sagengestalt), **Dardanellen** (Dardanos, Sohn des Zeus), **Dee** (Göttin), **Elberfeld** (Elben, Elfen), **Ephesus** (das »Streben« nach dem Heil), **Europa** (phöniz. Prinzessin), **Greifswald** (Fabeltier Greif), **Guatemala** (Ort der heiligen Säulen), **Hawaii** (Platz der Götter), **Hellas** (Hella, mythologische Gestalt), **Heraklion** (Herakles), **Iraklion** (Herakles), **Irawadi** (Sonnengott), **Italien** (Italus, Held), **Japan** (Land der aufgehenden Sonne), **Kalifornien** (Kalliphia, Amazonenkönigin), **Kalkutta** (Totengöttin), **Kambodscha** (Nymphe Mera), **Kano** (Kano, legendärer Schmied), **Katmandu** (Hölzerne Tempel), **Kilimandscharo** (böse Geister), **Kobe** (Haus Gottes), **Kurdistan** (König Gordios), **Lahore** (Loh, Sohn Ramas), **Lanzarote** (Lancelot), **Leiden** (kelt. Gott Lug), **Lhasa** (Götterstätte), **Ligurien** (kelt. Gott Lug), **Ligursches Meer** (kelt. Gott Lug), **Lyon** (kelt. Gott Lug), **Macao** (Patronin der Seeleute), **Manitoba** (Manitu), **Mantua** (Gott der Unterwelt), **Mexiko** (Kriegsgott, Mondgöttin), **Minden** (Wassergeist), **Mumbay** (Göttin Mumbadevi), **Munster** (Göttin Mumu), **Murcia** (Venus), **Nîmes** (kelt. Gott), **Nizza** (Nike, Siegesgöttin), **Odense** (Wotan, Odin), **Olympia** (Göttersitz), **Ozeanien** (Okeanós, Titan), **Pamir** (Mitra, Sonnengott), **Peloponnes** (Pelops, Enkel des Zeus), **Phoenix** (mythischer Vogel), **Pyrenäen** (Nymphe Pyrēnē), **Riesengebirge** (Naturdämon), **Rom** (Romulus), **Sagarmatha** (Himmelsgöttin), **Scilly Islands** (römischer Gott), **Sinai** (babyl. Mondgott), **Sri Lanka** (Insel der Gesegneten), **Stonehenge** (Kultstätte), **Syr Darya** (»göttlicher« Fluss), **Tahiti** (Tane, Meergott), **Tianjin** (himmlische Furt), **Tien Shan** (himmlische Berge), **Torshavn** (Thor), **Toulon** (Mars), **Troja** (König Tros), **Uluru** (Kultstätte der Aborigines).

B. Christlich inspirierte Namen

Ausgewählte Beispiele: **Abilene** (bibl. Gegend), **Aden** (Garten Eden), **Appenzell** (Abtszelle), **Appenzell-Außerrhoden** (Abtszelle), **Appenzell-Innerrhoden** (Abtszelle), **Archangelsk** (Erzengel), **Ascension Island** (Himmelfahrt), **Asunción** (Himmelfahrt), **Babel** (Göttertor), **Belém** (Bethlehem), **Bethlehem** (Geburtsort Jesu), **Boston** (hl. Botolph), **Buchara** (Kloster), **Cali** (Apostel Jakob), **Christkindl** (Weihnachten), **Christmas Island** (Weihnachtsinsel), **Concepción** (Empfängnis), **Curaçao** (heiliges Herz), **Dijon** (göttliche Stadt), **Dominica** (Tag des Herrn), **Dünkirchen** (Dünenkirche), **Einsiedeln** (Benediktinerabtei), **El Salvador** (Erlöser), **Eskilstuna** (hl. Eskil), **Espírito Santo, Espíritu Santo** (Heiliger Geist), **Fátima** (Tochter Mohammeds), **Florida** (Ostersonntag), **Galiläa** (Bibelland), **Gelsenkirchen** (Kirche), **Godthåb** (gute Hoffnung), **Guayaquil** (hl. Jakob), **Hebron** (Abraham), **Heilbronn** (heiliger Quell), **Helgoland** (heiliges Land), **Holyhead** (heiliges Vorgebirge), **Independence** (religiöse Abspaltung), **Israel** (Streiter Gottes), **Jaffa** (Bibelland), **Judäa** (Bibelland), **Kalvarienberg** (Kreuzigungsberg Jesu), **Karmel** (Berg der Bibel), **Kildare** (Kirche, Nonnenkloster), **Kilkenny** (Kirche, hl. Kenneth), **La Paz** (Friede), **Loreto** (Pilgerort), **Los Angeles** (Engel), **Marienbad** (Marienquell), **Moabit** (bibl. Volk), **Monaco** (Mönch), **Monastir** (Kloster), **Mönchengladbach** (Mönch), **Montecristo** (Christus), **Montmartre** (Hügel der Märtyrer), **Montreuil** (Kloster), **Montreux** (Kloster), **Mont-Saint-Michel** (hl. Michael), **Montserrat** (Kloster), **Motherwell** (Quelle der Gottesmutter), **München** (Mönch), **Münster** (Kloster), **Natal** (Weihnachten), **Nazareth** (Heimatstadt Jesu), **Neumünster** (Kloster), **Newark** (neue Arche), **Ölberg** (Ort der Gefangennahme Jesu), **Opatija** (Abtei), **Osterinsel** (Ostersonntag), **Petropawlowsk** (Peter und Paul), **Pilatus** (Statthalter Roms), **Providence** (Vorsehung), **Sacramento** (Sakrament), **Sacré-Coeur** (Herz Jesu), **Saint Andrews** (hl. Andreas), **Saint Christopher** (hl. Christophorus), **Saint Helena** (hl. Helena), **Saint Kitts** (hl. Christophorus), **Saint Louis** (hl. Ludwig), **Saint Lucia** (hl. Lucia), **Saint Paul** (Apostel Paulus), **Saint Pierre** (hl. Peter), **Saint Tropez** (hl. Torpez), **Saint Vincent** (hl. Vincent), **Salem** (Shalom, Frieden), **Salomonen** (König Salomo), **Salvador** (Erlöser), **San Antonio** (hl. Antonius), **San Diego** (hl. Didacus/hl. Jakobus), **San Francisco** (Franz von Assisi), **San José** (hl. Joseph), **San Juan** (Johannes der Täufer), **San Marino** (hl. Marinus), **San Remo** (hl. Romulus), **San Salvador** (Erlöser), **San Sebastián** (hl. Sebastian), **Sankt Augustin** (Kirche), **Sankt-Bernhard-Pass** (hl. Bernhard), **Sankt Gallen** (Gallus, Missionar), **Sankt-Gotthard-Pass** (hl. Gotthard), **Sankt Moritz** (Märtyrer Mauritius), **Sankt Petersburg** (Apostel Simon Petrus), **Sankt Pölten** (Hippolyt, Märtyrer), **Sankt Veit an der Glan** (hl. Vitus), **Santa Cruz** (heiliges Kreuz), **Santa Fé** (heiliger Glaube), **Santander** (hl. Irene), **Santiago** (hl. Jakobus), **Santiago de Compostela** (Apostel Jakobus), **Santo Domingo** (heiliger Sonntag), **Santorin** (hl. Irene), **Santos** (die Heiligen), **São Paulo** (hl. Paulus), **São Tomé** (hl. Thomas), **Sinai** (Gott), **Sofia** (hl. Sophia), **Tauberbischofsheim** (Bischof), **Tempelhof** (Templerorden), **Tilburg** (hl. Theodulus), **Trinidad** (Dreifaltigkeit), **Valletta** (Jean Parisot de la Vallette, Großmeister des Johanniterordens), **Valparaiso** (Paradies), **Valpolicella** (Tal der vielen Zellen), **Vatikan** (Hügel der Prophezeiungen), **Veracruz** (wahres Kreuz), **Virgin Islands** (hl. Ursula und elf Märtyrerinnen), **Weimar** (heiliges Wasser), **Xanten** (Ort der Heiligen)

C. Andere religiös inspirierte Namen

Ausgewählte Beispiele: **Allahabad** (Allah), **Amritsar** (Sikh-Heiligtum), **Astrachan** (Hadsch), **Bagdad** (Gottesgeschenk), **Bihar** (Kloster), **Brahmaputra** (Brahma), **Buchara** (Klosterstadt), **Dhaka** (Tempel der Göttin), **Irawadi** (Sonnengott), **Islamabad** (Stadt des sich Gott Hingebenden), **Jemen** (zur Rechten Allahs), **Marrakesch** (Land Gottes), **Medina** (Stadt des Propheten), **Mekka** (Anbetungsstätte), **Rabat** (Kloster), **Sitten** (Zion), **Zion** (jüdischer Glaube)

NATUR – TIERE, PFLANZEN, MINERALE

Für den Kenner der Heraldik kommt es kaum unerwartet, dass ein Adler, ein Löwe oder ein Bär auch in der Namensgeschichte der geografischen Objekte aufzuspüren ist. Aber die Etymologie bietet bei genauem Hinsehen darüber hinaus eine ungeheure Fülle von Tieren, die von schöpferisch aktiven Namengebern als Kennzeichnung eines Landes, eines Berges oder eines Gewässers gewählt wurden. Der Hintergrund mag die Ehrfurcht vor dem Leben sein, aber vielleicht in manchen Fällen auch eine inspirierende Umrissgestalt, die Mythologie oder schlichtweg eine dem jeweiligen Tier angedichtete Charaktereigenschaft.

Oft sind es auch Namen, deren Naturbezug im übertragenen Sinn zu sehen ist. So ist es bisweilen nicht eine bestimmte Pflanze, die den Entdecker inspirierte, sondern eine Assoziation mit der Natur, die er etwa beim Gedanken an eine bestimmte Farbe gehabt haben mag. Ein Beispiel wäre das »Grüne Kap« (der afrikanische Staat Kap Verde). Vielleicht sind auch persönliche Erinnerungen der Siedler an die Heimat für manch überraschende Bezeichnung verantwortlich. Ähnlich reich beschenkt auch die Pflanzenwelt die Geschichte der geografischen Namen. Hier sind es einerseits die landschaftsprägenden Bäume oder Sträucher, andererseits das zum Leben notwendige Getreide oder lokale Blumen.

Etwas kleiner ist der Topf der Minerale und Gesteine, die der Benennung dienten. Wahrscheinlich war hier die Unkenntnis und die mangelnde Unterscheidungsfähigkeit der frühen Siedler ein entscheidender Faktor.

Wo immer eine etymologische Unsicherheit besteht, wird dies durch ein -?- festgehalten.

A. Tiere

Ausgewählte Beispiele: **Abruzzen** (Wildschwein), **Abu Dhabi** (Gazelle), **Accra** (Ameise), **Ägäis** (Ziege), **Ahlen** (Aal, volksetymologisch), **Albanien/Shqipëria** (Adler), **Alcatraz** (Pelikan), **Anguilla** (Aal), **Aquileia** (Adler), **Arktis** (Bär), **Atacama** (Ente), **Azoren** (Habicht), **Bamako** (Krokodil), **Bäreninsel** (Eisbär), **Barnaul** (Wolf), **Berber-Küste** (Bär), **Berlin** (Bär), **Bern** (Bär), **Bosporus** (Ochse), **Brindisi** (Rotwild), **Capri** (Wildschwein), **Ceylon** (Löwe), **Clontarf** (Stier), **Côte d'Ivoire** (Elefant), **Elfenbeinküste** (Elefant), **Eriesee** (Panther), **Euböa** (Rinder), **Färöer Inseln** (Schafe), **Finnland** (Fisch), **Galapagos Inseln** (Schildkröte), **Gatwick** (Ziege), **Großer Bärensee, Great Bear Lake** (Bär), **Guadelupe** (Wolf), **Guatemala** (Adler), **Habsburg** (Habicht), **Hunsrück** (Hund), **Hyderabad** (Löwe), **Italien** (Kalb), **Kaiman Inseln** (Krokodil), **Kamerun** (Krabben),

Kampala (Impala), Kanarische Inseln (Hund), Kaschmir (Schildkröte), Katowice (Katze), Kecskemét (Ziege), Khartum (Elefant), Klondike (Fische), Konstantinopel (Kaiser Konstantin der Große), Kosovo (Amsel), Krefeld (Krähe), Kroatien (Vieh?), Lemberg, Lviv, Lwow (Löwe), Lofoten (Luchs), Louvre (Wolf), Mali (Nilpferd), Malta (Biene), Marl (Stute), Mazedonien (Rinder), Moskau (Rinder?), New York (Wildschwein?), Nouakchott (Muscheln), Orkney Islands (Wal), Oxford (Ochs), Panama (Fische), Ravenna (Rabe), Ravensburg (Rabe), Salzgitter (Ziege, Geiß), Samoa (Moa, ausgestorbener Vogel), Schweinfurt (Schwein, Wildschwein), Schwerin (Gestüt), Semiramis (Taube), Sierra Leone (Löwe), Singapur (Löwe), Snake River (Schlange), Solingen (Schwein), Spanien (Kaninchen), Spessart (Specht), Stuttgart (Gestüt), Sudeten (Wildschwein), Taormina (Stier), Tejo, Tajo (Fisch), Titicacasee (Jaguar?), Tsushima (Pferde), Uri (Auerochs), Uruguay (schwarzer Vogel), Varna, Warna (Krähe), Vereinigte Arabische Emirate (Gazelle), Waterford (Widder), Wisconsin (Biber), Yosemite National Park (Grizzly)

B. Pflanzen

Ausgewählte Beispiele: **Abu Simbel** (Hyazinthe), **Acapulco** (Schilfgras), **Aconcagua** (Strohgarben), **Addis Abeba** (neue Blume), **Alamo** (Baumwolle), **Alma-Ata** (Äpfel), **Andorra** (Buschland), **Aschaffenburg** (Esche), **Aspen** (Espen), **Bangkok** (Olivenbäume), **Barbados** (bartartige Blätter, Luftwurzeln), **Barbuda** (bartartige Blätter, Luftwurzeln), **Beresina** (Birke), **Biarritz** (Eiche), **Bikini-Atoll** (Kokosnuss), **Bocholt** (Buche), **Bochum** (Buche), **Borkum** (Farnkraut, Brombeere), **Brasilien** (Brasilbaum), **Brest** (Ulme), **Brest-Litovsk** (Ulme), **Bukowina** (Buche), **Buxtehude** (Buche), **Cannes** (Schilfrohr), **Canterbury** (Erle), **Cape Canaveral** (Zuckerrohr), **Carcassonne** (Eiche), **Celebes** (Beere), **Chicago** (Zwiebeln), **Cocos Islands** (Kokosnuss), **Costa Rica** (üppige Vegetation), **Coventry** (Baum), **Curitiba** (Kiefern), **Dakar** (Tamarindenbaum), **Delmenhorst** (Gebüsch, Buschwald), **Derry** (Eiche), **Dhaka** (Blüten eines Baumes), **Dubrovnik** (Eichenhain), **Eger** (Erle), **Eifel** (Eiche), **Erlangen** (Erle), **Eschweiler** (Esche), **Espoo** (Espe), **Fichtelgebirge** (Fichte), **Florenz** (blühend), **Florida** (Blume), **Flushing Meadow** (blühende Wiese), **Gethsemane** (Öl), **Gomorrah** (Kornähre), **Granada** (Granatapfel), **Grenada** (Granatapfel), **Guyana** (Rose?), **Hagen** (Dornstrauch), **Heathrow** (Heide), **Heidelberg** (Heidelbeere), **Hollywood** (Stechpalme), **Iona** (Eibe), **Izmir** (Myrte), **Java** (Gerste), **Jena** (gemähtes Gras), **Kaffa** (Kaffee), **Kap Verde** (grüne Palmen), **Karaganda** (Akazie), **Kentucky** (Schilf), **Kerpen** (Hainbuche), **Kildare** (Eiche), **Killarney** (Schlehe), **Kinshasa** (Begriffe der Natur), **Las Palmas** (Palme), **Las Vegas** (Wiesen), **Leipzig** (Linde), **Lesbos** (Wald), **Limoges** (Linde), **Londonderry** (Eiche), **Loreto** (Lorbeer), **Los Alamos** (Pappeln), **Maas** (Moos), **Manila** (Mangrove), **Marathon** (Fenchel), **Marlborough** (Enzian), **Martinique** (Blume), **Mato Grosso** (dichte Wälder),

Mosel (Moos), **New York** (Eibe?), **Ölberg** (Olivenöl), **Padua** (Pinie), **Palm Beach** (Palme), **Palm Springs** (Palme), **Palma de Mallorca** (Palme), **Palo Alto** (hoher Baum), **Pennsylvania** (Wälder), **Phönizien** (Dattelpalme), **Pinzgau** (Binsen), **Po** (Pinie), **Popocatepétl** (rauchender Berg), **Portoro** (Rose), **Rheydt** (Schilfrohr, Ried), **Rhodos** (Rose?, Granatapfel?), **Rosenheim** (Rose), **Rotes Meer** (Algen?, Seegras?, Schilfrohr?), **Saigon** (Wattebaum), **Sargassosee** (Tang), **Schwarzwald** (Fichtenwälder), **Selters** (Salz), **Shiraz** (Traube, Wein), **Smyrna** (Myrte), **Stettin** (Busch), **Tscheljabinsk** (Föhren), **Turks Inseln** (Kaktusart), **Valladolid** (Olivenbaum), **Verona** (Holunder), **Vorarlberg** (Arlen), **Wanne-Eickel** (Eichel), **Wiesbaden** (Wiese), **Würzburg** (Wurzelkräuter), **Wyoming** (Wiesen), **York** (Eibe), **Ypres** (Eibe), **Zermatt** (Matten)

C. Minerale/Gesteine

Ausgewählte Beispiele: **Afrika** (Staub, Erde), **Albion** (Kreide), **Alderney** (Kies), **Altai** (Gold), **Anden** (Kupfer), **Argentinien** (Silber), **Bad Reichenhall** (Salz), **Bahia Blanca** (weißer Sand), **Chalkidike** (Kupfererz), **Chemnitz** (Stein), **Côte d'Or** (Gold), **Cremona** (Stein), **Darjeeling** (Diamant), **Eisenach** (Eisen), **Erzgebirge** (Minerale), **Galway** (Stein), **Gelbes Meer** (Löss), **Goldenes Horn** (Gold), **Great Salt Lake** (Salz), **Great Sandy Desert** (Sand), **Halle** (Salz), **Hallein** (Salz), **Hallstatt** (Salz), **Hammerfest** (Stein), **Irland** (Eisen), **Iserlohn** (Eisen), **Kara Kum** (schwarzer Sand), **Kreml** (Feuerstein), **Kreta** (Kreide), **Kyzyl Kum** (roter Sand), **Liechtenstein** (Stein), **Lillehammer** (Fels), **Magnitogorsk** (Erze), **Malmö** (Sand, Mineral), **Marmarameer** (Marmor), **Maseru** (roter Sandstein), **Nubien** (Gold), **Peru** (Gold?), **Red River** (rötliches Gestein), **Rhode Island** (rote Erde), **Rio de la Plata** (Silber), **Rubikon** (rötliches Schwemmmaterial), **Salt Lake City** (Salz), **Salzburg** (Salz), **Salzgitter** (Salz), **Sandwich-Inseln** (Sand), **Solferino** (Schwefel), **Sulawesi** (Eisen), **Titicacasee** (Blei?), **Yellowstone National Park** (gelbes Gestein), **Yellowstone River** (gelbes Gestein), **Zypern** (Kupfer).

PERSÖNLICHKEITEN IN GEOGRAFISCHEN NAMEN

Schon immer war es eine Sehnsucht des Menschen, unsterblich zu werden. Daher darf die beträchtliche Zahl von topografischen Benennungen nach Herrschern, Politikern, Entdeckern, Forschern und Heiligen nicht wirklich erstaunen. Denn wo lässt sich die »Größe« eines Menschen nachhaltiger ins Bewusstsein eingravieren als bei der Taufe eines Ortes, Gewässers oder Gebirges? Besonders auffällig ist diese Häufung in Nordamerika und Ozeanien, was wiederum leicht verständlich wird, wenn man die Jagd nach Einfluss und Ressourcen während der langen Entdeckungsgeschichte studiert. Dabei haben insbesondere die ehemaligen Kolonialmächte Großbritannien, Frankreich, Spanien und Portugal mit unzähligen Königen, Statthaltern, Seefahrern und anderen bedeutenden Vertretern des Adels ihre Spuren im Gradnetz der Meere und Kontinente hinterlassen. Die hier angeführten und nach Kontinenten geordneten Beispiele können dennoch nur eine Auswahl aus der fast unerschöpflichen Liste der Menschen sein, deren Namen man auf einer Landkarte wiederfindet.

A. Europa

Ausgewählte Beispiele: **Baker Street** (William Baker, Baumeister), **Barcelona** (Hamilcar Barca, General), **Barentssee** (Willem Barentsz, Seefahrer), **Big Ben** (Benjamin Hall, Staatsbaumeister), **Bratislava** (Herzog Wratisław), **Breslau** (Herzog Wratisław), **Byzanz** (Buzas von Megara, Siedlungsgründer), **Castel Gandolfo** (Familie Gandolfi), **Charleroi** (König Karl II. v. Spanien), Constanța (Kaiser Konstantin der Große), **Dnipropetrowsk, Dnjepropetrowsk** (Grigory Petrovsky, Revolutionskämpfer), **Dolomiten** (Déodat de Gratet de Dolomieu, Geologe), **Downing Street** (Sir George Downing, Diplomat), **Dún Laoghaire** (Laoghaire, Hochkönig von Irland), **Ekaterinburg, Jekaterinburg** (Zarin Katharina die Große), **Emilia Romagna** (Marcus Aemilius Lepidus, Konsul), **Eskilstuna** (hl. Eskil, Bischof), **Fátima** (Fátima, Tochter Mohammeds), **Franz-Josef-Land** (Kaiser Franz Josef I.), **Friaul** (Julius Caesar), **Georgien** (hl. Georg), **Gorkij** (Maxim Gorkij, Schriftsteller), **Grenoble** (Kaiser Gratian), **Jan Mayen** (Jan Mayen, Seefahrer), **Jaroslawl** (Großfürst Jaroslaw), **Jersey** (Julius Caesar), **Karlsbad** (Kaiser Karl IV.), **Kerry** (Ciarraí, legendärer Königssohn), **Kharkiv** (Kharko, Kosakenführer), **Kiew** (Kij, legendärer Stadtgründer), **Kilkenny** (hl. Kenneth), **Konstantinopel** (Kaiser Konstantin der Große), **Krakau** (Krak, Stammesfürst), **Kristiansand** (Königin Christina VI.), **Lemberg** (Lev, Sohn eines galizischen Prinzen), **Leningrad** (Wladimir Iljitsch Lenin alias Wladimir I. Ulanow, Staatsgründer), **Lothringen** (Karolingerkönige Lothar I. u. Lothar II.), **Maginot-Linie** (André Maginot, Kriegsminister), **Monte Carlo** (Prinz Carlo III. von Monaco), **Mont-Saint-Michel** (hl. Michael), **Motherwell** (Maria, Gottesmutter), **Nancy** (Nantio, unbekannt), **Nicaea** (Nikaia, Gattin eines Generals), **Nottingham** (Snot, unbekannt), **Orléans** (Kaiser Aurelian), **Pamplona** (Kaiser Pompeius), **Petrograd** (Zar Peter der Große), **Pilatus** (Pontius Pilatus), **Plovdiv** (Philipp II. v. Makedonien), **Saint Andrews** (hl. Andreas), **Saint Malo** (Maclovius, walisischer Mönch), **Saint Tropez** (hl. Torpez), **Saloniki** (Thessalonike, Gattin König Kassandros v. Makedonien), **San Marino** (hl Marinus), **San Remo** (hl. Romulo, Bischof), **San Sebastián** (hl. Sebastian), **Sankt Bernhard-Pass** (hl. Bernhard), **Sankt Gallen** (Gallus, irischer Missionar), **Sankt Gotthard-Pass** (hl. Gotthard), **Sankt Moritz** (Mauritius, Märtyrer), **Sankt Petersburg** (Apostel Simon Petrus, Zar Peter der Große), **Sankt Pölten** (Hyppolit, Märtyrer), **Santander** (hl. Irene), **Santiago de Compostela** (hl. Jakob), **Santorin** (hl. Irene), **Saragossa** (Kaiser Augustus), **Sofia** (hl. Sophia), **Sorbonne** (Robert de Sorbon, Gelehrter), **Stalingrad** (Joseph Stalin alias Josef Wissarionowitsch Dschugaschwili, Diktator), **Theresienstadt** (Kaiserin Maria Theresia), **Thira** (Thiras, Stammesführer), **Tilburg** (hl. Theodulus), **Toljatti, Togliatti** (Palmiro Togliatti, Politiker), **Toskana** (Tyrrhénos, Königssohn), **Tottenham** (Totta, unbekannt), **Tyrrhenisches Meer** (Tyrrhénos, Königssohn), **Valenciennes** (Kaiser Valentinian I.), **Valletta** (Jean Parisot de la Vallette, Großmeister des Johanniterordens), **Warschau** (Warsz, unbekannt), **Wimbledon** (Wynnman, unbekannt), **Winterthur** (Vitu, unbekannt), **Wolverhampton** (Wulfrûn, adelige Dame), **Wrocław** (Johannes Wrotizlaensis, Bischof von Wrotizla)

B. Deutschland

Ausgewählte Beispiele: **Augsburg** (Kaiser Augustus), **Bamberg** (Babo, möglicherweise einer der Stammväter der Babenberger), **Charlottenburg** (Sophie Charlotte, Gattin Friedrichs III.), **Friedrichshafen** (König Friedrich v. Württemberg), **Harburg-Wilhelmsburg** (Georg Wilhelm von Braunschweig-Lüneburg), **Hindenburg** (Paul von Hindenburg, Generalfeldmarschall und Reichspräsident), **Karl-Marx-Stadt** (Karl Marx, Verfasser des Kommunistischen Manifests), **Karlsruhe** (Karl Friedrich, Markgraf), **Köln** (Agrippina, Gattin Kaiser Claudius'), **Konstanz** (Kaiser Constantius Chlorus), **Leverkusen** (Karl Leverkus, Chemiker), **Ludwigsburg** (Eberhard Ludwig, Herzog), **Ludwigshafen** (Ludwig I. v. Bayern), **Neandertal** (Joachim Neander, Kirchenlieddichter), **Saarlouis** (König Ludwig XIV.), **Wilhelmshaven** (Kaiser Wilhelm I.)

C. Afrika

Ausgewählte Beispiele: **Albertsee** (Prinz Albert, Gemahl Königin Victorias), **Alexandria** (Alexander der Große), **Angola** (N'gola, Häuptling), **Brazzaville** (Savorgnan de Brazza, Forscher), **Durban** (Sir Benjamin Durban, Gouverneur), **Johannesburg** (Johannes Rissik, Sekretär des Bauingenieurs oder Christian Johannes Joubert, Politiker), **Kimberley** (First Earl of Kimberley), **Léopoldville** (König Leopold II. v. Belgien), **Lourenço Marques** (Lourenço Marques, Händler), **Maskarenen** (Mascarenhas, Entdecker), **Mauritius** (Prinz Moritz v. Nassau), **Monrovia** (James Monroe, US-Präsident), **Mosambik** (König Musa), **Oranje, Oranje-Freistaat** (Orange, Königshaus), **Pretoria** (Marthinus W. Pretorius, Staatsmann, Andries Pretorius, Pionier), **Rhodesien** (Sir Cecil Rhodes, Politiker), **Rudolfsee** (Rudolf, österreichisch-ungarischer Thronfolger), **Saint Helena** (hl. Helena), **São Tomé** (hl. Thomas), **Seychellen** (Jean Moreau de Séchelles, Finanzminister), **Swaziland** (König Mswati), **Tshwane** (Häuptling), **Victoriafälle, Victoriasee** (Queen Victoria v. England)

D. Asien

Ausgewählte Beispiele: **Abadan** (Abbad Ibn al-Hudayn, arab. Heiliger), **Ahmedabad** (Sultan Ahmed Shah), **Antalya** (König Attalus II. v. Pergamon), **Antiochia, Antakya** (Antiochos, Vater d. Gründers), **Armenien** (Armenak, Anführer), **Bangladesch** (Banga, legendärer Häuptling), **Bengalen** (Banga, legendärer Häuptling), **Bougainville** (Louis Antoine de Bougainville, Navigator), **Bursa** (König Prusias I.), **Chabarowsk** (Jerofei Pawlowitsch Chabarow, Forscher), **Chennai** (Raja Chennapa), **Edirne** (Kaiser Hadrian), **Ho Chi Minh City** (Ho Chi Minh, Präsident), **Kambodscha, Kampuchea, Khmer** (Kambu, Anführer und Mera, Gespielin Kambus), **Kandahar** (Alexander der Große), **Kap Deschnjow** (Semjon Deschnjow, Kapitän), **Laos** (Lao, legendärer Gründer), **Mount Everest** (Sir George Everest, Vermessungsingenieur), **Mount Godwin-Austen** (Henry Godwin-Austen, Geologe), **Niniveh** (König Ninus), **Oman** (Oman Ben Ibrahim Al-Kalil, Staatsgründer), **Petropawlowsk** (Peter und Paul), **Philippinen** (König Philipp II. v. Spanien), **Phnom Penh** (Penh, Mäzenin), **Quezón City** (Manuel Quezón y Molina, Präsident), **Saudi-Arabien** (Sultan Abd al-Asis Ibn ar-Rahman Ibn Saud), **Troja** (Tros, phrygischer König), **Ulan Bator** (Sukhe Bator, Revolutionär), **Usbekistan** (Khan Usbek), **Victoria** (Queen Victoria)

E. Nordamerika

Ausgewählte Beispiele: **Alberta** (Prinzessin Louise Caroline Alberta), **Albuquerque** (Duke of Alburquerque), **Amerika** (Amerigo Vespucci, Seefahrer), **Austin** (Stephen Austin, Staatsgründer), **Baffin Bay, Baffin Island** (William Baffin, Seefahrer), **Baltimore** (Cecil Calvert, Lord Baltimore), **Beaufortmeer** (Sir Francis Beaufort, Admiral), **Beringmeer, Beringstraße** (Vitus Bering, Forscher), **Bermudas** (Juan Bermúdez, Entdecker), **Bronx** (Johan Bronck, holl. Immigrant), **Camp David** (David, Enkelkind Präsident Eisenhowers), **Charleston** (King Charles I. v. England), **Charlotte** (Charlotte Sophia von Mecklenburg-Strelitz, Gattin Georgs III.), **Cleveland** (Moses Cleaveland, General), **Columbus** (Christoph Kolumbus, Seefahrer), **Dallas** (George Dallas, Vizepräsident), **Delaware** (Lord De la Warr, Gouverneur), **Denver** (James W. Denver, General), **Ellesmere Island** (Earl of Ellesmere), **Ellis Island** (Samuel Ellis, Grundbesitzer), **Fairbanks** (Charles W. Fairbanks, Senator), **Fort Knox** (Henry Knox, Kriegsminister), **Fort Lauderdale** (William Lauderdale, Major), **Georgia** (King George II. v. England), **Gettysburg** (James Gettys, Siedlungsgründer), **Gibraltar** (Târiq, Heerführer), **Harvard University** (John Harvard, Priester), **Hoover Damm** (Herbert Hoover, Präsident), **Houston** (Sam Houston, Präsident), **Hudson Bay, Hudson River** (Henry Hudson, Entdecker), **Humboldt Gletscher, Humboldt River** (Alexander von Humboldt, Naturforscher), **Jacksonville** (Andrew Jackson, Präsident), **Jamestown** (King James I. v. England), **Juneau** (Joseph Juneau, Abenteurer), **Lincoln** (Abraham Lincoln, US-Präsident), **Louisiana** (König Ludwig XIV. v. Frankreich), **Mackenzie** (Alexander Mackenzie, Entdecker), **Maryland** (Henrietta Maria, Gattin Karls I. v. England), **Memphis** (Pharao Pepi I.), **Monterrey** (Conde de Monte Rey), **Mount McKinley** (William McKinley, US-Präsident), **Mount Rushmore** (Charles Rushmore, Rechtsanwalt), **Nashville** (Francis Nash, General), **New Brunswick** (Bruno, unbekannt), **New Orleans** (Philipp, Herzog v. Orléans), **North Carolina** (King Charles I. v. England), **Pennsylvania** (William Penn, Siedlerführer), **Philadelphia** (König Attalus II. Philadelphos), **Pittsburgh** (William Pitt, Premierminister), **Prince Edward Island** (Prinz Edward Augustus, Vater von Königin Victoria), **Princeton** (König Wilhelm III. Fürst »Prince« von Oranien-Nassau), **Reno** (Jesse Lee Reno, Unionsgeneral), **Saint Louis** (König Louis IX. von Frankreich), **Saint Paul** (Apostel Paulus), **Saint Pierre** (hl. Peter), **San Antonio** (hl. Antonius), **San Diego** (hl. Didacus), **San Francisco** (hl. Franz von Assisi), **San José** (hl. Joseph), **San Juan** (Johannes der Täufer), **South Carolina** (King Charles I. v. England), **Vancouver** (George Vancouver, Kapitän), **Victoria Island** (Queen Victoria), **Virginia** (Queen Elisabeth I. v. England), **Washington** (George Washington, Präsident), **Washington D.C.** (George Washington, Präsident; Christoph Kolumbus, Entdecker)

F. Lateinamerika

Ausgewählte Beispiele: **Angel Falls** (James Angel, Abenteurer), **Bolivien** (Simón Bolívar, Präsident), **Cali** (Apostel Jakob), **Colón** (Christoph Kolumbus, Seefahrer), **Columbus** (Christoph Kolumbus, Seefahrer), **Falkland Inseln** (Anthony Cary, Viscount Falkland, Schatzmeister), **Georgetown** (King Georg III. v. England), **Guayaquil** (hl. Jakob, Stammeshäuptling Guaya und seine Frau Quila), **Kingston** (King William III.), **Kolumbien** (Christoph Kolumbus, Seefahrer), **Magellanstraße** (Ferdinand Magellan, Weltumsegler), **Maracaibo** (Indianerhäuptling), **Medellín** (Cecilio Metello, Stadtgründer), **Monterrey** (Vizekönig Gaspar de Zúñiga y Acevedo, Conde de Monte Rey), **Nicaragua** (Nicarao, Indianerhäuptling), **Petrópolis** (Kaiser Pedro II.), **Saint Kitts und Nevis** (hl. Christoph), **Saint Lucia** (hl Lucia), **Saint Vincent** (hl. Vincent), **San Juán** (hl. Johann), **Santiago de Chile** (hl. Jakob), **São Paulo** (hl. Paul), **Sucre** (Antonio José de Sucre y de Alcalá, Präsident), **Virgin Islands** (hl. Ursula und elf Märtyrerinnen)

G. Australien/Ozeanien

Ausgewählte Beispiele: **Adelaide** (Queen Adelaide, Gattin William IV.), **Adélieland** (Adélie, Gattin des Entdeckers d'Urville), **Alice Springs** (Alice Todd, Generalpostmeistergattin), **Auckland** (Earl of Auckland), **Ayers Rock** (Henry Ayers, Premierminister), **Bass Straße** (George Bass, Entdecker), **Bismarckarchipel** (Otto von Bismarck, Kanzler), **Brisbane** (Thomas Macdougall Brisbane, General), **Cook Islands, Cook Street** (James Cook, Kapitän), **Darling** (Sir Ralph Darling, Gouverneur), **Darwin** (Charles Darwin, Naturwissenschaftler), **Franz Josef Land** (Kaiser Franz Josef I.), **Gibson Desert** (Alfred Gibson, Forscher), **Gilbert Inseln** (Thomas Gilbert, Kapitän), **Große Victoria-Wüste** (Queen Victoria), **Karolinen** (König Karl II. von Spanien), **Kerguelen** (Yves Joseph de Kerguelen, Kapitän), **Kiribati** (Thomas Gilbert, Kapitän), **Marianen, Marianengraben** (Maria Anna, Gattin Philipp IV.), **Marquesas Inseln** (Marquis Antonio de Mendoza, Vizekönig von Peru), **Marshallinseln** (John Marshall, Kapitän), **Melbourne** (Lord Melbourne, Premierminister), **Murray** (Charles Murray, Statthalter), Queen Maud Land (Queen Maud, Gattin Haakons VII.), **Queensland** (Queen Victoria), **Pitcairn Island** (Robert Pitcairn, Seemann), **Rossmeer, Ross Island** (James Clark Ross, Seefahrer), **Sandwich-Inseln** (Lord Montagu, Earl of Sandwich), **Simpson Desert** (Alfred Allen Simpson, Präsident der Geographical Society), **Sydney** (Thomas Townsend, Viscount Sydney, Innenminister), **Tasmanien** (Abel Tasman, Seefahrer), **Torres Straße** (Robert Torres, Colonel), **Victoria, Victoriafälle, Victoriasee, Victoria Island** (Queen Victoria), **Wallis** (Samuel Wallis, Forscher), **Wellington** (Arthur Wellesley, Duke of Wellington, Premierminister)

POSTALISCHE AUSGABEGEBIETE

Die ungemein turbulente politische Geschichte unserer Erde lässt sich sehr gut an den Hunderten von Briefmarkenhoheitsgebieten ablesen, deren Erfassung seit der Erstausgabe der One Penny Black Anfang Mai 1840 nicht nur in Sammlerkreisen, sondern vor allem bei Historikern auf großes Interesse stößt. Manch eine Insel ist bis heute postalisch unabhängig, manch eine internationale Institution ergänzt seit der Völkerbund-Erstausgabe 1922 das weite Feld der postalischen Gebiete und Länder.

Diese Aufstellung ist chronologisch nach dem Erstausgabejahr eines postalischen Ausgabegebietes geordnet, soweit dieses heute einen unabhängigen Staat darstellt. Für Letztere werden Kapitälchen im Fettdruck verwendet. Alle weiteren heute aktiven postalischen Gebiete sind ebenfalls fett gedruckt; andere Ausgabegebiete werden bei dem Staat, dem sie gegenwärtig angehören, aufgelistet, mit dem exakten Zeitraum ihrer Briefmarkendrucke. Wo notwendig, steht in Klammer kursiv eine ergänzende Bemerkung, etwa die Markeninschrift (nach \Schrägstrich) oder die Kolonialmacht, unter welcher bestimmte Territorien zum Zeitpunkt der Markenausgabe standen. Nicht vollständig aufgezählt werden die in die Hunderte gehenden auswärtigen Postämter während der verschiedensten Kriegs- und Besatzungszeiten bzw. die diversen durch Überdruck gekennzeichneten Lokalausgaben. Eine Ausnahme dazu bildet Deutschland, wo sämtliche in Katalogen geführten Ausgabegebiete erfasst werden. Kolonien sowie Kriegs- und Besatzungsgebiete wurden dabei in einem Block zusammengefasst. Ein Stern * nach einer Jahreszahl bedeutet, dass dieses Ausgabegebiet bis heute besteht.

1840* GROSSBRITANNIEN (*keine Landesangabe, Kopf des Herrschers*) – 1848* **Bermuda** – 1856* St. Helena – 1866* **Jungferninseln** (*\British Virgin Islands, brit.*) – 1867–1900 Turks Islands – 1976* **Montserrat** – 1878* **Falkland Islands** – 1886* **Gibraltar** – 1900* **Turks and Caicos Islands** – 1901* **Cayman Islands** – 1922* **Ascension Island** – 1940* **Pitcairn Islands** – 1941–1945, 1958* **Guernsey** (*dt. Okk. bis 1945*), **Jersey** (*dt. Okk. bis 1945*) – 1952* **Tristan da Cunha** – 1963* **British Antarctic Territory** – 1963–1979 South Georgia – 1986* **South Georgia and Sandwich Islands** – 1967* **Anguilla** – 1968* **British Indian Ocean Territory** (*\BIOT*) – 1983* **Alderney**
1843–1850 Zürich, Genf – 1845 Basel – **1848* SCHWEIZ**
1843* BRASILIEN (*\Brasil*)
1847* USA – 1851–1900 Hawaii – 1855–1900 Puerto Rico – 1861–1865 Confederate States of America – 1899–1901, 1930–1931 Guam – 1899–1914 (*span.\Marianas Espanolas, dt.\Marianen*) – 1945* **Marianen** (*\Mariana Islands*)
1847* MAURITIUS

1847 Lady McLeod (*Schiffspost, inoff.*) – 1852 Trinidad (u. *Tobago*) – 1879 Tobago – **1913* TRINIDAD UND TOBAGO**
1849* FRANKREICH (*France, Republique Française*) – 1852, 1885–1974 Réunion – 1859–1906, 1944–1945 Französische Kolonien – 1860–1862 Neukaledonien (*Nouvelle Calédonie et Dépendances*) – 1884–1947 Guadeloupe – 1885–1976, 1986* St. Pierre et Miquelon – 1886* Martinique – 1886–1946 Französisch Guiana – 1892–1893, 1903, 1915 Tahiti – 1892* Französisch Polynesien (Ozeanien; *Etablissement de l'Oceanie*) – 1892–1914, 1997* Mayotte – 1920–1959 Wallis- u. Futuna-Inseln (*Wallis et Futuna*) – 1932–1946 Inini (*Französisch Guiana*) – 1940–1945 Nordfrankreich, Elsaß, Lothringen (*alle dt. Okk.*) – 1940–1945 Frankreich (*Vichy Administration*) – 1955* **Französische Gebiete in der Antarktis** (*Terres Australes et Antarctiques Françaises*)
1849* BELGIEN (*Belgie, Belgique*) – 1920–1921 Eupen u. Malmédy, Eupen, Malmédy (*alle dt. Okk.*)
DEUTSCHLAND – GESAMTAUFLISTUNG ALLER POSTGEBIETE: 1849–1920 Bayern – 1850–1866 Hannover – 1850–1867 Sachsen, Preußen, Schleswig-Holstein – 1851–1867 Thurn u. Taxis – 1851–1871, 1946–1949 Baden – 1851–1923 Württemberg – 1852–1867 Oldenburg – 1852–1868 Braunschweig – 1855–1868 Bremen – 1856–1867 Mecklenburg-Schwerin – 1859–1867 Hamburg – 1859–1868 Lübeck – 1861–1868 Bergedorf – 1864–1967 Holstein, Schleswig, Mecklenburg-Strelitz – 1867–1890 Helgoland (*ehem. brit.*) – 1868–1872 Norddeutscher Postbezirk – 1870–1872, 1940–1941 Elsaß-Lothringen – 1872–1945 Deutsches Reich // DEUTSCHE AUSLANDSPOSTÄMTER UND KOLONIEN: 1884–1908 Dt. Post in der Türkei – 1893–1916 Deutsch-Ostafrika – 1897–1919 Deutsch-Südwestafrika, Kamerun, Togo, Deutsch-Neuguinea, Marshall-Inseln – 1898–1919 Dt. Post in China – 1899–1919 Dt. Post in Marokko, Karolinen, Marianen – 1900–1919 Kiautschou, Samoa // DEUTSCHE BESETZUNG 1914–1918 UND NACHKRIEGSJAHRE: 1914–1918 Landespost in Belgien – 1915–1918 Deutsche Post in Polen – 1916–1918 Etappengebiet West, Postgebiet Ober-Ost – Deutsche Militärverwaltung in Rumänien – 1918 Etappengebiet 9. Armee – 1919–1921 Belgische Militärpost im Rheinland – 1920 Allenstein (*Plebiscite Olsztyn Allenstein*), Marienwerder, Schleswig (*Plebiscite Slesvig*) – 1920–1921 Eupen u. Malmédy, Eupen, Malmédy, Oberschlesien – 1920–1923 Memelgebiet – 1920–1935 Saargebiet – 1920–1939 Danzig – 1923 Litauische Besetzung // DEUTSCHE BESETZUNG 1939–1945: 1939–1945 Böhmen u. Mähren, Generalgouvernement – 1940–1945 Elsaß, Frankreich (*Dünkirchen*), Guernsey, Lothringen, Luxemburg – 1941–1945 Belgien, Estland, Jersey, Lettland, Litauen, Ostland, Russland (*Pleskau, Ljady*), Serbien, Ukraine – 1942–1945 Militärpost (*Feldpost, Inselpost*) – 1943–1945 Albanien, Montenegro, Zante, Zara – 1944–1945 Dänemark, Kotor, Laibach, Mazedonien – 1945 Kurland, Berlin-Brandenburg, Mecklenburg-Vorpommern, Ost-Sachsen, Provinz Sachsen, Thüringen, West-Sachsen – 1945–1949 Französische Zone, Amerikanisch-Britische Zone // NACHKRIEGSJAHRE: 1947–1949 Rheinland-Pfalz, Württemberg – 1947–1956 Saarland – 1957–1959 Bundesland Saar – 1948–1990 West-

Berlin – 1949–1990 Bundesrepublik Deutschland – 1949–1990 Deutsche Demokratische Republik (DDR) – **1949* DEUTSCHLAND**
1850–1913 New South Wales, Victoria – 1853–1913 Van Diemen's Land, Tasmania – 1854–1913 Western Australia – 1855–1913 South Australia – 1860–1913 Queensland – **1902* AUSTRALIEN** (*Australia*) – 1911 Victoria Land (*Überdruck*) – 1957* **Australian Antarctic Territory** – 1963* **Cocos Islands** (Keeling Islands)
1850* SPANIEN (*Espana*) – 1903 Ceuta
1850* ÖSTERREICH (-*Ungarn*) – 1850–1854 Lombardei u. Venetien – 1867–1918 Levante (*österr. Post*) – 1879–1918 Bosnien-Herzegowina (*k.u.k. Militärpost*) – 1903–1918 Kreta (*österr. Post*) – 1979* **United Nations** (*dt. Vereinte Nationen*)
1850–1871 Österreichische Marken mit Ortsstempeln – **1871* UNGARN** (*Magyar Posta, Magyarorszag*) – 1919 Arad, Szeged, Debrecen, Banat, Timisoara, Transsilvanien, Baranya (*alles Okkupationsgebiete*)
1850 Lombardei, Venetien – 1851–1860 Toskana – 1851–1861 Sardinien – 1852–1860 Modena, Parma – 1852–1870 Kirchenstaat (*Franco Bollo Postale*) – 1858–1860 Neapel – 1859 Sizilien – 1859–1861 Königreich beider Sizilien – 1859–1860 Romagna – 1861 Neapel – **1862* ITALIEN** (*Italia, Poste Italiane*) – 1943 Sizilien (*Alliierte Militärpost*), Neapel (*Alliierte Militärpost*) – 1947–1954 Triest (*Trieste, Trst*)
1850 Jesunun (*Schiffspost, inoff.*) – **1852* NIEDERLANDE** (*Nederland*) – 1873–1948 Curaçao – 1948* **Niederländische Antillen** (*Nederlandse Antillen*) – 1986* **Aruba**
1850 British Guiana – **1966* GUYANA**
1851* DÄNEMARK (*Danmark*) – 1855–1917 Dänisch Westindien – 1905* **Grönland** (*Gronland*) – 1919, 1940–1941, 1975* **Färöer Inseln** (*Foroyar*) – 1935–1936 Thule
1851 Nova Scotia, New Brunswick – 1857 Newfoundland – 1860 British Columbia u. Vancouver – 1861 Prince Edward Island – 1865 Vancouver, British Columbia – **1868* KANADA** (*Canada*)
1851–1861 Neugranada – **1861* KOLUMBIEN** (*Columbia, Colombia*) – 1863–1906 Bolivar – 1868–1906 Antioquia – 1870–1906 Cundinamarca –1870–1906 Tolima – 1884–1906 Santander – 1899–1906 Boyaca
1852–1854 Scinde (*heute Pakistan*) – **1854* INDIEN** (*India, brit.*) – 1884–1950 British India // INDISCHE FEUDALSTAATEN: 1864–1950 Saurashtra, Soruth – 1866–1894 Jammu u. Kaschmir – 1869–1950 Hyderabad – 1874–1885 Jhind – 1875–1895 Nawangar – 1876–94 Poonch – 1876–1950 Bhopal – 1877–1902 Alwar – 1879–1884 Faridkot – 1879–1902 Bhor, Sirmoor – 1880–86 Rajpeepla – 1886–1950 Indore – 1887–1900 Jhalawar – 1888–1894 Bamra – 1888–1895 Wadhwan – 1888–1949 Travancore – 1892–1895 Nandgaon – 1892–1949 Cochin – 1893–1921 Duttia – 1894–1920, 1940–1948 Bundi – 1894–1950 Charkhari – 1895–1901 Bussahir – 1897–1901 Dhar – 1897–1907 Las Bela – 1899–1949 Kishangarh – 1904–49 Jaipur –

1913–50 Orchha – 1921–1948 Barwani – 1931–50 Morvi – 1935–1939 Bijawar – 1939–44 Idar – 1942–50 Jasdan – 1948–50 Rajasthan – 1949–1951 Travancore-Cochin // INDISCHE VERTRAGSSTAATEN: 1884–1901 Faridkot – 1884–1951 Patiala – 1885–1950 Gwalior – 1885–1950 Nabha – 1885–1950 Jhind – 1886–1950 Chamba
1852* BARBADOS
1852* LUXEMBURG (*Luxembourg*)
1853* CHILE – 1891 Tierra del Fuego (*Popper Marke*) – 1910 Juan Fernandez
1853* PORTUGAL – 1868–1931 Azoren (*Acores*) – 1868–1892, 1928 Madeira – 1882–1905 Angra, Funchal, Horta, Ponta Delgado (*alle Azoren*)
1853–1910 Kap der guten Hoffnung (*Cape of Good Hope*) – 1857 Natal – 1868–1910 Orange Free State (*Oranje Frij Staat, Orange River Colony*) – 1869–1910 Transvaal – 1874–1880 Griqualand – 1884–1885 Stellaland (*Burenland*) – 1886–1898 British Bechuanaland – 1888–1898 Zululand – 1899–1900 Mafeking (*Mafeking besieged, Aufdruck*) – 1899–1900 Vryburg (*Burenland, Aufdruck*) – **1910* SÜDAFRIKA** (*South Africa*) – 1976–1994 Transkei – 1977–1994 Bophuthatswana – 1979–1994 Venda – 1981–1994 Ciskei
1854* PHILIPPINEN (*Filipinas, Pilipinas, span. bis 1898*) – 1899–1906 (*Philipines, USA*)
1855* NORWEGEN (*Norge*) – 1934–1940 Bouvet Øya
1855* SCHWEDEN (*Sverige*)
1855* NEUSEELAND (*New Zealand*) – 1892–1919, 1932* **Cook Islands** – 1897 Great Barrier Islands (*Pigeon Post*) – 1902–1932 Penhryn – 1902* **Niue** – 1903–1932, 1972* **Aitutaki** – 1908 King Edward VII Land – 1910 Victoria Land – 1919–1932 Rarotonga – 1948* **Tokelau Islands** – 1957–1987 Ross Dependency
1855–1864 (*Spanisch-Westindien*) – **1865* DOMINIKANISCHE REPUBLIK** (*Dominicana Republica*)
1855–1873 (*Spanisch-Westindien*) – **1873* KUBA** (*Cuba*)
1856* FINNLAND (*Suomi Finland*)
1856* MEXIKO
1856–1860 Corrientes – **1858* ARGENTINIEN** (*Argentina*) – 1858–1860 Cordoba – 1858–1863 Buenos Aires – 1891 Tierra del Fuego
1856* URUGUAY
1857* Ceylon, SRI LANKA (*neuer Name seit 1972*)
1857 Pacific Steam Navigation Company – **1858* PERU**
1857–1917, 1991* RUSSLAND (*Rossija*) – 1902–1921 Südrussland (*Wrangel*) – 1918–1921 Don Territorium, Kubankosaken Territorium – 1919 Krim – 1919 Aunus (*finn. Marken*) – 1919–1920 Ostsibirien – 1920 Amur, Transbaikal – 1920 Ingermanland (*Pohjois-Inkeri, finn.*) – 1920–1922 Russische Republik im Fernen Osten – 1922, 1941–1943 Karelien (*Karjala, Itä-Karjala, finn. Okk.*) – 1923–1991 UdSSR (*Union der russischen sozialistischen Sowjetrepubliken*) – 1926–1934 Tannu Tuva
1858–1859 Moldau – **1865* RUMÄNIEN** (*Romania, R.P. Romina, Posta Romana*)

1859* VENEZUELA – 1864–1870 La Guaira (*Schiffspost, inoff.*) – 1902–1903 Carupano, Guayana – 1930 Marino, Maturin
1859* BAHAMAS
1859–1861, 1941–1943 Ionische Inseln – **1861* GRIECHENLAND** (*Hellas, kyrill.*) – 1878–1915 Samos – 1898 Thessalien (*Thessalia*) – 1898–1910, 1944 Kreta – 1909–1913 Mount Athos (*russ. Okk.*) – 1911–1913 Ikaria – 1912–1932 Ägäische Inseln (*Calimno, Chios, Kos, Mytilene, Patmos, Lemnos, Leros, Lesbos, alles Aufdrucke*) – 1912–1945 Rhodos – 1920–1932 Castelorizo – 1923, 1941 Korfu (*ital. Okk.*) – 1941 Kephalonia u. Ithaka (*ital. Okk.*) – 1941, 1943–1944 Ionische Inseln, Zante (*dt. Okk.*)
1859* SIERRA LEONE
1860–1865, 1865–1915 (*russ. Marken*), **1918* POLEN** (*Polska*) – 1915 Polen (*dt., Generalgouvernement*) – 1919 Südpolen, Nordpolen, Posen – 1920 Oberschlesien (*Górny Śląsk*) – 1920–1922 Mittellitauen (*Srodkow Litwa, unabh.*) – 1920–1939 Danzig Freistaat – 1923 Memel (*lit. Okk.*) – 1925–1939 Polnische Post in Danzig (*Port Gdansk, Aufdruck*) – 1939–1944 Generalgouvernement (*dt. Okk.*) – 1941 Polen (*Exilregierung, London*)
1860* JAMAIKA
1860* MALTA
1860* **ST. LUCIA**
1860* LIBERIA
1861* St. Vincent – **1973* ST. VINCENT UND DIE GRENADINEN**
1861* GRENADA – 1973* Grenada-Grenadines
1861–1890, 1980* NEVIS – 1870–1890 St. Christopher – 1890–1956 Leeward Islands (*Gemeinschaftsausgaben*) – 1903–1952 St. Kitts-Nevis (*parallel verwendet*) – 1952–1980 St. Christopher-Nevis-Anguilla – **1980* ST. KITTS** (u. Nevis)
1862* Antigua – 1890–1956 Leeward Islands (*Gemeinschaftsausgaben*) – 1922–1964 Barbuda – **1967* ANTIGUA UND BARBUDA**
1862* NICARAGUA – 1894–1899 Mosquito-Küste (*Mosquito Provisional*) – 1894–1911 Kap Grazias (*Cabo Gracias de Dios*), Zelaya
1862* Hong Kong (*ehem. brit.*) – 1865–1898 Shanghai – **1878* CHINA** (*ehem. kaiserliches Seezollamt*) – 1884* **Macao** (*ehem. port.*) – 1900–1919 Kiautschou (*dt.*) – 1912–1965 Tibet – 1915–1949 Sinkiang – 1926–1935 Yunnan Provinz – 1927–1931 Kirin and Heilungkiang – 1932–1945 Manchukuo/Mandschurei – 1933–1936 Sechuan – 1941–1942 Nordchina, Hona, Hopei, Innere Mongolei (Menkiang), Shansi, Shantung, Supeh, Nanking, Shanghai (*alle jap. Okk.*) – 1938–1950 Ostchina (*kommunistische Verwaltung*)
1862* COSTA RICA – 1885–1889 Guanacaste
1862–1902 Wenden/Livonia – 1902–1916 (*russ. Marken*) – 1916 Estland (*dt., Postgebiet Ober-Ost*) – **1918–1940, 1991* ESTLAND** (*Eesti*)
1862–1902 Wenden/Livonia – 1902–1916 (*russ. Marken*) – 1916–1918 Lettland (dt., *Postgebiet Ober-Ost*) – **1918–1941, 1991* LETTLAND** (*Latvija*) – 1941 Lettland (*Latvija, dt. Okk.*), Ostland (*dt., Überdruck*)

1863* TÜRKEI (\Turk Postalari, Türkiye)
1864–1959 Niederländisch Indien (*Nederlandisch Indie, Ned Indie, Nederl Indie*) – 1879–1906 Labuan (*brit.*) – 1886–1975 Timor – 1942–1945 (*jap. Okk.*) – **1945* INDONESIEN** (*Indonesia*) – 1950–1962 Niederländisch Neuguinea (*Nederlands Nieuw Guinea*) – 1963–1970 West Irian
1865* ECUADOR – 1957* **Galapagos-Inseln**
1866* ÄGYPTEN (*Egypte, Egypt*) – 1868 Suezkanal-Gesellschaft – 1899–1931 Alexandria – 1958–1961 UAR (*United Arab Republic, Vereinigte Arabische Republik, mit Syrien*)
1866–1966 Betschuanaland (*Bechuanaland Protectorate*) – **1966* BOTSWANA**
1866* HONDURAS
1866* British Honduras – **1973* BELIZE** (*neuer Name*) – 1984–1985 Cayes of Belize
1866–1918, 1941–1944, 2006* SERBIEN – 1918–1925 Königreich Serbien, Kroatien u. Slowenien – 1925–2006 Jugoslawien (*Jugoslavija*) – 1941–1944 Serbien (*dt. Okk.*)
1866* BOLIVIEN (*Bolivia*)
1867* EL SALVADOR
1867–1946 Malaiische Staaten (*Straits Settlements*) – **1948* SINGAPUR** (*Singapore*)
1867–1946 Malaiische Staaten (*Straits Settlements*) – 1869–1963 Sarawak – 1876* **Johore** – 1878* **Perak** – 1878–1895 Sunjei Ujong – 1879–1906 Labuan – 1880* **Selangor** – 1883–1964 Nord-Borneo (*North Borneo*) – 1888* **Pahang** – 1891* **Negri Sembilan** – 1900–1935 Malaiischer Staatenbund (*Malaya Persekutuan Tanah Melayu*, engl. *Malaya*) – 1910* **Trengannu** – 1911* **Kelantan** – 1912* **Kedah** – 1948* Malakka (Melaka) – 1957–1963 Malaiischer Bund – **1963* MALAYSIA**
1868–1909, 1929, 1960–1968 Fernando Poo – 1901–1960 Spanisch Guinea (*Guinea Espanola*) – 1903–1909 Elobey, Annobon u. Corisco – 1960–1968 Rio Muni – **1968* ÄQUATORIALGUINEA** (*Guinea Ecuatorial*)
1868* Persien – **1935* IRAN** (*Namensänderung*)
1869* GAMBIA
1869–1878 St. Thomas u. Prince Island – **1975* SÃO TOMÉ UND PRINCIPE**
1870* ANGOLA – 1894–1920 Portugiesisch Kongo/Cabinda (*Congo, auf Freimarken diverser Staaten*)
1870* PARAGUAY
1870–1871 Fiji Times – **1871* FIDSCHI** (*Fiji*)
1871* AFGHANISTAN (*Postes Afghanes*)
1871* GUATEMALA
1871* JAPAN (*Nippon*) – 1947–1972 Ryukyu Inseln (*Ryukyus*)
1873* ISLAND
1873* SURINAME
1874–1918, 1941–1945, 2006* MONTENEGRO – 1941–1943 Montenegro (*ital. Okk.*) – 1943–1945 Montenegro (*dt. Okk.*)

1874* DOMINICA – 1890–1956 Leeward Islands (*Gemeinschaftsausgabe*)
1874–1906 Lagos – 1892–1899 Nigerküste (*\Britisch Protectorate/Oil Rivers*) –
1900–1914 Northern Nigeria – 1901–1914 Southern Nigeria – **1914* NIGERIA**
(Nigerien) (*\Nigeria*) – 1968–1971 Biafra
1876–1957 Goldküste (*\Gold Coast*) – **1957* GHANA**
1876* MOSAMBIK (*\Mocambique*) – 1892–1941 Mozambique Company –
1894–1917 Zambezia – 1894–1920 Laurenzo Marques – 1895–1920 Inhambane –
1897 Nyassa Company – 1914–1920 Quelimane, Tete – 1916 Kionga (*port.*)
1877* KAP VERDE (*\Cabo Verde*)
1877* SAN MARINO
1877–1881 Samoa/Express (*Privatpost*) – 1887–1899 Samoa Postage (*Privatpost*)
– 1900–1920 Samoa (*dt.*) – 1920–1935 Samoa (*Neuseeland*) – 1935–1961 Western
Samoa (*Neuseeland*) – **1962* SAMOA** (*\Samoa i Sisifo*)
1877–1881 (*Kap Verde Marken, mit Poststempel*) – 1881–1974 Portugiesisch
Guinea (*\Guine*) – **1974* GUINEA-BISSAU**
1878–1903 Panama (*Inlandspostverkehr*) – **1903* PANAMA** – 1904–1979 Canal
Zone (USA)
1879* BULGARIEN (*\Bulgaria, kyrill.*) – 1881 Ostrumelien – 1885 Südbulga-
rien
1879–1918, 1992* BOSNIEN UND HERZEGOWINA (*\Bosna i Hercegovina*)
1878–1880 (*brit. Marken*) – **1880* ZYPERN** (*\Cyprus, Kibris* – 1974* **Türkisch-
Zypern**
1881* HAITI
1881* NEPAL
1882–1885 Bangkok (*Straits Settlement Überdruck*) – **1883* THAILAND** (*alter
Name* **Siam**)
1883–1916 Deutsch-Ostafrika – 1916–1924 Ruanda, Afrique Orientale – 1924–
1962 Ruanda-Urundi (*belg.*) – **1962* RUANDA** (*\République Rwandaise*)
1883–1916 Deutsch-Ostafrika – 1916–1924 Urundi, Afrique Orientale – 1924–
1962 Ruanda-Urundi (*belg.*) – **1962* BURUNDI**
1884–1905 Korea – 1905–1946 (*jap. Marken*) – **1946* NORDKOREA** (*\DPR
Korea*)
1884–1905 Korea – 1905–1946 (*jap. Marken*) –**1946* SÜDKOREA** (*\Republic of
Korea*)
1889* MADAGASCAR – 1889–1898 Nossi Bé – 1890–1896 Diego Suarez –
1894–1898 St. Marie de Madagascar – 1895 Majunga (*franz. Marken*)
1884–1933 (*Marken von Britisch-Indien*) – **1933* BAHRAIN**
1885* MONACO
1886–1960 Belgisch Kongo (*\Etat Indépendent du Congo, Privatbesitz*) – **1960–
1971, 1998* KONGO, Demokratische Republik** (*\Congo*) – 1960–1963 Katanga – 1961 Südkasei (*\Sud Kasei*) – 1971–1997 Zaire
1886–1936 Gabun – 1891–1906 Französisch Kongo (*\Congo Française*) – 1936–

1959 Französisch Äquatorialafrika (*Afrique Equatoriale Française*) – **1959***
GABUN (*Gabon, Republique Gabonaise*)
1886* TONGA – 1983* **Niuafo'ou**
1886–1892 Cochin China – 1888–1892 Annam u. Tonkin – 1888–1951 Französisch
Indochina (*Indochine*) – **1945–1954, 1976* VIETNAM** – 1954–1976 Nordvietnam
(*Viet-Nam Dan Chu Cong Hoa*) – 1955–1975 Südvietnam (*Viet-Nam Cong Hoa*)
1886* SENEGAL – 1903–1906 Senegambia and Niger
1886–1895, 1945* TAIWAN, CHINA Republik (*auch Formosa*)
1888* TUNESIEN (*Tunisie, Tunis, Tunisienne*)
1889–1951 Französisch Indochina (*Indochine*) – **1951–1976, 1979* KAMBO-
DSCHA** (*Cambodge*) – 1971–1976 Khmer – 1977–1978 Kampuchea
1889–1932 Transvaal (*Swazieland, Aufdruck*) – **1933* SWASILAND** (*Swaziland*)
1889–1951 Französisch Indochina (*Indochine*) – **1951* LAOS** (*Laos, Lao*)
1890* SEYCHELLEN (*Seychelles*) – 1980–1992 Zil Elwannyen Sesel
1890–1964 British Ostafrika (*British East Africa*) – 1903–1922 British East
Africa u. Uganda – 1922–1935 Kenia u. Uganda (*ostafrikanische Postunion*) –
1935* **Kenia, Uganda u. Tanganjika** (*ostafrikanische Postunion*) – **1963* KE-
NIA**
1891–1907 British Central Africa – 1907–1963 Nyassaland (*Nyasaland, BCA
für British South Africa Company*) – **1963* MALAWI**
1891–1907 Französisch Kongo – 1907–1936 Mittelkongo (*Moyen Congo*) –
1936–1958 Französisch Äquatorialafrika (*Afrique Equatoriale Française*) –
1958* KONGO Republik (*Kongo-Brazzaville*)
1892–1925 British South Africa Company – 1925–1954 Northern Rhodesia –
1954–1963 Rhodesia u. Nyasaland – **1964* SAMBIA** (*Zambia*)
1892–1925 British South Africa Company – 1925–1954 Southern Rhodesia –
1954–1963 Rhodesia u. Nyasaland – 1963–1980 Rhodesia – **1980* SIMBABWE**
(*Zimbabwe*)
1892–1894 Obock – 1894–1902 Dschibuti (*Djibouti, Überdruck*) – 1894–1967
Französische Somaliküste (*Côte Française Somalis*) – 1967–1977 Afars u. Issas
(*Territoire Français des Afars et de Issas*) – **1977* DSCHIBUTI** (*Djibouti*)
1892–1914 Anjouan – 1906–1912 Mohéli – **1950* KOMOREN** (*Comores,
Grande Comore*)
1892–1899, 1976* BENIN – 1899–1944, 1960–1975 Dahomey (*umbenannt in
Benin*) – 1944–1959 Französisch-Westafrika (*Afrique Occidentale Française*)
1892–1945 Französisch Guinea (*Guinee*) – 1945–1958 Französisch-Westafrika
(*Afrique Occidentale Française*) – **1959* GUINEA**
1892–1944, 1959* ELFENBEINKÜSTE/CÔTE D'IVOIRE (*Côte d'Ivoire*) –
1944–1959 Französisch-Westafrika (*Afrique Occidentale Française*)
1893–1937, 1948–1952, 1991* ERITREA – 1942 Eritrea (*brit. Okk.*)
1893–1918 Deutsch-Ostafrika – 1895–1963 Sansibar (*Zanzibar, British East
Africa*) – 1915–1918 Mafia Island (*brit.*) – 1922–1935 Tanganjika (*Tanganyika,

brit.), Kenia u. Uganda – 1935* **Kenia, Uganda u. Tanganjika** (*ostafrikanische Postunion*) – 1964–1965 Tanganjika-Sansibar – **1965* TANSANIA**
1893–1901 Niger Coast – 1902–1906 Senegambien u. Niger – **1921–1944, 1959* NIGER** – 1944–1959 Französisch-Westafrika (*\Afrique Occidentale Française*)
1894–1901, 1921–1944 Französisch-Sudan (*\Soudan Française*) – 1902–1906 Senegambien u. Niger – 1906–1921 Obersenegal-Niger (*\Haute Senegal-Niger*) – 1944–1959 Französisch-Westafrika (*\Afrique Occidentale Française*) – **1959* MALI**
1894* ÄTHIOPIEN (*\Ethiopia*) – 1935–1938 Äthiopien (*\Etiopia, ital. Okk.*) – 1938–1942 Italienisch Ostafrika (*\Africa Orientale Italiana*)
1895–1902, 1962* UGANDA – 1903 East Africa u. Uganda – 1922 Kenia u. Uganda – 1935* **Kenia, Uganda u. Tanganjika** (*ostafrikanische Postunion*)
1897–1915 Deutsch-Südwestafrika – 1920–1990 Südwestafrika (*\South West Africa, Zuid West Afrika*) – **1990* NAMIBIA**
1897* SUDAN (*\Soudan*)
1897* KAMERUN (*\Cameroun, Cameroon*)
1897* TOGO – 1897–1919 Togo (*dt. Kolonie*)
1897–1898 (*dt. Kolonie, Aufdruck*) – **1899–1916, 1984* MARSHALL INSELN** (*\Marshall Islands*)
1898, 1919, 1945 Portugiesisch Afrika (*\Africa Correios, Imperio Colonial Portugues; für Angola, Cape Verde, Mozambique, Portuguese Guinea, St. Thomas and Prince Islands*)
1898–1919 Deutsch-Neuguinea – 1906–1907 British New Guinea – 1907–1953 Papua (*austral.*) – 1915–1924 North West Pacific Islands (*austral. Okk.*) – **1952* PAPUA NEUGUINEA,** (*\Papua New Guinea, alter Name Papua u. Neuguinea*)
1900–1914 Karolinen (*dt.*) – 1914–1944 (*jap. Okk.*), – 1944–1982 (*US Treuhandgebiet*) – **1983* PALAU**
1900–1914 Karolinen (*dt.*) – 1914–1944 (*jap. Okk.*), – 1944–1985 (*US Treuhandgebiet*) – **1986* MIKRONESIEN** (*\Micronesia*)
1903* SOMALIA – 1903–1960 British Somaliland – 1905–1939 Italienisch Somaliland (*\Benadir*) – 1925–1927 Italienisch-Djubaland (*\Oltre Guiba*)
1905–1924 Rio de Oro (*Span. Sahara*) – 1907–1927 Brit. Post in Marokko (*\Morocco Agencies*) – 1912–1956 Tanger (*internationales Territorium, \Tangier, brit., \Tanger, franz., span.*) – 1912–1915 (*Scherifische Post*) – 1912–1956 Französisch Marocco – 1914–1956 Spanisch Marokko (*\Marruecos, Aufdruck*) – 1920–1924 La Aguera – 1924 Spanisch Sahara (*\Sahara Espanol*) – 1941–1969 Ifni – **1956* MAROKKO** (*\Maroc*)
1906* MALEDIVEN (*\Maldive*)
1906* BRUNEI
1906–1944, 1960* MAURETANIEN (*\Mauritanie*) – 1944–1960 Französisch-Westafrika (*\Afrique Occidentale Française*)
1907–1975 British Solomon Islands – **1976* SALOMONEN** (*\Solomon Islands*)

1908–1980 Neue Hebriden (*Nouvelles Hebrides, Condominium, brit., franz.*) –
1980* VANUATU
1911–1975 Gilbert u. Ellis Islands – **1976* TUVALU**
1911–1975 Gilbert u. Ellis Islands – 1917, 1936 Weihnachtsinsel (*Christmas Island, Privatpost*) – **1979* KIRIBATI**
1912* LIECHTENSTEIN
1913* ALBANIEN (*Shqipënia, Shqiperia*) – 1914–1916 Epirus, Nord-Epirus
1915–1922 Ubangi-Schari-Tschad (*Oubangui Chari Tchad*) – 1922–1936 (Marken vom Kongo, *Oubanguichari*) – 1936–1958 Französisch Äquatorialafrika (*Afrique Equatorial Française*) – **1959* ZENTRALAFRIKANISCHE REPUBLIK** (*Republique Centralafricaine*)
1915–1922 Ubangi-Schari-Tschad (*Oubangui Chari Tchad*) – 1936–1958 Französisch Äquatorialafrika (*Afrique Equatorial Française*) – **1959* TSCHAD** (*Tchad*)
1916 Litauen (*dt., Postgebiet Ober-Ost*) – **1918–1940, 1990* LITAUEN** (*Lietuva*) – 1941 Litauen (*dt. Okk.*), Ostland (*dt. Überdruck*)
1915–1924 North West Pacific Islands (*austral. Okk.*) – **1916* NAURU**
1919* SYRIEN (*Syrie*) – 1916–1920 Ile Rouad (*franz. Überdruck*) – 1925–1931 Alawiten-Gebiet (*Alouites*, franz.) – 1931–1937 Latakia (*Lattaquie*) – 1958–1961 UAR (*United Arab Republic, Vereinigte Arabische Republik, mit Ägypten*)
1916–1925 Hedschas – 1925–1926 Nedschd – 1926–1932 Hedschas u. Nedschd – **1932* SAUDI-ARABIEN** (*Arabie Soudite*)
1918–1923, 1941–1943, 1992* UKRAINE (*Ukraina*) – 1939, 1944–1945 Karpaten-Ukraine
1917–1918 Baghdad, Iraq (*türk. Aushilfsausgaben*) – **1923* IRAK** (*Iraq*)
1918–1993 Tschechoslowakei (*Èeskoslovenská*) – 1938 Sudetenland, Asch (*dt. Okk.*) – 1939–1945 Böhmen u. Mähren (*dt. Okk.*) – **1993* TSCHECHISCHE REPUBLIK** (*Èeská Republica*)
1923–1935, 1950–1951 Cyrenaika (*ital.*) – 1923–1935, 1950–1951 Tripolitania (*ital.*) – 1943–1951 Fezzan-Ghadames (*franz. Okk.*) – **1951* LIBYEN** (*Libia*)
1939–1945, 1993* SLOWAKEI (*Slovensko*)
1918–1924 Fiume (*unabh.*) – 1920 Arbe (Rab), Veglia (*beides Überdrucke von Fiume*) – 1921–1929 Königreich Serbien, Kroatien u. Slowenien – 1943 Zara (*dt. Okk.*) – 1941–1943 Fiume u. Kupe (*ital. Okk.*) – **1941–1945, 1991* KROATIEN** (*Hrvatska*)
1919–1921, 1941–1945, 1991* SLOWENIEN (*Slovenija*) – 1921–1929 Königreich Serbien, Kroatien u. Slowenien
1919–1921 Batum (*British Occupation, Aufdruck*) – **1919–1924, 1992* ASERBAIDSCHAN** (*Azerbaidjan, Azarbaycan*)
1919–1920, 1993* GEORGIEN (*Georgie, Georgia*) – 1995* Abchasien (*Abkhazia*)
1919–1923, 1992* ARMENIEN (*Armenia*)

1920–1947 Palästina (\Palestine-British Administration) – **1948* ISRAEL** – 1994* **Palästina** (\Palestine)
1920* JORDANIEN (\Transjordan, Jordan)
1920–1932, 1959–1984 Obervolta (\Haute Volta) – **1984* BURKINA FASO** (neuer Name)
1922* IRLAND (\Eire)
1922* Vereinte Nationen (engl. League of Nations)
1923* KUWAIT
1923* IRAK (\Iraq)
1924* LIBANON (\Liban, Republique Libanaise)
1924–1958, 1962* ALGERIEN (\Algerie) – 1958–1962 (franz. Marken)
1924* MONGOLEI (\Mongolia)
1926* JEMEN (\Yemen) – 1937–1965 Aden – 1942–1955 Qu'aiti State in Hadhramaut – 1968–1990 Volksrepublik Jemen
1928* ANDORRA (\Andorre, span. Post) – 1931* **Andorra** (franz. Post)
1929* VATIKANSTADT (\Poste Vaticane)
1933–1966 Basutoland – **1966* LESOTHO**
1937* Burma – **1989* MYANMAR**
1944, 1991* MAZEDONIEN (\Makedohnja)
1944* Oman (\Muscat u. Oman)
1947* PAKISTAN
1947–1971 Pakistan – **1971* BANGLADESCH** (\Bangla Desh)
1955* BHUTAN
1957* KATAR (\Qatar)
1961–1963 Trucial States – 1963–1972 Dubai, Schardscha (\Sharjah) – 1964–1972 Adschman (\Adjman), Abu Dhabi, Fudschaira (\Fujeira), Ras al Khaima (\Ra's al-Chaima), Umm al-Qaiwain – 1965–1969 Khor Fakkan – **1972* VEREINIGTE ARABISCHE EMIRATE** (\United Arab Emirates)
1991* MOLDAWIEN (\Moldova)
1991* USBEKISTAN (\Uzbekistan)
1991* TURKMENISTAN
1991* KIRGISISTAN (\Kirghisztan)
1991* TADSCHIKISTAN (\Tadzikistan)
1991* KASACHSTAN (\Kazakhstan)
1991* WEISSRUSSLAND (\Belarus)
2002* TIMOR-LESTE
2006* MAZEDONIEN (\Makedonija)

STAATEN DER ERDE

Auch an historischen Ereignissen wenig interessierte Menschen werden sich vielleicht schon gefragt haben, wieso die Neue Welt nicht nach dem Entdecker Amerikas, Christoph Kolumbus, benannt wurde. Zufall, Irrtum oder gewollte Aberkennung einer historischen Leistung? Immer wieder hört man von den Problemen der Amerikaner, Österreich (Austria) und Australien (Australia) auseinanderzuhalten. Typisch amerikanisch, mag man so leichthin einwenden. Wieso gibt es ein Land der »Krabben«, wieso tragen andere Staaten den Beinamen »Löwe«? Wobei letztere Bezeichnung noch dazu in allen Fällen falsch ist? Warum sind manche Heilige, wie Georg, Vincent oder Lucia in Landesnamen verewigt? Wie weit reichte die Emanzipation bei der Benennung der Staaten der Erde? Gibt es überhaupt Frauennamen unter den 194 Staaten der Erde? Was hat das »Tätowieren« mit den Briten zu tun? Man könnte die Reihe der Fragen beliebig fortsetzen. In diesem Kapitel sind alle Antworten zu finden, so weit sich diese nicht im Dunkel der Geschichte verlieren.

Wie nun wurden Ländernamen festgelegt und wem fiel diese Aufgabe zu? Die Antwort ist nicht generell zu geben, es hängt sehr davon ab, wann ein Name entstanden ist. Der Drang des Menschen, Orte zu benennen, sei es um sie wieder zu erkennen, sei es um einen Herrscher oder eine gottähnliche Person zu ehren, sei es um ein bestimmtes Merkmal hervorzuheben, ist jedenfalls unverkennbar. In manchen Fällen sind es einmalige Schöpfungsakte, in anderen Beispielen erfährt ein Name zahlreiche Veränderungen oder wird im Laufe der Geschichte mehrmals umgedeutet. Jedenfalls hat jeder Staat der Erde seine etymologischen Wurzeln, bisweilen tief in der Vergangenheit verankert, die aufzuspüren und darzustellen gar nicht immer einfach ist.

Beinahe unglaublich mutet es daher an, dass ein einziger Mann insgesamt neun der 194 unabhängigen Staaten der Erde mit dem heutigen Staatsnamen bedachte: Christoph Kolumbus. Dennoch wird fast jedem Leser bei Nennung dieses Namens zu allererst das südamerikanische Kolumbien einfallen, das ja 1863 tatsächlich zu Ehren des großen Entdeckers umbenannt wurde, und zwar aus dem ehemaligen Neu-Granada. Dabei wäre der ganze Doppelkontinent, zumindest jedoch die Vereinigten Staaten, dieses Mannes würdig, der für das Einläuten der Neuzeit steht, der mit dem damals sehr gewagten Schritt über den Atlantik eine neue Epoche in der Geschichte der Menschheit einleiten sollte. Es bleibt aber dem Genuesen zumindest die Ehre, die folgenden Staaten »getauft« zu haben: Antigua und Barbuda, Costa Rica, Dominica, Dominikanische Republik, Honduras, St. Kitts und Nevis, St. Lucia, St. Vincent und die Grenadinen und zuletzt Trinidad und Tobago.

Die hier präsentierte Etymologie der Staatennamen wird in sechs Bereiche unterteilt. A. Von Bolivar bis Vespucci. B. Von der Lage auf unserem Globus. C. Vom

Wasser des Lebens zum Gipfel des Himmels. D. Vom Reichtum der Fauna und Flora. E. Von Ländern mit »Charakter« und »besonderen Kennzeichen«, bis zu F. Eine Melange von Ideen.

A. Von Bolivar bis Vespucci

Knapp mehr als zwei Dutzend historisch bedeutsame Herrscher, Statthalter, Entdecker, Eroberer, Forscher oder Heilige sind namengebend für die heutigen Staaten der Erde. Interessant, dass darunter nur ein einziges europäisches Land zu finden ist, was sicherlich mit der eher weit zurückliegenden Geschichte der Namensgebung auf diesem Erdteil zu tun hat. Die »Alte Welt« war bereits ausreichend benannt, als die großen Eroberungen und Entdeckungen stattfanden. Bei den bekannten historischen Persönlichkeiten sind es in der Neuen Welt Simón Bolívar, Christoph Kolumbus und Amerigo Vespucci, nach denen **Bolivien, Kolumbien** und die **USA** benannt wurden. In diese Familie gehören auch noch die Pazifikinselstaaten **Kiribati,** und die **Marshallinseln** sowie die »Briefmarkeninsel« **Mauritius,** die **Philippinen, Saudi-Arabien** und die **Seychellen.**

Eine eigene Untergruppe bilden die nach heiligen, göttlichen sowie biblischen Personen benannten Staaten. Zuerst aber eine Bemerkung zur Heiligenverehrung, die ja seit dem Hochmittelalter besonders durch die Orden der Franziskaner und Dominikaner unglaublich gefördert wurde. Gerade das gemeine Volk schrieb den Heiligen vielfältige Schutz- und Hilfsfunktionen zu, so dass das Patronatsdenken bereits einen gewaltigen Umschwung in der Namensgebung schlechthin brachte. Nicht nur in Kirchen, auch auf Bildern, im Kalender, bei Wallfahrten und in zahlreichen dramatisch ausgeschmückten Legenden waren die Heiligen zu Ende des 15. Jh.s fast allgegenwärtig.

Bei den »Heiligen« sind die von Kolumbus »getauften« Karibikinseln **St. Vincent, St. Lucia** und **St. Kitts** sowie das afrikanische **São Tomé und Principe,** die Kaukasusrepublik **Georgien** (allerdings mit großem Fragezeichen) sowie der europäische Zwergstaat **San Marino** zu nennen. Auf biblische Gestalten zurückzuführen sind **El Salvador, Israel** und die **Salomonen.**

Einige Staaten Afrikas und Asiens sowie ein Staat der Neuen Welt leiten ihren heutigen Namen von früheren Herrschern oder Staatsgründern ab. Dies ist wenig verwunderlich, da damit oft ein äußeres Zeichen für das Abschütteln der Kolonialepoche oder einer zeitweiligen Fremdherrschaft gesetzt wurde. Dazu gehören in Afrika **Angola, Mosambik** und **Swaziland,** in Asien **Armenien, Kambodscha, Laos, Oman** und **Usbekistan,** und als einziger Staat in der Neuen Welt **Nicaragua.**

B. Von der Lage auf unserem Globus

Immerhin zehn Staaten der Erde verdanken ihren Landesnamen einer Himmelsrichtung, nämlich **Australien**, die europäischen Staaten **Irland**, **Norwegen** und
Österreich, die asiatischen Länder **Japan**, **Timor-Leste** und **Vietnam** sowie **Marokko**, **Eritrea** und **Südafrika** auf dem ärmsten Kontinent. Die scheinbare Wan-
derung der Sonne zwischen den beiden Wendekreisen und die daraus resultieren-
den, unterschiedlich langen Jahreszeiten, der Polarstern und die Gestirne, das
Aufgehen der Sonne im Osten und ihr Verschwinden am Horizont im Westen
müssen in schon längst zurückliegenden Zeiten eine ungeheure Faszination auf
den Menschen ausgeübt haben. Daher sind die Lagebezeichnung Nord, Süd,
West und Ost für die entsprechenden Besiedlungsgebiete fast zwangsläufig erfolgt. In einigen Fällen war sicherlich der kultische Gedanke mitentscheidend für
die Namensgebung, in anderen Fällen scheint einfach die Randlage aus der eigenen Perspektive einen idealen Hintergrund zur Benennung ergeben zu haben.
Neben den reinen Himmelsrichtungen sind in einigen Fällen indirekte Lagebezeichnungen für die Bildung eines Landesnamens entscheidend. Wer mit der lokalen Topografie vertraut ist, findet sofort die »Weisheit« der Vorfahren bei der
Benennung der folgenden Staaten bestätigt: **Äquatorialguinea, Bahrain, Bhutan, Ecuador, Island, Komoren, Malediven, Mikronesien, Niederlande, Tuvalu, Ukraine** und **Zentralafrikanische Republik**.

C. Vom Wasser des Lebens zum Gipfel des Himmels

Eine relativ große Zahl von Staaten trägt einen ursächlich geografischen Namen,
wurde also nach Flüssen, Bergen, Inseln, klimatischen Gegebenheiten oder dergleichen benannt. Namen, die von Himmelsrichtungen oder der geografischen
Lage abgeleitet sind, wurden bereits in den vorigen Kapiteln abgehandelt. Manche
Staaten tragen auch die eher nichtssagende Bezeichnung »Region« oder »Land«,
was wohl damit zusammenhängt, dass die ersten Siedler froh und glücklich waren,
auf fruchtbares Land gestoßen zu sein. Dabei muss aber bedacht werden, dass gerade diese sehr alten Bezeichnungen häufig etymologisch nicht mehr genau abgeleitet werden können und damit immer ein gewisser Spielraum für Interpretationen und nachträgliche Deutungen offen steht. Dennoch ist es faszinierend zu
sehen, wie eng Topografie und Name zusammenhängen. Urteilen Sie selbst!
Kein Produkt der Natur ist lebensnotwendiger als das Wasser. Keines wird in diesem unserem 21. Jahrhundert mehr Probleme aufwerfen als dessen vielfach prog-
nostizierte Verknappung in vielen Teilen der Erde. Leben oder Sterben, Bleiben
oder Weiterziehen auf der ewigen Suche nach dem kostbaren Gut, Kulturland oder
Öde, immer war es das Wasser, das den entscheidenden Schiedsspruch fällte. Zudem diente der Lauf eines Flusses als natürlicher Wegweiser. Folgte der Mensch
dem Wasser flussauf oder flussab, so konnte er ziemlich sicher sein, auf neue Ge-

wässer zu treffen und damit auf neues Leben, auf sichere Nahrung, auf eine neue
Bleibe. Daher ist es kaum überraschend, dass viele Staaten direkt oder indirekt das
»Wasser des Lebens« in ihren Namen einbezogen haben: Sechsmal auf dem Konti-
nent Afrika, zweimal in Asien, viermal in Lateinamerika und einmal in Europa.
Vielleicht sollte man auch anmerken, dass Flussnamen etwas Beständiges, etwas
Zeitloses an sich haben. Siedlungen können verlassen werden, Reiche untergehen,
aber Flüsse verändern höchstens die Richtung ihres Laufs. Der Wasserkreislauf der
Erde symbolisiert den Charakter der Ewigkeit. Daher zählen Flussnamen zu den
ältesten überlieferten geografischen Namen, auch unter den Staaten der Erde. Die
vollständige Liste lautet: **Belize, Bosnien-Herzegowina, Gambia, Indonesien, Jamaika, Jordanien, Niger, Nigeria, Paraguay, Peru, Sambia, Senegal** und **Tschad.**
Neben den Flussnamen sind zahlreiche weitere topografische Bezeichnungen unter den Staaten der Erde zu finden. Kein Wunder, verlangt doch quasi die Natur
selbst nach dieser Art der Benennung. Daher ist es auch klar, dass diese Gruppe
durch sehr viele alte Namen geprägt wird: **Algerien, Bahamas, Brunei, Chile, Dänemark, Estland, Fidschi, Haiti, Honduras, Irak, Kenia, Kongo Dem. Rep.,
Kongo Rep., Kroatien, Kuba, Kuwait, Libanon, Litauen, Malawi, Malaysia,
Montenegro, Namibia, Nepal, Polen, Portugal, Taiwan, Togo, Vanuatu** und
Venezuela.

D. Vom Reichtum der Fauna und Flora

Überraschend gering ist die Zahl der Staaten, die nach Tieren und Pflanzen benannt wurden, vor allem, wenn man dies mit statistischen Werten aus der Heraldik
vergleicht. Kaum ein Dutzend Namen aus der Tierwelt fand letztlich Eingang in
die Staatenetymologie: Löwe, Adler, Rind (Kalb), Nilpferd, Kaninchen, Fisch, Vogel und Krabbe. Nicht zu vergessen der ausgestorbene Riesenvogel Moa.
Die betroffenen Staaten sind: **Albanien, Guatemala, Italien, Kamerun, Mali,
Malta, Mazedonien, Panama, Samoa, Sierra Leone, Singapur, Spanien, Uruguay** und die **Vereinigten Arabischen Emirate.** Dazu kommen noch einige
nach Pflanzen bezeichnete Länder, die allerdings meist nur einen Kollektivnamen verwenden: **Andorra, Barbados, Brasilien, Costa Rica, Grenada, Moldawien** und **Kap Verde.**

E. Von Ländern mit »Charakter« und »besonderen Kennzeichen«

Eine gar nicht so unbeträchtliche Zahl von Staaten lässt ihren Namen etymologisch auf eine Charaktereigenschaft oder eine bestimmte Lebensweise zurückführen. Manche auch auf besondere körperliche Merkmale, wie etwa die Haut-

farbe. Sicherlich war damit ursprünglich das namengebende Volk gemeint, von dem in manchen Fällen kaum irgendwelche Spuren zurückgeblieben sind. In der Regel sind es positive Werte, Worte des Kampfes und der Tapferkeit und dergleichen, die für die tonangebende Männerwelt den höchsten Stellenwert hatten. Die Details entnehmen Sie bitte dem Lexikonteil dieses Buches. In diese Gruppe gehören: **Äthiopien, Belgien, Bulgarien, Burkina Faso, Finnland, Frankreich, Griechenland, Großbritannien, Guinea, Guinea-Bissau, Guyana, Iran, Kasachstan, Kirgisien, Lesotho, Liberia, Mauretanien, Mongolei, Myanmar, Papua-Neuguinea, Russland, Schweden, Slowakei, Somalia, Sudan, Thailand, Türkei** und **Turkmenistan**.

F. Eine Melange von Ideen

Einige Staaten der Erde führen ihren Namen auf christlich-religiöse Werte der Namengeber zurück. Hierzu gehören **Antigua und Barbuda, Dominica, Dominikanische Republik, Tonga** sowie **Trinidad und Tobago**. Eigentlich fallen auch die zahlreichen Staaten, die nach Heiligen benannt wurden, sowie Israel und die Salomonen in diese Kategorie. Sie wurden aber bereits im Abschnitt über historische Persönlichkeiten abgehandelt (s. d.).

Auch außerhalb der christlichen Religion sind vom Glauben inspirierte Landesnamen nicht ganz unbekannt. So trägt etwa einer der ersten Staaten der Erde, die frühe Hochkultur **Ägypten**, einen »Götternamen«. Außerdem fallen folgende Staaten in diese Kategorie: **Aserbaidschan, Dschibuti, Jemen, Mexiko, Sri Lanka** und **Tunesien**.

Wenn in der Überschrift »Melange« steht, so sind damit besonders die Staaten gemeint, die in keine der obigen Gruppen hineinpassen. Die Namensgebung folgt in allen Fällen einem ungewöhnlichen Muster, so dass meist eine Art Einzigartigkeit bei der Namensherleitung besteht. Wieder muss zur genaueren Betrachtung auf den Lexikonteil verwiesen werden. Zu nennen sind: **Argentinien, Benin, China, Côte d'Ivoire, Deutschland, Gabun, Georgien, Ghana, Kanada, Katar, Korea, Libyen, Liechtenstein, Luxemburg, Madagaskar, Monaco, Neuseeland, Pakistan, Schweiz, Simbabwe, Syrien, Tansania, Tschechische Republik, Weißrussland** und **Zypern**.

Viele Staaten der Erde sind nach Völkern benannt, wobei in manchen Fällen die genaue Bedeutung des Völkernamens nicht mehr klar ist. Neue Forschungsergebnisse auf dem Gebiet der Wortwurzeln werden da und dort eine exaktere Deutung zulassen, doch mit dem heutigen Stand des Wissens können folgende Staaten nur in dieses sehr »offene« Kapitel unserer etymologischen Betrachtung aufgenommen werden: **Afghanistan, Bangladesch, Botswana, Burundi, Lettland, Nauru, Palau (Belau), Ruanda, Rumänien, Serbien, Slowenien, Tadschikistan, Uganda** und **Ungarn**. Dies sind also jene Länder, denen quasi ein »Volk seinen Namen geschenkt hat«.

USA – STAATEN UND STÄDTE

I. STAATEN

Die politische Geschichte der Vereinigten Staaten spiegelt sich in der Namensgebung der fünfzig Staaten deutlich wider. England, Frankreich, Spanien und die schon vor der Entdeckung Amerikas ansässige Bevölkerung haben diesen Staaten ihren Stempel aufgedrückt. Dabei fällt als unerwartete Überraschung der hohe Anteil an indianischen Benennungen ins Auge, ziemlich gleichmäßig verstreut über das ganze Bundesgebiet. Die Schreibung dieser Namen hat jedoch im Laufe der Zeit dramatische Veränderungen erfahren, sodass manche der ursprünglichen Wortwurzeln kaum mehr erkennbar sind. »Wolkiges Gewässer«, »Land der großen Hügel«, »Langer Fluss«, »Platz der Götter«, »Rote Menschen« oder »Volk des südlichen Windes« sind einige der sehr blumigen Namen aus der deskriptiven Sprache der autochthonen Bevölkerung Nordamerikas. Hier kommt der enge Zusammenhang zwischen Mensch und Natur noch sehr unverfälscht zum Ausdruck.

A. Namen aus indianischen Sprachen

Faszinierend für den Namensforscher ist die Tatsache, dass zahlreiche US-Staaten indianische Namen tragen. Dies trotz der fast vollständigen Zurückdrängung des »Roten Mannes« aus dem östlich des Mississippi-Missouri gelegenen Gebietes. Mit dem Vorrücken der »Frontier« im 19. Jh. mussten praktisch alle Indianerstämme den weißen Siedlern, die mit immer größerer Vehemenz vorstießen, weichen.

Dennoch konnten mehr als 50 Prozent der Staaten ihre indianischen Wurzeln bewahren: **Alabama, Alaska, Arizona, Arkansas, Connecticut, Idaho** (wahrscheinlich indianischen Ursprungs), **Illinois, Iowa, Kansas, Kentucky, Massachusetts, Michigan, Minnesota, Mississippi, Missouri, Nebraska, New Mexiko** (über den Umweg Spanien), **North Dakota, Ohio, Oklahoma, Oregon, South Dakota, Tennessee, Texas, Utah, Wisconsin** und **Wyoming**.

B. Englische Personen- und Gebietsnamen

Besonders in den stark europäisch geprägten, auch heute noch sehr britisch angehauchten Neuenglandstaaten haben sich Namen von englischen Adeligen sowie ehemalige Heimatnamen durchgesetzt. Das darf nicht erstaunen, war doch in den ersten Jahrzehnten der Kolonisierung die Heimatverbundenheit sehr stark.

Zudem wurden Gesetze im britischen Parlament in London beschlossen, was ja nicht zuletzt den Unmut der Siedler und die durch die Bostoner Tea Party einge- läutete Loslösung vom Mutterland bewirkte.

Die vollständige Liste dieser »British names« sieht so aus: **Delaware, Georgia, Maryland, New Hampshire, New Jersey, New York, North Carolina, Penn- sylvania** (der zweite Namensteil hat lateinische Wurzeln), **South Carolina, Vir- ginia** (ursprünglich ein römischer Familienname), **Washington** und **West Virgi- nia** (wie Virginia).

C. Französische Namen

Große Teile der heutigen USA waren lange Zeit in der Hand der Franzosen, bis Napoleon im Jahr 1803 durch einen für seine Eroberungszüge erforderlichen Not- verkauf den Amerikanern den sogenannten Louisiana Purchase ermöglichte und deren Territorium in der Neuen Welt mit einem Schlag annähernd verdoppelte. Ei- nige französische Namensinseln haben sich jedoch bis zum heutigen Tag erhalten, so zum Beispiel die *Cajuns* im heutigen Louisiana (nicht zu verwechseln mit den endlosen Prärien des alten Louisiana westlich des Mississippi).

Allerdings zeigen nur vier Staaten der USA ihren französischen Ursprung im Na- men: **Illinois** (die Endung *ois* ist französisch), **Louisiana, Maine** und **Vermont.**

D. Spanische Namen

Der Süden der Vereinigten Staaten war schon seit der Zeit der Konquistadoren spanisch geprägt. In wechselvoller Geschichte fielen letztlich alle Territorien nördlich des El Paso zu den USA.

Die spanischen Wurzeln leben jedoch in einigen Staatennamen weiter: **Califor- nia, Colorado, Florida, Nevada** und **New Mexiko.**

E. Anderer Namensursprung

Ganz wenige Staaten führen ihren Namen auf eine andere als die in der neuen Welt dominierenden Sprachen zurück. Bei der großen Liebe der Amerikaner zu allem Klassischen – man denke nur an die griechischen Säulen des Weißen Hau- ses – darf es nicht verwundern, dass sogar Latein in mehreren Fällen namenge- bend war:

Hawaii (Polynesischer Name), **Indiana** (Kunstwort, von französischen Siedlern gebildet), **Montana** leitet sich vom lat. *mons* (dt. Berg) ab, **Virginia** (und **West- Virginia**) gehen auf den römischen Familiennamen Verginius zurück. Allerdings kamen die beiden »jungfräulichen Staaten« über Queen Elisabeth I. zu ihren Ehren. **Pennsylvania** setzt sich aus einem walisischen Namen und einem aus dem Lateinischen abgeleiteten zweiten Teil zusammen.

Ein einziger Staat trägt einen holländischen Namen, was auf Grund der Besiedlungsgeschichte nur einer der Neuenglandstaaten sein kann: **Rhode Island.**

II. STÄDTE

Da die Städtebildung vorwiegend eine Sache des »Weißen Mannes« war, darf es nicht überraschen, dass die US-amerikanischen Siedlungen fast durchwegs dem Muster europäischer Benennung folgen. Ob Entdecker, Monarchen oder Heilige, in Städtenamen spiegelt sich die in den letzten Jahrhunderten dominierende politische und religiöse Geisteshaltung der europäischen Siedler wider. Erstaunlich ist allein die Tatsache, dass mit Ausnahme George Washingtons kaum einer der Präsidenten der USA durch Benennung einer größeren Stadt seine besondere Ehrung erfuhr.

A. Personennamen

Viel häufiger als bei den fünfzig Staaten der USA wurden Personennamen zur Bezeichnung der neuen Siedlungen gewählt. Entdecker, Gouverneure, Mitglieder der Königshäuser, Indianerhäuptlinge, Heilige und viele Persönlichkeiten haben sich in den Namen der großen amerikanischen Städte verewigt.

Vollständige Liste der Städte über 500 000 Einwohner und weitere Beispiele: **Albuquerque, Austin, Baltimore, Charlotte, Cleveland, Columbus, Dallas, Denver, Fairbanks, Ford Lauderdale, Gettysburg, Houston, Jacksonville, Jamestown, Juneau, Lincoln, Nashville, New Orleans, New York, Pittsburgh, Princeton, Reno, Saint Louis, Saint Paul, San Antonio, San Diego, San Francisco, San José, Santa Fé, Seattle** (indian. Ursprungs) und **Washington.**

B. Indianische Namen

Verglichen mit den US-Staaten sind die Städtenamen indianischen Ursprungs sehr selten zu finden. Der Grund liegt einfach darin, dass indianische Siedlungen in keiner Weise den europäischen Stadtcharakter haben und Städte daher erst dann entstanden, wenn eine nennenswerte Zahl von Weißen entlang der »Frontier« ins Neuland vordrang.

Vollständige Liste der Städte über 500 000 Einwohner und weitere Beispiele:

Chattanooga, Chicago, Miami, Milwaukee, Minneapolis (erster Teil), Pasadena, Pearl Harbor (Übersetzung), Seattle (gleichzeitig ein Personenname), Squaw Valley

C. Anderer Namensursprung

Eine Handvoll Namen hat einen völlig anderen Ursprung, wie etwa geografische Gegebenheiten. Aber auch nostalgische Gründe waren besonders im Osten der USA, in den Neuengland- und den Atlantikstaaten, für die Benennung einiger Siedlungen entscheidend. Das klassische Beispiel ist Boston, Massachusetts, das seinen Namen einer Ortschaft in Lincolnshire verdankt, da ein beträchtlicher Teil der Pilgrim Fathers aus dieser Stadt stammte.

Vollständige Liste der Städte über 500 000 Einwohner und weitere Beispiele: **Aspen, Atlanta, Beverly Hills, Boston, Bretton Woods, Cambridge, Des Moines, Detroit, El Paso, Honolulu, Independence, Indianapolis, Las Vegas, Little Rock, Long Beach, Los Angeles, Memphis, Minneapolis** (zweiter Teil), **Newark, New Haven, Palm Beach, Palm Springs, Palo Alto, Philadelphia, Phoenix, Portland, Providence, Sacramento, Salem, Salt Lake City, Tallahassee**

GLOSSAR

Oft lässt sich die etymologische Herkunft eines geografischen Namens ziemlich direkt aus der Wortwurzel ablesen, vorausgesetzt, Sie haben ein kleines Mehrsprachenlexikon zur Hand. Und genau diese Informationsquelle anzubieten, ist die Absicht dieser Zusammenstellung. Ich habe mich an das bewährte Prinzip der alphabetischen Auflistung geografischer Namensteile gehalten und hoffe, dem etymologisch interessierten Leser damit einen sehr direkten Zugang zu diesem Thema zu ermöglichen.

å – dän./norw. **Fluss, Strom**
āb – pers. **Wasser, Fluss**
ābād – hindi **bewohnter Platz**
abbey – engl. **Abtei**
abd – arab. **Sklave, Diener**
aber – wal. **Flussmündung**
abu – arab. **Vater**
ach – dt. **Baum, Wasser**
acum, iacum – lat. **(gehörend zu)**
ada – türk. **Insel**
adrar – berber **Berg, Bergland**
agorá – griech. **Markt**
aïn – arab. **Quelle, Brunnen**
ak – türk. **weiß**
akan – armen. **Stadt**
akhal – georg. **neu**
akrópolis – griech. **Burg**
al, an, as, ar, el – arab. **(der, die, das)**
albus – lat. **weiß**
alcalá – span. **Schloss, Befestigung**
alt, alten – dt. **alt**
alta – port. **Anhöhe**
alto – ital./port./span. **hoch, ober**
altus – lat. **hoch**
älv – schwed. **Fluss**
amt – österr. **Streusiedlung**
an – malag. **(für einen Ortsnamen)**
ǎn – chin. **Friede, friedvoll**
àn – chin. **Ufer**
ang, lang, wang – dt. **Feld**
aqua – lat. **Wasser, Quelle**

argós – griech. **Feld**
arroyo – span. **Bach**
ate, te, nit, net – kelt. **(Kollektivsuffix)**
áth(a) – ir. **Furt**
àth – gäl. **Furt**
au, aue – dt. *feuchte Wiese*
aul – tatar. **Siedlung**
ayn – arab. **Quelle, Brunnen**

baai – afrik. **Bucht**
bāb – arab. **Straße, Tor, Meerenge**
bach – dt. **fließendes Wasser**
backe – schwed. **Hügel**
bælt – dän. **Meerende**
bāgh – pers. **Garten**
bahía – span. **Bucht**
bahr – arab. **Meer, Bucht, Fluss, See**
baía – port. **Bucht**
baile, cathair – ir./gäl. **Stadt, Platz, Farmland**
balad – arab. **Stadt**
bandar – arab./pers./malai. **Hafen**
bank – engl. **Ufer**
bánya – ungar. **Mine**
barr – arab. **Land**
bas – franz. **unter, tief**
bauer, bauern – dt. **freier Bauer**
bay – engl. **Bucht**
bayt – arab. **Haus**
beau, bel – franz. **schön**
běi – chin. **Norden, nördlich**

beinn – ir./gäl. Berg
bel – slow. weiß
ben, beinn – kelt./gäl. Berg
beorg – aengl. Berg, Hügel
ber, bär – dt. Bär
berg – afrik./dt./norw./schwed. Berg
berg, bergen, barg(en) – dt. Anhöhe,
    Hügel
beuern, beuren, beuron, bur – dt.
    Haus, Gehöft, Wohnstätte
bialy – pol. weiß
bianco – ital. weiß
big – engl. groß
bilād – arab. Land
bílý – tschech. weiß
bi'r – arab. Brunnen
bjély – russ. weiß
black – engl. schwarz
blanc – franz. weiß
blanco – span. weiß
bleu – franz. blau
blue – engl. blau
boca – port./span. Flussmündung
boer – afrik. Farmer
bois – franz. Wald
border – engl. Grenze
borg – dän./isl./schwed. Burg, Fes-
    tung, Fort
born – dt. Quelle
bourg – franz. kleiner Marktplatz
branco – port. weiß
brand – dt. Brandrodung
bridge – engl. Brücke
briga – kelt. befestigter Hügel
briva – kelt. Brücke
brod, bród – serbokr./slaw. Boot, Furt
broich – dt. Sumpfland
brook – engl. Bach
bruck, brück(en) – dt. Brücke, Knüp-
    peldamm, Bohlenweg
brug – nl. Brücke
brycg – aengl. Brücke
bryn – wal. Hügel

bühl, büll – dt. Hügel, Anhöhe
bur – dt. Haus, Gehöft, Wohnstätte
burg – afrik./dt. Burg, Stadt
burh – aengl. befestigter Platz
buri – thai. Stadt
burk – dt. Burg
by – dän./norw. Stadt
bý – askand. Dorf, Siedlung

cabo – port./span. Kap
caer – wal. Festung, befestigter Platz
campo – ital./port./span. Feld, Ebene
campus – lat. Ebene, flacher Platz
casa – ital./port./span. Haus
castello – ital. Burg
castle – engl. Burg, Schloss
castra – lat. Militärlager
ceaster – aengl. Lager, befestigte Stadt
černá – tschech. schwarz
český – tschech. Tscheche, tschechisch
chain – engl. Bergkette
champ – franz. Feld
château – franz. Burg, Schloss
chemin – franz. Weg
chéng(-si) – chin. Stadt
chërnij – russ. schwarz
chiang – thai. Stadt
church – engl. Kirche
cidade – port. Stadt
cill – ir./gäl. Kirche, Zelle
cima – ital./span. Gipfel
cime – franz. Gipfel
città – ital. Stadt
city – engl. Großstadt
ciudad – span. Stadt
co – tibet. See
coast – engl. Küste
col – franz. Pass
colina – span. Hügel
collis – lat. Hügel
colonia – lat. Kolonie, Siedlung
cordillera – span. Bergkette
costa – ital./port./span. Küste

GLOSSAR

côte – franz. Küste
country – engl. Land
creek – engl. Bach, schmale Bucht
crkva – serbokr. Kirche
črn, crn – slaw. schwarz
cruz – span. Kreuz
czarny – pol. schwarz

dağ – türk. Berg
dàgh – pers. Berg, Gebirge
dal – afrik./dän./nl./norw./schwed. Tal
dăo – chin. Insel
dār – arab. Haus, Palast, Land
d'argent – franz. silbern
darja – pers. Fluss, Meer
dasht – pers. Wüste
deep – engl. tief
dêmos – griech. Volk
deniz – türk. Meer
desert – engl. Wüste
désert – franz. Wüste
deserta – lat. Wüste
dhar – arab. Hügel
dijk – nl. Deich
djábal, djebel – arab. Berg
do – kor. Provinz
dolina – bulg./serbokr. Tal
dom – russ. Haus
dong – kor. Dorf
dōng – chin. Osten
d'or – franz. golden
dorado – span. golden
dorf – dt. bäuerliche Siedlung, Einzelhof
dorp – afrik./nl. Dorf, Stadt
drei – dt. drei
dri – dt. drei
droichead – ir. Brücke
dubh – ir./gäl. schwarz
dûn – aengl. Hügel
dùn – gäl. Fort, Befestigung
dún – ir. Fort, Festung
dvîpa – aind. Insel

east – engl. Osten, östlich
eber – dt. Wildschwein
eck, egg – dt. Schneide, Ecke
ede – dt. (Endung für Kollektivnamen)
ēg – aengl. Insel
eiland – nl. Insel
eirene – griech. Frieden
eisen – dt. Eisen
elv – norw. Fluss
erg – arab. Sandwüste
erns, ens – fries. (Zugehörigkeitsendung)
erz – dt. Bergbauort
eski – türk. alt
ey – askand. Insel
eyja – isl. Insel

fehér – ung. weiß
fekete – ung. schwarz
feld, felde – dt. Feld
feng – chin. Gipfel, Wind
field – engl. Feld
fiume – ital. Fluss
fjall – isl. Berg
fjell – schwed. Berg
fjord – norw. Trogtal
flat – engl. Flachland
fluvius – lat. Fluss
fontein – afrik. Quelle, Brunnen
ford – engl. Furt
forest – engl. Wald
forêt – franz. Wald, Forst
fort – engl. befestigte Anlage
forum – lat. Markt
frontera – span. Grenze
fuente – span. Quelle, Brunnen
fuku – jap. Glück
fünf – dt. fünf
furt, furth, ford, fort, vörde – dt. Furt

gông – chin. Hafen
ganj – hindi Markt

gao – chin. hoch
garden – engl. Garten
garh – hindi Festung
gáwan – russ. Hafen
gê – griech. Land
gezîra – arab. Insel
gleann, glen – ir./gäl. Tal
gobi – mongol. Wüste
gold – dt. golden
golden – engl. golden
golfe – franz. Golf
golfo – ital./span. Golf
göl(ü) – türk. See
gora, góra – slaw. Berg, Hügel
gorá – bulg. Wald
górad – russ. Stadt
gorge – engl./franz. Schlucht
gorsk – russ. Stadtbewohner
góry, gory – poln./russ. Berg, Gebirge
graben – dt. Graben
grad, grád – slaw. Stadt, Siedlung
graf(en) – dt. Graf, gräflich
grand – franz. groß
grande – ital./port./span. groß
great – engl. groß
green – engl. grün
grenz – dt. Grenzland
gród – pol. Stadt, Siedlung
groden, grode – dt. neu angeschwemmtes Land
groen – nl. grün
grön – schwed. grün
grœn – isl. grün
groß, gross – dt. groß
grün – dt. wachsen, grünen
guăng – chin. groß, weit
gué – franz. Furt

hagen, hag – dt. eingefriedeter Ort
hăi – chin. Meer, See
hăi'àn – chin. Küste
hain, han – dt. eingefriedeter Ort
hal, hal – dt. Saline

hālig – aengl. heilig
hall – dt. Halle, Salz, Heller
hām – aengl. Heimstatt, Dorf
ham – dt. umfriedetes Weideland
hama – jap. Strand
hamada – arab. Steinwüste
hamm – aengl. Einfriedung
hamn – norw./schwed. Hafen
har – hebr. Berg
harbour – engl. Hafen
haus, hausen – dt. bei den Häusern
haut – franz. hoch
hav – dän./norw. Meer
haven, haven – nl. Hafen
havn – dän./norw. Hafen
hé – chin. Fluss
head – engl. Kap
hēah – aengl. hoch
heath – engl. Heide
hegy – ung. Berg
heide – dt. Heideland
height – engl. Höhe
heim – dt. Haus, Wohnort
here – aengl. Armee
herzog(en) – dt. Adelstitel
high – engl. hoch
highland – engl. Hochland
hill – engl. Hügel
hinter – dt. hinter
hirsch – dt. Hirsch
hisar – türk. Festung, Burg
ho – chin. Fluss
ho – kor. See
hoch – dt. hoch
hoek – nl. Kap, Landspitze
hof(en), höfen – dt. Gehöft (auf der
   Anhöhe)
holm – dän./nsächs./schwed. Insel,
   Halbinsel
holy – engl. heilig
holz – dt. Gehölz, Wald
home – engl. Heimstatt, Dorf
hóng-sè – chin. rot

hoog – nl. hoch
hora – tschech. Berg
hórmos – griech. Hafen
hom – dt. Landspitze
horst – dt. Gebüsch, Buschwald im Moor
house – engl. Haus
hrad – tschech. Burg
hú – chin. See
huáng – chin. gelb
hüyük – türk. Hügel

i – hebr. Insel
ice, ovce – tschech. (gehören zu)
ikon – schweiz. (geografische Einheit)
île – franz. Insel
ilha – port. Insel
in – dt. (Eindeutschungssuffix slaw. Siedlungsnamen)
ing – aengl. (gehören zu)
ing, ingen, ungen – dt. (Zugehörigkeitsendung)
inga, ingas – aengl. (Leute von)
inghausen, ingheim, inghoven – dt. (Siedlungsnamen u. Zugehörigkeitsnamen)
inlet – engl. Bucht
in(n)is, ennis – gäl. Insel
insula – lat. Insel
inver, inbhir – gäl. Mündung
ir – hebr. Stadt
irmak – türk. großer Fluss
isla – span. Insel
island – engl. Insel
isola – ital. Insel
itsch – dt. (Eindeutschungssuffix slow. Siedlungsnamen)
itz, nitz, witz – dt. (Eindeutschungssuffix slaw. Ortsnamen)

jabal – arab. Berg, Bergkette
järvi – finn. See
jaune – franz. gelb

jazîrat – arab. Insel, Halbinsel
jazîré – pers. Insel
jezîra – arab. Insel
jiāng – chin. Fluss
jima – jap. Insel, Klippe
jökull – isl. Gletscher

kaap – nl. Kap
kale – türk. Festung, Burg
kamen – russ. Fels, Stein
kand – pers. Stadt
kar – präidg. Fels, Stein
kara – türk. schwarz
káto – griech. niedrig, nieder
kauf – dt. Handelsplatz
kawá – jap. Fluss
kawlat – arab. Berg
kiang – chin. Fluss
kirch, kirchen, kapelle, zell – dt. Kirche, Kapelle, Zelle
kis – ung. klein
kita – jap. Norden
kizil, kyzyl – türk. rot
klein – dt. klein
könig(s) – dt. Herrschertitel
köping – schwed. Markt(platz)
ko – jap. See, Lagune
kot – hindi Fort, Wehrsiedlung
kota – malai. befestigte Siedlung, Stadt
kou – chin. Mündung
kraj – pol. /slaw. Land
krásny – russ. rot, schön
kray – russ. Territorium, Region
ksar – arab. befestigte Siedlung
kûh – pers. Berg
kupfer – dt. Bergbauort
kum – tadschik. Sand, Wüste

labuan – indon. Bucht, Hafen
lac – franz. See
lacus – lat. See
lago – ital./port./span. See

lagoa – port. Lagune
laguna – span. Lagune
lahti – finn. Bucht
lake – engl. See
laken – dt. stehendes Altwasser
land – engl. Land
lande – franz. Heide
lar – dt. Gerüst, Gestell zur Viehhal-
    tung
large – engl. groß
lēah – aengl. Wald
leben, legen – dt. erbliches Gut,
    Grundeigentum
leiten, leithen – dt. Berghang
les – tschech./russ. Wald
leukós – griech. weiß
limes – lat. Grenze
limne – griech. See
linn – estn. Festung, Burg
linn – ir./gäl. Teich, See
lios – ir. Festung, Burg
little – engl. klein
llan – wal. Kirche
loch – ir./gäl. See
loh, loch – dt. fließender Bach
lough – gäl. See
lower – engl. niedrig, nieder
luka, lúka – serbokr. Hafen

ma – arab. Wasser
maa – finn. Land
madína(h) – arab. Stadt
magen – dt. Feld, Ebene
maghrib – arab. Westen, westlich
magnus – lat. groß
mäki – finn. Hügel
mali, máli – slaw. klein
mar – port./span. Meer
mar – dt. Siedlung des ...)
mare – lat./ital./burm. Meer
mare – rum. groß
mark – dt. Grenzland
market – engl. Marktplatz

markt – dt. Handelsplatz
meadow – engl. Wiese
meer – afrik./nl. See
méga – griech. groß
mélas – griech. schwarz
mer – franz. Meer
mere – aengl. See, Teich
meri – finn. Meer
mesa – span. Hochebene
mésto – slow./tschech. Stadt, Ort
miasto – pol. Stadt
middel – aengl. Mittel
midi – franz. Süden
mikrós – griech. klein
mînâ – arab. Hafen
mir – russ. Frieden
mons – lat. Berg
mont – franz. Berg
monte – ital./port./span. Berg
moos, moor – dt. Gelände mit sumpfi-
    gem Boden
more, móre – russ./slaw. Meer
mórje – russ. Meer
most – slaw. Brücke
mound – engl. Hügel
mountain(s) – engl. Berg, Gebirge
mouth – engl. Mündung
Mt. – engl. (Abk.) Berg
mühl – dt. Mühle
muir – ir./gäl. Meer
mull – gäl. Vorgebirge
mund, münde – dt. Flussmündung
munte – rum. Berg
münster – dt. Klosterkirche, Dom
mūtha – aengl. Flussmündung
mynster – aengl. Kloster
myo – burm. Stadt

na – bulg./russ. auf
nad – tschech. über, ober
nagar – hindi Stadt
nagara – aind. Stadt
nagorje – russ. Hochland

nagy – ung. **groß, weit, hoch**
nahr – arab. **Fluss**
nakhon – thai. **Stadt**
nam – burm./thai./viet. **Süden, südlich**
nán – chin. **Süden, südlich**
negri – indon. **Stadt**
negro – span. **schwarz**
néos – griech. **neu**
nero – ital. **schwarz**
nêsos – griech. **Insel**
neu – dt. **neu**
neun – dt. **neun**
new – engl. **neu**
nieder – dt. **niedrig gelegen**
niemi – finn. **Halbinsel, Kap**
nieuw – nl. **neu**
niger – lat. **schwarz**
nikē – griech. **Sieg**
níng – chin. **friedlich, ruhig**
nishnij – russ. **niedrig**
niwe – aengl. **neu**
noir – franz. **schwarz**
norte – port./span. **Norden**
north – engl. **Norden, nördlich**
nov – serbokr. **neu**
novi, novy – slaw. **neu**
novo – port. **neu**
nówij – russ. **neu**
nowy – pol. **neu**
nuevo – span. **neu**
nuovo – ital. **neu**
ny – dän./norw./schwed. **neu**

ø, øy – dän. **Insel**
ö, öar schwed. **Insel**
ober – dt. **oberhalb gelegen**
oblast – russ. **Provinz**
oder – dt. **Wasser**
oîkos – griech. **Haus**
oka – jap. **Land, Küste**
old – engl. **alt**
oraş – rum. **Stadt**
óros – griech. **Berg**

os – lat. **Mündung**
ostân – pers. **Provinz**
ostraw – russ. **Insel**
ostrov – tschech. **Insel**
òstrow – bulg. **Insel**
ôtok – slaw. **Insel**
oud – nl. **alt**
ow, zow – slaw. **(Zugehörigkeitsen-**
    dung)
øy – norw. **Insel**

padang – indon. **Ebene**
pampa – span. **baumlose Ebene**
para – guar. **Fluss, Wasser**
paso – span. **Pass**
passo – ital. **Pass**
pax – lat. **Friede**
pays – franz. **Land(strich)**
paz – port./span. **Friede**
peace – engl. **Friede**
peak – engl. **Gipfel, Spitze, Berg**
peninsula – engl. **Halbinsel**
pervij – russ. **Erster**
petit – franz. **klein**
pfalz – dt. **Hofburg**
phnom – khmer **Berg**
pic – franz. **Gipfel, Berg, Spitze**
pico – port. **Gipfel**
ping – chin. **friedvoll, ruhig**
piros – ung. **rot**
plain – engl. **Ebene**
plaine – franz. **Ebene**
planalto – port. **Hochebene**
planiná – bulg/serbokr. **Berg, Hoch-**
    ebene
plano – span. **Ebene**
plateau – engl./franz. **Hochebene**
pod – russ./tschech. **unter**
point – engl. **Kap, Landzunge**
pol – bulg./russ. **Stadt**
pole, póle – slaw. **Feld**
pól(is) – griech. **Stadt, Großstadt**
pólje – russ./serbokr. **Feld**

pons – lat. Brücke
pont – franz. Brücke
ponte – ital. Brücke
port – engl./franz. Hafen
porto – ital./port. Hafen
portus – lat. Hafen
potamós – griech. Fluss
pradesh – hindi Provinz, Land
prado – port./span. Wiese
prairie – franz. Wiese
prato – ital. Wiese
pratum – lat. Wiese
pri – russ. nahe
pueblo – span. Stadt, Dorf
puente – span. Brücke
puerto – span. Hafen, Engpass
pulau – indon. Insel
punta – ital./span. Kap, Landzunge
pur – aind./hindi Stadt, Dorf
pura – aind. befestigte Siedlung
puszta – ung. Heide, Weideland
puy – franz. Berg

qasr – arab. Festung, Burg
qi – chin. Strom, Fluss
qika – hindi Festung

rade, rath, reut, ried, rod(e), rodt, ruit
   – dt. roden, urbar machen, Rodung
rāj(a) – aind. Herrscher, König
range – engl. Gebirgskette
ra's – arab. Kap, Landvorsprung
rayon – georg./russ. Bezirk
red – engl. rot
reef – engl. Riff
reka, réka, reká – russ./slaw. Fluss
rhein – dt. Fluss
ria, ría – port./span. Flussmündung
   ins Meer
ribāt – arab. befestigtes Kloster
ridge – engl. Kamm
rijeka – kroat. Fluss
rio – port. Fluss

río – span. Fluss
riva – ital. Ufer
rive – franz. Ufer
river – engl. Fluss
riviera – ital. Küste
rivière – franz. Fluss
rock – engl. Felsen, Klippe
rojo – span. rot
root – nl. rot
rosso – ital. rot
rotte – dt. zusammenrotten
rouge – franz. rot
rust – afrik. Raststätte

sa – russ. jenseits, über
saar – dt. Fluss
saar – estn. Erde, Land
saari – finn. Insel
sahel – pers. Küste
saki – jap. Kap, Halbinsel
sala – lett./lit. Insel
salto – port./span. Wasserfall
salz – dt. Salzbergbau
san – ital. heilig
san – jap./kor. Berg
santo, santa – span. heilig
são – port. heilig
sarîr, serir – arab. Kieswüste
scháti' – arab. Küste
schatt, shatt – arab. Strom
schlag – dt. schlagen, roden
schloss – dt. Schloss
schön – dt. schön
schult(en) – dt. Verwaltungsort
schulz(en) – dt. Verwaltungsort
schwand – dt. brennen, roden
scîr – aengl. Bezirk
sea – engl. Meer
sean – ir./gäl. alt
see – dt. (Ort am) See
şehir – türk. Stadt
selat – indon. Meeresstraße
selatan – indon. Süden, südlich

selënij – russ. grün
selo – russ./serbokr. Dorf
selva – span. Wald, Forst
semliá, semlja – russ. Land
serra – port. Bergkette
sever – slaw. Norden, nördlich
shahr – pers. Stadt
shām – arab. Norden, nördlich
shān – chin. Berg
shankou – chin. Pass
shelznij – russ. Eisen
shimá – jap. Insel
shore – engl. Küste, Ufer
siefen, seifen, siepen – dt. enges, feuchtes Bachtal
siel – westfäl. feuchtes Gelände, Deichschleuse
sierra – span. Bergkette, Gebirge
silva – lat. Wald
silver – engl. silbern
sk, ski – slaw. (gehören zu)
sky – engl. Himmel
sliabh – ir. Berg
slieve – ir. Berg
small – engl. klein
sol – dt. Suhle
sommet – franz. Gipfel
south – engl. Süden, südlich
stad – afrik./nl./norw./schwed. Stadt
stadt, stedt, stede, statt – dt. Wohnstätte, Siedlung
stān – aengl. Stein
stān – pers. Provinz
star – serbokr. alt
starij – russ. alt
steig – dt. Pfad
stein – dt. Fels, Stein
stift – dt. Kloster
stoc – aengl. Platz, Siedlung
stock – dt. Baumstumpf, Stamm
stor – dän./norw. groß
stór – isl. groß
stōw – aengl. Platz

strait – engl. Meeresstraße
straná – bulg./russ. Land
strand – schwed. Ufer
stream – engl. Strom
su – türk. Wasser
sund – schwed. Meeresstraße, Sund
suo – finn. Sumpf
sūq – arab. Markt
star, stàr – slaw. alt
stary – pol./tschech. alt
strada – ital. Straße
sveti – serbokr. heilig
svetkij – russ. hell, strahlend, klar
swamp – engl. Sumpf
sziget – ung. Insel
szoros – ung. Pass

taka – jap. hoch
tal, thal – dt. Tal
tall, tell – arab. Hügel
tandjung – indon. Kap
tanjong – malaii. Kap
tao – chin. Insel
tau – türk. Berg
teach – ir. Haus
tel – hebr. Hügel
tepe – türk. Hügel, Gipfel
terp, trop – dt. (Siedlung einer Familie)
terra – lat./port. Land
terre – franz. Land, Gebiet, Erde
thing – aengl. Treffen
thorp – aengl. Dorf
tian – chin. Himmel
tierra – span. Land, Gebiet, Erde
timur – indon. Osten, östlich
tìr – gäl. Land, Territorium
tír – ir. Land, Territorium
to – kor. Insel, Provinz
tō – jap. Insel
tonlé – khmer See
top – dän./nl. Gipfel
topp – norw./schwed. Gipfel, Spitze

tóshi, tokái – jap. Stadt
town – engl. Stadt
trans – lat. jenseits, über
tsangpo – tibet. Strom
tschórny – russ. schwarz
tun – aengl. Dorf, Einfriedung

ùj – ung. neu
ul – mongol. Berg, Gebirge
um – fries. Heim
umm – arab./amhar. Quelle, Mutter
unter – dt. unterhalb gelegen
urbs – lat. große Stadt
urd – mongol. Süden, südlich
ust(a) – russ. Mündung
uttar – hindi, urdu Norden, nördlich

valle – ital./span. Tal
vallée – franz. Tal
valley – engl. Tal
vallis – lat. Tal
vár – ung. Festung, Burg
város – ung. Stadt
vatn – isl./norw. See
vecchio – ital. alt
veld – nl. Feld, freies Gelände
velik – serbokr. groß
veliký – tschech. groß
verde – ital./span. grün
verkhnij – russ. ober(halb)
via – lat./ital. Straße, Weg
vicus – lat. Siedlung
viejo – span. alt
vihara – aind. Kloster
vijaya – aind. Sieg
vik – norw./schwed. Bucht
vila – port. Stadt
villa – span. Stadt, Siedlung
village – engl. Dorf
ville – franz. Stadt
vinh – viet. Bucht
vista – span. Aussicht

voda – russ./serbokr. Wasser, Gewässer
vogel(s) – dt. Vogel
voorde – nl. Furt

wādi – arab. trockenes Flussbett
wādin – arab. Tal
wai – maori Wasser
wald, walde – dt. Wald
walh – aengl. Brite, Waliser
wang, wangen – dt. Feld, Wiese, Weide
wash – engl. seichte Mündung, Sumpf
way – engl. Weg
weiler, weier, viller, will, wihl – dt. Einzelgehöft
werda, werder – dt. Insel, Halbinsel
weser – dt. fließen
west – engl. Westen, westlich
white – engl. weiß
wîc – aengl. Siedlung, Lager, Hafen
wik, wig – dt. Wohnstätte, Siedlung
wind – engl. Wind
wood – engl. Wald
worth – aengl. befestigte Siedlung
wostok – russ. Osten, östlich

xi – chin. Westen, westlich
xiao – chin. klein

yam – hebr. Berg
yamá – jap. Berg
yáng – chin. Sonne, hell
yangi – usbek. neu
yellow – engl. gelb
yeni – türk. neu
yin – chin. Erde, Schatten, dunkel, passiv
yoko – jap. Küste
yŏn – kor. See
yug – russ. Süden, südlich
yul – tibet. Land
yurt – türk. Siedlung

zaki – jap. Landzunge, Kap
zee – nl. Meer
zelen – serbokr. grün
zell – dt. Klosterzelle
zemlja – slaw. Land

zen – jap. Berg
zhōu – chin. Stadt, Region, Provinz
zinn – dt. Bergbau
zwart – nl. schwarz
zwei, zwi(e) – dt. zwei

LITERATUR

Zusätzlich wurden diverse Internet-Seiten verwendet.

Alexander, Pat u. David (Hg): *The Lion Handbook to the Bible.* Lion, Oxford 2002

Alle Flaggen der Welt - Merian kompass. Gräfe und Unzer, München 2002

Bahlow, Hans: *Deutschlands geographische Namenwelt.* Suhrkamp, Baden-Baden 1985

Bahlow, Hans: *Deutsches Namenslexikon.* Suhrkamp, Baden-Baden 1995

Baratta, Mario (Hg): *Der digitale Fischer Weltalmanach 2001, CD-ROM-Ausgabe.* Net World Vision, München 2000

Bellinger, Gerhard: *Knaurs Lexikon der Mythologie.* Droemer Knaur, Augsburg 2002

Berger, Dieter: *Geografische Namen in Deutschland.* Dudenverlag, Mannheim 1999

Biedermann, Hans: *Knaurs Lexikon der Symbole.* Droemersche Verlagsanstalt, München 2004

Brunner, Borgna (Hg): *The Time Almanac 2000.* Information Phase, Boston 1999

Bryson, Bill: *Made in America.* QPD, London 1994

Cartier, Raymond: *50mal Amerika.* Piper, München 1977

Cassell Atlas of World History: Andromeda Book, Oxford 1998

Collins English Dictionary: Collins, London-Glasgow 1979

Complete Flags of the World. Dorling Kindersley, London 1998

Cotterell, Arthur (Hg): *Mythologie – Götter, Heilige, Mythen.* Parragon, Bath 2004

Crystal, David (Hg): *The Cambridge Factfinder.* Cambridge University Press, Cambridge 2000

Das Länderlexikon. Bertelsmann Lexikon Verlag, Gütersloh-München 1999

Davis, Kenneth: *Wieso fließt der Nil bergauf?* Bastei-Lübbe, Bergisch-Gladbach 2000

Der Fischer Weltalmanach 2005. Fischer, Frankfurt 2004

Der Fischer Weltalmanach 2007. Zahlen Daten Fakten. Fischer, Frankfurt 2006

Die Bibel. Katholisches Bibelwerk, Stuttgart 1999

Diem, Peter: *Die Symbole Österreichs.* Kremayr & Scheriau, Wien 1995

Dtv-Atlas Namenkunde. Deutscher Taschenbuch Verlag, München 2000

Duden, Band 1, *Die deutsche Rechtschreibung.* Bibliographisches Institut, Mannheim 2006

Duden, Band 5, *Das Fremdwörterbuch.* Bibliographisches Institut, Mannheim 1990

Duden, Band 7, *Das Herkunftswörterbuch.* Bibliographisches Institut, Mannheim 2001

Duden, Band 8, *Das Synonymwörterbuch.* Bibliographisches Institut, Mannheim 2004

Duden, Band 9, *Richtiges und gutes Deutsch.* Bibliographisches Institut, Mannheim 2001

Duden, Band 11, *Redewendungen.* Bibliographisches Institut, Mannheim 2002

Duden, Band 12, *Zitate und Aussprüche.* Bibliographisches Institut, Mannheim 2002

Duden, *Das Wörterbuch der Abkürzungen.* Bibliographisches Institut, Mannheim 2005

Dunkling, Leslie Alan: *The Guinness Book of Names.* Guinness, London 1997

Etymologisches Wörterbuch des Deutschen. Dtv, München 2004

Everett-Heath, John: *The Concise Dictionary of World Place Names.* Oxford University Press, New York 2005

Faulmann, Carl: *Schriftzeichen und Alphabete aller Zeiten und Völker.* Augustus Verlag, Augsburg 1992

Fazzioli, Edoardo: *Gemalte Wörter.* Marix Verlag, Wiesbaden 2004

Großer Weltatlas. Naumann & Göbel, Köln 1992

Grüner, Sigmar, Sedlaczek, Robert: *Lexikon der Sprachirrtümer Österreichs.* Deuticke, Wien 2003

Gutknecht, Christoph: *Lauter blühender Unsinn.* Beck, München 2003

Gutknecht, Christoph: *Lauter böhmische Dörfer.* Beck, München 2004

Gutknecht, Christoph: *Lauter spitze Zungen.* Beck, München 2001

Gutknecht, Christoph: *Pustekuchen!* Beck, München 2002

Haarmann, Harald: *Weltgeschichte der Sprachen.* Beck, München 2006

Häger, Ulrich: *Großes Lexikon der Philatelie.* Bertelsmann, Gütersloh 1974

Hanks, Patrick, Hodges, Flavia: *Dictionary of First Names.* Oxford University Press, Oxford 1996

Harenberg, Bodo (Hg): *Aktuell 2000.* Harenberg Lexikon Verlag, Dortmund 1999

Hermann, Götze: *Die neue deutsche Rechtschreibung.* Bertelsmann, München 2000

Hesmer, Karl-Heinz: *Flaggen und Wappen der Welt.* Bertelsmann, Gütersloh 1992

Kastner, Hugo, Folkvord, Gerald: *Atlasrätsel.* Aulis, Köln 2000

Kastner, Hugo, Folkvord, Gerald: *88 neue Atlasrätsel.* Aulis, Köln 2000

Kastner, Hugo: *Die große Humboldt Enzyklopädie der Kartenspiele.* Humboldt, Baden-Baden 2005

Kastner, Hugo: *Die große Humboldt Enzyklopädie der Würfelspiele.* Humboldt, Baden-Baden 2007

Knaurs Neuer Historischer Weltatlas. Bechtermünz, Augsburg 1999

Kohlheim, Rosa u. Volker (Hg): *Familiennamen.* Dudenverlag, Bibliographisches Institut, Mannheim 2005

Kohlheim, Rosa u. Volker (Hg): *Lexikon der Vornamen.* Dudenverlag, Bibliographisches Institut, Mannheim 2004

Köster, Rudolf: *Eigennamen im deutschen Wortschatz.* De Gruyter, Berlin-New York 2003

Kunze, Konrad: *dtv-Atlas der Namenkunde.* Deutscher Taschenbuch Verlag, München 2004

Lohfeldt, Heinz (Hg): *Spiegel Almanach '99.* Spiegel-Buchverlag, Hamburg 1999

Mavromataki, Maria: *Mythologie und Kulte Griechenlands.* Haitalis, Athen 1997

Melchers, Carlo: *Das Große Buch der Heiligen.* Ludwig Buchverlag, München 1999

Meyers Neuer Weltatlas. Meyers Lexikonverlag, Mannheim-Leipzig-Wien-Zürich 2001

Mills, A. D.: *Oxford Dictionary of British Place Names.* Oxford University Press, Oxford 2003

Müller, Klaus (Hg.): *Lexikon der Redensarten.* Bassermann, München 2005

Olschansky, Heike: *Täuschende Wörter.* Reclam, Stuttgart 2005

Osman, Nabil: *Kleines Lexikon deutscher Wörter arabischer Herkunft.* Beck, München 2003

Robinson, Andrew: *Die Geschichte der Schrift.* Albatros, Düsseldorf 2004

Room, Adrian: *Brewer's Dictionary of Names.* Helicon, Oxford 1992

Rose, David: *Annals of the Postage Stamp.* British Library Cataloguing, London 2000

Sacks, David: *The Alphabet.* Random House, London 2004

Schäfer, Peter: *Die Präsidenten der USA.* Styria, Graz-Wien-Köln 1993

Schauber, Vera, Schindler Hanns Michael: *Heilige und Namenspatrone im Jahreslauf.* Pattloch, München 2001

Scheuch, Manfred: *Historischer Atlas Österreich.* Brandstätter, Wien 1994

Schleicher Yvonne (Hg.): *Computer, Internet & Co. im Erdkunde-Unterricht.* Cornelsen, Berlin 2004

Schott, Ben: *Schotts Sammelsurium.* Bloomsbury, Berlin 2004

Schott, Ben: *Schotts Sammelsurium Essen & Trinken.* Bloomsbury, Berlin 2005

Schott, Ben: *Schott's Sporting Gaming & Idling Miscellany.* Bloomsbury, London 2004

Sedlaczek, Robert: *Das österreichische Deutsch.* Ueberreuter, Wien 2004

Seebold, Elmar (Hg): *Kluge – Etymologisches Wörterbuch der deutschen Sprache.* De Gruyter, Berlin-New York 2002

Seidel, Wolfgang: *Woher kommt das schwarze Schaf?* Dtv, München 2006

Sick, Bastian: *Der Dativ ist dem Genitiv sein Tod.* Kiepenheuer & Witsch, Köln 2004

Sick, Bastian: *Der Dativ ist dem Genitiv sein Tod. Folge 2.* Kiepenheuer & Witsch, Köln 2006

Sick, Bastian: *Der Dativ ist dem Genitiv sein Tod. Folge 3.* Kiepenheuer & Witsch, Köln 2006

Simek, Rudolf, Mikulášek, Stanislav: *Kleines Lexikon der tschechischen Familiennamen in Österreich.* ÖBV, Wien 1995

Stegner, Willi (Hg): *Taschen Atlas Völker und Sprachen.* Klett-Perthes, Gotha 2006.

Unger, Andreas: *Von Algebra bis Zucker.* Reclam, Stuttgart 2006

Urmes, Dietmar: *Etymologisches Namenlexikon.* Marix, Wiesbaden 2005

Urmes, Dietmar: *Handbuch der geographischen Namen.* Marix, Wiesbaden 2004

Viereck, Wolfgang u. Karin, Ramisch, Heinrich: *Dtv-Atlas Englische Sprache.* Deutscher Taschenbuch Verlag, München 2002

Walker, Barbara: *Das geheime Wissen der Frauen.* Arun, Uhlstädt 2004

Webster's New Twentieth Century Unabridged Dictionary. New York 1983

Weeber, Karl-Wilhelm: *Romdeutsch.* Eichborn, Frankfurt 2006

Wright, John (Hg): *The Universal Almanac 1996.* Andrews and McMeel, Kansas City 1995